國家圖書館藏敦煌遺書

第七十四冊　北敦〇五四七七號——北敦〇五五四七號

中國國家圖書館編

北京圖書館出版社

圖書在版編目(CIP)數據

國家圖書館藏敦煌遺書・第七十四册/中國國家圖書館編;任繼愈主編.—北京:北京圖書館出版社,2007.12

ISBN 978-7-5013-3226-7

Ⅰ.國…　Ⅱ.①中…②任…　Ⅲ.敦煌學—文獻　Ⅳ.K870.6

中國版本圖書館 CIP 數據核字(2007)第 178566 號

書　　名　國家圖書館藏敦煌遺書・第七十四册

著　　者　中國國家圖書館編　任繼愈主編

責任編輯　徐　蜀　孫　彦

封面設計　李　璀

出　　版　北京圖書館出版社　(100034　北京西城區文津街 7 號)

發　　行　010-66139745　66151313　66175620　66126153

66174391(傳真)　66126156(門市部)

E-mail　cbs@nlc.gov.cn(投稿)　btsfxb@nlc.gov.cn(郵購)

Website　www.nlcpress.com

經　　銷　新華書店

印　　刷　北京文津閣印務有限責任公司

開　　本　八開

印　　張　50.75

版　　次　2007 年 12 月第 1 版第 1 次印刷

印　　數　1-250 册(套)

書　　號　ISBN 978-7-5013-3226-7/K・1453

定　　價　990.00 圓

編輯委員會

主　　編　任繼愈

常務副主編　方廣錩

副 主 編　李際寧　張志清

編委（按姓氏筆畫排列）　王克芬　王姿怡　吳玉梅　胡新英　陳　穎　黄　霞（常務）　程佳羽　劉玉芬

出版委員會

主　任　詹福瑞

副主任　陳　力

委　員（按姓氏筆畫排列）　李　健　姜　紅　郭又陵　徐　蜀　孫　彦

攝製人員（按姓氏筆畫排列）

于向洋　王富生　王遂新　谷韶軍　張　軍　張紅兵　張　陽　曹　宏　郭春紅　楊　勇　嚴　平

原件修整人員（按姓氏筆畫排列）

朱振彬　杜偉生　李　英　胡玉清　胡秀菊　張　平　劉建明

目錄

生為方便无所得為方便迴向一切智智脩
習佛十力四无所畏四无礙解大慈大悲大
喜大捨十八佛不共法慶喜當知以舌界无
二為方便无生為方便无所得為方便迴向
一切智智脩習佛十力四无所畏四无礙解
大慈大悲大喜大捨十八佛不共法以味界
舌識界及舌觸舌觸為緣所生諸受无二為
方便无生為方便无所得為方便迴向一切
智智脩習佛十力四无所畏四无礙解大慈
大悲大喜大捨十八佛不共法慶喜當知以
身界无二為方便无生為方便无所得為方
便迴向一切智智脩習佛十力四无所畏四
无礙解大慈大悲大喜大捨十八佛不共法
以觸界身識界及身觸身觸為緣所生諸受
无二為方便无生為方便无所得為方便迴
向一切智智脩習佛十力四无所畏四无礙
解大慈大悲大喜大捨十八佛不共法慶喜
當知以意界无二為方便无生為方便无所
得為方便迴向一切智智脩習佛十力四无
所畏四无礙解大慈大悲大喜大捨十八佛
法以法界意識界及意觸意觸為緣

无二為方便无生為方便无所得為方便迴
向一切智智脩習佛十力四无所畏四无礙
解大慈大悲大喜大捨十八佛不共法慶喜
當知以意界无二為方便无生為方便无所
得為方便迴向一切智智脩習佛十力四无
所畏四无礙解大慈大悲大喜大捨十八佛
不共法以法界意識界及意觸意觸為緣
所生諸受无二為方便无生為方便无所得為
方便迴向一切智智脩習佛十力四无所畏
四无礙解大慈大悲大喜大捨十八佛不共
法慶喜當知眼界无二為方便无生為方
便无所得為方便迴向一切智智脩習无忘
失法恒住捨性以色界眼識界及眼觸眼觸
為緣所生諸受无二為方便无生為方便无
所得為方便迴向一切智智脩習无忘失法
恒住捨性慶喜當知以耳界无二為方便无
生為方便所得為方便迴向一切智智脩
習无忘失法恒住捨性以聲界耳識界及耳
觸耳觸為緣所生諸受无二為方便无生為
方便无所得為方便迴向一切智智脩習无
忘失法恒住捨性慶喜當知以鼻界无二為
方便无生為方便无所得為方便迴向一切
智智脩習无忘失法恒住捨性以香界鼻識
界及鼻觸鼻觸為緣所生諸受无二為方便
无生為方便无所得為方便迴向一切智智
脩習无忘失法恒住捨性慶喜當知以舌界
无二為方便无生為方便无所得為方便迴

智智脩習无忘失法恒住捨性以香界鼻識
界及鼻觸鼻觸為緣所生諸受无二為方便
无生為方便无所得為方便迴向一切智智
脩習无忘失法恒住捨性慶喜當知以舌界
无二為方便无生為方便无所得為方便迴
向一切智智脩習无忘失法恒住捨性以味
界舌識界及舌觸舌觸為緣所生諸受无二
為方便无生為方便无所得為方便迴向一
切智智脩習无忘失法恒住捨性慶喜當知
以身界无二為方便无生為方便无所得為
方便迴向一切智智脩習无忘失法恒住捨
性以觸界身識界及身觸身觸為緣所生諸
受无二為方便无生為方便无所得為方便
迴向一切智智脩習无忘失法恒住捨性慶
喜當知以意界无二為方便无生為方便无
所得為方便迴向一切智智脩習无忘失法
恒住捨性以法界意識界及意觸意觸為
緣所生諸受无二為方便无生為方便无所得
為方便迴向一切智智脩習无忘失法恒住
捨性慶喜當知以眼界无二為方便无生為
方便无所得為方便迴向一切智智脩習一
切智道相智一切相智以色界眼識界及眼
觸眼觸為緣所生諸受无二為方便无生為
方便无所得為方便迴向一切智智脩習一
切智道相智一切相智慶喜當知以耳界无
二為方便无生為方便无所得為方便迴向
一切智智脩習一切智道相智一切相智以

觸耳觸為緣所生諸受无二為方便无生為
方便无所得為方便迴向一切智智脩習一
切智道相智一切相智慶喜當知以耳界无
二為方便无生為方便无所得為方便迴向
一切智智脩習一切智道相智一切相智以
聲界耳識界及耳觸耳觸為緣所生諸受无
无為方便无生為方便无所得為方便迴向
一切智智脩習一切智道相智一切相智慶
喜當知以鼻界无二為方便无生為方便无
所得為方便迴向一切智智脩習一切智道
相智一切相智以香界鼻識界及鼻觸鼻觸
為緣所生諸受无二為方便无生為方便无
所得為方便迴向一切智智脩習一切智道
相智一切相智慶喜當知以香界无二為方
便无生為方便无所得為方便迴向一切智
智脩習一切智道相智一切相智以味界舌
識界及舌觸舌觸為緣所生諸受无二為方
便无生為方便无所得為方便迴向一切智
智脩習一切智道相智一切相智慶喜當知
以身界无二為方便无生為方便无所得為
方便迴向一切智智脩習一切智道相智一
切相智以觸界身識界及身觸身觸為緣所
生諸受无二為方便无生為方便无所得為
方便迴向一切智智脩習一切智道相智一
切相智慶喜當知以意界无二為方便无生
為方便无所得為方便迴向一切智智脩習
一切智道相智一切相智以法界意識界及

生諸受无二為方便无生為方便无所得為
方便迴向一切智智脩習一切智道相智一
切相智慶喜當知以意界无二為方便无生
為方便无所得為方便迴向一切智智脩習
一切智道相智一切相智以法界意識界及
意觸意觸為緣所生諸受无二為方便无生
為方便无所得為方便迴向一切智智脩習
一切智道相智一切相智慶喜當知以眼界
无二為方便无生為方便无所得為方便迴
向一切智智脩習一切陁羅尼門一切三摩
地門以色界眼識界及眼觸眼觸為緣所
生諸受无二為方便无生為方便无所得為方
便迴向一切智智脩習一切陁羅尼門一切
三摩地門慶喜當知以耳界无二為方便无
生為方便无所得為方便迴向一切智智脩
習一切陁羅尼門一切三摩地門以聲界耳
識界及耳觸耳觸為緣所生諸受无二為方
便无生為方便无所得為方便迴向一切智
智脩習一切陁羅尼門一切三摩地門慶喜
當知以鼻界无二為方便无生為方便无所
得為方便迴向一切智智脩習一切陁羅尼
門一切三摩地門以香界鼻識界及鼻觸鼻
觸為緣所生諸受无二為方便无生為方便
无所得為方便迴向一切智智脩習一切陁
羅尼門一切三摩地門慶喜當知以舌界无
二為方便无生為方无所得為方便迴向
一切智智脩習一切陁羅尼門一切三摩地

觸為緣所生諸受无二為方便无生為方便
无所得為方便迴向一切智智脩習一切陁
羅尼門一切三摩地門慶喜當知以舌界无
二為方便无生為方无所得為方便迴向
一切智智脩習一切陁羅尼門一切三摩地
門以味界舌識界及舌觸舌觸為緣所生諸
受无二為方便无生為方便无所得為方便
迴向一切智智脩習一切陁羅尼門一切三
摩地門慶喜當知以身界无二為方便无生
為方便无所得為方便迴向一切智智脩習
一切陁羅尼門一切三摩地門以觸界身識
界及身觸身觸為緣所生諸受无二為
方便无生為方便无所得為方便迴向一
切智智脩習一切陁羅尼門一切三摩
地門慶喜當知以意界无二為方便无
生為方便无所得為方便迴向一切智智
脩習一切陁羅尼門一切三摩地門以法界
意識界及意觸意觸為緣生諸受无二為
方便无生為方便无所得為方便迴向一切
智智脩習一切陁羅尼門一切三摩地門慶
喜當知以眼界无二為方便无生為方便无
所得為方便迴向一切智智脩習菩薩摩訶
薩行以色界眼識界及眼觸眼觸為緣所生
諸受无二為方便无生為方便无所得為方
便迴向一切智智脩習菩薩摩訶薩行慶喜
當知以耳界无二為方便无生為方便无所
得為方便迴向一切智智脩習菩薩摩訶

所得為方便迴向一切智智脩習菩薩摩訶
薩行以色界眼識界及眼觸眼觸為緣所生
諸受无二為方便无生為方便无所得為方
便迴向一切智智脩習菩薩摩訶薩行慶喜
當知以耳界无二為方便无生為方便无所
得為方便迴向一切智智脩習菩薩摩訶
薩行以聲界耳識界及耳觸耳觸為緣所生
諸受无二為方便无生為方便无所得為方便
迴向一切智智脩習菩薩摩訶薩行慶喜當
知以鼻界无二為方便无生為方便无所得
為方便迴向一切智智脩習菩薩摩訶薩
行以香界鼻識界及鼻觸鼻觸為緣所生諸受
无二為方便无生為方便无所得為方便迴
向一切智智脩習菩薩摩訶薩行慶喜當知
以舌界无二為方便无生為方便无所得為
方便迴向一切智智脩習菩薩摩訶薩行以
味界舌識界及舌觸舌觸為緣所生諸受无二
為方便无生為方便无所得為方便迴向
一切智智脩習菩薩摩訶薩行慶喜當知
以身界无二為方便无生為方便无所得為方
便迴向一切智智脩習菩薩摩訶薩行以觸
界身識界及身觸身觸為緣所生諸受无二
為方便无生為方便无所得為方便迴向一
切智智脩習菩薩摩訶薩行慶喜當知以意
界无二為方便无生為方便无所得為方便
迴向一切智智脩習菩薩摩訶薩行以法界
意識界及意觸意觸為緣所生諸受无二為

BD05477 號　大般若波羅蜜多經卷一〇八　（13–7）

為方便无生為方便无所得為方便迴向一
切智智脩習菩薩摩訶薩行慶喜當知以意
界无二為方便无生為方便无所得為方便
迴向一切智智脩習菩薩摩訶薩行以法界
意識界及意觸意觸為緣所生諸受无二為
方便无生為方便无所得為方便迴向一切
智智脩習菩薩摩訶薩行
慶喜當知以眼界无二為方便无生為方便
无所得為方便迴向一切智智脩習无上正
等菩提以色界眼識界及眼觸眼觸為緣所
生諸受无二為方便无生為方便无所得為
方便迴向一切智智脩習无上正等菩提慶
喜當知以耳界无二為方便无生為方便无
所得為方便迴向一切智智脩習无上正等
菩提以聲界耳識界及耳觸耳觸為緣所生
諸受无二為方便无生為方便无所得為方
便迴向一切智智脩習无上正等菩提慶喜
當知以鼻界无二為方便无生為方便无所
得為方便迴向一切智智脩習无上正等菩
提以香界鼻識界及鼻觸鼻觸為緣所生諸
受无二為方便无生為方便无所得為方便
迴向一切智智脩習无上正等菩提慶喜當
知以舌界无二為方便无生為方便无所得
為方便迴向一切智智脩習无上正等菩提
以味界舌識界及舌觸舌觸為緣所生諸受
无二為方便无生為方便无所得為方便迴
向一切智智脩習无上正等菩提慶喜當知

BD05477 號　大般若波羅蜜多經卷一〇八　（13–8）

迴向一切智智脩習无上正等菩提慶喜當
知以舌界无二為方便无生為方便无所得
為方便迴向一切智智脩習无上正等菩提
以味界舌識界及舌觸舌觸為緣所生諸受
无二為方便无生為方便无所得為方便迴
向一切智智脩習无上正等菩提慶喜當知
以身界无二為方便无生為方便无所得為
方便迴向一切智智脩習无上正等菩提以
觸界身識界及身觸身觸為緣所生諸受
无二為方便无生為方便无所得為方便迴向
一切智智脩習无上正等菩提慶喜當知以
意界无二為方便无生為方便无所得為方
便迴向一切智智脩習无上正等菩提以法
界意識界及意觸意觸為緣所生諸受无二
為方便无生為方便无所得為方便迴向一
切智智脩習无上正等菩提
慶喜當知以地界无二為方便无生為方便
无所得為方便迴向一切智智脩習布施淨
戒安忍精進靜慮般若波羅蜜多以水火風
空識界无二為方便无生為方便无所得為
方便迴向一切智智脩習布施淨戒安忍精
進靜慮般若波羅蜜多慶喜當知以地界无
二為方便无生為方便无所得為方便迴向
一切智智安住內空外空內外空空空大空
勝義空有為空无為空畢竟空无際空散空
无變異空本性空自相空共相空一切法空
不可得空无性空自性空无性自性空以水

二為方便无生為方便无所得為方便迴向
一切智智安住內空外空內外空空空大空
勝義空有為空无為空畢竟空无際空散空
无變異空本性空自相空共相空一切法空
不可得空无性空自性空无性自性空以水
火風空識界无二為方便无生為方便无所
得為方便迴向一切智智安住內空乃至无
性自性空慶喜當知以地界无二為方便无
生為方便无所得為方便迴向一切智智安
住真如法界法性不虛妄性不變異性平等
性離生性法定法住實際虛空界不思議界
以水火風空識界无二為方便无生為方便
无所得為方便迴向一切智智安住真如乃
至不思議界慶喜當知以地界无二為方便
无生為方便无所得為方便迴向一切智智
安住苦集滅道聖諦以水火風空識界无二
為方便无生為方便无所得為方便迴向一
切智智安住苦集滅道聖諦慶喜當知以地
界无二為方便无生為方便无所得為方便
迴向一切智智脩習四靜慮四无量四无色
定以水火風空識界无二為方便无生為方
便无所得為方便迴向一切智智脩習四靜
慮四无量四无色定慶喜當知以地界无二
為方便无生為方便无所得為方便迴向一
切智智脩習八解脫八勝處九次第定十遍
處以水火風空識界无二為方便无生為方
便无所得為方便迴向一切智智脩習八解
脫八勝處九次第定十遍處慶喜當知以地

處四无量四无色定慶喜當知以地界无二
為方便无生為方便无所得為方便迴向一
切智智脩習八解脫八勝處九次第定十遍
處以水火風空識界无二為方便无生為方
便无所得為方便迴向一切智智脩習八解
脫八勝處九次第定十遍處慶喜當知以地
界无二為方便无生為方便无所得為方便
迴向一切智智脩習四念住四正斷四神足
五根五力七等覺支八聖道支以水火風空
識界无二為方便无生為方便无所得為方
便迴向一切智智脩習四念住四正斷四神
足五根五力七等覺支八聖道支慶喜當知
以地界无二為方便无生為方便无所得為
方便迴向一切智智脩習空解脫門无相解
脫門无願解脫門以水火風空識界无二為
方便无生為方便无所得為方便迴向一切
智智脩習空解脫門无相解脫門无願解脫
門慶喜當知以地界无生為方便无生為方
便无所得為方便迴向一切智智脩習五眼
六神通以水火風空識界无二為方便无生
為方便无所得為方便迴向一切智智脩習
五眼六神通慶喜當知以地界无二為方便无
生為方便无所得為方便迴向一切智智脩
習佛十力四无所畏四无礙解大慈大悲
大喜大捨十八佛不共法以水火風空識界
无二為方便无生為方便无所得為方便迴
向一切智智脩習佛十力四无所畏四无礙

生為方便无所得為方便迴向一切智智脩
習佛十力四无所畏四无礙解大慈大悲
大喜大捨十八佛不共法以水火風空識界
无二為方便无生為方便无所得為方便迴
向一切智智脩習佛十力四无所畏四无礙
解大慈大悲大喜大捨十八佛不共法慶喜
當知以地界无二為方便无生為方便无所
得為方便迴向一切智智脩習无忘失法恒
住捨性以水火風空識界无二為方便无生
為方便无所得為方便迴向一切智智脩習
无忘失法恒住捨性慶喜當知以地界无二
為方便无生為方便无所得為方便迴向一
切智智脩習一切智道相智一切相智以水
火風空識界无二為方便无生為方便无所
得為方便迴向一切智智脩習一切智道相智
一切相智慶喜當知以地界无二為方便无
生為方便无所得為方便迴向一切智智脩
習一切陁羅尼門一切三摩地門以水火風
空識界无二為方便无生為方便无所得為
方便迴向一切智智脩習一切陁羅尼門一切
三摩地門慶喜當知以地界无二為方便
无生為方便无所得為方便迴向一切智
智脩習菩薩摩訶薩行以水火風空識界无
无為方便无生為方便无所得為方便迴向
一切智智脩習菩薩摩訶薩行慶喜當知以
地界无二為方便无生為方便无所得為方
便迴向一切智智脩習无上正等菩提以水

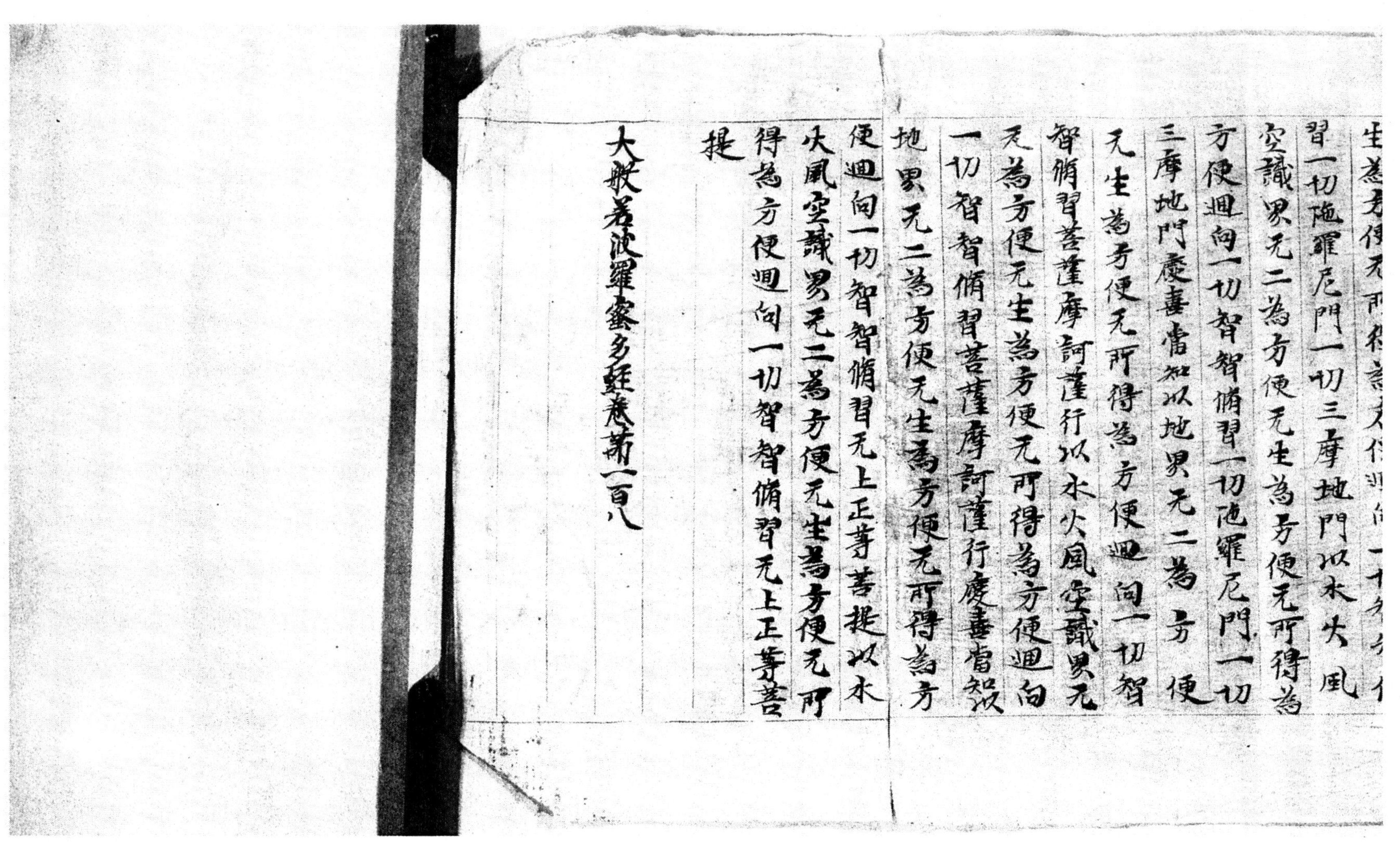

習一切陀羅尼門一切三摩地門以水火風
空識界无二為方便无生為方便无所得為
方便迴向一切智智脩習一切陀羅尼門一切
三摩地門慶喜當知以地界无二為方便
无生為方便无所得為方便迴向一切智
智脩習菩薩摩訶薩行以水火風空識界无
二為方便无生為方便无所得為方便迴向
一切智智脩習菩薩摩訶薩行慶喜當知以
地界无二為方便无生為方便无所得為方
便迴向一切智智脩習无上正等菩提以水
火風空識界无二為方便无生為方便无所
得為方便迴向一切智智脩習无上正等菩
提

大般若波羅蜜多經卷第一百八

BD05477 號　大般若波羅蜜多經卷一〇八　（13–13）

BD05477 號背　勘記　（1–1）

來頂石諸佛我於今日即是永拔琰摩王界
地獄餓鬼傍生之苦便爲已種无量百千万
億轉輪聖王釋梵天主善根種子當令无量
百千万億衆生出生死苦得涅槃樂積集无
量无邊不可思議福德之聚後宮眷屬及諸
人民皆蒙安隱國土清泰无諸灾厄毒害惡
人他方怨敵不來侵擾遠離憂患四王當知時
彼人王應作如是尊重正法亦於受持是妙
經典苾芻苾芻尼鄔波索迦鄔波斯迦供養
恭敬尊重讚歎所獲善根先以勝福施與汝
等及諸眷屬彼之人王有大福德善業因緣
於現世中得大自在增益威光吉祥妙相皆
悉莊嚴一切怨敵能以正法而摧伏之
尒時四天王白佛言世尊若有人王能作如
是恭敬正法聽此經王并於四衆持經之人
恭敬供養尊重讚歎時彼人王欲爲我等生
歡喜故當在一邊近於法座香水灑地散衆
名花安置處所設四王座我與彼王共聽正
法其王所有自利善根亦以福分施及我等

BD05478號　金光明最勝王經卷六　（5–1）

尒時四天王白佛言世尊若有人王能作如
是恭敬正法聽此經王并於四衆持經之人
恭敬供養尊重讚歎時彼人王欲爲我等生
歡喜故當在一邊近於法座香水灑地散衆
名花安置處所設四王座我與彼王共聽正
法其王所有自利善根亦以福分施及我等
世尊時彼人王請說法者昇座之時便爲我
等燒衆名香供養是經世尊時彼香烟於一
念頃上昇虛空即至我等諸天宮殿於虛空
中變成香蓋我等天衆聞彼妙香香有金光
照曜我等所居宮殿乃至梵宮及以帝釋大
辯才天大吉祥天堅牢地神正了知大將二
十八部諸藥叉神大自在天金剛密主寶賢
大將訶利底母五百眷屬无熱惱池龍王大海
龍王所居之處世尊如是等衆於自宮殿見
彼香烟一剎那頃變成香蓋聞香芬馥覩色
光明遍至一切諸天神宮佛告四天王是香
光明非但至此宮殿變成香蓋放大光明由
彼人王手執香爐燒衆名香供養經時其香
烟氣於一念頃遍至三千大千世界百億日
月百億妙高山王百億四洲於此三千大千
世界一切天龍藥叉健闥婆阿蘇羅揭路茶
緊那羅莫呼洛伽宮殿之所於虛空中充滿
而住種種香烟變成雲蓋其蓋金色普照天
宮如是三千大千世界所有種種香雲香蓋
皆是金光明最勝王經威神之力是諸人
王手持香爐供養經時種種香氣非但遍此

BD05478號　金光明最勝王經卷六　（5–2）

緊那羅莫呼洛伽宮殿之所於虛空中充滿
而住種種香烟變成雲蓋其蓋金色普照天
宮如是三千大千世界所有種種香雲香蓋
皆是金光明最勝王經威神之力是諸人
王手持香爐供養經時種種香氣非但遍此
三千大千世界於一念頃亦遍十方无量无邊
恒河沙等百千万億諸佛國土於諸佛上虛
空之中變成香蓋金色普照亦復如是時彼
諸佛聞此妙香覩斯雲蓋及以金色於十方
界恒河沙等諸佛世尊現神變已彼諸世尊
悉共觀察異口同音讚法師日善哉善哉汝
大丈夫能廣流布如是甚深微妙經典則為
成就无量无邊不可思議福德之聚若有聽
聞如是經者所獲功德其量甚多何況書寫
受持讀誦為他敷演如說修行何以故善男
子若有衆生聞此金光明最勝王經者即於
阿耨多羅三藐三菩提不復退轉
尒時十方有百千俱胝那庾多无量无數恒
河沙等諸佛刹土彼諸刹土一切如來異口
同音於法座上讚彼法師言善哉善哉善男
子汝於來世以精勤力當修无量百千苦行
具足資糧超諸聖衆出過三界為最勝尊
當坐菩提樹王之下殊勝莊嚴能救三千大千
世界有緣衆生善能降伏可畏形儀諸魔軍
衆覺了諸法最勝清淨甚深无上正等菩提
善男子汝當坐於金剛之座轉於无上諸佛

子汝於來世以精勤力當修无量百千苦行
具足資糧超諸聖衆出過三界為最勝尊
當坐菩提樹王之下殊勝莊嚴能救三千大千
世界有緣衆生善能降伏可畏形儀諸魔軍
衆覺了諸法最勝清淨甚深无上正等菩提
善男子汝當坐於金剛之座轉於无上諸佛
所讚十二妙行甚深法輪能擊无上最大法
鼓能吹无上極妙法蠡能建无上殊勝法幢
能然无上極明法炬能降无上甘露法雨能
斷无量煩惱結能令无量百千万億那庾
多有情度於无涯可畏大海解脫生死无際
輪迴值遇无量百千万億那庾多佛
尒時四天王復白佛言世尊是金光明最勝
王經能於未來現在成就如是无量功德是
故人王若得聞是微妙經典即是已於百千
万億无量佛所種諸善根於彼人王我當護
念復見无量福德利故我等四王及餘眷屬
无量百千万億諸神於自宮殿見是種種香
烟雲蓋神變之時我當隱蔽不現其身為聽
法故當至是王清淨嚴飾所止宮殿講法之
處如是乃至梵宮帝釋大辯才天大吉祥天
堅牢地神正了知神大將二十八部諸藥叉
神大自在天金剛密主寶賢大將訶利底母五
百眷屬无熱惱池龍王大海龍王无量百千
万億那庾多諸天藥叉如是等衆為聽法故
皆不現身至彼人王殊勝宮殿莊嚴高座說
法之所世尊我等四王及餘眷屬藥叉諸神皆

尒時四天王復白佛言世尊是金光明冣勝王經能於未來現在成就如是无量功德是故人王若得聞是微妙經典即是已於百千万億无量佛所種諸善根於彼人王我當護念復見无量福德利故我等四王及餘眷屬无量百千万億諸神於自宮殿見是種種香烟雲蓋神變之時我當隱蔽不現其身為聽法故當至是王清淨嚴飾所止宮殿講法之處如是乃至梵宮帝釋大辯才天大吉祥天堅牢地神正了知神大將二十八部諸藥叉神大自在天金剛密主寶賢大將訶利底母五百眷屬无熱惱池龍王大海龍王无量百千万億那庾多諸天藥叉如是等衆為聽法故皆不現身至彼人王殊勝宮殿莊嚴高座說法之所世尊我等四王及餘眷屬藥叉諸神皆當一心共彼人王為善知識因是无上大法施主以甘露味充足於我是故我等當護是

BD05478 號　金光明最勝王經卷六　（5–5）

不知懺悔不善入定不善出定年不滿五歲有是五法不應无依止而住有五法得无依止而住（即文上句是）復有五法不應无依止而住不知犯不知不犯不知輕不知重不廣誦二部毗尼有是五法不應无依止而住有五法得无依止而住（即文上句是）復有五法失依止若驗出若去若休道若休不與依止若至戒場上有是五法失依止復有五法失依止若死若去若休道若休不與依止若五歲若過五歲有是五法失依止復有五法失依止若死若去若休道若休不與依止若見本和上有是五法失依止復有五法失依止若死若去若休道若休不與依止若和上阿闍梨命過有是五法失依止復有五法失依止若死若去若休道若休不與依止若和上阿闍梨休道有是五法失依止復有五法失依止若死若去若休道若休不與依止若見本和上有是五法失依止復有五法失依止若死若去若休道若休不與依止若和上阿闍梨命過有是五

BD05479 號　四分律（兌廢稿）卷五九　（2–1）

失依止復有五法失依止若死若去若休
道若休不與依止若五歲若過五歲有是
五法失依止復有五法失依止若死若去若
休道若休不與依止若見本和上有是五法
失依止復有五法失依止若死若去若休道
若休不與依止若和上阿闍梨命過有是五
法失依止復有五法失依止若死若去若休
道若休不與依止若和上阿闍梨休道有是
五法失依止復有五法失依止若死若去若
休道若休不與依止若見本和上有是五法
失依止復有五法失依止若死若去若休道
若休不與依止若和上阿闍梨命過有是五
法失依止復有五法失依止若死若去若休
道若休不與依止若和上阿闍梨休道有

BD05479號　四分律（兌廢稿）卷五九　（2–2）

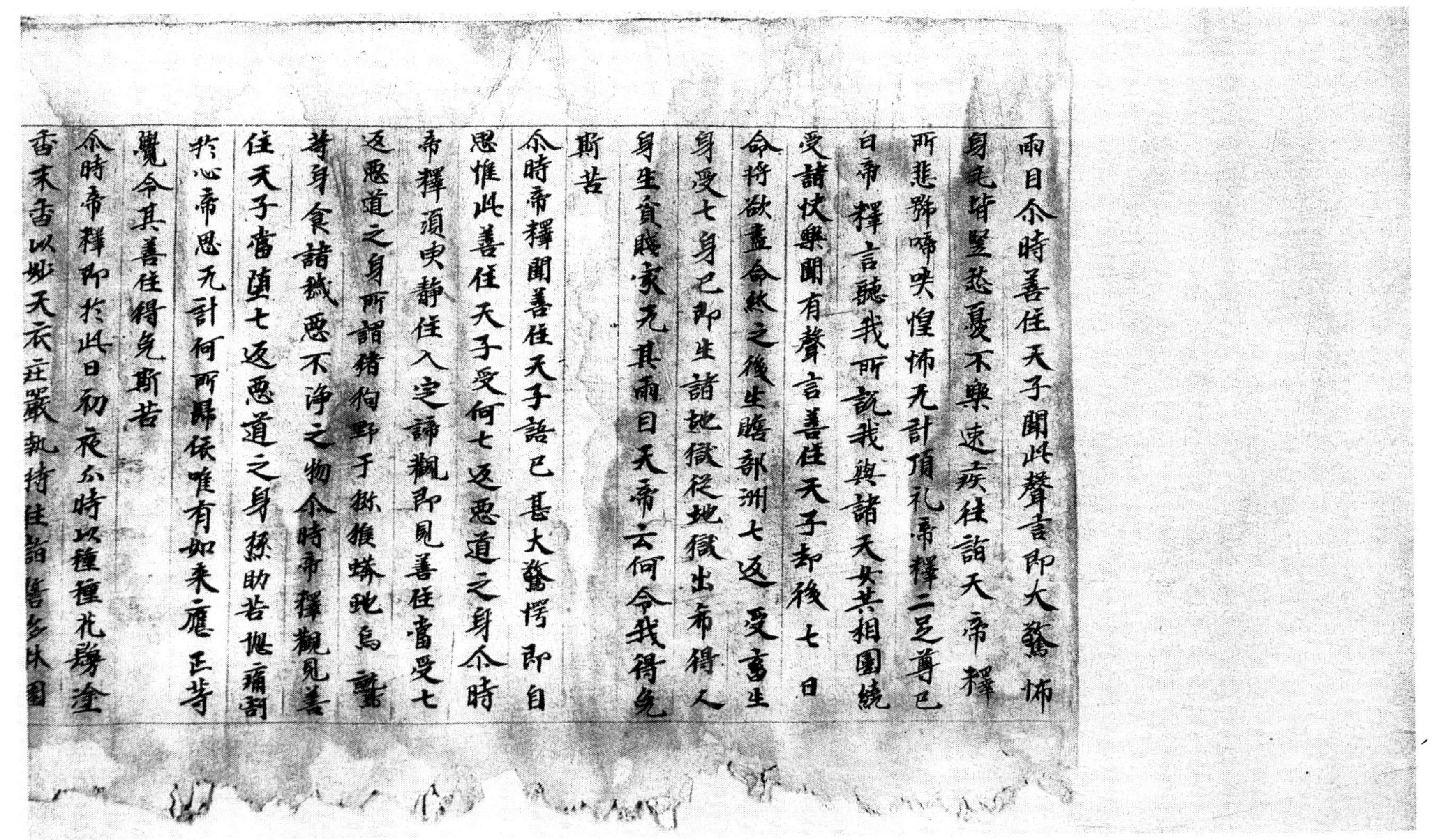
兩目尒時善住天子聞此聲言即大驚怖
身毛皆竪愁憂不樂速疾往詣天帝釋
所悲號啼哭惶怖无計頂礼帝釋二足尊已
白帝釋言聽我所說我與諸天女共相圍繞
受諸快樂聞有聲言善住天子却後七日
命將欲盡命終之後生贍部洲七返受畜生
身受七身已即生諸地獄從地獄出希得人
身生貧賤家无其兩目天帝云何令我得免
斯苦
尒時帝釋聞善住天子語已甚大驚愕即自
思惟此善住天子受何七返惡道之身尒時
帝釋須臾靜住入定諦觀即見善住當受七
返惡道之身所謂猪狗野干獼猴蟒蛇烏鷲
等身食諸穢惡不淨之物尒時帝釋觀見善
住天子當墮七返惡道之身極助苦惱痛割
於心帝思无計何所歸依唯有如來應正等
覺令其善住得免斯苦
尒時帝釋即於此日初夜分時以種種花鬘塗
香末香以妙天衣莊嚴執持往詣誓多林園

BD05480號　佛頂尊勝陀羅尼經（佛陀波利本）　（3–1）

返惡道之身，所謂猪狗野干獼猴蟒蛇烏鷲
等身，食諸穢惡不淨之物。尒時帝釋觀見善
住天子當墮七返惡道之身，極助苦惱，痛割
於心，帝思无計，何所歸依，唯有如來應正等
覺，令其善住得免斯苦。
尒時帝釋即於此日初夜分時，以種種花鬘塗
香末香，以妙天衣莊嚴執持，往詣誓多林園
於世尊所，到已頂礼佛足，右遶七帀，即於佛
前廣大供養，佛前胡跪而白佛言：世尊，善
住天子云何當受七返畜生惡道之身，具如
上說。尒時如來頂上放種種光，遍滿十方一
切世界，已其光還來遶佛三帀，從佛口入。佛
便微笑，告帝釋言：天帝，有陁羅尼名為如來
佛頂尊勝，能淨一切惡道，能淨除一切生死
苦惱，又能淨除諸地獄閻羅王界畜生之苦，
又破一切地獄，能迴向善道。天帝，此佛頂尊
勝陁羅尼，若有人聞一經於耳，先世所造一
切地獄惡業皆悉消滅，當得清淨之身，隨所
生處，憶持不忘，從一佛刹至一佛刹，從一
天界至一天界，遍歷三十三天，所生之處
憶持不忘。天帝，若人命欲將終，須臾憶念
此陁羅尼，還得增壽，得身口意淨，身无苦
痛，隨其福利，隨處安隱，一切如來之所觀視，
一切天神恒常侍衛，為人所敬，惡障消滅，
一切菩薩同心覆護。天帝，若人能須臾讀
誦此陁羅尼者，此人所有一切地獄畜生閻

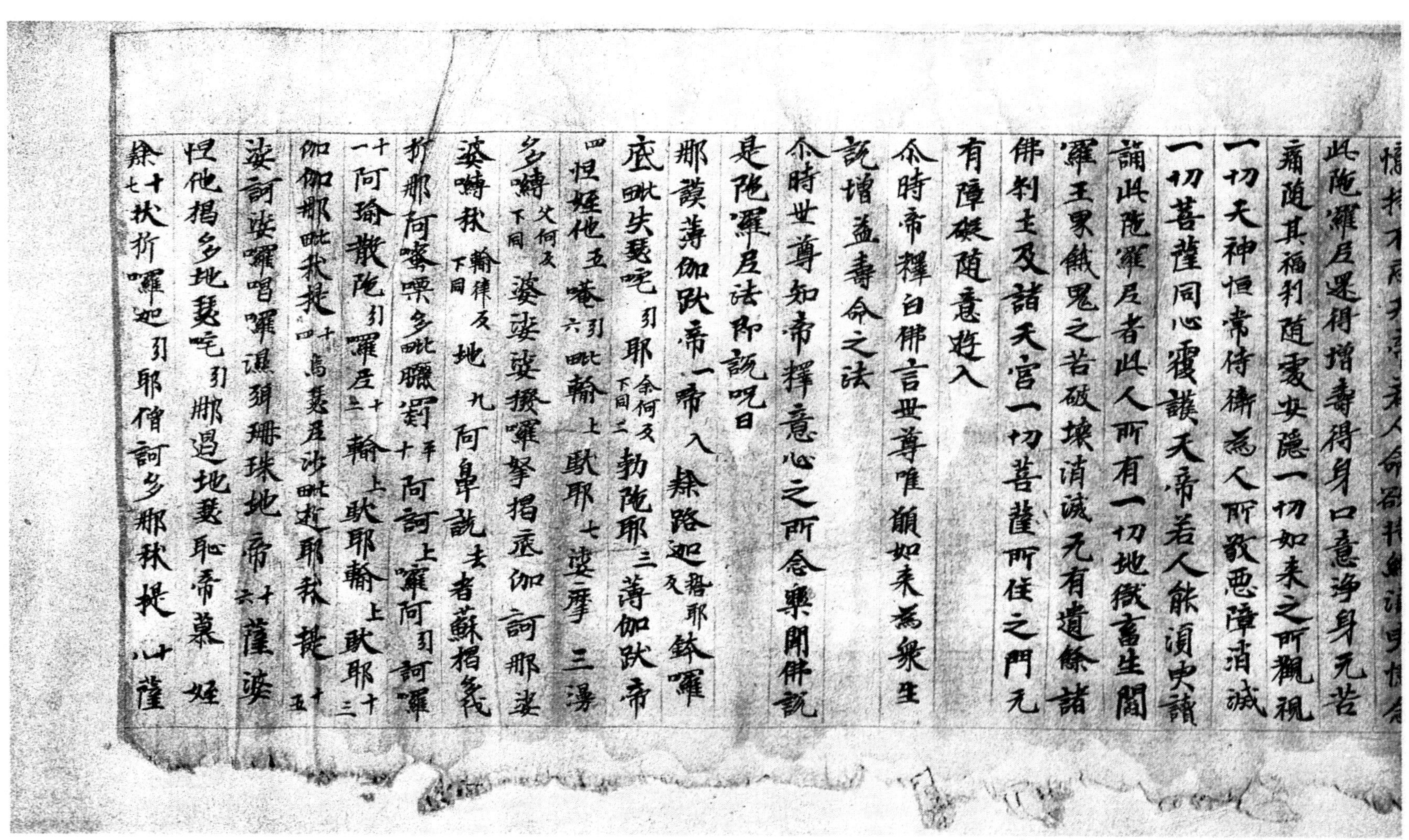
憶持不忘天帝若人命欲將終須臾憶念
此陁羅尼，還得增壽，得身口意淨，身无苦
痛，隨其福利，隨處安隱，一切如來之所觀視，
一切天神恒常侍衛，為人所敬，惡障消滅，
一切菩薩同心覆護。天帝，若人能須臾讀
誦此陁羅尼者，此人所有一切地獄畜生閻
羅王界餓鬼之苦，破壞消滅，无有遺餘，諸
佛刹土及諸天宮，一切菩薩所住之門，无
有障礙，隨意遊入。
尒時帝釋白佛言：世尊，唯願如來為衆生
說增益壽命之法。
尒時世尊知帝釋意心之所念，樂聞佛說
是陁羅尼法，即說呪曰：
那謨薄伽跋帝一啼入隸路迦反毘耶鉢囉
底毗失瑟吒引耶余何反下同二勃陁耶三薄伽跋帝
四怛姪他五唵引六毗輸上馱耶七娑摩三漫
多嚩父何反下同婆婆娑撥囉拏揭底伽訶那娑
婆嚩秋輸律反下同地九阿鼻詵去者蘇揭多
折那阿嚩嘌多毗曬羯羊十阿訶上囉阿引訶囉
十一阿瑜散陁引囉尼十二輸上馱耶輸上馱耶十三
伽伽那毗秋提十四烏瑟尼沙毗逝耶秋提十五
娑訶娑囉喝囉濕弭珊珠地帝十六薩婆
怛他揭多地瑟咤引那遏地瑟恥帝慕姪
隸十七伏折囉迦引耶僧訶多那秋提十八薩

義而說偈言
若於大衆中　以无所畏心　說是法
是人得八百　功德殊勝眼　以是莊嚴故
父母所生眼　悉見三千界　內外弥樓山　須弥及鐵圍
并諸餘山林　大海江河水　下至阿鼻獄　上至有頂處
其中諸衆生　一切皆悉見　雖未得天眼　肉眼力如是
復次常精進若善男子善女人受持此經若
讀若誦若解說若書寫得千二百耳功德以
是清淨耳聞三千大千世界下至阿鼻地獄
上至有頂其中內外種種語言音聲象聲馬
聲牛聲車聲啼哭聲愁歎聲螺聲鼓聲鍾聲
鈴聲咲聲語聲男聲女聲童子聲童女聲法
聲非法聲苦聲樂聲凡夫聲聖人聲喜聲不
喜聲天聲龍聲夜叉聲乾闥婆聲阿脩羅聲
迦樓羅聲緊那羅聲摩睺羅伽聲火聲水聲
風聲地獄聲畜生聲餓鬼聲比丘聲比丘尼
聲聲聞聲辟支佛聲菩薩聲佛聲以要言之
三千大千世界中一切內外所有諸聲雖未
得天耳以父母所生清淨常耳皆悉聞知如
是分別種種音聲而不壞耳根尒時世尊欲
重宣此義而說偈言

BD05481號　妙法蓮華經卷六　（26–1）

迦樓羅聲緊那羅聲摩睺羅伽聲火聲水聲
風聲地獄聲畜生聲餓鬼聲比丘聲比丘尼
聲聲聞聲辟支佛聲菩薩聲佛聲以要言之
三千大千世界中一切內外所有諸聲雖未
得天耳以父母所生清淨常耳皆悉聞知如
是分別種種音聲而不壞耳根尒時世尊欲
重宣此義而說偈言
父母所生耳　清淨无濁穢　以此常耳聞　三千世界聲
象馬車牛聲　鍾鈴螺鼓聲　琴瑟箜篌聲　簫笛之音聲
清淨好歌聲　聽之而不著　无數種人聲　聞悉能解了
又聞諸天聲　微妙之歌音　及聞男女聲　童子童女聲
山川嶮谷中　迦陵頻伽聲　命命等諸鳥　悉聞其音聲
地獄衆苦痛　種種楚毒聲　餓鬼飢渴逼　求索飲食聲
諸阿脩羅等　居在大海邊　自共言語時　出于大音聲
如是說法者　安住於此間　遙聞是衆聲　而不壞耳根
十方世界中　禽獸鳴相呼　其說法之人　於此悉聞之
其諸梵天上　光音及遍淨　乃至有頂天　言語之音聲
法師住於此　悉皆得聞之　一切比丘衆　及諸比丘尼
若讀誦經典　若為他人說　法師住於此　悉皆得聞之
復有諸菩薩　讀誦於經法　若為他人說　撰集解其義
如是諸音聲　悉皆得聞之　諸佛大聖尊　教化衆生者
於諸大會中　演說微妙法　持此法華者　悉皆得聞之
三千大千界　內外諸音聲　下至阿鼻獄　上至有頂天
皆聞其音聲　而不壞耳根　其耳聰利故　悉能分別知
持是法華者　雖未得天耳　但用所生耳　功德已如是
復次常精進若善男子善女人受持是經若

BD05481號　妙法蓮華經卷六　（26–2）

如是諸音聲　悉皆得聞之　諸佛大聖尊　教化衆生者
於諸大會中　演說微妙法　持此法華者　悉皆得聞之
三千大千界　內外諸音聲　下至阿鼻獄　上至有頂天
皆聞其音聲　而不壞耳根　其耳聰利故　悉能分別知
持是法華者　雖未得天耳　但用所生耳　功德已如是
復次常精進若善男子善女人受持是經若
讀若誦若解說若書寫成就八百鼻功德以
是清淨鼻根聞於三千大千世界上下內外
種種諸香須曼那華香闍提華香末利華香
瞻蔔華香波羅羅華香赤蓮華香青蓮華香
白蓮華香華樹香菓樹香栴檀香沉水香多
摩羅跋香多伽羅香及千万種和香若末若
丸若塗香持是經者於此間住悉能分別又
復別知衆生之香象香馬香牛羊等香男香
女香童子香童女香及草木叢林香若近若
遠所有諸香悉皆得聞分別不錯持是經者
雖住於此亦聞天上諸天之香波利質多樹
拘鞞陀羅樹香及曼陀羅華香摩訶曼陀羅
華香曼殊沙華香摩訶曼殊沙華香栴檀沉
水種種末香諸雜華香如是等天香和合所
出之香无不聞知又聞諸天身香釋提桓因
在勝殿上五欲娛樂嬉戲時香若在妙法堂
上為忉利諸天說法時香若於諸園遊戲時
香及餘天等男女身香皆悉遙聞如是展轉
乃至梵世上至有頂諸天身香亦皆聞之并

BD05481號　妙法蓮華經卷六

（26–3）

水種種末香諸雜華香如是等天香和合所
出之香无不聞知又聞諸天身香釋提桓因
在勝殿上五欲娛樂嬉戲時香若在妙法堂
上為忉利諸天說法時香若於諸園遊戲時
香及餘天等男女身香皆悉遙聞如是展轉
乃至梵世上至有頂諸天身香亦皆聞之并
聞諸天所燒之香及聲聞香辟支佛香菩薩
香諸佛身香亦皆遙聞知其所在雖聞此香
然於鼻根不壞不錯若欲分別為他人說憶
念不謬尒時世尊欲重宣此義而說偈言
是人鼻清淨　於此世界中　若香若臭物　種種悉聞知
須曼那闍提　多摩羅栴檀　沉水及桂香　種種華菓香
及知衆生香　男子女人香　說法者遠住　聞香知所在
大勢轉輪王　小轉輪及子　群臣諸宮人　聞香知所在
身所著珍寶　及地中寶藏　轉輪王寶女　聞香知所在
諸人嚴身具　衣服及瓔珞　種種所塗香　聞香知其身
諸天若行坐　遊戲及神變　持是法華經　聞香悉能知
諸樹華菓實　及蘇油香氣　持經者住此　悉知其所在
諸山深嶮處　栴檀樹華敷　衆生在中者　聞香皆能知
鐵圍山大海　地中諸衆生　持經者聞香　悉知其所在
阿脩羅男女　及其諸眷屬　鬪諍遊戲時　聞香皆能知
曠野嶮隘處　師子象虎狼　野牛水牛等　聞香知所在
若有懷妊者　未辯其男女　无根及非人　聞香悉能知
以聞香力故　知其初懷妊　成就不成就　安樂產福子
以聞香力故　知男女所念　染欲癡恚心　亦知脩善者
地中衆伏藏　金銀諸珍寶　銅器之所盛　聞香悉能知

BD05481號　妙法蓮華經卷六

（26–4）

曠野險隘處　師子象虎狼　野牛水牛等　聞香知所在
若有懷妊者　未辯其男女　无根及非人　聞香悉能知
以聞香力故　知其初懷妊　成就不成就　安樂産福子
以聞香力故　知男女所念　染欲癡恚心　亦知脩善者
地中衆伏藏　金銀諸珍寶　銅器之所盛　聞香悉能知
種種諸瓔珞　无能識其價　聞香知貴賤　出處及所在
天上諸華等　曼陁曼殊沙　波利質多樹　聞香悉能知
天上諸宮殿　上中下差別　衆寶華莊嚴　聞香悉能知
天園林勝殿　諸觀妙法堂　在中而娛樂　聞香悉能知
諸天若聽法　或受五欲時　來往行坐卧　聞香悉能知
天女所著衣　好華香莊嚴　周旋遊戲時　聞香悉能知
如是展轉上　乃至於梵世　入禪出禪者　聞香悉能知
光音遍淨天　乃至于有頂　初生及退沒　聞香悉能知
諸比丘衆等　於法常精進　若坐若經行　及讀誦經法
或在林樹下　專精而坐禪　持經者聞香　悉知其所在
菩薩志堅固　坐禪若讀誦　或爲人說法　聞香悉能知
在在方世尊　一切所恭敬　愍衆而說法　聞香悉能知
衆生在佛前　聞經皆歡喜　如法而脩行　聞香悉能知
雖未得菩薩　无漏法生鼻　而是持經者　先得此鼻相
復次常精進若善男子善女人受持是經若
讀若誦若解說若書寫得千二百舌功德若
好若醜若美不美及諸苦澀物在其舌根皆
變成上味如天甘露无不美者若以舌根於
大衆中有所演說出深妙聲能入其心皆令
歡喜快樂又諸天子天女釋梵諸天聞是深
妙音聲有所演說言論次第皆悉來聽及諸

BD05481號　妙法蓮華經卷六　（26–5）

好若醜若美不美及諸苦澀物在其舌根皆
變成上味如天甘露无不美者若以舌根於
大衆中有所演說出深妙聲能入其心皆令
歡喜快樂又諸天子天女釋梵諸天聞是深
妙音聲有所演說言論次第皆悉來聽及諸
龍龍女夜叉夜叉女乾闥婆乾闥婆女阿脩
羅阿脩羅女迦樓羅迦樓羅女緊那羅緊那
羅女摩睺羅伽摩睺羅伽女爲聽法故皆來
親近恭敬供養及比丘比丘尼優婆塞優婆
夷國王王子羣臣眷屬小轉輪王大轉輪王
七寶千子內外眷屬乘其宮殿俱來聽法以
是菩薩善說法故婆羅門居士國內人民盡
其形壽隨侍供養又諸聲聞辟支佛菩薩諸
佛常樂見之是人所在方面諸佛皆向其處
說法悉能受持一切佛法又能出於深妙法
音爾時世尊欲重宣此義而說偈言
是人舌根淨　終不受惡味　其有所食噉　悉皆成甘露
以深淨妙聲　於大衆說法　以諸因緣喻　引導衆生心
聞者皆歡喜　設諸上供養　諸天龍夜叉　及阿脩羅等
皆以恭敬心　而共來聽法　是說法之人　若欲以妙音
遍滿三千界　隨意即能至　大小轉輪王　及千子眷屬
合掌恭敬心　常來聽受法　諸天龍夜叉　羅剎毗舍闍
亦以歡喜心　常樂來供養　梵天王魔王　自在大自在
如是諸天衆　常來至其所　諸佛及弟子　聞其說法音
常念而守護　或時爲現身

BD05481號　妙法蓮華經卷六　（26–6）

合掌恭敬心　常来聽受法　諸天龍夜叉　羅刹毗舍闍
亦以歡喜心　常樂来供養　梵天王魔王　自在大自在
如是諸天衆　常来至其所　諸佛及弟子　聞其說法音
常念而守護　或時為現身
復次常精進若善男子善女人受持是經若
讀若誦若解說若書寫得八百身功德得清
淨身如淨瑠璃衆生憙見其身淨故三千大
千世界衆生生時死時上下好醜生善處惡
處悉於中見及鐵圍大鐵圍弥樓山摩訶弥
樓山等諸山及其中衆生悉於中現下至阿
鼻地獄上至有頂所有及衆生悉於中現若
聲聞辟支佛菩薩諸佛說法皆於身中現其
色像尒時世尊欲重宣此義而說偈言
若持法華經　其身甚清淨　如彼淨瑠璃　衆生皆憙見
又如淨明鏡　悉見諸色像　菩薩於淨身　皆見世所有
唯獨自明了　餘人所不見　三千世界中　一切諸羣萌
天人阿脩羅　地獄鬼畜生　如是諸色像　皆於身中現
諸天等宮殿　乃至於有頂　鐵圍及弥樓　摩訶弥樓山
諸大海水等　皆於身中現　諸佛及聲聞　佛子菩薩等
若獨若在衆　說法悉皆現　雖未得无漏　法性之妙身
以清淨常體　一切於中現
復次常精進若善男子善女人如来滅後受
持是經若讀若誦若解說若書寫得千二百
意功德以是清淨意根乃至聞一偈一句通
達无量无邊之義解是義已能演說一句一

BD05481號　妙法蓮華經卷六

(26–7)

復次常精進若善男子善女人如来滅後受
持是經若讀若誦若解說若書寫得千二百
意功德以是清淨意根乃至聞一偈一句通
達无量无邊之義解是義已能演說一句一
偈至於一月四月乃至一歲諸所說法隨其
義趣皆與實相不相違背若說俗間經書治
世語言資生業等皆順正法三千大千世界
六趣衆生心之所行心所動作心所戲論皆
悉知之雖未得无漏智慧而其意根清淨如
此是人有所思惟籌量言說皆是佛法无不
真實亦是先佛經中所說尒時世尊欲重宣
此義而說偈言
是人意清淨　明利无穢濁　以此妙意根　知上中下法
乃至聞一偈　通達无量義　次第如法說　月四月至歲
是世界內外　一切諸衆生　若天龍及人　夜叉鬼神等
其在六趣中　所念若干種　持法華之報　一時皆悉知
十方无數佛　百福莊嚴相　為衆生說法　悉聞能受持
思惟无量義　說法亦无量　終始不忘錯　以持法華故
悉知諸法相　隨義識次第　達名字語言　如所知演說
此人有所說　皆是先佛法　以演此法故　於衆无所畏
持法華經者　意根淨若斯　雖未得无漏　先有如是相
是人持此經　安住希有地　為一切衆生　歡喜而愛敬
能以千万種　善巧之語言　分別而說法　持法華經故
妙法蓮華經常不輕菩薩品第廿
尒時佛告得大勢菩薩摩訶薩汝今當知若

BD05481號　妙法蓮華經卷六

(26–8)

持法華經者　意根淨若斯　雖未得无漏　先有如是相
是人持此經　安住希有地　為一切衆生　歡喜而愛敬
能以千万種　善巧之語言　分別而說法　持法華經故
妙法蓮華經常不輕菩薩品第廿
尒時佛告得大勢菩薩摩訶薩汝今當知若
比丘比丘尼優婆塞優婆夷持法華經者若
有惡口罵詈誹謗獲大罪報如前所說其所
得功德如向所說眼耳鼻舌身意清淨得大
勢乃往古昔過无量无邊不可思議阿僧祇
劫有佛名威音王如来應供正遍知明行足
善逝世間解无上士調御丈夫天人師佛世
尊劫名離衰國名大成其威音王佛於彼世
中為天人阿脩羅說法為求聲聞者說應四
諦法度生老病死究竟涅槃為求辟支佛者
說應十二因緣法為諸菩薩因阿耨多羅三
藐三菩提說應六波羅蜜法究竟佛慧得大
勢是威音王佛壽四十万億那由他恒河沙
劫正法住世劫數如一閻浮提微塵像法住
世劫數如四天下微塵其佛饒益衆生已然
後滅度正法像法滅盡之後於此國土復有
佛出亦号威音王如来應供正遍知明行足
善逝世間解无上士調御丈夫天人師佛世
尊如是次第有二万億佛皆同一号最初威
音王如来既已滅度正法滅後於像法中增
上慢比丘有大勢力尒時有一菩薩比丘名

善逝世間解无上士調御丈夫天人師佛世
尊如是次第有二万億佛皆同一号最初威
音王如来既已滅度正法滅後於像法中增
上慢比丘有大勢力尒時有一菩薩比丘名
常不輕得大勢以何因緣名常不輕是比丘
凡有所見若比丘比丘尼優婆塞優婆夷皆
悉礼拜讚歎而作是言我深敬汝等不敢輕
慢所以者何汝等皆行菩薩道當得作佛而
是比丘不專讀誦經典但行礼拜乃至遠見
四衆亦復故往礼拜讚歎而作是言我不敢
輕於汝等汝等皆當作佛四衆之中有生瞋
恚心不淨者惡口罵詈言是无智比丘從何
所来自言我不輕汝而與我等授記當得作
佛我等不用如是虛妄授記如此經歷多年
常被罵詈不生瞋恚常作是言汝當作佛說
是語時衆人或以杖木瓦石而打擲之避走
遠住猶高聲唱言我不敢輕汝汝等皆當作
佛以其常作是語故增上慢比丘比丘尼優
婆塞優婆夷号之為常不輕是比丘臨欲終
時於虛空中具聞威音王佛先所說法華經
二十千万億偈悉能受持即得如上眼根清
淨耳鼻舌身意根清淨得是六根清淨已更
增壽命二百万億那由他歲廣為人說是法
華經於時增上慢四衆比丘比丘尼優婆塞
優婆夷輕賤是人為作不輕名者見其得大

二十千万偈悉能受持即得如上眼根清
淨耳鼻舌身意根清淨得是六根清淨已更
增壽命二百万億那由他歲廣為人說是法
華經於時增上慢四衆比丘比丘尼優婆塞
優婆夷輕賤是人為作不輕名者見其得大
神通力樂說辯力大善寂力聞其所說皆信
伏隨從是菩薩復化千万億衆令住阿耨多
羅三藐三菩提命終之後得值二千億佛皆
号日月燈明於其法中說是法華經以是因
緣復值二千億佛同号雲自在燈王於此諸
佛法中受持讀誦為諸四衆說此經典故得
是常眼清淨耳鼻舌身意諸根清淨於四衆
中說法心无所畏得大勢是常不輕菩薩摩
訶薩供養如是若干諸佛恭敬尊重讚歎種
諸善根於後復值千万億佛亦於諸佛法中
說是經典功德成就當得作佛得大勢於意
云何尒時常不輕菩薩豈異人乎則我身是
若我於宿世不受持讀誦此經為他人說者
不能疾得阿耨多羅三藐三菩提我於先佛
所受持讀誦此經為人說故疾得阿耨多羅
三藐三菩提得大勢彼時四衆比丘比丘尼
優婆塞優婆夷以瞋恚意輕賤我故二百億
劫常不值佛不聞法不見僧千劫於阿鼻地
獄受大苦惱畢是罪已復遇常不輕菩薩教
化阿耨多羅三藐三菩提得大勢於汝意云
何尒時四衆常輕是菩薩者豈異人乎今此

BD05481 號　妙法蓮華經卷六　（26–11）

優婆塞優婆夷以瞋恚意輕賤我故二百億
劫常不值佛不聞法不見僧千劫於阿鼻地
獄受大苦惱畢是罪已復遇常不輕菩薩教
化阿耨多羅三藐三菩提得大勢於汝意云
何尒時四衆常輕是菩薩者豈異人乎今此
會中跋陀婆羅等五百菩薩師子月等五百
比丘尼思佛等五百優婆塞皆於阿耨多羅
三藐三菩提不退轉者是得大勢當知是法
華經大饒益諸菩薩摩訶薩能令至於阿耨
多羅三藐三菩提是故諸菩薩摩訶薩於如
來滅後常應受持讀誦解說書寫是經尒時
世尊欲重宣此義而說偈言
過去有佛　号威音王　神智无量　將導一切
天人龍神　所共供養　是佛滅後　法欲盡時
有一菩薩　名常不輕　時諸四衆　計着於法
不輕菩薩　往到其所　而語之言　我不輕汝
汝等行道　皆當作佛　諸人聞已　輕毀罵詈
不輕菩薩　能忍受之　其罪畢已　臨命終時
得聞此經　六根清淨　神通力故　增益壽命
復為諸人　廣說是經　諸著法衆　皆蒙菩薩
教化成就　令住佛道　不輕命終　值无數佛
說是經故　得无量福　漸具功德　疾成佛道
彼時不輕　則我身是　時四部衆　著法之者
聞不輕言　汝當作佛　以是因緣　值无數佛
此會菩薩　五百之衆　并及四部　清信士女
今於我前　聽法者是　我於前世　勸是諸人

BD05481 號　妙法蓮華經卷六　（26–12）

誦是經故 得无量福 漸具功德 疾成佛道
彼時不輕 則我身是 時四部衆 著法之者
聞不輕言 汝當作佛 以是因緣 值无數佛
此會菩薩 五百之衆 并及四部 清信士女
今於我前 聽法者是 我於前世 勸是諸人
聽受斯經 第一之法 開示教人 令住涅槃
世世受持 如是經典 億億万劫 至不可議
時乃得聞 是法華經 億億万數 至不可議
諸佛世尊 時說是經 是故行者 於佛滅後
聞如是經 勿生疑惑 應當一心 廣說此經
世世值佛 疾成佛道

妙法蓮華經如來神力品第廿一

尒時千世界微塵等菩薩摩訶薩從地踊出者皆於佛前一心合掌瞻仰尊顔而白佛言世尊我等於佛滅後世尊分身所在國土滅度之處當廣說此經所以者何我等亦自欲得是真淨大法受持讀誦解說書寫而供養之尒時世尊於文殊師利等无量百千万億舊住娑婆世界菩薩摩訶薩及諸比丘比丘尼優婆塞優婆夷天龍夜叉乾闥婆阿脩羅迦樓羅緊那羅摩睺羅伽人非人等一切衆前現大神力出廣長舌上至梵世一切毛孔放於无量无數色光皆悉遍照十方世界衆寶樹下師子座上諸佛亦復如是出廣長舌放无量光釋迦牟尼佛及寶樹下諸佛現神力時滿百千歲然後還攝舌相一時謦欬俱

BD05481號　妙法蓮華經卷六　（26–13）

前現大神力出廣長舌上至梵世一切毛孔放於无量无數色光皆悉遍照十方世界衆寶樹下師子座上諸佛亦復如是出廣長舌放无量光釋迦牟尼佛及寶樹下諸佛現神力時滿百千歲然後還攝舌相一時謦欬俱共彈指是二音聲遍至十方諸佛世界地皆六種震動其中衆生天龍夜叉乾闥婆阿脩羅迦樓羅緊那羅摩睺羅伽人非人等以佛神力故皆見此娑婆世界无量无邊百千万億衆寶樹下師子座上諸佛及見釋迦牟尼佛共多寶如來在寶塔中坐師子座又見无量无邊百千万億菩薩摩訶薩及諸四衆恭敬圍繞釋迦牟尼佛既見是已皆大歡喜得未曾有即時諸天於虛空中高聲唱言過此无量无邊百千万億阿僧祇世界有國名娑婆是中有佛名釋迦牟尼今為諸菩薩摩訶薩說大乘經名妙法蓮華教菩薩法佛所護念汝等當深心隨喜亦當禮拜供養釋迦牟尼佛彼諸衆生聞虛空中聲已合掌向娑婆世界作如是言南无釋迦牟尼佛南无釋迦牟尼佛以種種華香瓔珞幡蓋及諸嚴身之具珎寶妙物皆共遥散娑婆世界所散諸物從十方來譬如雲集變成寶帳遍覆此閒諸佛之上于時十方世界通達无㝵如一佛土尒時佛告上行等菩薩大衆諸佛神力如是无量无邊不可思議若我以是神力於无量

BD05481號　妙法蓮華經卷六　（26–14）

具珎寶妙物皆共遙散娑婆世界所散諸物
從十方来譬如雲集變成寶帳遍覆此閒諸
佛之上于時十方世界通達无㝵如一佛土
尒時佛告上行等菩薩大衆諸佛神力如是
无量无邊不可思議若我以是神力於无量
无邊百千万億阿僧祇劫為囑累故說此經
功德猶不能盡以要言之如来一切所有之
法如来一切自在神力如来一切秘要之藏
如来一切甚深之事皆於此經宣示顯說是
故汝等於如来滅後應一心受持讀誦解說
書寫如說脩行所在國土若有受持讀誦解
說書寫如說脩行若經卷所住之處若於園
中若於林中若於樹下若於僧坊若白衣舍
若在殿堂若山谷曠野是中皆應起塔供養
所以者何當知是處即是道場諸佛於此得
阿耨多羅三藐三菩提諸佛於此轉于法輪
諸佛於此而般涅槃尒時世尊欲重宣此義
而說偈言
諸佛救世者　住於大神通　為悅衆生故　現无量神力
舌相至梵天　身放无數光　為求佛道者　現此希有事
諸佛謦欬聲　及彈指之聲　周聞十方國　地皆六種動
以佛滅度後　能持是經故　諸佛皆歡喜　現无量神力
囑累是經故　讃美受持者　於无量劫中　猶故不能盡
是人之功德　无邊无有窮　如十方虛空　不可得邊際
能持是經者　則為已見我　亦見多寶佛　及諸分身者
又見我今日　教化諸菩薩　能持是經者　令我及分身

以佛滅度後　能持是經故　諸佛皆歡喜　現无量神力
囑累是經故　讃美受持者　於无量劫中　猶故不能盡
是人之功德　无邊无有窮　如十方虛空　不可得邊際
能持是經者　則為已見我　亦見多寶佛　及諸分身者
又見我今日　教化諸菩薩　能持是經者　令我及分身
滅度多寶佛　一切皆歡喜　十方現在佛　并過去未来
亦見亦供養　亦令得歡喜　諸佛坐道場　所得秘要法
能持是經者　不久亦當得　能持是經者　於諸法之義
名字及言辭　樂說无窮盡　如風於空中　一切无鄣㝵
於如来滅後　知佛所說經　因緣及次第　隨義如實說
如日月光明　能除諸幽冥　斯人行世閒　能滅衆生闇
教无量菩薩　畢竟住一乘　是故有智者　聞此功德利
於我滅度後　應受持斯經　是人於佛道　決定无有疑
妙法蓮華經囑累品第廿二
尒時釋迦牟尼佛從法座起現大神力以右
手摩无量菩薩摩訶薩頂而作是言我於无
量百千万億阿僧祇劫脩習是難得阿耨多
羅三藐三菩提法今以付囑汝等汝等應當
一心流布此法廣令增益如是三摩諸菩薩
摩訶薩頂而作是言我於无量百千万億阿
僧祇劫脩習是難得阿耨多羅三藐三菩提
法今以付囑汝等汝等當受持讀誦廣宣此
法令一切衆生普得聞知所以者何如来有
大慈悲无諸慳悋亦无所畏能與衆生佛之
智慧如来智慧自然智慧如来是一切衆生
之大施主汝等亦應隨學如来之法勿生慳

法令以付囑汝等汝等當受持讀誦廣宣此
法令一切衆生普得聞知所以者何如來有
大慈悲无諸慳恡亦无所畏能與衆生佛之
智慧如來智慧自然智慧如來是一切衆生
之大施主汝等亦應隨學如來之法勿生慳
恡於未來世若有善男子善女人信如來智
慧者當爲演說此法華經使得聞知爲令其
人得佛慧故若有衆生不信受者當於如來
餘深妙法中示教利喜汝等若能如是則爲
已報諸佛之恩時諸菩薩摩訶薩聞佛作是
說已皆大歡喜遍滿其身益加恭敬曲躬低
頭合掌向佛俱發聲言如世尊勅當具奉行
唯然世尊願不有慮諸菩薩摩訶薩衆如是
三反俱發聲言如世尊勅當具奉行唯然世
尊願不有慮尒時釋迦牟尼佛令十方來諸
分身佛各還本土而作是言諸佛各隨所安
多寶佛塔還可如故說是語時十方无量分
身諸佛坐寶樹下師子座上者及多寶佛并
上行等无邊阿僧祇菩薩大衆舍利弗等聲
聞四衆及一切世間天人阿脩羅等聞佛所
說皆大歡喜

妙法蓮華經藥王菩薩本事品第廿三

尒時宿王華菩薩白佛言世尊藥王菩薩云
何遊於娑婆世界世尊是藥王菩薩有若干
百千万億那由他難行苦行善哉世尊願少
解說諸天龍神夜叉乾闥婆阿脩羅迦樓羅

妙法蓮華經藥王菩薩本事品第廿三
尒時宿王華菩薩白佛言世尊藥王菩薩云
何遊於娑婆世界世尊是藥王菩薩有若干
百千万億那由他難行苦行善哉世尊願少
解說諸天龍神夜叉乾闥婆阿脩羅迦樓羅
緊那羅摩睺羅伽人非人等又他國土諸來
菩薩及此聲聞衆聞皆歡喜尒時佛告宿王
華菩薩乃往過去无量恒河沙劫有佛号日
月淨明德如來應供正遍知明行足善逝世
間解无上士調御丈夫天人師佛世尊其佛
有八十億大菩薩摩訶薩七十二恒河沙大
聲聞衆佛壽四万二千劫菩薩壽命亦等彼
國无有女人地獄餓鬼畜生阿脩羅等及以
諸難地平如掌瑠璃所成寶樹莊嚴寶帳覆
上垂寶華幡寶瓶香鑪周遍國界七寶爲臺
一樹一臺其樹去臺盡一箭道此諸寶樹皆
有菩薩聲聞而坐其下諸寶臺上各有百億
諸天作天伎樂歌歎於佛以爲供養尒時彼
佛爲一切衆生憙見菩薩及衆菩薩諸聲聞
衆說法華經是一切衆生憙見菩薩樂習苦
行於日月淨明德佛法中精進經行一心求
佛滿万二千歲已得現一切色身三昧得此
三昧已心大歡喜即作念言我得現一切色
身三昧皆是得聞法華經力我今當供養日
月淨明德佛及法華經即時入是三昧於虛
空中雨曼陀羅華摩訶曼陀羅華細末堅

佛滿万二千歲已得現一切色身三昧得此
三昧已心大歡喜即作念言我得現一切色
身三昧皆是得聞法華經力我今當供養日
月淨明德佛及法華經即時入是三昧於虛
空中雨曼陀羅華摩訶曼陀羅華細末堅黑
栴檀滿虛空中如雲而下又雨海此岸栴檀
之香此香六銖價直娑婆世界以供養佛作
是供養已從三昧起而自念言我雖以神力
供養於佛不如以身供養即服諸香栴檀薰
陸兜樓婆畢力迦沈水膠香又飲瞻蔔諸華
香油滿千二百歲已香油塗身於日月淨明
德佛前以天寶衣而自纏身灌諸香油以神
通力願而自燃身光明遍照八十億恒河沙
世界其中諸佛同時讚言善哉善哉善男
子是真精進是名真法供養如來若以華香瓔
珞燒香末香塗香天繒幡蓋及海此岸栴檀
之香如是等種種諸物供養所不能及假使
國城妻子布施亦所不及善男子是名第一
之施於諸施中最尊最上以法供養諸如來
故作是語已而各嘿然其身火燃千二百歲
過是已後其身乃盡一切眾生憙見菩薩作
如是法供養已命終之後復生日月淨明德
佛國中於淨德王家結跏趺坐忽然化生即
為其父而說偈言
大王今當知　我經行彼處　即時得一切　現諸身三昧

過是已後其身乃盡一切眾生憙見菩薩作
如是法供養已命終之後復生日月淨明德
佛國中於淨德王家結跏趺坐忽然化生即
為其父而說偈言
大王今當知　我經行彼處　即時得一切　現諸身三昧
勤行大精進　捨所愛之身
說是偈已而白父言日月淨明德佛今故現
在我先供養佛已得解一切眾生語言陀羅
尼復聞是法華經八百千万億那由他甄迦
羅頻婆羅阿閦婆等偈大王我今當還供養
此佛白已即坐七寶之臺上昇虛空高七多
羅樹往到佛所頭面礼足合十指爪以偈讚
佛
容顏甚奇妙　光明照十方　我適曾供養　今復還親覲
尒時一切眾生憙見菩薩說是偈已而白佛
言世尊世尊猶故在世尒時日月淨明德佛
告一切眾生憙見菩薩善男子我涅槃時到
滅盡時至汝可安施牀座我於今夜當般涅
槃又勑一切眾生憙見菩薩善男子我以佛
法囑累於汝及諸菩薩大弟子并阿耨多羅
三藐三菩提法亦以三千大千七寶世界諸
寶樹寶臺及給侍諸天悉付於汝我滅度後
所有舍利亦付囑汝當令流布廣設供養應
起若干千塔如是日月淨明德佛勑一切眾
生憙見菩薩已於夜後分入於涅槃尒時一
切眾生憙見菩薩見佛滅度悲感懊惱戀慕

寶樹寶臺及給侍諸天悉付於汝我滅度後
所有舍利亦付囑汝當令流布廣設供養應
起若干千塔如是日月淨明德佛勅一切衆
生憙見菩薩已於夜後分入於涅槃尒時一
切衆生憙見菩薩見佛滅度悲感懊惱戀慕
於佛即以海此岸栴檀為積供養佛身而以
燒之火滅已後收取舍利作八万四千寶瓶
以起八万四千塔高三世界表刹莊嚴垂諸
幡蓋懸衆寶鈴尒時一切衆生憙見菩薩復
自念言我雖作是供養心猶未足我今當更
供養舍利便語諸菩薩大弟子及天龍夜叉
等一切大衆汝等當一心念我今供養日月
淨明德佛舍利作是語已即於八万四千塔
前然百福莊嚴臂七万二千歲而以供養令
无數求聲聞衆无量阿僧祇人發阿耨多羅
三藐三菩提心皆使得住現一切色身三昧
尒時諸菩薩天人阿脩羅等見其无臂憂惱
悲哀而作是言此一切衆生憙見菩薩是我
等師教化我者而今燒臂身不具足于時一
切衆生憙見菩薩於大衆中立此誓言我捨
兩臂必當得佛金色之身若實不虛令我兩
臂還復如故作是誓已自然還復由斯菩薩
福德智慧淳厚所致當尒之時三千大千世
界六種震動天雨寶華一切人天得未曾有
佛告宿王華菩薩於汝意云何一切衆生憙
見菩薩豈異人乎今藥王菩薩是也其所捨

BD05481 號　妙法蓮華經卷六　（26–21）

兩臂必當得佛金色之身若實不虛令我兩
臂還復如故作是誓已自然還復由斯菩薩
福德智慧淳厚所致當尒之時三千大千世
界六種震動天雨寶華一切人天得未曾有
佛告宿王華菩薩於汝意云何一切衆生憙
見菩薩豈異人乎今藥王菩薩是也其所捨
身布施如是无量百千万億那由他數宿王
華若有發心欲得阿耨多羅三藐三菩提者
能然手指乃至足一指供養佛塔勝以國城
妻子及三千大千國土山林河池諸珎寶物
而供養者若復有人以七寶滿三千大千世
界供養於佛及大菩薩辟支佛阿羅漢是人
所得功德不如受持此法華經乃至一四句
偈其福最多宿王華譬如一切川流江河諸
水之中海為第一此法華經亦復如是於諸
如來所說經中最為深大又如土山黑山小
鐵圍山大鐵圍山及十寶山衆山之中須弥
山為第一此法華經亦復如是於諸經中最
為其上又如衆星之中月天子最為第一此
法華經亦復如是於千万億種諸經法中最
為照明又如日天子能除諸闇此經亦復如
是能破一切不善之闇又如諸小王中轉輪
聖王最為第一此經亦復如是於衆經中最
為其尊又如帝釋於三十三天中王此經亦
復如是諸經中王又如大梵天王一切衆生

BD05481 號　妙法蓮華經卷六　（26–22）

爲照明又如日天子能除諸闇此經亦復如
是能破一切不善之闇又如諸小王中轉輪
聖王最爲第一此經亦復如是於衆經中最
爲其尊又如帝釋於三十三天中王此經亦
復如是諸經中王又如大梵天王一切衆生
之父此經亦復如是一切賢聖學无學及發
菩薩心者之父又如一切凡夫人中須陁洹
斯陁含阿那含阿羅漢辟支佛爲第一此經
亦復如是一切如來所說若菩薩所說若聲
聞所說諸經法中最爲第一有能受持是經
典者亦復如是於一切衆生中亦爲第一一
切聲聞辟支佛中菩薩爲第一此經亦復如
是於一切諸經法中最爲第一如佛爲諸法
王此經亦復如是諸經中王宿王華此經能
救一切衆生者此經能令一切衆生離諸苦
惱此經能大饒益一切衆生充滿其願如清
涼池能滿一切諸渴乏者如寒者得火如裸
者得衣如商人得主如子得母如渡得船如
病得醫如闇得燈如貧得寶如民得王如賈
客得海如炬除闇此法華經亦復如是能令
衆生離一切苦一切病痛能解一切生死之
縛若人得聞此法華經若自書若使人書所
得功德以佛智慧籌量多少不得其邊若書
是經卷華香瓔珞燒香末香塗香旛蓋衣服
種種之燈蘇燈油燈諸香油燈瞻蔔油燈須

BD05481號　妙法蓮華經卷六　（26–23）

縛若人得聞此法華經若自書若使人書所
得功德以佛智慧籌量多少不得其邊若書
是經卷華香瓔珞燒香末香塗香旛蓋衣服
種種之燈蘇燈油燈諸香油燈瞻蔔油燈須
曼那油燈波羅羅油燈婆利師迦油燈那婆
摩利油燈供養所得功德亦復无量宿王華
若有人聞是藥王菩薩本事品者亦得无量
无邊功德若有女人聞是藥王菩薩本事品
能受持者盡是女身後不復受若如來滅後
後五百歲中若有女人聞是經典如說脩行
於此命終即往安樂世界阿彌陁佛大菩薩
衆圍繞住處生蓮華中寶座之上不復爲貪
欲所惱亦復不爲瞋恚愚癡所惱亦復不爲
憍慢嫉妬諸垢所惱得菩薩神通无生法忍
得是忍已眼根清淨以是清淨眼根見七百
万二千億那由他恒河沙等諸佛如來是時
諸佛遥共讚言善哉善哉善男子汝能於釋
迦牟尼佛法中受持讀誦思惟是經爲他人
說所得福德无量无邊火不能燒水不能漂
汝之功德千佛共說不能令盡汝今已能破
諸魔賊壞生死軍諸餘怨敵皆悉摧滅善男
子百千諸佛以神通力共守護汝於一切世
間天人之中无如汝者唯除如來其諸聲聞
辟支佛乃至菩薩智慧禪定无有與汝等者
宿王華此菩薩成就如是功德智慧之力若

BD05481號　妙法蓮華經卷六　（26–24）

汝之功德千佛共說不能令盡汝今已能破
諸魔賊壞生死軍諸餘怨敵皆悉摧滅善男
子百千諸佛以神通力共守護汝於一切世
間天人之中无如汝者唯除如來其諸聲聞
辟支佛乃至菩薩智慧禪定无有與汝等者
宿王華此菩薩成就如是功德智慧之力若
有人聞是藥王菩薩本事品能隨喜讚善者
是人現世口中常出青蓮華香身毛孔中常
出牛頭栴檀之香所得功德如上所說是故
宿王華以此藥王菩薩本事品囑累於汝我
滅度後後五百歲中廣宣流布於閻浮提无
令斷絶惡魔魔民諸天龍夜叉鳩槃荼等得
其便也宿王華汝當以神通之力守護是經
所以者何此經則為閻浮提人病之良藥若
人有病得聞是經病即消滅不老不死宿王
華汝若見有受持是經者應以青蓮華盛滿
末香供散其上散已作是念言此人不久必
當取草坐於道場破諸魔軍當吹法螺擊大
法鼓度脫一切衆生老病死海是故求佛道
者見有受持是經典人應當如是生恭敬心
說是藥王菩薩本事品時八万四千菩薩得
解一切衆生語言陁羅尼多寶如來於寶塔
中讚宿王華菩薩言善哉善哉宿王華汝成
就不可思議功德乃能問釋迦牟尼佛如此
之事利益无量一切衆生

BD05481號 妙法蓮華經卷六 （26–25）

當取草坐於道場破諸魔軍當吹法螺擊大
法鼓度脫一切衆生老病死海是故求佛道
者見有受持是經典人應當如是生恭敬心
說是藥王菩薩本事品時八万四千菩薩得
解一切衆生語言陁羅尼多寶如來於寶塔
中讚宿王華菩薩言善哉善哉宿王華汝成
就不可思議功德乃能問釋迦牟尼佛如此
之事利益无量一切衆生

妙法蓮華經卷第六

BD05481號 妙法蓮華經卷六 （26–26）

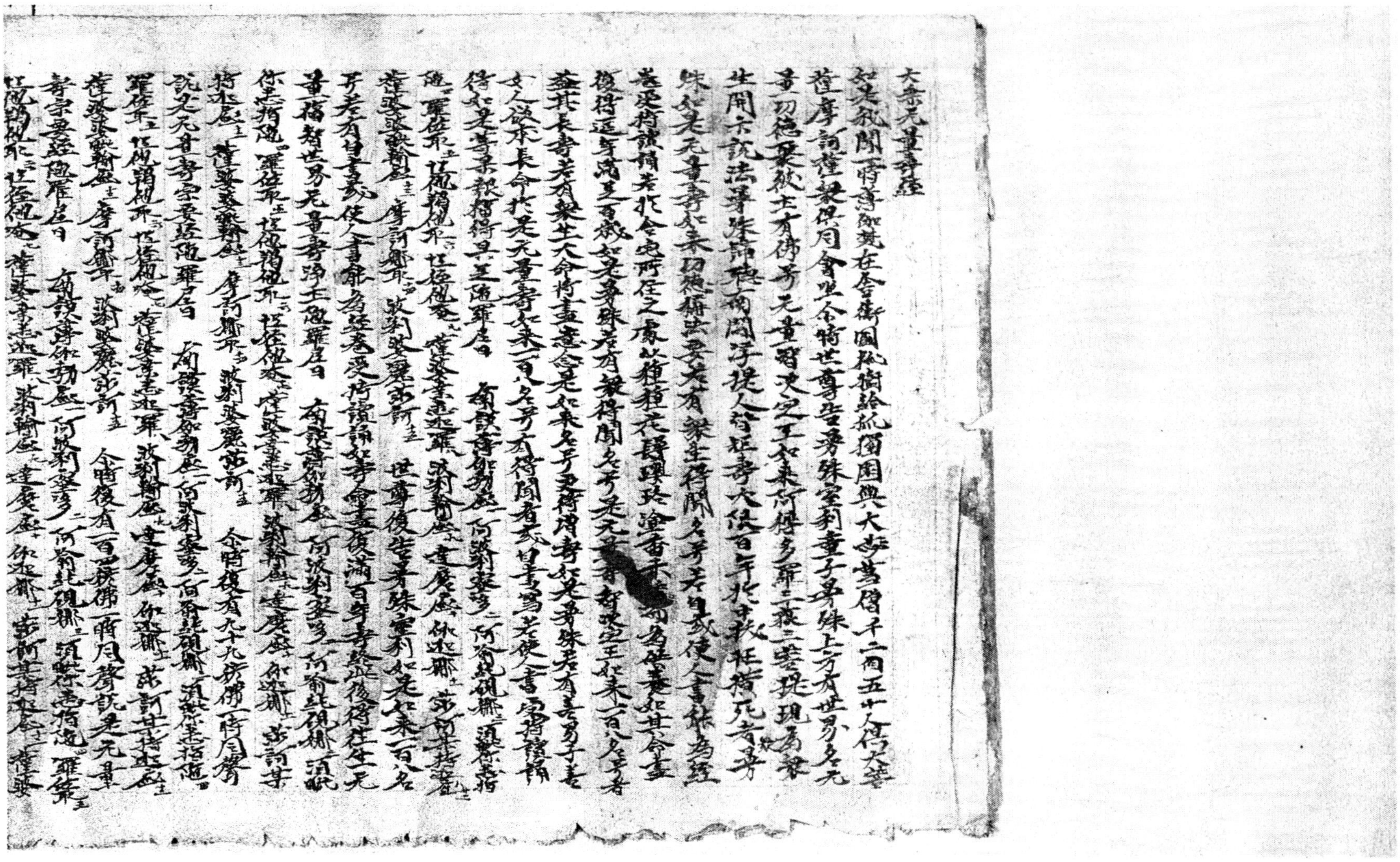

BD05482 號　無量壽宗要經　　　　　　　　　　　　　　　（5–1）

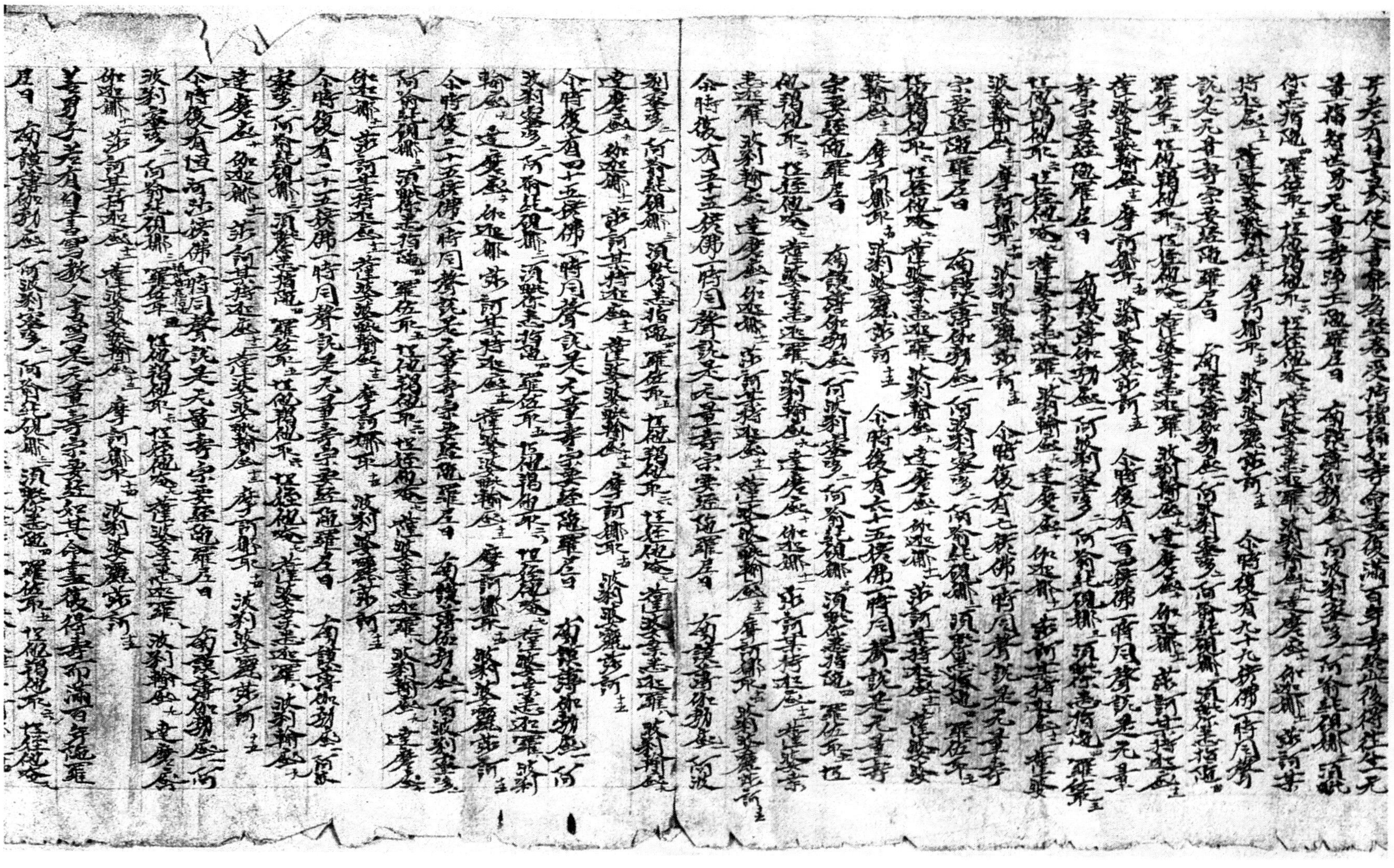

BD05482 號　無量壽宗要經　　　　　　　　　　　　　　　（5–2）

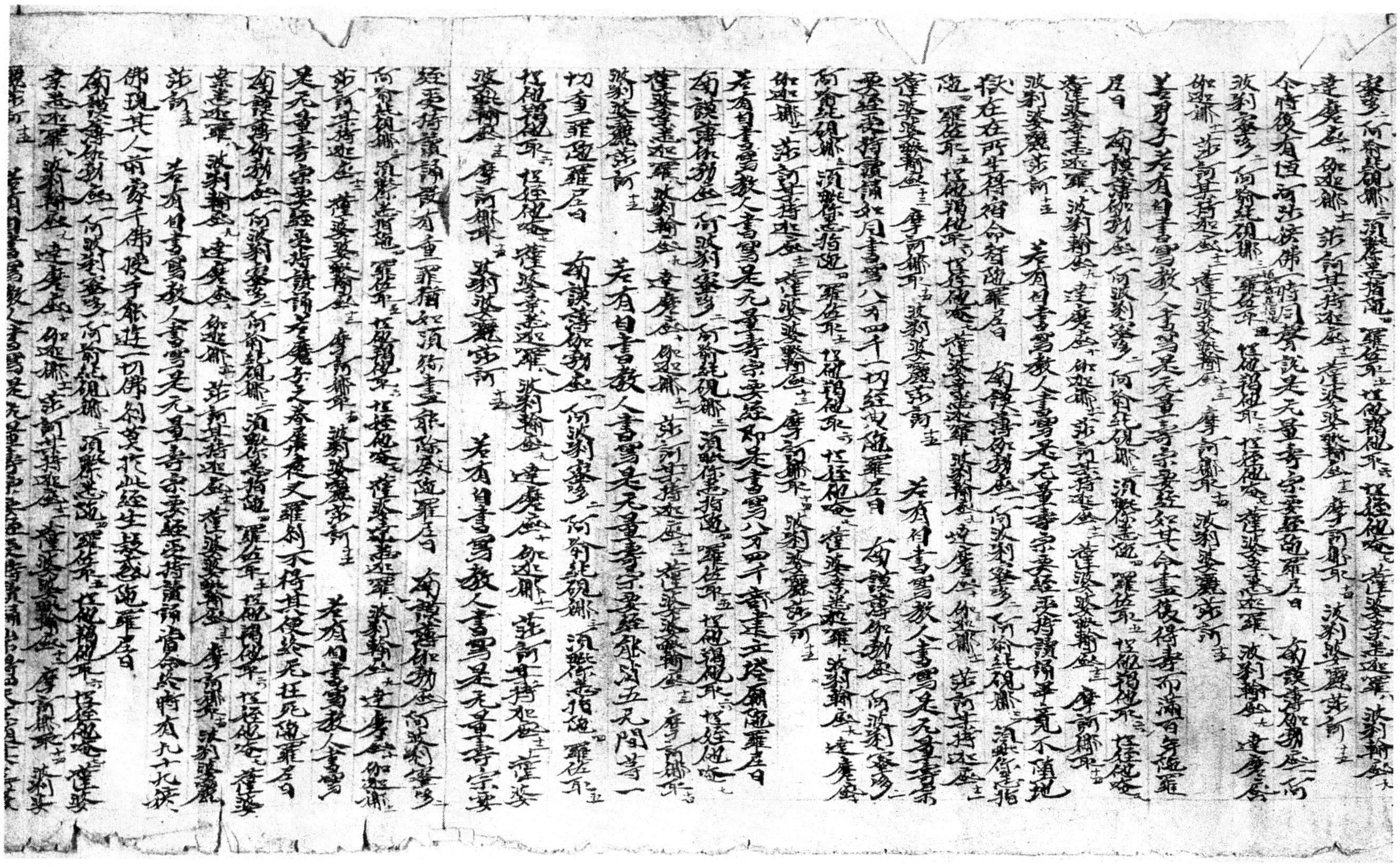

BD05482號　無量壽宗要經　（5–3）

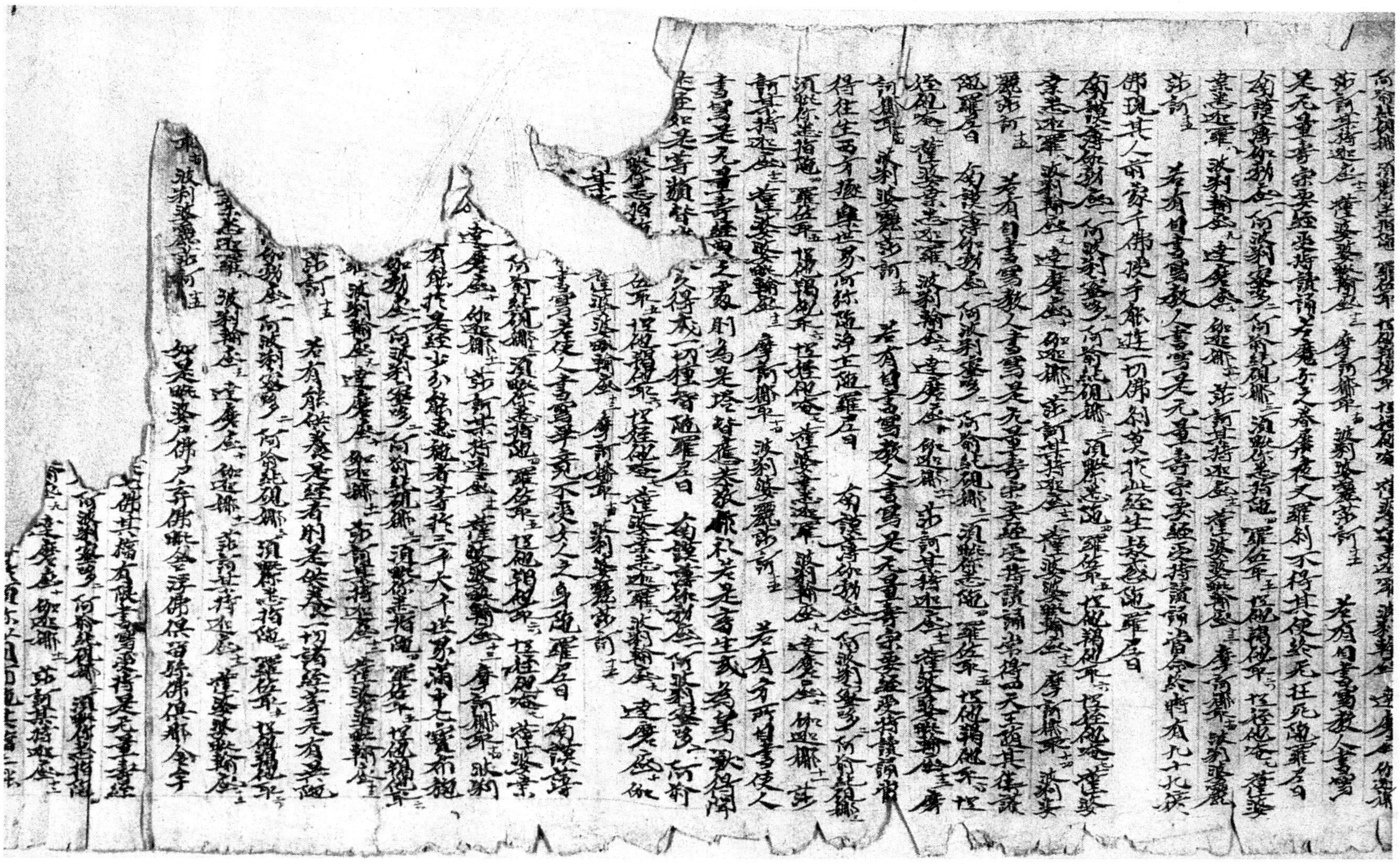

BD05482號　無量壽宗要經　（5–4）

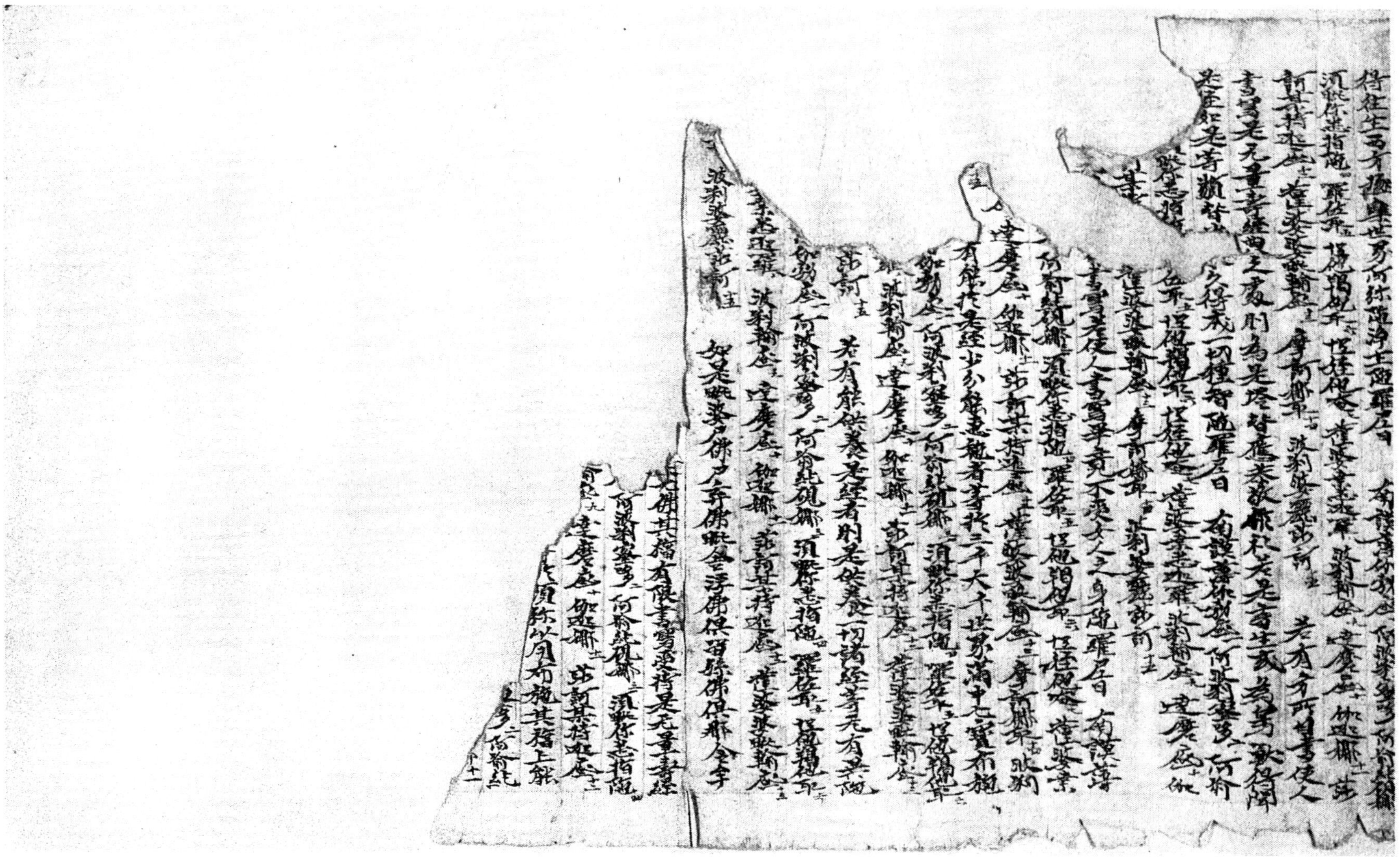

BD05482號　無量壽宗要經　　　　（5–5）

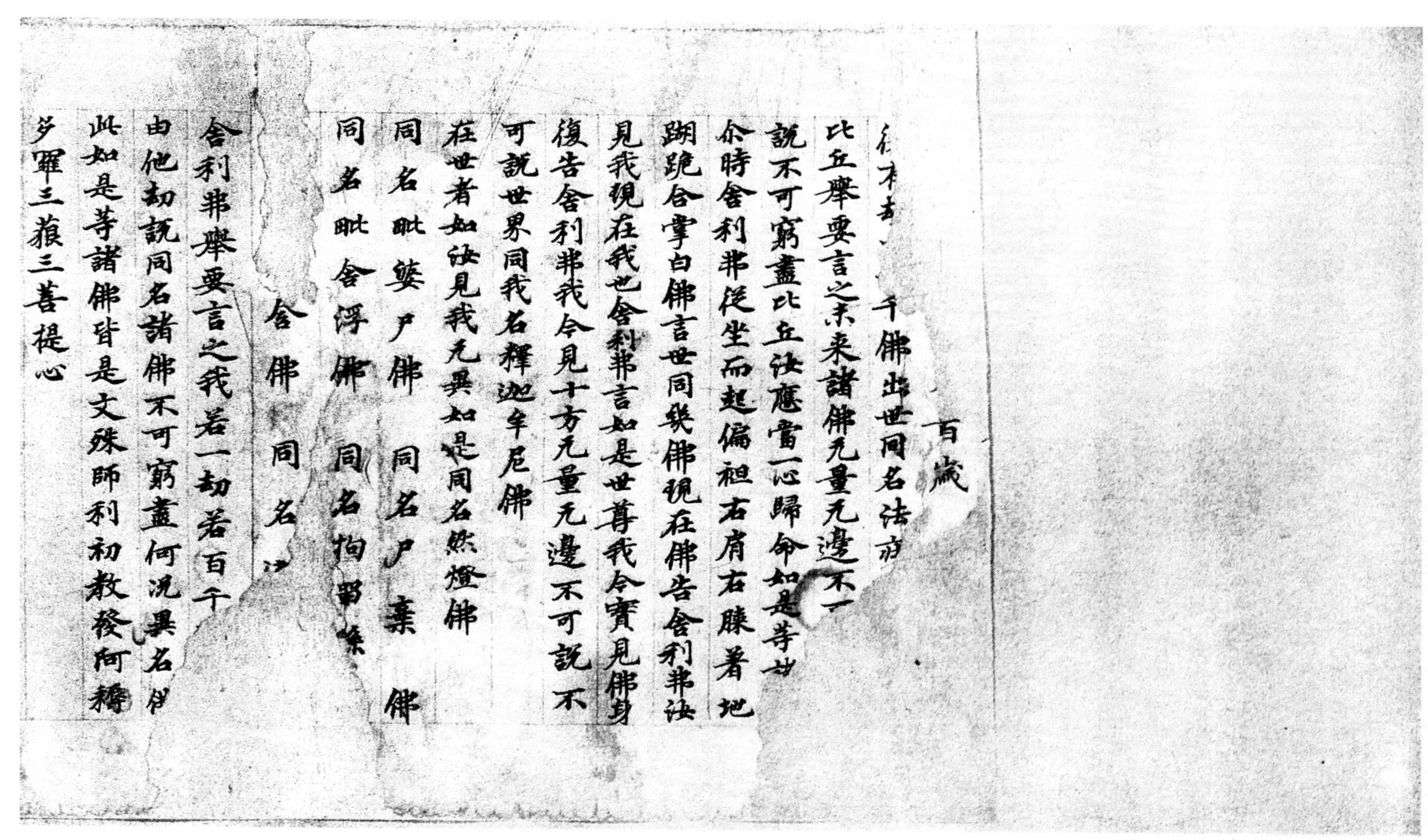
比丘摩要言之未來諸佛无量无邊不
說不可窮盡比丘汝應當一心歸命如是等世
尒時舍利弗從坐而起偏袒右肩右膝着地
胡跪合掌白佛言世同我佛現在佛告舍利弗汝
見我現在我也舍利弗言如是世尊我今實見佛身
復告舍利弗我今見十方无量无邊不可說不
可說世界同我名釋迦牟尼佛
在世者如汝見我无異如是同名然燈佛
同名毗婆尸佛　同名尸棄佛
同名毗舍浮佛　同名拘留孫
舍佛　同名
舍利弗摩要言之我若一劫若百千
由他劫說同名諸佛不可窮盡何況異名
此如是等諸佛皆是文殊師利初教發阿耨
多羅三藐三菩提心

BD05483號　佛名經（十六卷本）卷一〇　　　　（29–1）

同名毗舍浮佛　同名拘留孫
舍佛　同名迦
舍利弗舉要言之我若一劫若百千
由他劫說同名諸佛不可窮盡何況異名佛
此如是等諸佛皆是文殊師利初教發阿耨
多羅三藐三菩提心
舍利弗汝應當一心歸命如是等諸佛
舍利弗現在劫五百同名智幢佛
復有劫五百同名法幢佛
復有劫六十二同名然燈佛　復有劫六十二同名尸棄佛
復有劫千同名然火單荼自在王聲佛
復有劫二千不同名智勝
或名法勝　或本
舍利弗汝應當一心歸命如是等諸佛
舍利弗復有佛名妙聲分聲佛
舍利弗彼妙聲分聲佛壽命六千百歲過是東方
名智自在兩足尊彼智自在如來壽命十二千歲
兩足尊威德自在佛壽命七十六千歲過威
德自在世尊復有佛名摩醯首羅彼摩醯
首羅佛壽命滿一億歲
過摩醯首羅復有佛名梵聲彼梵聲佛壽
命滿足十億歲
過梵聲世尊復有佛名大衆自在彼大衆
滿足六千歲
過大衆自在世尊復有佛名聲自在
自在佛壽命滿足一億歲

BD05483號　佛名經（十六卷本）卷一〇　（29–2）

命滿足十億歲
過梵聲世尊復有佛名大衆自在彼大衆
滿足六千歲
過大衆自在世尊復有佛名聲自在
自在佛壽命滿足一億歲
過聲自在世尊復有佛名勝聲彼勝聲佛
壽命滿足百億歲
過彼勝聲世尊有佛名月面彼月面佛壽一
日一夜過月面世尊復有佛名日面彼日面佛壽
命滿足千八百歲
過日面世尊復有佛名梵面彼梵面佛
壽命滿足卅三千歲
過梵面世尊復有佛名梵河薩婆
婆佛壽命滿足千八
舍利弗汝應當一心歸命如是等佛
舍利弗復過一劫中二百佛出世我說彼佛名汝當歸命
南无不可燋身佛　南无稱名佛
南无威德佛　南无稱吼佛
南无稱佛　南无聲清淨佛
南无智勝佛　南无智解佛
南无黠慧佛　南无智通佛
南无智成就佛　南无智供養佛
南无智妙佛　南无智炎佛
南无梵天佛　南无善
南无勇猛佛　南无淨
南无淨婆佛　南无妙光

BD05483號　佛名經（十六卷本）卷一〇　（29–3）

南无智成就佛　南无智供養佛
南无智妙佛　南无智炎佛
南无勇猛佛　南无淨[illegible]佛
南无梵天佛　南无善[illegible]
南无淨婆薮佛　南无妙梵聲[illegible]
南无梵自在佛　南无梵天自在佛
南无因那陁佛　南无梵吼佛
南无梵德佛　南无威德力佛
南无威德自在佛　南无善威德佛
從此以上七千八百佛十二部經一切賢聖
南无威德自在佛　南无威德起佛
南无善決定威德佛　南无威德炎佛
南无威德勝佛　南无无驚怖佛
南无驚怖意佛　南无驚[illegible]
南无驚怖衆生佛　南无驚怖[illegible]
南无驚怖起佛　南无威德決定畢竟佛
南无威德天佛　南无驚怖寶佛
南无見驚怖佛　南无善眼佛
南无月勝佛　南无深聲佛
南无无邊聲佛　南无淨聲佛
南无清淨聲佛　南无无量聲佛
南无放聲佛　南无降伏魔力聲佛
南无任持聲佛　南无善日佛
南无清淨面佛　南无善[illegible]
南无无邊眼佛　南无善眼[illegible]
南无稱眼佛　南无眼莊嚴佛

BD05483 號　佛名經（十六卷本）卷一〇　　（29–4）

南无放聲佛　南无降伏魔力聲佛
南无任持聲佛　南无善日佛
南无清淨面佛　南无善[illegible]
南无无邊眼佛　南无善眼[illegible]
南无稱眼佛　南无眼莊嚴佛
南无不可壞眼佛　南无調柔語佛
南无調勝佛　南无善調心佛
南无善寂根佛　南无善寂意佛
南无善寂妙佛　南无善寂行佛
南无善寂去佛　南无善寂彼岸佛
南无善寂勇猛佛　南无任勝佛
南无善寂淨心佛　南无衆上首自在王佛
南无有衆佛　南无衆自在佛
南无衆勝佛　南无清淨[illegible]
南无大衆自在佛　南无衆勇猛佛
南无放妙香佛　南无法方佛
南无法雞兜佛　南无法行佛
南无法寶佛　南无法力佛
南无法佛　南无善法佛
南无法勇猛佛　南无法樂決定佛
南无寶法決定一劫中八十億同名佛
第二劫中八十億亦同名定佛
過決定佛　名勝成就佛　亦應一心敬乙
南无安隱佛　南无拘隣佛
南无善觀喜佛　南无善眼佛
南无頭[illegible]羅吒佛　南无毗留博叉佛

BD05483 號　佛名經（十六卷本）卷一〇　　（29–5）

第二劫中八十億亦同名定佛
過決定佛　名勝成就佛　亦應一心敬礼
南无安隱佛　南无拘隣佛
南无善觀喜佛　南无善眼佛
南无頭陁羅吒佛　南无毗留博叉佛
南无善眼佛　南无妙眼佛
南无善見佛　南无善解佛
南无釋迦牟尼佛　南无妙去佛
南无勝佛　南无栴檀佛
南无度佛　南无滅惡佛
南无大切德佛　南无摩黎丈佛
南无光明佛　南无滿月
南无淨名佛　南无淨德佛
南无淨住佛　南无喜勝佛
南无月幢佛　南无寶起佛
南无无畏佛　南无然燈佛
南无妙法佛　南无高蹟佛
南无稱妙佛　南无次勝釋迦牟尼佛
從此以上七千九百佛十二部經一切賢聖
南无吉沙佛　南无弗沙佛
南无毗婆尸佛　南无尸棄佛
南无毗舍浮佛　南无拘留孫佛
南无拘那含佛　南无迦葉佛
佛復告舍利弗現在東方可樂世界中名
阿閦佛應當一心敬礼

BD05483號　佛名經（十六卷本）卷一〇　（29-6）

南无毗婆尸佛　南无尸棄佛
南无毗舍浮佛　南无拘留孫佛
南无拘那含佛　南无迦葉佛
佛復告舍利弗現在東方可樂世界中名
阿閦佛應當一心敬礼
南无日藏佛　南无龍王自在王佛
南无日作佛　南无龍歡喜佛
南无自在佛　南无稱光明佛
南无城佛　南无普次佛
南无善寶佛　南无稱自在王佛
南无行法行稱佛　南无初智慧佛
南无智山佛　南无因光明佛
南无生勝佛　南无弥留藏佛
南无智海佛　南无大精進佛
南无高山勝佛　南无切德藏佛
南无智法界佛　南无无畏自在佛
南无大精進成就佛　南无智成就佛
南无无导王佛　南无地力精進佛
南无持佛　南无力王佛
南无善現佛　南无法光明王佛
南无降伏魔佛　南无不斷炎佛
南无切德山佛　南无智齊佛
南无无障力王佛　南无善思惟佛
南无師子歡喜佛　南无式光明佛
南无快勝王佛　南无盡智藏佛

BD05483號　佛名經（十六卷本）卷一〇　（29-7）

南无降伏魔佛　南无不斷炎佛
南无切德山佛　南无智齊佛
南无无障力王佛　南无善思惟佛
南无師子歡喜佛　南无式光明佛
南无快勝王佛　南无盡智藏佛
南无寶面勝佛　南无智波婆佛
南无決定稱佛　南无无邊觀王佛
南无法華雨佛　南无作光明佛
南无高山王佛　南无成就法輪王佛
南无无垢眼佛　南无大名聲德佛
南无无㝵智力王佛　南无无㝵安隱佛
南无寂門佛　南无福德精進佛
南无智表王佛　南无法自在王佛
南无无妨安隱佛　南无智成就佛
南无大力弥留藏佛　南无觀切德精進佛
南无得无障不迷佛　南无香光明佛
南无切德聚進王佛　南无法齊底佛
南无聲自在王佛　南无讃聲佛
南无種種力精進王佛　南无寶光明勝王佛
南无過一切須弥山王佛　南无寶弥留佛
南无不動法佛　南无堅固蓋王佛
南无普切德佛　南无法娑羅弥留佛
南无聚集智聲佛　南无智炎華月王佛
南无龍王自在王佛　南无優曇末華王佛
南无真金色王佛　南无增長法幢王佛

南无不動法佛　南无堅固蓋王佛
南无普切德佛　南无法娑羅弥留佛
南无聚集智聲佛　南无智炎華月王佛
南无龍王自在王佛　南无優曇末華王佛
南无真金色王佛　南无增長法幢王佛
南无旃檀波羅光佛　南无住法德稱佛
南无堅固意精進佛　南无然塵燈佛
南无精進步佛　南无无邊堅固幢佛
南无寂法稱佛　南无法王佛
南无降伏大衆佛　南无有光炎華高佛
南无智勝照佛　南无才威德然燈佛
從此以上八千佛十二部經一切賢聖
南无无淨无畏佛　南无智化聲佛
南无二輪成就佛　南无妙身蓋佛
南无勝莊嚴王佛　南无師子坐善坐佛
南无放月光華王佛
復次舍利弗現在南方佛汝應當一心歸命
南无法自在吼佛　南无初發心香自在娑羅佛
南无師子奮迅佛
南无那羅延自在藏弥留勝佛
南无寶山精進自在集切德佛
南无樹提藏佛　南无星宿方便稱佛
南无切德力娑羅王佛　南无妙聲吼奮迅佛
南无得一切衆生意佛　南无大意佛
南无妙聲佛　南无寶地山佛
南无法雲吼聲佛　南无无波婆吒佛

南无栴檀藏佛 南无星宿方便稱佛
南无一切德力莎羅王佛 南无妙聲吼奮迅佛
南无得一切衆生意佛 南无大憙佛
南无妙聲佛 南无寶地山佛
南无法雲吼聲佛 南无无波婆吒佛
南无香波頭摩精進王成就佛
南无无垢光明佛 南无一切德踊佛
南无因緣光明佛 南无无邊一切德王佛
次礼十二部尊經大藏法輪
南无數東意章經 南无龍施本起經
南无道德章經 南无師子畜生王經
南无更出小品經 南无摩訶厥難門經
南无旲維摩詰經 南无摩經
南无浮光經 南无問所眼種經
南无摩調王經 南无勇伏經
南无色爲非常念經 南无摩達經
南无盧羙一旦經 南无照藏經
南无菩法義經 南无奇異道家難問任蒙經
南无奇異道家難問法本經 南无鳥步經
南无治身經 南无菩首章經
南无衆祐經 南无濟方等經
南无獨居思惟息念經 南无長者須達經
南无獨坐思惟意中念生經 南无无本經
次礼十方諸大菩薩
南无金纓珞明德菩薩 南无離諸陰菩薩
南无心无导菩薩 南无一切行淨菩薩

BD05483號　佛名經（十六卷本）卷一〇　（29-10）

南无獨居思惟息念經 南无長者須達經
南无獨坐思惟意中念生經 南无无本經
次礼十方諸大菩薩
南无金纓珞明德菩薩 南无離諸陰菩薩
南无心无导菩薩 南无一切行淨菩薩
南无等見菩薩 南无等不等見菩薩
南无三昧遊戲菩薩 南无法自在菩薩
南无法相菩薩 南无明莊嚴菩薩
南无大莊嚴菩薩 南无寶須菩薩
南无寶印首菩薩 南无常舉手菩薩
南无常下手菩薩 南无常慘菩薩
南无常喜菩薩 南无喜王菩薩
南无得辯手音聲菩薩 南无虛空雷音菩薩
南无持寶炬菩薩 南无勇德菩薩
南无帝網菩薩 南无馬光菩薩
南无空无导菩薩 南无寶勝菩薩
南无天王菩薩 南无破魔菩薩
南无雷得菩薩 南无自在菩薩
次礼聲聞緣覺一切賢聖
南无阿利多辟支佛 南无婆利多辟支佛
南无多伽樓辟支佛 南无稱辟支佛
南无見辟支佛 南无愛見辟支佛
南无見辟支佛 南无乹陁羅辟支佛
南无无婁辟支佛 南无梨沙婆辟支佛
歸命如是等无量无邊辟支佛

BD05483號　佛名經（十六卷本）卷一〇　（29-11）

南无見辟支佛　南无愛見辟支佛
南无見辟支佛　南无乹陁羅辟支佛
南无无妻辟支佛　南无梨沙婆辟支佛
歸命如是等无量无邊辟支佛
礼三寶已次復懺悔
次懺劫盜之業經中說言若物屬他他所守
護於此物中一草一葉不與不取何況盜竊
但自衆生唯見現在利故以種種不道而取
致使未来受此殃累是故經言劫盜之罪能
令衆生墮於地獄餓鬼受苦若在畜生則受
牛馬驢騾駝等形以其所有身力血肉償他
宿債若生人中為他奴婢衣不弊形食不充
命貧寒困苦人理殆盡劫盜既有如是苦報
是故弟子今日至到稽首歸依於佛
南无東方壞諸煩惱佛　南无南方妙音自在佛
南无西方大雲光佛　南无北方雲自在王佛
從此以上八千一百佛十二部經一切賢聖
南无東南方无緣莊嚴佛　南无西南方過諸魔界佛
南无西北方見无怨懼佛　南无東北方一切德嚴佛
南无下方妙善住王佛　南无上方蓮華藏光佛
如是十方盡虛空界一切三寶
弟子等自從无始以来至於今日或盜他財
寶興刃強奪或自怙恃身逼迫而取或恃公
威或假勢力高桁大械枉砰良善吞納姦貨
考直為曲為此因緣身羅憲綱或任邪治或

南无下方妙善住王佛　南无上方蓮華藏光佛
如是十方盡虛空界一切三寶
弟子等自從无始以来至於今日或盜他財
寶興刃強奪或自怙恃身逼迫而取或恃公
威或假勢力高桁大械枉砰良善吞納姦貨
考直為曲為此因緣身羅憲綱或任邪治或
領他財物假公益私假私益公損彼利此損
此利彼割他自饒口與心悋或竊沒租估偷
度關稅匿公課輸藏隱使役如是等罪今悉
懺悔或是佛法僧物不與而取或經像物或
治營塔寺或供養常住僧物或擬招提僧物
或盜取惧用恃勢不還或自借或貸人或復
換貸遍忘或三寶物混亂雜用或以衆物穀
米蕪薪薑鼓醬酢菜茹菓實錢帛竹木繒綵
幡蓋香花油燭隨情逐意或自用或与人或
摘佛華菓用僧鬘物因三寶財私自利己如
是等罪无量无邊今日慚愧皆悉懺悔
又復无始以来至於今日或作周旋朋友師
僧同學父母兄弟六親眷屬共住同止百一
所須更相欺罔或於鄉隣比近移籬拓墻侵
他田宅改攔易疆略田園因公託私奪人邸
店及以屯野如是等罪今悉懺悔
又復无始以来或攻城破邑燒村壞柴偷賣
良民誘他奴婢或復枉砰无罪之人使其形
血肉身被徒鎖家業破散骨肉生離分張

他田宅改摽易壟略田園因公託私集人邱
店及以乇野如是等罪今悉懺悔
又復无始以来或攻城破邑燒村壞柴偷賣
良民誘他奴婢或復枉砰无罪之人使其形
岨血肉身被徒鎖家業破散骨肉生離分張
異域生死隔絶如是等罪无量无邊今悉懺悔
又復无始以来至於今日或商侶博貨邸店
市易輕秤小升減割尺寸盜竊分銖欺罔圭
合以麁易好以短换長巧欺百端希望豪利
如是等罪今皆懺悔
又復无始以来至於今日穿踰墻壁斷道抄
掠抵捍債息負情違要面欺心口或非道陵
奪鬼神禽獸四生之物或假託卜相取人財
寶如是乃至以利求利惡求多求无猒无足
如是等罪无量无邊不可說盡今日至到向
十方佛尊法聖衆皆悉懺悔
願弟子等承是懺悔劫盜等罪所生功德生
生世世得如意寶常雨七珎上妙衣服百味
甘露種種湯藥隨意所須應念即至一切衆
生无偷奪想一切皆能少欲知足不耽不染
常樂惠施行急濟道頭目髓腦捨身如棄涕
唾迴向滿足檀波羅蜜 禮一拜
南无增長眼佛　南无師子聲奮迅佛
南无天力師子奮迅佛　南无觀法佛
南无法華通佛　南无敬法清淨佛
南无堅精進行奮迅佛　南无自精進佛

BD05483號　佛名經（十六卷本）卷一〇　（29–14）

唾迴向滿足檀波羅蜜 禮一拜
南无增長眼佛　南无師子聲奮迅佛
南无天力師子奮迅佛　南无觀法佛
南无法華通佛　南无敬法清淨佛
南无堅精進行奮迅佛　南无自精進佛
南无弥留光佛　南无功德阿尼羅佛
南无淨根佛　南无喚智佛
南无智慧作佛　南无不破廣慧佛
南无力慧佛　南无憂頭鉢佛
南无法堅固歡喜佛　南无堅固意自在佛
南无平等須弥山面佛　南无發捨成就佛
南无清淨藏佛　南无一切衆生自在佛
南无勝業清淨見佛　南无智自在佛
南无善快奮迅佛　南无无障无著精進佛
南无世間自在佛　南无廣法行佛
南无功德成就佛　南无不怯弱成就佛
南无成如意通佛　南无如觀法佛
南无旃檀髻佛　南无敬重式王佛
南无寶名佛　南无龍王自在聲佛
南无大智莊嚴佛　南无孤獨功德佛
南无阿羅摩佛　南无不滅莊嚴佛
南无淨功德莊嚴佛　南无自在相妨莊嚴稱佛
南无行自在王佛　南无法華弥留佛
南无法性莊嚴佛　南无願滿足佛
南无大捨莊嚴佛　南无千法无畏佛
南无有自在成就佛　南无樂法奮迅佛

BD05483號　佛名經（十六卷本）卷一〇　（29–15）

南无淨切德莊嚴佛　南无自在相妨莊嚴稱佛
南无行自在王佛　南无法華弥留佛
南无法性莊嚴佛　南无願滿之佛
南无大捨莊嚴佛　南无千法无畏佛
南无有自在成就佛　南无樂法奮迅佛
南无家王佛　南无解脫王佛
南无肩弥留佛　南无如意力電王佛
南无无障佛月佛　南无不讚歎世間勝佛
南无法王決定佛　南无寶星雲王佛
南无阿私多寶勝佛　南无法行自在佛
南无地勇名佛　南无无邊勝寶名佛
南无名智奮迅王佛　南无名樹迦耶伽王佛
南无名增長慧佛　南无法華通直心佛
南无名快照光明精進佛　南无名照觀佛王佛
南无名智盡天佛　南无名不著惡勝佛
南无名勝妙法佛　南无名大智聲智慧佛
南无名見一切世間不畏佛　南无名見无畏佛
南无名聲去佛　南无如來行无量王佛
復次舍利弗現在西方佛法應當一心敬禮
南无初光明華心照佛　南无妙聲脩行吼佛
南无住勝智稱佛　南无普現佛
南无住非住心華光佛　南无法行然燈佛
南无普勝佛　南无智吼稱王佛
南无梵聲歡喜吼佛　南无眼佛
南无海香炎佛　南无千月自在藏佛
從此以上八千二百佛十二部經一切賢聖

南无住非住心華光佛　南无法行然燈佛
南无普勝佛　南无智吼稱王佛
南无梵聲歡喜吼佛　南无眼佛
南无海香炎佛　南无千月自在藏佛
從此以上八千二百佛十二部經一切賢聖
南无法速樂行佛　南无身賢速光佛
南无師子廣眼佛　南无十力光明勝佛
南无智來佛　南无无邊精進勝面佛
南无大勝成就法佛　南无不空見佛
南无不可盡色佛　南无觀法智佛
南无无妨王佛　南无无邊德佛
南无智察法佛　南无一切善根菩提通佛
南无異精進善思惟奮迅佛　南无善智勝善住切德佛
南无智勝見尸棄佛　南无妙切德智佛
南无不憂法華吼王佛　南无清淨來佛
南无勝上切德佛　南无開法門藏佛
南无照法同王佛　南无力王善住法佛
南无善釋力得佛　南无无邊門見佛
南无善化莊嚴佛　南无不似見佛
南无離瞋切德王佛　南无離塵億勝佛
南无大力般若奮迅佛　南无法鏡像佛
南无堅叉利成就佛　南无一切智切德勝佛
南无不樂出切德佛　南无精進過精進自出佛
南无一切世間自在稱梁勝佛　南无示現盡德佛
南无清淨貳切德王佛　南无華嚴作莊嚴佛
南无獨王佛　南无得大通願力佛

南无堅叉利成就佛　南无一切智功德勝佛
南无不樂出功德佛　南无精進過精進自出佛
南无一切世間自在橋梁勝佛　南无示現盡德佛
南无清淨成功德王佛　南无華嚴作莊嚴佛
南无獨王佛　南无得大通願力佛
南无吼聲速精進佛　南无勝身羅延智佛
南无那羅延佛　南无寶光阿尼羅勝佛
南无大海弥留勝王佛　南无不住生成勝功德王佛
南无初不濁天王佛　南无虛空樂說无导稱佛
南无稱慧佛　南无无比藏稱佛
南无天自在梵僧上佛　南无善行見王佛
南无種種行王佛　南无盧舍那勝功德佛
南无自在佛　南无住華佛
南无智善根成就性佛　南无导障导智成就佛
南无善決法佛　南无法性莊嚴觀樂說稱佛
南无二寶然燈佛　南无摩訶思惟藏佛
南无不可思議王佛　南无自在億佛
南无師子幻藏佛　南无智王莊嚴佛
南无自在根佛　南无離聲眼佛
南无善香佛　南无不染佛
南无彼頭摩佛　南无法佛
南无廣成王佛　南无心善行稱佛
南无法自在佛　南无如意通觀藏佛
南无然貪燈王佛　南无世間意成就蓋法佛
南无福德勝田佛　南无善觀佛法勝佛
復次舍利弗現在北方佛汝當一心歸命

BD05483號　佛名經（十六卷本）卷一〇　（29–18）

南无彼頭摩佛　南无法佛
南无廣成王佛　南无心善行稱佛
南无法自在佛　南无如意通觀藏佛
南无然貪燈王佛　南无世間意成就蓋法佛
南无福德勝田佛　南无善觀佛法勝佛
復次舍利弗現在北方佛汝當一心歸命
南无初勝藏山佛　南无放光明佛
南无无邊智慧佛　南无龍華佛
南无一切龍奮迅勇猛佛　南无降伏一切魔佛
南无法世間鏡像佛　南无福德莊嚴佛
南无勝娑嗟山佛　南无法來王佛
南无善莊嚴樹行勝佛　南无佛化成就佛
南无寶積成就佛　南无一切成就稱佛
南无三世智勝佛　南无勝威善住佛
南无種種願光佛
從此以上八千三百佛十二部經一切賢聖
南无不退百勝光佛　南无分闍羅勝佛
南无奪一切邪見佛　南无得佛眼輪佛
南无得一切佛智佛　南无大慈悲救護勝佛
南无師子智橋梁佛　南无住寶際王佛
南无諸善根福德法成就佛　南无大无垢智佛
南无智勝王佛　南无佛法彼頭摩佛
南无興一切相佛　南无隨一切意法雲佛
南无滿足精進寶慧佛　南无大毗留嗏佛
南无勝光明佛　南无不動法智光佛
南无旃檀雲王佛　南无不深彼頭摩聲佛

BD05483號　佛名經（十六卷本）卷一〇　（29–19）

南无智勝王佛　南无佛法彼頭摩佛
南无與一切相佛　南无隨一切意法雲佛
南无滿足精進寶慧佛　南无大毗留嗏佛
南无勝光明佛　南无不動法智光佛
南无旃檀雲王佛　南无不深彼頭摩聲佛
南无法增上聲王佛　南无撰擇法无号華稱佛
南无无垢劫佛　南无佛眼无垢精進增上輪佛
南无智自在稱佛　南无无邊疑佛
南无廣威德自在王佛　南无无邊智奮迅无等佛
南无欲法道善注佛　南无一切生智佛
南无降伏魔力堅固意佛　南无精進自在寶王佛
南无威德藏佛　南无見利益一切歡喜佛
南无大步佛王佛　南无種種日藏佛
南无聲分妙寶孔佛　南无无垢法王佛
南无不退精進示現佛　南无莊嚴佛國土王佛
南无智根本華佛　南无不稱涅槃佛
南无一切龍摩尼藏佛　南无樂法自在佛
南无得法相自在佛　南无无邊寶功德藏佛
南无清淨華山佛　南无大法王拘摩勝佛
南无一切盡不盡藏佛　南无華弥留善佛
南无虛空智山佛　南无智力王佛
南无无号聲智佛　南无无邊佛聲藏佛
南无智王不盡稱佛　南无心慧奮迅王佛
南无自性清淨智佛　南无智自在法王佛
南无正見佛　南无語見佛
南无滿足法香見佛　南无龍月佛

南无虛空智山佛　南无智力王佛
南无无号聲智佛　南无无邊佛聲藏佛
南无智王不盡稱佛　南无心慧奮迅王佛
南无自性清淨智佛　南无智自在法王佛
南无正見佛　南无語見佛
南无滿足法香見佛　南无龍月佛
南无因陁羅山无号王佛　南无寶自在娑羅王佛
南无見一切衆生佛　南无永住持光明王佛
南无學一切法佛　南无智寶法勝佛
南无精進自在意法藏佛　南无无号山佛
南无无垢踊佛　南无放光明照佛
南无弥留力自在藏佛　南无炎自在藏佛
南无精進自在留弥家自在佛　南无堅无畏功德佛
南无堅勇猛寶佛　南无堅猛寂靜王佛
南无降伏閻弥留山王佛　南无勝丈夫芬陁梨佛
南无聖聲藏他佛　南无普賢芬陁利佛
南无法平等法身佛　南无難勝佛
南无難可意佛　南无不動佛
南无妙聲佛　南无勝聲佛
南无娑羅奮迅佛　南无寶聲佛
南无愛見佛　南无然燈佛
南无須弥劫佛　南无月光佛
南无日佛　南无佛
南无藥樹王佛　南无星宿佛
從此以上八千四百佛十二部經一切賢聖
南无覺佛　南无受記佛

南无須弥劫佛　南无月光佛
南无日佛　南无佛佛
南无藥樹王佛　南无星宿佛
從此以上八千四百佛十二部經一切賢聖
南无覺佛　南无受記佛
南无愛作佛　南无无畏作佛
南无華寶栴檀佛　南无龍功德佛
南无盧舍那佛　南无无垢佛
南无无煩惱佛　南无善来佛
南无金色色佛　南无无根本佛
南无須弥燈佛　南无可樂見光佛
南无能作光佛　南无一切濁佛
南无无染佛　南无淨佛
南无解勝佛　南无華樹佛
南无法佛　南无善護聲佛
南无得意佛　南无斷愛佛
南无内外佛　南无成就幢佛
南无梵聲佛　南无妙聲佛
南无勝聲佛　南无南无佛
南无大通佛　南无无畏佛
南无離一切煩惱佛　南无離怖佛
南无離怯弱佛　南无不可動佛
南无樂解脫佛　南无成佛
南无二足尊佛　南无一切種智佛
南无相莊嚴佛　南无不可動可量言佛
南无不畏言佛　南无常相應言佛

BD05483號　佛名經（十六卷本）卷一〇　（29–22）

南无離怯弱佛　南无不可動佛
南无樂解脫佛　南无成佛
南无二足尊佛　南无一切種智佛
南无相莊嚴佛　南无不可動可量言佛
南无不畏言佛　南无常相應言佛
南无梵衆相應佛　南无卅三天衆相應佛
南无字金色佛　南无捨佛
南无娑羅花佛　南无金華佛
南无拘牟頭相佛　南无頂勝佛
南无一切通智佛　南无得一切法彼岸佛
南无不可相佛　南无善住佛
南无莊嚴相佛　南无妙寂佛
南无檢浮羅奮迅佛　南无清淨衆生佛
南无常香佛　南无畢竟大悲佛
南无成就堅佛　南无常微笑佛
南无離濁佛　南无百相功德佛
南无隨順佛　南无勝藏佛
南无般若幢佛　南无寶般若畢竟佛
南无滿足意佛　南无觀世自在王佛
南无大炎聚佛　南无勝功德威德佛
南无梵勝天佛　南无内寶佛
南无三菩提幢佛　南无勝燈佛
南无善釋顛起勝娑羅王佛　南无无垢光明佛
南无照佛　南无无畏觀佛
南无樂說莊嚴佛　南无无垢月雜光稱佛
南无華莊嚴光明作佛　南无火奮迅佛

BD05483號　佛名經（十六卷本）卷一〇　（29–23）

南无善釋願起勝蓮華王佛 南无无垢光明佛
南无照佛 南无无畏觀佛
南无樂說莊嚴佛 南无无垢月幢光稱佛
南无華莊嚴光明作佛 南无火奮迅佛
南无寶上佛 南无无畏智觀佛
南无師子奮迅齊佛 南无遠離一切驚怖毛竪稱佛
南无伽耶迦葉光明威德佛 南无觀世音佛
南无尼弥佛 南无寶火佛
南无山佛 南无自在佛
南无寶精進日月光明莊嚴威德聲王佛
南无初發心念觀一切疑即斷煩惱佛
南无斷闇三昧勝王佛 南无寶炎佛
南无大聚佛
從此以上八千五百佛十二部經一切賢聖
南无栴檀香佛 南无虛空平等佛
南无礼拜增上佛 南无不動作佛
南无歡喜佛 南无離畏佛
南无善清淨勝佛 南无光明王佛
南无不可降伏幢佛 南无勝一切佛
南无聞聲勝佛 南无善辟佛
南无寶高佛 南无善解佛
南无月高佛 南无善現佛
南无照賢首勝佛 南无得聖佛
南无成就一切事佛 南无山峯佛
南无普寶蓋莊嚴佛 南无廣光明王佛

南无月高佛 南无善現佛
南无照賢首勝佛 南无得聖佛
南无成就一切事佛 南无山峯佛
南无普寶蓋莊嚴佛 南无廣光明王佛
南无寶善喜佛 南无清淨一切願威德勝王佛
南无照賢勝佛 南无樂日佛
南无普賢佛 南无一切德王光明佛
南无普光明佛 南无普香佛
南无善清淨佛
次礼十二部經大藏法輪
南无檀若經 南无月明童子經
南无无憂施經 南无无思議孩童經
南无隋藍經 南无法律三昧經
南无給孤獨四生家問受施經 南无禪行法相經
南无法受塵經 南无頻多和多經
南无羅雲母經 南无嚴調經
南无七處三觀經 南无貧女經
南无決揔持經 南无七智經
南无所祇經 南无七章經
南无耆闍崛山解經 南无留多經
南无未生王經 南无三乘經
南无便賢者稱經 南无颰陁悔過經
南无三轉月明經 南无聽施經
南无是時自梵自守經 南无三品脩行經
次礼十方諸大菩薩

南无未生王經　南无三乘經
南无便賢者稱經　南无颰陁悔過經
南无三轉月明經　南无聽施經
南无是時自梵自守經　南无三品脩行經
次礼十方諸大菩薩
南无頂相菩薩　南无出過菩薩
南无師子吼菩薩　南无雲陰菩薩
南无能勝菩薩　南无相傳王菩薩
南无香象菩薩　南无大香象菩薩
南无白香象菩薩　南无常精進菩薩
南无不休息菩薩　南无妙生菩薩
南无華莊嚴菩薩　南无觀世音菩薩
南无得大勢菩薩　南无水王菩薩
南无山王菩薩　南无帝網菩薩
南无寶施菩薩　南无破魔菩薩
南无莊嚴國土菩薩　南无金髻菩薩
南无珠髻菩薩　如是等諸大菩薩
皆應憶念恭敬礼拜求阿惟越致地
次礼聲聞緣覺一切賢聖
南无毗耶離辟支佛　南无俱薩羅辟支佛
南无婆藪陁辟支佛　南无无毒淨心辟支佛
南无寶无垢辟支佛　南无福德辟支佛
南无黑辟支佛　南无唯黑辟支佛
南无直福德辟支佛　南无識辟支佛
南无香辟支佛　南无有香辟支佛
歸命如是等无邊辟支佛

BD05483號　佛名經(十六卷本)卷一〇　(29–26)

南无婆藪陁辟支佛　南无无毒淨心辟支佛
南无寶无垢辟支佛　南无福德辟支佛
南无黑辟支佛　南无唯黑辟支佛
南无直福德辟支佛　南无識辟支佛
南无香辟支佛　南无有香辟支佛
歸命如是等无邊辟支佛
從此以上八千六百佛十二部經一切賢聖
礼三寶已次復懺悔
次復懺悔貪愛之罪經中說言但為貪欲閉
在癡獄沒生死河莫之能出衆生為是五欲
因緣從昔以來流轉生死一一衆生一劫之
中所積身骨如王舍城毗富羅山所飲母乳
如四海水身所出血復過於此父母兄弟六
親眷屬命終哭泣所出目淚如四海水是故
說言有愛則生愛盡則滅故知生死貪愛為
本所以經言婬欲之罪能令衆生墮於地獄
餓鬼受苦若在畜生則受鴿雀鴛鴦等身若
生人中妻不貞良得不隨意眷屬婬欲既有
如此惡業是故弟子今日至到稽顙歸依佛
南无東方師音王佛　南无南方大雲藏佛
南无西方无量壽佛　南无北方紅蓮華光佛
南无東南方无垢瑠璃佛　南无西南方勝調伏上佛
南无西北方散華生得佛　南无東北方心同虛空佛
南无下方垢稱王佛　南无上方淨智慧海佛
如是十方盡虛空界一切三寶
弟子自從无始以來至於今日或通人妻妾

BD05483號　佛名經(十六卷本)卷一〇　(29–27)

南无西方无量壽佛　南无北方紅蓮華光佛
南无東南方无垢猶摛佛　南无西南方勝調伏上佛
南无西北方散華生得佛　南无東北方心同虛空佛
南无下方垢稱王佛　南无上方淨智慈海佛
如是十方盡虛空界一切三寶
弟子自從无始以来至於今日或通人妻妾
棄他婦女侵陵貞潔汙比丘尼破他梵行逼
迫不道濁心邪視言語嘲調或復恥他門戶
汙賢善名或於男子五種人所起不淨行如
是等罪今悉懺悔
又復无始以来至於今日或眼爲色或愛染
玄黃紅綠朱紫珎玩寶飾或取男女長短黑
白姿態之相起非法想耳貪好聲宮商絃管
伎樂歌唱或取男子音聲語言啼咲之相起
非法想或鼻藉名香薀麝幽蘭欝金蘇合起
非法想或舌貪好味鮮羙甘肥衆生肉血悉
養四大更增苦本起非法想身樂華綺綿纊
繒縠一切細滑七珎嚴服起非法想或意多
亂想觸向乖法有六想造罪尤甚如是等罪无量
无邊今日至到向十方佛尊法聖衆皆悉懺悔
願弟子等承是懺悔婬欲等罪所生功德願
生生世世自然化生不由胞胎清淨皎潔相
好光嚴六情開朗聰利分明了達恩愛猶如
桎梏觀此六塵如幻如化於五欲境
離乃至夢中不起邪想內外目
願以懺悔眼根功德願

BD05483號　佛名經（十六卷本）卷一〇　（29–28）

玄黃紅綠朱紫珎玩寶飾或取男女長短黑
白姿態之相起非法想耳貪好聲宮商絃管
伎樂歌唱或取男子音聲語言啼咲之相起
非法想或鼻藉名香薀麝幽蘭欝金蘇合起
非法想或舌貪好味鮮羙甘肥衆生肉血悉
養四大更增苦本起非法想身樂華綺綿纊
繒縠一切細滑七珎嚴服起非法想或意多
亂想觸向乖法有六想造罪尤甚如是等罪无量
无邊今日至到向十方佛尊法聖衆皆悉懺悔
願弟子等承是懺悔婬欲等罪所生功德願
生生世世自然化生不由胞胎清淨皎潔相
好光嚴六情開朗聰利分明了達恩愛猶如
桎梏觀此六塵如幻如化於五欲境
離乃至夢中不起邪想內外目
願以懺悔眼根功德願

BD05483號　佛名經（十六卷本）卷一〇　（29–29）

如是諸難　恐畏无量　是朽故宅　屬于一人
其人近出　未久之間　於後舍宅　欻然火起
四面一時　其焰俱熾　棟梁椽柱　爆聲震裂
摧折墮落　墻壁崩倒　諸鬼神等　揚聲大叫
鵰鷲諸鳥　鳩槃荼等　周慞惶怖　不能自出
惡獸毒虫　藏竄孔穴　毗舍闍鬼　亦住其中
薄福德故　為火所逼　共相殘害　飲血噉肉
野干之屬　並已前死　諸大惡獸　競來食噉
臭烟熢㶿　四面充塞　蜈蚣蚰蜒　毒蛇之類
為火所燒　爭走出穴　鳩槃荼鬼　隨取而食
又諸餓鬼　頭上火燃　飢渴熱惱　周慞悶走
其宅如是　甚可怖畏　毒害火災　衆難非一
是時宅主　在門外立　聞有人言　汝諸子等
先因遊戲　來入此宅　稚小无知　歡娛樂著
長者聞已　驚入火宅　方宜救濟　令无燒害
告喻諸子　說衆患難　惡鬼毒虫　災火蔓莚
衆苦次第　相續不絕　毒蛇蚖蝮　及諸夜叉
鳩槃荼鬼　野干狐狗　鵰鷲鵄梟　百足之屬
飢渴惱急　甚可怖畏　此苦難處　況復大火
諸子无知　雖聞父誨　猶故樂著　嬉戲不已

BD05484號　妙法蓮華經卷二　（3–1）

先因遊戲　來入此宅　稚小无知　歡娛樂著
長者聞已　驚入火宅　方宜救濟　令无燒害
告喻諸子　說衆患難　惡鬼毒虫　災火蔓莚
衆苦次第　相續不絕　毒蛇蚖蝮　及諸夜叉
鳩槃荼鬼　野干狐狗　鵰鷲鵄梟　百足之屬
飢渴惱急　甚可怖畏　此苦難處　況復大火
諸子无知　雖聞父誨　猶故樂著　嬉戲不已
是時長者　而作是念　諸子如此　益我愁惱
今此舍宅　无一可樂　而諸子等　耽湎嬉戲
不受我教　將為火害　即便思惟　設諸方便
告諸子等　我有種種　珍玩之具　妙寶好車
羊車鹿車　大牛之車　今在門外　汝等出來
吾為汝等　造作此車　隨意所樂　可以遊戲
諸子聞說　如此諸車　即時奔競　馳走而出
到於空地　離諸苦難　長者見子　得出火宅
住於四衢　坐師子座　而自慶言　我今快樂
此諸子等　生育甚難　愚小无知　而入險宅
多諸毒虫　魑魅可畏　大火猛焰　四面俱起
而此諸子　貪樂嬉戲　我已救之　令得脫難
是故諸人　我今快樂　尒時諸子　知父安坐
皆詣父所　而白父言　願賜我等　三種寶車
如前所許　諸子出來　當以三車　隨汝所欲
今正是時　唯垂給與　長者大富　庫藏衆多
金銀琉璃　車𤦲馬瑙　以衆寶物　造諸大車
莊校嚴飾　周帀欄楯　四面懸鈴　金繩交絡
真珠羅網　張施其上　金華諸瓔　處處垂下

BD05484號　妙法蓮華經卷二　（3–2）

今正是時　唯垂給與　長者大富　庫藏衆多
金銀琉璃　車𤦲馬瑙　以衆寶物　造諸大車
莊校嚴飾　周帀欄楯　四面懸鈴　金繩交絡
真珠羅網　張施其上　金華諸瓔　處處垂下
衆采雜飾　周帀圍繞　柔軟繒纊　以為茵蓐
上妙細疊　價直千億　鮮白淨潔　以覆其上
有大白牛　肥壯多力　形體姝好　以駕寶車
多諸儐從　而侍衛之　以是妙車　等賜諸子
諸子是時　歡喜踊躍　乘是寶車　遊於四方
嬉戲快樂　自在无礙　告舍利弗　我亦如是
衆聖中尊　世間之父　一切衆生　皆是吾子
深著世樂　无有慧心　三界无安　猶如火宅
衆苦充滿　甚可怖畏　常有生老　病死憂患
如是等火　熾然不息　如來已離　三界火宅
寂然閑居　安處林野　今此三界　皆是我有
其中衆生　悉是吾子　而今此處　多諸患難
唯我一人　能為救護　雖復教詔　而不信受
於諸欲染　貪著深故　是以方便　為說三乘
令諸衆生　知三界苦　開示演說　出世間道
是諸子等　若心決定　具[illegible]　[illegible]通
有得緣覺　不退菩薩　汝舍[illegible]　我為衆生

BD05484號　妙法蓮華經卷二　（3–3）

忉利天帝釋
諸天子衆俱來集會所有蘇夜摩天
與无量百千俱胝摩夜天諸天子衆
來會所有珊覩史多天王各與无量百
千俱胝覩史多天諸天子衆俱來集會所有
化天王各與无量百千俱胝樂變化天
具來集會所有自在天王各與无
化自在天諸天子衆俱來集
會所有大梵天王各與无量百千俱胝諸梵
天衆俱來集會所有極光淨天各與无量百
千俱胝第二靜慮天衆俱來集會所有遍淨
天各與无量百千俱胝第三靜慮天衆俱來
集會所有廣果天各與无量百千俱胝第四
來集會所有色究竟天各與无
胝淨居天衆俱來集會是四大王
天衆乃至淨居天衆所有淨業異熟身光比

BD05485號　大般若波羅蜜多經卷四二五　（21–1）

千俱胝第二靜慮天衆俱來集會所有遍淨
天各與无量百千俱胝第三靜慮天衆俱來
集會所有廣果天各與无量百千俱胝第四
来集會所有色究竟天各與无
胝淨居天衆俱來集會是四大王
天衆乃至淨居天衆所有淨業異熟身光比
如來身所現常光百分不及一千分不及一百
千分不及一俱胝分不及一百俱胝分不
及一千俱胝分不及一百千俱胝分不及一
如是乃至數分筭分計分喻分乃至鄔波尼
亦不及一何以故以如來身所現常
光熾然赫奕於諸光中最尊最勝最上最妙
無比無等无上第一蔽諸天光皆令不現猶
如燋炷對瞻部金
尒時天帝釋白具壽善現言今此三千大千
世界所有四大王衆天乃至淨居天皆來集
會欲聞尊者宣說般若波羅蜜多唯願尊者
說尊者何謂菩薩摩訶薩般若波羅
蜜多云何菩薩摩訶薩應住般若波羅蜜多
云何菩薩摩訶薩應學般若波羅蜜多時具壽
善現告天帝釋言憍尸迦汝等天衆諦聽諦
聽善思念之吾當承佛威神之力順如來
意為諸菩薩摩訶薩衆宣說般若波羅蜜多
薩摩訶薩可於其中應如是住應如是
憍尸迦汝諸天等未發无上菩提心者今
皆應發憍尸迦諸有已入聲聞獨覺正性離
生不復能發大菩提心何以故憍尸迦彼於

薩摩訶薩可於其中應如是住應如是
憍尸迦汝諸天等未發无上菩提心者今
皆應發憍尸迦諸有已入聲聞獨覺正性離
生不復能發大菩提心何以故憍尸迦彼於
生死已結界故此中若有能於无上正等菩
提發心趣者我亦隨喜何以故憍尸迦諸有
勝人應求勝法我終不障他勝善品
憍尸迦汝問何謂菩薩摩訶薩般若波羅蜜
多者汝等諦聽吾當為說憍尸迦若菩薩摩
訶薩發一切智智相應之心以无所得而為
方便思惟色乃至識若无常若樂若无我若
寂若如病若如癰若如箭若如瘡若熱惱若
逼切若敗壞若衰朽若變動若速滅若可畏
可猒若有灾若有橫若有疫若有癘若不
若不可保信思惟眼處乃至意處思惟
色處乃至法處思惟眼界乃至意界思惟色
界乃至法界思惟眼識界乃至意識界思惟
眼觸乃至意觸思惟眼觸為緣所生諸受乃
至意觸為緣所生諸受思惟地界乃至識界
亦復如是憍尸迦是諸菩薩摩訶薩般若波
羅蜜多
復次憍尸迦若菩薩摩訶薩發一切智智相
應之心以无所得而為方便思惟色乃至識
若寂靜若遠離若无生若无滅若无染若无
淨若无作若无為思惟眼處乃至意處思惟
色處乃至法處思惟眼界乃至意界思惟色
界乃至法界思惟眼識界乃至意識界思惟

復次憍尸迦若菩薩摩訶薩發一切智智相
應之心以无所得而為方便思惟色乃至識
若寂靜若遠離若无生若无滅若无染若无
淨若无作若无為思惟眼處乃至意處思惟
色處乃至法處思惟眼界乃至意界思惟色
界乃至法界思惟眼識界乃至意識界思惟
眼觸乃至意觸思惟眼觸為緣所生諸受乃
至意觸為緣所生諸受思惟地界乃至識界
亦復如是憍尸迦是謂菩薩摩訶薩般若波
羅蜜多
復次憍尸迦若菩薩摩訶薩發一切智智相
應之心以无所得而為方便思惟无明緣行
行緣識識緣名色名色緣六處六處緣觸觸
緣受受緣愛愛緣取取緣有有緣生生緣老
死乃至純大苦蘊集以无所得而為方便思
惟无明滅故行滅行滅故識滅識滅故名色
滅名色滅故六處滅六處滅故觸滅觸滅故受
滅受滅故愛滅愛滅故取滅取滅故有滅有
滅故生滅生滅故老死乃至純大苦蘊滅
憍尸迦是謂菩薩摩訶薩般若波羅蜜多復
次憍尸迦若菩薩摩訶薩發一切智智相應
之心以无所得而為方便安住內空乃至无
性自性空安住真如法界實際不思議界
安隱界等憍尸迦是謂菩薩摩訶薩般若波
羅蜜多復次憍尸迦若菩薩摩訶薩發一切
智智相應之心以无所得而為方便脩行四
念住乃至八聖道支脩行空解脫門无相无
願解脫門脩行佛十力乃至十八佛不共法

性自性空安住真如法界實際不思議界
安隱界等憍尸迦是謂菩薩摩訶薩般若波
羅蜜多復次憍尸迦若菩薩摩訶薩發一切
智智相應之心以无所得而為方便脩行四
念住乃至八聖道支脩行空解脫門无相无
願解脫門脩行佛十力乃至十八佛不共法
脩行一切三摩地門陀羅尼門脩行一切智
道相智一切相智憍尸迦是謂菩薩摩訶薩
般若波羅蜜多復次憍尸迦若菩薩摩訶薩
發一切智智相應之心以无所得而為方便
脩行布施淨戒安忍精進靜慮般若波羅蜜
多憍尸迦是謂菩薩摩訶薩般若波羅蜜多
復次憍尸迦若菩薩摩訶薩脩行般若波羅
蜜多時作如是觀唯有諸互相滋潤互相
增長互相圓滿思惟校計无我我所復作是
觀諸菩薩摩訶薩迴向心不與菩提心和合
菩提心亦不與迴向心和合諸菩薩摩訶薩
迴向心於菩提心中无所有不可得菩提心
於迴向心中亦无所有不可得諸菩薩摩訶
薩雖如實觀諸法而於諸法都无所見憍尸
迦是謂菩薩摩訶薩般若波羅蜜多時天帝
釋問善現言云何菩薩摩訶薩迴向心不與
菩提心和合菩提心亦不與迴向心和合云
何菩薩摩訶薩迴向心於菩提心中无所有
不可得菩提心於迴向心中亦无所有不可
得善現答言憍尸迦諸菩薩摩訶薩迴向心
則非心菩提心亦非心不應非心迴向非心心

提心和合菩提心亦不與迴向心和合
何菩薩摩訶薩迴向心於菩提心中无所有
不可得菩提心於迴向心中亦无所有不可
得善現答言憍尸迦諸菩薩摩訶薩迴向心
則非心菩提心亦非心不應非心迴向非心心
亦不應迴向非心非心不應迴向於心心亦
不應迴向於心何以故憍尸迦非心即是不
可思議不可思議即是非心如是二種俱无
所有无所有中无迴向義憍尸迦心无自性
心性无故心所亦无心及心所既无自性故
心亦无迴向心義憍尸迦若作是觀是謂菩
薩摩訶薩般若波羅蜜多尒時世尊讚善現
曰善哉善哉汝善能為諸菩薩摩訶薩宣說
般若波羅蜜多亦善勸勵諸菩薩摩訶薩令
生歡喜勤脩般若波羅蜜多具壽善現白言
世尊我既知恩不應不報何以故過去如來
應正等覺及諸弟子為諸菩薩摩訶薩衆
說宣六種波羅蜜多亦現教導讚勵慶喜安撫
建立令得究竟世尊尒時亦在中學令證无
上正等菩提轉妙法輪利樂我等故我今者
應隨佛教為諸菩薩摩訶薩衆宣說六種波
羅蜜多亦現教導讚勵慶喜安撫建立令得
究竟疾證无上正等菩提是則名為報彼恩
德
尒時具壽善現告天帝釋言憍尸迦汝問云
何菩薩摩訶薩應住般若波羅蜜多者汝等
諦聽吾當為說諸菩薩摩訶薩於般若波羅
[illegible]

究竟疾證无上正等菩提是則名為報彼恩
德
尒時具壽善現告天帝釋言憍尸迦汝問云
何菩薩摩訶薩應住般若波羅蜜多者汝等
諦聽吾當為說諸菩薩摩訶薩於般若波羅
蜜多如所應住不應住相憍尸迦色色受
想行識受想行識空菩薩菩薩空若色空若
受想行識空若菩薩空如是一切皆无二无
二處憍尸迦諸菩薩摩訶薩於般若波羅蜜
多應如是住憍尸迦眼處眼處空乃至意處
意處空菩薩菩薩空若眼處空乃至若意處
空若菩薩空如是一切皆无二无二處憍尸
迦諸菩薩摩訶薩於般若波羅蜜多應如是
住憍尸迦色處色處空乃至法處法處空菩
薩菩薩空若色處空乃至若法處空若菩薩
空如是一切皆无二无二處憍尸迦諸菩薩
摩訶薩於般若波羅蜜多應如是住憍尸迦
眼界眼界空乃至意界意界空菩薩菩薩空
若眼界空乃至若意界空若菩薩空如是一
切皆无二无二處憍尸迦諸菩薩摩訶薩於
般若波羅蜜多應如是住憍尸迦色界色界
空乃至法界法界空菩薩菩薩空若色界空
乃至若法界空若菩薩空如是一切皆无二
无二處憍尸迦諸菩薩摩訶薩於般若波羅
蜜多應如是住憍尸迦眼識界眼識界空乃
至意識界意識界空菩薩菩薩空若眼識界
空乃至若意識界空若菩薩空如是一切皆

乃至若法界空若菩薩空如是一切皆无二
无二處憍尸迦諸菩薩摩訶薩於般若波羅
蜜多應如是住憍尸迦眼識界眼識界空乃
至意識界意識界空菩薩菩薩空若眼識界
空乃至若意識界空若菩薩空如是一切皆
无二无二處憍尸迦諸菩薩摩訶薩於般若
波羅蜜多應如是住憍尸迦眼觸眼觸空乃
至意觸意觸空菩薩菩薩空若眼觸空乃至
若意觸空若菩薩空如是一切皆无二无二
處憍尸迦諸菩薩摩訶薩於般若波羅蜜多
應如是住憍尸迦眼觸為緣所生諸受眼觸
為緣所生諸受空乃至意觸為緣所生諸受
意觸為緣所生諸受空菩薩菩薩空若眼觸
為緣所生諸受空乃至若意觸為緣所生諸
受空若菩薩空如是一切皆无二无二處憍
尸迦諸菩薩摩訶薩於般若波羅蜜多應如
是住憍尸迦地界地界空乃至識界識界空
菩薩菩薩空若地界空乃至若識界空若菩
薩空如是一切皆无二无二處憍尸迦諸菩
薩摩訶薩於般若波羅蜜多應如是住憍尸
迦无明无明空乃至老死老死空菩薩菩薩
空若无明空乃至若老死空若菩薩空如是
一切皆无二无二處憍尸迦諸菩薩摩訶薩
於般若波羅蜜多應如是住憍尸迦无明滅
无明滅空乃至老死滅老死滅空菩薩菩薩
空若无明滅空乃至若老死滅空若菩薩空
如是一切皆无二无二處憍尸迦諸菩薩摩

BD05485號　大般若波羅蜜多經卷四二五　（21–8）

一切皆无二无二處憍尸迦諸菩薩摩訶薩
於般若波羅蜜多應如是住憍尸迦无明滅
无明滅空乃至老死滅老死滅空菩薩菩薩
空若无明滅空乃至若老死滅空若菩薩空
如是一切皆无二无二處憍尸迦諸菩薩摩
訶薩於般若波羅蜜多應如是住憍尸迦布
施波羅蜜多布施波羅蜜多空乃至般若波
羅蜜多般若波羅蜜多空菩薩菩薩空若布
施波羅蜜多空乃至若般若波羅蜜多空若
菩薩空如是一切皆无二无二處憍尸迦諸
菩薩摩訶薩於般若波羅蜜多應如是住憍
尸迦內空內空乃至无性自性空无性自
性空菩薩菩薩空若內空乃至若无性
自性空若菩薩空如是一切皆无二无二
處憍尸迦諸菩薩摩訶薩於般若波羅蜜多
應如是住憍尸迦四念住四念住空乃至十
八佛不共法十八佛不共法空菩薩菩薩空
若四念住空乃至若十八佛不共法空若菩
薩空如是一切皆无二无二處憍尸迦諸菩
薩摩訶薩於般若波羅蜜多應如是住憍尸
迦一切三摩地門一切三摩地門空一切陁
羅尼門一切陁羅尼門空菩薩菩薩空若一
切三摩地門空若一切陁羅尼門空若菩薩
空如是一切皆无二无二處憍尸迦諸菩薩
摩訶薩於般若波羅蜜多應如是住憍尸迦
聲聞乘聲聞乘空獨覺乘獨覺乘无上乘
无上乘空菩薩菩薩空若聲聞乘空若獨覺乘

BD05485號　大般若波羅蜜多經卷四二五　（21–9）

切三摩地門空若一切陁羅尼門空若菩薩
空如是一切皆无二无二處憍尸迦諸菩薩
摩訶薩於般若波羅蜜多應如是住憍尸迦
聲聞乘聲聞乘空獨覺乘无上乘獨覺乘
无上乘空菩薩菩薩空若聲聞乘空若獨覺乘
无上乘空若菩薩空如是一切皆无二无二
處憍尸迦諸菩薩摩訶薩於般若波羅蜜多
應如是住憍尸迦預流預流空乃至如來如
來空菩薩菩薩空若預流空乃至若如來空
若菩薩空如是一切皆无二无二處憍尸迦
諸菩薩摩訶薩於般若波羅蜜多應如是住
憍尸迦一切智一切智空道相智一切相智
道相智一切相智空菩薩菩薩空若一切智
空若道相智一切相智空若菩薩空如是一
切皆无二无二處憍尸迦諸菩薩摩訶薩於
般若波羅蜜多應如是住
時天帝釋問善現言云何菩薩摩訶薩脩行
般若波羅蜜多時所不應住善現荅言憍尸
迦諸菩薩摩訶薩脩行般若波羅蜜多時不
應住色不應住受想行識不應住眼處乃至
不應住意處不應住色處乃至不應住法處
不應住眼界乃至不應住意界不應住色界
乃至不應住法界不應住眼識界乃至不應
住意識界不應住眼觸乃至不應住意觸不
應住眼觸為緣所生諸受乃至不應住意觸
為緣所生諸受不應住地界乃至不應住識
界不應住无明乃至不應住老死不應住无

BD05485號　大般若波羅蜜多經卷四二五　（21–10）

乃至不應住法界不應住眼識界乃至不應
住意識界不應住眼觸乃至不應住意觸不
應住眼觸為緣所生諸受乃至不應住意觸
為緣所生諸受不應住地界乃至不應住識
界不應住无明乃至不應住老死不應住无
明滅乃至不應住老死滅不應住布施波羅
蜜多乃至不應住般若波羅蜜多不應住內
空乃至不應住无性自性空不應住四念住
乃至不應住十八佛不共法不應住一切三
摩地門不應住一切陁羅尼門不應住聲聞
乘不應住獨覺乘无上乘不應住預流乃至
不應住如來不應住一切智不應住道相智
一切相智何以故憍尸迦如是住者有所得
故
復次憍尸迦諸菩薩摩訶薩脩行般若波羅
蜜多時不應住此是色乃至此是識不應住
此是眼處乃至此是意處不應住此是色處
乃至此是法處不應住此是眼界乃至此是
意界不應住此是色界乃至此是法界不應
住此是眼識界乃至此是意識界不應住此
是眼觸乃至此是意觸不應住此是眼觸為
緣所生諸受乃至此是意觸為緣所生諸受
不應住此是地界乃至此是識界不應住此
是无明乃至此是老死不應住此是无明滅
乃至此是老死滅不應住此是布施波羅蜜
多乃至此是般若波羅蜜多不應住此是內
空乃至此是无性自性空不應住此是四念

BD05485號　大般若波羅蜜多經卷四二五　（21–11）

不應住此是地界乃至此是識界不應住此
是无明乃至此是老死不應住此是无明滅
乃至此是老死滅不應住此是布施波羅蜜
多乃至此是般若波羅蜜多不應住此是內
空乃至此是无性自性空不應住此是四念
住乃至此是十八佛不共法不應住此是一
切三摩地門此是一切陁羅尼門不應住此
是聲聞乘此是獨覺乘无上乘不應住此是
預流乃至此是如來不應住此是一切智此
是道相智一切相智何以故憍尸迦如是住
者有所得故
復次憍尸迦諸菩薩摩訶薩脩行般若波羅
蜜多時不應住色乃至識若常若无常若樂
若苦若我若無我若淨若不淨若空若不空
若寂靜若不寂靜若遠離若不遠離不應住
眼處乃至意處若常若無常乃至若遠離若
不遠離不應住色處乃至法處若常若無常
乃至若遠離若不遠離不應住眼界乃至意
界若常若無常乃至若遠離若不遠離不應
住色界乃至法界若常若無常乃至若遠離
若不遠離不應住眼識界乃至意識界若常
若無常乃至若遠離若不遠離不應住眼觸
乃至意觸若常若無常乃至若遠離若不遠
離不應住眼觸為緣所生諸受乃至意觸為
緣所生諸受若常若無常乃至若遠離若不
遠離不應住地界乃至識界若常若無常乃
至若遠離若不遠離不應住無明乃至老死

若無常乃至若遠離若不遠離不應住眼觸
乃至意觸若常若無常乃至若遠離若不遠
離不應住眼觸為緣所生諸受乃至意觸為
緣所生諸受若常若無常乃至若遠離若不
遠離不應住地界乃至識界若常若無常乃
至若遠離若不遠離不應住無明乃至老死
若常若無常乃至若遠離若不遠離不應住
無明滅乃至老死滅若常若無常乃至若遠
離若不遠離不應住布施波羅蜜多乃至般
若波羅蜜多若常若無常乃至若遠離若不
遠離不應住內空乃至無性自性空若常若
無常乃至若遠離若不遠離不應住四念住
乃至十八佛不共法若常若無常乃至若遠
離若不遠離不應住一切三摩地門一切陁
羅尼門若常若無常乃至若遠離若不遠離
不應住聲聞乘獨覺乘無上乘若常若无常
乃至若遠離若不遠離不應住預流乃至如
來若常若無常乃至若遠離若不遠離不應
住一切智道相智一切相智若常若無常乃
至若遠離若不遠離何以故憍尸迦如是住
者有所得故
復次憍尸迦諸菩薩摩訶薩脩行般若波羅
蜜多時不應住預流果若有為所顯若無為
所顯不應住一來不還阿羅漢果獨覺菩提
諸佛無上正等菩提若有為所顯若無為所
顯何以故憍尸迦如是住者有所得故復次
憍尸迦諸菩薩摩訶薩脩行般若波羅蜜多

所顯不應住一來不還阿羅漢果獨覺菩提
諸佛無上正等菩提若有為所顯若無為所
顯何以故憍尸迦如是住者有所得故復次
憍尸迦諸菩薩摩訶薩修行般若波羅蜜多
時不應住預流是福田不應住一來不還阿
羅漢獨覺菩薩如來是福田何以故憍尸迦
如是住者有所得故復次憍尸迦諸菩薩摩
訶薩修行般若波羅蜜多時不應住初地乃
至不應住第十地何以故憍尸迦如是住者
有所得故所以者何如是住者有動轉故復
次憍尸迦諸菩薩摩訶薩修行般若波羅蜜
多時不應住初發心已便作是念我當圓滿
布施波羅蜜多乃至般若波羅蜜多不應住
初發心已便作是念我當修行四念住乃至
八聖道支不應住初發心已便作是念我當
修行空無相無願解脫門乃至十八佛不共
法不應住作是念我修加行既圓滿已當入
菩薩正性離生不應住作是念我已得入正
性離生當住菩薩不退轉地不應住作是念
我當圓滿菩薩五通不應住作是念我住菩
薩圓滿五通常遊無量無數佛土禮敬瞻仰
供養承事諸佛世尊聽聞正法如理思惟廣
為他說何以故憍尸迦如是住者有所得故
復次憍尸迦諸菩薩摩訶薩修行般若波羅
蜜多時不應住作是念我當嚴淨如十方佛
所居淨土不應住作是念我當化作如十方
佛所居淨土不應住作是念我當成熟諸有

復次憍尸迦諸菩薩摩訶薩修行般若波羅
蜜多時不應住作是念我當嚴淨如十方佛
所居淨土不應住作是念我當化作如十方
佛所居淨土不應住作是念我當成熟諸有
情類令證無上正等菩提或般涅槃或人天
樂不應住作是念我當往詣無量無數諸佛
國土供養恭敬尊重讚歎諸佛世尊復以无
邊花香瓔珞寶幢幡蓋衣服臥具飲食燈明
百千俱胝那庾多數天諸伎樂及無量種上
妙珍財而為供養不應住作是念我當安立
無量無數無邊有情令於無上正等菩提得
不退轉何以故憍尸迦如是住者有所得故
復次憍尸迦諸菩薩摩訶薩修行般若波羅
蜜多時不應住作是念我當成辦清淨肉眼
天眼慧眼法眼佛眼不應住作是念我當成
辦諸等持門於諸等持自在遊戲不應住作
是念我當成辦諸總持門於諸總持皆得自
在不應住作是念我當成辦如來十力四無
所畏四無礙解大慈大悲大喜大捨十八佛
不共法不應住作是念我當成辦三十二相
八十隨好所莊嚴身令諸有情見者歡喜觀
無猒倦由斯證得利益安樂何以故憍尸迦
如是住者有所得故復次憍尸迦諸菩薩摩
訶薩修行般若波羅蜜多時不應住此是第
八補特伽羅此是隨信行此是隨法行不應
住此是預流極七返有此是家家此是一間
不應住此是齊首補特伽羅乃至壽盡國出

如是住者[illegible]
訶薩脩行般若波羅蜜多時不應住此是第
八補特伽羅此是隨信行此是隨法行不應
住此是預流極七返有此是家家此是一間
不應住此是齊首補特伽羅乃至壽盡煩惱
方盡不應住此是預流定不墮法此是一來
至此世間得盡苦際不應住此是不還向此
是不還果往彼方得般涅槃者不應住此是
阿羅漢永盡後有現在必入無餘涅槃不應
住此是獨覺不應住此是如來應正等覺不
應住作是念我超聲聞獨覺地已住菩薩地
不應住作是念我當具足一切智道相智一
切相智覺一切法一切相已永斷一切煩惱
纏結習氣相續不應住作是念我當證得所
求無上正等菩提得成如來應正等覺轉妙
法輪作諸佛事度脫無量無數有情令得涅
槃畢竟安樂不應住作是念我當善脩四神
足已安住如是殊勝等持由此等持增上勢
力令我壽命如殑伽沙大劫而住不應住作
是念我當攝得壽量無邊不應住作是念我
當成就三十二相是一一相百福莊嚴不應
住作是念我當成就八十隨好是一一好有
無數量希有勝事不應住作是念我當安住
一嚴淨土其土寬廣於十方面如殑伽沙世
界之量不應住作是念我當安坐一金剛座
其座廣大量等三千大千世界不應住作是
念我當居止大菩提樹其樹高廣眾寶莊
嚴所出妙香有情聞者貪瞋癡等心疾皆除

BD05485號　大般若波羅蜜多經卷四二五　（21–16）

無數量希有勝事不應住作是念我當安住
一嚴淨土其土寬廣於十方面如殑伽沙世
界之量不應住作是念我當安坐一金剛座
其座廣大量等三千大千世界不應住作是
念我當居止大菩提樹其樹高廣眾寶莊
嚴所出妙香有情聞者貪瞋癡等心疾皆除
無量無邊身病亦愈諸有聞此菩提樹香離
諸聲聞獨覺作意必獲無上正等菩提不應
住作是念願我當得嚴淨佛土其土清淨無
色蘊名聲無受想行識蘊名聲無眼處名聲
無耳鼻舌身意處名聲無色處名聲無聲香
味觸法處名聲無眼界名聲無耳鼻舌身意
界名聲無色界名聲無聲香味觸法界名聲無
眼識界名聲無耳鼻舌身意識界名聲無眼
觸名聲無耳鼻舌身意觸名聲無眼觸為
緣所生諸受名聲無耳鼻舌身意觸為緣所
生諸受名聲無地界名聲無水火風空識界
名聲無無明名聲無行識名色六處觸受愛取
有生老死名聲唯有布施波羅蜜多名聲
乃至唯有般若波羅蜜多名聲唯有內空名
聲乃至唯有無性自性空名聲唯有真如名
聲乃至唯有不思議界名聲唯有四念住名
聲廣說乃至唯有十八佛不共法名聲其中
都無預流一來不還阿羅漢獨覺異生等名
聲唯有菩薩摩訶薩如來應正等覺等名
聲何以故憍尸迦如是住者有所得故所以者
何一切如來應正等覺證得無上正等菩提時
覺一切法都無所有一切菩薩摩訶薩眾[illegible]

BD05485號　大般若波羅蜜多經卷四二五　（21–17）

都無預流一來不還阿羅漢獨覺異生等名
聲唯有菩薩摩訶薩如來應正等覺等名
聲何以故憍尸迦如是住者有所得故所以者
何一切如來應正等覺證得無上正等菩提時
覺一切法都無所有一切菩薩摩訶薩衆住
不退轉地時亦見諸法都無所有憍尸迦是
為菩薩摩訶薩於般若波羅蜜多如所應住
不應住相憍尸迦諸菩薩摩訶薩於深般若
波羅蜜多隨所應住不應住相以無所得而
為方便應如是學
尒時舍利子作是念言若菩薩摩訶薩脩行
般若波羅蜜多時於一切法不應住者云何
應住般若波羅蜜多具壽善現知舍利子心
之所念便謂之曰於意云何諸如來心為何
所住舍利子言諸如來心都無所住所以者
何善現如來之心不住色不住受想行識不
住眼處不住耳鼻舌身意處不住色處不
住聲香味觸法處不住眼界不住耳鼻舌身意
界不住色界不住聲香味觸法界不住眼識
界不住耳鼻舌身意識界不住眼觸不住耳
鼻舌身意觸不住眼觸為緣所生諸受不住
耳鼻舌身意觸為緣所生諸受不住有為界
不住無為界不住四念住廣說乃至不住十
八佛不共法不住一切智不住道相智一切
相智何以故以一切法不可得故如是善現
如來之心於一切法都無所住亦非不住時
具壽善現謂舍利子言諸菩薩摩訶薩脩行

不住無為界不住四念住廣說乃至不住十
八佛不共法不住一切智不住道相智一切
相智何以故以一切法不可得故如是善現
如來之心於一切法都無所住亦非不住時
具壽善現謂舍利子言諸菩薩摩訶薩脩行
般若波羅蜜多時亦復如是雖住般若波羅
蜜多而同如來於一切法都無所住亦非不
住所以者何舍利子諸菩薩摩訶薩脩行般
若波羅蜜多時雖住般若波羅蜜多而於色
非住非不住乃至於一切相智亦非住非不
住何以故舍利子以色等法無二相故舍利
子諸菩薩摩訶薩於深般若波羅蜜多隨無
非住非不住相以無所得而為方便應如是
學
尒時會中有諸天子竊作是念諸藥叉等言
詞呪句雖復隱密而我等輩猶可了知尊者
善現於此般若波羅蜜多雖以種種言詞顯
示而我等輩竟不能解具壽善現知諸天子
心之所念便告彼言汝等天子於我所說不
能解耶諸天子言如是如是具壽善現復告
彼言我曾於此甚深般若波羅蜜多相應義
中不說一字汝亦不聞當何所解何以故諸天
子甚深般若波羅蜜多相應義中文字言
說皆遠離故由此於中說者聽者及能解者
皆不可得一切如來應正等覺所證無上正
等菩提微妙甚深亦復如是諸天子如諸如來
應正等覺化作化身如是化身化作四衆俱

子甚深般若波羅蜜多相應義中文字言
說皆遠離故由此於中說者聽者及能解者
皆不可得一切如來應正等覺所證無上正
等菩提微妙甚深亦復如是諸天子如諸如來
應正等覺化作化身如是化身化作四衆俱
來集會而為說法於意云何是中有實能
說能聽能解者不諸天子言不也大德善現
告言如是諸天子一切法皆如化故令於此甚
深般若波羅蜜多相應義中說者聽者及
能解者都不可得諸天子如人夢中夢見有佛
為諸大衆宣說正法於意云何是中有實
能說能聽能解者不諸天子言不也大德善
現告言如是諸天子一切法皆如夢故令於
此甚深般若波羅蜜多相應義中說者聽者
及能解者都不可得諸天子如二人處一
山谷各住一面讚佛法僧俱時發聲於意云
何此二響能互相聞互相解不諸天子言
不也大德善現告言如是諸天子一切法皆
如響故令於此甚深般若波羅蜜多相應義
中說者聽者及能解者都不可得諸天子如
巧幻師或彼弟子於四衢道幻作四衆及一
如來應正等覺是幻如來為幻四
衆宣說正法於意云何是中有實說者聽者
能解者不諸天子言不也大德善現告言如
是諸天子一切法皆如幻故令於此甚深般
若波羅蜜多相應義中說者聽者及能解者
都不可得諸天子由此因緣我曾於此甚深
般若波羅蜜多相應義中不說一字汝亦不

BD05485號　大般若波羅蜜多經卷四二五　（21–20）

此甚深般若波羅蜜多相應義中說者聽者
及能解者都不可得諸天子如二人處一
山谷各住一面讚佛法僧俱時發聲於意云
何此二響能互相聞互相解不諸天子言
不也大德善現告言如是諸天子一切法皆
如響故令於此甚深般若波羅蜜多相應義
中說者聽者及能解者都不可得諸天子如
巧幻師或彼弟子於四衢道幻作四衆及一
如來應正等覺是幻如來為幻四
衆宣說正法於意云何是中有實說者聽者
能解者不諸天子言不也大德善現告言如
是諸天子一切法皆如幻故令於此甚深般
若波羅蜜多相應義中說者聽者及能解者
都不可得諸天子由此因緣我曾於此甚深
般若波羅蜜多相應義中不說一字汝亦不
聞當何所解

大般若波羅蜜多經卷第四百廿五

BD05485號　大般若波羅蜜多經卷四二五　（21–21）

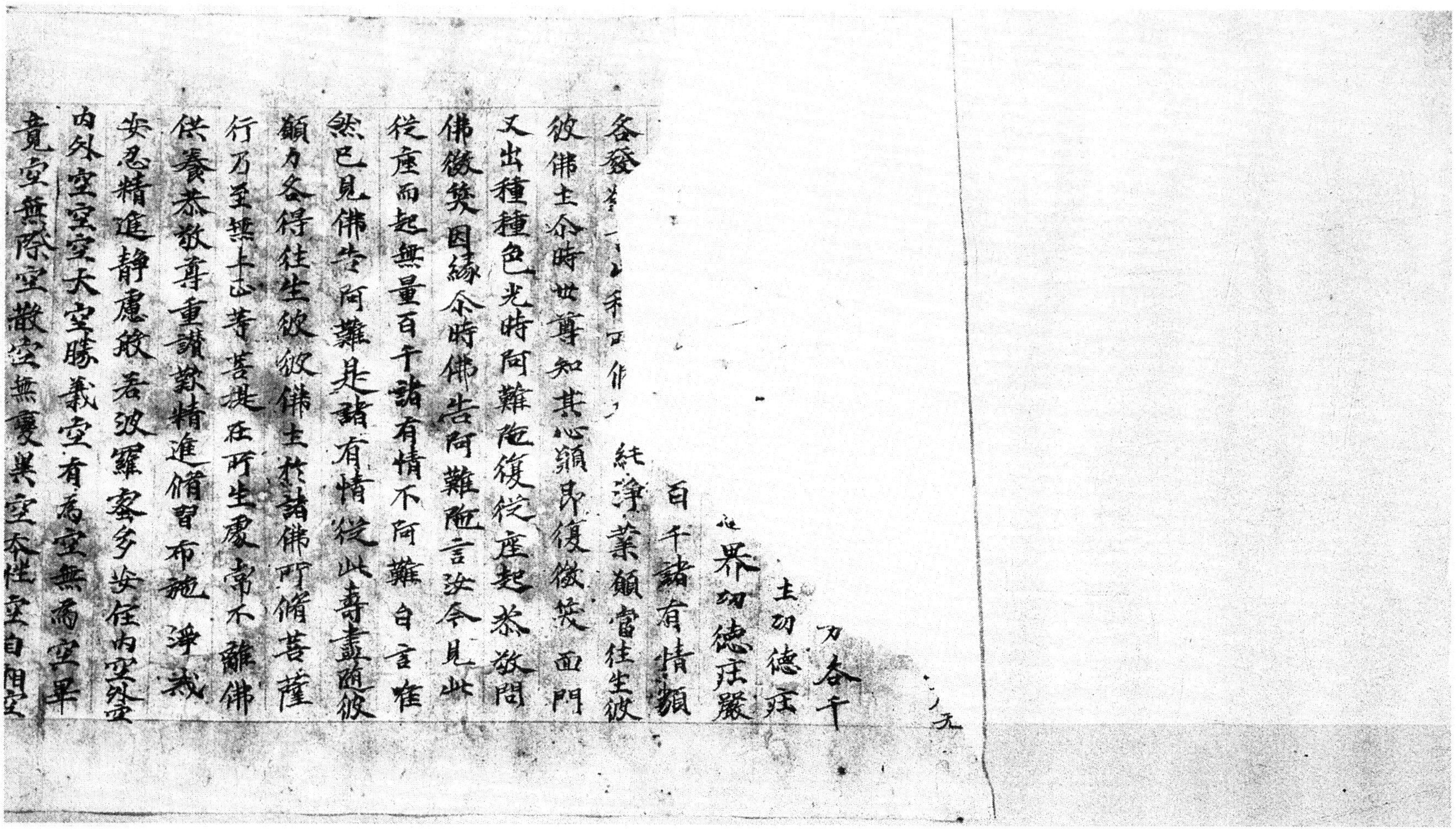

力各千
土功德莊
界功德莊嚴
百千諸有情類
各發…純淨業願當往生彼
彼佛土尒時世尊知其心願即復微笑面門
又出種種色光時阿難陀復從座起恭敬問
佛微笑因緣尒時佛告阿難陀言汝今見此
從座而起無量百千諸有情不阿難白言唯
然已見佛告阿難是諸有情從此壽盡隨彼
願力各得往生彼彼佛土於諸佛所脩菩薩
行乃至無上正等菩提在所生處常不離佛
供養恭敬尊重讚歎精進脩習布施淨戒
安忍精進靜慮般若波羅蜜多安住內空外空
內外空空空大空勝義空有為空無為空畢
竟空無際空散空無變異空本性空自相空

BD05486號　大般若波羅蜜多經卷九　（3–1）

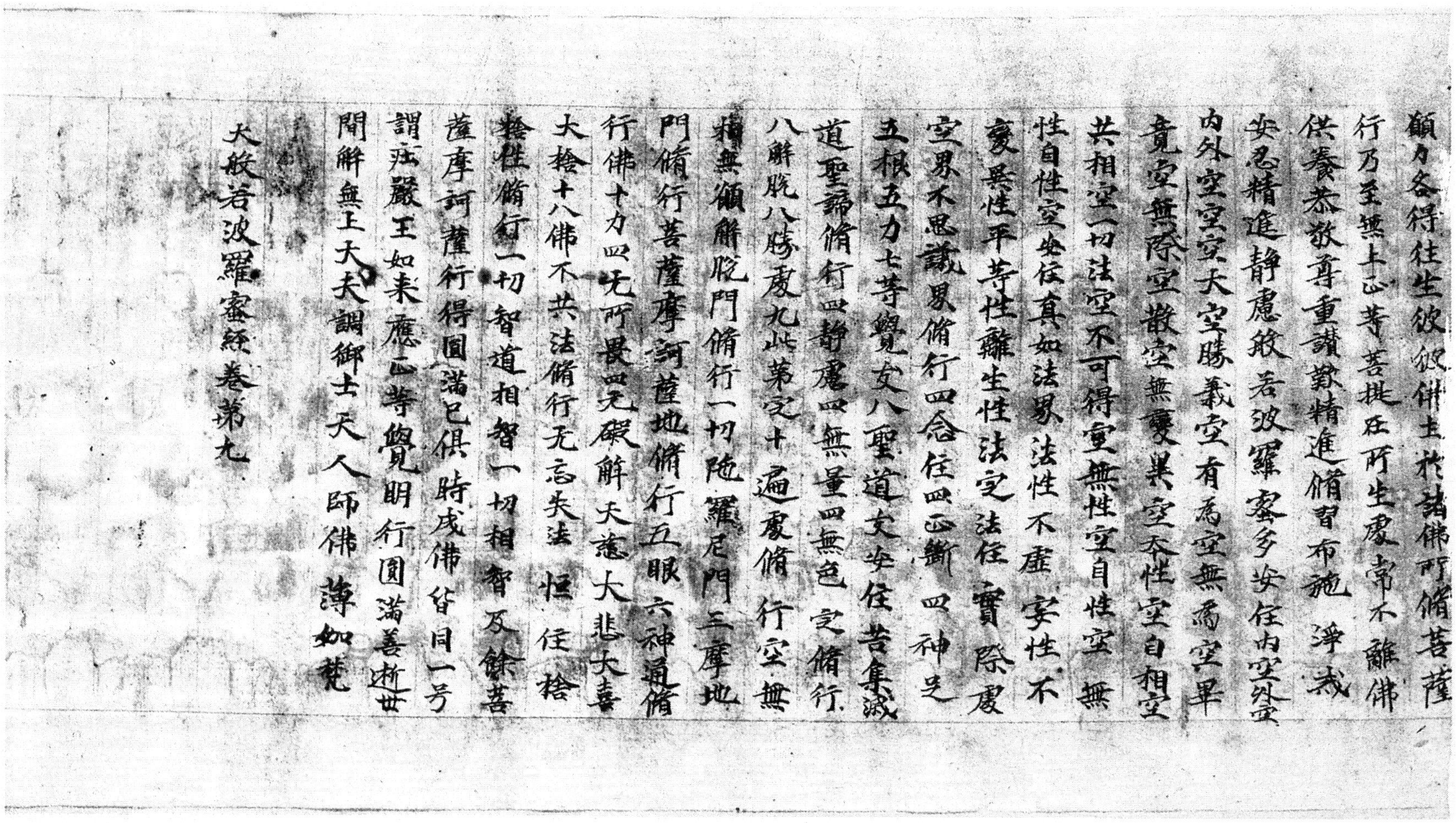

願力各得往生彼彼佛土於諸佛所脩菩薩
行乃至無上正等菩提在所生處常不離佛
供養恭敬尊重讚歎精進脩習布施淨戒
安忍精進靜慮般若波羅蜜多安住內空外空
內外空空空大空勝義空有為空無為空畢
竟空無際空散空無變異空本性空自相空
共相空一切法空不可得空無性空自性空無
性自性空安住真如法界法性不虛妄性不
變異性平等性離生性法定法住實際虛
空界不思議界脩行四念住四正斷四神足
五根五力七等覺支八聖道支安住苦集滅
道聖諦脩行四靜慮四無量四無色定脩行
八解脫八勝處九次第定十遍處脩行空無
精無願解脫門脩行一切陀羅尼門三摩地
門脩行菩薩摩訶薩地脩行五眼六神通脩
行佛十力四无所畏四无礙解大慈大悲大喜
大捨十八佛不共法脩行无忘失法恒住捨
性脩行一切智道相智一切相智及餘菩
薩摩訶薩行得圓滿已俱時成佛皆同一號
謂莊嚴王如來應正等覺明行圓滿善逝世
間解無上丈夫調御士天人師佛薄伽梵

大般若波羅蜜經卷第九

BD05486號　大般若波羅蜜多經卷九　（3–2）

行佛十力四无所畏四无礙解大慈大悲大喜
大捨十八佛不共法脩行无忘失法恒住捨
捨性脩行一切智道相智一切相智及餘菩
薩摩訶薩行得圓滿已俱時成佛皆同一号
謂莊嚴王如来應正等覺明行圓滿善逝世
間解無上丈夫調御士天人師佛薄伽梵

大般若波羅蜜經卷第九

BD05486 號　大般若波羅蜜多經卷九　　（3–3）

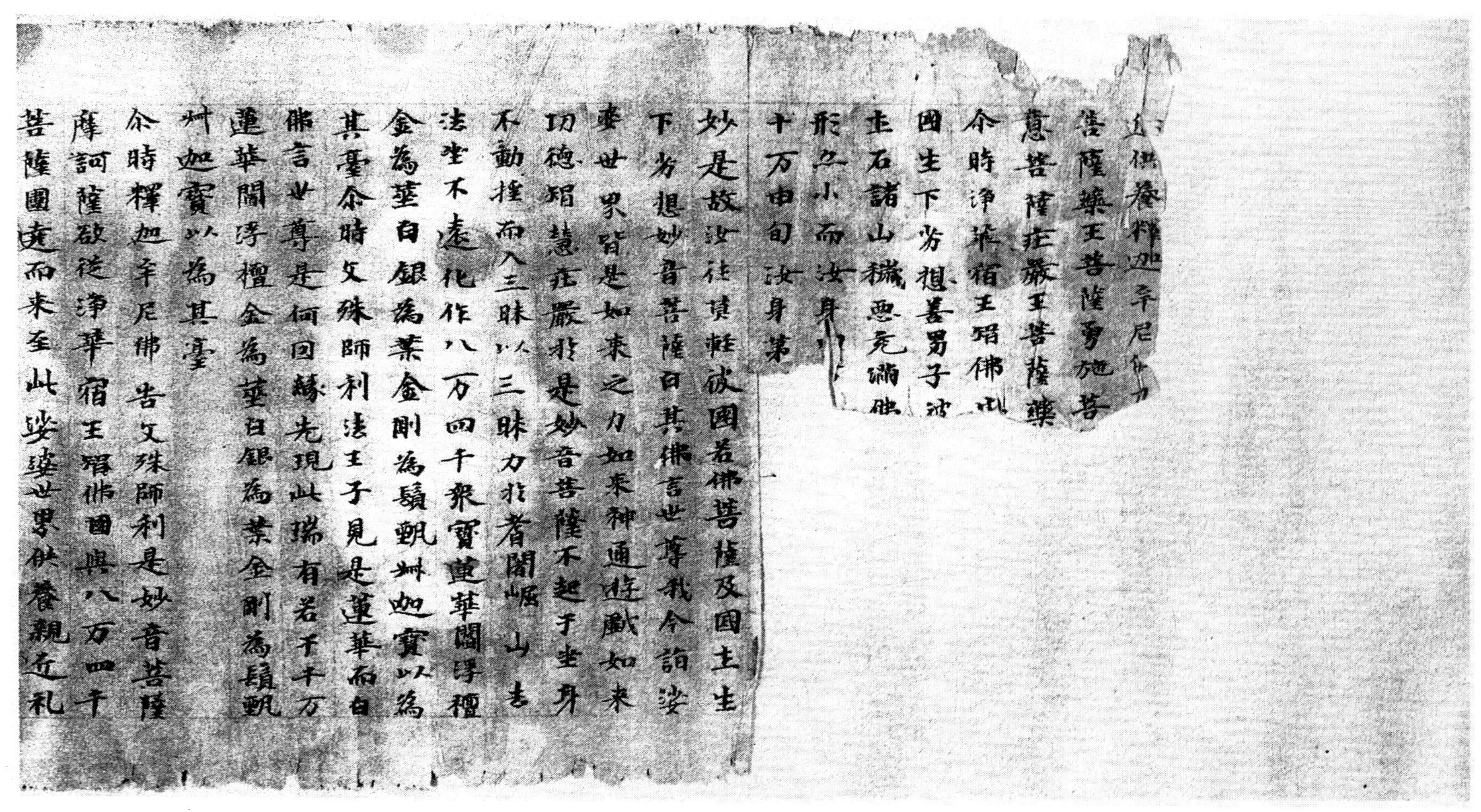
近供養釋迦牟尼佛
菩薩藥王菩薩勇施菩
意菩薩莊嚴王菩薩藥
尒時淨華宿王智佛
國生下劣想善男子彼
土石諸山穢惡充滿佛
形亦小而汝身
十万由旬汝身第
妙是故汝往莫輕彼國若佛菩薩及國土生
下劣想妙音菩薩白其佛言世尊我今詣娑
婆世界皆是如来之力如来神通遊戲如来
功德智慧莊嚴於是妙音菩薩不起于坐身
不動搖而入三昧以三昧力於耆闍崛山去
法坐不遠化作八万四千衆寶蓮華閻浮檀
金為莖白銀為葉金剛為鬚甄叔迦寶以為
其臺尒時文殊師利法王子見是蓮華而白
佛言世尊是何因緣先現此瑞有若干千万
蓮華閻浮檀金為莖白銀為葉金剛為鬚甄
叔迦寶以為其臺
尒時釋迦牟尼佛告文殊師利是妙音菩薩
摩訶薩欲從淨華宿王智佛國與八万四千
菩薩圍遶而来至此娑婆世界供養親近礼

BD05487 號　妙法蓮華經卷七　　（10–1）

其臺尒時文殊師利法王子見是蓮華而白
佛言世尊是何因緣先現此瑞有若干千万
蓮華閻浮檀金為莖白銀為葉金剛為鬚甄
叔迦寶以為其臺
尒時釋迦牟尼佛告文殊師利是妙音菩薩
摩訶薩欲從淨華宿王智佛國與八万四千
菩薩圍遶而来至此娑婆世界供養親近礼
拜於我亦欲供養聽法華經文殊師利白佛
言世尊是菩薩種何善本脩何功德而能有
是大神通力行何三昧願為我等說是三昧
名字我等亦欲懃脩行之行此三昧乃能見
是菩薩色相大小威儀進止唯願世尊以神
通力彼菩薩来令我得見尒時釋迦牟尼佛
告文殊師利此久滅度多寶如来當為汝等
而現其相時多寶佛告彼菩薩善男子来文
殊師利法王子欲見汝身
于時妙音菩薩於彼國沒與八万四千菩薩
俱共發来所經諸國六種震動皆悉雨於七
寶蓮華百千天樂不鼓自鳴是菩薩目如廣
大青蓮華葉正使和合百千万月其面貌端
正復過於此身真金色无量百千功德莊嚴
威德熾盛光明照曜諸相具足如那羅延堅
固之身入七寶臺上昇虛空去地七多羅樹
諸菩薩眾恭敬圍遶而来詣此娑婆世界耆
闍崛山到已下七寶臺以價直百千瓔珞持
至釋迦牟尼佛所頭面礼足奉上瓔珞而白
佛言世尊淨華宿王智佛問訊世尊少病少
惱起居輕利安樂行不四大調和不世事可

BD05487 號　妙法蓮華經卷七　（10–2）

固之身入七寶臺上昇虛空去地七多羅樹
諸菩薩眾恭敬圍遶而来詣此娑婆世界耆
闍崛山到已下七寶臺以價直百千瓔珞持
至釋迦牟尼佛所頭面礼足奉上瓔珞而白
佛言世尊淨華宿王智佛問訊世尊少病少
惱起居輕利安樂行不四大調和不世事可
忍不眾生易度不无多貪欲瞋恚愚癡嫉妬
慳慢不无不孝父母不敬沙門耶見不善心
不攝五情不世尊眾生能降伏諸魔怨不久
滅度多寶如来在七寶塔中来聽法不又問
訊多寶如来安隱少惱堪忍久住不世尊我
今欲見多寶佛身唯願世尊示我令見尒時
釋迦牟尼佛語多寶佛是妙音菩薩欲得相
見時多寶佛告妙音言善哉善哉汝能為供
養釋迦牟尼佛及聽法華經并見文殊師利
等故来至此
尒時華德菩薩白佛言世尊是妙音菩薩種
何善根脩何功德有是神力佛告華德菩薩
過去有佛名雲雷音王多陀阿伽度阿羅訶
三藐三佛陀國名現一切世間劫名憙見妙
音菩薩於万二千歲以十万種伎樂供養雲
雷音王佛并奉上八万四千七寶鉢以是因
緣果報今生淨華宿王智佛國有是神力華
德於汝意云何尒時雲雷音王佛所妙音菩
薩伎樂供養奉上寶器者豈異人乎今此妙
音菩薩摩訶薩是華德是妙音菩薩已曾供
養親近无量諸佛久殖德本又值恒河沙等
百千万億那由他佛

BD05487 號　妙法蓮華經卷七　（10–3）

緣果報令生淨華宿王智佛所有是神力華
德於汝意云何尒時雲雷音王佛所妙音菩
薩伎樂供養奉上寶器者豈異人乎今此妙
音菩薩摩訶薩是華德是妙音菩薩已曾供
養親近无量諸佛久殖德本又值恒河沙等
百千万億那由他佛
華德汝但見妙音菩薩其身在此而是菩薩
現種種身處處為諸衆生說是經典或現梵
王身或現帝釋身或現自在天身或現大自
在天身或現天大將軍身或現毗沙門王身
或現轉輪王身或現諸小王身或現長者身
或現居士身或現宰官身或現婆羅門身或
現比丘比丘尼優婆塞優婆夷身或現長者
居士婦女身或現宰官婦女身或現婆羅門
婦女身或現童男童女身或現天龍夜叉乾
闥婆阿循羅迦樓羅緊那羅摩睺羅伽人非
人等身而說是經諸有地獄餓鬼畜生及衆
難處皆能救濟乃至於王後宮變為女身而
說是經
華德是妙音菩薩能救護娑婆世界諸衆生
者是妙音菩薩如是種種變化現身在此娑
婆國土為諸衆生說是經典於神通變化智
慧无所損減是菩薩以若干智慧明照娑婆
世界令一切衆生各得所知於十方恒河沙
世界中亦復如是若應以聲聞形得度者現
聲聞形而為說法應以辟支佛形得度者現
辟支佛形而為說法應以菩薩形得度者現
菩薩形而為說法應以佛形得度者即現佛

BD05487 號　妙法蓮華經卷七　（10–4）

世界令一切衆生各得所知於十方恒河沙
世界中亦復如是若應以聲聞形得度者現
聲聞形而為說法應以辟支佛形得度者現
辟支佛形而為說法應以菩薩形得度者現
菩薩形而為說法應以佛形得度者即現佛
形而為說法如是種種隨所應度而為現
形乃至應以滅度而得度者示現滅度華德
妙音菩薩摩訶薩成就大神通智慧之力其
事如是
尒時華德菩薩白佛言世尊是妙音菩薩深
種善根世尊是菩薩住何三昧而能如是在
所變現度脫衆生佛告華德菩薩善男子其
三昧名現一切色身妙音菩薩住是三昧中
能如是饒益无量衆生說是妙音菩薩品時
與妙音菩薩俱來者八万四千人皆得現一
切色身三昧此娑婆世界无量菩薩亦得是
三昧及陁羅尼尒時妙音菩薩摩訶薩供養
釋迦牟尼佛及多寶佛塔已還歸本土所經
諸國六種震動雨寶蓮華作百千万億種種
伎樂既到本國與八万四千菩薩圍遶至淨
華宿王智佛所白佛言世尊我到娑婆世界
饒益衆生見釋迦牟尼佛及見多寶佛塔礼
拜供養又見文殊師利法王子及見藥王菩
薩得勤精進力菩薩勇施菩薩等亦令是八
万四千菩薩得現一切色身三昧說是妙音
菩薩來往品時四万二千天子得无生法忍
華德菩薩得法華三昧
妙法蓮華經觀世音菩薩普門品

BD05487 號　妙法蓮華經卷七　（10–5）

薩得懃精進力菩薩勇施菩薩等亦令是八
万四千菩薩得現一切色身三昧說是妙音
菩薩來往品時四万二千天子得无生法忍
華德菩薩得法華三昧
妙法蓮華經觀世音菩薩普門品第廿五
尒時无盡意菩薩即從坐起偏袒右肩合掌
向佛而作是言世尊觀世音菩薩以何因緣
名觀世音佛告无盡意菩薩善男子若有无
量百千万億衆生受諸苦惱聞是觀世音菩
薩一心稱名觀世音菩薩即時觀其音聲皆
得解脫
若有持是觀世音菩薩名者設入大火火不
能燒由是菩薩威神力故若為大水所漂稱
其名号即得淺處若有百千万億衆生為求
金銀瑠璃車𤦲馬瑙珊瑚虎珀真珠等寶入
於大海假使黑風吹其船舫飄墮羅剎鬼國
其中若有乃至一人稱觀世音菩薩名者是
諸人等皆得解脫羅剎之難以是因緣名觀
世音
若復有人臨當被害稱觀世音菩薩名者彼
所執刀杖尋段段壞而得解脫若三千大千
國土滿中夜叉羅剎欲來惱人聞其稱觀世
音菩薩名者是諸惡鬼尚不能以惡眼視之
況復加害
設復有人若有罪若无罪杻械枷鎖檢繫其
身稱觀世音菩薩名者皆悉斷壞即得解脫
若三千大千國土滿中怨賊有一商主將諸

BD05487號　妙法蓮華經卷七　（10–6）

音菩薩名者是諸惡鬼尚不能以惡眼視之
況復加害
設復有人若有罪若无罪杻械枷鎖檢繫其
身稱觀世音菩薩名者皆悉斷壞即得解脫
若三千大千國土滿中怨賊有一商主將諸
商人齎持重寶經過險路其中一人作是唱
言諸善男子勿得恐怖汝等應當一心稱觀
世音菩薩名号是菩薩能以无畏施於衆生
汝等若稱名者於此怨賊當得解脫衆商人
聞俱發聲言南无觀世音菩薩稱其名故即
得解脫无盡意觀世音菩薩摩訶薩威神之
力巍巍如是
若有衆生多於婬欲常念恭敬觀世音菩薩
便得離欲若多瞋恚常念恭敬觀世音菩薩
便得離瞋若多愚癡常念恭敬觀世音菩薩
便得離癡无盡意觀世音菩薩有如是等大
威神力多所饒益是故衆生常應心念
若有女人設欲求男礼拜供養觀世音菩薩
便生福德智慧之男設欲求女便生端政有
相之女宿殖德本衆人愛敬无盡意觀世音
菩薩有如是力若有衆生恭敬礼拜觀世音
菩薩福不唐捐是故衆生皆應受持觀世音
菩薩名号无盡意若有人受持六十二億恒
河沙菩薩名字復盡形供養飲食衣服卧具
醫藥於汝意云何是善男子善女人功德多
不无盡意言甚多世尊佛言若復有人受持
觀世音菩薩名号乃至一時礼拜供養是二
人福正等无異於百千万億劫不可窮盡无

BD05487號　妙法蓮華經卷七　（10–7）

河沙菩薩名字復盡形供養飲食衣服卧具
醫藥於汝意云何是善男子善女人功德多
不无盡意言甚多世尊佛言若復有人受持
觀世音菩薩名号乃至一時礼拜供養是二
人福正等无異於百千万億劫不可窮盡无
盡意受持觀世音菩薩名号得如是无量无
邊福德之利
无盡意菩薩白佛言世尊觀世音菩薩云何
遊此娑婆世界云何而為衆生說法方便之
力其事云何佛告无盡意菩薩善男子若有
國土衆生應以佛身得度者觀世音菩薩即
現佛身而為說法應以辟支佛身得度者即
現辟支佛身而為說法應以聲聞身得度者
即現聲聞身而為說法應以梵王身得度者
即現梵王身而為說法應以帝釋身得度者
即現帝釋身而為說法應以自在天身得度
者即現自在天身而為說法應以大自在天
身得度者即現大自在天身而為說法應以
天大將軍身得度者即現天大將軍身而為
說法應以毗沙門身得度者即現毗沙門身
而為說法應以小王身得度者即現小王身
而為說法應以長者身得度者即現長者身
而為說法應以居士身得度者即現居士身
而為說法應以宰官身得度者即現宰官身
而為說法應以婆羅門身得度者即現婆羅
門身而為說法應以比丘比丘尼優婆塞優
婆夷身得度者即現比丘比丘尼優婆塞優

BD05487號　妙法蓮華經卷七　（10-8）

而為說法應以居士身得度者即現居士身
而為說法應以宰官身得度者即現宰官身
而為說法應以婆羅門身得度者即現婆羅
門身而為說法應以比丘比丘尼優婆塞優
婆夷身得度者即現比丘比丘尼優婆塞優
婆夷身而為說法應以長者居士宰官婆羅
門婦女身得度者即現婦女身而為說法應
以童男童女身得度者即現童男童女身而
為說法應以天龍夜叉乾闥婆阿脩羅迦樓
羅緊那羅摩睺羅伽人非人等身得度者即
皆現之而為說法應以執金剛神得度者即
現金剛神而為說法无盡意是觀世音菩薩
成就如是功德以種種形遊諸國土度脫衆
生是故汝等應當一心供養觀世音菩薩是
觀世音菩薩摩訶薩於怖畏急難之中能施
无畏是故此娑婆世界皆号之為施无畏者
无盡意菩薩白佛言世尊我今當供養觀世
音菩薩即解頸衆寶珠瓔珞價直百千兩金
而以與之作是言仁者受此法施珎寶瓔珞
時觀世音菩薩不肯受之无盡意復白觀世
音菩薩言仁者愍我等故受此瓔珞尒時佛
告觀世音菩薩當愍此无盡意菩薩及四衆
天龍夜叉乾闥婆阿脩羅迦樓羅緊那羅摩
睺羅伽人非人等故受是瓔珞即時觀世音
菩薩愍諸四衆及於天龍人非人等受其瓔
珞分作二分一分奉釋迦牟尼佛一分奉多
寶佛塔无盡意觀世音菩薩有如是自在神
力遊於娑婆世界

BD05487號　妙法蓮華經卷七　（10-9）

生是故汝等應當一心供養觀世音菩薩是
觀世音菩薩摩訶薩於怖畏急難之中能施
无畏是故此娑婆世界皆号之為施无畏者
无盡意菩薩白佛言世尊我今當供養觀世
音菩薩即解頸衆寶珠瓔珞價直百千兩金
而以與之作是言仁者受此法施珎寶瓔珞
時觀世音菩薩不肯受之无盡意復白觀世
音菩薩言仁者愍我等故受此瓔珞尒時佛
告觀世音菩薩當愍此无盡意菩薩及四衆
天龍夜叉乾闥婆阿脩羅迦樓羅緊那羅摩
睺羅伽人非人等故受是瓔珞即時觀世音
菩薩愍諸四衆及於天龍人非人等受其瓔
珞分作二分一分奉釋迦牟尼佛一分奉多
寶佛塔无盡意觀世音菩薩有如是自在神
力遊於娑婆世界
尒時无盡意菩薩以偈問曰
世尊妙相具　我今重問彼　佛子何因緣　名為觀世音
具足妙相尊　偈荅无盡意　汝聽觀音行　善應諸方所
弘誓深如海　歷劫不思議　侍多千億佛　發大清淨願

BD05487號　妙法蓮華經卷七　　（10–10）

至心歸命禮敬禮西方阿弥陁佛
伏外道魔憍慢故我頂禮阿弥陁
至心歸命禮敬禮西方阿弥陁佛无比无 如虛空所作
利益得自在故我頂禮阿弥陁佛願共諸衆 往生安
至心歸命禮敬禮西方阿弥陁佛十方名聞菩薩衆无量諸魔常讚歎
為諸衆生願力住故我頂禮阿弥陁佛願共諸衆生往生安樂國
至心歸命禮敬禮西方阿弥陁佛金底寶間池生華善根所成妙高
彼座上如山王故我頂禮阿弥陁佛願共諸衆生往生安樂國
至心歸命禮敬禮西方阿弥陁佛十方所來諸佛子顯現神通至安樂瞻仰
尊顏常恭敬故我頂禮阿弥陁佛願共諸衆生往生安樂國
至心歸命禮敬禮西方阿弥陁佛諸有无常无我等亦如水月電影露
為衆說法无名字故我頂禮阿弥陁佛願共諸衆生往生安樂國
至心歸命禮敬禮西方阿弥陁佛彼尊无量方便境无有諸趣惡知識往生
不退至菩提故我頂禮阿弥陁佛願共諸衆生往生安樂國
至心歸命禮敬禮西方阿弥陁佛彼尊佛剎无惡名亦无女人惡道怖衆人
至心敬彼尊故我頂禮阿弥陁佛願共諸衆生往生安樂國
至心歸命禮敬禮西方阿弥陁佛我說彼尊功德事衆善无邊如海水所作
善根清淨者故我頂禮阿弥陁佛願共諸衆生往生安樂國

BD05488號　龍樹菩薩禮阿彌陀佛文　（2–1）

不退至菩提故我頂礼阿弥陀佛願共諸衆生往生安樂國
至心歸礼敬礼西方阿弥陀佛彼尊佛刹无惡名亦无女人惡道怖衆人
至心敬彼尊故我頂礼阿弥陀佛願共諸衆生往生安樂國
至心歸命礼敬礼西方阿弥陀佛我説彼尊功德事衆善无邊如海水所作
善根清淨者故我頂礼阿弥陀佛願共諸衆生往生安樂國
普為法界衆生往生極樂世界歸命懺悔
至心懺悔自從始受身来恒已十惡加衆生不孝父母謗三寶造作十惡
不善業以是衆罪因緣故忘想顛倒生纏縛應受无量生死苦頂礼懺
悔願滅除懺悔諸善根唯願速見弥陀佛懺悔以歸命三寶
至心勸請諸佛大慈无上尊恒以慈悲照亦衆生貪瞋不覺知永
沉生死沒苦海救攝群生離衆苦勸請常住轉法輪以此勸請諸根
唯願速見阿弥陀佛勸請以歸命三寶
至心隨喜歷劫已来懷嫉妬我慢放逸由癡生恒以瞋恚毒害火焚燒
智惠慈善根今日思惟始惺悟發大精進隨喜心以此隨喜諸善根唯
願速見弥陀佛隨喜已歸命三寶
至心迴向流浪三界内癡愛入胎獄生已歸老死沉浮沒苦海然今始脩福
迴向薩婆若以此迴向善願見弥陀佛迴向以歸命三寶
至心發願願捨胎藏形往生安樂國速見弥陀佛无邊功德身奉覲諸
如来賢聖亦復然獲六神通力救攝苦衆生虛空法界盡願亦如是
發願以歸命三寶
礼阿弥陀佛文

BD05488號 龍樹菩薩禮阿彌陀佛文 （2–2）

福與一切有情平等共有迴向無上正等善
提所獲功德甚多於彼所以者何善現應深
般若波羅蜜多所起迴向當知是爲最勝迴
向遠離般若波羅蜜多所起迴向當知是爲
下劣迴向何以故善現甚深般若波羅蜜多
能與一切善提分法爲導首故是故善現若
菩薩摩訶薩欲得無上正等菩提常應不離
甚深般若波羅蜜多以所脩行種種功德迴
諸有情平等共有迴向無上正等菩提復次
善現若菩薩摩訶薩遠離般若波羅蜜多設
經殑伽沙數大劫普緣過去未來現在一切
如來應正等覺及諸弟子功德善根和合隨
喜與諸有情平等共有迴向無上正等菩提
善現於意云何是菩薩摩訶薩由此因緣得
福多不善現對曰甚多世尊甚福無數無量
無邊佛告善現若菩薩摩訶薩依深般若波
羅蜜多所說而住經一晝夜普緣過去未來
現在一切如來應正等覺及諸弟子功德善
根和合隨喜與諸有情平等共有迴向無上
正等菩提所獲功德甚多於彼所以者何善
現一切隨喜迴向功德善根皆以甚深般若

BD05489號　大般若波羅蜜多經卷四五〇

（2–1）

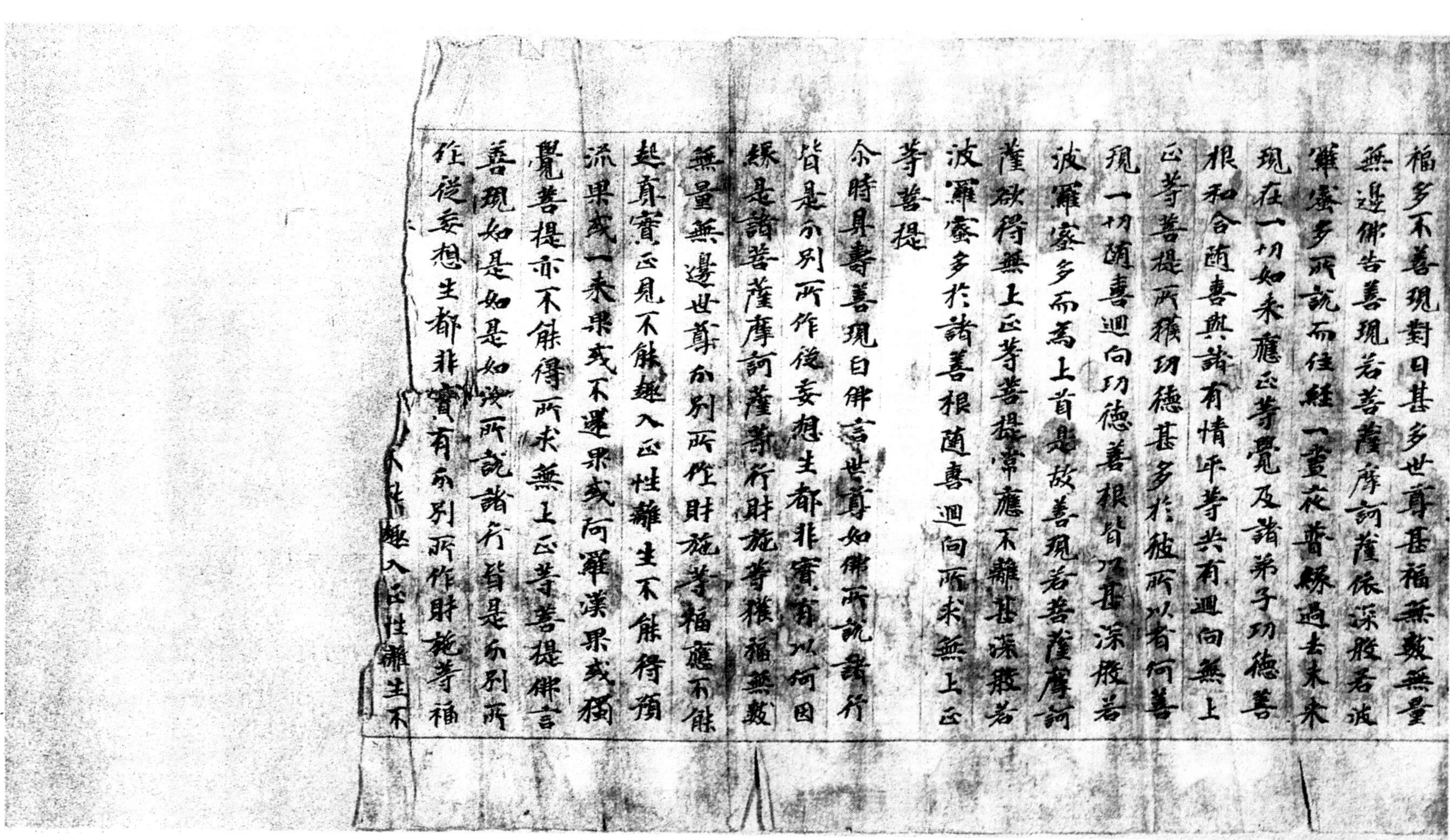
福多不善現對曰甚多世尊甚福無數無量
無邊佛告善現若菩薩摩訶薩依深般若波
羅蜜多所說而住經一晝夜普緣過去未來
現在一切如來應正等覺及諸弟子功德善
根和合隨喜與諸有情平等共有迴向無上
正等菩提所獲功德甚多於彼所以者何善
現一切隨喜迴向功德善根皆以甚深般若
波羅蜜多而爲上首是故善現若菩薩摩訶
薩欲得無上正等菩提常應不離甚深般若
波羅蜜多於諸善根隨喜迴向所求無上正
等菩提
尒時具壽善現白佛言世尊如佛所說諸行
皆是分別所作從妄想生都非實有以何因
緣是諸菩薩摩訶薩行財施等獲福無數
無量無邊世尊分別所作財施等福應不能
起真實正見不能趣入正性離生不能得預
流果或一來果或不還果或阿羅漢果或獨
覺菩提亦不能得所求無上正等菩提佛言
善現如是如是如汝所說諸行皆是分別所
作從妄想生都非實有分別所作財施等福
……趣入正性離生不

BD05489號　大般若波羅蜜多經卷四五〇

（2–2）

BD05490號　善惡因果經　（3-1）

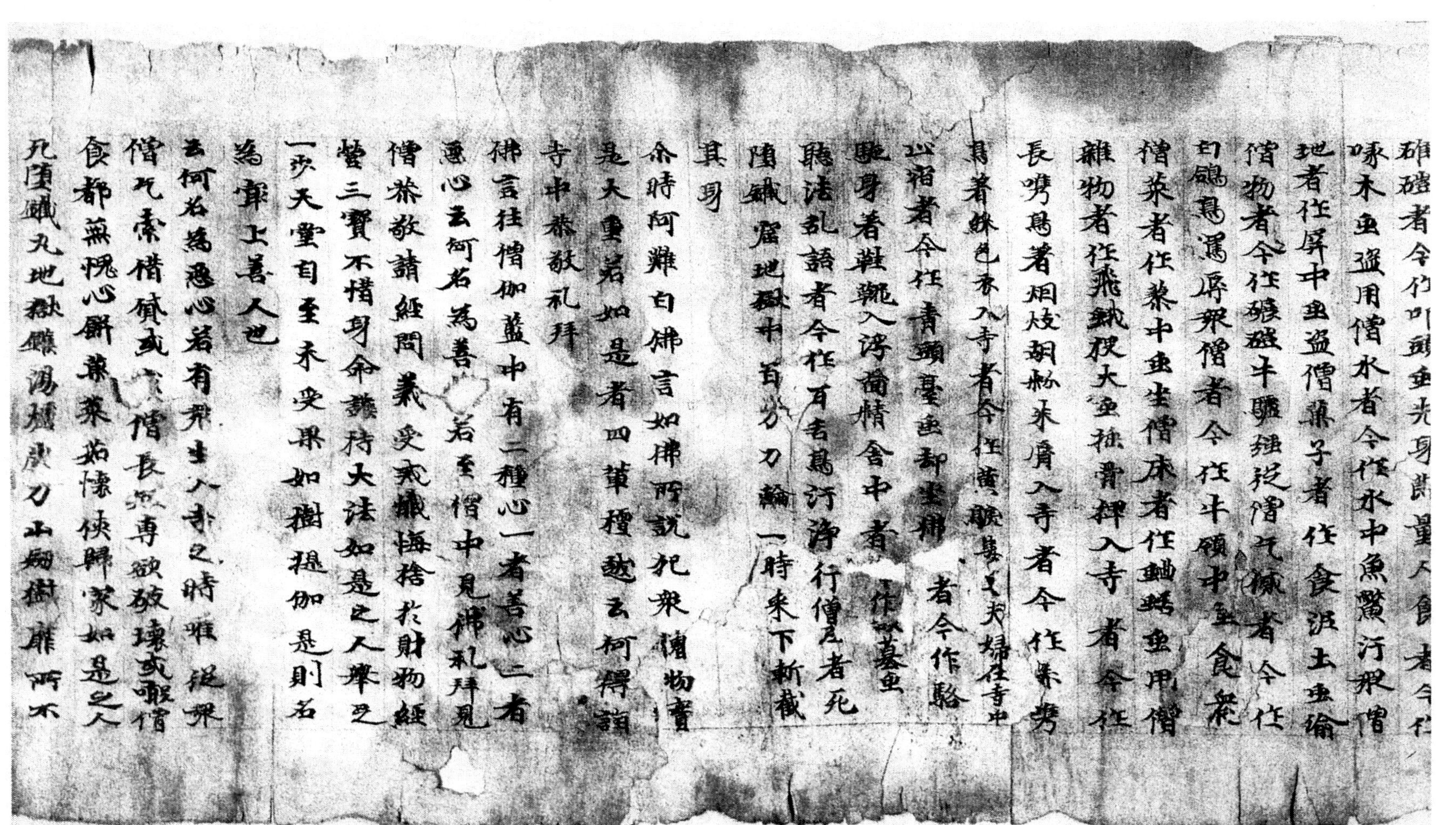

BD05490號　善惡因果經　（3-2）

佛言[illegible]
惡心云何名為善 若至僧中見佛禮拜見
僧恭敬請經問義 受戒懺悔捨於財物經
營三寶不惜身命護持大法如是之人舉足
一步天堂自至 來受果如樹提伽 是則名
為第上善人也
云何名為惡心 若有衆生入寺之時唯從衆
僧乞索借貸或下僧長從尊欲破壞或輒借
食都無愧心斷衆菜茹懷挾歸家如是之人
死墮鐵丸地獄鑊湯爐炭刀山劍樹靡所不
經是則名為第下惡心人
佛語阿難誠語來世是我弟子者於三寶所
護慎莫犯努力常成勿生退心用佛語者
彌勒出世得度無疑
佛言今身劫剝人衣者死墮寒氷地獄又生蠶
中為他煮剝令身不盡燒毀經像者死墮
鐵圍山間黑闇地獄中今身屠煞斬截衆
生者死墮刀山劍樹地獄中今身飛鷹走狗
憙獵射者死墮鐵碓地獄中今身多耶行者

BD05490號　善惡因果經

（3–3）

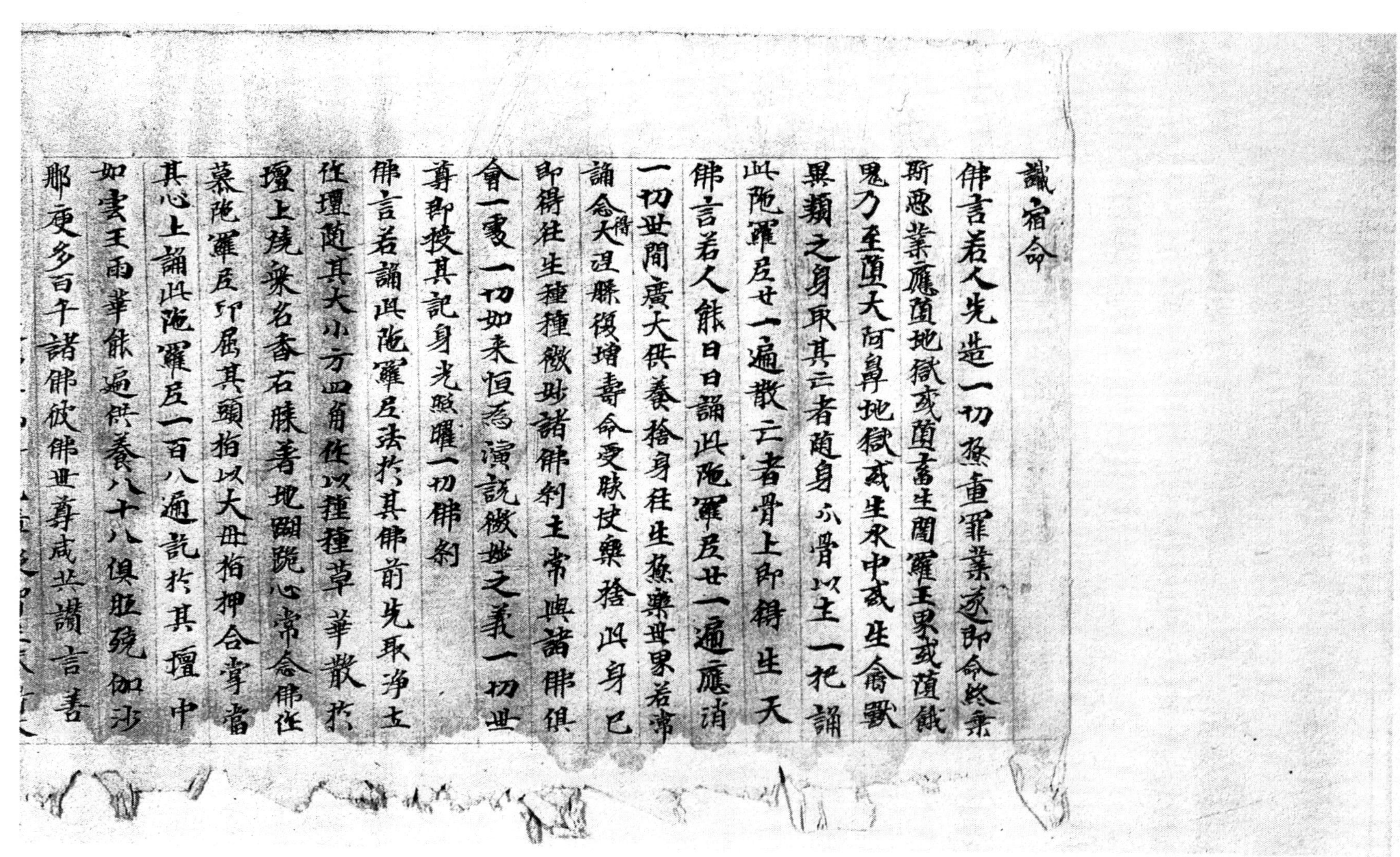

識宿命
佛言若人先造一切極重罪業遂即命終乘
斯惡業應墮地獄或墮畜生閻羅王界或墮餓
鬼乃至墮大阿鼻地獄或生水中或生禽獸
異類之身取其亡者隨身分骨以土一把誦
此陁羅尼廿一遍散亡者骨上即得生天
佛言若人能日日誦此陁羅尼廿一遍應消
一切世間廣大供養捨身往生極樂世界若常
誦念得大涅槃復增壽命受勝快樂捨此身已
即得往生種種微妙諸佛剎土常與諸佛俱
會一處一切如來恒為演說微妙之義一切世
尊即授其記身光照曜一切佛剎
佛言若誦此陁羅尼法於其佛前先取淨土
作壇隨其大小方四角作以種種草華散於
壇上燒衆名香右膝著地胡跪心常念佛作
慕陁羅尼印屈其頭指以大母指押合掌當
其心上誦此陁羅尼一百八遍訖於其壇中
如雲王雨華能遍供養八十八俱胝殑伽沙
那庾多百千諸佛彼佛世尊咸共讚言善

BD05491號　佛頂尊勝陀羅尼經（佛陀波利本）

（3–1）

住壇隨其大小方四角作以種種草華散於
壇上燒衆名香右膝著地胡跪心常念佛作
慕陀羅尼印屈其頭指以大母指押合掌當
其心上誦此陀羅尼一百八遍訖於其壇中
如雲王雨華能遍供養八十八俱胝殑伽沙
那庾多百千諸佛彼佛世尊咸共讚言善
我希有真是佛子即得无障礙智三昧得大
菩提心莊嚴三昧持此陀羅尼法應如是
佛言天帝我以此方便一切衆生應墮地獄
道令得解脫一切惡道亦得清淨復令持者
增益壽命天帝汝去持我陀羅尼授與善住
天子滿其七日汝與善住俱來見我
尒時天帝於世尊所受此陀羅尼法奉持還於
本天授與善住天子尒時善住天子受此陀
羅尼已滿六日六夜依法受持一切願滿應
受一切惡道等苦即得解脫住菩提道增
壽无量甚大歡喜高聲歎言希有如來希
有妙法希有明驗甚為難得令我解脫
尒時帝釋至第七日與善住天子將諸天衆
嚴持華鬘塗香末香寶幢幡蓋天衣瓔珞微
妙莊嚴往詣佛所設大供養以妙天衣及諸
瓔珞供養世尊遶百千匝於佛前立踊躍歡
喜而坐聽法
尒時世尊舒金色臂摩善住天子頂而為說
法授菩提記佛言此經名淨一切惡道佛頂

BD05491號　佛頂尊勝陀羅尼經（佛陀波利本）　（3–2）

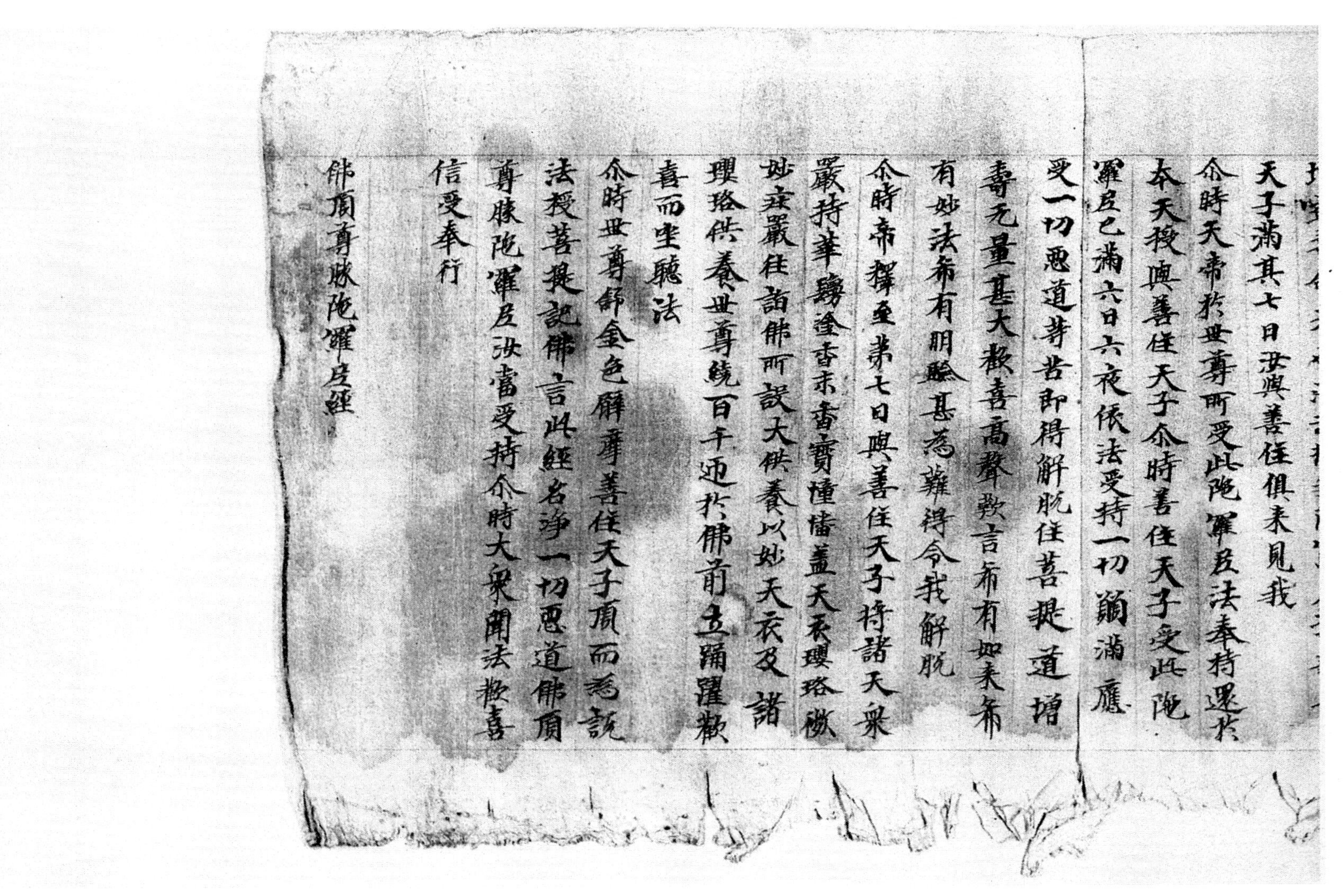

天子滿其七日汝與善住俱來見我
尒時天帝於世尊所受此陀羅尼法奉持還於
本天授與善住天子尒時善住天子受此陀
羅尼已滿六日六夜依法受持一切願滿應
受一切惡道等苦即得解脫住菩提道增
壽无量甚大歡喜高聲歎言希有如來希
有妙法希有明驗甚為難得令我解脫
尒時帝釋至第七日與善住天子將諸天衆
嚴持華鬘塗香末香寶幢幡蓋天衣瓔珞微
妙莊嚴往詣佛所設大供養以妙天衣及諸
瓔珞供養世尊遶百千匝於佛前立踊躍歡
喜而坐聽法
尒時世尊舒金色臂摩善住天子頂而為說
法授菩提記佛言此經名淨一切惡道佛頂
尊勝陀羅尼汝當受持尒時大衆聞法歡喜
信受奉行
佛頂尊勝陀羅尼經

BD05491號　佛頂尊勝陀羅尼經（佛陀波利本）　（3–3）

□□□諸不可得自在乃至不見主宰
形像亦復不聞主宰名字唯有如來應正等
覺以法統攝名為法王善現是菩薩摩訶薩
由此六種波羅蜜多速得圓滿隣近无上　正
等菩提
復次善現有菩薩摩訶薩具脩六種波羅蜜
多見諸有情諸趣差別善現是菩薩摩訶
薩見此事已作是思惟我當云何方便拔濟諸
有情類令無善惡諸趣差別既思惟已作是
願言我當精勤不顧身命脩行六種波羅蜜
多成熟有情嚴淨佛土令速圓滿疾證
正等菩提我佛土中得无善惡諸趣差別乃
至无有地獄傍生鬼界阿素洛人天名字一
切有情皆同一類等脩一業謂皆和合脩行布
施波羅蜜多脩行淨戒安忍精進靜慮般若
波羅蜜多安住內空外空內外空空空
大空勝義空有為空无為空畢竟空无際空
散空无變異空本性空自相空共相空一切
法空不可得空无性空自性空无性自性空
安住真如安住法界法性不虛妄性不變異
性平等性離生性法定法住實際虛空界不
思議界脩行四念住脩行四正斷四神足五

BD05492號　大般若波羅蜜多經卷三三一　（22–1）

散空无變異空本性空自相空共相空一切
法空不可得空无性空自性空无性自性空
安住真如安住法界法性不虛妄性不變異
性平等性離生性法定法住實際虛空界不
思議界脩行四念住脩行四正斷四神足五
根五力七等覺支八聖道支安住苦聖諦安
住集滅道聖諦脩行四靜慮脩行四无量四
无色定脩行八解脫脩行八勝處九次第定
十遍處脩行空解脫門脩行无相无願解脫
門脩行五眼脩行六神通脩行三摩地門脩行
陁羅尼門脩行佛十力脩行四无所畏四无
礙解大慈大悲大喜大捨十八佛不共法
脩行无忘失法脩行恒住捨性脩行一切智脩
行道相智一切相智脩行菩薩摩訶薩行脩
行无上正等菩提善現是菩薩摩訶薩由此
六種波羅蜜多速得圓滿隣近无上正等菩
提
復次善現有菩薩摩訶薩具脩六種波羅蜜
多見諸有情四生差別一者卵生二者胎生
三者濕生四者化生善現是菩薩摩訶薩見
此事已作是思惟我當云何方便拔濟諸有
情類令无如是四生差別既思惟已作是願
言我當精勤不顧身命脩行六種波羅蜜多
成熟有情嚴淨佛土令速圓滿疾證无上正
等菩提我佛土中諸有情類得无如是四生
差別諸有情類皆同化生善現是菩薩摩
訶薩由此六種波羅蜜多速得圓滿隣近无上
正等菩提

BD05492號　大般若波羅蜜多經卷三三一　（22–2）

情類令无如是四生差別既思惟已作是願
言我當精勤不顧身命脩行六種波羅蜜多
成熟有情嚴淨佛土令速圓滿疾證无上正
等菩提我佛土中諸有情類得无如是四生
差別諸有情類皆同化生善現是菩薩摩
訶薩由此六種波羅蜜多速得圓滿隣近无上
正等菩提
復次善現有菩薩摩訶薩具脩六種波羅蜜
多見諸有情无五神通於所作事不得自在
善現是菩薩摩訶薩見此事已作是思惟我
當云何方便拔濟諸有情類皆令獲得五神
通慧既思惟已作是願言我當精勤不顧身
命脩行六種波羅蜜多成熟有情嚴淨佛土
令速圓滿疾證无上正等菩提我佛土中諸
有情類五神通慧皆得自在善現是菩薩摩
訶薩由此六種波羅蜜多速得圓滿隣近无
上正等菩提
復次善現有菩薩摩訶薩具脩六種波羅蜜
多見諸有情受用段食身有種種大小便利
膿血臭穢深可厭捨善現是菩薩摩訶薩見
此事已作是思惟我當云何拔濟如是受用
段食諸有情類令其身中无諸便穢既思惟
已作是願言我當精勤不顧身命脩行六種
波羅蜜多成熟有情嚴淨佛土令速圓滿疾
證无上正等菩提我佛土中諸有情類皆同受
用妙法喜食其身香潔无諸便穢善現是
菩薩摩訶薩由此六種波羅蜜多速得圓滿
隣近无上正等菩提

BD05492號　大般若波羅蜜多經卷三三一　　(22–3)

已作是願言我當精勤不顧身命脩行六種
波羅蜜多成熟有情嚴淨佛土令速圓滿疾
證无上正等菩提我佛土中諸有情類皆同受
用妙法喜食其身香潔无諸便穢善現是
菩薩摩訶薩由此六種波羅蜜多速得圓滿
隣近无上正等菩提
復次善現有菩薩摩訶薩具脩六種波羅蜜
多見諸有情身无光明諸有所作須求外照
善現是菩薩摩訶薩見此事已作是思惟我
當云何方便拔濟諸有情類令離如是无光
明身既思惟已作是願言我當精勤不顧身
命脩行六種波羅蜜多成熟有情嚴淨佛土
令速圓滿疾證无上正等菩提我佛土中諸
有情類身具光明不假外照善現是菩薩摩
訶薩由此六種波羅蜜多速得圓滿隣近无
上正等菩提
復次善現有菩薩摩訶薩具脩六種波羅蜜
多見諸有情所居之土有晝有夜有月半月
時節歲數轉變非恒善現是菩薩摩訶薩見
此事已作是思惟我當云何方便拔濟諸有
情類令所居土无晝夜等諸變易事既思惟
已作是願言我當精勤不顧身命脩行六種
波羅蜜多成熟有情嚴淨佛土令速圓滿疾
證无上正等菩提我佛土中得无晝夜及月
半月時節歲數乃至无有晝夜等名善現是
菩薩摩訶薩由此六種波羅蜜多速得圓滿
隣近无上正等菩提
復次善現有菩薩摩訶薩具脩六種波羅蜜
多見諸有情壽量短[illegible]

BD05492號　大般若波羅蜜多經卷三三一　　(22–4)

半月時節歲數乃至无有晝夜等名善現是
菩薩摩訶薩由此六種波羅蜜多速得圓滿
隣近无上正等菩提
復次善現有菩薩摩訶薩具脩六種波羅蜜
多見諸有情壽量短促善現是菩薩摩訶薩
見此事已作是思惟我當云何方便拔濟諸
有情類令離如是壽量短促既思惟已作是
願言我當精勤不顧身命脩行六種波羅蜜
多成熟有情嚴淨佛土令速圓滿疾證无上
正等菩提我佛土中諸有情類壽量長遠劫
數難知善現是菩薩摩訶薩由此六種波羅
蜜多速得圓滿隣近无上正等菩提
復次善現有菩薩摩訶薩具脩六種波羅蜜
多見諸有情无衆相好善現是菩薩摩訶薩
見此事已作是思惟我當云何方便拔濟諸
有情類令得相好既思惟已作是願言我當
精勤不顧身命脩行六種波羅蜜多成熟有
情嚴淨佛土令速圓滿疾證无上正等菩提
我佛土中諸有情類具三十二大士夫相八
十隨好圓滿莊嚴有情見之生淨妙喜善現
是菩薩摩訶薩由此六種波羅蜜多速得圓
滿隣近无上正等菩提
復次善現有菩薩摩訶薩具脩六種波羅蜜
多見有情類離諸善根善現是菩薩摩訶薩
見此事已作是思惟我當云何拔濟如是諸
有情類令具善根既思惟已作是願言我當
精勤不顧身命脩行六種波羅蜜多成熟有
情嚴淨佛土令速圓滿疾證无上正等菩提

BD05492號　大般若波羅蜜多經卷三三一　（22–5）

見此事已作是思惟我當云何拔濟如是諸
有情類令具善根既思惟已作是願言我當
精勤不顧身命脩行六種波羅蜜多成熟有
情嚴淨佛土令速圓滿疾證无上正等菩提
我佛土中諸有情類一切成就勝妙善根由
此善根能辦種種上妙供具供養諸佛乘斯
福力隨所生處復能供養諸佛世尊善現是
菩薩摩訶薩由此六種波羅蜜多速得圓滿
隣近无上正等菩提
復次善現有菩薩摩訶薩具脩六種波羅蜜
多見諸有情具身心病身病有四一者風病
二者熱病三者淡病四者風等種雜病心
病亦四一者貪病二者瞋病三者癡病四者
慢等諸煩惱病善現是菩薩摩訶薩見此
事已是作思惟我當云何拔濟如是身心病苦
諸有情類既思惟已作是願言我當精勤不
顧身命脩行六種波羅蜜多成熟有情嚴淨
佛土令速圓滿疾證无上正等菩提我佛土
中諸有情類身心清淨无諸病苦乃至不聞
風病熱病淡病風等雜病之名亦復不聞貪
病瞋病癡病慢等煩惱病名善現是菩薩摩
訶薩由此六種波羅蜜多速得圓滿隣近无
上正等菩提
復次善現有菩薩摩訶薩具脩六種波羅蜜
多見諸有情種種意樂或有樂趣聲聞乘者
或有樂趣獨覺乘者或有樂趣无上乘者善
現是菩薩摩訶薩見此事已作是思惟我當
云何方便拔濟諸有情類令其棄捨樂趣聲

BD05492號　大般若波羅蜜多經卷三三一　（22–6）

復次善現有菩薩摩訶薩具脩六種波羅蜜
多見諸有情種種意樂或有樂趣聲聞乘者
或有樂趣獨覺乘者或有樂趣无上乘者善
現是菩薩摩訶薩見此事已作是思惟我當
云何方便拔濟諸有情類令其棄捨樂聲
聞獨覺乘意唯令樂趣无上大乘既思惟已
作是願言我當精勤不顧身命脩行六種波
羅蜜多成熟有情嚴淨佛土令速圓滿疾證
无上正等菩提我佛土中諸有情類唯求无
上正等菩提不樂聲聞獨覺乘果乃至无有
二乘之名唯聞大乘種種功德善現是菩薩
摩訶薩由此六種波羅蜜多速得圓滿隣近
无上正等菩提
復次善現有菩薩摩訶薩具脩六種波羅蜜
多見諸有情起增上慢未能真實離斷生命
謂我真實離斷生命未能真實離不與取離
欲邪行謂我真實離不與取離欲邪行未能
真實離虛誑語謂我真實離虛誑語未能真
實離麁惡語離離間語離雜穢語謂我真實
離麁惡語離離間語離雜穢語未能真實離
於貪欲謂我真實離於貪欲未能真實離於
瞋恚及離邪見謂我真實離於瞋恚及離邪
見未得初靜慮謂得初靜慮未得第二第三第
四靜慮謂得第二第三第四靜慮未得空无邊
處定謂得空无邊處定未得識无邊處无所
有處非想非非想處定謂得識无邊處无所
有處非想非非想處定之未得慈无量謂得慈
无量未得悲喜捨无量謂得悲喜捨无量未

BD05492號　大般若波羅蜜多經卷三三一　（22–7）

四靜慮謂得第二第三第四靜慮未得空无邊
處定謂得空无邊處定未得識无邊處无所
有處非想非非想處定謂得識无邊處无所
有處非想非非想處定之未得慈无量謂得慈
无量未得悲喜捨无量謂得悲喜捨无量未
得神境智證通謂得神境智證通未得天眼
天耳他心宿住隨念智證通謂得天眼天耳
他心宿住隨念智證通未得不淨觀謂得不
淨觀未得慈悲念息緣起界差別觀謂得慈
悲念息緣起界差別觀未得正觀地謂得止
觀地未得種姓地第八地見地薄地離欲地
已辦地謂得種姓地第八地見地薄地離欲
地已辦地未得獨覺菩提謂得獨覺菩提未
得布施波羅蜜多謂得布施波羅蜜多未得
淨戒安忍精進靜慮般若波羅蜜多謂得淨
戒安忍精進靜慮般若波羅蜜多未證內空
謂證內空未證外空內外空空空大空勝義
空有為空无為空畢竟空无際空散空无變
異空本性空自相空共相空一切法空不可
得空无性空自性空无性自性空謂證外空
乃至无性自性空未證真如謂證真如未證法
界法性不虛妄性不變異性平等性離生
性法定法住實際虛空界不思議界謂證法
界乃至不思議界未證苦聖諦謂證苦聖諦
未證集滅道聖諦謂證集滅道聖諦未得四
念住謂得四念住未得四正斷四神足五根
五力七等覺支八聖道支謂得四正斷乃至
八聖道支未得四靜慮謂得四靜慮未得四

BD05492號　大般若波羅蜜多經卷三三一　（22–8）

未證集滅道聖諦謂證集滅道聖諦未得四
念住謂得四念住未得四正斷四神足五根
五力七等覺支八聖道支謂得四正斷乃至
八聖道支未得四靜慮謂得四靜慮未得四
无量四无色定謂得四无量四无色定未得
八解脫謂得八解脫未得八勝處九次第定
十遍處謂得八勝處九次第定十遍處未得
空解脫門謂得空解脫門未得无相无願解
脫門謂得无相无願解脫門未得極喜地謂
得極喜地未得離垢地發光地焰慧地極難
勝地現前地遠行地不動地善慧地法雲地
謂得離垢地乃至法雲地未得五眼謂得五
眼未得六神通謂得六神通未得三摩地門
謂得三摩地門未得陀羅尼門謂得陀羅尼
門未得佛十力謂得佛十力未得四无所畏
四无礙解大慈大悲大喜大捨十八佛不共
法謂得四无所畏乃至十八佛不共法未得
无忘失法謂得无忘失法未得恒住捨性謂
得恒住捨性未得一切智謂得一切智未得
道相智一切相智謂得道相智一切相智未
嚴淨佛土謂嚴淨佛土未成熟有情謂成熟
有情解未世間工巧伎藝謂解世間工巧伎
藝未脩菩薩摩訶薩行謂脩菩薩摩訶薩行
未得无上正等菩提謂得无上正等菩提善
現是菩薩摩訶薩見此事已作是思惟我當
云何拔濟如是諸有情類令其遠離增上慢
結既思惟已作是願言我當精勤不顧身命
脩行六種波羅蜜多成熟有情嚴淨佛土令

BD05492號　大般若波羅蜜多經卷三三一　（22–9）

藝未脩菩薩摩訶薩行謂脩菩薩摩訶薩行
未得无上正等菩提謂得无上正等菩提善
現是菩薩摩訶薩見此事已作是思惟我當
云何拔濟如是諸有情類令其遠離增上慢
結既思惟已作是願言我當精勤不顧身命
脩行六種波羅蜜多成熟有情嚴淨佛土令
速圓滿疾證无上正等菩提我佛土中得无
如是增上慢者一切有情離增上慢善現是
菩薩摩訶薩由此六種波羅蜜多速得圓滿
隣近无上正等菩提
復次善現有菩薩摩訶薩具脩六種波羅蜜
多見諸有情執著諸法謂執著色執著受想
行識執著眼處執著耳鼻舌身意處執著色
處執著聲香味觸法處執著眼界執著耳鼻
舌身意界執著色界執著聲香味觸法界執
著眼識界執著耳鼻舌身意識界執著眼觸
執著耳鼻舌身意觸執著眼觸為緣所生諸
受執著耳鼻舌身意觸為緣所生諸受執著
地界執著水火風空識界執著因緣執著
等无間緣所緣緣增上緣性執著无明執著
行識名色六處觸受愛取有生死老執著我
執著有情命者生者養者士夫補特伽羅意
生儒童作者受者知者見者執著布施波羅
蜜多執著淨戒安忍精進靜慮般若波羅
蜜多執著內空執著外空內外空空空大空勝
義空有為空无為空畢竟空无際空散空无
變異空本性空自相空共相空一切法空不
可得空无性空自性空无性自性空執著真

BD05492號　大般若波羅蜜多經卷三三一　（22–10）

蜜多執著内空執著外空内外空空空大空勝
義空有為空无為空畢竟空无際空散空无
變異空本性空自相空共相空一切法空不
可得空无性空自性空无性自性空執著真
如執著法界法性不虛妄性不變異性平等
性離生性法定法住實際虛空界不思議界
執著苦聖諦執著集滅道聖諦執著四念住
執著四正斷四神足五根五力七等覺支八
聖道支執著四靜慮執著四无量四无色定
執著八解脫執著八勝處九次第定十遍處
執著空解脫門執著无相无願解脫門執著
極喜地執著離垢地發光地焰慧地極難勝
地現前地遠行地不動地善慧地法雲地執
著五眼執著六神通執著三摩地門執著陁
羅尼門執著佛十力執著四无所畏四无礙
解大慈大悲大喜大捨十八佛不共法執著
无忘失法執著恒住捨性執著一切智執著
道相智一切相智執著預流果執著一來不
還阿羅漢果執著獨覺菩提執著菩薩摩
訶薩行執著无上正等菩提善現菩薩摩訶薩
見此事已作是思惟我當云何拔濟如是諸
有情類令離執著既思惟已作是願言我當
精勤不顧身命脩行六種波羅蜜多成熟有
情嚴淨佛土令速圓滿疾證无上正等菩提
我佛土中諸有情類无如是等種種執著善
現是菩薩摩訶薩由此六種波羅蜜多速得
圓滿隣近无上正等菩提
復次善現有菩薩摩訶薩具脩六種波羅蜜

精勤不顧身命脩行六種波羅蜜多成熟有
情嚴淨佛土令速圓滿疾證无上正等菩提
我佛土中諸有情類无如是等種種執著善
現是菩薩摩訶薩由此六種波羅蜜多速得
圓滿隣近无上正等菩提
復次善現有菩薩摩訶薩具脩六種波羅蜜
多見有如來應正等覺光明有量壽命有量
諸弟子衆數有分限善現是菩薩摩訶薩見
此事已作是思惟我云何得光明无量壽命
无量諸弟子衆數无分限既思惟已作是願
言我當精勤不顧身命脩行六種波羅蜜多
成熟有情嚴淨佛土令速圓滿疾證无上正
等菩提尒時我身光明无量壽命无量諸弟
子衆數无分限善現是菩薩摩訶薩由此六
種波羅蜜多速得圓滿隣近无上正等菩提
復次善現有菩薩摩訶薩具脩六種波羅蜜
多見有如來應正等覺所居佛土周圓有量
善現是菩薩摩訶薩見此事已作是思惟我
云何得所居佛土周圓无量既思惟已作是
願言我當精勤不顧身命脩行六種波羅蜜
多成熟有情嚴淨佛土令速圓滿疾證无上
正等菩提十方各如殑伽沙數大千世界合
為一土我住其中說法教化无量无數无邊
有情善現是菩薩摩訶薩由此六種波羅蜜
多速得圓滿隣近无上正等菩提
復次善現有菩薩摩訶薩具脩六種波羅蜜
多見諸有情生死長遠諸有情界其數有邊
善現是菩薩摩訶薩見此事已作是思惟生

有情善現是菩薩摩訶薩由此六種波羅蜜
多速得圓滿隣近无上正等菩提
復次善現有菩薩摩訶薩具脩六種波羅蜜
多見諸有情生死長遠諸有情界其數无邊
善現是菩薩摩訶薩見此事已作是思惟生
死邊際猶如虛空諸有情界亦復如是雖无真
實諸有情類流轉生死或得涅槃而諸有情
妄執爲有輪迴生死受苦无邊我當云何方
便拔濟既思惟已作是願言我當精勤不顧
身命脩行六種波羅蜜多成熟有情嚴淨佛
土令速圓滿疾證无上正等菩提爲諸有情
說无上法皆令解脫生死大苦亦令證知生
死解脫都无所有皆畢竟空善現是菩薩
摩訶薩由此六種波羅蜜多速得圓滿隣近无
上正等菩提

初分殑伽天品第五十二

尒時會中有一天女名殑伽天從坐而起偏
覆左肩右膝著地合掌向佛白言世尊我當
脩行布施淨戒安忍精進靜慮般若波羅蜜
多成熟有情嚴淨佛土所求佛土如今如來
應正等覺爲諸大衆於此般若波羅蜜多甚
深經中所說土相一切具足時殑伽天作是
語已即取種種金華銀華水陸生華諸莊嚴
具及持金色天衣一雙恭敬至誠而散佛上
佛神力故上踊虛空宛轉右旋於佛頂上變
成四柱四角寶臺綺飾莊嚴甚可愛樂於是
天女持此寶臺與諸有情平等共有迴向无
上正等菩提尒時如來知彼天女志願深廣

BD05492號　大般若波羅蜜多經卷三三一　（22–13）

佛神力故上踊虛空宛轉右旋於佛頂上變
成四柱四角寶臺綺飾莊嚴甚可愛樂於是
天女持此寶臺與諸有情平等共有迴向无
上正等菩提尒時如來知彼天女志願深廣
即便微笑諸佛法尒於微笑時有種種光從
口而出今佛亦尒於其面門放種種光青黃
赤白紅碧紫綠遍照十方无量无邊无數世
界還來此土現大神變遶佛三帀入佛頂中
尒時阿難覩斯事已從坐而起右膝著地合
掌向佛白言世尊何因何緣現此微笑諸佛
微笑非无因緣佛告阿難今此天女於未來
世當得作佛劫名星喻佛号金華如來應正
等覺明行圓滿善逝世間解无上丈夫調御
士天人師佛薄伽梵阿難當知今此天女即
是最後所受女身捨此身已便受男身盡未
來際不復作女從此歿已生於東方不動如
來應正等覺甚可愛樂佛世界中於彼佛所
勤脩梵行此女彼界亦号金華脩諸菩薩摩
訶薩行阿難此金華菩薩摩訶薩於彼歿
已復生他方從一佛土至一佛土於生生處常
不離佛如轉輪王從一臺觀至一臺觀歡娛
受樂乃至命終足不履地金華菩薩亦復如
是從一佛國往一佛國乃至无上正等菩提
於生生中常不離佛聽受正法脩菩薩行尒
時阿難竊作是念金華菩薩當作佛時亦應
宣說甚深般若波羅蜜多彼會菩薩摩訶
薩衆其數多少應如今佛菩薩衆會佛知其
念告阿難言如是如是如汝所念金華

BD05492號　大般若波羅蜜多經卷三三一　（22–14）

不離佛如轉輪王從一臺觀至一臺觀歡娛
受樂乃至命終足不履地金華菩薩亦復如
是從一佛國往一佛國乃至无上正等菩提
於生生中常不離佛聽受正法脩菩薩行尒
時阿難竊作是念金華菩薩當作佛時亦應
宣說甚深般若波羅蜜多彼會菩薩摩訶
薩衆其數多少應如今佛菩薩衆會佛知其
念告阿難言如是如是如汝所念金華菩薩當
作佛時亦為衆會宣說如是甚深般若波羅
蜜多彼會菩薩摩訶薩衆其數多少亦如今
佛菩薩衆會阿難當知是金華菩薩摩訶
薩當作佛時彼佛世界出家弟子其量甚多不
可稱數謂不可數若百若千若百千若俱胝
若百俱胝若千俱胝若百千俱胝若那庾多
若百那庾多若千那庾多若百千那庾多大
苾芻衆但可摠說无數无量无邊百千俱胝
那庾多大苾芻衆阿難當知是金華菩薩
摩訶薩當作佛時其土无有如此般若波羅蜜
多經中所說衆多過患尒時具壽阿難復白
佛言世尊今此天女先於何佛已發无上正
等覺心種諸善根迴向發願今得遇佛恭敬
供養而得受記不退轉記佛告阿難今此天
女於然燈佛已發无上正等覺心種諸善根
迴向發願故今遇我恭敬供養而得受於不
退轉記阿難當知我於過去然燈佛所以五
莖華奉散彼佛迴向發願然燈如來應正等
覺知我根熟而受我記天女尒時聞佛受我
大菩提記歡喜踊躍即以金華奉散佛上便

BD05492號　大般若波羅蜜多經卷三三一　（22–15）

迴向發願故今遇我恭敬供養而得受於不
退轉記阿難當知我於過去然燈佛所以五
莖華奉散彼佛迴向發願然燈如來應正等
覺知我根熟而受我記天女尒時聞佛受我
大菩提記歡喜踊躍即以金華奉散佛上便
發无上正等覺心種諸善根迴向發願使我
來世於此菩薩當作佛時亦如今佛現前受
我大菩提記故我今者與彼受記具壽阿難
聞佛所說歡喜踊躍復白佛言今此天女久
為无上正等菩提植衆德本今得成熟佛
為受記佛告阿難如是如是今此天女久為无
上正等菩提植衆德本今既成熟我為受記
初分善學品第五十三
尒時具壽善現白佛言世尊行深般若波羅
蜜多諸菩薩摩訶薩云何習近空三摩地云
何入空三摩地云何習近无相三摩地云何
入无相三摩地云何習近无願三摩地云何
入无願三摩地云何習近四念住云何脩四
念住云何習近四正斷四神足五根五力七
等覺支八聖道支云何脩四正斷乃至八聖
道支云何習近佛十力云何脩佛十力云何
習近四无所畏四无礙解大慈大悲大喜大
捨十八佛不共法云何脩四无所畏乃至十
八佛不共法佛言善現行深般若波羅蜜多
諸菩薩摩訶薩應觀色空應觀受想行識空
應觀眼處空應觀耳鼻舌身意處空應觀色
處空應觀聲香味觸法處空應觀眼界空應
觀耳鼻舌身意界空應觀色界空應觀聲香

BD05492號　大般若波羅蜜多經卷三三一　（22–16）

諸菩薩摩訶薩應觀色空應觀受想行識空
應觀眼處空應觀耳鼻舌身意處空應觀色
處空應觀聲香味觸法處空應觀眼界空應
觀耳鼻舌身意界空應觀色界空應觀聲香
味觸法界空應觀眼識界空應觀耳鼻舌身
意識界空應觀眼觸空應觀耳鼻舌身意觸
空應觀眼觸為緣所生諸受空應觀耳鼻舌
身意觸為緣所生諸受空應觀地界空應觀
水火風空識界空應觀无明空應觀行識名
色六處觸受愛取有生老死空應觀布施波
羅蜜多空應觀淨戒安忍精進靜慮般若波
羅蜜多空應觀內空空應觀外空內外空空
空大空勝義空有為空无為空畢竟空无際
空散空无變異空本性空自相空共相空一
切法空不可得空无性空自性空无性自性
空空應觀真如空應觀法界法性不虛妄性
性不變異性平等性離生性法定法住實際
虛空界不思議界空應觀苦聖諦空應觀集
滅道聖諦空應觀四靜慮空應觀四无量四
无色定空應觀八解脫空應觀八勝處九次
第定十遍處空應觀四念住空應觀四正斷
四神足五根五力七等覺支八聖道支空應
觀空解脫門空應觀无相无願解脫門空應
觀三乘菩薩十地空應觀五眼空應觀六神
通空應觀佛十力空應觀四无所畏四无礙
解大慈大悲大喜大捨十八佛不共法空應
觀无忘失法空應觀恒住捨性空應觀一切
智空應觀道相智一切相智空應觀一切陀

[illegible]
觀三乘菩薩十地空應觀五眼空應觀六神
通空應觀佛十力空應觀四无所畏四无礙
解大慈大悲大喜大捨十八佛不共法空應
觀无忘失法空應觀恒住捨性空應觀一切
智空應觀道相智一切相智空應觀一切陀
羅尼門空應觀一切三摩地門空應觀預流
果空應觀一來不還阿羅漢果空應觀獨覺
菩提空應觀一切菩薩摩訶薩行空應觀諸
佛无上正等菩提空應觀有漏法空應觀无
漏法空應觀世間法空應觀出世間法空應
觀有為法空應觀无為法空應觀過去法空
應觀未來現在法空應觀善法空應觀不善
无記法空應觀欲界法空應觀色无色界法
空
善現是菩薩摩訶薩作是觀時不令心亂若
心不亂則不見法若不見法則不作證所以
者何善現是菩薩摩訶薩善學諸法自相皆
空无法可增无法可減故於諸法不見不證何
以故善現於一切法勝義諦中能證所證
證處證時及由此證若合若離皆不可得不
可見故時具壽善現白佛言世尊如佛所言
諸菩薩摩訶薩於諸法空不應作證世尊云
何諸菩薩摩訶薩住諸法空而不作證佛言
善現諸菩薩摩訶薩觀法空時先作是念我
應觀法諸相皆空不應作證我為學故觀諸
法空不為證故觀諸法空今是學時非為證
時善現是菩薩摩訶薩未入定位繫心於所
[illegible]

何諸菩薩摩訶薩住諸法空而不作證佛言
善現諸菩薩摩訶薩觀法空時先作是念我
應觀法諸相皆空不應作證我為學故觀諸
法空不為證故觀諸法空今是學時非為證
時善現是菩薩摩訶薩未入定位繫心於所
緣巳入定時不繫心於境善現是菩薩摩訶
薩於此時中不退布施波羅蜜多不證漏盡
不退淨戒安忍精進靜慮般若波羅蜜多不
證漏盡不退內空不證漏盡不退外空內外
空空空大空勝義空有為空无為空畢竟空
无際空散空无變異空本性空自相空共相
空一切法空不可得空无性空自性空无性
自性空不證漏盡不退真如不證漏盡不退
法界法性不虛妄性不變異性平等性離生
性法定法住實際虛空界不思議界不證漏
盡不退苦聖諦不證漏盡不退集滅道聖諦
不證漏盡不退四靜慮不證漏盡不退四无量
四无色定不證漏盡不退八解脫不證漏
盡不退八勝處九次第定十遍處不證漏盡
不退四念住不證漏盡不退四正斷四神足
五根五力七等覺支八聖道支不證漏盡不
退空解脫門不證漏盡不退无相无願解脫
門不證漏盡不退五眼不證漏盡不退六神
通不證漏盡不退佛十力不證漏盡不退四
无所畏四无礙解大慈大悲大喜大捨十八
佛不共法不證漏盡不退无忘失法不證漏
盡不退恒住捨性不證漏盡不退一切智不
證漏盡不退道相智一切相智不證漏盡不

BD05492號　大般若波羅蜜多經卷三三一　（22–19）

无所畏四无礙解大慈大悲大喜大捨十八
佛不共法不證漏盡不退无忘失法不證漏
盡不退恒住捨性不證漏盡不退一切智不
證漏盡不退道相智一切相智不證漏盡不
退一切陁羅尼門不證漏盡不退一切三摩地
門不證漏盡不退菩薩摩訶薩行不證漏
盡不退无上正等菩提不證漏盡
何以故善現是菩薩摩訶薩成就如是微妙
大智善住法空及一切種善提分法作如是
念今時應學非為證時善現是菩薩摩訶薩
行深般若波羅蜜多應作是念我於布施波
羅蜜多今時應學不應作證我於淨戒安忍
精進靜慮般若波羅蜜多今時應學不應作
證我於內空今時應學不應作證我於外空
內外空空空大空勝義空有為空无為空畢
竟空无際空散空无變異空本性空自相空
共相空一切法空不可得空无性空自性空
无性自性空今時應學不應作證我於真如
今時應學不應作證我於法界法性不虛妄
性不變異性平等性離生性法定法住實際
虛空界不思議界今時應學不應作證我於
苦聖諦今時應學不應作證我於集滅道聖
諦今時應學不應作證我於四靜慮今時應
學不應作證我於四无量四无色定今時應
學不應作證我於八解脫今時應學不應作
證我於八勝處九次第定十遍處今時應學
不應作證我於四念住今時應學不應作證

BD05492號　大般若波羅蜜多經卷三三一　（22–20）

菩聖諦今時應學不應作證我於集滅道聖
諦今時應學不應作證我於四靜慮今時應
學不應作證我於四无量四无色定今時應
學不應作證我於八解脫今時應學不應作
證我於八勝處九次第定十遍處今時應學
不應作證我於四念住今時應學不應作證
我於四正斷四神足五根五力七等覺支八
聖道支今時應學不應作證我於空解脫門
今時應學不應作證我於无相无願解脫門
今時應學不應作證我於五眼今時應學不
應作證我於六神通今時應學不應作證我
於佛十力今時應學不應作證我於四无所
畏四无礙解大慈大悲大喜大捨十八佛不
共法今時應學不應作證我於无忘失法今
時應學不應作證我於恒住捨性今時應學
不應作證我於一切智今時於學不應作證
我於道相智一切相智今時應學不應作證
我於一切陁羅尼門今時應學不應作證我
於一切三摩地門今時應學不應作證我於
一切菩薩摩訶薩行今時應學不應作證我
於无上正等菩提今時應學不應作證我今
應學一切智智不應證預流果我今應學一
切智智不應證一來不還阿羅漢果我今應
學一切智智不應證獨覺菩提

大般若波羅蜜多經卷第三百卌一

BD05492號　大般若波羅蜜多經卷三三一　（22–21）

不應作證我於一切智今時於學不應作證
我於道相智一切相智今時應學不應作證
我於一切陁羅尼門今時應學不應作證我
於一切三摩地門今時應學不應作證我於
一切菩薩摩訶薩行今時應學不應作證我
於无上正等菩提今時應學不應作證我今
應學一切智智不應證預流果我今應學一
切智智不應證一來不還阿羅漢果我今應
學一切智智不應證獨覺菩提

大般若波羅蜜多經卷第三百卌一

BD05492號　大般若波羅蜜多經卷三三一　（22–22）

BD05492 號背　勘記

(1–1)

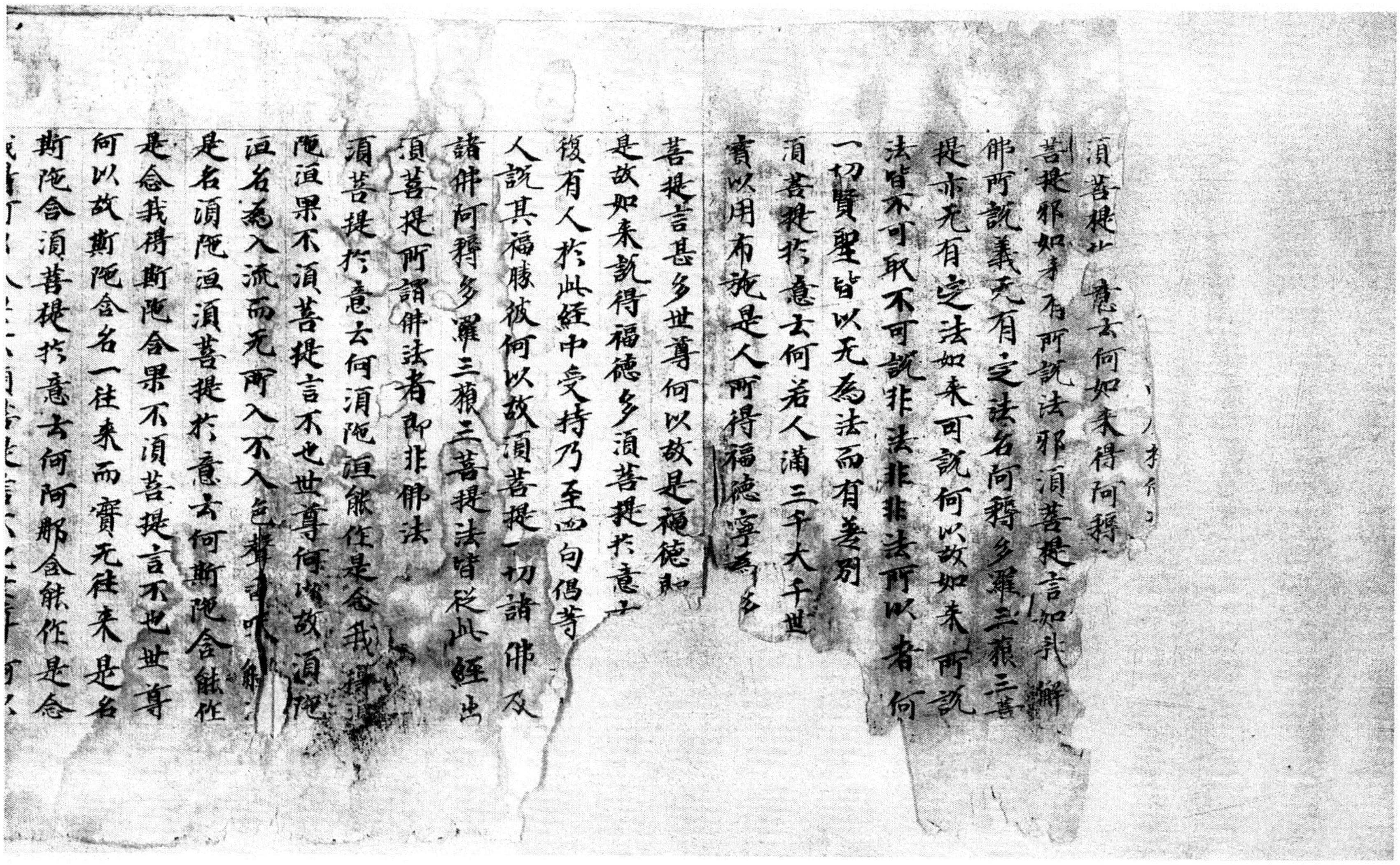

須菩提於意云何如來得阿耨
菩提耶如來有所說法耶須菩提言如我解
佛所說義无有定法名阿耨多羅三藐三菩
提亦无有定法如來可說何以故如來所說
法皆不可取不可說非法非非法所以者何
一切賢聖皆以无為法而有差別
須菩提於意云何若人滿三千大千世
寶以用布施是人所得福德寧為多
菩提言甚多世尊何以故是福德即
是故如來說得福德多須菩提於意
復有人於此經中受持乃至四句偈等
人說其福勝彼何以故須菩提一切諸佛及
諸佛阿耨多羅三藐三菩提法皆從此經出
須菩提所謂佛法者即非佛法
須菩提於意云何須陀洹能作是念我得須
陀洹果不須菩提言不也世尊何以故須陀
洹名為入流而无所入不入色聲香味觸法
是名須陀洹須菩提於意云何斯陀含能作
是念我得斯陀含果不須菩提言不也世尊
何以故斯陀含名一往來而實无往來是名
斯陀含須菩提於意云何阿那含能作是念

BD05493 號　金剛般若波羅蜜經

(13–1)

須菩提於意云何須陁洹能作是念我得須陁
陁洹果不須菩提言不也世尊何以故須陁
洹名為入流而无所入不入色聲香味觸法
是名須陁洹須菩提於意云何斯陁含能作
是念我得斯陁含果不須菩提言不也世尊
何以故斯陁含名一往來而實无往來是名
斯陁含須菩提於意云何阿那含能作是念
我得阿那含果不須菩提言不也世尊何以
故阿那含名為不來而實无來是故名阿那
含須菩提於意云何阿羅漢能作是念我得
阿羅漢道不須菩提言不也世尊何以故實
无有法名阿羅漢世尊若阿羅漢作是念
我得阿羅漢道即為著我人衆生壽者世尊
佛說我得无諍三昧人中最為第一是第一
離欲阿羅漢我不作是念我是離欲阿羅漢
世尊我若作是念我得阿羅漢道世尊則不
說須菩提是樂阿蘭那行者以須菩提實无
所行而名須菩提是樂阿蘭那行
佛告須菩提於意云何如來昔在然燈佛所
於法有所得不世尊如來在然燈佛所於法
實无所得須菩提於意云何菩薩莊嚴佛土
不不也世尊何以故莊嚴佛土者則非莊嚴
是名莊嚴是故須菩提諸菩薩摩訶薩應如
是生清淨心不應住色生心不應住聲香味
觸法生心應无所住而生其心須菩提譬如
有人身如須弥山王於意云何是身為大不
須菩提言甚大世尊何以故佛說非身是名

BD05493號　金剛般若波羅蜜經　（13–2）

是名莊嚴是故須菩提諸菩薩摩訶薩應如
是生清淨心不應住色生心不應住聲香味
觸法生心應无所住而生其心須菩提譬如
有人身如須弥山王於意云何是身為大不
須菩提言甚大世尊何以故佛說非身是名
大身須菩提如恒河中所有沙數如是沙等
恒河於意云何是諸恒河沙寧為多不須菩
提言甚多世尊但諸恒河尚多无數何況其
沙須菩提我今實言告汝若有善男子善女
人以七寶滿尒所恒河沙數三千大千世界
以用布施得福多不須菩提言甚多世尊佛
告須菩提若善男子善女人於此經中乃至
受持四句偈等為他人說而此福德勝前福
德復次須菩提隨說是經乃至四句偈等當
知此處一切世間天人阿脩羅皆應供養如
佛塔廟何況有人盡能受持讀誦須菩提當
知是人成就最上第一希有之法若是經典
所在之處則為有佛若尊重弟子
尒時須菩提白佛言世尊當何名此經我等
云何奉持佛告須菩提是經名為金剛般若
波羅蜜以是名字汝當奉持所以者何須菩
提佛說般若波羅蜜則非般若波羅蜜須菩
提於意云何如來有所說法不須菩提白佛
言世尊如來无所說須菩提於意云何三千
大千世界所有微塵是為多不須菩提言甚
多世尊須菩提諸微塵如來說非微塵是名
微塵如來說世界非世界是名世界須菩提

BD05493號　金剛般若波羅蜜經　（13–3）

提佛說般若波羅蜜則非般若波羅蜜須菩
提於意云何如來有所說法不須菩提白佛
言世尊如來无所說須菩提於意云何三千
大千世界所有微塵是為多不須菩提言甚
多世尊須菩提諸微塵如來說非微塵是名
微塵如來說世界非世界是名世界須菩提
於意云何可以三十二相見如來不不也世
尊何以故如來說三十二相即是非相是名
三十二相須菩提若有善男子善女人以恒
河沙等身命布施若復有人於此經中乃至
受持四句偈等為他人說其福甚多
尒時須菩提聞說是經深解義趣涕淚悲泣
而白佛言希有世尊佛說如是甚深經典我從
昔來所得慧眼未曾得聞如是之經世尊
若復有人得聞是經信心清淨則生實相當
知是人成就第一希有功德世尊是實相者
則是非相是故如來說名實相世尊我今得
聞如是經典信解受持不足為難若當來世
後五百歲其有衆生得聞是經信解受持是
人則為第一希有何以故此人无我相人相
衆生相壽者相所以者何我相即是非相
人相衆生相壽者相即是非相何以故離一切
諸相則名諸佛佛告須菩提如是如是若復
有人得聞是經不驚不怖不畏當知是人甚
為希有何以故須菩提如來說第一波羅蜜
非第一波羅蜜是名第一波羅蜜

BD05493號　金剛般若波羅蜜經　（13–4）

諸相則名諸佛佛告須菩提如是如是若復
有人得聞是經不驚不怖不畏當知是人甚
為希有何以故須菩提如來說第一波羅蜜
非第一波羅蜜是名第一波羅蜜
須菩提忍辱波羅蜜如來說非忍辱波羅蜜
何以故須菩提如我昔為歌利王割截身體
我於尒時无我相无人相无衆生相无壽者
相何以故我於往昔節節支解時若有我相
人相衆生相壽者相應生瞋恨須菩提又念
過去於五百世作忍辱仙人於尒所世无我
相无人相无衆生相无壽者相是故須菩提
菩薩應離一切相發阿耨多羅三藐三菩提
心不應住色生心不應住聲香味觸法生心
應生无所住心若心有住則為非住是故佛
說菩薩心不應住色布施須菩提菩薩為利
益一切衆生應如是布施如來說一切諸相
即是非相又說一切衆生則非衆生須菩提
如來是真語者實語者如語者不誑語者不
異語者須菩提如來所得法此法无實无虛
須菩提若菩薩心住於法而行布施如人入
闇則无所見若菩薩心不住法而行布施如
人有目日光明照見種種色須菩提當來之
世若有善男子善女人能於此經受持讀誦
則為如來以佛智慧悉知是人悉見是人皆
得成就无量无邊功德
須菩提若有善男子善女人初日分以恒河沙
等身布施中日分復以恒河沙等身布施

BD05493號　金剛般若波羅蜜經　（13–5）

世若有善男子善女人能於此經受持讀誦
則為如來以佛智慧悉知是人悉見是人皆
得成就无量无邊功德
須菩提若有善男子善女人初日分以恒河沙
等身布施中日分復以恒河沙等身布施
後日分亦以恒河沙等身布施如是无量百
千万億劫以身布施若復有人聞此經典信
心不逆其福勝彼何況書寫受持讀誦為人
解說須菩提以要言之是經有不可思議不
可稱量无邊功德如來為發大乘者說為發
最上乘者說若有人能受持讀誦廣為人說
如來悉知是人悉見是人皆得成就不可量
不可稱无有邊不可思議功德如是人等則
為荷擔如來阿耨多羅三藐三菩提何以故
須菩提若樂小法者著我見人見衆生見壽
者見則於此經不能聽受讀誦為人解說須
菩提在在處處若有此經一切世間天人阿
脩羅所應供養當知此處則為是塔皆應恭
敬作礼圍繞以諸華香而散其處
復次須菩提若善男子善女人受持讀誦此
經若為人輕賤是人先世罪業應墮惡道以
今世人輕賤故先世罪業則為消滅當得阿
耨多羅三藐三菩提須菩提我念過去无量
阿僧祇劫於然燈佛前得值八百四千万億
那由他諸佛悉皆供養承事无空過者若復
有人於後末世能受持讀誦此經所得功德

今世人輕賤故先世罪業則為消滅當得阿
耨多羅三藐三菩提須菩提我念過去无量
阿僧祇劫於然燈佛前得值八百四千万億
那由他諸佛悉皆供養承事无空過者若復
有人於後末世能受持讀誦此經所得功德
於我所供養諸佛功德百分不及一千万億
分乃至筭數譬喻所不能及須菩提若善男
子善女人於後末世有受持讀誦此經所得
功德我若具說者或有人聞心則狂亂狐疑
不信須菩提當知是經義不可思議果報亦
不可思議
尒時須菩提白佛言世尊善男子善女人發
阿耨多羅三藐三菩提心云何應住云何降
伏其心佛告須菩提善男子善女人發阿耨
多羅三藐三菩提者當生如是心我應滅度
一切衆生滅度一切衆生已而无有一衆生
實滅度者何以故若菩薩有我相人相衆生
相壽者相則非菩薩所以者何須菩提實无
有法發阿耨多羅三藐三菩提者須菩提於意
意云何如來於然燈佛所有法得阿耨多羅
三藐三菩提不不也世尊如我解佛所說義
佛於然燈佛所无有法得阿耨多羅三藐三
菩提佛言如是如是須菩提實无有法如來
得阿耨多羅三藐三菩提
須菩提若有法如來得阿耨多羅三藐三菩
提者然燈佛則不與我受記汝於來世當得

佛於然燈佛所无有法得阿耨多羅三藐三
菩提佛言如是如是須菩提實无有法如來
得阿耨多羅三藐三菩提
須菩提若有法如來得阿耨多羅三藐三菩
提者然燈佛則不與我受記汝於來世當得
得作佛号釋迦牟尼以實无有法得阿耨多
羅三藐三菩提是故然燈佛與我受記作是
言汝於來世當得作佛号釋迦牟尼何以故
如來者即諸法如義若有人言如來得阿耨
多羅三藐三菩提須菩提實无有法佛得阿
耨多羅三藐三菩提須菩提如來所得阿耨
多羅三藐三菩提於是中无實无虛是故如
來說一切法皆是佛法須菩提所言一切法
者即非一切法是故名一切法須菩提譬如
人身長大須菩提言世尊如來說人身長大
則非大身是名大身須菩提菩薩亦如是若
作是言我當滅度无量衆生則不名菩薩何
以故須菩提實无有法名為菩薩是故佛
說一切法无我无人无衆生无壽者須菩提
若菩薩作是言我當莊嚴佛土是不名菩薩
何以故如來說莊嚴佛土者即非莊嚴是名莊
嚴須菩提若菩薩通達无我法者如來
說名真是菩薩
須菩提於意云何如來有肉眼不如是世尊
如來有肉眼須菩提於意云何如來有天眼
不如是世尊如來有天眼須菩提於意云何

如來有肉眼須菩提於意云何如來有天眼
不如是世尊如來有天眼須菩提於意云何
如來有慧眼不如是世尊如來有慧眼須菩
提於意云何如來有法眼不如是世尊如來
有法眼須菩提於意云何如來有佛眼不如
是世尊如來有佛眼須菩提於意云何恒河
中所有沙佛說是沙不如是世尊如來說是
沙須菩提於意云何如一恒河中所有沙有
如是等恒河是諸恒河所有沙數佛世界如
是寧為多不甚多世尊佛告須菩提尒所國
土中所有衆生若干種心如來悉知何以故
如來說諸心皆為非心是名為心所以者何
須菩提過去心不可得現在心不可得未來
心不可得須菩提於意云何若有人滿三千
大千世界七寶以用布施是人以是因緣得
福多不如是世尊此人以是因緣得福甚多
須菩提若福德有實如來不說得福德多以
福德无故如來說得福德多
須菩提於意云何佛可以具足色身見不不也
世尊如來不應以具足色身見何以故如來
說具足色身即非具足色身是名具足色身
須菩提於意云何如來可以具足諸相見不
不也世尊如來不應以具足諸相見何以故如
來說諸相具足即非具足是名諸相具足須
菩提汝勿謂如來作是念我當有所說法
莫作是念何以故若人言如來有所說法即

世尊如来不應以具足色身見何以故如来
説具足色身即非具足色身是名具足色身
須菩提於意云何如来可以具足諸相見不
不也世尊如来不應以具足諸相見何以故如
来説諸相具足即非具足是名諸相具足須
菩提汝等勿謂如来作是念我當有所説法
莫作是念何以故若人言如来有所説法即
為謗佛不能解我所説故須菩提説法者无
法可説是名説法須菩提白佛言世尊佛得
阿耨多羅三藐三菩提為无所得耶如是
如是須菩提我於阿耨多羅三藐三菩提乃至
无有少法可得是名阿耨多羅三藐三菩提
復次須菩提是法平等无有高下是名阿耨
多羅三藐三菩提以无我无人无衆生无壽
者脩一切善法則得阿耨多羅三藐三菩提
須菩提所言善法者如来説非善法是名
善法須菩提若三千大千世界中所有諸須
弥山王如是等七寶聚有人持用布施若人
以此般若波羅蜜經乃至四句偈等受持讀誦
為他人説於前福德百分不及一百千万億
分乃至筭數譬喻所不能及
須菩提於意云何汝等勿謂如来作是念我
當度衆生須菩提莫作是念何以故實无有
衆生如来度者若有衆生如来度者如来則
有我人衆生壽者須菩提如来説有我者則
非有我而凡夫之人以為有我須菩提凡夫
者如来説則非凡夫須菩提於意云何可以

BD05493 號　金剛般若波羅蜜經

（13–10）

當度衆生須菩提莫作是念何以故實无有
衆生如来度者若有衆生如来度者如来則
有我人衆生壽者須菩提如来説有我者則
非有我而凡夫之人以為有我須菩提凡夫
者如来説則非凡夫須菩提於意云何可以
三十二相觀如来不須菩提言如是如是以三
十二相觀如来佛言須菩提若以三十二
相觀如来者轉輪聖王則是如来須菩提白
佛言世尊如我解佛所説義不應以三十二
相觀如来尒時世尊而説偈言
若以色見我　以音聲求我　是人行邪道　不能見如来
須菩提汝若作是念如来不以具足相故得阿
耨多羅三藐三菩提須菩提莫作是念如来
不以具足相故得阿耨多羅三藐三菩提須
菩提汝若作是念發阿耨多羅三藐三菩提
者説諸法斷滅相莫作是念何以故發阿耨
多羅三藐三菩提者於法不説斷滅相須菩
提若菩薩以滿恒河沙等世界七寶布施若
復有人知一切法无我得成於忍此菩薩勝
前菩薩所得功德須菩提以諸菩薩不受
福德故須菩提白佛言世尊云何菩薩不
受福德須菩提菩薩所作福德不應貪著
是故説不受福德須菩提若有人言如来若
来若去若坐若卧是人不解我所説義何以
故如来者无所從来亦无所去故名如来
須菩提若善男子善女人以三千大千世界
碎為微塵於意云何是微塵衆寧為多不

BD05493 號　金剛般若波羅蜜經

（13–11）

是故說不受福德須菩提若有人言如來若
來若去若坐若卧是人不解我所說義何以
故如來者无所從來亦无所去故名如來
須菩提若善男子善女人以三千大千世界
碎為微塵於意云何是微塵衆寧為多不
甚多世尊何以故若是微塵衆實有者佛則
不說是微塵衆所以者何佛說微塵衆則非微
塵衆是名微塵衆世尊如來所說三千大千
世界則非世界是名世界何以故若世界實
有者則是一合相如來說一合相則非一合
相是名一合相須菩提一合相者則是不可
說但凡夫之人貪著其事
須菩提若人言佛說我見人見衆生見壽者
見須菩提於意云何是人解我所說義不不
也世尊是人不解如來所說義何以故世尊
說我見人見衆生見壽者見即非我見人見
衆生見壽者見是名我見人見衆生見壽者
見須菩提發阿耨多羅三藐三菩提心者於
一切法應如是知如是見如是信解不生法
相須菩提所言法相者如來說即非法相是
名法相須菩提若有人以滿无量阿僧祇世
界七寶持用布施若有善男子善女人發菩
薩心者持於此經乃至四句偈等受持讀誦
為人演說其福勝彼云何為人演說不取於
相如如不動何以故
一切有為法　如夢幻泡影　如露亦如電　應作如是觀
佛說是經已長老須菩提及諸比丘比丘尼

BD05493號　金剛般若波羅蜜經　（13–12）

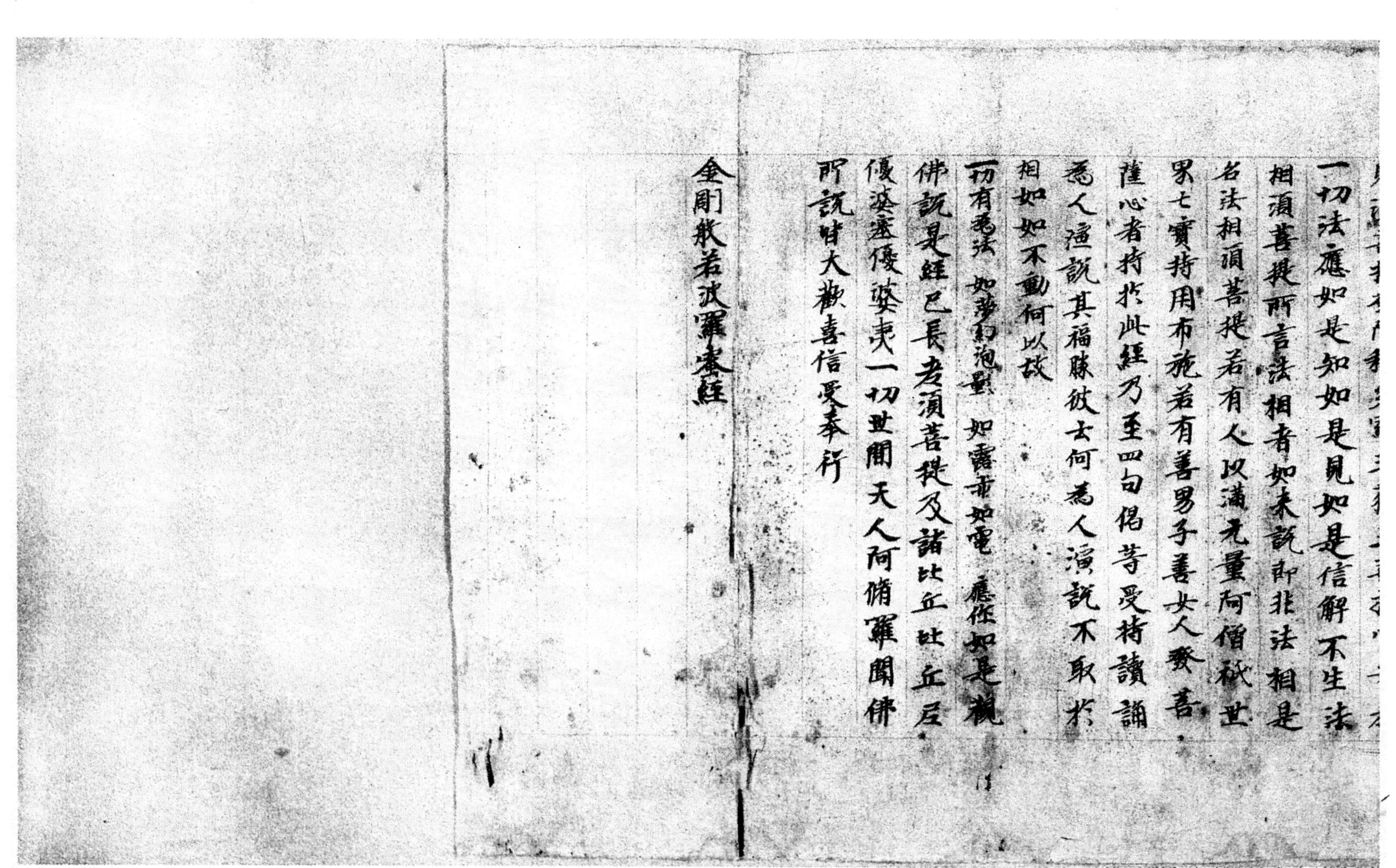

一切法應如是知如是見如是信解不生法
相須菩提所言法相者如來說即非法相是
名法相須菩提若有人以滿无量阿僧祇世
界七寶持用布施若有善男子善女人發菩
薩心者持於此經乃至四句偈等受持讀誦
為人演說其福勝彼云何為人演說不取於
相如如不動何以故
一切有為法　如夢幻泡影　如露亦如電　應作如是觀
佛說是經已長老須菩提及諸比丘比丘尼
優婆塞優婆夷一切世間天人阿修羅聞佛
所說皆大歡喜信受奉行

金剛般若波羅蜜經

BD05493號　金剛般若波羅蜜經　（13–13）

若比丘種種賣買者尼薩耆波逸提
若比丘種種販賣者尼薩耆波逸提
若比丘畜長鉢不淨施得齋十日過者尼薩耆波逸提
若比丘畜鉢減五綴不漏更求新鉢為好故尼薩耆波
逸提彼比丘應往僧中捨展轉取最下鉢與之令持乃
至破應持此是時
若比丘自乞縷綫使非親里織師織作衣者尼薩耆波逸提
若比丘居士居士婦使織師為比丘織作衣彼比丘先不受
自恣請便往織師所語言此衣為我作與我極好織
令廣大堅緻我當少多與汝價是比丘與價乃至一食直
[illegible]故作者尼薩耆波逸提
若比丘先與比丘衣後瞋恚故若自奪若教人奪取還
我衣來不與汝若比丘還衣彼取衣者尼薩耆波逸提
若比丘有病畜殘藥酥油生酥蜜齋七日得服若過
七日服者尼薩耆波逸提
若比丘春殘一月在當求雨浴衣半月應用浴若比丘過
一月前求雨浴衣過半月前用浴尼薩耆波逸提
若比丘十日未竟夏三月諸比丘得急施衣比丘知是急

BD05494 號　四分律比丘戒本　（15–1）

若比丘有病畜殘藥酥油生酥蜜齋七日得服若過
七日服者尼薩耆波逸提
若比丘春殘一月在當求雨浴衣半月應用浴若比丘過
一月前求雨浴衣過半月前用浴尼薩耆波逸提
若比丘十日未竟夏三月諸比丘得急施衣比丘知是急
施衣當受受已乃至衣時應畜若過畜者尼薩耆波逸提
若比丘夏三月竟後迦提一月滿在阿蘭若有疑恐懼處住
比丘在如是處住三衣中欲留一衣置舍內諸比丘有因緣
離衣宿乃至六夜若過者尼薩耆波逸提
若比丘知是僧物自求入已者尼薩耆波逸提
諸大德我已說三十尼薩耆波逸提法今問諸大德是中
清淨不（三說）諸大德是中清淨默然故是事如是持
諸大德是九十波逸提法半月半月說戒經中來
若比丘知而妄語者波逸提
若比丘種類毀呰語者波逸提
若比丘兩舌語者波逸提
若比丘與婦女同室宿者波逸提
若比丘與未受大戒人共宿過二宿至三宿者波逸提
若比丘與未受大戒人共誦者波逸提
若比丘知他有麤惡罪向未受大戒人說除僧羯
磨波逸提
若比丘向未受大戒人說過人法言我見是我知是
實者波逸提
若比丘與女人說法過五六語除有知男子者波逸提
若比丘自手掘地教人掘者波逸提
若比丘壞鬼神村者波逸提

BD05494 號　四分律比丘戒本　（15–2）

夜波逸提

若比丘向未受大戒人說過人法言我見是我知是

實者波逸提

若比丘與女人說法過五六語除有知男子者波逸提

若比丘自手掘地教人掘者波逸提

若比丘壞鬼神村者波逸提

若比丘妄作異語惱他者波逸提

若比丘嫌罵者波逸提

若比丘取僧繩床木床若臥具坐褥露地敷若

教人敷舍去不自舉不教人舉者波逸提

若比丘於僧房中敷僧臥具若自敷若教人敷若

坐若臥去時不自舉不教人舉波逸提

若比丘知先比丘住處後來強於中間敷臥具止宿念

言彼若嫌迮者自當避我去作如是因緣非餘非威儀

波逸提

若比丘瞋他比丘不喜僧房中若自牽出若教他

牽出波逸提

若比丘若房若重閣上脫腳繩床若木床若坐若

臥波逸提

若比丘知水有虫若澆泥若草若教人澆者波逸提

若比丘作大房舍戶扉窗牖及與莊飾具指授

覆苫齊二三節若過者波逸提

若比丘僧不差教授比丘尼者波逸提

若比丘為僧差教授比丘尼乃至日暮者波逸提

若比丘語諸比丘為飲食故教授比丘尼者波逸提

若比丘語諸比丘作如是語比丘為飲食故教授比丘尼者波逸提

若比丘與非親里比丘尼衣除貿易波逸提

BD05494號　四分律比丘戒本　（15–3）

若比丘僧不差教授比丘尼乃至日暮者波逸提

若比丘語諸比丘為飲食故教授比丘尼者波逸提

若比丘語諸比丘作如是語比丘為飲食故教授比丘尼者波逸提

若比丘與非親里比丘尼衣除貿易波逸提

若比丘與非親里比丘尼作衣者波逸提

若比丘與比丘尼在屏處坐者波逸提

若比丘與比丘尼期同一道行乃至一村間除異時波逸提

異時者與估客行若疑畏怖時是謂異時

若比丘與比丘尼期同乘一船上水下水除直渡者波逸提

若比丘知比丘尼讚嘆教化因緣得食食除檀越先意

請者波逸提

若比丘與婦女共期同道行乃至一村間波逸提

若比丘施一食處無病比丘應一食若過受者波逸提

若比丘展轉食除餘時波逸提餘時者病時施衣時

是為謂餘時

若比丘別眾食除餘時波逸提餘時者病時作衣時

施衣時道行時乘船時大眾集時沙門施食時

此是時

若比丘至白衣家請比丘與餅麨飯若比丘欲須者當

取二三鉢受還至僧伽藍中應分與餘比丘食若比丘

無病過兩三鉢受持還至僧伽藍中不分與餘比丘食

者波逸提

若比丘足食竟或時受請不作餘食法而食者波逸提

若比丘知他比丘足食已若受請不作餘食法慇懃請與

食長老取是食以是因緣非餘欲使他犯者波逸提

若比丘非時受食食者波逸提

BD05494號　四分律比丘戒本　（15–4）

者波逸提
若比丘足食竟，或時受請不作餘食法而食者波逸提
若比丘知他比丘足食已，若受請不作餘食法慇懃請與
食，長老取是食，以是因緣非餘，欲使他犯者波逸提
若比丘非時受食食者波逸提
若比丘殘宿食而食者波逸提
若比丘不受食食若藥著口中，除水及楊枝，波逸提
若比丘得好美飲食乳酪魚及肉，若比丘如此美飲
食无病自為己索者波逸提
若比丘外道男外道女自手與食者波逸提
若比丘先受請已，前食後食行詣餘家，不囑授餘
比丘，除餘時波逸提。餘時者，病時、作衣時、施衣時，是謂時
若比丘食家中有寶，強安坐者波逸提
若比丘食家中有在屏處坐者波逸提
若比丘獨與女人露地坐者波逸提
若比丘語餘比丘如是語：大德，今共至聚落，當與汝食。彼
比丘竟不教與是比丘食，語言：汝去，我與汝一處若坐
若語不樂，我獨坐獨語樂。以此因緣非餘，方便遣去
波逸提
若比丘四月與藥，无病比丘應受，若過受，除常請更
請、分請、盡形壽請，波逸提
若比丘往觀軍陣，除時因緣，波逸提
若比丘有因緣聽至軍中二宿三宿，過者波逸提
若比丘二宿三宿軍中住，或時觀軍陣鬪戰，若觀遊
軍象馬力勢者波逸提
若比丘飲酒者波逸提
若比丘水中嬉者波逸提

BD05494號　四分律比丘戒本　（15–5）

若比丘有因緣聽至軍中二宿三宿，過者波逸提
若比丘二宿三宿軍中住，或時觀軍陣鬪戰，若觀遊
軍象馬力勢者波逸提
若比丘飲酒者波逸提
若比丘水中嬉者波逸提
若比丘以指相擊攊者波逸提
若比丘不受諫者波逸提
若比丘恐怖他比丘波逸提
若比丘半月洗浴，无病比丘應受，不得過，
除餘時波逸提。餘時者，熱時、病時、作時、風時、雨
時、道行時，此是時
若比丘无病自為炙身故在露地然火，若
教人然，除時因緣，波逸提
若比丘藏他比丘衣鉢坐具針筒，若自藏，
若教人藏，下至戲笑者波逸提
若比丘與比丘比丘尼式叉摩那沙彌沙
彌尼衣，後不語主還取著者波逸提
若比丘得新衣，應三種壞色，一一色中隨意
壞：若青若黑若木蘭。若比丘不以三種壞色
若青若黑若木蘭著餘新衣者波逸提
若比丘故斷畜生命者波逸提
若比丘知水有虫飲用者波逸提
若比丘故惱他比丘，令須臾間不樂者波逸提
若比丘知他比丘犯麤惡罪覆藏者波逸提
若比丘年滿廿應受大戒，若比丘知年不滿廿
受大戒，此人不得戒，彼比丘可呵，癡故，波逸提
若比丘知諍事如法懺悔已，後更發起者波逸提
若比丘知是賊伴，結要共同一道行，乃至一村間波逸提

BD05494號　四分律比丘戒本　（15–6）

若比丘故惱他比丘，令須臾間不樂者，波逸提。
若比丘知他比丘犯麁惡罪覆藏者，波逸提。
若比丘年滿廿應受大戒，若比丘知年不滿廿
與受大戒，此人不得戒，彼比丘可呵，癡故，波逸提。
若比丘知諍事如法懺悔已，後更發起者，波逸提。
若比丘知是賊伴，結要共同一道行，乃至一村間，波逸提。
若比丘作如是語：我知佛所說法，若行婬欲非鄣
道法。彼比丘諫此比丘言：大德，莫作是語，莫謗世尊，
謗世尊者不善，世尊不作是語，世尊无數方便
說犯婬欲者是鄣道法。彼比丘諫此比丘時，堅
持不捨，彼比丘乃至三諫，捨此事故；若再三諫捨
者善，不捨者，波逸提。
若比丘知如是語人未作法，如是耶見而不捨，
供給所須，共同羯磨，止宿言語者，波逸提。
若比丘知沙弥作如是語：我從佛聞法，若行婬
欲非鄣道法。彼比丘諫此沙弥如是言：汝莫誹謗世
尊，謗世尊者不善，世尊不作是語，沙弥，世尊无數方便說犯婬欲是鄣
道法。彼比丘諫此沙弥時，堅持不捨，彼比丘應乃
再三呵諫，令捨此事故；乃至三諫而捨者善，不捨
者，彼比丘應語彼沙弥言：汝自今已去不得言
佛是我世尊，不得隨逐餘比丘，如諸沙弥得與比
丘二宿三宿，汝今无是事，汝出去，滅去，不應住。
此若比丘知如是衆中被擯沙弥而誘將畜養，
共至宿者，波逸提。
若比丘餘比丘如法諫時，作如是語：我今不學此戒，
當難問餘智慧持律比丘者，波逸提。若為知為學故應難問。

BD05494號　四分律比丘戒本　（15-7）

此若比丘知如是衆中被擯沙弥而誘將畜養，
共至宿者，波逸提。
若比丘餘比丘如法諫時，作如是語：我今不學此戒，
當難問餘智慧持律比丘者，波逸提。若為知為學故應難問。
若比丘說戒時作如是語：大德，何用說此雜
碎戒為？說是戒時，令人惱愧懷疑，輕呵戒故，
波逸提。
若比丘說戒時作如是語：我今始知此法，戒
經中所載，半月半月說，戒經中來。餘比丘
知是比丘若二若三說戒中坐，何況多，彼比丘
无知无解，若犯罪，應如法治，更重增无知
罪。語言：長老，汝无利，不善得，汝說戒時不
用心念，不一心兩耳聽法，彼无知故，波逸提。
若比丘共同羯磨已，後作如是語：諸比丘隨
親厚以衆僧物与者，波逸提。
若比丘衆僧斷事未竟，不与欲而起去者，
波逸提。
若比丘与欲已，後悔者，波逸提。
若比丘共比丘鬪諍已，聽此語向彼說者，波逸提。
若比丘瞋恚故不喜打比丘者，波逸提。
若比丘瞋恚不喜以手搏比丘者，波逸提。
若比丘瞋恚故以无根僧伽婆尸沙謗法者，
波逸提。
若比丘刹利水澆頭王種，王未出，未藏寶而
入，若過宮門閾者，波逸提。

BD05494號　四分律比丘戒本　（15-8）

若比丘瞋恚故以无根僧伽婆尸沙謗法者
波逸提
若比丘刹利水澆頭王種王未出未藏寶而
入若過宮門閾者波逸提
若比丘若寶及寶莊飾具若自捉若教人捉除
僧伽藍中及寄宿處波逸提 若比丘在僧伽
藍中及寄宿處若捉寶若以寶莊飾具若自
捉若教人捉當作是意若有主識者當取作如是因緣蘇
若比丘非時入聚落不囑餘比丘者波逸提
若比丘作繩床木床足應高如來八指除入陛孔
上截竟過者波逸提
若比丘作兜羅綿貯作繩床木床大小褥成者
波逸提
若比丘作骨牙角鍼筒刳刮成者波逸提
若比丘作尼師壇當應量作是中量者長佛
二磔手廣一磔手半更增廣長各半搩手截竟
若過者波逸提
若比丘作覆瘡衣當應量作是中量者長佛
四磔手廣二磔手截竟過者波逸提
若比丘作雨浴衣當應量作是中量者長
佛六磔手廣二磔手半截竟過者波逸提
若比丘與如來等量作衣或過量作者波逸提
是中如來衣量長佛十磔手廣六磔手是
謂如來衣量
諸大德我已說九十波逸提法今問諸大德是中
清淨不 三說

BD05494 號　四分律比丘戒本　（15-9）

與如來等量作衣或過量作者波逸提
是中如來衣量長佛十磔手廣六磔手是
謂如來衣量
諸大德我已說九十波逸提法今問諸大德是中
清淨不 三說
諸大德是中清淨默然故是事如是持
諸大德是四波羅提提舍尼法半月半月說戒
經中來
若比丘入村中從非親里比丘尼若无病自手
取食食者是比丘應向餘比丘悔過言大德
我犯可呵法所不應為我今向大德悔過是法
名悔過法
若比丘至白衣家內食是中有比丘尼指示
與某甲羹與某甲飯比丘應語彼比丘尼如
是言大姊且止須比丘食竟若无一比丘語彼
比丘尼如是言大姊且止須比丘食竟者是比丘
是比丘應向餘比丘悔過言大德我犯可呵法所不
應為我今向大德悔過是法名悔過法
若比丘先作學家羯磨若比丘於如是學先
不請无病自手受食食者是比丘應向餘比丘悔過言
大德我犯可呵法所不應為我今向大德悔過
是法名悔過法
若比丘在阿蘭若迥遠有疑恐怖處住若比丘
在如是阿蘭若處住先不語檀越若僧伽藍外
不受食在僧伽藍內无病自手受食食
者是比丘應向餘比丘悔過言大德我犯可
呵法所不應為我今向大德悔過是法名悔過法
諸大德我已說四波羅提提舍

BD05494 號　四分律比丘戒本　（15-10）

在如是阿蘭若處先不語檀越若僧伽藍外
不受食在僧伽藍內無病自手受食食
者是比丘應向餘比丘悔過言大德我犯可
呵法所不應為我今向大德悔過是法名悔過法
諸大德我已說四波羅提提舍尼法今問諸大德
是中清淨不三說
諸大德是中清淨默然故是事如是持
當齊整著涅槃僧應當學
當齊整著三衣應當學
不得反抄衣行入白衣舍應當學
不得反抄衣入白衣舍坐應當學
不得衣纏頸入白衣舍應當學
不得衣纏頸入白衣舍坐應當學
不得覆頭入白衣舍應當學
不得覆頭入白衣舍坐應當學
不得跳行入白衣舍應當學
不得跳行入白衣舍坐應當學
不得叉腰行入白衣舍應當學
不得叉腰行入白衣舍坐應當學
不得搖身行入白衣舍應當學
不得搖身行入白衣舍坐應當學
不得掉臂行入白衣舍應當學
不得掉臂行入白衣舍坐應當學
好覆身入白衣舍應當學
好覆身入白衣舍坐應當學
不得左右顧視行入白衣舍應當學
不得左右顧視行入白衣舍坐應當學

BD05494號　四分律比丘戒本　（15–11）

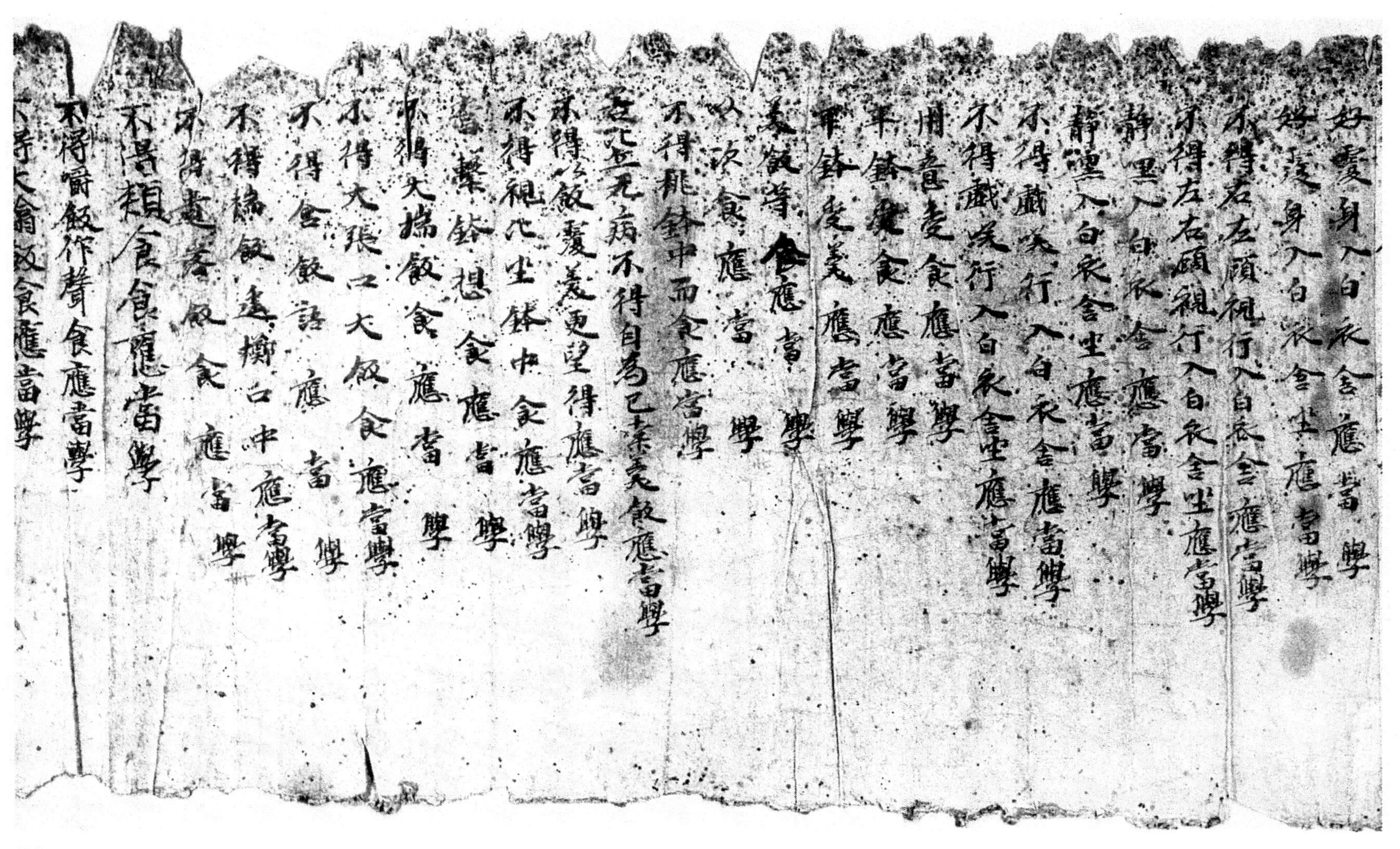
好覆身入白衣舍應當學
好覆身入白衣舍坐應當學
不得左右顧視行入白衣舍應當學
不得左右顧視行入白衣舍坐應當學
靜默入白衣舍應當學
靜默入白衣舍坐應當學
不得戲笑行入白衣舍應當學
不得戲笑行入白衣舍坐應當學
用意受食應當學
平缽受食應當學
平缽受羹應當學
羹飯等食應當學
以次食應當學
不得挑缽中而食應當學
若比丘無病不得自為己索羹飯應當學
不得以飯覆羹更望得應當學
不得視比坐缽中食應當學
當繫缽想食應當學
不得大摶飯食應當學
不得大張口待飯食應當學
不得含飯語應當學
不得摶飯遙擲口中應當學
不得遺落飯食應當學
不得頰食食應當學
不得嚼飯作聲食應當學
不得大噏飯食應當學

BD05494號　四分律比丘戒本　（15–12）

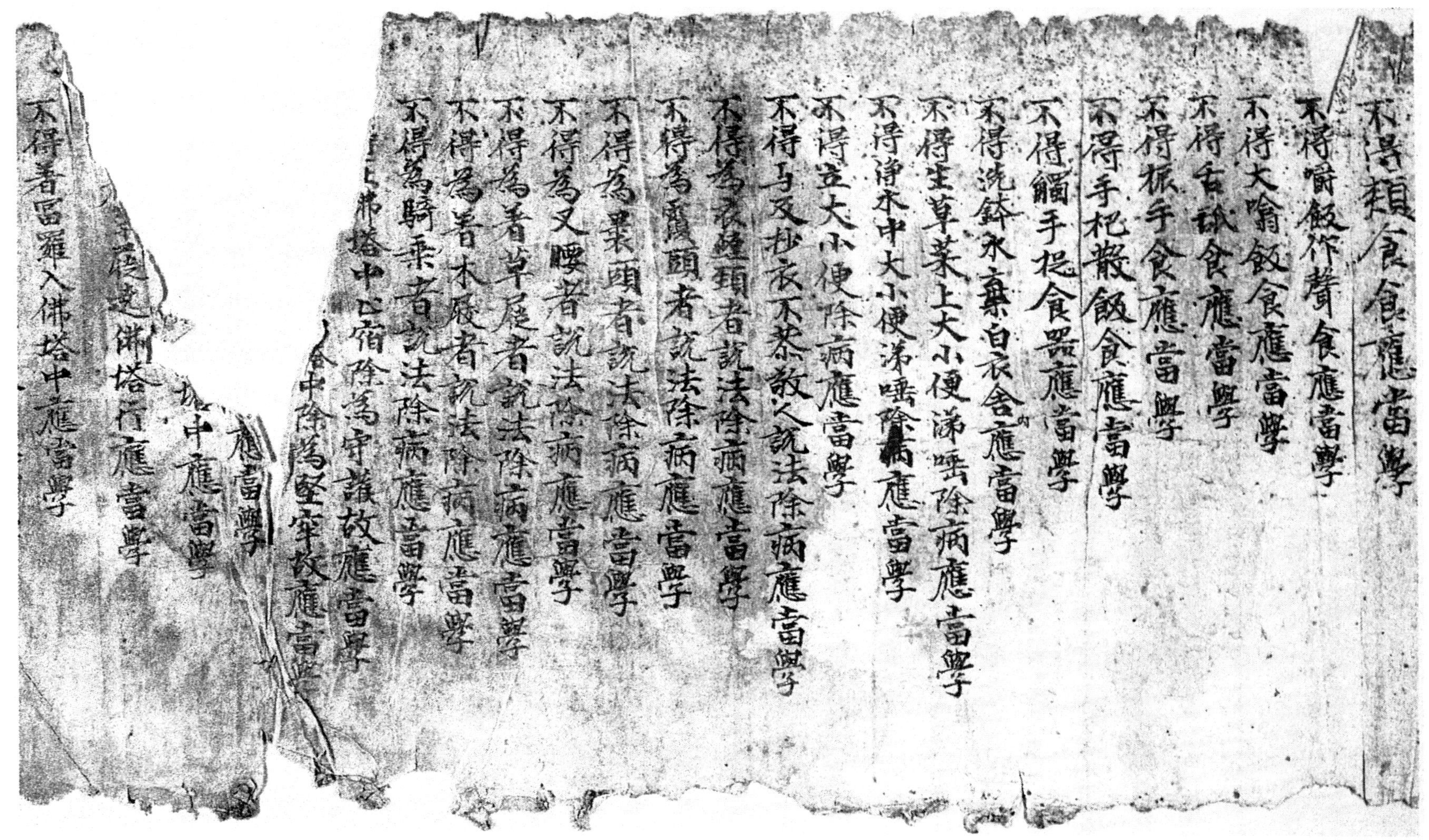

不得頰食食應當學
不得嚼飯作聲食應當學
不得大噏飯食應當學
不得舌舐食應當學
不得振手食應當學
不得手把散飯食應當學
不得污手捉食器應當學
不得洗鉢水棄白衣舍應當學
不得生草菜上大小便涕唾除病應當學
不得淨水中大小便涕唾除病應當學
不得立大小便除病應當學
不得與反抄衣不恭敬人說法除病應當學
不得為衣纏頸者說法除病應當學
不得為覆頭者說法除病應當學
不得為裹頭者說法除病應當學
不得為叉腰者說法除病應當學
不得為著革屣者說法除病應當學
不得為著木屐者說法除病應當學
不得為騎乘者說法除病應當學
不得佛塔中止宿除為守護故應當學
……中除為堅牢故應當學
……應當學
……塔中應當學
……佛塔行應當學
不得著富羅入佛塔中應當學

BD05494 號　四分律比丘戒本　　（15–13）

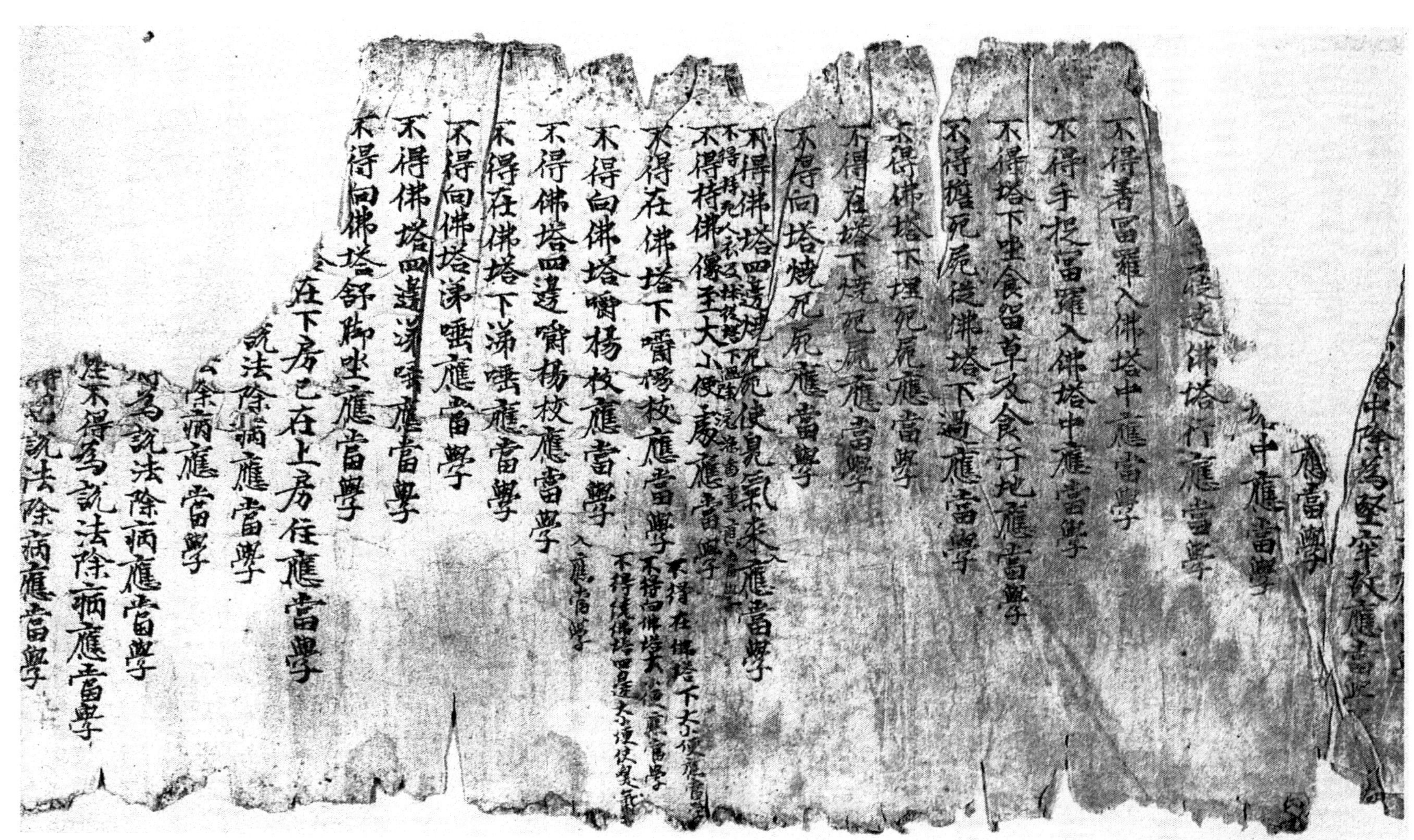

……中除為堅牢故應當學
……應當學
……塔中應當學
……佛塔行應當學
不得著富羅入佛塔中應當學
不得手捉富羅入佛塔中應當學
不得塔下坐食留草及食污地應當學
不得擔死屍從佛塔下過應當學
不得佛塔下埋死屍應當學
不得在塔下燒死屍應當學
不得向塔燒死屍應當學
不得佛塔四邊燒死屍使臭氣來入應當學
不得持死人衣及牀從佛塔下過除浣染香熏應當學
不得持佛像至大小便處應當學
不得在佛塔下大小便應當學
不得向佛塔大小便應當學
不得佛塔四邊大小便使臭氣來入應當學
不得在佛塔下嚼楊枝應當學
不得向佛塔嚼楊枝應當學
不得佛塔四邊嚼楊枝應當學
不得在佛塔下涕唾應當學
不得向佛塔涕唾應當學
不得佛塔四邊涕唾應當學
不得向佛塔舒腳坐應當學
……在下房己在上房住應當學
……說法除病應當學
……除病應當學
……為說法除病應當學
……不得為說法除病應當學
……說法除病應當學

BD05494 號　四分律比丘戒本　　（15–14）

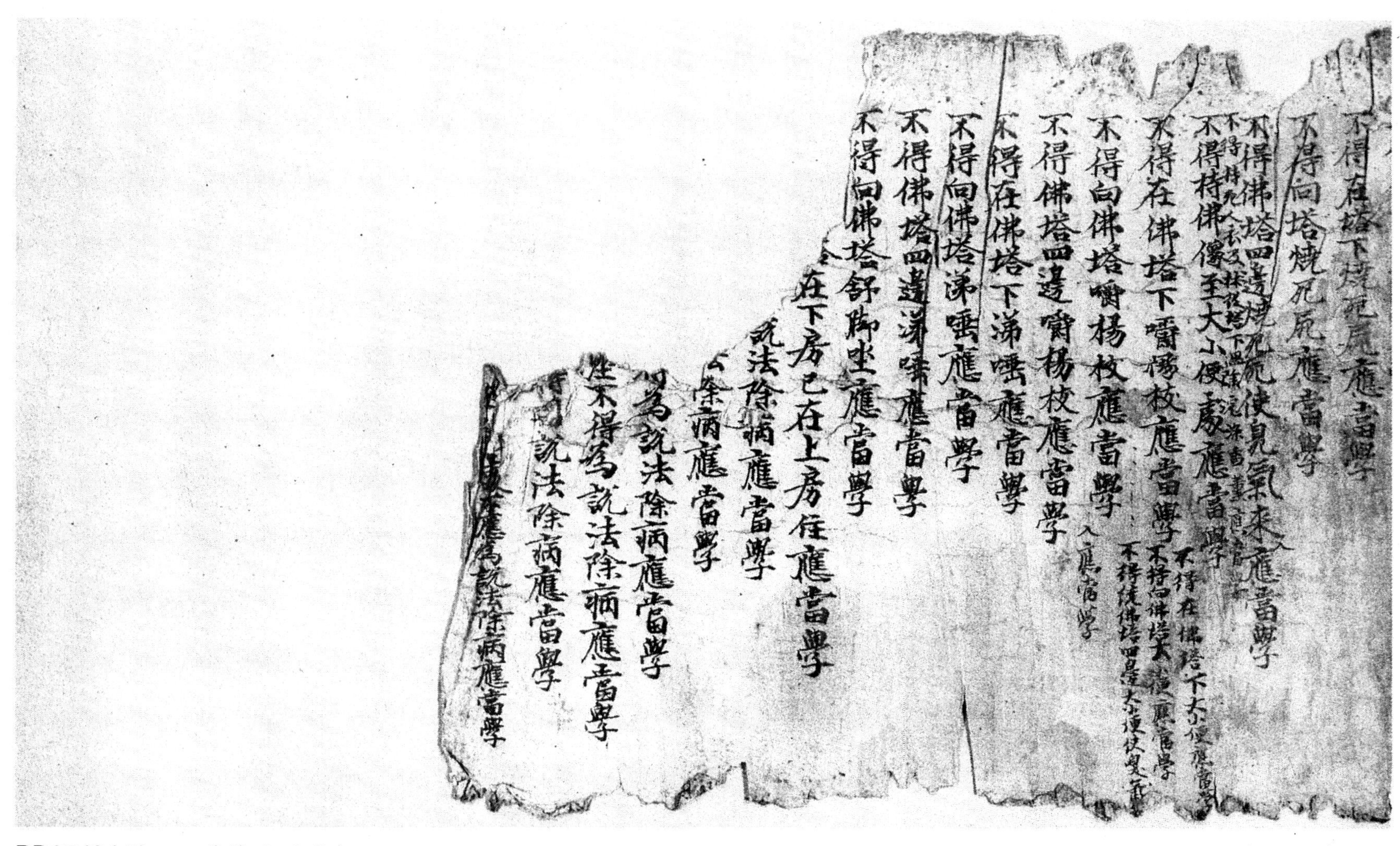

不得在塔下燒死屍應當學
不得向塔燒死屍應當學
不得佛塔四邊燒死屍使臭氣來入應當學
不得持死人衣及牀從塔下過除浣染香熏應當學
不得持佛像至大小便處應當學
不得在佛塔下大小便應當學
不得向佛塔大小便應當學
不得繞佛塔四邊大小便使臭氣來入應當學
不得在佛塔下嚼楊枝應當學
不得向佛塔嚼楊枝應當學
不得佛塔四邊嚼楊枝應當學
不得在佛塔下涕唾應當學
不得向佛塔涕唾應當學
不得佛塔四邊涕唾應當學
不得向佛塔舒脚坐應當學
在下房已在上房住應當學
說法除病應當學
除病應當學
為說法除病應當學
不得為說法除病應當學
說法除病應當學
為說法除病應當學

BD05494 號　四分律比丘戒本　　（15–15）

稽首礼諸佛 及法比丘僧 今演毗尼法 令正法久住
戒如海无涯 如寶求无厭 欲護聖

BD05494 號背　雜寫　　（6–1）

四分戒本

出曇無德律

稽首禮諸佛　及法比丘僧　今演毗尼法　令正法久住

戒如海無崖　如寶求無厭　欲護聖法財　衆集聽我說

BD05494號背　雜寫

（6–2）

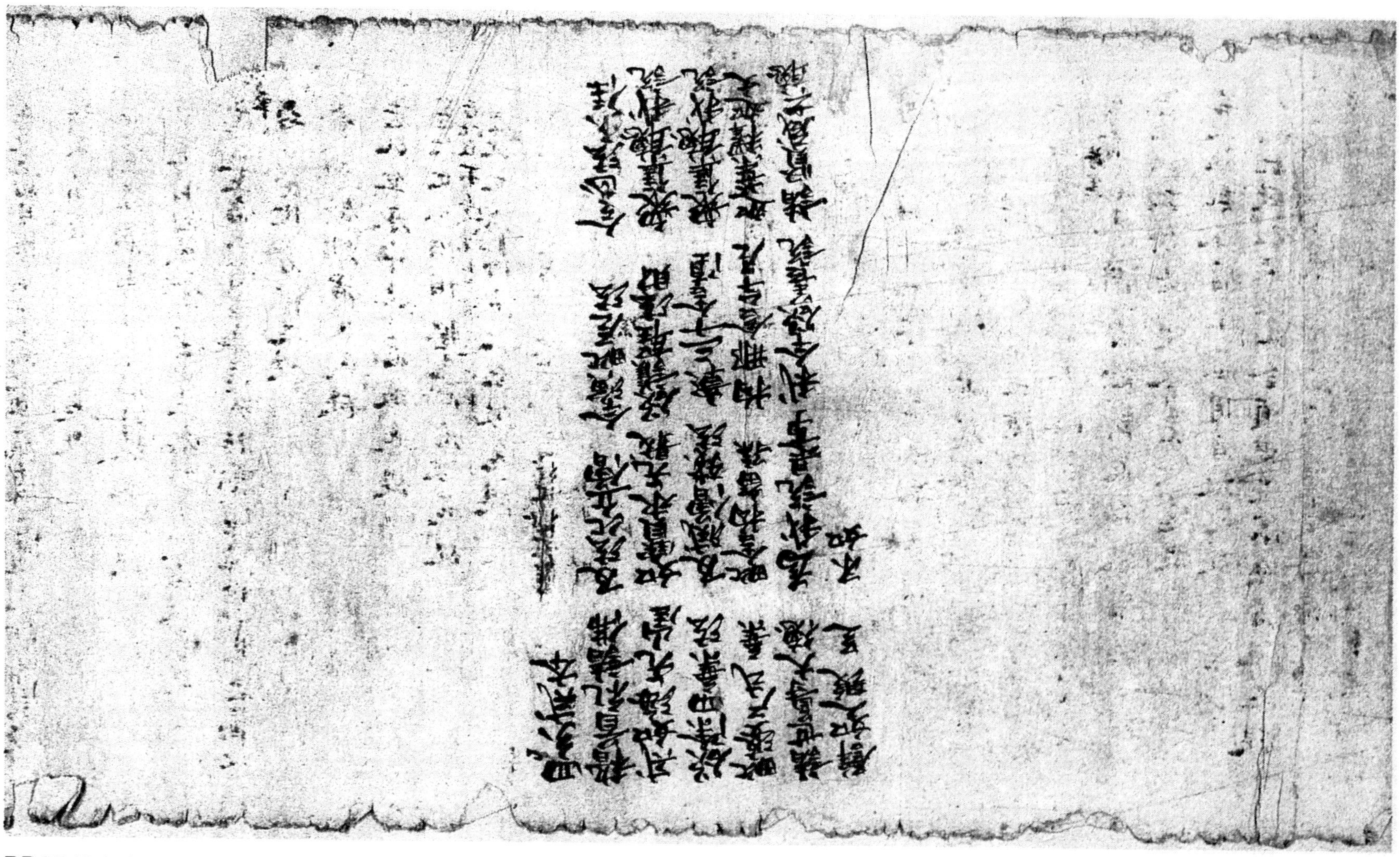

BD05494號背　雜寫

（6–3）

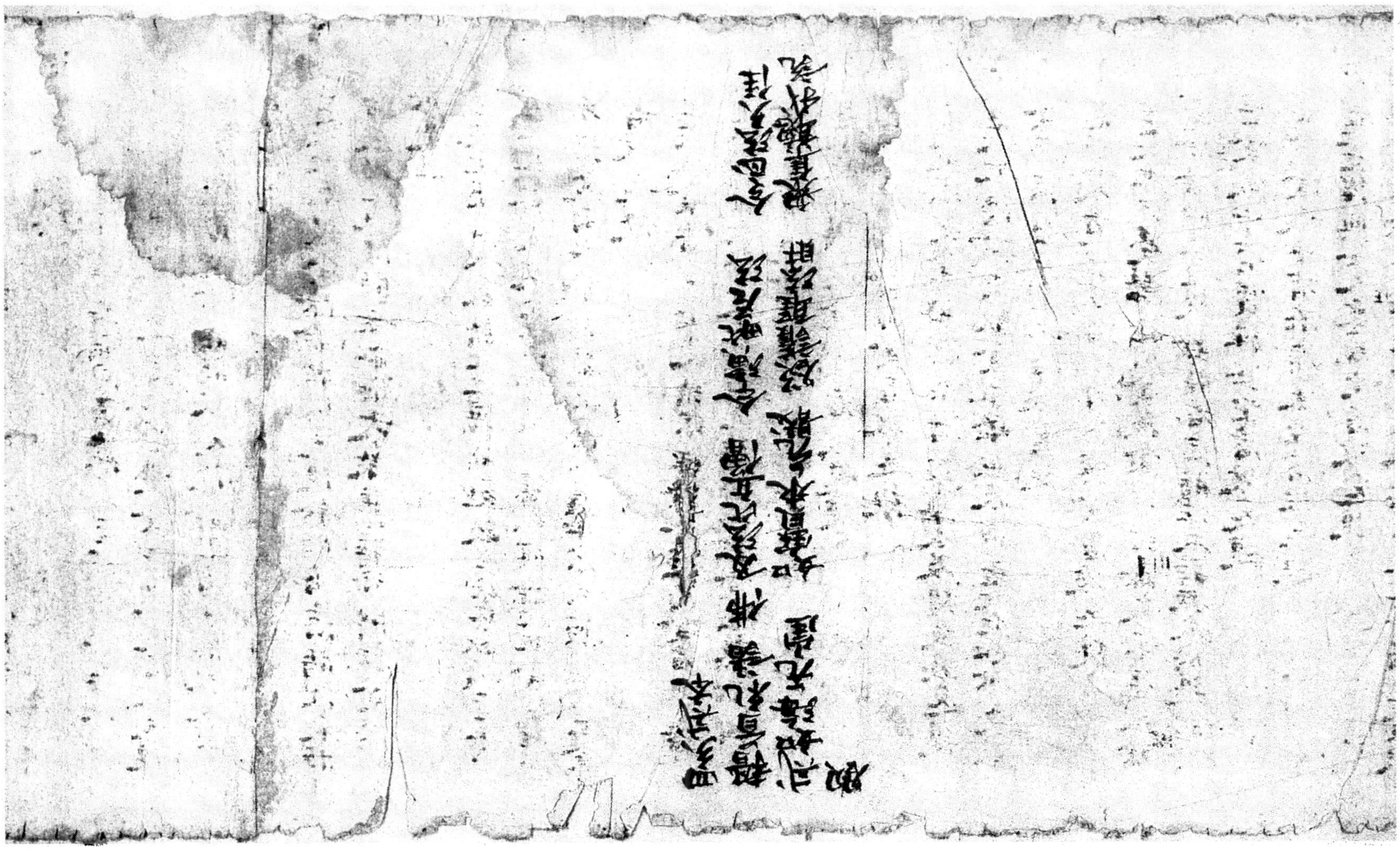

BD05494 號背　雜寫　（6–4）

BD05494 號背　雜寫　（6–5）

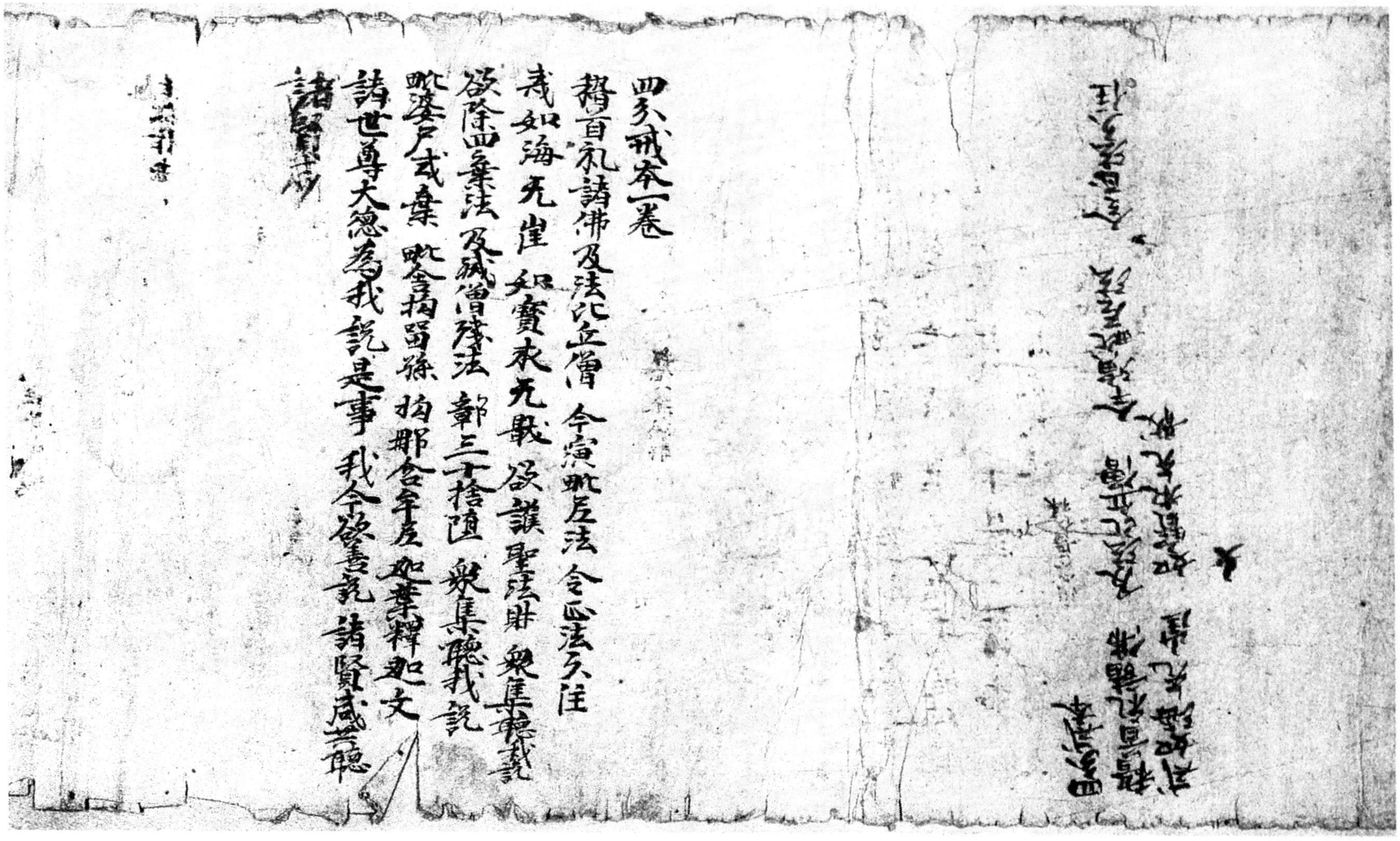

四分戒本一卷
稽首禮諸佛及法比丘僧 今演毗尼法 令正法久住
戒如海无崖 如寶求无猒 欲護聖法財 衆集聽我說
欲除四棄法 及滅僧殘法 鄣三十捨墮 衆集聽我說
毗婆尸式棄 毗舍拘留孫 拘那含牟尼 迦葉釋迦文
諸世尊大德 爲我說是事 我今欲善說 諸賢咸共聽

BD05494 號背　雜寫　（6–6）

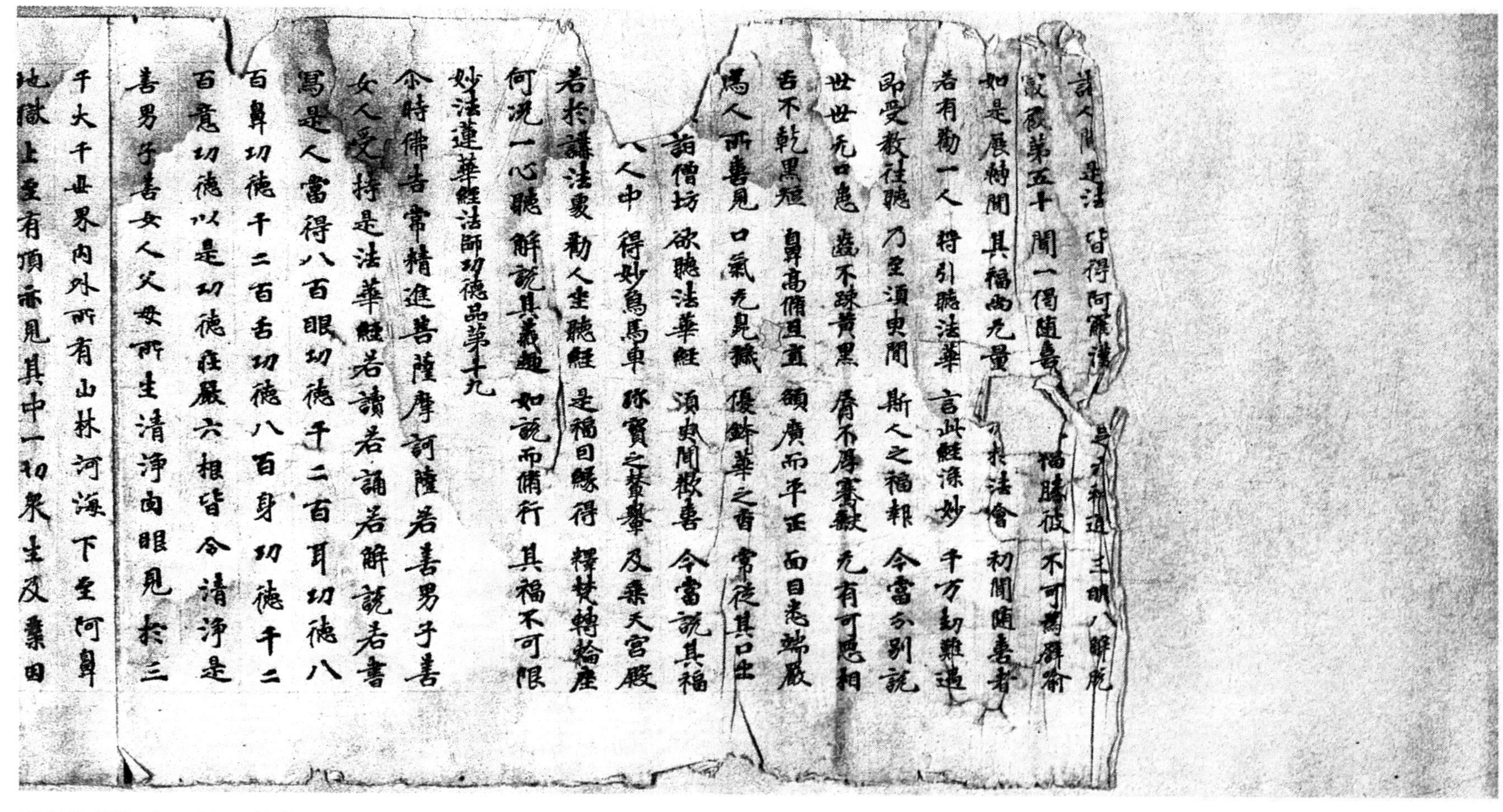

諸人聞是法 皆得阿羅漢 具足六神通 三明八解脫
最後第五十 聞一偈隨喜 是人福勝彼 不可爲譬喻
如是展轉聞 其福尚无量 何況於法會 初聞隨喜者
若有勸一人 將引聽法華 言此經深妙 千万劫難遇
即受教往聽 乃至須臾聞 斯人之福報 今當分別說
世世无口患 齒不踈黃黑 脣不厚褰缺 无有可惡相
舌不乾黑短 鼻高脩且直 額廣而平正 面目悉端嚴
爲人所喜見 口氣无臭穢 優鉢華之香 常從其口出
詣僧坊 欲聽法華經 須臾聞歡喜 今當說其福
人中 得妙象馬車 珎寶之輦輿 及乘天宮殿
若於講法處 勸人坐聽經 是福因緣得 釋梵轉輪座
何況一心聽 解說其義趣 如說而脩行 其福不可限
妙法蓮華經法師功德品第十九
爾時佛告常精進菩薩摩訶薩 若善男子善
女人受持是法華經 若讀若誦若解說若書
寫 是人當得八百眼功德 千二百耳功德 八
百鼻功德 千二百舌功德 八百身功德 千二
百意功德 以是功德莊嚴六根 皆令清淨 是
善男子善女人父母所生清淨肉眼 見於三
千大千世界內外所有山林河海 下至阿鼻
地獄 上至有頂 亦見其中一切衆生 及業因

BD05495 號　妙法蓮華經卷六　（24–1）

寫是人當得八百眼功德千二百耳功德八
百鼻功德千二百舌功德八百身功德千二
百意功德以是功德莊嚴六根皆令清淨是
善男子善女人父母所生清淨肉眼見於三
千大千世界內外所有山林河海下至阿鼻
地獄上至有頂亦見其中一切衆生及業因
緣果報生處悉見悉知尒時世尊欲重宣此
義而說偈言
若於大衆中　以无所畏心　說是法華經　汝聽其功德
是人得八百　功德殊勝眼　以是莊嚴故　其目甚清淨
父母所生眼　悉見三千界　內外弥樓山　須弥及鐵圍
并諸餘山林　大海江河水　下至阿鼻獄　上至有頂處
其中諸衆生　一切皆悉見　雖未得天眼　肉眼力如是
復次常精進若善男子善女人受持此經若
讀若誦若解若說若書寫得千二百耳功德
以是清淨耳聞三千大千世界下至阿鼻地
獄上至有頂其中內外種種語言音聲象聲
馬聲牛聲車聲啼哭聲愁歎聲螺聲鼓聲鍾
聲鈴聲咲聲語聲男聲女聲童子聲童女聲
法聲非法聲苦聲樂聲凡夫聲聖人聲喜聲
不喜聲天聲龍聲夜叉聲乾闥婆聲阿脩羅
聲迦樓羅聲緊那羅聲摩睺羅伽聲火聲水
聲風聲地獄聲畜生聲餓鬼聲比丘聲比丘
尼聲聲聞聲辟支佛聲菩薩聲佛聲以要言
之三千大千世界中一切外內所有諸聲雖
未得天耳以父母所生清淨常耳皆悉聞知
如是分別種種音聲而不壞耳根尒時世尊

BD05495號　妙法蓮華經卷六　（24–2）

尼聲聲聞聲辟支佛聲菩薩聲佛聲以要言
之三千大千世界中一切外內所有諸聲雖
未得天耳以父母所生清淨常耳皆悉聞知
如是分別種種音聲而不壞耳根尒時世尊
欲重宣此義而說偈言
父母所生耳　清淨无濁穢　以此常耳聞　三千世界聲
象馬車牛聲　鍾鈴螺鼓聲　琴瑟箜篌聲　簫笛之音聲
清淨好歌聲　聽之而不著　无數種人聲　聞悉能解了
又聞諸天聲　微妙之歌音　及聞男女聲　童子童女聲
山川嶮谷中　迦陵頻伽聲　命命等諸鳥　悉聞其音聲
地獄衆苦聲　種種楚毒聲　餓鬼飢渴逼　求索飲食聲
諸阿脩羅等　居在大海邊　自共言語時　出于大音聲
如是說法者　安住於此間　遙聞是衆聲　而不壞耳根
十方世界中　禽獸鳴相呼　其說法之人　於此悉聞之
其諸梵天上　光音及遍淨　乃至有頂天　言語之音聲
法師住於此　悉皆得聞之　一切比丘衆　及諸比丘尼
若讀誦經典　若為他人說　法師住於此　悉皆得聞之
復有諸菩薩　讀誦於經法　若為他人說　撰集解其義
如是諸音聲　悉皆得聞之　諸佛大聖尊　教化衆生者
於諸大會中　演說微妙法　持此法華者　悉皆得聞之
三千大千界　內外諸音聲　下至阿鼻獄　上至有頂天
皆聞其音聲　而不壞耳根　其耳聰利故　悉能分別知
持是法華者　雖未得天耳　但用所生耳　功德已如是
復次常精進若善男子善女人受持是經若
讀若誦若解說若書寫成就八百鼻功德以
是清淨鼻根聞於三千大千世界上下內外
種種諸香須曼那華香闍提華香末利華香

BD05495號　妙法蓮華經卷六　（24–3）

復次常精進若善男子善女人受持是經若
讀若誦若解說若書寫成就八百鼻功德以
是清淨鼻根聞於三千大千世界上下內外
種種諸香須曼那華香闍提華香末利華香
瞻蔔華香波羅羅華香赤蓮華香青蓮華香
白蓮華香華樹香菓樹香栴檀香沈水香多
摩羅跋香多伽羅香及千万種和香若末若
丸若塗香持是經者於此間住悉能分別又
復別知衆生之香象香馬香牛羊等香男香
女香童子香童女香及草木叢林香若近若
遠所有諸香悉皆得聞分別不錯持是經者
雖住於此亦聞天上諸天之香波利質多羅
拘鞞陀羅樹香及曼陀羅華香摩訶曼陀
羅華香曼殊沙華香摩訶曼殊沙華香栴檀
沈水種種末香諸雜華香如是等天香和合所
出之香无不聞知又聞諸天身香釋提桓因
在勝殿上五欲娛樂嬉戲時香若在妙法堂
上為忉利諸天說法時香若於諸園遊戲時
香及餘天等男女身香皆悉遙聞如是展轉
乃至梵世上至有頂諸天身香亦皆聞之并
聞諸天所燒之香及聲聞香辟支佛香菩薩
香諸佛身香亦皆遙聞知其所在雖聞此香
然於鼻根不壞不錯若欲分別為他人說憶
念不謬尒時世尊欲重宣此義而說偈言
是人鼻清淨　於此世界中　若香若臭物　種種悉聞知
須曼那闍提　多摩羅栴檀　沈水及桂香　種種華菓香
及知衆生香　男子女人香　說法者遠住　聞香知所在

BD05495號　妙法蓮華經卷六　（24–4）

念不謬尒時世尊欲重宣此義而說偈言
是人鼻清淨　於此世界中　若香若臭物　種種悉聞知
須曼那闍提　多摩羅栴檀　沈水及桂香　種種華菓香
及知衆生香　男子女人香　說法者遠住　聞香知所在
大勢轉輪王　小轉輪及子　群臣諸宮人　聞香知所在
身所著珍寶　及地中寶藏　轉輪王寶女　聞香知所在
諸人嚴身具　衣服及瓔珞　種種所塗香　聞香知其身
諸天若行坐　遊戲及神變　持是法華者　聞香悉能知
諸樹華菓實　及蘇油香氣　持經者住此　悉知其所在
諸山深嶮處　栴檀樹華敷　衆生在中者　聞香皆能知
鐵圍山大海　地中諸衆生　持經者聞香　悉知其所在
阿修羅男女　及其諸眷屬　鬪諍遊戲時　聞香皆能知
曠野險隘處　師子象虎狼　野牛水牛等　聞香知所在
若有懷妊者　未辯其男女　无根及非人　聞香悉能知
以聞香力故　知其初懷妊　成就不成就　安樂產福子
以聞香力故　知男女所念　染欲癡恚心　亦知修善者
地中衆伏藏　金銀諸珍寶　銅器之所盛　聞香悉能知
種種諸瓔珞　无能識其價　聞香知貴賤　出處及所在
天上諸華等　曼陀曼殊沙　波利質多樹　聞香悉能知
天上諸宮殿　上中下差別　衆寶華莊嚴　聞香悉能知
天園林勝殿　諸觀妙法堂　在中而娛樂　聞香悉能知
諸天若聽法　或受五欲時　來往行坐臥　聞香悉能知
天女所著衣　好華香莊嚴　周旋遊戲時　聞香悉能知
如是展轉上　乃至於梵世　入禪出禪者　聞香悉能知
光音遍淨天　乃至於有頂　初生及退沒　聞香悉能知
諸比丘衆等　於法常精進　若坐若經行　及讀誦經法
或在林樹下　專精而坐禪　持經者聞香　悉知其所在

BD05495號　妙法蓮華經卷六　（24–5）

如是展轉上 乃至於梵世 入禪出禪者 聞香悉能知
光音遍淨天 乃至於有頂 初生及退沒 聞香悉能知
諸比丘衆等 於法常精進 若坐若經行 及讀誦經法
或在林樹下 專精而坐禪 持經者聞香 悉知其所在
菩薩志堅固 坐禪若讀誦 或為人說法 聞香悉能知
在在方世尊 一切所恭敬 愍衆而說法 聞香悉能知
衆生在佛前 聞經皆歡喜 如法而修行 聞香悉能知
雖未得菩薩 无漏法生鼻 而是持經者 先得此鼻相
復次常精進 若善男子善女人受持是經若
讀若誦若解說若書寫 得千二百舌功德若
好若醜若美不美及諸苦澀物在其舌根皆
變成上味如天甘露 无不美者 若以舌根於
大衆中有所演說 出深妙聲 能入其心 皆令
歡喜快樂 又諸天子天女釋梵諸天聞是深
妙音聲 有所演說言論次第 皆悉來聽 及諸
龍龍女夜叉夜叉女乾闥婆乾闥婆女阿脩
羅阿脩羅女迦樓羅迦樓羅女緊那羅緊那
羅女摩睺羅伽摩睺羅伽女 為聽法故 皆來
親近恭敬供養 及比丘比丘尼優婆塞優婆
夷國王王子群臣眷屬 小轉輪王大轉輪王
七寶千子內外眷屬 乘其宮殿俱來聽法 以
是菩薩善說法故 婆羅門居士國內人民 盡
其形壽隨侍供養 又諸聲聞辟支佛菩薩諸
佛常樂見之 是人所在方面 諸佛皆向其處
說法 悉能受持一切佛法 又能出於深妙法
音 尒時世尊欲重宣此義而說偈言
是人舌根淨 終不受惡味 其有所食噉 悉皆成甘露

BD05495號　妙法蓮華經卷六　（24–6）

是菩薩善說法故 婆羅門居士國內人民 盡
其形壽隨侍供養 又諸聲聞辟支佛菩薩諸
佛常樂見之 是人所在方面 諸佛皆向其處
說法 悉能受持一切佛法 又能出於深妙法
音 尒時世尊欲重宣此義而說偈言
是人舌根淨 終不受惡味 其有所食噉 悉皆成甘露
以深淨妙聲 於大衆說法 以諸因緣喻 引導衆生心
聞者皆歡喜 設諸上供養
諸天龍夜叉 及阿脩羅等 皆以恭敬心 而共來聽法
是說法之人 若欲以妙音 遍滿三千界 隨意即能至
大小轉輪王 及千子眷屬 合掌恭敬心 常來聽受法
諸天龍夜叉 羅剎毗舍闍 亦以歡喜心 常樂來供養
梵天王魔王 自在大自在 如是諸天衆 常來至其所
諸佛及弟子 聞其說法音 常念而守護 或時為現身
復次常精進 若善男子善女人受持是經若
讀若誦若解說若書寫 得八百身功德 得清
淨身如淨琉璃 衆生憙見 其身淨故 三千大
千世界衆生 生時死時 上下好醜 生善處惡
處 悉於中現 及鐵圍山大鐵圍山彌樓山摩
訶彌樓山等諸山 及其中衆生 悉於中現 下
至阿鼻地獄 上至有頂 所有及衆生 悉於中
現 若聲聞辟支佛菩薩諸佛說法 皆於身中
現其色像 尒時世尊欲重宣此義而說偈言
若持法華者 其身甚清淨 如彼淨琉璃 衆生皆憙見
又如淨明鏡 悉見諸色像 菩薩於淨身 皆見世所有
唯獨自明了 餘人所不見 三千世界中 一切諸群萌
天人阿脩羅 地獄鬼畜生 如是諸色像 皆於身中現

BD05495號　妙法蓮華經卷六　（24–7）

現若聲聞辟支佛菩薩諸佛說法皆於身中
現其色像尒時世尊欲重宣此義而說偈言
若持法華者 其身甚清淨 如彼淨琉璃 眾生皆憙見
又如淨明鏡 悉見諸色像 菩薩於淨身 皆見世所有
唯獨自明了 餘人所不見 三千世界中 一切諸群萌
天人阿脩羅 地獄鬼畜生 如是諸色像 皆於身中現
諸天等宮殿 乃至於有頂 鐵圍及弥樓 摩訶弥樓山
諸大海水等 皆於身中現
諸佛及聲聞 佛子菩薩等 若獨若在眾 說法皆悉現
雖未得无漏 法性之妙身 以清淨常體 一切於中現
復次常精進若善男子善女人如來滅後受
持是經若讀若誦若解說若書寫得千二百
意功德以是清淨意根乃至聞一偈一句通
達无量无邊之義解是義已能演說一句一
偈至於一月四月乃至一歲諸所說法隨其義
趣皆與實相不相違背若說俗間經書治世
語言資生業等皆順正法三千大千世界六
趣眾生心之所行心所動作心所戲論皆悉
知之雖未得无漏智慧而其意根清淨如此
是人有所思惟籌量言說皆是佛法无不真
實亦是先佛經中所說尒時世尊欲重宣此
義而說偈言
是人意清淨 明利无穢濁 以此妙意根 知上中下法
乃至聞一偈 通達无量義 次第如法說 月四月至歲
是世界內外 一切諸眾生 若天龍及人 夜叉鬼神等
具在六趣中 所念若干種 持法華之報 一時皆悉知
十方无數佛 百福莊嚴相 為眾生說法 悉聞能受持

BD05495 號　妙法蓮華經卷六　　（24–8）

乃至聞一偈 通達无量義 次第如法說 月四月至歲
是世界內外 一切諸眾生 若天龍及人 夜叉鬼神等
具在六趣中 所念若干種 持法華之報 一時皆悉知
十方无數佛 百福莊嚴相 為眾生說法 悉聞能受持
思惟无量義 說法亦无量 終始不忘錯 以持法華故
悉知諸法相 隨義說次第 達名字語言 如所知演說
此人有所說 皆是先佛法 以演此經故 於眾无所畏
持法華經者 意根淨若斯 雖未得无漏 先有如是相
是人持此經 安住希有地 為一切眾生 歡喜而愛敬
能以千万種 善巧之語言 分別而說法 持法華經故
妙法蓮華經常不輕菩薩品第廿
尒時佛告得大勢菩薩摩訶薩汝今當知若
比丘比丘尼優婆塞優婆夷持法華經者若
有惡口罵詈誹謗獲大罪報如前所說其所得
功德如向所說眼耳鼻舌身意清淨得大
勢乃往古昔過无量无邊不可思議阿僧祇
劫有佛名威音王如來應供正遍知明行足
善逝世間解无上士調御丈夫天人師佛世
尊劫名離衰國名大成其威音王佛於彼世
中為天人阿脩羅說法為求聲聞者說應四
諦法度生老病死究竟涅槃為求辟支佛者
說應十二因緣法為諸菩薩因阿耨多羅三
藐三菩提說應六波羅蜜法究竟佛慧得大
勢是威音王佛壽四十万億那由他恒河沙
劫正法住世劫數如一閻浮提微塵像法住
世劫數如四天下微塵其佛饒益眾生已然
後滅度正法像法滅盡之後於此國土復有

BD05495 號　妙法蓮華經卷六　　（24–9）

藐三菩提說應六波羅蜜法究竟佛慧得大
勢是威音王佛壽四十万億那由他恒河沙
劫正法住世劫數如一閻浮提微塵像法住
世劫數如四天下微塵其佛饒益衆生已然
後滅度正法像法滅盡之後於此國土復有
佛出亦号威音王如來應供正遍知明行足
善逝世間解无上士調御丈夫天人師佛世
尊如是次第有二万億佛皆同一号最初威
音王如來既已滅度正法滅後於像法中增
上慢比丘有大勢力尒時有一菩薩比丘名
常不輕得大勢以何因緣名常不輕是比丘
凡有所見若比丘比丘尼優婆塞優婆夷皆
悉礼拜讚嘆而作是言我深敬汝等不敢輕
慢所以者何汝等皆行菩薩道當得作佛而
是比丘不專讀誦經典但行礼拜乃至遠見
四衆亦復故往礼拜讚嘆而作是言我不敢
輕於汝等汝等皆當作佛故四衆之中有生
瞋恚心不淨者惡口罵詈言是无智比丘從
何所來自言我不輕汝而與我等授記當得
作佛我等不用如是虛妄授記如此經歷多
年常被罵詈不生瞋恚常作是言汝當作佛說
是語時衆人或以杖木瓦石而打擲之避走遠
住猶高聲唱言我不敢輕於汝汝等皆當作
佛以其常作是語故增上慢比丘比丘尼優
婆塞優婆夷号之為常不輕是比丘臨欲終
時於虛空中具聞威音王佛先所說法華經
二十千万億偈悉能受持即得如上眼根清

BD05495號　妙法蓮華經卷六　（24–10）

住猶高聲唱言我不敢輕於汝汝等皆當作
佛以其常作是語故增上慢比丘比丘尼優
婆塞優婆夷号之為常不輕是比丘臨欲終
時於虛空中具聞威音王佛先所說法華經
二十千万億偈悉能受持即得如上眼根清
淨耳鼻舌身意根清淨得是六根清淨已更
增壽命二百万億那由他歲廣為人說是法
華經於時增上慢四衆比丘比丘尼優婆塞
優婆夷輕賤是人為作不輕名者見其得大
神通力樂說辯力大善寂力聞其所說皆信
伏隨從是菩薩復化千万億衆令住阿耨多
羅三藐三菩提命終之後得值二千億佛皆
号日月燈明於其法中說是法華經以是因
緣復值二千億佛同号雲自在燈王於此諸
佛法中受持讀誦為諸四衆說此經典故得
是常眼清淨耳鼻舌身意諸根清淨於四衆
中說法心无所畏得大勢是常不輕菩薩摩
訶薩供養如是若干諸佛恭敬尊重讚歎種
諸善根於後復值千万億佛亦於諸佛法中
說是經典功德成就當得作佛得大勢於意
云何尒時常不輕菩薩豈異人乎則我身是
若我於宿世不受持讀誦此經為他人說者
不能疾得阿耨多羅三藐三菩提我於先佛
所受持讀誦此經為人說故疾得阿耨多羅
三藐三菩提得大勢彼時四衆比丘比丘尼
優婆塞優婆夷以瞋恚意輕賤我故二百億
劫常不值佛不聞法不見僧千劫於阿鼻地

BD05495號　妙法蓮華經卷六　（24–11）

所受持讀誦此經為人說故疾得阿耨多羅
三藐三菩提得大勢彼時四衆比丘比丘尼
優婆塞優婆夷以瞋恚意輕賤我故二百億
劫常不值佛不聞法不見僧千劫於阿鼻地
獄受大苦惱畢是罪已復遇常不輕菩薩教
化阿耨多羅三藐三菩提得大勢於汝意云
何尒時四衆常輕是菩薩者豈異人乎今此
會中跋陁婆羅等五百菩薩師子月等五百
比丘尼思佛等五百優婆塞皆於阿耨多羅
三藐三菩提不退轉者是得大勢當知是法
華經大饒益諸菩薩摩訶薩能令至於阿耨
多羅三藐三菩提是故諸菩薩摩訶薩於如
來滅後常應受持讀誦解說書寫是經尒時
世尊欲重宣此義而說偈言
過去有佛　号威音王　神智无量　將導一切
天人龍神　所共供養
是佛滅後　法欲盡時　有一菩薩　名常不輕
時諸四衆　計著於法　不輕菩薩　往到其所
而語之言　我不輕汝　汝等行道　皆當作佛
諸人聞已　輕毀罵詈　不輕菩薩　能忍受之
其罪畢已　臨命終時　得聞此經　六根清淨
神通力故　增益壽命　復為諸人　廣說是經
諸著法衆　皆蒙菩薩　教化成就　令住佛道
不輕命終　值无數佛　說是經故　得无量福
漸具功德　疾成佛道　彼時不輕　則我身是
時四部衆　著法之者　聞不輕言　汝當作佛
以是因緣　值无數佛　此會菩薩　五百之衆
并及四部　清信士女　今於我前　聽法者是

BD05495號　妙法蓮華經卷六

（24–12）

不輕命終　值无數佛　說是經故　得无量福
漸具功德　疾成佛道　彼時不輕　則我身是
時四部衆　著法之者　聞不輕言　汝當作佛
以是因緣　值无數佛　此會菩薩　五百之衆
并及四部　清信士女　今於我前　聽法者是
我於前世　勸是諸人　聽受斯經　第一之法
開示教人　令住涅槃　世世受持　如是經典
億億万劫　至不可議　時乃得聞　是法華經
億億万劫　至不可議　諸佛世尊　時說是經
是故行者　於佛滅後　聞如是經　勿生疑惑
應當一心　廣說此經　世世值佛　疾成佛道

妙法蓮華經如來神力品第廿一

尒時千世界微塵等菩薩摩訶薩從地踊出
者皆於佛前一心合掌瞻仰尊顏而白佛言
世尊我等於佛滅後世尊分身所在國土滅
度之處當廣說此經所以者何我等亦自欲
得是真淨大法受持讀誦解說書寫而供養
之尒時世尊於文殊師利等无量百千万億
舊住娑婆世界菩薩摩訶薩及諸比丘比丘
尼優婆塞優婆夷天龍夜叉乾闥婆阿脩羅
迦樓羅緊那羅摩睺羅伽人非人等一切衆
前現大神力出廣長舌上至梵世一切毛孔
放於无量无數色光皆悉遍照十方世界衆
寶樹下師子座上諸佛亦復如是出廣長舌
放无量光釋迦牟尼佛及寶樹下諸佛現神
力時滿百千歲然後還攝舌相一時謦欬俱
共彈指是二音聲遍至十方諸佛世界地皆

BD05495號　妙法蓮華經卷六

（24–13）

放於无量无數色光皆悉遍照十方世界衆
寶樹下師子座上諸佛亦復如是出廣長舌
放无量光釋迦牟尼佛及寶樹下諸佛現神
力時滿百千歲然後還攝舌相一時謦欬俱
共彈指是二音聲遍至十方諸佛世界地皆
六種震動其中衆生天龍夜叉乾闥婆阿脩
羅迦樓羅緊那羅摩睺羅伽人非人等以佛
神力故皆見此娑婆世界无量无邊百千万
億衆寶樹下師子座上諸佛及見釋迦牟尼
佛共多寶如來在寶塔中坐師子座又見无
量无邊百千万億菩薩摩訶薩及諸四衆恭
敬圍遶釋迦牟尼佛既見是已皆大歡喜得
未曾有即時諸天於虛空中高聲唱言過此
无量无邊百千万億阿僧祇世界有國名娑
婆是中有佛名釋迦牟尼今為諸菩薩摩訶
薩說大乘經名妙法蓮華教菩薩法佛所護
念汝等當深心隨喜亦當礼拜供養釋迦牟
尼佛彼諸衆生聞虛空中聲已合掌向娑婆
世界作如是言南无釋迦牟尼佛南无釋迦
牟尼佛以種種華香瓔珞幡蓋及諸嚴身之
具珎寶妙物皆共遙散娑婆世界所散諸物
從十方來譬如雲集變成寶帳遍覆此間諸
佛之上于時十方世界通達无㝵如一佛土
爾時佛告上行等菩薩大衆諸佛神力如是
无量无邊不可思議若我以是神力於无量
无邊百千万億阿僧祇劫為囑累故說此經
功德猶不能盡以要言之如來一切所有之
法如來一切自在之力如來一切祕密之藏

无量无邊不可思議若我以是神力於无量
无邊百千万億阿僧祇劫為囑累故說此經
功德猶不能盡以要言之如來一切所有之
法如來一切自在之力如來一切祕密之藏
如來一切甚深之事皆於此經宣示顯說是
故汝等於如來滅後應一心受持讀誦解說
書寫如說脩行所在國土若有受持讀誦解
說書寫如說脩行若經卷所住之處若於園
中若於林中若於樹下若於僧坊若白衣舍
若在殿堂若山谷曠野是中皆應起塔供養
所以者何當知是處即是道場諸佛於此得
阿耨多羅三藐三菩提諸佛於此轉于法輪
諸佛於此而般涅槃爾時世尊欲重宣此義
而說偈言
諸佛救世者　住於大神通　為悅衆生故　現无量神力
舌相至梵天　身放无數光　為求佛道故　現此希有事
諸佛謦欬聲　及彈指之聲　周聞十方國　地皆六種動
以佛滅度後　能持是經故　諸佛皆歡喜　現无量神力
囑累是經故　讚美受持者　於无量劫中　猶故不能盡
是人之功德　无邊无有窮　如十方虛空　不可得邊際
能持是經者　則為已見我　亦見多寶佛　及諸分身者
又見我今日　教化諸菩薩
能持是經者　令我及分身　滅度多寶佛　一切皆歡喜
十方現在佛　并過去未來　亦見亦供養　亦令得歡喜
諸佛坐道場　所得祕要法　能持是經者　不久亦當得
能持是經者　於諸法之義　名字及言辭　樂說无窮盡
如風於空中　一切无鄣㝵　於如來滅後　知佛所說經

十方現在佛　并過去未来　亦見亦供養　亦令得歡喜
諸佛坐道場　所得秘要法　能持是經者　不久亦當得
能持是經者　於諸法之義　名字及言辞　樂說无窮盡
如風於空中　一切无鄣㝵　於如来滅後　知佛所說經
因緣及次第　隨義如實說　如日月光明　能除諸幽冥
斯人行世間　能滅衆生闇　教无量菩薩　畢竟住一乘
是故有智者　聞此功德利　於我滅度後　應受持斯經
是人於佛道　決定无有疑

妙法蓮華經囑累品第廿二

尒時釋迦牟尼佛從法座起現大神力以右
手摩无量菩薩摩訶薩頂而作是言我於无
量百千万億阿僧祇劫脩習是難得阿耨多
羅三藐三菩提法今以付囑汝等汝等應當一
心流布此法廣令增益如是三摩諸菩薩摩
訶薩頂而作是言我於无量百千万億阿僧
祇劫脩集是難得阿耨多羅三藐三菩提法
今以付囑汝等汝等當受持讀誦廣宣此法
令一切衆生普得聞知所以者何如来有大
慈悲无諸慳悋亦无所畏能與衆生佛之智
慧如来智慧自然智慧如来是一切衆生之
大施主汝等亦應隨學如来之法勿生慳悋
於未来世若有善男子善女人信如来智慧
者當為演說此法華經使得聞知為令其人
得佛慧故若有衆生不信受者當於如来餘
深法中示教利喜汝等若能如是則為已報
諸佛之恩時諸菩薩摩訶薩聞佛作是說已
皆大歡喜遍滿其身益加恭敬曲躬低頭合
掌向佛俱發聲言如世尊勑當具奉行唯然

深法中示教利喜汝等若能如是則為已報
諸佛之恩時諸菩薩摩訶薩聞佛作是說已
皆大歡喜遍滿其身益加恭敬曲躬低頭合
掌向佛俱發聲言如世尊勑當具奉行唯然
世尊願不有慮諸菩薩摩訶薩衆如是三反
俱發聲言如世尊勑當具奉行唯然世尊願
不有慮尒時釋迦牟尼佛令十方來諸分身
佛各還本土而作是言諸佛各隨所安多寶
佛塔還可如故說是語時十方无量分身諸
佛坐寶樹下師子座上者及多寶佛并上行等
无邊阿僧祇菩薩大衆舍利弗等聲聞四衆及一
切世間天人阿脩羅等聞佛所說皆大歡喜

妙法蓮華經藥王菩薩本事品第廿三

尒時宿王華菩薩白佛言世尊藥王菩薩云何
遊於娑婆世界世尊是藥王菩薩有若干百
千万億那由他難行苦行善哉世尊願少解
說諸天龍神夜叉乾闥婆阿脩羅迦樓羅緊
那羅摩睺羅伽人非人等又他國土諸來菩
薩及此聲聞衆聞歡喜尒時佛告宿王華菩
薩乃往過去无量恒河沙劫有佛号日月淨
明德如来應供正遍知明行足善逝世間解
无上士調御丈夫天人師佛世尊其佛有八
十億大菩薩摩訶薩七十二恒河沙大聲聞
衆佛壽四万二千劫菩薩壽命亦等彼國无
有女人地獄餓鬼畜生阿脩羅等及以諸難
地平如掌瑠璃所成寶樹莊嚴寶帳覆上垂
寶華幡寶瓶香爐周遍國界七寶為臺一樹

十億大菩薩摩訶薩七十二恒河沙大聲聞
眾佛壽四万二千劫菩薩壽命亦等彼國无
有女人地獄餓鬼畜生阿脩羅等及以諸難
地平如掌瑠璃所成寶樹莊嚴寶帳覆上垂
寶華幡寶瓶香鑪周遍國界七寶為臺一樹
一臺其樹去臺盡一箭道此諸寶樹皆有菩
薩聲聞而坐其下諸寶臺上各有百億諸天
作天伎樂歌嘆於佛以為供養尒時彼佛為
一切眾生喜見菩薩及眾菩薩諸聲聞眾說法
華經是一切眾生喜見菩薩樂集苦行於日
月淨明德佛法中精進經行一心求佛滿万二
千歲已得現一切色身三昧得此三昧已心
大歡喜即作念言我得現一切色身三昧皆
是得聞法華經力我今當供養日月淨明德
佛及法華經即時入是三昧於虛空中雨曼
陁羅華摩訶曼陁羅華細末堅黑栴檀滿虛
空中如雲而下又雨海此岸栴檀之香此香六
銖價直娑婆世界以供養佛作是供養已從
三昧起而自念言我雖以神力供養於佛不如
以身供養即服諸香栴檀薰陸兜樓婆畢力
迦沈水膠香又飲瞻蔔諸華香油滿千二百歲
已香油塗身於日月淨明德佛前以天寶衣
而自纏身灌諸香油以神通力願而自然身光明
遍照八十億恒河沙世界其中諸佛同時讚言
善哉善哉善男子是真精進是名真法供養
如來若以華香瓔珞燒香末香塗香天繒幡蓋
及海此岸栴檀之香如是等種種諸物供養所
不能及假使國城妻子布施亦所不及善男
子是名第一之施於諸施中最尊最上以法

BD05495號　妙法蓮華經卷六　（24–18）

善哉善哉善男子是真精進是名真法供養
如來若以華香瓔珞燒香末香塗香天繒幡蓋
及海此岸栴檀之香如是等種種諸物供養所
不能及假使國城妻子布施亦所不及善男
子是名第一之施於諸施中最尊最上以法
供養諸如來故作是語已而各嘿然其身火然
千二百歲過是已後其身乃盡一切眾生喜
見菩薩作如是法供養已命終之後復生日
月淨明德佛國中於淨明德王家結跏趺坐
忽然化生即為其父而說偈言
大王今當知　我經行彼處　即時得一切　現諸身三昧
勤行大精進　捨所愛之身
說是偈已而白父言日月淨明德佛今故現在
我先供養佛已得解一切眾生語言陁羅尼
復聞是法華經八百千万億那由他甄迦羅
頻婆羅阿閦婆等偈大王我今當還供養此
佛白已即坐七寶之臺上昇虛空高七多羅
樹往到佛所頭面禮足合十指爪以偈讚佛
容顏甚奇妙　光明照十方　我適曾供養　今復還親覲
尒時一切眾生喜見菩薩說是偈已而白佛
言世尊世尊猶故在世尒時日月淨明德佛
告一切眾生喜見菩薩善男子我涅槃時到
滅盡時至汝可安施床座我於今夜當般涅
槃又勅一切眾生喜見菩薩善男子我以佛
法囑累於汝及諸菩薩大弟子并阿耨多羅
三藐三菩提法亦以三千大千七寶世界諸
寶樹寶臺及給侍諸天悉付於汝我滅度後
所有舍利亦付囑汝當令流布廣設供養應

BD05495號　妙法蓮華經卷六　（24–19）

法囑累於汝及諸菩薩大弟子并阿耨多羅
三藐三菩提法亦以三千大千七寶世界諸
寶樹寶臺及給侍諸天悉付於汝我滅度後
所有舍利亦付囑汝當令流布廣設供養應
起若干千塔如是日月淨明德佛勅一切眾
生喜見菩薩已於夜後分入於涅槃尒時一
切眾生喜見菩薩見佛滅度悲感懊惱戀慕於
佛即以海此岸栴檀為積供養佛身而以
燒之火滅已後收取舍利作八万四千寶瓶
以起八万四千塔高三世界表刹莊嚴垂諸
幡蓋懸眾寶鈴尒時一切眾生喜見菩薩復
自念言我雖作是供養心猶未足我今當更
供養舍利便語諸菩薩大弟子及天龍夜叉
等一切大眾汝等當一心念我今供養日月
淨明德佛舍利作是語已即於八万四千塔前
然百福莊嚴臂七万二千歲而以供養令无
數求聲聞眾无量阿僧祇人發阿耨多羅三
藐三菩提心皆使得住現一切色身三昧尒
時諸菩薩天人阿脩羅等見其无臂
憂惱悲哀而作是言此一切眾生喜見菩薩
是我等師教化我者而今燒臂身不具足于
時一切眾生喜見菩薩於大眾中立此誓言
我捨兩臂必當得佛金色之身若實不虛令
我兩臂還復如故作是誓已自然還復由
斯菩薩福德智慧淳厚所致當尒之時三千大
千世界六種震動天雨寶華一切天人得未
曾有佛告宿王華菩薩於汝意云何一切眾

斯菩薩福德智慧淳厚所致當尒之時三千大
千世界六種震動天雨寶華一切天人得未
曾有佛告宿王華菩薩於汝意云何一切眾
生喜見菩薩豈異人乎今藥王菩薩是也
其所捨身布施如是无量百千万億那由他
數宿王華若有發心欲得阿耨多羅三藐三
菩提者能燃手指乃至足一指供養佛塔勝
以國城妻子及三千大千國土山林河池諸
珎寶物而供養者若復有人以七寶滿三千
大千世界供養於佛及大菩薩辟支佛阿羅
漢是人所得功德不如受持此法華經乃至
一四句偈其福冣多宿王華譬如一切川流
江河諸水之中海為第一此法華經亦復如是
於諸如來所說經中冣為深大又如土山黑
山小鐵圍山大鐵圍山及十寶山眾山之中
須弥山為第一此法華經亦復如是於諸經
中冣為其上又如眾星之中月天子冣為第
一此法華經亦復如是於千億種諸經法中
冣為照明又如日天子能除諸闇此經亦復
如是能破一切不善之闇又如諸小王中轉
輪聖王冣為第一此經亦復如是於眾經中
冣為其尊又如帝釋於三十三天中王此經
亦復如是諸經中王又如大梵天王一切眾
生之父此經亦復如是一切賢聖學无學及
發菩薩心者之父又如一切凡夫人中須陁
洹斯陁含阿那含阿羅漢辟支佛為第一
此經亦復如是一切如來所說若菩薩所說
若聲聞所說諸經法中冣為第一有能受持

亦復如是諸經中王又如大梵天王一切衆
生之父此經亦復如是一切賢聖學无學及
發菩薩心者之父又如一切凡夫人中須陁
洹斯陁含阿那含阿羅漢辟支佛爲第一
此經亦復如是一切如来所說若菩薩所說
若聲聞所說諸經法中最爲第一有能受持
是經典者亦復如是於一切衆生中亦爲第
一一切聲聞辟支佛中菩薩爲第一此經亦
復如是於一切諸經中最爲第一如佛爲諸
法王此經亦復如是諸經中王宿王華此經
能救一切衆生者此經能令一切衆生離諸
苦惱此經能大饒益一切衆生充滿其願如
清涼池能滿一切諸渴乏者如寒者得火如
裸者得衣如商人得主如子得母如渡得船
如病得醫如闇得燈如貧得寶如民得王如
賈客得海如炬除闇此法華經亦復如是能
令衆生離一切苦一切病痛能解一切生死
之縛若人得聞此法華經若自書若使人書
所得功德以佛智慧籌量多少不得其邊
若書是經卷華香瓔珞燒香末香塗香旛
蓋衣服種種之燈蘇燈油燈諸香油燈瞻蔔
油燈須曼油燈波羅羅油燈波利師迦油燈
那婆摩利油燈供養所得功德亦復无量宿
王華若有人聞是藥王菩薩本事品者亦得无
量无邊功德若有女人聞是藥王菩薩本事
品能受持者盡是女身後不復受若如来滅
後後五百歲中若有女人聞是經典如說脩
行於此命終即往安樂世界阿弥陁佛大菩

王華若有人聞是藥王菩薩本事品者亦得无
量无邊功德若有女人聞是藥王菩薩本事
品能受持者盡是女身後不復受若如来滅
後後五百歲中若有女人聞是經典如說脩
行於此命終即往安樂世界阿弥陁佛大菩
薩衆圍繞住處生蓮華中寶座之上不復爲
貪欲所惱亦復不爲瞋恚愚癡所惱亦復不
爲憍慢嫉妬諸垢所惱得菩薩神通无生法
忍得是忍已眼根清淨以是清淨眼根見七
百万二千億那由他恒河沙等諸佛如来是
時諸佛遥共讚言善哉善哉善男子汝能於
釋迦牟尼佛法中受持讀誦思惟是經爲他
人說所得福德无量无邊火不能燒水不能
漂汝之功德千佛共說不能令盡汝今已能
破諸魔賊壞生死軍諸餘怨敵皆悉摧滅善
男子百千諸佛以神通力共守護汝於一切
世間天人之中无如汝者唯除如来其諸聲
聞辟支佛乃至菩薩智慧禪定无有與汝等
者宿王華此菩薩成就如是功德智慧之力
若有人聞是藥王菩薩本事品能隨喜讚善
者是人現世口中常出青蓮華香身毛孔
中常出牛頭栴檀香所得功德如上所說是
故宿王華以此藥王菩薩本事品囑累於汝
我滅度後後五百歲中廣宣流布於閻浮提
无令斷絶惡魔民諸天龍夜叉鳩槃荼等得
其便也宿王華汝當以神通之力守護是經
所以者何此經則爲閻浮提人病之良藥若
人有病得聞是經病即消滅不老不死宿

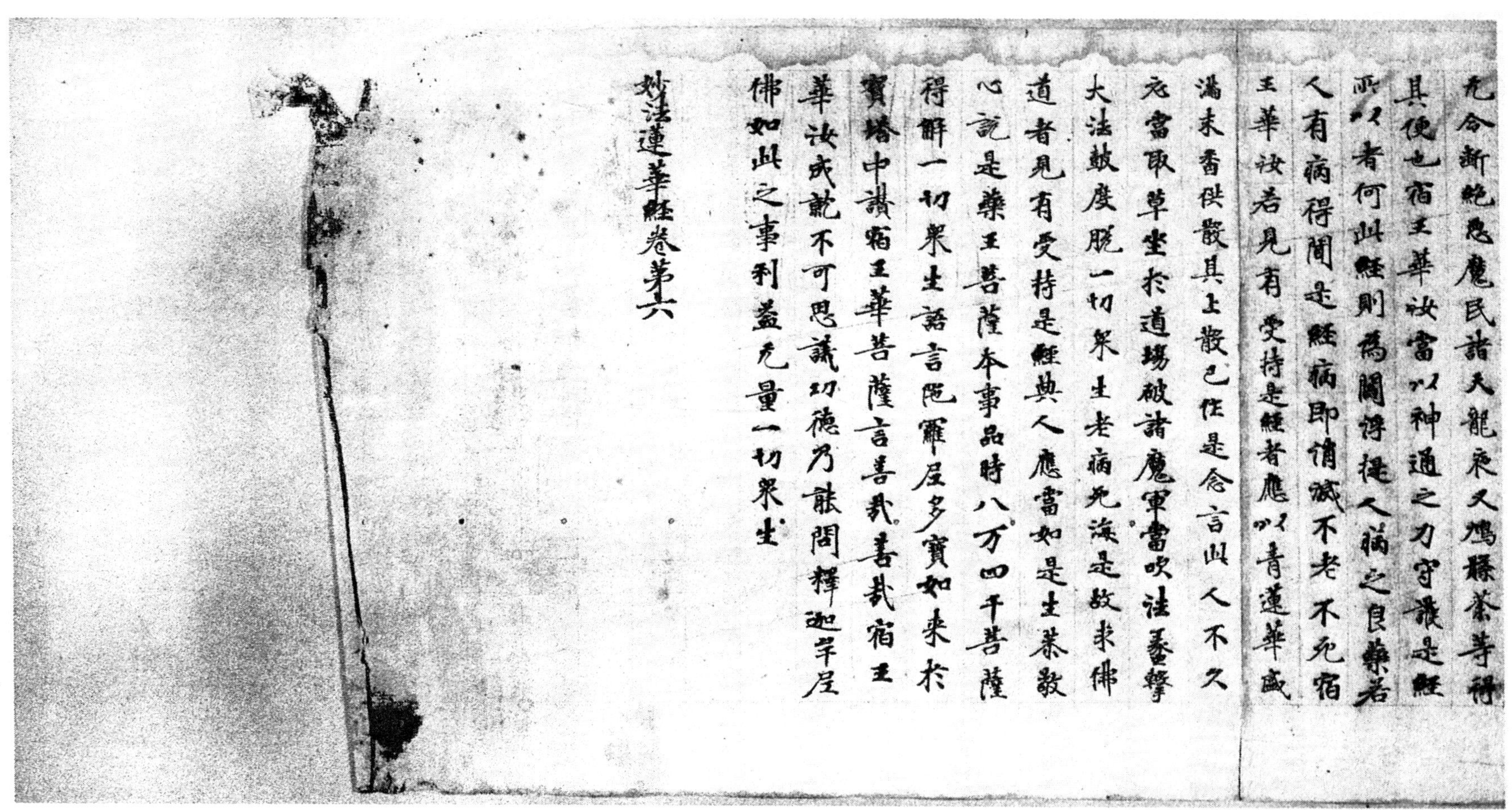

无令斷絕惡魔民諸天龍夜叉鳩槃荼等得
其便也宿王華汝當以神通之力守護是經
所以者何此經則為閻浮提人病之良藥若
人有病得聞是經病即消滅不老不死宿
王華汝若見有受持是經者應以青蓮華盛
滿末香供散其上散已作是念言此人不久
必當取草坐於道場破諸魔軍當吹法螺擊
大法鼓度脫一切衆生老病死海是故求佛
道者見有受持是經典人應當如是生恭敬
心說是藥王菩薩本事品時八万四千菩薩
得解一切衆生語言陁羅尼多寶如來於
寶塔中讚宿王華菩薩言善哉善哉宿王
華汝成就不可思議功德乃能問釋迦牟尼
佛如此之事利益无量一切衆生

妙法蓮華經卷第六

BD05495 號　妙法蓮華經卷六　（24–24）

估賈客亦甚衆多時貧窮子遊諸聚落經歷
國邑遂到其父所止之城父每念子與子離
別五十餘年而未曾向人說如此事但自思
惟心懷悔恨自念老朽多有財物金銀珍寶
倉庫盈溢无有子息一旦終沒財物散失无
所委付是以慇懃每憶其子復作是念我若
得子委付財物坦然快樂无復憂慮世尊爾
時窮子傭賃展轉遇到父舍住立門側遙見
其父踞師子床寶几承足諸婆羅門剎利居
士皆恭敬圍繞以真珠瓔珞價直千万莊嚴
其身吏民僮僕手執白拂侍立左右覆以寶
帳垂諸華幡香水灑地散衆名華羅列寶物
出內取與有如是等種種嚴飾威德特尊窮
子見父有大力勢即懷恐怖悔來至此竊作
是念此或是王或是王等非我傭力得物之
處不如往至貧里肆力有地衣食易得若久
住此或見逼迫強使我作作是念已疾走而

BD05496 號　妙法蓮華經卷二　（3–1）

帳垂諸華幡香水灑地散衆名華羅列寶物
出内取與有如是等種種嚴飾威德特尊窮
子見父有大力勢即懷恐怖悔來至此竊作
是念此或是王或是王等非我傭力得物之
處不如往至貧里肆力有地衣食易得若久
住此或見逼迫強使我作作是念已疾走而
去時富長者於師子座見子便識心大歡喜
即作是念我財物庫藏今有所付我常思念
此子无由見之而忽自來甚適我願我雖年
朽猶故貪惜即遣傍人急追將還尒時使者
疾走往捉窮子驚愕稱怨大喚我不相犯何
為見捉使者執之愈急強牽將還于時窮子
自念无罪而被囚執此必定死轉更惶怖悶
絶躄地父遥見之而語使言不須此人勿強
將來以冷水灑面令得醒悟莫復與語所以
者何父知其子志意下劣自知豪貴為子所
難審知是子而以方便不語他人云是我子
使者語之我今放汝隨意所趣窮子歡喜得
未曾有從地而起往至貧里以求衣食尒時
長者將欲誘引其子而設方便密遣二人形
色憔悴无威德者汝可詣彼徐語窮子此有
作處倍與汝直窮子若許將來使作若言欲
何所作便可語之雇汝除糞我等二人亦共
汝作時二使人即求窮子既已得之具陳上
事尒時窮子先取其價尋與除糞其父見子
愍而怪之又以他日於窗牖中遥見子身羸

BD05496號　妙法蓮華經卷二　（3–2）

何所作便可語之雇汝除糞我等二人亦共
汝作時二使人即求窮子既已得之具陳上
事尒時窮子先取其價尋與除糞其父見子
愍而怪之又以他日於窗牖中遥見子身羸
瘦憔悴糞土塵坌汙穢不淨即脱瓔珞細軟
上服嚴飾之具更著麁弊垢膩之衣塵土坌
身右手執持除糞之器狀有所畏語諸作人
汝等勤作勿得懈息以方便故得近其子後
復告言咄男子汝常此作勿復餘去當加汝
價諸有所須瓫器米麵鹽酢之屬莫自疑難
亦有老弊使人須者相給好自安意我如汝
父勿復憂慮所以者何我年老大而汝少壯
汝常作時无有欺怠瞋恨怨言都不見汝有
此諸惡如餘作人自今已後如所生子即時
長者更與作字名之為兒尒時窮子雖欣此
遇猶故自謂客作賤人由是之故於二十年
中常令除糞過是已後心相體信入出无難
然其所止猶在本處世尊尒時長者有疾自
知將死不久語窮子言我今多有金銀珍寶
倉庫盈溢其中多少所應取與汝悉知之我
心如是當體此意所以者何今我與汝便為
不異宜加用心无令漏失尒時窮子即受教
勅領知衆物金銀珍寶及諸庫藏而无悕取

BD05496號　妙法蓮華經卷二　（3–3）

菩薩
具七寶具足亦應
善男子若有欲生
天觀史多天樂變化
悔滅除業障若欲生梵天梵
无量光極光淨天少淨无量淨遍淨天无雲
福生廣果无煩无熱善現天善見色究竟天
亦應懺悔滅除業障若欲求預流果一來果
不還果阿羅漢果亦應懺悔滅除業障若欲
願求三明六通聲聞獨覺自在菩提至究竟
地求一切智智淨智不思議智不動智三藐
三菩提正遍智者亦應懺悔滅除業障何以
故善男子一切諸法從因緣生如來所說異
相生異相滅因緣異故如是過去諸法皆已
滅盡所有業障无復遺餘是諸行法未得現
生而今得生未來業障更不復起何以故善
男子一切法空如來所說无有我人衆生壽
者亦无生滅亦无行法善男子一切諸法皆依
於本亦不可說何以故過一切相故若有善

滅盡所有業障无復遺餘是諸行法未得現
生而今得生未來業障更不復起何以故善
男子一切法空如來所說无有我人衆生壽
者亦无生滅亦无行法善男子一切諸法皆依
於本亦不可說何以故過一切相故若有善
男子善女人如是入於微妙真理生信敬心
是名无衆生而有於本以是義故說於懺
悔滅除業障
善男子若人成就四法能除業障永得淨淨
云何爲四一者不起邪心正念成就二者於甚
深理不生誹謗三者於初行菩薩起一切
智心四者於諸衆生起慈无量是謂爲四爾
時世尊而說頌言
專心護三乘　不誹謗深法　作一切智想　慈心淨業障
善男子有四業障難可滅除云何爲四一者
於菩薩律儀犯極重惡二者於大乘經心生
誹謗三者於自善根不能增長四者貪著三
有无出離心復有四種對治業障云何爲四
一者於十方世界一切如來至心親近說一
切罪二者爲一切衆生勸請諸佛說深妙法
三者隨喜一切衆生所有功德四者所有一
切功德善根悉皆迴向阿耨多羅三藐三菩
提爾時天帝釋白佛言世尊世間所有男子
女人於大乘行有能行者有不行者云何能
得隨喜一切衆生功德善根佛言善男子若
有衆生雖於大乘未能修習然於晝夜六時
偏袒右肩右膝著地合掌恭敬一心專念作

女人於大乘行有能行者有不行者去何能
得隨喜一切衆生功德善根佛言善男子若
有衆生雖於大乘未能脩習然於晝夜六時
偏袒右肩右膝著地合掌恭敬一心專念作
隨喜時得福无量應作是言十方世界一切
衆生現在脩行施戒心慧我今皆悉深生隨
喜由作如是隨喜福故必當獲得尊重殊勝
无上无等最妙之果如是過去未來一切衆
生所有善根皆悉隨喜又於現在勸行菩薩
發菩提心所有功德過百大劫行菩薩行有
大功德獲无生忍至不退轉一生補處如是
一切功德之藴皆悉至心隨喜讚歎過去未
來一切菩薩所有功德隨喜讚歎亦復如是
復於現在十方世界一切諸佛應正遍知證
妙菩提為度无邊諸衆生故轉无上法輪行
无礙法施擊法鼓吹法螺建法幢雨法雨哀
愍勸化一切衆生咸令信受皆蒙法施悉得
充足无盡安樂又復所有菩薩聲聞獨覺功
德積集善根若有衆生未具如是諸功德者
悉令具足我皆隨喜如是過去未來諸佛菩
薩聲聞獨覺所有功德亦皆至心隨喜讚歎
善男子如是隨喜當得无量功德之聚如恒河
沙三千大千世界所有衆生皆斷煩惱成阿
羅漢若有善男子善女人盡其形壽常以上
妙衣服飲食卧具醫藥而為供養如是功德
不及如前隨喜功德千分之一何以故供養
功德有數有量不攝一切諸功德故隨喜功

妙衣服飲食卧具醫藥而為供養如是功德
不及如前隨喜功德千分之一何以故供養
功德有數有量不攝一切諸功德故隨喜功
德无量无數能攝三世一切功德是故若人
欲求增長善根者應脩如是隨喜功德若
有女人願轉女身為男子者亦應脩習隨喜
功德必得隨心現成男子尒時天帝釋白佛言
世尊已知隨喜功德勸請功德唯願為說欲
令未來一切菩薩當轉法輪現在菩薩正脩
行故佛告帝釋若有善男子善女人願求阿
耨多羅三藐三菩提者應當脩行聲聞獨覺
大乘之道是人當於晝夜六時如前威儀一
心專念作如是言我今歸依十方一切諸佛
世尊已得阿耨多羅三藐三菩提未轉无上
法輪欲捨報身入涅槃者我皆至誠頂礼勸
請轉大法輪雨大法雨然大法燈照明理趣
施无礙法莫般涅槃久住於世度脫安樂一
切衆生如前所說乃至无盡安樂我今以此
勸請功德迴向阿耨多羅三藐三菩提如過
去未來現在諸大菩薩勸請功德迴向菩提
我亦如是勸請功德迴向无上正等菩提善
男子假使有人以三千大千世界滿中七寶
供養如來若復有人勸請如來轉大法輪所
得功德其福勝彼何以故彼是財施此是法
施善男子且置三千大千世界七寶布施若
人以滿恒河沙數大千世界七寶供養一切
諸佛勸請功德亦勝於彼由其法施有五勝

得切德其福勝彼何以故彼是財施此是法
施善男子且置三千大千世界七寶布施若
人以滿恒河沙數大千世界七寶供養一切
諸佛勸請功德亦勝於彼由其法施有五勝
利云何為五一者法施兼利自他財施不尒
二者法施能令衆生出於三界財施之福不
出欲界三者法施能淨法身財施但唯增長
於色四者法施无窮財施有盡五者法施能
斷无明財施唯伏貪愛是故善男子勸請功
德无量无邊難可譬喻如我昔行菩薩道時
勸請諸佛大法輪由彼善根是故今日一
切帝釋諸梵王等勸請我轉大法輪善男
子請轉法輪為欲度脫安樂諸衆生故我於
往昔為菩提行勸請如來久住於世莫般涅槃
依此善根我得十力四无所畏四无礙辯
大慈大悲證得无數不共之法我當入於无
餘涅槃我之正法久住於世我法身者清淨
无比種種妙相无量智慧无量自在无量功
德難可思議一切衆生皆蒙利益百千萬劫
說不能盡法身攝藏一切諸法一切諸法不
攝法身法身常住不墮常見雖復斷滅亦非
斷見能破衆生種種異見能生衆生種種真
見能解一切衆生之縛无縛可解能植衆生
諸善根本未成熟者令成熟已成熟者令解
脫无作无動遠離闠閙寂靜无為自在安樂
過於三世能現三世出於聲聞獨覺之境諸
大菩薩之所脩行一切如來體无有異此等

見能解一切衆生之縛无縛可解能植衆生
諸善根本未成熟者令成熟已成熟者令解
脫无作无動遠離闠閙寂靜无為自在安樂
過於三世能現三世出於聲聞獨覺之境諸
大菩薩之所脩行一切如來體无有異此等
皆由勸請功德善根力故如是法身我今已
得是故若有欲得阿耨多羅三藐三菩提者
於諸經中一句一頌為人解說功德善根尚
无限量何況勸請如來轉大法輪久住於世
莫般涅槃
時天帝釋復白佛言世尊若善男子善女人
為求阿耨多羅三藐三菩提故脩三乘道所
有善根云何迴向一切智智佛告天帝善男
子若有衆生欲求菩提脩三乘道所有善根
願迴向者當於晝夜六時慇重至心作如是
說我從无始生死以來於三寶所脩行成就
所有善根乃至施與傍生一摶之食或以善
言和解諍訟或受三歸及諸學處或復懺悔
勸請隨喜所有善根我今作意悉皆攝取迴
施一切衆生无悔悋心是解脫分善根所攝
如佛世尊之所知見不可稱量无礙清淨如
是所有功德善根悉以迴施一切衆生不住
相心不捨相心我亦如是功德善根悉以迴
施一切衆生願皆獲得如意之手擬空出寶
滿衆生願富樂无盡智慧无窮妙法辯才悉
皆无滯共諸衆生同證阿耨多羅三藐三菩
提得一切智因此善根更復出生无量善法
亦皆迴向无上菩提

施一切衆生願皆獲得如意之手揮空出寶
滿衆生願富樂无盡智慧无窮妙法辯才悉
皆无滯共諸衆生同證阿耨多羅三藐三菩
提得一切智因此善根更復出生无量善法
亦皆迴向无上菩提又如過去諸大菩薩脩
行之時功德善根悉皆迴向一切種智現在
未来亦復如是然我所有功德善根亦皆迴
向阿耨多羅三藐三菩提是諸善根願共一
切衆生俱成正覺如餘諸佛坐於道場菩提
樹下不可思議无礙清淨住於无盡法藏陁
羅尼首楞嚴定破魔波旬无量兵衆應覺
知應可通達如是一切一剎那中悉皆照了
於後夜中獲甘露法證甘露義我及衆生願
皆同證如是妙覺猶如
无量壽佛　勝光佛　妙光佛　阿閦佛
功德善光佛　師子光明佛　百光明佛　網光明佛
寶相佛　寶燄佛　燄明佛　燄盛光明佛
吉祥上王佛　微妙聲佛　妙莊嚴佛　法幢佛
上勝身佛　可愛色身佛　光明遍照佛　梵淨王佛
上性佛
如是等如来應正遍知過去未来及以現在
亦現應化得阿耨多羅三藐三菩提轉无上
法輪爲度衆生我亦如是廣說如上
善男子若有淨信男子女人於此金光明最
勝經王滅業障品受持讀誦憶念不忘爲他
廣說得无量无邊大功德聚譬如三千大千
世界所有衆生一時皆得成就人身得人身

勝經王滅業障品受持讀誦憶念不忘爲他
廣說得无量无邊大功德聚譬如三千大千
世界所有衆生一時皆得成就人身得人身
已成獨覺道若有男子女人盡其形壽恭敬
尊重四事供養一一獨覺各施七寶如須弥
山此諸獨覺入涅槃後皆以珎寶起塔供養
其塔高廣十二踰繕那以諸花香寶幢幡蓋
常爲供養善男子於意云何是人所獲功德
寧爲多不天帝釋言甚多世尊善男子若復
有人於此金光明微妙經典衆經之王滅業
障品受持讀誦憶念不忘爲他廣說所獲功
德於前所說供養功德百分不及一百千萬
億分乃至校量譬喻所不能及何以故是善
男子善女人住正行中勸請十方一切諸佛
轉无上法輪皆爲諸佛歡喜讚歎善男子如
我所說一切施中法施爲勝是故善男子於
三寶所設諸供養不可爲比勸受三歸持一
切戒无有毀犯三業不空不可爲比一切世
界一切衆生隨力隨能隨所願樂於三乘中
勸發菩提心不可爲比於三世中一切世界
所有衆生皆得无礙速令成就无量功德不
可爲比三世剎土一切衆生令无障礙得三
菩提不可爲比三世剎土一切衆生勸令速
出四惡道者不可爲比三世剎土一切衆生
勸除滅極重惡業不可爲比一切苦惱勸
令解脫不可爲比一切怖畏苦惱逼切皆令
得解不可爲比三世佛前一切衆生所有

善根不可思比三世刹土一切衆生勸令速
出四惡道者不可為比三世刹土一切衆生
勸除滅極重惡業不可為比一切苦惱勸
令解脫不可為比一切怖畏苦惱逼切皆令
得解不可為比三世佛前一切衆生所有一切
德勸令隨喜發菩提願不可為比勸除惡行
辱之業一切功德皆願成就所在生中勸
請供養尊重讚歎一切三寶勸請衆生淨脩
福行成滿菩提不可為比是故當知勸請一
切世界三世三寶勸請滿足六波羅蜜勸請
轉於無上法輪勸請住世經無量劫演說無
量甚深妙法功德甚深無能比者
尒時天帝釋及恒河女神無量梵王四大天
衆從座而起偏袒右肩右膝著地合掌頂禮
白佛言世尊我等皆得聞是金光明最勝王
經今悉受持讀誦通利為他廣說依此法住
何以故世尊我等欲求阿耨多羅三藐三菩
提隨順此義種種勝相如法行故尒時梵王
及天帝釋等於說法處皆以種種曼陁羅花
而散佛上三千大千世界地皆大動一切天
鼓及諸音樂不鼓自鳴放金色光遍滿世界
出妙音聲時天帝釋白佛言世尊此等皆
是金光明經威神之力慈悲普救種種利益種
種增長菩薩善根滅諸業障佛言如是如是
如汝所說何以故善男子我念往昔過無量
百千阿僧祇劫有佛名寶王大光照如來應
正遍知出現於世住世六百八十億劫尒時
寶王大光照如來為欲度脫人天釋梵沙門

BD05497 號　金光明最勝王經卷三　（12–9）

如汝所說何以故善男子我念往昔過無量
百千阿僧祇劫有佛名寶王大光照如來應
正遍知出現於世住世六百八十億劫尒時
寶王大光照如來為欲度脫人天釋梵沙門
婆羅門一切衆生令安樂故當出現時初會
說法度百千億億万衆皆得阿羅漢果諸漏
已盡三明六通自在無礙於第二會復度九
十千億億萬衆皆得阿羅漢果諸漏已盡三
明六通自在無礙於第三會復度九十八千
億億万衆皆得阿羅漢果圓滿如上
善男子我於尒時作女人身名福寶光明於
第三會親近世尊受持讀誦是金光明經為
他廣說求阿耨多羅三藐三菩提故時彼世
尊為我授記此福寶光明女於未來世當得
作佛号釋迦牟尼如來應正遍知明行足善
逝世間解無上士調御丈夫天人師佛世尊
捨女身後從是以來越四惡道生人天中受
上妙樂八十四百千生作轉輪王 于今日
得成正覺名稱普聞遍滿世界時會大衆忽
然皆見寶王大光照如來轉無上法輪說微
妙法善男子去此索訶世界東方過百千恒
河沙數佛土有世界名寶莊嚴其寶王大
光照如來今現在彼未般涅槃說微妙法廣化
羣生汝等見者即是彼佛
善男子若有善男子善女人聞是寶王大光
照如來名号者於菩薩地得不退轉至大涅
槃若有女人聞是佛名者臨命終時得見彼
佛來至其所既見佛已究竟不復更受

BD05497 號　金光明最勝王經卷三　（12–10）

善男子若有善男子善女人聞是寶王大光
照如來名号者於菩薩地得不退轉至大涅
槃若有女人聞是佛名者臨命終時得見彼
佛來至其所既見佛已究竟不復更受女身
善男子是金光明微妙經典種種利益種種增
長菩薩善根滅諸業障善男子若有苾芻苾
芻尼鄔波索迦鄔波斯迦隨在何處為人講
說是金光明微妙經典於其國土皆獲四種
福利善根云何為四一者國王无病離諸災
厄二者壽命長遠无有障礙三者无諸怨敵兵
眾勇健四者安隱豐樂正法流通何以故如
是人王常為釋梵四王藥叉之眾共守護故
爾時世尊告天眾曰善男子是事實不是時
无量釋梵四王及藥叉眾俱時同聲荅世尊
言如是如是若有國土講宣讀誦此妙經王
是諸國主我等四王常來擁護行住共俱其
王若有一切災障及諸怨敵我等四王皆使
消殄憂愁疾疫亦令除差增益壽命感應禎
祥所願遂心恒生歡喜我等亦能令其國中
所有軍兵悉皆勇健佛言善哉善哉善男子
如汝所說汝當修行何以故是諸國主如法
行時一切人民隨王修習如法行者汝等皆
蒙色力勝利宮殿光明眷屬強盛時釋梵等
白佛言如是世尊佛言若有講讀此妙經典
流通之處於其國中大臣輔相有四種益云
何為四一者更相親穆尊重愛念二者常為
人王心所愛重亦為沙門婆羅門大國小國

BD05497號 金光明最勝王經卷三 （12–11）

眾勇健四者安隱豐樂正法流通何以故如
是人王常為釋梵四王藥叉之眾共守護故
爾時世尊告天眾曰善男子是事實不是時
无量釋梵四王及藥叉眾俱時同聲荅世尊
言如是如是若有國土講宣讀誦此妙經王
是諸國主我等四王常來擁護行住共俱其
王若有一切災障及諸怨敵我等四王皆使
消殄憂愁疾疫亦令除差增益壽命感應禎
祥所願遂心恒生歡喜我等亦能令其國中
所有軍兵悉皆勇健佛言善哉善哉善男子
如汝所說汝當修行何以故是諸國主如法
行時一切人民隨王修習如法行者汝等皆
蒙色力勝利宮殿光明眷屬強盛時釋梵等
白佛言如是世尊佛言若有講讀此妙經典
流通之處於其國中大臣輔相有四種益云
何為四一者更相親穆尊重愛念二者常為
人王心所愛重亦為沙門婆羅門大國小國

BD05497號 金光明最勝王經卷三 （12–12）

BD05497 號背　雜寫　　　　（1–1）

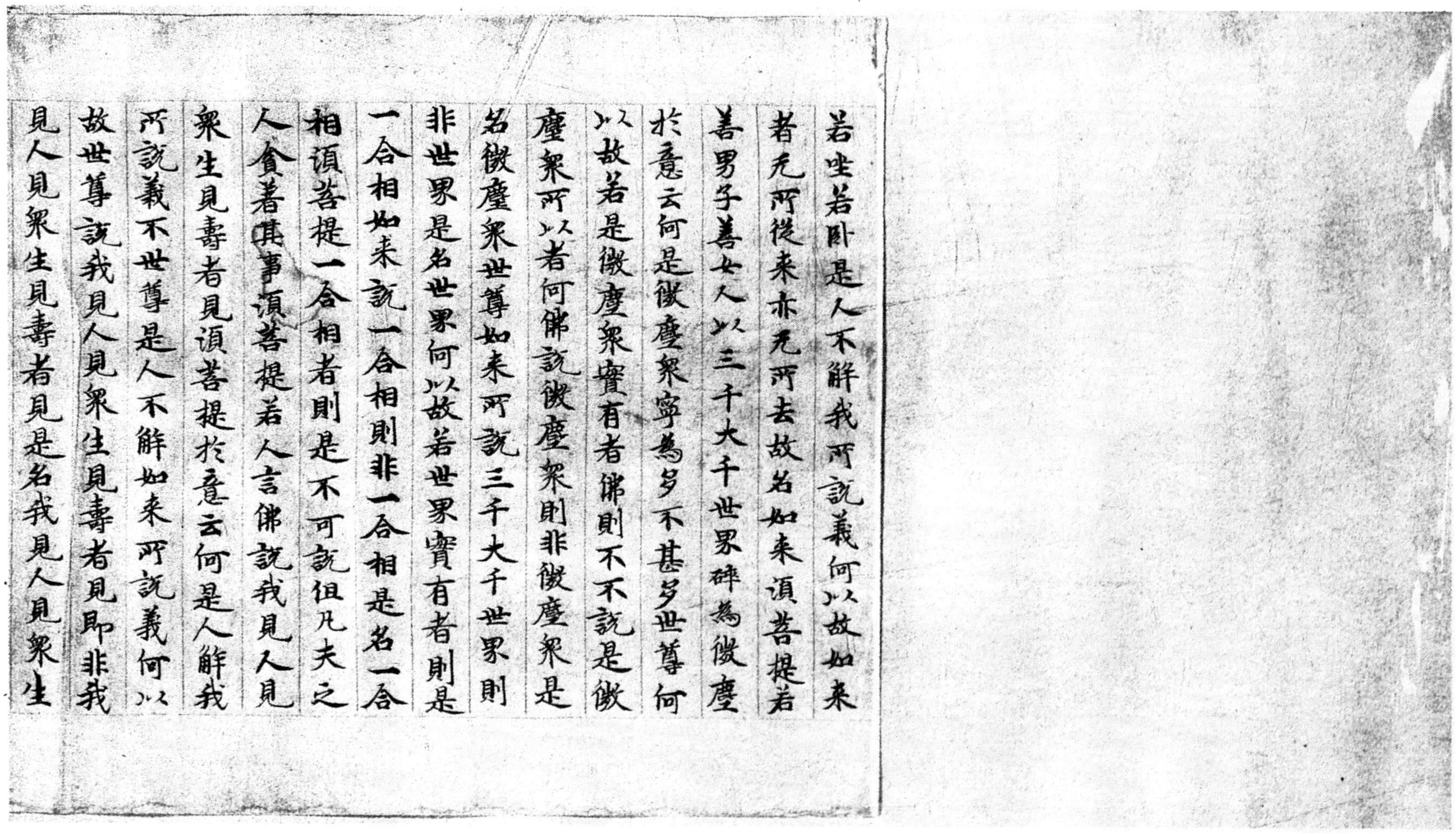

若坐若卧是人不解我所說義何以故如来
者无所從来亦无所去故名如来須菩提若
善男子善女人以三千大千世界碎為微塵
於意云何是微塵衆寧為多不甚多世尊何
以故若是微塵衆實有者佛則不說是微
塵衆所以者何佛說微塵衆則非微塵衆是
名微塵衆世尊如来所說三千大千世界則
非世界是名世界何以故若世界實有者則是
一合相如来說一合相則非一合相是名一合
相須菩提一合相者則是不可說但凡夫之
人貪著其事須菩提若人言佛說我見人見
衆生見壽者見須菩提於意云何是人解我
所說義不世尊是人不解如来所說義何以
故世尊說我見人見衆生見壽者見即非我
見人見衆生見壽者見是名我見人見衆生

BD05498 號　金剛般若波羅蜜經　　　　（3–1）

塵衆所以者何佛說微塵衆則非微塵衆是
名微塵衆世尊如來所說三千大千世界則
非世界是名世界何以故若世界實有者則是
一合相如來說一合相則非一合相是名一合
相須菩提一合相者則是不可說但凡夫之
人貪著其事須菩提若人言佛說我見人見
衆生見壽者見須菩提於意云何是人解我
所說義不世尊是人不解如來所說義何以
故世尊說我見人見衆生見壽者見即非我
見人見衆生見壽者見是名我見人見衆生
見壽者見須菩提發阿耨多羅三藐三菩提
心者於一切法應如是知如是見如是信解不
生法相須菩提所言法相者如來說即非法
相是名法相須菩提若有人以滿无量阿僧
祇世界七寶持用布施若有善男子善女人
發菩薩心者持於此經乃至四句偈等受持讀
誦為人演說其福勝彼云何為人演說不取
於相如如不動何以故
一切有為法　如夢幻泡影　如露亦如電　應作如是觀
佛說是經已長老須菩提及諸比丘比丘尼
優婆塞優婆夷一切世間天人阿脩羅聞佛
所說皆大歡喜信受奉行

金剛般若波羅蜜經

BD05498號　金剛般若波羅蜜經　（3–2）

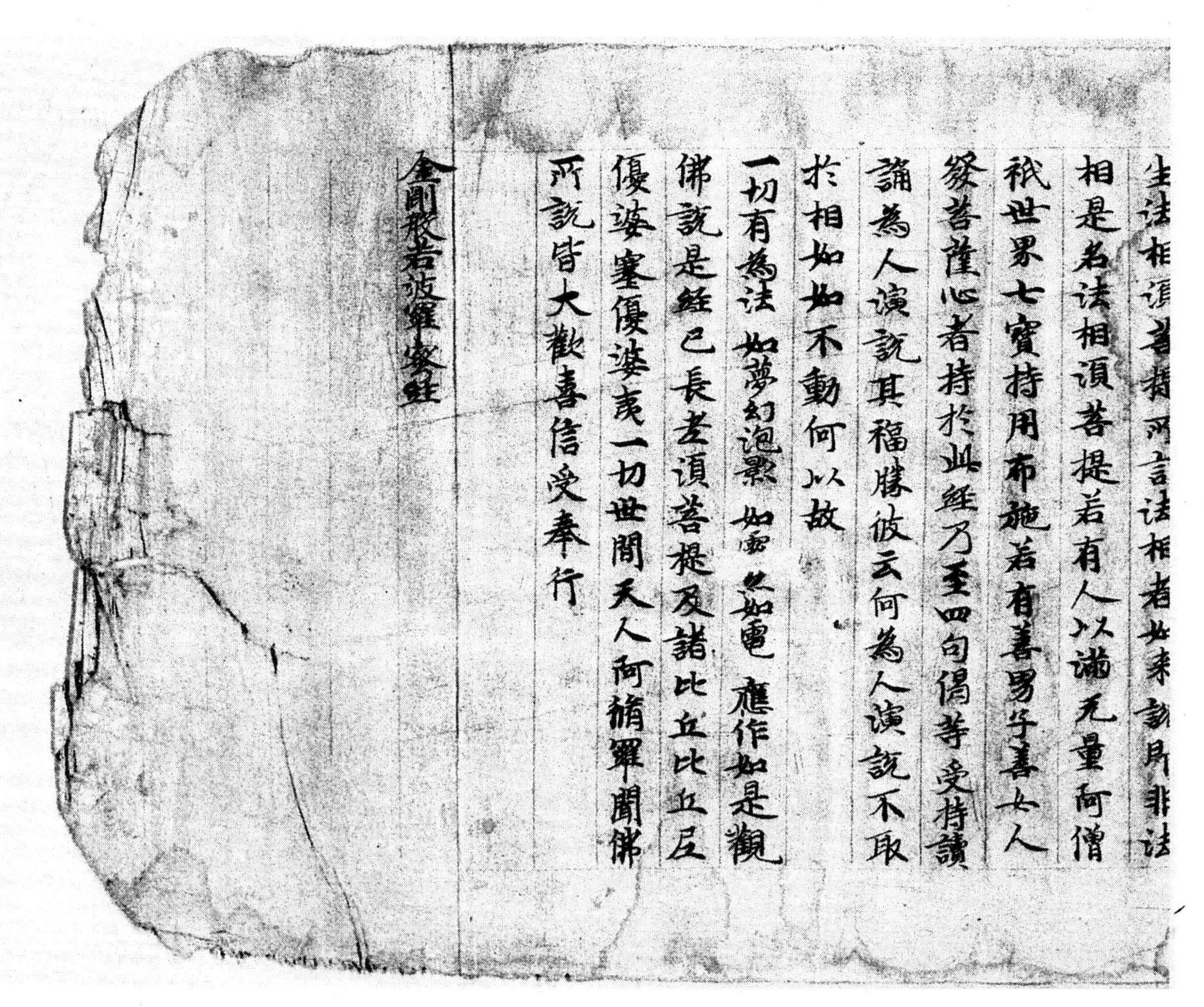
生法相須菩提所言法相者如來說即非法
相是名法相須菩提若有人以滿无量阿僧
祇世界七寶持用布施若有善男子善女人
發菩薩心者持於此經乃至四句偈等受持讀
誦為人演說其福勝彼云何為人演說不取
於相如如不動何以故
一切有為法　如夢幻泡影　如露亦如電　應作如是觀
佛說是經已長老須菩提及諸比丘比丘尼
優婆塞優婆夷一切世間天人阿脩羅聞佛
所說皆大歡喜信受奉行

金剛般若波羅蜜經

BD05498號　金剛般若波羅蜜經　（3–3）

天上諸華等　曼陀曼殊沙　波利質多樹　聞香悉能知
天上諸宮殿　上中下差別　衆寳華莊嚴　聞香悉能知
天園林勝殿　諸觀妙法堂　在中而娛樂　聞香悉能知
諸天若聽法　或受五欲時　來往行坐卧　聞香悉能知
天女所著衣　好華香莊嚴　周旋遊戲時　聞香悉能知
如是展轉上　乃至於梵世　入禪出禪者　聞香悉能知
光音遍淨天　乃至于有頂　初生及退沒　聞香悉能知
諸比丘衆等　於法常精進　若坐若經行　及讀誦經典
或在林樹下　專精而坐禪　持經者聞香　悉知其所在
菩薩志堅固　坐禪若讀誦　或為人說法　聞香悉能知
在在方世尊　一切所恭敬　愍衆而說法　聞香悉能知
衆生在佛前　聞經皆歡喜　如法而脩行　聞香悉能知
雖未得菩薩　无漏法生鼻　而是持經者　先得此鼻相
復次常精進　若善男子善女人受持是經　若
讀若誦若解說若書寫　得千二百舌功德　若
好若醜若美不美及諸苦澁物　在其舌根　皆
變成上味　如天甘露　无不美者　若以舌根於大
衆中有所演說　出深妙聲　能入其心　皆令歡
喜快樂　又諸天子天女釋梵諸天　聞是深妙音

BD05499號　妙法蓮華經卷六　（6–1）

復次常精進若善男子善女人受持是經若
讀若誦若解說若書寫得千二百舌功德若
好若醜若美不美及諸苦澁物在其舌根皆
變成上味如天甘露无不美者若以舌根於大
衆中有所演說出深妙聲能入其心皆令歡
喜快樂又諸天子天女釋梵諸天聞是深妙音
聲有所演說言論次第皆悉來聽及諸龍龍
女夜叉夜叉女乾闥婆乾闥婆女阿脩羅阿
脩羅女迦樓羅迦樓羅女緊那羅緊那羅女
摩睺羅伽摩睺羅伽女為聽法故皆來親近
恭敬供養及比丘比丘尼優婆塞優婆夷
國王王子群臣眷屬小轉輪王大轉輪王七
寶千子內外眷屬乘其宮殿俱來聽法以
是菩薩善說法故婆羅門居士國內人民盡
其形壽隨侍供養又諸聲聞辟支佛菩薩諸
佛常樂見之是人所在方面諸佛皆向其處
說法悉能受持一切佛法又能出於深妙法
音　尔時世尊欲重宣此義而說偈言
是人舌根淨　終不受惡味　其有所食噉　悉皆成甘露
以深淨妙音　於大衆說法　以諸因緣喻　引導衆生心
聞者皆歡喜　設諸上供養　諸天龍夜叉　及阿脩羅等
皆以恭敬心　而共來聽法　是說法之人　若欲以妙音
遍滿三千界　隨意即能至　大小轉輪王　及千子眷屬
合掌恭敬心　常來聽受法　諸天龍夜叉　羅刹毗舍闍
亦以歡喜心　常樂來供養　梵天王魔王　自在大自在
如是諸天衆　常來至其所　諸佛及弟子　聞其說法音

BD05499號　妙法蓮華經卷六　（6–2）

聞者皆歡喜 設諸上供養 諸天龍夜叉 及阿脩羅等
皆以恭敬心 而共來聽法 是說法之人 若欲以妙音
遍滿三千界 隨意即能至 大小轉輪王 及千子眷屬
合掌恭敬心 常來聽受法 諸天龍夜叉 羅刹毗舍闍
亦以歡喜心 常樂來供養 梵天王魔王 自在大自在
如是諸天衆 常來至其所 諸佛及弟子 聞其說法音
常念而守護 或時為現身
復次常精進 若善男子善女人受持是經 若
讀若誦若解說若書寫 得八百身功德 得清
淨身 如淨琉璃 衆生喜見 其身淨故 三千大
千世界衆生 生時死時 上下好醜 生善處惡
處 悉於中現 及鐵圍山 大鐵圍山 弥樓山 摩
訶弥樓山等諸山 及其中衆生 悉於中現 下
至阿鼻地獄 上至有頂 所有及衆生 悉於中
現 若聲聞辟支佛菩薩諸佛說法 皆於身中現
其色像 尒時世尊欲重宣此義而說偈言
若持法華者 其身甚清淨 如彼淨琉璃 衆生皆憙見
又如淨明鏡 悉見諸色像 菩薩於淨身 皆見世所有
唯獨自明了 餘人所不見 三千世界中 一切諸群萌
天人阿脩羅 地獄鬼畜生 如是諸色像 皆於身中現
諸天等宮殿 乃至於有頂 鐵圍及弥樓 摩訶弥樓山
諸大海水等 皆於身中現 諸佛及聲聞 佛子菩薩等
若獨若在衆 說法悉皆現 雖未得无漏 法性之妙身
以清淨常體 一切於中現
復次常精進 若善男子善女人如來滅後受
持是經 若讀若誦若解說若書寫 得千二百意

BD05499號　妙法蓮華經卷六　（6–3）

諸大海水等 皆於身中現 諸佛及聲聞 佛子菩薩等
若獨若在衆 說法悉皆現 雖未得无漏 法性之妙身
以清淨常體 一切於中現
復次常精進 若善男子善女人如來滅後受
持是經 若讀若誦若解說若書寫 得千二百意
功德 以是清淨意根 乃至聞一偈一句 通達
无量无邊之義 解是義已 能演說一句一偈 至
於一月四月乃至一歲 諸所說法 隨其義趣
皆與實相不相違背 若說俗間經書 治世
語言 資生業等 皆順正法 三千大千世界六
趣衆生 心之所行 心所動作 心所戲論 皆悉
知之 雖未得无漏智慧 而其意根清淨如此
是人有所思惟籌量言說 皆是佛法 无不真
實 亦是先佛經中所說 尒時世尊欲重宣此
義而說偈言
是人意清淨 明利无穢濁 以此妙意根 知上中下法
乃至聞一偈 通達无量義 次第如法說 月四月至歲
是世界內外 一切諸衆生 若天龍及人 夜叉鬼神等
其在六趣中 所念若干種 持法華之報 一時皆悉知
十方无數佛 百福莊嚴相 為衆生說法 悉聞能受持
思惟无量義 說法亦无量 終始不忘錯 以持法華故
悉知諸法相 隨義識次第 達名字語言 如所知演說
此人有所說 皆是先佛法 以演此法故 於衆无所畏
持法華經者 意根淨若斯 雖未得无漏 先有如是相
是人持此經 安住希有地 為一切衆生 歡喜而愛敬

BD05499號　妙法蓮華經卷六　（6–4）

思惟无量義　說法亦无量　終始不忘錯　以持法華故
悉知諸法相　隨義識次第　達名字語言　如所知演說
此人有所說　皆是先佛法　以演此法故　於衆无所畏
持法華經者　意根淨若斯　雖未得无漏　先有如是相
是人持此經　安住希有地　為一切衆生　歡喜而愛敬
能以千万種　善巧之語言　分別而說法　持法華經故

妙法蓮華經常不輕菩薩品第二十

尒時佛告得大勢菩薩摩訶薩汝今當知若
比丘比丘尼優婆塞優婆夷持法華經者若
有惡口罵詈誹謗獲大罪報如前所說其所
得功德如向所說眼耳鼻舌身意清淨得大
勢乃往古昔過无量无邊不可思議阿僧祇
劫有佛名威音王如來應供正遍知明行足
善逝世間解无上士調御丈夫天人師佛世
尊劫名離衰國名大成其威音王佛於彼世
中為天人阿脩羅說法為求聲聞者說應四
諦法度生老病死究竟涅槃為求辟支佛者
說應十二因緣法為諸菩薩因阿耨多羅三
藐三菩提說應六波羅蜜法究竟佛慧得大
勢是威音王佛壽四十万億那由他恒河沙劫
正法住世劫數如一閻浮提微塵像法住世劫
數如四天下微塵其佛饒益衆生已然後滅
度正法像法滅盡之後於此國土復有佛出
亦号威音王如來應供正遍知明行足善
逝世間解无上士調御丈夫天人師佛世尊

藐三菩提說應六波羅蜜法究竟佛慧得大
勢是威音王佛壽四十万億那由他恒河沙劫
正法住世劫數如一閻浮提微塵像法住世劫
數如四天下微塵其佛饒益衆生已然後滅
度正法像法滅盡之後於此國土復有佛出
亦号威音王如來應供正遍知明行足善
逝世間解无上士調御丈夫天人師佛世尊
如是次第有二万億佛皆同一号最初威音
王如來既已滅度正法滅後於像法中增上
慢比丘有大勢力尒時有一菩薩比丘名常
不輕得大勢以何因緣名常不輕是比丘凡
有所見若比丘比丘尼優婆塞優婆夷皆
悉礼拜讚嘆而作是言我深敬汝等不敢輕
慢所以者何汝等皆行菩薩道當得作佛而
是比丘不輕讀誦經典但行礼拜乃至遠見
四衆亦復故往礼拜讚嘆而作是言我不敢
輕於汝等汝等皆當作佛四衆之中有生瞋
恚心不淨者惡口罵詈言是无智比丘從何
所來自言我不輕汝而與我等受記當得作
佛我等不用如是虛妄受記如此經歷多年

无色三摩鉢底无想三摩鉢底滅盡定等
三摩鉢底
云何安立謂唯此等名等引地非於欲界心
一境性由此定等无悔歡喜安樂所引欲界
不尒非欲界中於法全无審正觀察
復次初靜慮中說離生喜由證住斷除五
法謂欲所引喜欲所引憂不善所引喜不善
所引憂不善所引捨又於五法脩習圓滿謂
歡喜安樂及三摩地欲所引喜者於妙五欲
若初得時若已證得正受用時或見或聞或
曾領受由此諸緣憶念歡喜欲所引憂者於妙
五欲若求不遂若已受用更不復得或得已
便失由此諸緣多生憂惱不善所引喜者謂
如有一與喜樂俱而行殺業乃至邪見不善
所引憂者謂如有一與憂苦俱而行殺業乃
至邪見不善所引捨者謂如有一或王王等
或餘宰官或尊尊等自不樂爲殺等惡業
然其僕使作惡業時忍而不制亦不安處離殺
邪中由縱捨故遂造惡業彼於此業現前

BD05500號　瑜伽師地論卷一一　（3–1）

所引憂者謂如有一與憂苦俱而行殺業乃
至邪見不善所引捨者謂如有一或王王等
或餘宰官或尊尊等自不樂爲殺等惡業
然其僕使作惡業時忍而不制亦不安處離殺
邪中由縱捨故遂造惡業彼於此業現前
領解非不現前又住於捨尋求伺察爲惡方便
又於諸惡耽著不斷引發於捨又於不善現
前轉時發起中庸非苦樂受歡者謂從本來
清淨行者觀資糧地所脩淨行无悔爲先慰
意悅心欣踊性喜者謂正脩習方便爲先深
慶適悅心欣踊性安者謂離麤重身心調適
性樂者謂由如是心調適故便得身心无損
害樂及解脫樂以離彼品麤重性故於諸
煩惱而得解脫三摩地者謂於所緣審正觀
察心一境性世尊於无漏方便中先說三摩
地後說解脫由三摩地善成滿力於諸煩
惱心永解脫故於有漏方便中先說解脫後說三
摩地由證方便究竟作意果煩惱斷已方得
根本三摩地故或有俱時說三摩地及與解
脫謂即於此方便究竟作意及餘无間道三
摩地中由三摩地與彼解脫俱時有故
復次於諸靜慮等至障中略有五蓋攝諸彼
時能爲障礙何等爲五一貪欲蓋二瞋恚蓋
三惛沈睡眠蓋四掉舉惡作蓋五疑蓋貪欲
者謂於妙五欲隨逐淨相欲見欲聞乃至欲
觸或隨憶念先所領受尋伺追戀瞋恚者謂

BD05500號　瑜伽師地論卷一一　（3–2）

復次於諸靜慮等至障中略有五蓋障證彼
時能為障礙何等為五一貪欲蓋二瞋恚蓋
三惛沉睡眠蓋四掉舉惡作蓋五疑蓋貪欲
者謂於妙五欲隨逐淨相欲見欲聞乃至欲
觸或隨憶念先所領受尋伺追戀瞋恚者謂
或因同梵行等舉其所犯或因憶念昔所曾
經不饒益事瞋恚之相心生恚怒或欲當作
不饒益事於當所為瞋恚之相多隨尋伺心
生恚怒惛沉者謂或因毀壞淨尸羅等隨一
善行不守根門食不知量不勤精進減
省睡眠不正知住而有所作脩斷不勤加行
隨順生起一切煩惱身心惛昧无堪任性睡
眠者謂心極昧略又順生煩惱壞斷加行是
惛沉性心極昧略是睡眠性是故此二合說
一蓋又惛昧无堪任性名惛沉惛昧心極略
性名睡眠由此惛沉生起煩惱隨煩惱時无
餘近緣如睡眠者諸餘煩惱及隨煩惱或應
可生或應不生若生惛昧睡眠必定皆起掉
舉者謂因親屬尋思國土尋思不死尋思或
隨憶念昔所經歷戲笑歡娛所行之事心生諠
動騰躍之性惡作者謂因尋思親屬何緣不往如

BD05500號　瑜伽師地論卷一一

（3–3）

无色定五神通善現此等名為共法共異生
故具壽善現復白佛言何等名為不共法佛
告善現謂四念住乃至十八佛不共法善現
此等名為不共法不共異生故善現諸菩薩
摩訶薩脩行般若波羅蜜多時於如是等自
相空法不應執著以一切法无分別故善現
諸菩薩摩訶薩脩行般若波羅蜜名時於
一切法以无二為方便應正覺知以一切法皆
无動故善現於一切法无二无動是菩薩句
義无分別无執著是菩薩句義以是故无
句義是菩薩句義　大智度苐廿五品釋論論
爾時具壽善現白佛言世尊何緣菩薩
復名摩訶薩佛告善現由是菩薩於大有情
眾中當為上首故復名摩訶薩善現白言何
為大有情眾菩薩於中當為上首佛告　善現
大智度苐廿五品釋論　大智度苐廿五品釋論五主
爾時慧命舍利弗語須菩提菩薩摩訶薩行
般若波羅蜜觀諸法何等是菩薩何等是般
若波羅蜜何等是觀須菩提語舍利弗汝所
問何等是菩薩為阿耨多羅三藐三菩提是
心以是故名為菩薩亦知一切法一切

BD05501號　兑廢雜寫稿（擬）

（2–1）

波羅

諸菩薩摩訶薩脩行般若波羅蜜多時於
一切法以无二為方便應當覺知以一切法皆
无動故善現於一切法无二无動是菩薩句
義无分別无執著是菩薩句義以是故无
句義是菩薩句義 大智度第廿五品釋論論
尒時具壽善現白佛言世尊何緣菩薩
復名摩訶薩佛告善現由是菩薩於大有情
衆中當為上首故復名摩訶薩善現白言何
為大有情衆菩薩於中當為上首佛告善現
大智度第廿五品釋論 大智度第廿五品釋論
尒時慧命舍利弗語須菩提菩薩摩訶薩行
般若波羅蜜觀諸法何等是菩薩何等是般
若波羅蜜何等是觀須菩提語舍利弗汝所
問何等是菩薩為阿耨多羅三藐三菩提是
人以義大心以是故名為菩薩亦知一切法一切
種相是中亦不著知色相不著乃至知十
八不共法亦不著舍利弗問須菩提何等
為一切法相須菩提言信以名字因緣和合
等知諸法是色是聲香味觸法是內外是有
為法是无為法以是名字相語言知諸法
是名知諸法相如舍利弗所問何等是般若
波羅蜜遠離故名般若波羅蜜復次離四

BD05501號 兌廢雜寫稿（擬） （2–2）

BD05501號背 雜寫 （1–1）

薩摩訶薩應如
是生清淨心不應住色生心不應住聲香味
觸法生心應无所住而生其心須菩提譬如
有人身如須弥山王於意云何是身為大不
須菩提言甚大世尊何以故佛說非身是名
大身
須菩提如恒河中所有沙數如是沙等恒河
於意云何是諸恒河沙寧為多不須菩提言
甚多世尊但諸恒河尚多无數何況其沙須
菩提我今實言告汝若有善男子善女人以
七寶滿尒所恒河沙數三千大千世界以用
布施得福多不須菩提言甚多世尊佛告須
菩提若善男子善女人於此經中乃至受持
四句偈等為他人說而此福德勝前福德復
次須菩提隨說是經乃至四句偈等當知此
處一切世間天人阿脩羅皆應供養如佛塔
廟何況有人盡能受持讀誦須菩提當知是
人成就最上第一希有之法若是經典所在
之處則為有佛若尊重弟子
尒時須菩提白佛言世尊當何名此經我等
云何奉持佛告須菩提是經名為金剛般若
波羅蜜以是名字汝當奉持所以者何須菩

BD05502號　金剛般若波羅蜜經

（2–1）

大身
須菩提如恒河中所有沙數如是沙等恒河
於意云何是諸恒河沙寧為多不須菩提言
甚多世尊但諸恒河尚多无數何況其沙須
菩提我今實言告汝若有善男子善女人以
七寶滿尒所恒河沙數三千大千世界以用
布施得福多不須菩提言甚多世尊佛告須
菩提若善男子善女人於此經中乃至受持
四句偈等為他人說而此福德勝前福德復
次須菩提隨說是經乃至四句偈等當知此
處一切世間天人阿脩羅皆應供養如佛塔
廟何況有人盡能受持讀誦須菩提當知是
人成就最上第一希有之法若是經典所在
之處則為有佛若尊重弟子
尒時須菩提白佛言世尊當何名此經我等
云何奉持佛告須菩提是經名為金剛般若
波羅蜜以是名字汝當奉持所以者何須菩
提佛說般若波羅蜜則非般若波羅蜜須菩
提於意云何如來有所說法不須菩提白佛
言世尊如來无所說須菩提於意云何三千
大千世界所有微塵是為多不須菩提言甚
多世尊須菩提諸微塵如來說非微塵是名
微塵如來說世界非世界是名世界須菩提

BD05502號　金剛般若波羅蜜經

（2–2）

一飡之意然其所止故在本處下劣之心亦
未能捨復經少時父知子意漸已通泰成就
大志自鄙先心臨欲終時而命其子并會親
族國王大臣刹利居士皆悉已集即自宣言
諸君當知此是我子我之所生於某城中捨
吾逃走跉跰辛苦五十餘年其本字某我名
某甲昔在本城懷憂推覓忽於此間遇會得
之此實我子我實其父今我所有一切財物
皆是子有先所出内是子所知世尊是時窮
子聞父此言即大歡喜得未曾有而作是念
我本无心有所悕求今此寶藏自然而至世
尊大富長者則是如來我等皆似佛子如來
常說我等為子世尊我等以三苦故於生死
中受諸熱惱迷惑无知樂著小法今日世尊
令我等思惟蠲除諸法戲論之糞我等於中
勤加精進得至涅槃一日之價既得此已心
大歡喜自以為足便自謂於佛法中勤精進
故所得和多然世尊先知我等心著弊欲樂
於小法便見縱捨不為分別汝等當有如來
知見寶藏之分世尊以方便力說如來智慧

BD05503 號　妙法蓮華經卷二　（3–1）

中受諸熱惱迷惑无知樂著小法今日世尊
令我等思惟蠲除諸法戲論之糞我等於中
勤加精進得至涅槃一日之價既得此已心
大歡喜自以為足便自謂於佛法中勤精進
故所得和多然世尊先知我等心著弊欲樂
於小法便見縱捨不為分別汝等當有如來
知見寶藏之分世尊以方便力說如來智慧
我等從佛得涅槃一日之價以為大得於此
大乘无有志求我等又因如來智慧為諸菩
薩開示演說而自於此无有志願所以者何
佛知我等心樂小法以方便力隨我等說而
我等不知真是佛子今我等方知世尊於佛
智慧无所悋惜所以者何我等昔來真是佛
子而但樂小法若我等有樂大之心佛則為
我說大乘法此經中唯說一乘而昔於菩薩
前毀呰聲聞樂小法者然佛實以大乘教化
是故我等說本无心有所悕求今法王大寶
自然而至如佛子所應得者皆已得之尒時
摩訶迦葉欲重宣此義而說偈言
我等今日　聞佛音教　歡喜踊躍　得未曾有
佛說聲聞　當得作佛　无上寶聚　不求自得
譬如童子　幼稚无識　捨父逃逝　遠到他土
周流諸國　五十餘年　其父憂念　四方推求
求之既疲　頓止一城　造立舍宅　五欲自娛
其家巨富　多諸金銀　車璖馬瑙　真珠琉璃
象馬牛羊　輦轝車乘　田業僮僕　人民衆多

BD05503 號　妙法蓮華經卷二　（3–2）

譬如童子 幼稚无識 捨父逃逝 遠到他土
周流諸國 五十餘年 其父憂念 四方推求
求之既疲 頓止一城 造立舍宅 五欲自娛
其家巨富 多諸金銀 車𤦲馬瑙 真珠琉璃
象馬牛羊 輦輿車乘 田業僮僕 人民衆多
出入息利 乃遍他國 商估賈人 无處不有
千万億衆 圍繞恭敬 常為王者 之所愛念
群臣豪族 皆共宗重 以諸緣故 往來者衆
豪富如是 有大力勢 而年朽邁 益憂念子
夙夜惟念 死時將至 癡子捨我 五十餘年
庫藏諸物 當如之何 尒時窮子 求索衣食
從邑至邑 從國至國 或有所得 或无所得
飢餓羸瘦 體生瘡癬 漸次經歷 到父住城
傭賃展轉 遂至父舍 尒時長者 於其門內
施大寶帳 處師子座 眷屬圍繞 諸人侍衛
或有計筭 金銀寶物 出內財產 注記券疏
窮子見父 豪貴尊嚴 謂是國王 若是王等
驚怖自恠 何故至此 覆自念言 我若久住
或見逼迫 強驅使作 思惟是已 馳走而去
借問貧里 欲往傭作 長者是時 在師子座
遥見其子 嘿而識之 即勅使者 追捉將來
窮子驚喚 迷悶躃地 是人執我 必當見殺

BD05503號　妙法蓮華經卷二　　（3–3）

[illegible]犯輕垢罪
若佛子以惡心故自身
在有中而為白衣通致男
齋日年三長齋月作煞生
如是十戒應當學敬心奉持
佛言佛子佛滅度後於惡世中
賣佛菩薩父母形像販賣經
發心菩薩或為官使與一切人作
已應生慈心方便救護處處教
母形像及比丘比丘尼發心菩薩一
犯輕垢罪
若佛子不得畜刀杖弓箭販賣
人財物害心繫縛破壞成功長養
犯輕垢罪
若佛子以惡心故觀一切男女等鬬軍陣兵
亦不得聽吹貝鼓角琴瑟箏笛箜篌歌
不得樗蒱圍碁波羅塞戲彈碁六博拍毬
[illegible]道八道行城爪鏡芝草楊枝鉢盂髑髏
不得作盜賊使命一一不得作若故作者犯輕
若佛子護持禁戒行住坐卧日夜六時讀誦是

BD05504號 1　梵網經盧舍那佛說菩薩心地戒品第十卷下　　（10–1）

亦不得聽吹貝鼓角琴瑟箏笛箜篌歌、
不得樗蒲圍碁波羅塞戲彈碁六博拍毱
牽道八道行城爪鏡芝草揚枝鉢盂髑髏
不得作盜賊使命一一不得作若故作者犯輕
若佛子護持禁戒行住坐卧日夜六時讀誦是
帶持浮囊欲渡大海如草繫比丘　天乘
未成之佛諸佛是已成之佛發菩　、念念
一念二乘外道心者犯輕垢罪
若佛子常應發一切願孝順父母師僧三寶常
師同學善友知識常教我大乘經律十發趣十
剛十地使我開解如法脩行堅持佛戒寧捨身、
去心若一切菩薩不發是願者犯輕垢罪
若佛子發是十大願已持佛禁戒作是願言寧以
大熾然猛火大坑刀山終不毀犯三世諸佛經律与一切女
人作不淨行
復作是願寧以熱鐵羅網千重周帀纏身終不以破戒之
身受信心檀越一切衣服
復作是願寧以此口吞熱鐵丸及大流猛火經百千劫終
不以此破戒之口食信心檀越百味飲食
復作是願寧以此身卧大猛火羅網熱鐵地上終不以破
戒之身受信心檀越百種床座
復作是願寧以此身受三百鉾刺身經一劫二劫終不以
破戒之身受信心檀越百味醫藥
復作是願寧以此身投熱鐵鑊經百千劫終不以破戒之
身受信心檀越千種房舍屋宅園林田地
復作是願寧以鐵鎚打碎其身從頭至足碎如微塵終
以此破戒之身受信心檀越恭敬禮拜
復作是願寧以百千熱鐵刀鉾挑其兩目終不以此破

BD05504 號 1　梵網經盧舍那佛說菩薩心地戒品第十卷下　　（10–2）

復作是願寧以此身投熱鐵鑊經百千劫終不以破戒之
身受信心檀越千種房舍屋宅園林田地
復作是願寧以鐵鎚打碎其身從頭至足碎如微塵終
以此破戒之身受信心檀越恭敬禮拜
復作是願寧以百千熱鐵刀鉾挑其兩目終不以此破
戒之心視他好色
復作是願寧以百千鐵錐遍身擿刺耳根經一劫二劫終
不以破戒之心聽好音聲
復作是願寧以百千刃刀割去其鼻終不以此破戒之
心貪齅諸香
復作是願寧以百千刃刀割斷其舌終不以此破戒
心食人百味淨食
復作是願寧以利斧斬碎其身終不以此破
著好服
復作是願願一切衆生悉得成佛菩薩若不發是願
者犯輕垢罪
若佛子常應二時頭陀冬夏坐禪結夏安居常用楊枝
澡豆三衣瓶鉢坐具錫杖香爐漉水囊手巾刀子火燧鑷
子繩床經律佛像菩薩形像而菩薩行頭陀時及遊
方時行來百里千里此十八種物常隨其身頭陀者從正
月十五日至三月十五日從八月十五日至十月十五日是二時
中十八種物常隨其身如鳥二翼若布薩日新學菩
薩應半月半月布薩誦十重四十八輕戒時於諸佛
菩薩形像前一人布薩即一人誦若二人若三人乃至百
人千人亦一人誦誦者高座聽者下座各披九條七條五
條袈裟結夏安居一一如法若頭陀時莫入難處若國
難賊難惡王土地高下草木深邃師子虎狼水火風難

BD05504 號 1　梵網經盧舍那佛說菩薩心地戒品第十卷下　　（10–3）

薩應半月半月布薩誦十重四十八輕戒時於諸佛
菩薩形像前一人布薩即一人誦若二人若三人乃至百
人千人亦一人誦誦者高座聽者下座各披九條七條五
條袈裟結夏安居一一如法若頭陀時莫入難處若國
難惡王土地高下草木深邃師子虎狼水火風難
及以劫賊道路毒蛇一切難處悉不得入若頭陀行道乃
至夏坐安居是諸難處皆不得入若故入者犯輕垢罪
若佛子應如法次第坐先受戒者在前坐後受戒者在
後坐不問老少比丘比丘尼貴人國王王子乃至黃門奴
婢皆應先受戒者在前坐後受戒者次第坐莫如外
道癡人若老若少无前无後坐无次第如兵奴之法
我佛法中先者先坐後者後坐而菩薩一一不如法
次第坐者犯輕垢罪
若佛子常應教化一切衆生建立僧房山林園田立
作佛塔冬夏安居坐禪處所一切行道處皆應立之
而菩薩應爲一切衆生講說大乘經律若疾病國難
賊難父母兄弟和上阿闍梨亡滅之日及三七四五七乃
至七七日亦應讀誦講說大乘經律齋會求願行
來持生大火所燒大水所漂黑風所吹船舫江河大海
羅刹之難亦讀誦講說此經律乃至一切罪報三惡
七逆八難杻械枷鎖繫縛其身多婬多瞋多愚癡多
疾病皆應講此經律而新學菩薩若不尒者犯
輕垢罪
如是九戒應當學敬心奉持梵壇品中當說
佛言佛子與人受戒時不得簡擇一切國王王子大
臣百官比丘比丘尼信男信女婬男婬女十八梵六欲
天无根二根黃門奴婢一切鬼神盡得受戒應教身

BD05504 號 1　梵網經盧舍那佛說菩薩心地戒品第十卷下　（10–4）

輕垢罪
如是九戒應當學敬心奉持梵壇品中當說
佛言佛子與人受戒時不得簡擇一切國王王子大
臣百官比丘比丘尼信男信女婬男婬女十八梵六欲
天无根二根黃門奴婢一切鬼神盡得受戒應教身
所著袈裟皆使壞色與道相應皆染使青黃赤黑
紫色一切染衣乃至臥具盡以壞色身所著衣一切染
色若一切國土中國人所著衣服比丘皆應與其俗服
有異若欲受戒時師應問言汝現身不作七逆罪耶
菩薩法師不得與七逆人現身受戒七逆者出佛身血
殺父殺母殺和上殺阿闍梨破羯磨轉法輪僧殺聖人若
具此七遮者即現身不得戒餘一切人盡得受戒出家
人法不向國王禮拜不向父母禮拜六親不敬鬼神不禮
但解法師語有從百里千里來求戒者而菩薩法師
以惡心瞋心而不即與一切衆生受戒者犯輕垢罪
若佛子教化人起信心時菩薩與他人作教戒法師者
見欲受戒人應教請二師和上阿闍梨二師應問言
汝有七遮罪不若現身有七遮者師不應與受戒无七
遮者得與受戒若有犯十戒者應教懺悔在佛菩薩
形像前日夜六時誦十重四十八輕戒苦到禮三世諸
佛得見好相若一七日二三七日乃至一年要見好相得
好相者佛來摩頂見光華種種異相便得滅罪若无
好相雖懺无益是人現身亦不得戒而得增益受戒
若有犯四十八輕戒者對手懺悔罪便得滅不同七遮
而教戒師於是法中一一好解若不解大乘經律若
輕若重是非之相不解第一義諦習種性長
養性不可壞性道種性正法性其中多少觀、出

BD05504 號 1　梵網經盧舍那佛說菩薩心地戒品第十卷下　（10–5）

若有犯四十八輕戒者對手懺悔罪便得滅不同七遮
而教戒師於是法中一一好解若不解大乘經律若
輕若重是非之相不解第一義諦習種性長
養性不可壞性道種性正法性其中多少觀行出
入十禪支一切行法一一不得此法中而菩薩為利
養故為名聞故惡求多求貪利弟子而詐現解
一切經律是自欺詐亦欺詐他人故與人受戒者
犯輕垢罪
若佛子不得為利養於未受戒者前若外道惡
人前說此七佛大戒邪見人前亦不得說除國王
餘一切不得說是惡人輩不受佛戒名為畜生生
生之處不見三寶如木石无心名為外道邪見人輩
木頭无異而菩薩於是惡人前說七佛教戒者犯
輕垢罪
若佛子信心出家受佛正戒故起心毀犯聖戒者不
得受一切檀越供養亦不得於國王地上行不得飲國
王水五千大鬼常遮其前鬼言大賊若入房舍城邑
宅中鬼復常掃其腳跡一切世人咸皆罵言佛法
中賊一切眾生眼不欲見犯戒之人如畜生无異木頭
无異若毀正戒者犯輕垢罪
若佛子常應一心受持讀誦大乘經律剝皮為紙刺
血為墨以髓為水析骨為筆書寫佛戒木皮穀紙絹
素帛應悉書持常以七寶无價香華一切雜寶以
為箱囊盛經律卷若不如法供養者犯輕垢罪
若佛子常起大悲心若入一切城邑舍宅中見一切眾
生應當唱言汝等眾生盡應受三歸十戒見牛馬豬

BD05504號1　梵網經盧舍那佛說菩薩心地戒品第十卷下　（10–6）

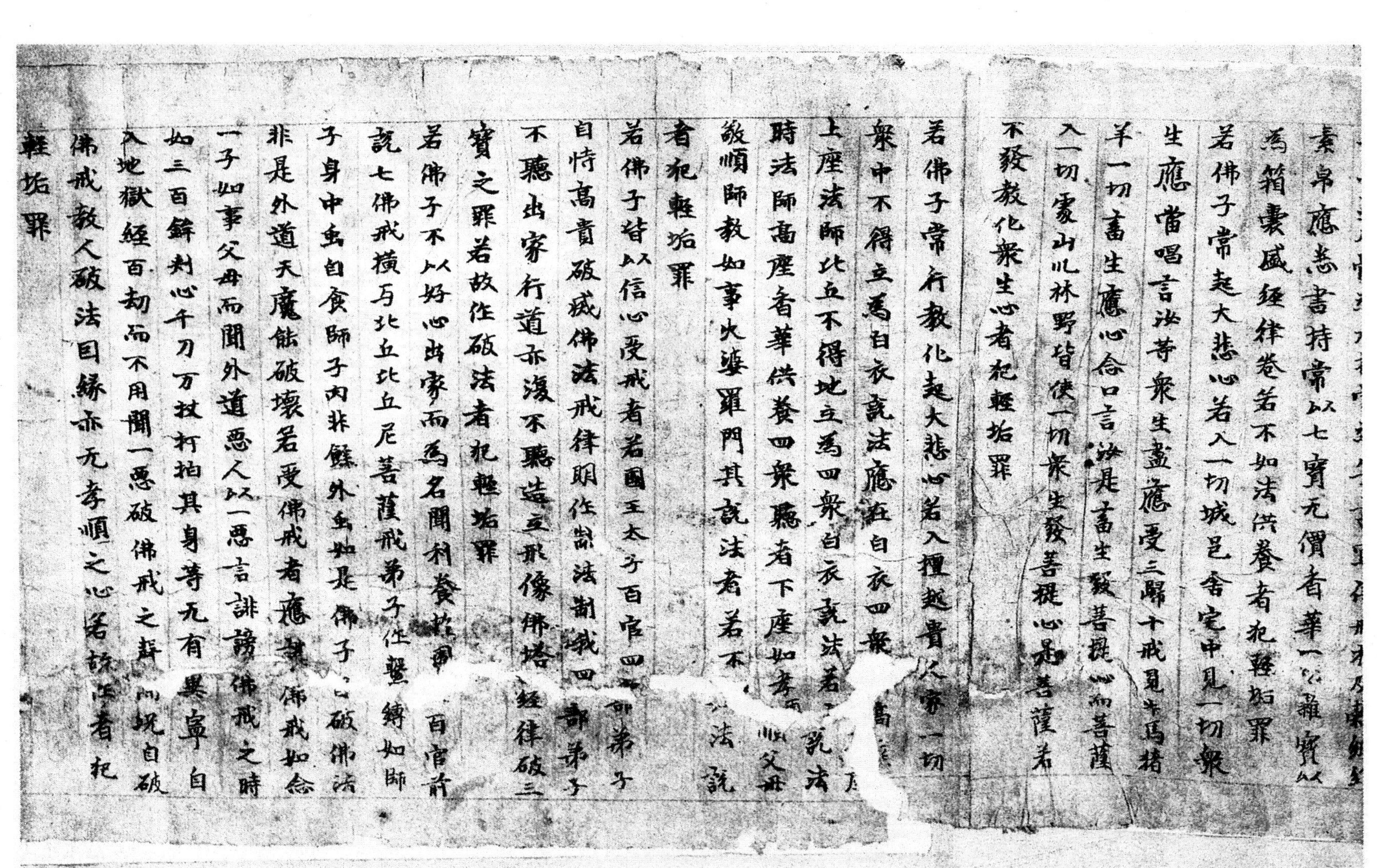
素帛應悉書持常以七寶无價香華一切雜寶以
為箱囊盛經律卷若不如法供養者犯輕垢罪
若佛子常起大悲心若入一切城邑舍宅中見一切眾
生應當唱言汝等眾生盡應受三歸十戒見牛馬豬
羊一切畜生應心念口言汝是畜生發菩提心而菩薩
入一切處山川林野皆使一切眾生發菩提心是菩薩若
不發教化眾生心者犯輕垢罪
若佛子常行教化起大悲心若入檀越貴人家一切
眾中不得立為白衣說法應在白衣四眾前高
上座法師比丘不得地立為四眾白衣說法若說法
時法師高座香華供養四眾聽者下座如孝順父母
敬順師教如事火婆羅門其說法者若不如法說
者犯輕垢罪
若佛子皆以信心受戒者若國王太子百官四部弟子
自恃高貴破滅佛法戒律明作制法制我四部弟子
不聽出家行道亦復不聽造立形像佛塔經律破三
寶之罪若故作破法者犯輕垢罪
若佛子不以好心出家而為名聞利養於國王百官前
說七佛戒橫與比丘比丘尼菩薩戒弟子作繫縛如師
子身中蟲自食師子肉非餘外蟲如是佛子自破佛法
非是外道天魔能破壞若受佛戒者應護佛戒如念
一子如事父母而聞外道惡人以惡言謗佛戒之時
如三百鉾刺心千刀萬杖打拍其身等无有異寧自
入地獄經百劫而不用聞一惡破佛戒之聲而況自破
佛戒教人破法因緣亦无孝順之心若故作者犯
輕垢罪

BD05504號1　梵網經盧舍那佛說菩薩心地戒品第十卷下　（10–7）

一子如事父母而聞外道惡人以一惡言謗佛戒之時
如三百鉾刺心千刀万杖打拍其身等无有異寧自
入地獄經百劫而不用聞一惡破佛戒之聲而况自破
佛戒教人破法因緣亦无孝順之心若故作者犯
輕垢罪
如是九戒應當學敬心奉持
諸佛子等是四十八輕戒汝等受持過去諸菩
薩已誦未來諸菩薩當誦現在諸菩薩今誦
諸佛子等善聽此十重四十八輕戒三世諸佛已誦
當誦今誦我今亦如是誦汝等一切大衆若國
王王子百官比丘比丘尼信男信女受持菩薩戒者
應受持讀誦解說書寫佛性常住戒卷流
通三世一切衆生化化不絶得見千佛佛授手世世
不墮三惡八難常生天上人中我今在此樹下略
開七佛戒法汝等大衆當一一學波羅提木叉
歡喜奉行如无相天王品勸學中一一廣三千
學士時坐聽者聞佛自誦心心頂戴喜
尒時釋迦牟尼佛說上蓮華臺藏世界
佛心地法門品中十无盡藏戒法品竟
釋迦亦如是說從摩醯首羅天王宮至
十住處說法品爲一切菩薩不可說大衆
讀誦解說其義亦如是千百億世界
世界微塵世界一切佛心藏地藏戒藏无
藏因果佛性常住藏如如一切佛說无
藏竟千百億世界中一切衆生受持歡
若廣開心地相相如佛華光王七行品中
七佛偈

BD05504 號 1　梵網經盧舍那佛說菩薩心地戒品第十卷下　（10–8）

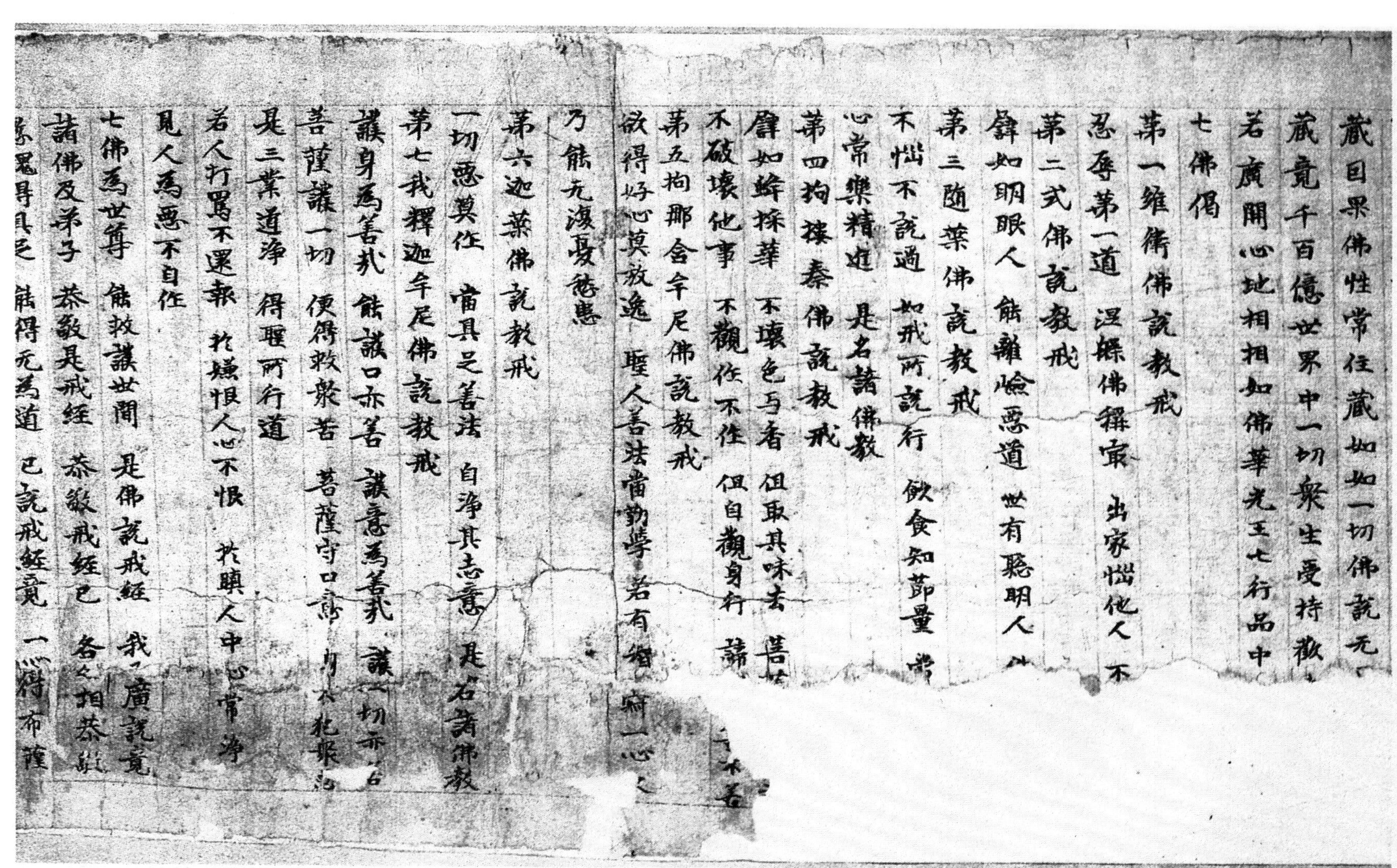
藏因果佛性常住藏如如一切佛說无
藏竟千百億世界中一切衆生受持歡
若廣開心地相相如佛華光王七行品中
七佛偈
第一維衛佛說教戒
忍辱第一道　涅槃佛稱最　出家惱他人　不
第二式佛說教戒
譬如明眼人　能離嶮惡道　世有聰明人
第三隨葉佛說教戒
不惱不說過　如戒所說行　飲食知節量　常
心常樂精進　是名諸佛教
第四拘樓秦佛說教戒
譬如蜂採華　不壞色与香　但取其味去　菩
不破壞他事　不觀作不作　但自觀身行　諦
第五拘那含牟尼佛說教戒
欲得好心莫放逸　聖人善法當勤學　若有智寂一心
乃能无復憂愁患
第六迦葉佛說教戒
一切惡莫作　當具足善法　自淨其志意　是名諸佛教
第七我釋迦牟尼佛說教戒
護身爲善哉　能護口亦善　護意爲善哉　護一切亦善
菩薩護一切　便得救衆苦　菩薩守口意　身不犯衆惡
是三業道淨　得聖所行道
若人打罵不還報　於嫌恨人心不恨　於瞋人中心常淨
見人爲惡不自作
七佛爲世尊　能救護世間　是佛說戒經　我已廣說竟
諸佛及弟子　恭敬是戒經　恭敬戒經已　各各相恭敬
慚愧得具足　能得无爲道　已說戒經竟　一心得布薩

BD05504 號 2　七佛偈　（10–9）

BD05504號 2　七佛偈　（10–10）

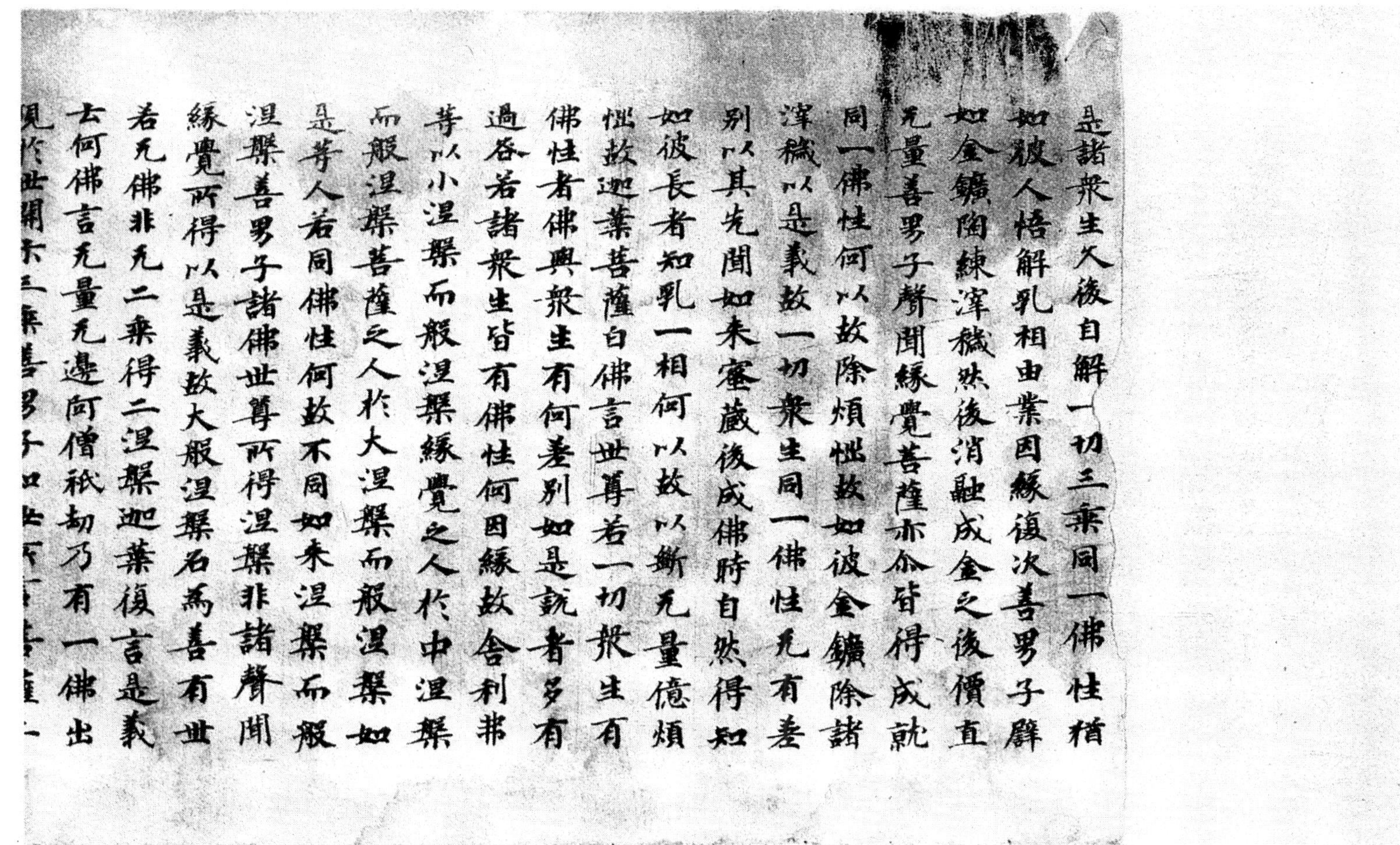

BD05505號　大般涅槃經（北本）卷一〇　（21–1）

是等人若同佛性何故不同如來涅槃而般
涅槃善男子諸佛世尊所得涅槃非諸聲聞
緣覺所得以是義故大般涅槃名為善有世
若无佛非无二乘得二涅槃迦葉復言是義
云何佛言无量无邊阿僧祇劫乃有一佛出
現於世開示三乘善男子如汝所言菩薩二
乘无差別者我先於此如來密藏大涅槃中
已說其義諸阿羅漢无有善有何以故諸阿
羅漢悉當得是大涅槃故以是義故大般涅
槃有畢竟樂是故名為大般涅槃迦葉言如
佛說者我今始知差別之義无差別義何以
故一切菩薩聲聞緣覺未來之世皆當歸於
大般涅槃譬如衆流歸於大海是故聲聞緣
覺之人悉名為常非是无常以是義故亦有
差別亦无差別迦葉言云何性差別佛言善
男子聲聞如乳緣覺如酪菩薩之人如生熟
蘇諸佛世尊猶如醍醐以是義故大涅槃中
說四種性而有差別迦葉復言一切衆生性
相云何佛言善男子如牛新生乳血未別凡
夫之性雜諸煩惱亦復如是迦葉復言拘尸
那城有旃陁羅名曰歡喜佛記是人由一發
心當於此界千佛數中速成无上正真之道
以何等故如來不記尊者舍利弗目揵連等
速成佛道佛言善男子或有聲聞緣覺菩薩
作誓願言我當久久護持正法然後乃成无

那城有旃陁羅名曰歡喜佛記是人由一發
心當於此界千佛數中速成无上正真之道
以何等故如來不記尊者舍利弗目揵連等
速成佛道佛言善男子或有聲聞緣覺菩薩
作誓願言我當久久護持正法然後乃成无
上佛道以發速願故與速記復次善男子譬
如商人有无價寶詣市賣之愚人見已不識
輕笑寶主唱言我此寶珠價直无數聞已復
笑各各相謂此非真寶是頗黎珠善男子聲
聞緣覺亦復如是若聞速記則便懈怠輕笑
薄賤如彼愚人不識真寶於未來世有諸比
丘不能勉勤脩習善法貧窮困苦飢餓所逼
因是出家長養其身心志輕躁邪命諂曲若
聞如來授諸聲聞速疾記者便當大笑輕慢
毀呰當知是等即是破戒自言已得過人之
法以是義故隨發速願故與速記護正法者
為授遠記
迦葉菩薩復白佛言世尊菩薩摩訶薩云何
當得不壞眷屬佛告迦葉若諸菩薩勤加精
進欲護正法以是因緣所得眷屬不可沮壞
迦葉菩薩復白佛言世尊何因緣故衆生得
此脣口乾燋佛告迦葉若有不識三寶常存
以是因緣脣口乾燋如人口瘡不知甜苦辛
酢醎淡六味差別一切衆生愚癡无智不識
三寶是長存法是故名為脣口乾燋復次善
男子若有衆生不知如來是常住者當知是

此脣口乾燋佛告迦葉若有不識三寶常存
以是因緣脣口乾燋如人口爽不知甜苦辛
酢醎淡六味差別一切衆生愚癡無智不識
三寶是長存法是故名為脣口乾燋復次善
男子若有衆生不知如來是常住者當知是
人則為生盲若知如來是常住者如是之人
雖有肉眼我說是等名為天眼復次善男子
若有能知如來是常當知是人久已脩習如
是經典我說是等亦名天眼雖有天眼而不
能知如來是常我說斯等名為肉眼是人乃
至不識自身手脚支節亦復不能令他識知
以是義故名為肉眼
復次善男子如來常為一切衆生而作父母
所以者何一切衆生種種形類二足四足多
足无足佛以一音而為說法彼彼異類各自
得解各各歎言如來今日為我說法以是義
故名為父母復次善男子如人生子始十六
月雖復語言未可解了而彼父母欲教其語
先同其音漸漸教之是父母語可不正邪不
世世尊善男子諸佛如來亦復如是隨諸衆
生種種音聲而為說法為令安住於正法故
隨所應見而為示現種種形像如來如是同
彼語言可不正邪不世世尊何以故如來所
說如師子吼隨順世間種種音聲而為衆生
歎說妙法
大般涅槃經一切大衆所問品第五

隨所應見而為示現種種形像如來如是同
彼語言可不正邪不世世尊何以故如來所
說如師子吼隨順世間種種音聲而為衆生
歎說妙法
大般涅槃經一切大衆所問品第五
尒時世尊從其面門放種種色青黃赤白紅
紫光明照純陁身純陁遇已與諸眷屬持諸
餚饌疾往佛所欲奉如來及比丘僧冣後供
養種種器物充滿具足持至佛前尒時有大
威德天人而遮其前周帀圍遶謂純陁言且
住純陁勿便奉施當尒之時如來復放无量
无邊種種光明諸天大衆遇斯光已尋聽純
陁前至佛所奉其所施尒時天人及諸衆生
各各自持所賷供養至於佛前長跪白佛唯
願如來聽諸比丘受此飲食時諸比丘知是
時故執持衣鉢一心安詳尒時純陁為佛及
僧布置種種師子寶座懸繒幡蓋香華瓔珞
尒時三千大千世界莊嚴微妙猶如西方安
樂國土尒時純陁住於佛前憂悲悵快重白
佛言唯願如來猶見哀愍住壽一劫若滅一
劫佛告純陁汝欲令我久住世者宜當速奉
冣後具足檀波羅蜜尒時一切菩薩摩訶薩
天人雜類異口同音唱如是言奇哉純陁成
大福德能令如來受取冣後无上供養而我
等輩无福所設供具則為唐捐尒時世
尊欲令一切衆望滿足於自身上一一毛[illegible]

天人難類異口同音唱如是言奇哉純陀成
大福德能令如來受取最後无上供養而我
等輩无福所設供具則為唐捐尒時世
尊欲令一切衆望滿足於自身上一一毛孔
化无量佛一一諸佛各有无量諸比丘僧是
諸世尊及无量衆悉皆亦現受其供養釋迦
如來自受純陀所奉設者尒時純陀所持粳
粮成熟之食摩伽陀國滿足八斛以佛神力
皆悉充足一切大會尒時純陀見是事已心
生歡喜踊躍无量一切大衆亦復如是尒時
大衆承佛聖旨各作是念如來今已受我等
施不久便當入於涅槃作是念已心生悲喜
尒時樹林其地狹小以佛神力如針鋒處皆
有无量諸佛世尊及其眷屬等坐而食所食
之物亦无差別是時天人阿脩羅等啼泣悲
歎而作是言如來今日已受我等最後供養
受供養已當般涅槃我等當復更供養誰我
今永離无上調御盲无眼目尒時世尊為欲
慰喻一切大衆而說偈言
汝等莫悲歎　諸佛法應尒　我入於涅槃　已逕无量劫
常受最勝樂　永處安隱處　汝今至心聽　我當說涅槃
我已離食想　終无飢渴患　我今當為汝　說其隨順願
令諸一切衆　咸得安隱樂　汝聞應脩行　諸佛法常住
假使烏角鵄　同共一樹棲　猶如親兄弟　尒乃永涅槃
如來視一切　猶如羅睺羅　常為衆生尊　云何永涅槃

我已離食想　終无飢渴患　我今當為汝　說其隨順願
令諸一切衆　咸得安隱樂　汝聞應脩行　諸佛法常住
假使烏角鵄　同共一樹棲　猶如親兄弟　尒乃永涅槃
如來視一切　猶如羅睺羅　常為衆生尊　云何永涅槃
假使蛇鼠狼　同處一穴遊　相愛如兄弟　尒乃永涅槃
如來視一切　猶如羅睺羅　常為衆生尊　云何永涅槃
假使七葉華　轉為婆師香　迦留迦葉樹　轉為鎮頭菓
如來視一切　猶如羅睺羅　云何捨慈悲　永入於涅槃
假使一闡提　現身成佛道　永處第一樂　尒乃入涅槃
如來視一切　皆如羅睺羅　云何捨慈悲　永入於涅槃
假使一切衆　一時成佛道　遠離諸過患　尒乃入涅槃
如來視一切　皆如羅睺羅　云何捨慈悲　永入於涅槃
假使蚉子尿　浸壞於大地　諸山及百川　大海悉盈滿
若有如是事　尒乃入涅槃　悲心視一切　皆如羅睺羅
常為衆生尊　云何永涅槃　以是故汝等　應深樂正法
不應生憂惱　號泣而啼哭　若欲自正行　應脩如來常
當觀如是法　長存不變易　復應生是念　三寶皆常住
是則獲大護　如呪枯生菓　是名為三寶　四衆應善聽
聞已應歡喜　即發菩提心　若能計三寶　常住同真諦
此則是諸佛　最上之誓願
若有比丘比丘尼優婆塞優婆夷能以如來
最上誓願而發願者當知是人无有愚癡堪
受供養以此願力功德果報於世最勝如阿
羅漢若有不能如是觀了三寶常者是旃陀
羅若有能知三法常住實法因緣離苦安樂

㝡上攢顏而發願者當知是人无有愚癡堪
受供養以此願力功德果報扵世㝡勝如阿
羅漢若有不能如是觀了三寶常者是旃陀
羅若有能知三法常住寶法因緣離苦安樂
无有嬈害能留難者尒時人天大衆阿脩羅
等聞是法已心生歡喜踊躍无量其心調柔
善滅諸蓋心无高下威德清淨顏貌怡悅知
佛常住是故施設諸天供養散種種華末香
塗香鼓天伎樂以供養佛尒時佛告迦葉菩
薩言善男子汝見是衆希有事不迦葉答言
已見世尊見諸如來无量无邊不可稱計受
諸大衆人天所奉飯食供養又見諸佛其身
姝大所坐之處如一針鋒多衆圍遶不相障
閡復見大衆悉發攢願說十三偈亦知大衆
各心念言如來今者獨受我供假使純陀所
奉飯食碎如微塵一塵一佛猶不周遍以佛
神力悉皆充足一切大衆唯諸菩薩摩訶薩
及文殊師利法王子等能知如是希有事耳
悉是如來方便示現聲聞大衆及阿脩羅等
皆知如來是常住法尒時世尊告純陀言汝
今所見爲是希有奇特事不實尒世尊我先
所見无量諸佛卅二相八十種好莊嚴其身
今悉見爲菩薩摩訶薩體貌瓌異姝大殊妙
唯見佛身喻如藥樹爲諸菩薩摩訶薩等之
所圍遶佛告純陀汝先所見无量佛者是我

BD05505號　大般涅槃經（北本）卷一〇　（21-8）

今所見爲是希有奇特事不實尒世尊我先
所見无量諸佛卅二相八十種好莊嚴其身
今悉見爲菩薩摩訶薩體貌瓌異姝大殊妙
唯見佛身喻如藥樹爲諸菩薩摩訶薩等之
所圍遶佛告純陀汝先所見无量佛者是我
所化爲欲利益一切衆生令得歡喜如是菩
薩摩訶薩等所可脩行不可思議能作无量
諸佛之事純陀汝今皆已成就菩薩摩訶薩
行得住十地菩薩所行具足成辦迦葉菩薩
白佛言世尊如是如是如佛所說純陀所脩
成菩薩行我亦隨喜今者如來欲爲未來无
量衆生作大明故說是大乘大涅槃經
世尊一切契經說有餘義无餘義耶善男子
我所說者亦有餘義亦无餘義純陀白佛言
世尊如佛所說
所有之物布施一切唯可讚歎无可虧損
世尊是義云何持戒毀戒有何差別佛言唯
除一人餘一切施皆可讚歎純陀問言云何
名爲唯除一人佛言如此經中所說破戒純
陀復言我今未解唯願說之佛告純陀言破
戒者謂一闡提其餘在所一切布施皆可讚
歎獲大果報純陀復問一闡提者其義云何
佛告純陀若有比丘及比丘尼優婆塞優婆
夷發麤惡言誹謗正法造是重業永不改悔
心无慚愧如是等人名爲趣向一闡提道若
犯四重作五逆罪自知定犯如是重事而心

BD05505號　大般涅槃經（北本）卷一〇　（21-9）

佛言純陀若有比丘及比丘尼優婆塞優婆
夷發麁惡言誹謗正法造是重業永不改悔
心无慚愧如是等人名爲趣向一闡提道若
犯四重作五逆罪自知定犯如是重事而心
初无怖畏慚愧不肯發露於彼正法永无護
惜建立之心毀呰輕賤言多過咎如是等人
亦名趣向一闡提道若復說言无佛法僧如
是等人亦名趣向一闡提道唯除如此一闡
提輩施其餘者一切讚歎
尒時純陀復白佛言世尊所言破戒其義云
何佛言純陀若犯四重及五逆罪誹謗正法
如是等人名爲破戒純陀復問如是破戒可
拔濟不佛言純陀有因緣故則可拔濟若被
法服猶未捨遠其心常懷慚愧恐怖而自考
責咄哉何爲犯斯重罪何其怪哉造斯苦業
深自改悔生護法心欲建正法有護法者我
當供養若有讀誦大乘典者我當諮問受持
讀誦既通利已復當爲他分別廣說我說是
人不爲破戒何以故善男子譬如日出能除
一切塵翳闇冥是大涅槃微妙經典出興於
世亦復如是能除衆生无量劫中所作衆罪
是故此經說護正法得大果報拔濟破戒若
有毀謗是正法者能自改悔還歸於法自念
所作一切不善如人自害心生恐怖驚懼慚
愧除此正法更无救護是故應當還歸正法
若能如是如說歸依布施是人得福无量亦

BD05505號　大般涅槃經（北本）卷一〇　（21–10）

有毀謗是正法者能自改悔還歸於法自念
所作一切不善如人自害心生恐怖驚懼慚
愧除此正法更无救護是故應當還歸正法
若能如是如說歸依布施是人得福无量亦
名世間應受供養若犯如上惡業之罪若逕
一月或十五日不生歸依發露之心若施是
人果報甚少犯五逆者亦復如是能生悔心
內懷慚愧今我所作不善之業甚爲大苦我
當建立護持正法是則不名五逆罪也若施
是人得福无量犯逆罪已不生護法歸依之
心有施是者福不足言又善男子犯重罪者
汝今諦聽我當爲汝分別廣說應生是心謂
正法者即是如來微密之藏是故我當護持
建立施是人者得勝果報善男子譬如女人
懷妊垂產值國荒亂逃至他土在一天廟即
便產生聞其舊邦安隱豐熟携持其子欲還
本土中路值河水漲暴急荷負是兒不能得
度即自念言我寧與子一處并命終不捨棄
而獨度也作是念已與子俱沒命終之後尋
生天中以慈念子欲令得度而是女人本性
弊惡以愛子故得生天中犯四重禁五无間
罪生護法心亦復如是雖復先爲不善之業
以護法故得爲世間无上福田是護法者有
如是等无量果報純陀復言世尊若一闡提能
自改悔恭敬供養讚歎三寶施如是人得大

BD05505號　大般涅槃經（北本）卷一〇　（21–11）

罪生謗法心亦復如是雖復先為不善之業
以謗法故得為世間无上福田是謗法者有
如是等无量果報純陁復言世尊若一闡提能
自改悔恭敬供養讚歎三寶施如是人得大
果不佛言善男子汝今不應作如是說善男
子辟如有人食菴羅菓吐核置地而復念
言是菓核中應有甘味即復還取破而嘗
之其味極苦心生悔恨恐失菓種即還收拾
種之於地勤加脩治以蘇油乳隨時溉灌於
意云何寧可生不不也世尊假使天降无上
甘雨猶亦不生善男子彼一闡提亦復如是
燒滅善根當於何處而得除罪善男子若生
善心是則不名一闡提也善男子以是義故一
切所施所得果報非无差別何以故施諸聲
聞所得報異施辟支佛得報亦異唯施如來
獲无上果是故說言一切所施非无差別純
陁復言何故如來而說此偈佛告純陁有因
緣故我說此偈王舍城中有優婆塞心无淨
信奉事尼揵而來問我布施之義以是因緣
故說斯偈亦為菩薩摩訶薩等說祕藏義如
斯偈者其義云何一切者少分一切當知菩薩
摩訶薩人中之雄攝取持戒施其所須捨棄
破戒如除稊稗
復次善男子如我昔日所說偈言
一切江河　必有迴曲　一切蘩林　必名樹木

摩訶薩人中之雄攝取持戒施其所須捨棄
破戒如除稊稗
復次善男子如我昔日所說偈言
一切江河　必有迴曲　一切蘩林　必名樹木
一切女人　必多諂曲　一切自在　必受安樂
尒時文殊師利菩薩摩訶薩即從座起偏袒
右肩右膝著地前礼佛足而說偈言
非一切河　必有迴曲　非一切林　悉名樹木
非一切女　必懷諂曲　一切自在　不必受樂
佛所說偈其義有餘唯垂哀愍說其因緣何
以故世尊於此三千大千世界有諸名拘邪
尼其諸有河端直不曲名娑婆耶揄如繩墨
直入西海如是河相於餘經中佛未曾說唯
願如來因此方等阿含經中說有餘義令諸
菩薩深解是義世尊辟如有人先識金鑛後
不識金如來亦尒盡知法已而所演說有餘
不盡如來雖作如是餘說應當方便解其意
趣一切蘩林必是樹木是亦有餘何以故種
種金銀瑠璃寶樹是亦名林一切女人必懷
諂曲是亦有餘何以故亦有女人善持禁戒
功德成就有大慈悲一切自在必受樂者是
亦有餘何以故有自在者轉輪聖帝如來法
王不屬死魔不可滅盡梵釋諸天雖得自在
悉是无常若得常住无變易者乃名自在所
謂大乘大般涅槃佛言善男子汝今善得樂
說之辯且止諦聽文殊師利辟如長者身嬰

亦有餘何以故有自在者轉輪聖帝如來法
王不屬死魔不可滅盡梵釋諸天雖得自在
悉是无常若得常住无變易者乃名自在所
謂大乘大般涅槃佛言善男子汝今善得樂
說之辯且止諦聽文殊師利譬如長者身嬰
病苦良醫許之為合膏藥是時病者貪欲多
服醫語之言若能消者則可多服汝今體羸
不應多服當知是膏亦名甘露亦名毒藥若
多服不消則名為毒善男子汝今勿謂是醫
所說違失義理喪膏力勢善男子如來亦尒
為諸國王后妃太子王子大臣因波斯匿王
王子后妃憍慢心故為欲調伏示現恐怖如
彼良醫故說此偈

一切江河　必有迴曲　一切叢林　必名樹木
一切女人　必懷諂曲　一切自在　必受安樂

文殊師利汝今當知如來所說无有漏失如
此大地可令反覆如來之言終无漏失以是
義故如來所說一切有餘尒時佛讚文殊師
利善哉善哉善男子汝已久知如是之義哀
愍一切欲令衆生得智慧故廣問如來如是
偈義尒時文殊師利法王之子復於佛前而
說偈言

於他語言　隨順不逆　亦不觀他　作以不作
但自觀身　善不善行

世尊如是說此法藥非為正說於他語言隨
順不逆者唯願如來垂哀正說何以故世尊

於他語言　隨順不逆　亦不觀他　作以不作
但自觀身　善不善行

世尊如是說此法藥非為正說於他語言隨
順不逆者唯願如來垂哀正說何以故世尊
常說一切外學九十五種皆趣惡道聲聞弟
子皆向正路若護禁戒攝持威儀守慎諸根
如是等人深樂大法趣向善道如來何故於
九部經中見有毀他則便呵責如是偈義為
何所趣佛告文殊師利善男子我說此偈亦
不盡為一切衆生尒時唯為阿闍世王諸佛
世尊若无因緣終不逆說有因緣故乃說之
耳善男子阿闍世王害其父已來至我所欲
折伏我作如是問云何世尊有一切智非一
切智耶若一切智調達往昔无量世中常懷
惡心隨逐如來欲為煞害云何如來聽其出
家善男子以是因緣我為是王而說此偈

於他語言　隨順不逆　亦不觀他　作以不作
但自觀身　善不善行

佛告大王汝今害父已作逆罪最重无間應
當發露以求清淨何緣乃更見他過咎善男
子以是義故我為彼王而說是偈復次善男
子亦為護持不毀禁戒成就威儀見他過者
而說是偈若復有人受他教誨遠離衆惡復
教他人令遠衆惡如是之人則我弟子
尒時世尊為文殊師利而說偈言

子亦爲護持不毀禁戒成就威儀見他過者
而訶是偈若復有人受他教誨遠離衆惡復
教他人令遠衆惡如是之人則我弟子
尒時世尊爲文殊師利而說偈言
一切畏刀杖　无不愛壽命　恕己可爲喻　勿煞勿行杖
尒時文殊師利復於佛前而說偈言
非一切畏杖　非一切愛命　恕己可爲喻　勤作善方便
如來說是法句之義亦是未盡何以故如阿
羅漢轉輪聖王王女爲馬主藏大臣若諸天
人及阿脩羅執持利劒能害之者无有是處
勇士烈女馬王獸王持戒比丘雖復對至而
不恐怖以是義故如來說偈亦是有餘若言
恕己可爲喻者是亦有餘何以故若使羅漢
以己喻彼則有我想及以命想若有我想及
以命想則應擁護凡夫亦應見阿羅漢悲是
行人若如是者即是邪見若有邪見命終之
時即應生於阿鼻地獄又復羅漢設於衆生
生害心者无有是處无量衆生亦復无能害
羅漢者佛言善男子言我想者謂於衆生生
大悲心无煞害想謂阿羅漢平等之心勿謂
世尊无有因緣而逆說也昔日於此王舍城
中有大獵師多煞群鹿請我食肉我於是時
雖受彼請於諸衆生生慈悲心如羅睺羅而
說偈言
當令汝長壽　久久住於世　受持不害法　猶如諸佛壽
是故我說偈

雖受彼請於諸衆生生慈悲心如羅睺羅而
說偈言
當令汝長壽　久久住於世　受持不害法　猶如諸佛壽
是故我說偈
一切畏刀杖　无不愛壽命　恕己可爲喻　勿煞勿行杖
佛言善哉善哉文殊師利爲諸菩薩摩訶薩
故諸聞如來如是密教
尒時文殊師利復說是偈
云何敬父母　隨順而尊重　云何脩此法　墮於无間獄
於是如來復以偈荅文殊師利
若以貪愛母　无明以爲父　隨順尊重是　則墮无間獄
尒時如來復爲文殊師利菩薩重說偈言
一切屬他　則名爲苦　一切由己　自在安樂
一切憍慢　勢極暴惡　賢善之人　一切愛念
尒時文殊師利菩薩摩訶薩白佛言世尊如
來所說是亦不盡唯願如來復垂哀愍說其
因緣何以故如長者子從師學時爲屬師不
若屬師者義不成就若不屬者亦不成就若
得自在亦不成就是故如來所說有餘復次
世尊譬如王子无所綜習觸事不成是亦自
在愚闇常苦如是王子若言自在義亦不成
若言屬他義亦不成以是義故佛所說義名
爲有餘是故一切屬他不必受苦一切自在
不必受樂一切憍慢勢極暴惡是亦有餘世
尊如諸烈女憍慢心故出家學道護持禁戒

[illegible]若言自在義亦不成
若言屬他義亦不成以是義故佛所說義名
為有餘是故一切屬他不必受苦一切自在
不必受樂一切憍慢勢極暴惡是亦有餘世
尊如諸烈女憍慢心故出家學道護持禁戒
威儀成就守攝諸根不令馳散是故一切憍
慢之結不必暴惡瞋善之人一切愛念是亦
有餘如人內犯四重禁已不捨法服堅持威
儀護持法者見已不愛是人命終必墮地獄
若有賢人犯重禁已護法見之即驅令出罷
道還俗以是義故一切賢善不必悉愛尒時
佛告文殊師利有因緣故如來於此說有餘
義又有因緣諸佛如來而說是法時王舍城
有一女人名曰善賢還父母家因至我所歸
依於我及法衆僧而作是言一切女人勢不
自由一切男子自在无閡我於尒時知是女
心即為宣說如是偈頌文殊師利善我善我
汝今能為一切衆生問於如來如是密語
文殊師利復說偈言
一切諸衆生　皆依飲食存　一切有大力　其心无嫉妬
一切因飲食　而得諸病苦　一切脩淨行　而得受安樂
如是世尊今受純陁飲食供養將无如來有
恐怖耶尒時世尊復為文殊師利而說偈言
非一切衆生　盡依飲食存　非一切大力　心皆无嫉妬
非一切因食　而致病苦患　非一切淨行　悉得受安樂
文殊師利汝若得病我亦如是應得病苦何

如是世尊今受純陁飲食供養將无如來有
恐怖耶尒時世尊復為文殊師利而說偈言
非一切衆生　盡依飲食存　非一切大力　心皆无嫉妬
非一切因食　而致病苦患　非一切淨行　悉得受安樂
文殊師利汝若得病我亦如是應得病苦何
以故諸阿羅漢及辟支佛菩薩如來實无所
食為欲化彼示現受用无量衆生所施之物
令其具足檀波羅蜜拔濟地獄畜生餓鬼若
言如來六年苦行身羸瘦者无有是處諸佛
世尊獨拔諸有不同凡夫云何而得身羸劣
耶諸佛世尊精勤脩習獲金剛身不同世人
危脆之身我諸弟子亦復如是不可思議不
依於食一切大力无嫉妬者亦有餘義如世
間人終身永无嫉妬之心而无大力一切病
苦因食得者亦有餘義亦見有人得客病者
所謂刺剌刀劍鉾矟一切淨行受安樂者是
亦有餘世間亦有外道之人脩於梵行多受
苦惱以是義故如來所說一切有餘是名如
來非无因緣而說此偈有因緣故說昔日於
此優禪尼國有婆羅門名毅鞁德來至我所
欲受第四八戒齋法我於尒時為說此偈
尒時迦葉菩薩白佛言世尊何等名為无餘
義耶去何復名一切義乎善男子一切者唯
除助道常樂善法亦名一切亦名无餘其餘
諸法亦名有餘亦名无餘欲令樂法諸善男
[illegible]

欲受第四八戒齋法我於尒時為說此偈
尒時迦葉菩薩白佛言世尊何等名為无餘
義耶云何復名一切義乎善男子一切者唯
除助道常樂善法亦名一切亦名无餘其餘
諸法亦名有餘亦名无餘欲令樂法諸善男
子知此有餘及无餘義迦葉菩薩心大歡喜
踊躍无量前白佛言甚奇世尊等視衆生如
羅睺羅尒時佛讚迦葉菩薩善哉善哉汝今
所見微妙甚深
迦葉菩薩白佛言世尊唯願如來說是大乘
大涅槃經所得功德佛告迦葉善男子若有
得聞是經名字所得功德非諸聲聞辟支佛
等所能宣說唯佛能知何以故不可思議是
佛境界何況受持讀誦通利書寫經卷尒時
諸天世人及阿脩羅即於佛前異口同音而
說偈言
諸佛難思議　法僧亦復然　是故今勸請　唯願小停住
尊者大迦葉　及以阿難等　二衆之眷屬　且待須臾至
并及摩伽主　阿闍世大王　至心敬信佛　猶故未來此
唯願於如來　小垂哀愍住　於此大衆中　斷我諸疑網
尒時如來為諸大衆而說偈言
我法寂長子　是名大迦葉　阿難勤精進　能斷一切疑
汝等當諦觀　阿難多聞士　自然得解了　是常及无常
以是故不應　心懷於憂惱
尒時大衆以種種物供養如來供養佛已即
發阿耨多羅三藐三菩提心无量无邊恒河

唯願於如來　小垂哀愍住　於此大衆中　斷我諸疑網
尒時如來為諸大衆而說偈言
我法寂長子　是名大迦葉　阿難勤精進　能斷一切疑
汝等當諦觀　阿難多聞士　自然得解了　是常及无常
以是故不應　心懷於憂惱
尒時大衆以種種物供養如來供養佛已即
發阿耨多羅三藐三菩提心无量无邊恒河
沙等諸菩薩輩得住初地尒時世尊與文殊
師利迦葉菩薩及與純陀而授記莂授記莂
已說如是言諸善男子自脩其心慎莫放逸
我今背疾舉體皆痛我今欲卧如彼小兒及
常患者文殊師利汝等當為四部廣說大法
今以此法付囑於汝乃至迦葉阿難等來復
當付囑如是正法尒時如來說是語已為欲
調伏諸衆生故現身有疾右脇而卧如彼病人

大般涅槃經卷第十

閻浮提八万四千城邑聚落八万四千諸王
等各於其國娛樂快樂各各於國而得自在
於自所有錢財珎寶各各自足不相侵奪如
其宿世所脩集業隨業受報不生惡心貪
求他國各各自生利益之心生於慈心安樂
之心不諍訟心不破壞心无繫縛心无楚撻
心各於其土自生愛樂上下和穆猶如水乳
心相愛念增諸善根以是因緣故閻浮提
安隱豐樂人民熾盛大地沃壤陰陽和調時
不越序日月星宿不失常度風雨隨時无
諸災橫人民豐溢自足於財心无貪悋亦无
嫉妬等行十善其人壽終多生天上天宮充滿
增益天衆若未來世有諸人王聽是經典及
供養恭敬受持是經四部之衆是王則爲安
樂利益汝等四王及餘眷屬无量百千諸鬼
神等何以故汝等四王若得時時聞是經典
則爲已得正法之水服甘露味增益身力心
進勇銳具諸威德是諸人王若能至心聽受

BD05506號　金光明經卷二　　（4–1）

諸災橫人
嫉妬等行十善其人壽終多生天上天宮充滿
增益天衆若未來世有諸人王聽是經典及
供養恭敬受持是經四部之衆是王則爲安
樂利益汝等四王及餘眷屬无量百千諸鬼
神等何以故汝等四王若得時時聞是經典
則爲已得正法之水服甘露味增益身力心
進勇銳具諸威德是諸人王若能至心聽受
是典則爲已能供養於我若供養我則是供
養過去未來現在諸佛若能供養過去未
來現在諸佛則得无量不可思議功德之聚
以是因緣是諸人王應得擁護及后妃婇女
中宮眷屬諸王子等亦應得護衰惱消滅
快樂熾盛宮殿堂宇安隱清淨无諸災變護
宮之神增長威德亦受无量歡悅快樂是諸
國土所有人民悉受種種五欲之樂一切惡事
悉皆消滅
尒時四天王白佛言世尊未來之世若有人
王欲得護身及后妃婇女諸王子等宮殿屋
宅得第一護身所王領處爲殊勝具不可思
議王者功德欲得攝取无量福聚國土无有
他方怨賊无諸憂惱及諸苦事世尊如是人
王不應放逸散亂其心應生恭敬謙下之心
應當莊嚴第一微妙最勝宮宅種種香汁
持用灑地散種種華敷大法座師子之座並
以无量珎寄異物而爲校餝張施種種无數
微妙幢幡寶蓋當淨洗浴以香塗身著好淨
衣瓔珞自嚴坐小卑座不自高大除去自在

BD05506號　金光明經卷二　　（4–2）

應當莊嚴第一微妙最勝宮宅種種香汁
持用灑地散種種華敷大法坐師子之座並
以无量珎奇異物而為校餝張施種種无數
微妙幢幡寶蓋當淨洗浴以香塗身著好淨
衣瓔珞自嚴坐小床座不自高大除去自在
離諸放逸謙下自卑除去憍慢正念聽受如是
妙典於說法者生世尊相復於宮內后妃王
子婇女眷屬生慈愍心和顏與語勸以種種
供養之具供養法師是王尒時既勸化已即
生无量歡喜快樂心懷悅豫復自勵不
生疲倦多作利益於說法者倍生恭敬
尒時佛告四天大王尒時人王應著白淨鮮
潔之衣種種瓔珞嚴飾莊嚴執持素白微
妙上蓋服餝容儀不失常則躬出奉迎說
法之人何以故是王如是隨其舉足步步之中
即是供養值遇百千億那由他諸佛世尊復
得超越如是等劫生死之難復於未來世尒時
劫中常得封受轉輪王位隨其步步亦得
如是現世功德不可思議自在之力常得最
勝極妙七寶人天宮殿在在生處增益壽命
言語辯了人所信用無所畏忌有大名稱常
為人天之所恭敬天上人中受上妙樂得大勢
力具足成德身色微妙端嚴第一常值諸佛
遇善知識成就具足無量福聚汝等四天王
如是人王見如是等種種無量功德利益是
故此王應當躬出奉迎法師若一由旬至百
千由旬於說法師應生佛想應作是念今日

BD05506號　金光明經卷二　（4–3）

得超越如是等劫生死之難復於未來世尒時
劫中常得封受轉輪王位隨其步步亦得
如是現世功德不可思議自在之力常得最
勝極妙七寶人天宮殿在在生處增益壽命
言語辯了人所信用無所畏忌有大名稱常
為人天之所恭敬天上人中受上妙樂得大勢
力具足成德身色微妙端嚴第一常值諸佛
遇善知識成就具足無量福聚汝等四天王
如是人王見如是等種種無量功德利益是
故此王應當躬出奉迎法師若一由旬至百
千由旬於說法師應生佛想應作是念今日
釋迦來正知入於我宮受我供養為我說法
我聞是法即不退轉於阿耨多羅三藐三
菩提已為得值百千万億那由他佛為已供養
過去未來現在諸佛已得畢竟三惡道苦
我今已種百千無量轉輪聖王釋梵之因已種
無邊善根種子已令無量百千万億諸衆生

BD05506號　金光明經卷二　（4–4）

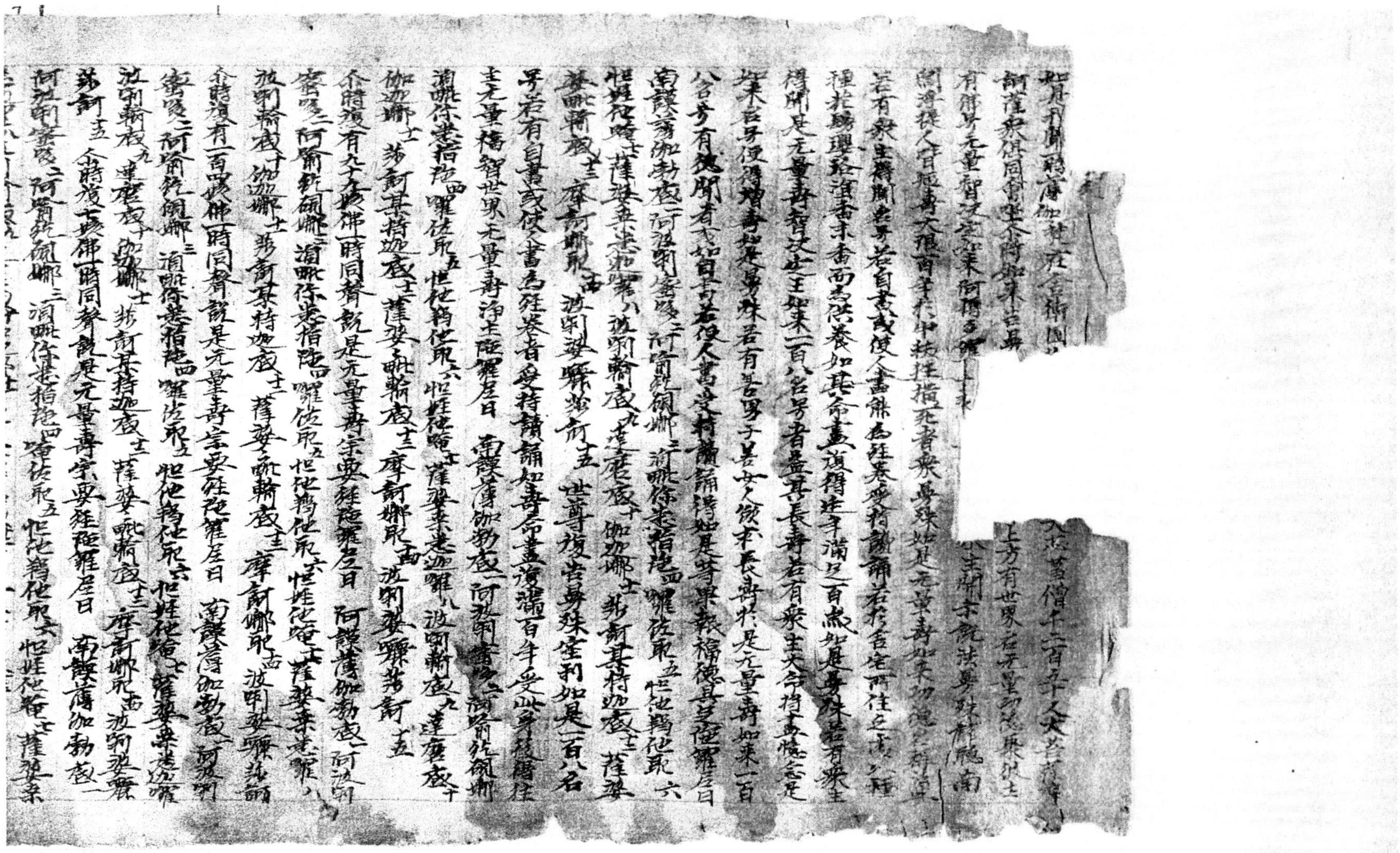

BD05507 號　無量壽宗要經　　　　　　　　　　　　　　　　　　　　　　　　　　　　　　（5–1）

BD05507 號　無量壽宗要經　　　　　　　　　　　　　　　　　　　　　　　　　　　　　　（5–2）

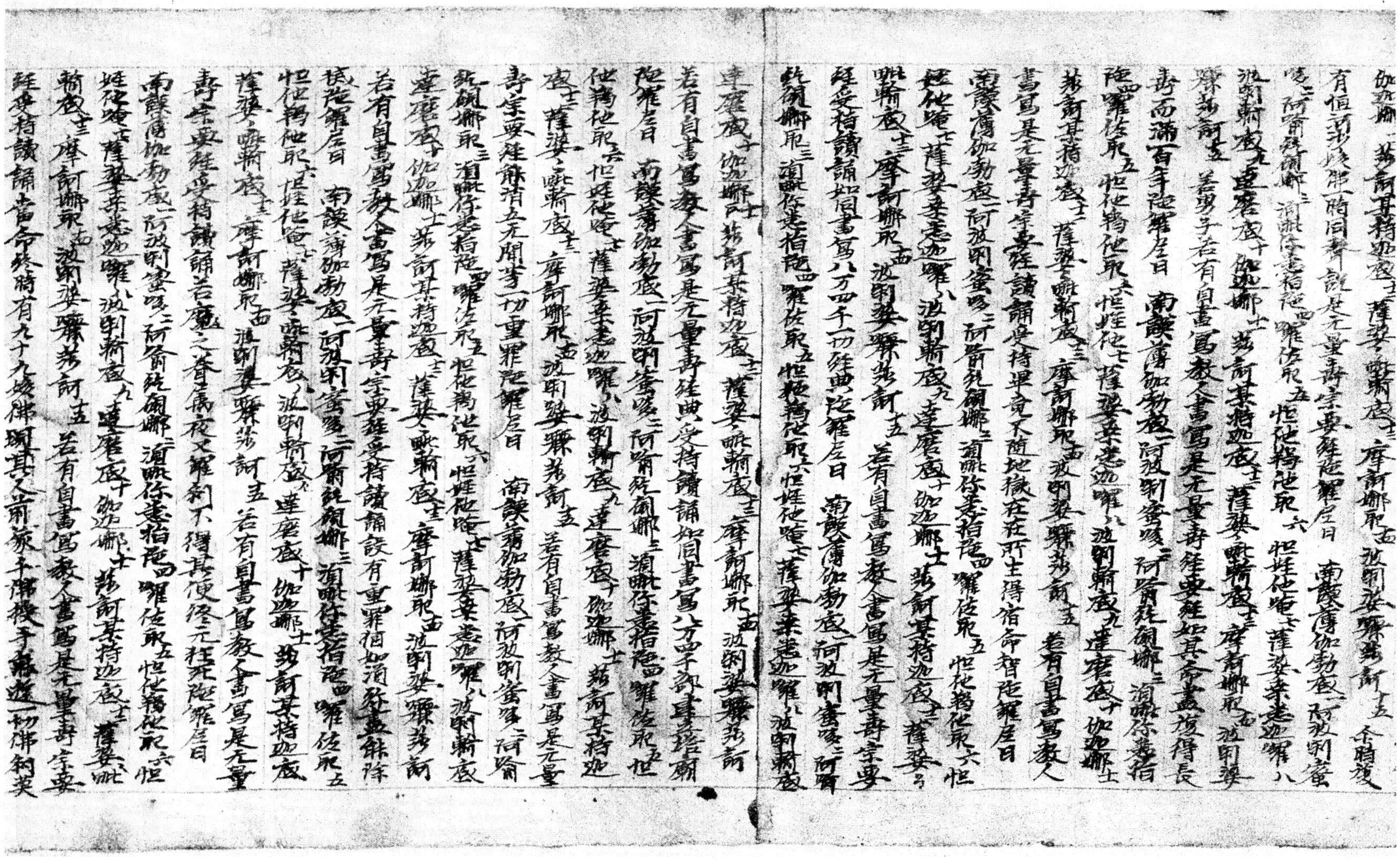

BD05507號　無量壽宗要經　（5–3）

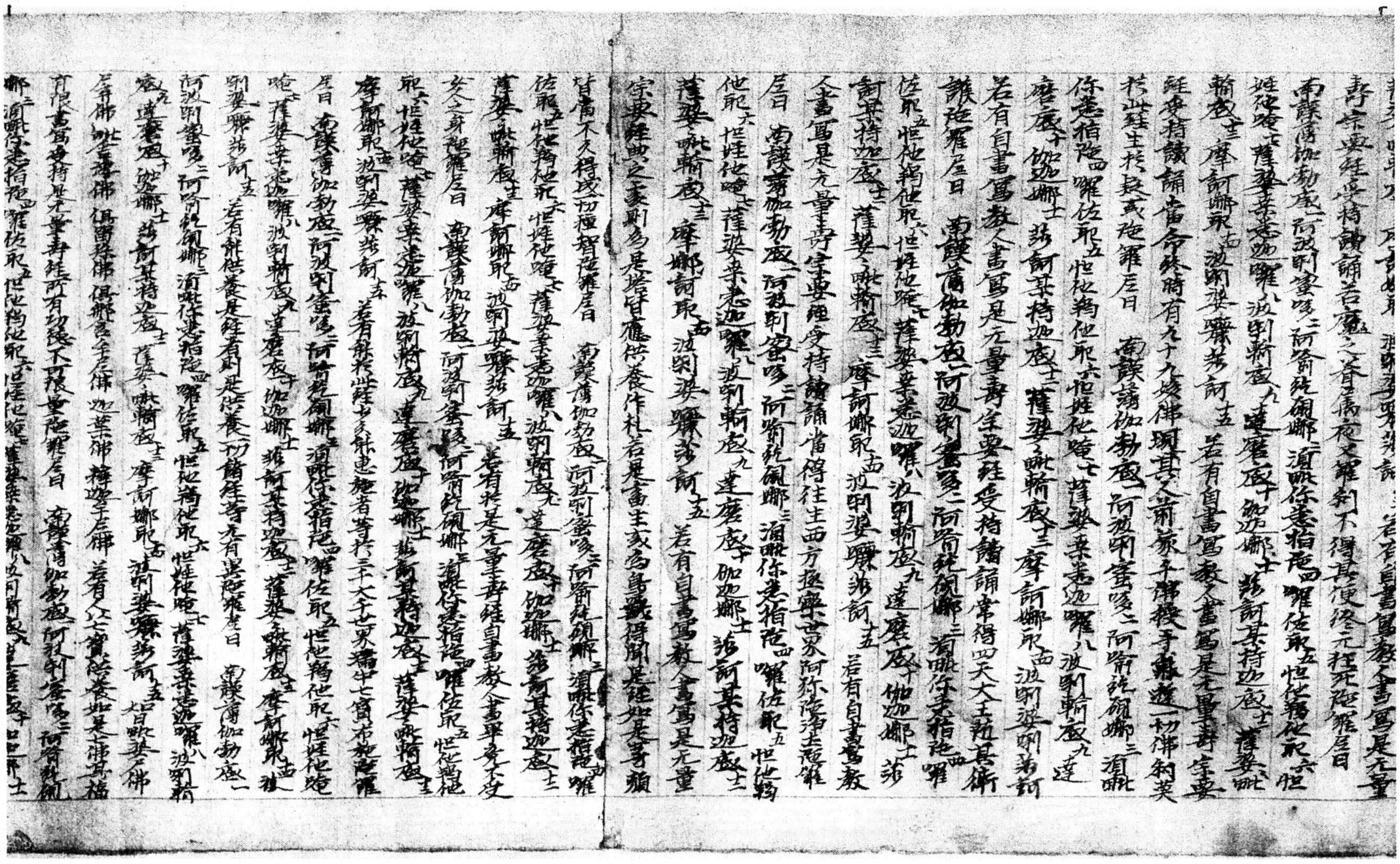

BD05507號　無量壽宗要經　（5–4）

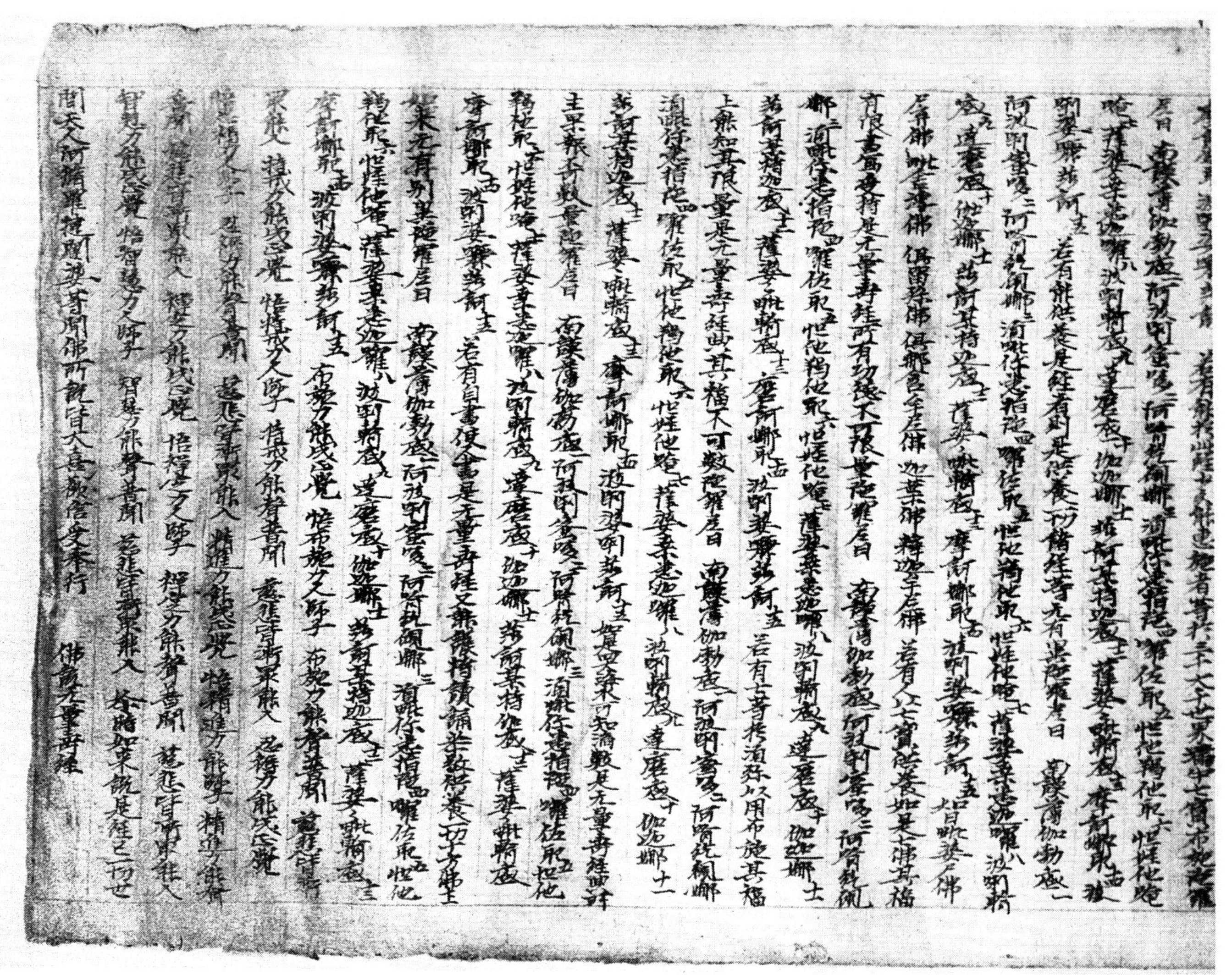

BD05507 號　無量壽宗要經　（5–5）

迦訖唎擔四十二毗陁闍瞋陁夜弥四十三雞囉夜弥四十四闍耶羯
羅摩度羯囉四十五薩婆囉他娑達那訖唎擔四十六毗
陁夜闍瞋陁夜弥四十七雞囉夜弥四十八赭咄囉婆耆你
訖唎擔四十九毗陁夜闍瞋陁夜弥五十雞囉夜弥五十一毗唎
羊訖唎知五十二難陁雞沙囉伽拏般帝五十三索醯夜訖
唎擔五十四毗陁夜闍瞋陁夜弥五十五雞囉夜弥五十六那揭
那舍囉婆拏訖唎擔五十七毗陁夜闍瞋陁夜弥五十八雞
羅夜弥五十九阿羅漢訖唎擔毗夜闍瞋陁夜弥六十雞
羅夜弥六十一毗多羅伽訖唎擔六十二毗陁夜闍瞋陁夜弥
六十三雞囉夜弥跋闍羅波你六十四具醯夜具醯夜六十五迦
地般帝訖唎擔六十六毗陁夜闍瞋陁夜弥六十七雞囉夜弥
六十八羅叉罔六十九婆伽梵七十印兔那麼麼寫七十一至此句稱某甲名代之婆伽
梵七十二薩怛多般怛羅七十三南无粹都帝七十四阿悉多
那羅剌迦七十五波羅婆悉普吒七十六毗迦薩怛多鉢帝
唎七十七什佛羅什佛羅七十八陁羅陁羅七十九頻陁羅陁羅嗔
陁嗔陁八十虎鉢八十一虎鉢八十二泮吒八十三泮吒泮吒泮吒泮吒
八十四娑訶八十五醯醯泮八十六阿牟迦耶泮八十七阿波囉提訶多泮

BD05508 號　大佛頂如來密因修證了義諸菩薩萬行首楞嚴咒　（5–1）

梵 薩怛多般怛羅 南无粹都帝 阿悉多
那羅剌迦 波羅婆悉普吒 毗迦薩怛多鉢帝
唎 什佛羅什佛羅 陀羅陀羅 頻陀羅陀羅嗔
陁嗔陁 虎鈝 虎鈝 泮吒泮吒泮吒泮吒泮吒
娑訶 醯醯泮 阿牟迦耶泮 阿波囉提訶多泮
婆囉波囉陁泮 阿素羅毗陁囉波迦泮 薩婆
提鞞泮 薩婆那伽鞞泮 薩婆藥叉鞞泮 薩
婆乾闥婆鞞泮 薩婆補丹那鞞泮 迦吒補
丹沮鞞泮 薩婆突狼枳帝鞞泮 薩婆突比嚟
訖瑟帝鞞泮 薩婆什婆唎鞞泮 薩婆阿播
悉摩嚟鞞泮 薩婆舍羅婆拏鞞泮 薩婆地
帝雞鞞泮 薩婆怛摩陀繼鞞泮 薩婆毗陀耶
羅誓遮嚟鞞泮 闍夜羯羅摩度羯羅 薩
婆羅他娑陁雞鞞泮 毗地夜遮嚟鞞泮 者
都囉縛耆你鞞泮 跋闍囉俱摩唎 毗陀夜
羅誓鞞泮 摩訶波羅丁羊乂耆唎鞞泮 跋
闍羅商羯羅夜 波羅丈耆闍耶泮 摩訶
迦羅夜 摩訶末怛唎迦拏 南无娑羯唎多夜
泮 毖瑟拏婢曳泮 勃羅訶牟尼曳泮 阿耆
尼曳泮 摩訶羯唎曳泮 羯羅檀遅曳泮 蔑
怛唎曳泮 嘮怛唎曳泮 遮文茶曳泮 羯邏羅

BD05508號　大佛頂如來密因修證了義諸菩薩萬行首楞嚴咒　（5-2）

闍羅商羯羅夜 波羅丈耆闍耶泮 摩訶
迦羅夜 摩訶末怛唎迦拏 南无娑羯唎多夜
泮 毖瑟拏婢曳泮 勃羅訶牟尼曳泮 阿耆
尼曳泮 摩訶羯唎曳泮 羯羅檀遅曳泮 蔑
怛唎曳泮 嘮怛唎曳泮 遮文茶曳泮 羯邏羅
怛唎曳泮 迦般唎曳泮 阿地目質多迦尸摩舍
那 婆私尔曳泮 演吉質 薩埵婆寫 麼麼印
兔麼麼 突瑟吒質多 阿末怛唎質多
烏闍訶羅 伽婆訶囉 嚧地囉訶囉 婆娑訶
羅 摩闍訶羅 闍多訶羅 視毖多訶羅 跋略
夜訶羅 乾陀訶羅 布史波訶羅 頗羅訶羅
婆寫訶羅 般波質多 突瑟吒質多 嘮陀羅質
多 藥叉揭羅訶 羅剎娑揭羅訶 閉隸多揭
羅訶 毗舍遮揭羅訶 部多揭羅訶 鳩槃
茶揭羅訶 悉乾陀揭羅訶 烏怛摩陀揭羅
訶 車夜揭羅訶 阿播薩摩羅揭羅訶 宅
祛革茶耆尼揭羅訶 唎佛帝揭羅訶 闍
弥迦揭羅訶 舍俱尼揭羅訶 老陀羅難地迦
揭訶羅 阿藍婆揭羅訶 乾度波尼揭羅訶
什伐羅堙迦醯迦 墜帝藥迦 怛隸帝藥迦
者突託迦 昵提什伐羅毖釤摩什伐羅 薄

BD05508號　大佛頂如來密因修證了義諸菩薩萬行首楞嚴咒　（5-3）

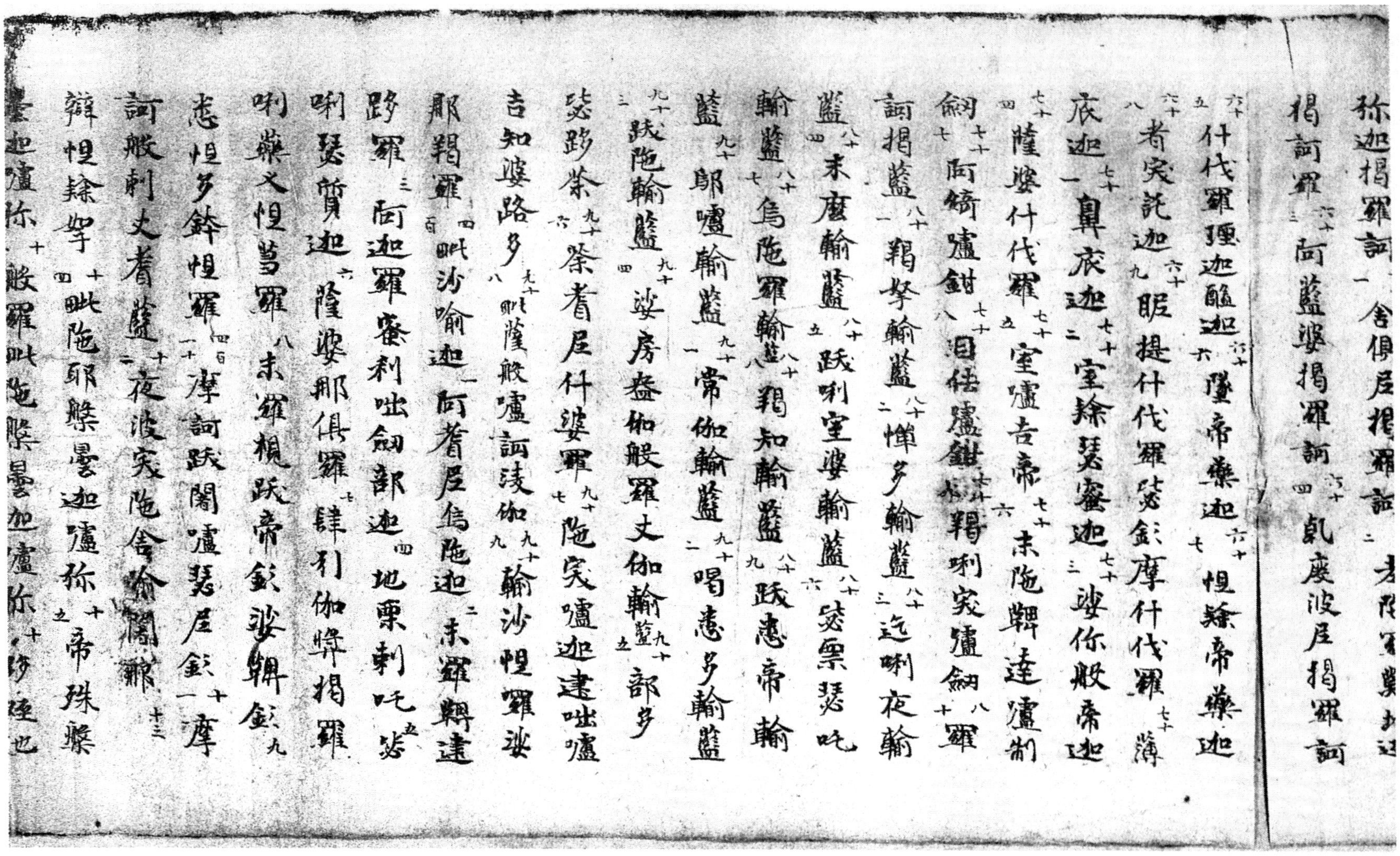

BD05508 號　大佛頂如來密因修證了義諸菩薩萬行首楞嚴咒　（5–4）

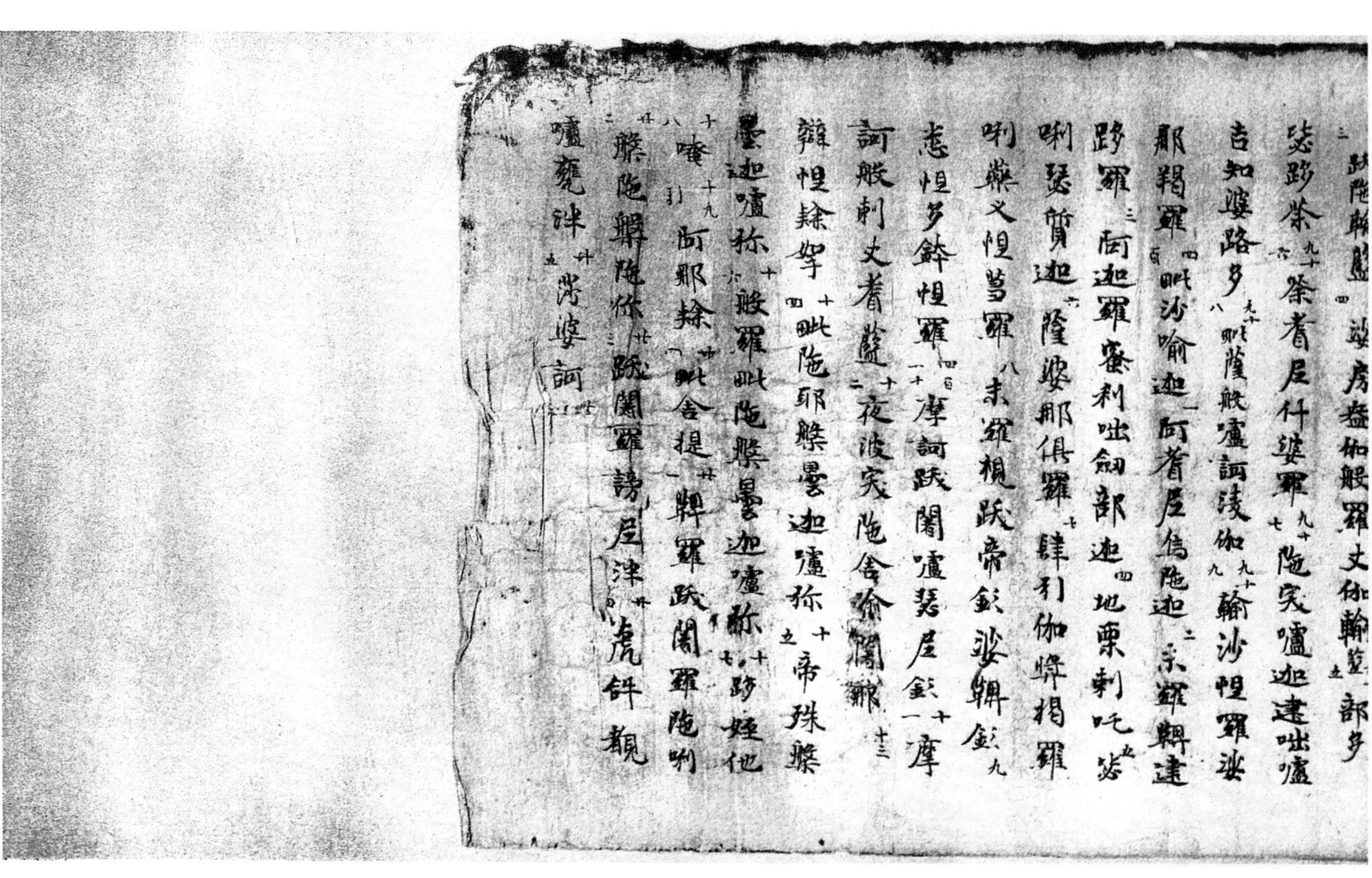

BD05508 號　大佛頂如來密因修證了義諸菩薩萬行首楞嚴咒　（5–5）

觸受愛取有生老死愁歎苦
方便無生爲方便無所得爲方便迴向一切
智智安住内空乃至無性自性空慶喜當知
以無明無二爲方便無生爲方便無所得爲
方便迴向一切智智安住真如法界法性不
虛妄性不變異性平等性離生性法定法住
實際虛空界不思議界以行識名色六處觸
受愛取有生老死愁歎苦憂惱無二爲方便
無生爲方便無所得爲方便迴向一切智智
安住真如乃至不思議界慶喜當知以無明
無二爲方便無生爲方便無所得爲方便迴
向一切智智安住苦集滅道聖諦以行識名
色六處觸受愛取有生老死愁歎苦憂惱無
二爲方便無生爲方便無所得爲方便迴向
一切智智安住苦集滅道聖諦慶喜當知以
無明無二爲方便無生爲方便無所得爲方
便迴向一切智智脩習四静慮四無量四無
色定以行識名色六處觸受愛取有生老死
愁歎苦憂惱無二爲方便無生爲方便無所
得爲方便迴向一切智智脩習四静慮四無

BD05509號　大般若波羅蜜多經卷一〇九　（20–1）

便迴向一切智智脩習四静慮四無量四無
色定以行識名色六處觸受愛取有生老死
愁歎苦憂惱無二爲方便無生爲方便無所
得爲方便迴向一切智智脩習四静慮四無
量四無色定慶喜當知以無明無二爲方便
無生爲方便無所得爲方便迴向一切智智
脩習八解脫八勝處九次第定十遍處以行
識名色六處觸受愛取有生老死愁歎苦憂
惱無二爲方便無生爲方便無所得爲方便
迴向一切智智脩習八解脫八勝處九次第
定十遍處慶喜當知以無明無二爲方便無
生爲方便無所得爲方便迴向一切智智脩
習四念住四正斷四神足五根五力七等覺
支八聖道支以行識名色六處觸受愛取有
生老死愁歎苦憂惱無二爲方便無生爲方
便無所得爲方便迴向一切智智脩習四念
住四正斷四神足五根五力七等覺支八聖
道支慶喜當知以無明無二爲方便無生爲
方便無所得爲方便迴向一切智智脩習空
解脫門無相解脫門無願解脫門以行識名
色六處觸受愛取有生老死愁歎苦憂惱無
二爲方便無生爲方便無所得爲方便迴向
一切智智脩習空解脫門無相解脫門無願
解脫門慶喜當知以無明無二爲方便無生
爲方便無所得爲方便迴向一切智智脩習
五眼六神通以行識名色六處觸受愛取有
生老死愁歎苦憂惱無二爲方便無生爲方

BD05509號　大般若波羅蜜多經卷一〇九　（20–2）

一切智智脩習空解脫門無相解脫門無願
解脫門慶喜當知以無明無二為方便無生
為方便無所得為方便迴向一切智智脩習
五眼六神通以行識名色六處觸受愛取有
生老死愁歎苦憂惱無二為方便無生為方
便無所得為方便迴向一切智智脩習五眼
六神通慶喜當知以無明無二為方便無生
為方便無所得為方便迴向一切智智脩習
佛十力四無所畏四無礙解大慈大悲大喜
大捨十八佛不共法以行識名色六處觸受
愛取有生老死愁歎苦憂惱無二為方便無
生為方便無所得為方便迴向一切智智脩習
佛十力四無所畏四無礙解大慈大悲大喜
大捨十八佛不共法慶喜當知以無明無二
為方便無生為方便無所得為方便迴向一切
智智脩習無忘失法恒住捨性以行識名色
六處觸受愛取有生老死愁歎苦憂惱無二
為方便無生為方便無所得為方便迴向一
切智智脩習無忘失法恒住捨性慶喜當
知以無明無二為方便無生為方便無所得
為方便迴向一切智智脩習一切智道相智
一切相智以行識名色六處觸受愛取有生
老死愁歎苦憂惱無二為方便無生為方便
無所得為方便迴向一切智智脩習一切智
道相智一切相智慶喜當知以無明無二為
方便無生為方便無所得為方便迴向一切
智智脩習一切陁羅尼門一切三摩地門以

BD05509號　大般若波羅蜜多經卷一〇九

（20–3）

老死愁歎苦憂惱無二為方便無生為方便
無所得為方便迴向一切智智脩習一切智
道相智一切相智慶喜當知以無明無二為
方便無生為方便無所得為方便迴向一切
智智脩習一切陁羅尼門一切三摩地門以
行識名色六處觸受愛取有生老死愁歎苦
憂惱無二為方便無生為方便無所得為方
便迴向一切智智脩習一切陁羅尼門一切三
摩地門慶喜當知以無明無二為方便無生
為方便無所得為方便迴向一切智智脩習
菩薩摩訶薩行以行識名色六處觸受愛取
有生老死愁歎苦憂惱無二為方便無生為
方便無所得為方便迴向一切智智脩習菩薩
摩訶薩行慶喜當知以無明無二為方便
無生為方便無所得為方便迴向一切智智
脩習無上正等菩提以行識名色六處觸受
愛取有生老死愁歎苦憂惱無二為方便無
生為方便無所得為方便迴向一切智智脩
習無上正等菩提
慶喜當知以內空無二為方便無生為方便
無所得為方便迴向一切智智脩習布施淨戒
安忍精進靜慮般若波羅蜜多以外空內外
空空空大空勝義空有為空無為空畢竟
空無際空散空無變異空本性空自相空共
相空一切法空不可得空無性空自性空無性
性自性空無二為方便無生為方便無所得
為方便迴向一切智智脩習布施淨戒安忍

BD05509號　大般若波羅蜜多經卷一〇九

（20–4）

空無際空散空無變異空本性空自相空共
相空一切法空不可得空無性空自性空無性
性自性空無二為方便無生為方便無所得
為方便迴向一切智智脩習布施淨戒安忍
精進靜慮般若波羅蜜多慶喜當知以內空
無二為方便無生為方便無所得為方便迴
向一切智智安住內空外空內外空空空大
空勝義空有為空無為空畢竟空無際空散
空無變異空本性空自相空共相空一切法
空不可得空無性空自性空無性自性空以
外空內外空空空大空勝義空有為空無為
空畢竟空無際空散空無變異空本性空自
相空共相空一切法空不可得空無性空自
性空無性自性空無二為方便無生為方便
無所得為方便迴向一切智智安住內空乃
至無性自性空慶喜當知以內空無二為方
便無生為方便無所得為方便迴向一切智
智安住真如法界法性不虛妄性不變異性
平等性離生性法定法住實際虛空界不思
議界以外空內外空空空大空勝義空有為
空無為空畢竟空無際空散空無變異空
本性空自相空共相空一切法空不可得空無
性空自性空無性自性空無二為方便無
生為方便無所得為方便迴向一切智智安
住真如乃至不思議界慶喜當知以內空無
二為方便無生為方便無所得為方便迴向
一切智智安住苦集滅道聖諦以外空內外

BD05509 號　大般若波羅蜜多經卷一〇九　（20–5）

性空自性空無性自性空無二為方便無
生為方便無所得為方便迴向一切智智安
住真如乃至不思議界慶喜當知以內空無
二為方便無生為方便無所得為方便迴向
一切智智安住苦集滅道聖諦以外空內外
空空空大空勝義空有為空無為空畢竟空
無際空散空無變異空本性空自相空共相
空一切法空不可得空無性空自性空無性
自性空無二為方便無生為方便無所得為方
便迴向一切智智安住苦集滅道聖諦慶
喜當知以內空無二為方便無生為方便無
所得為方便迴向一切智智脩習四靜慮四無
量四無色定以外空內外空空空大空勝義
空有為空無為空畢竟空無際空散空無變
異空本性空自相空共相空一切法空不可得
空無性空自性空無性自性空無二為方便
無生為方便無所得為方便迴向一切智
智脩習四靜慮四無量四無色定慶喜當知
以內空無二為方便無生為方便無所得為方
便迴向一切智智脩習八解脫八勝處九
次第定十遍處以外空內外空空空大空勝
義空有為空無為空畢竟空無際空散空無
變異空本性空自相空共相空一切法空不
可得空無性空自性空無性自性空無二為
方便無生為方便無所得為方便迴向一切
智智脩習八解脫八勝處九次第定十遍處
慶喜當知以內空無二為方便無生為方便

BD05509 號　大般若波羅蜜多經卷一〇九　（20–6）

可得空無性空自性空無性自性空無二為
方便無生為方便無所得為方便迴向一切
智智脩習八解脫八勝處九次第定十遍處
慶喜當知以內空無二為方便無生為方便
無所得為方便迴向一切智智脩習四念住
四正斷四神足五根五力七等覺支八聖道
支以外空內外空空空大空勝義空有為空
無為空畢竟空無際空散空無變異空本性
空自相空共相空一切法空不可得空無性
空自性空無性自性空無二為方便無生為
方便無所得為方便迴向一切智智脩習四念
住四正斷四神足五根五力七等覺支八
聖道支慶喜當知以內空無二為方便無生
為方便無所得為方便迴向一切智智脩習
空解脫門無相解脫門無願解脫門以外空
內外空空空大空勝義空有為空無為空畢
竟空無際空散空無變異空本性空自相空
共相空一切法空不可得空無性空自性空
無性自性空無二為方便無生為方便無所
得為方便迴向一切智智脩習空解脫門無
相解脫門無願解脫門慶喜當知以內空無
二為方便無生為方便無所得為方便迴向
一切智智脩習五眼六神通以外空內外空空
空大空勝義空有為空無為空畢竟空無
際空散空無變異空本性空自相空共相空
一切法空不可得空無性空自性空無性自
性空無二為方便無生為方便無可得為方

一切智智脩習五眼六神通以外空內外空空
空大空勝義空有為空無為空畢竟空無
際空散空無變異空本性空自相空共相空
一切法空不可得空無性空自性空無性自
性空無二為方便無生為方便無可得為方
便迴向一切智智脩習五眼六神通慶喜當
知以內空無二為方便無生為方便無所得
為方便迴向一切智智脩習佛十力四無所
畏四無礙解大慈大悲大喜大捨十八佛不
共法以外空內外空空空大空勝義空有為
空無為空畢竟空無際空散空無變異空本
性空自相空共相空一切法空不可得空無
性空自性空無性自性空無二為方便無生
為方便無所得為方便迴向一切智智脩習
佛十力四無所畏四無礙解大慈大悲大喜
大捨十八佛不共法慶喜當知以內空無二
為方便無生為方便無所得為方便迴向一
切智智脩習無忘失法恒住捨性以外空內
外空空空大空勝義空有為空無為空畢竟
空無際空散空無變異空本性空自相空共
相空一切法空不可得空無性空自性空無
性自性空無二為方便無生為方便無所得
為方便迴向一切智智脩習無忘失法恒住
捨性慶喜當知以內空無二為方便無生為
方便無所得為方便迴向一切智智脩習一
切智道相智一切相智以外空內外空空空
大空勝義空有為空無為空畢竟空無際空

為方便迴向一切智智修習無忘失法恒住
捨性慶喜當知以內空無二為方便無生為
方便無所得為方便迴向一切智智修習一
切智道相智一切相智以外空內外空空空
大空勝義空有為空無為空畢竟空無際空
散空無變異空本性空自相空共相空一切
法空不可得空無性空自性空無性自性空無
二為方便無生為方便無所得為方便迴
向一切智智修習一切智道相智一切相智慶
喜當知以內空無二為方便無生為方便
無所得為方便迴向一切智智修習一切陀
羅尼門一切三摩地門以外空內外空空空
大空勝義空有為空無為空畢竟空無際空
散空無變異空本性空自相空共相空一切
法空不可得空無性空自性空無性自性空
無二為方便無生為方便無所得為方便迴
向一切智智修習一切陀羅尼門一切三摩
地門慶喜當知以內空無二為方便無生為
方便無所得為方便迴向一切智智修習菩
薩摩訶薩行以外空內外空空空大空勝義
空有為空無為空畢竟空無際空散空無變
異空本性空自相空共相空一切法空不可
得空無性空自性空無性自性空無二為方
便無生為方便無所得為方便迴向一切智
智修習菩薩摩訶薩行慶喜當知以內空無
二為方便無生為方便無所得為方便迴向
一切智智修習無上正等菩提以外空內外

BD05509號　大般若波羅蜜多經卷一〇九　（20–9）

得空無性空自性空無性自性空無二為方
便無生為方便無所得為方便迴向一切智
智修習菩薩摩訶薩行慶喜當知以內空無
二為方便無生為方便無所得為方便迴向
一切智智修習無上正等菩提以外空內外
空空空大空勝義空有為空無為空畢竟空
無際空散空無變異空本性空自相空共相
空一切法空不可得空無性空自性空無性
自性空無二為方便無生為方便無所得為
方便迴向一切智智修習無上正等菩提
慶喜當知以真如無二為方便無生為方便
無所得為方便迴向一切智智修習布施淨
戒安忍精進靜慮般若波羅蜜多以法界法性
不虛妄性不變異性平等性離生性法定法
住實際虛空界不思議界無二為方便無生
為方便無所得為方便迴向一切智智修習
布施淨戒安忍精進靜慮般若波羅蜜多慶
喜當知以真如無二為方便無生為方便無
所得為方便迴向一切智智安住內空外空
內外空空空大空勝義空有為空無為空畢
竟空無際空散空無變異空本性空自相空
共相空一切法空不可得空無性空自性空無
性自性空以法界法性不虛妄性不變異
性平等性離生性法定法住實際虛空界不
思議界無二為方便無生為方便無所得為
方便迴向一切智智安住內空乃至無性自
性空慶喜當知以真如無二為方便無生為

BD05509號　大般若波羅蜜多經卷一〇九　（20–10）

性平等性離生性法定法住實際虛空界不
思議界無二為方便無生為方便無所得為
方便迴向一切智智安住內空乃至無性自
性空慶喜當知以真如無二為方便無生為
方便無所得為方便迴向一切智智安住真
如法界法性不虛妄性不變異性平等性離
生性法定法住實際虛空界不思議界以法
界法性不虛妄性不變異性平等性離生性
法定法住實際虛空界不思議界無二為方
便無生為方便無所得為方便迴向一切智
智安住真如乃至不思議界慶喜當知以真
如無二為方便無生為方便無所得為方便
迴向一切智智安住苦集滅道聖諦以法界
法性不虛妄性不變異性平等性離生性法
定法住實際虛空界不思議界無二為方便
無生為方便無所得為方便迴向一切智智
安住苦集滅道聖諦慶喜當知以真如無二
為方便無生為方便無所得為方便迴向一
切智智修習四靜慮四無量四無色定以法
界法性不虛妄性不變異性平等性離生性
法定法住實際虛空界不思議界無二為方
便無生為方便無所得為方便迴向一切智
智修習四靜慮四無量四無色定慶喜當知
以真如無二為方便無生為方便無所得為
方便迴向一切智智修習八解脫八勝處九
次第定十遍處以法界法性不虛妄性不變
異性平等性離生性法定法住實際虛空界

BD05509 號　大般若波羅蜜多經卷一〇九　（20–11）

智修習四靜慮四無量四無色定慶喜當知
以真如無二為方便無生為方便無所得為
方便迴向一切智智修習八解脫八勝處九
次第定十遍處以法界法性不虛妄性不變
異性平等性離生性法定法住實際虛空界
不思議界無二為方便無生為方便無所得
為方便迴向一切智智修習八解脫八勝處
九次第定十遍處慶喜當知以真如無二為
方便無生為方便無所得為方便迴向一切
智智修習四念住四正斷四神足五根五力
七等覺支八聖道支以法界法性不虛妄性
不變異性平等性離生性法定法住實際虛
空界不思議界無二為方便無生為方便無
所得為方便迴向一切智智修習四念住四
正斷四神足五根五力七等覺支八聖道支
慶喜當知以真如無二為方便無生為方便
無所得為方便迴向一切智智修習空解脫
門無相解脫門無願解脫門以法界法性不
虛妄性不變異性平等性離生性法定法住
實際虛空界不思議界無二為方便無生為
方便無所得為方便迴向一切智智修習空
解脫門無相解脫門無願解脫門慶喜當知
以真如無二為方便無生為方便無所得為
方便迴向一切智智修習五眼六神通以法
界法性不虛妄性不變異性平等性離生性
法定法住實際虛空界不思議界無二為方
便無生為方便無所得為方便迴向一切智

BD05509 號　大般若波羅蜜多經卷一〇九　（20–12）

方便迴向一切智智脩習五眼六神通以法
界法性不虛妄性不變異性平等性離生性
法定法住實際虛空界不思議界無二為方
便無生為方便無所得為方便迴向一切智
智脩習五眼六神通慶喜當知以真如無二
為方便無生為方便無所得為方便迴向一
切智智脩習佛十力四無所畏四無礙解大
慈大悲大喜大捨十八佛不共法以法界法
性不虛妄性不變異性平等性離生性法定
法住實際虛空界不思議界無二為方便無
生為方便無所得為方便迴向一切智智脩
習佛十力四無所畏四無礙解大慈大悲大
喜大捨十八佛不共法慶喜當知以真如無
二為方便無生為方便無所得為方便迴向
一切智智脩習無忘失法恒住捨性以法界
法性不虛妄性不變異性平等性離生性法
定法住實際虛空界不思議界無二為方便
無生為方便無所得為方便迴向一切智智脩
習無忘失法恒住捨性慶喜當知以真如
無二為方便無生為方便無所得為方便迴
向一切智智脩習一切智道相智一切相智
以法界法性不虛妄性不變異性平等性離
生性法定法住實際虛空界不思議界无二
為方便無生為方便無所得為方便迴向一
切智智脩習一切智道相智一切相智慶喜
當知以真如無二為方便無生為方便無所
得為方便迴向一切智智脩習一切陀羅尼

為方便無生為方便無所得為方便迴向一
切智智脩習一切智道相智一切相智慶喜
當知以真如無二為方便無生為方便無所
得為方便迴向一切智智脩習一切陀羅尼
門一切三摩地門以法界法性不虛妄性不
變異性平等性離生性法定法住實際虛空
界不思議界無二為方便無生為方便無所
得為方便迴向一切智智脩習一切陀羅尼
門一切三摩地門慶喜當知以真如無二為
方便無生為方便無所得為方便迴向一切
智智脩習菩薩摩訶薩行以法界法性不虛
妄性不變異性平等性離生性法定法住實
際虛空界不思議界無二為方便無生為方
便無所得為方便迴向一切智智脩習菩薩
摩訶薩行慶喜當知以真如無二為方便無
生為方便無所得為方便迴向一切智智脩
習無上正等菩提以法界法性不虛妄性不
變異性平等性離生性法定法住實際虛空
界不思議界無二為方便無生為方便無所
得為方便迴向一切智智脩習無上正等菩
提
慶喜當知以苦聖諦無二為方便無生為方
便無所得為方便迴向一切智智脩習布施
淨戒安忍精進靜慮般若波羅蜜多以集滅
道聖諦無二為方便無生為方便無所得為
方便迴向一切智智脩習布施淨戒安忍精
進靜慮般若波羅蜜多慶喜當知以苦聖諦

便無所得為方便迴向一切智智脩習布施
淨戒安忍精進靜慮般若波羅蜜多以集滅
道聖諦無二為方便無生為方便無所得為
方便迴向一切智智脩習布施淨戒安忍精
進靜慮般若波羅蜜多慶喜當知以苦聖諦
無二為方便無生為方便無所得為方便迴
向一切智智安住內空外空內外空空空大
空勝義空有為空無為空畢竟空無際空散
空無變異空本性空自相空共相空一切法
空不可得空無性空自性空無性自性空以
集滅道聖諦無二為方便無生為方便無所
得為方便迴向一切智智安住內空乃至無
性自性空慶喜當知以苦聖諦無二為方便
無生為方便無所為方便迴向一切智智
安住真如法界法性不虛妄性不變異性平
等性離生性法定法住實際虛空界不思議
界以集滅道聖諦無二為方便無生為方便
無所得為方便迴向一切智智安住真如乃
至不思議界慶喜當知以苦聖諦無二為方
便無生為方便無所得為方便迴向一切智
智安住苦集滅道聖諦以集滅道聖諦無二
為方便無生為方便無所得為方便迴向一
切智智安住苦集滅道聖諦慶喜當知以苦
聖諦無二為方便無生為方便無所得為方
便迴向一切智智脩習四靜慮四無量四無
色定以集滅道聖諦無二為方便無生為方
便無所得為方便迴向一切智智脩習四靜

切智智安住苦集滅道聖諦慶喜當知以苦
聖諦無二為方便無生為方便無所得為方
便迴向一切智智脩習四靜慮四無量四無
色定以集滅道聖諦無二為方便無生為方
便無所得為方便迴向一切智智脩習四靜
慮四無量四無色定慶喜當知以苦聖諦無
二為方便無生為方便無所得為方便迴向
一切智智脩習八解脫八勝處九次第定十
遍處以集滅道聖諦無二為方便無生為方
便無所得為方便迴向一切智智脩習八解
脫八勝處九次第定十遍處慶喜當知以苦
聖諦無二為方便無生為方便無所得為方
便迴向一切智智脩習四念住四正斷四神足
五根五力七等覺支八聖道支以集滅道
聖諦無二為方便無生為方便無所得為方
便迴向一切智智脩習四念住四正斷四神
足五根五力七等覺支八聖道支慶喜當知
以苦聖諦無二為方便無生為方便無所得
為方便迴向一切智智脩習空解脫門無相
解脫門無願解脫門以集滅道聖諦無二為
方便無生為方便無所得為方便迴向一切
智智脩習空解脫門無相解脫門無願解脫
門慶喜當知以苦聖諦無二為方便無生為
方便無所得為方便迴向一切智智脩習五
眼六神通以集滅道聖諦無二為方便無生
為方便無所得為方便迴向一切智智脩習
五眼六神通慶喜當知以苦聖諦無二為方

方便無所得為方便迴向一切智智修習五
眼六神通以集滅道聖諦無二為方便無生
為方便無所得為方便迴向一切智智修習
五眼六神通慶喜當知以苦聖諦無二為方
便無生為方便無所得為方便迴向一切智
智修習佛十力四無所畏四無礙解大慈大
悲大喜大捨十八佛不共法以集滅道聖諦
無二為方便無生為方便無所得為方便迴
向一切智智修習佛十力四無所畏四無礙
解大慈大悲大喜大捨十八佛不共法慶喜
當知以苦聖諦無二為方便無生為方便無
所得為方便迴向一切智智修習無忘失法
恒住捨性以集滅道聖諦無二為方便無生
為方便無所得為方便迴向一切智智修習
無忘失法恒住捨性慶喜當知以苦聖諦無
二為方便無生為方便無所得為方便迴向
一切智智修習一切智道相智一切相智以
集滅道聖諦無二為方便無生為方便無所
得為方便迴向一切智智修習一切智道相
智一切相智慶喜當知以苦聖諦無二為方
便無生為方便無所得為方便迴向一切智
智修習一切陀羅尼門一切三摩地門以集
滅道聖諦無二為方便無生為方便無所得
為方便迴向一切智智修習一切陀羅尼門
一切三摩地門慶喜當知以苦聖諦無二為
方便無生為方便無所得為方便迴向一切
智智修習菩薩摩訶薩行以集滅道聖諦無二

BD05509號　大般若波羅蜜多經卷一〇九　(20–17)

滅道聖諦無二為方便無生為方便無所得
為方便迴向一切智智修習一切陀羅尼門
一切三摩地門慶喜當知以苦聖諦無二為
方便無生為方便無所得為方便迴向一切
智智修習菩薩摩訶薩行以集滅道聖諦無二
為方便無生為方便無所得為方便迴向
一切智智修習菩薩摩訶薩行慶喜當知以
苦聖諦無二為方便無生為方便無所得為
方便迴向一切智智修習無上正等菩提以
集滅道聖諦無二為方便無生為方便無所
得為方便迴向一切智智修習無上正等菩
提
慶喜當知以布施波羅蜜多無二為方便無
生為方便無所得為方便迴向一切智智修
習布施淨戒安忍精進靜慮般若波羅蜜多
以淨戒安忍精進靜慮般若波羅蜜多無二
為方便無生為方便無所得為方便迴向一
切智智修習布施淨戒安忍精進靜慮般若
波羅蜜多慶喜當知以布施波羅蜜多無二
為方便無生為方便無所得為方便迴向一
切智智安住內空外空內外空空空大空勝
義空有為空無為空畢竟空無際空散空無
變異空本性空自相空共相空一切法空不
可得空無性空自性空無性自性空以淨戒
安忍精進靜慮般若波羅蜜多無二為方便
無生為方便無所得為方便迴向一切智智
安住內空乃至無性自性空慶喜當知以布

BD05509號　大般若波羅蜜多經卷一〇九　(20–18)

波羅蜜多慶喜當知以布施波羅蜜多無二
為方便無生為方便無所得為方便迴向一
切智智安住內空外空內外空空空大空勝
義空有為空無為空畢竟空無際空散空無
變異空本性空自相空共相空一切法空不
可得空無性空自性空無性自性空以淨戒
安忍精進靜慮般若波羅蜜多無二為方便
無生為方便無所得為方便迴向一切智智
安住內空乃至無性自性空慶喜當知以布
施波羅蜜多無二為方便無生為方便無所
得為方便迴向一切智智安住真如法界法
性不虛妄性不變異性平等性離生性法定
法住實際虛空界不思議界以淨戒安忍精
進靜慮般若波羅蜜多無二為方便無生為
方便無所得為方便迴向一切智智安住真
如乃至不思議界慶喜當知以布施波羅蜜
多無二為方便無生為方便無所得為方便
迴向一切智智安住苦集滅道聖諦以淨戒
安忍精進靜慮般若波羅蜜多無二為方便
無生為方便無所得為方便迴向一切智智
安住苦集滅道聖諦慶喜當知以布施波羅
蜜多無二為方便無生為方便無所得為方便
迴向一切智智脩習四靜慮四無量四無色
定以淨戒安忍精進靜慮般若波羅蜜多
無二為方便無生為方便無所得為方便迴
向一切智智脩習四靜慮四無量四無色定

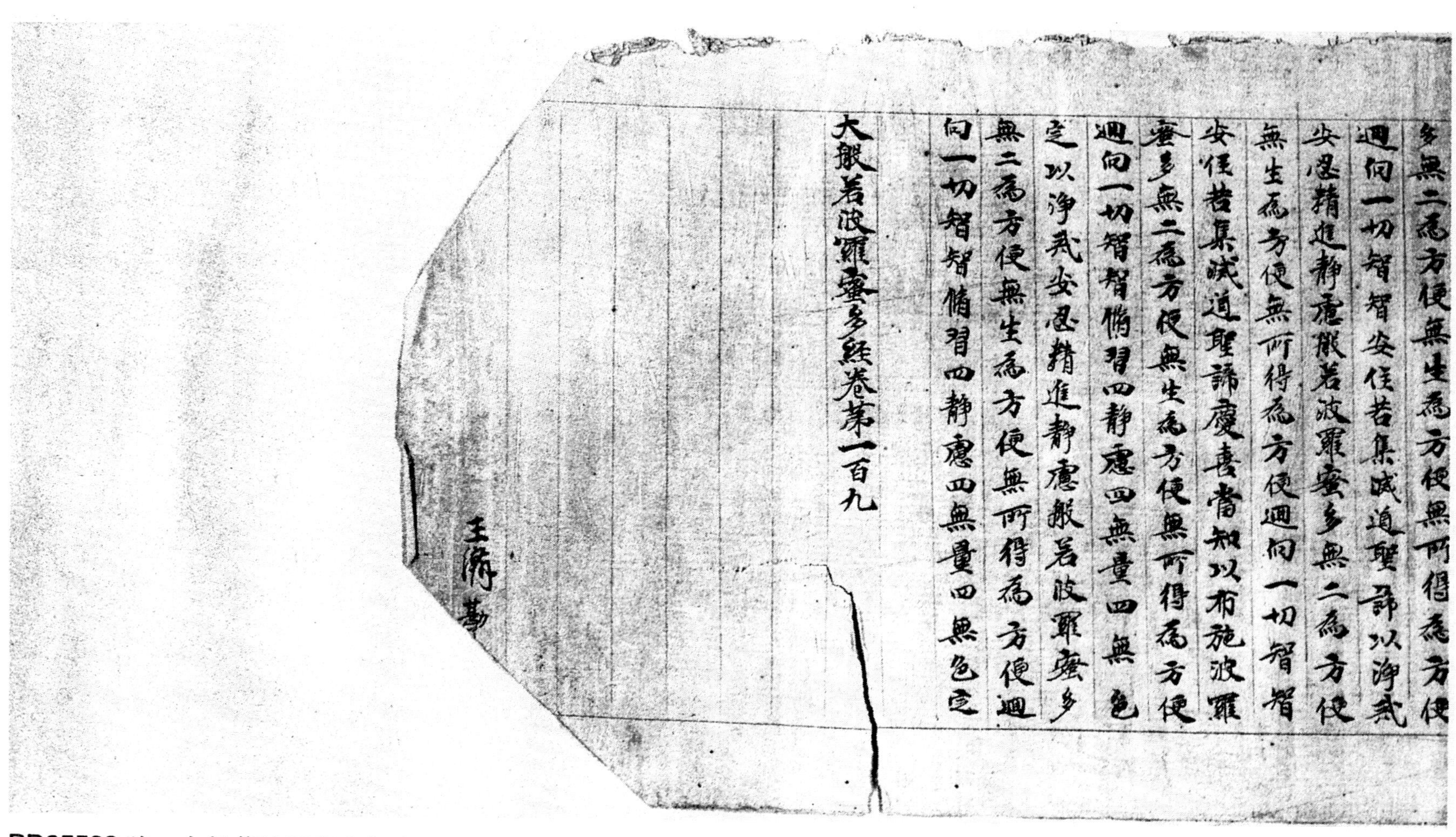
多無二為方便無生為方便無所得為方便
迴向一切智智安住苦集滅道聖諦以淨戒
安忍精進靜慮般若波羅蜜多無二為方便
無生為方便無所得為方便迴向一切智智
安住苦集滅道聖諦慶喜當知以布施波羅
蜜多無二為方便無生為方便無所得為方便
迴向一切智智脩習四靜慮四無量四無色
定以淨戒安忍精進靜慮般若波羅蜜多
無二為方便無生為方便無所得為方便迴
向一切智智脩習四靜慮四無量四無色定

大般若波羅蜜多經卷苐一百九

王[illegible]勘

BD05509 號背　勘記　（1–1）

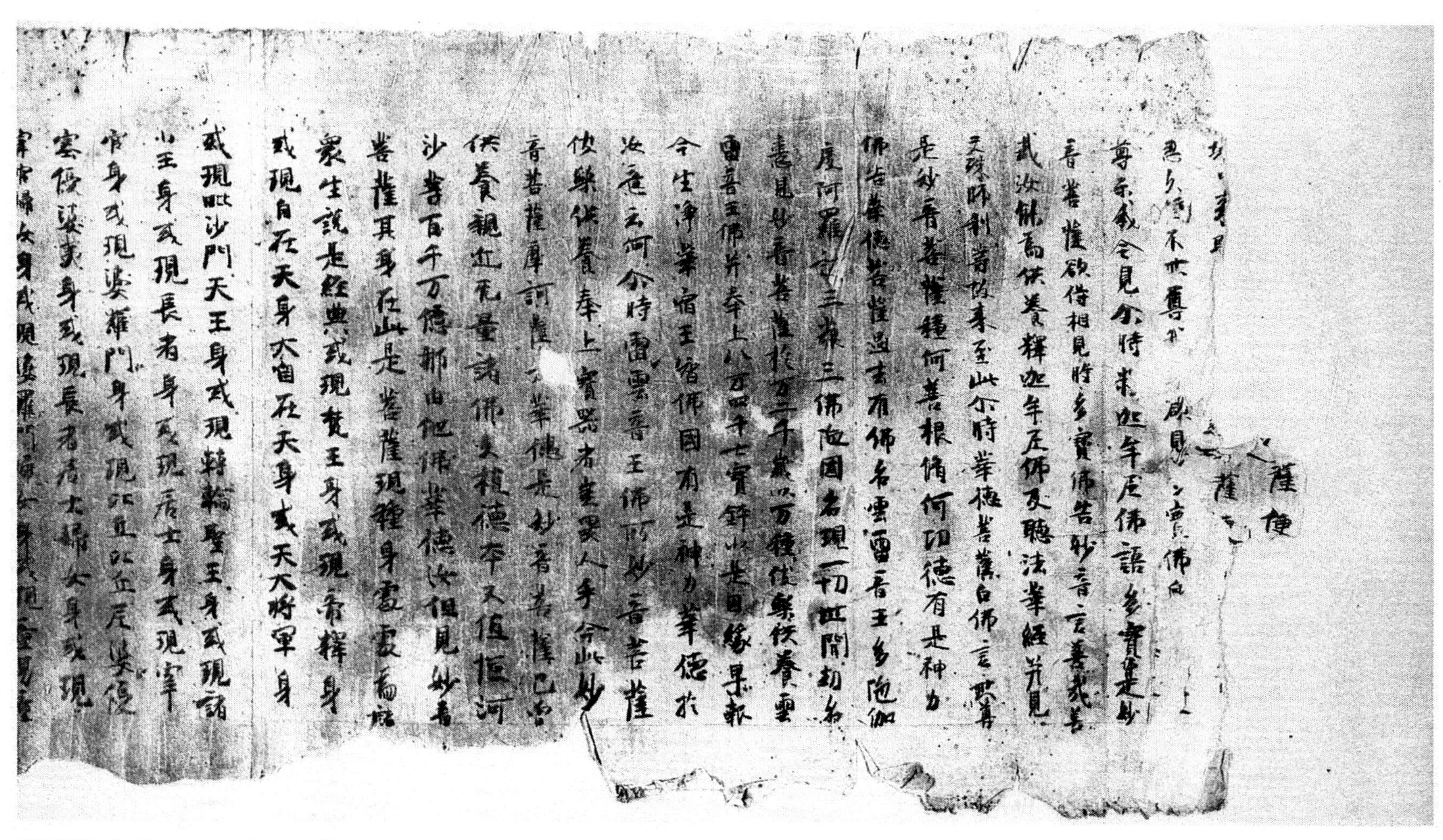

BD05510 號　妙法蓮華經卷七　（2–1）

衆生說是經典或現梵王身或現帝釋身
或現自在天身或現大自在天身或現天大將軍身
或現毗沙門天王身或現轉輪聖王身或現諸
小王身或現長者身或現居士身或現宰
官身或現婆羅門身或現比丘比丘尼優婆
塞優婆夷身或現長者居士婦女身或現
宰官婦女身或現婆羅門婦女身或現童男童
女身或現天龍夜叉乾闥婆阿脩羅迦樓羅緊那
羅摩睺羅伽人非人等身而說是經諸有地獄
餓鬼畜生及衆難處皆能救濟乃至於王後宮
變為女身而說是經華德是妙音菩薩救護娑
婆世界諸衆生者是妙音菩薩如是種種變
化現身在此娑婆國土為諸衆生說是經典於神通
變化智慧無所損減是菩薩以若干智慧明
照娑婆世界令一切衆生各得所知於十方恒河沙
世界中亦復如是若應以聲聞形得度者現聲聞
形而為說法應以辟支佛形得度者現辟支佛
形而為說法應以菩薩形得度者現菩薩形而為
說法應以佛形得度者即現佛形而為說法如
是種種隨所應度而為現形乃至應以滅度而得
度者示現滅度華德妙音菩薩摩訶薩
成就大神通智慧之力其事如是爾時華
德菩薩白佛言世尊是妙音菩薩深種
善根世尊是菩薩住何三昧而能如是在所
變現度脫衆生佛告華德菩薩善男子其
三昧名現一切色身妙音菩薩住是三昧中能是

BD05510 號　妙法蓮華經卷七　（2–2）

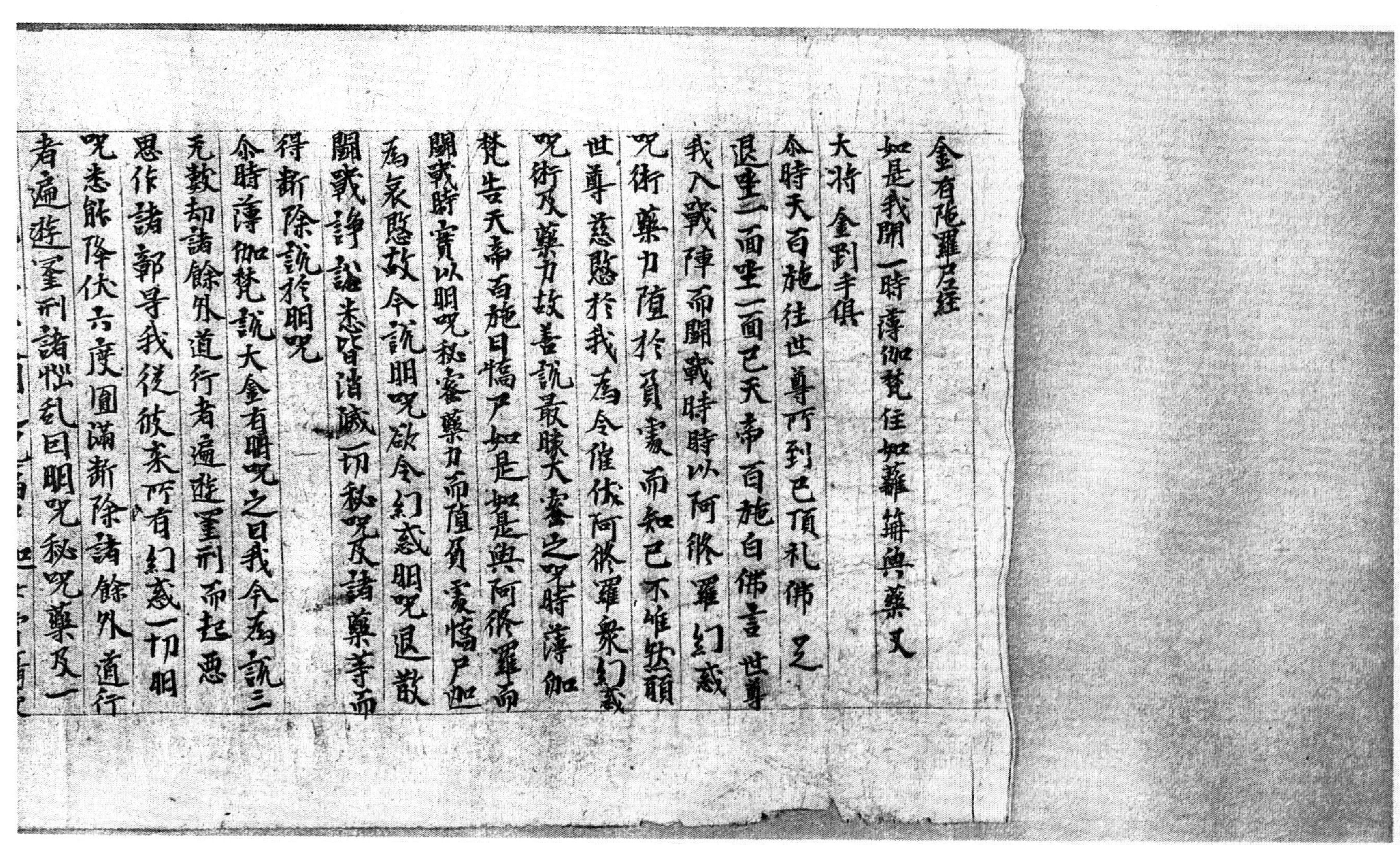

金有陀羅尼經
如是我聞一時薄伽梵住如蘿䕷與藥叉
大將金剛手俱
爾時天帝百施往世尊所到已頂礼佛足
退坐一面坐一面已天帝百施白佛言世尊
我入戰陣而鬪戰時時以阿修羅幻惑
呪術藥力墮於負處而知已不堪煩
世尊慈愍於我為今摧伏阿修羅衆幻惑
呪術及藥力故善說最勝大密之呪時薄伽
梵告天帝百施曰憍尸如是如是與阿修羅而
鬪戰時實以明呪秘密藥力而墮負處憍尸迦
為哀愍故今說明呪欲令幻惑明呪退散
鬪戰諍論悉皆消滅一切秘呪及諸藥等而
得斷除說於明呪
爾時薄伽梵說大金有明呪之曰我今為說三
无數劫諸餘外道行者遍遊量刹而起惡
思作諸鄣㝵我從彼來所有幻惑一切明
呪悉能降伏六度圓滿斷除諸餘外道行
者遍遊量刹諸惱亂曰明呪秘呪藥及一

BD05511 號　金有陀羅尼經　（4–1）

爾時薄伽梵說大金有明呪之曰我今為說三
无數劫諸餘外道行者遍遊羣刑而起惡
思作諸郭㝵我從彼來所有幻惑一切明
呪悉能降伏六度圓滿斷除諸餘外道行
者遍遊羣刑諸惱亂因明呪秘呪藥及一
切諸魔明黨大明之呪憍尸迦汝當攝受
諸有情故受持最勝大秘密呪天帝白言
如是世尊唯然受教爾時世尊即說金有大
明呪曰　怛也他唵　希你希你　希離希離
命離命離　希明離　你希你希　你希囉秘你乾佐
耶波羝啗羝袍哆滿怛囉阿地訖梨羝閉羝
閉哆滿怛囉阿地迦囉羝　訶耶訶耶訶婆訶婆
覩馱覩馱頻耶頻耶　薄伽跢羝佐曳秘佐曳
播婆你悉談婆你畔馱你牟訶你阿牟伽爍羝
馱囉你訖梨耶訖梨耶迦多捺磨耶婆播婆也
播婆也畔佐也悉敢婆也　悉啾婆也
畔馱也畔馱夜牟訶也牟訶也所有一切若天幻
惑若龍幻惑若藥叉幻惑若羅刹幻惑　若
緊那羅幻惑　若訖闥婆幻惑　若阿脩羅
幻惑若莫呼洛迦惑幻若大腹行幻惑
若持明呪幻惑若持明呪成就王幻惑若
仙幻惑若持一切明呪幻惑若羣生幻惑
若一切幻惑囉羅囉羅囉佐也囉佐也娒魔
覩磨娒娒磨囉婆囉婆囉婆耶你訶蘭
罩伽蘭他你訶耶訶耶薩婆辨哆奢吽霍
難悉談婆也婆尹悉談婆也秀迄悉談婆也
蘊南悉談婆也婆盧難悉談婆也惡你𧄼
悉談婆也賛乾哆梨哆梨馱囉羝惟馱羅

BD05511 號　金有陀羅尼經　（4–2）

覩磨娒娒磨囉婆囉婆囉婆耶你訶蘭
罩伽蘭他你訶耶訶耶薩婆辨哆奢吽霍
難悉談婆也婆尹悉談婆也秀迄悉談婆也
蘊南悉談婆也婆盧難悉談婆也惡你𧄼
悉談婆也賛乾哆梨哆梨馱囉羝惟馱羅
寧波奢訶悉羝鞞奢他也世耶
若有於我能為惡敵諸賊嗔恚具極惡心鬪
諍極諍欲作一切无利益者阿耶訶耶哆
訶哆訶波佐波佐半佐也播婆也播婆也
悉談婆也悉談婆也半馱也半馱也牟訶也
牟訶也摩訶牟訶你薄伽跢羝藥訶
於一切怖畏燒惱疾疾頭守護我叭馱婆
訶憍尸迦若善男子若善女人若王若王
大臣能憶念此金明呪者彼无他怖畏於彼
部黨他所敵軍不能侵惱亦非天亦非龍亦
非藥叉亦非藥乾闥婆亦非阿脩羅亦非
緊那羅亦非莫呼洛迦亦非持明呪者亦非魁
空母等亦不非時而捨壽命明呪秘彼呪一切
諸藥不能為害他所敵軍不能侵逼他所
敵軍而不復命刀不能害水火毒藥明呪秘一切
諸藥而不能侵逼著於彼自作教他隨毒遭罪
彼之處所憍尸迦是故淨信苾蒭苾蒭尼馬波索
迦鄔波斯迦善男子善女人等以此明呪呪水七遍
自澆其身能護於身若有欲命於一切怖畏
一切燒惱一切疾疫一切明呪一切秘呪一切諸藥一切𩵋蠱
而超過者當念此金有明呪若王若王大臣若欲
催他軍衆伏他軍衆亦當念此金有
明呪若呪線七遍作七結已繫於身上若呪水七

BD05511 號　金有陀羅尼經　（4–3）

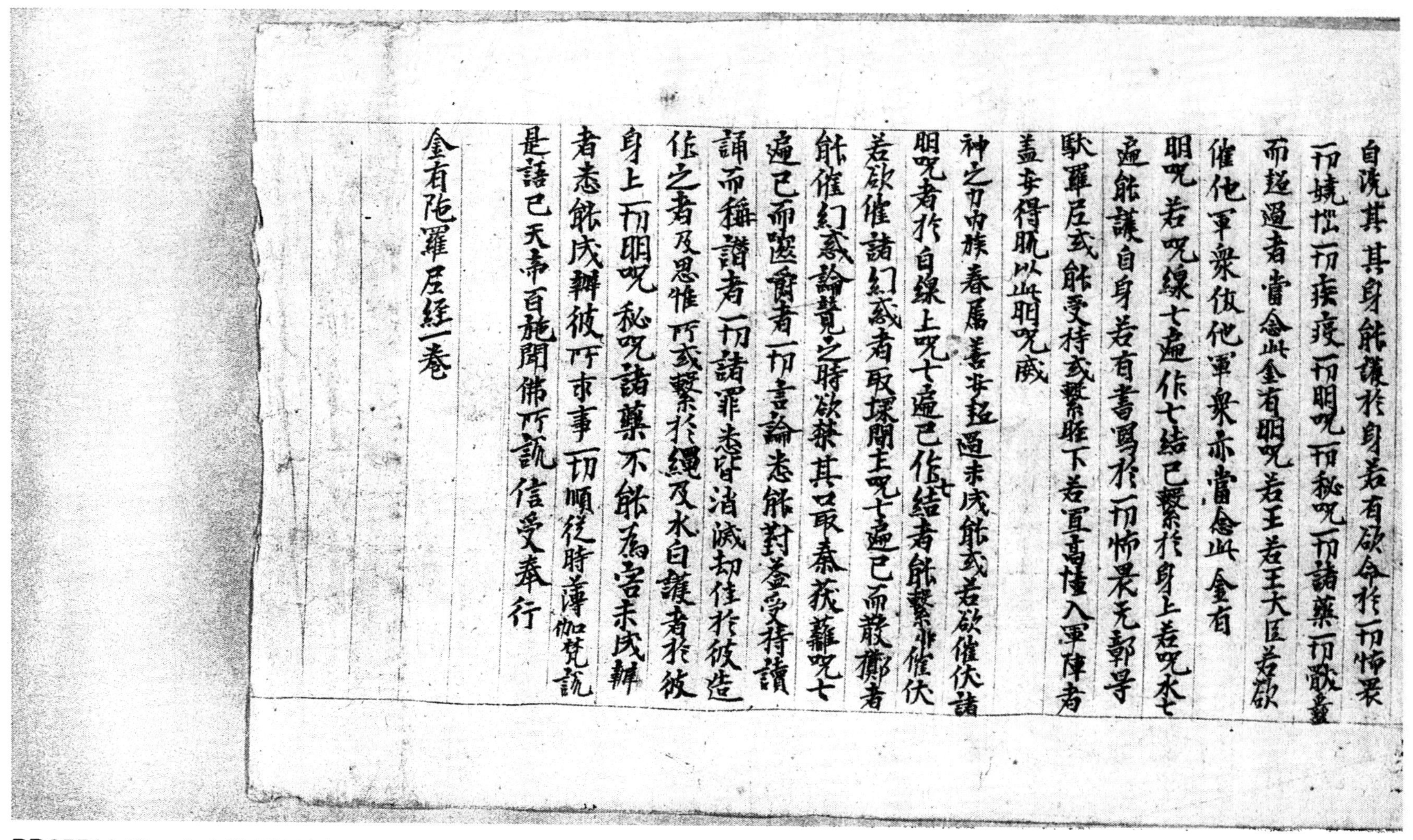

自浣其 其身能護於身若有欲命於一切怖畏
一切嬈惱一切疾疫一切明呪一切秘呪一切諸藥一切蠱毒
而超過者當念此金有明呪若王若王大臣若欲
催伏他軍衆伏他軍衆亦當念此金有
明呪若呪線七遍作七結已繫於身上若呪水七
遍能護自身若有書寫於一切怖畏無鄣㝵
馱羅尼或能受持或繫臂下若置高幢入軍陣者
盡安得勝以此明呪威
神之力市族眷屬善安超過未成能或若欲催伏諸
明呪者於自線上呪七遍已作七結者能繫非催伏
若欲催諸幻惑者取塚間土呪七遍已而散擲者
能催幻惑論義之時欲禁其口取秦艽囉呪七
遍已而嚼嚙者一切言論悉能對答受持讀
誦而稱讚者一切諸罪悉皆消滅却住於彼造
作之者及思惟所或繫於繩及水白護者於彼
身上一切明呪秘呪諸藥不能為害未成辦
者悉能成辦彼所求事一切順從時薄伽梵說
是語已天帝百施聞佛所說信受奉行

金有陀羅尼經一卷

BD05511 號　金有陀羅尼經　　（4–4）

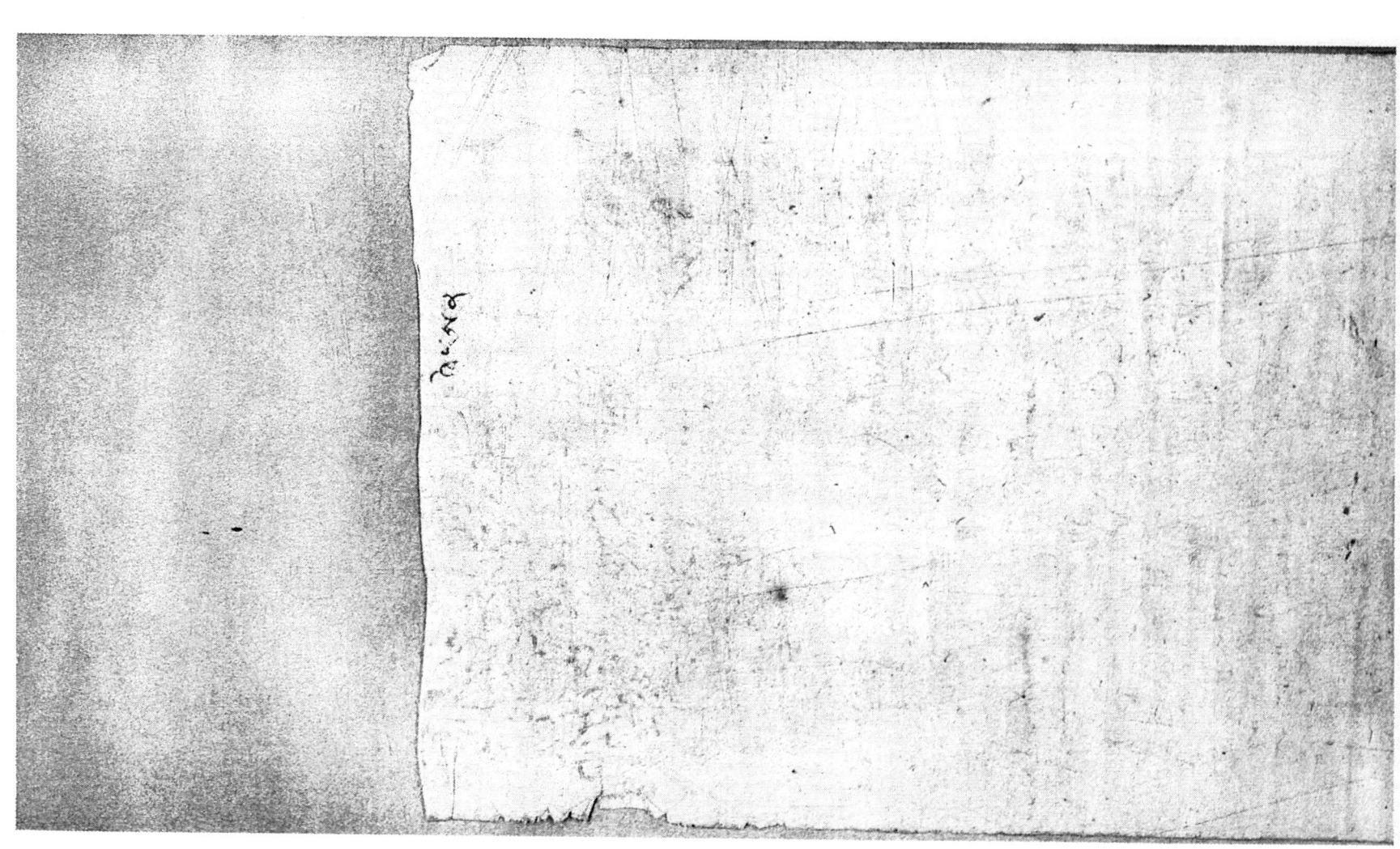

BD05511 號　藏文題名　　（1–1）

德皆悉成就無
不蔽蓋請有所[illegible]
悉具足
其名曰等觀菩薩不等觀菩等不等觀菩
薩定自在王菩薩法自在王菩薩法相菩薩光
相菩薩光嚴菩薩大嚴菩薩寶積菩薩辯積
菩薩寶手菩薩寶印手菩薩常舉手菩薩常
下手菩薩常慘菩薩喜根菩薩喜王菩薩辯
音菩薩虛空藏菩薩執寶炬菩薩寶勇菩薩
寶見菩薩帝網菩薩明網菩薩無緣觀菩薩
慧積菩薩寶勝菩薩天王菩薩壞魔菩薩電
得菩薩自在王菩薩功德相嚴菩薩師子吼
菩薩雷音菩薩山相擊音菩薩香菩菩薩白
香象菩薩常精進菩薩不休息菩薩妙生菩
薩華嚴菩薩觀世音菩薩得大勢菩薩梵網
菩薩寶杖菩薩無勝菩薩嚴土菩薩金髻菩
薩珠髻菩薩彌勒菩薩文殊師利法王子菩
薩如是等三万二千人
復有万梵天王尸棄等從餘四天下來詣佛

BD05512 號　維摩詰所說經卷上　（29–1）

香象菩薩常精進菩薩不休息菩薩妙生菩
薩華嚴菩薩觀世音菩薩得大勢菩薩梵網
菩薩寶杖菩薩無勝菩薩嚴土菩薩金髻菩
薩珠髻菩薩彌勒菩薩文殊師利法王子菩
薩如是等三万二千人
復有万梵天王尸棄等從餘四天下來詣佛
所而聽法復有万二千天帝釋亦從
下來在會坐并餘大威力諸天龍神夜叉乹
闥婆阿脩羅迦樓羅緊那羅摩睺羅伽等悉
來會坐諸比丘比丘尼優婆塞優婆夷俱來會
坐彼時佛與無量百千之衆恭敬圍遶而為
說法譬如須弥山王顯于大海安處衆寶師
子之座蔽於一切諸來大衆
尒時毗耶離城有長者子名曰寶積與五百長
者子俱持七寶蓋來詣佛所頭面礼足各以
其蓋共供養佛佛之威神令諸寶蓋合成一
蓋遍覆三千大千世界而此世界廣長之相
悉於中現又此三千大千世界諸須弥山雪山
目真隣陁山摩訶目真隣陁山香山寶山
金山黑山鐵圍山大鐵圍山大海江河川流
泉源及日月星辰天宮龍宮諸尊神宮悉
現於寶蓋中又十方諸佛諸佛說法亦現於
寶蓋中尒時一切大衆覩佛神力歎未曾有
合掌礼佛瞻仰尊顏目不暫捨長者子寶
積即於佛前以偈頌曰
目淨脩廣如青蓮　心淨已度諸禪定
久積淨業稱無量　導衆以寂故稽首

BD05512 號　維摩詰所說經卷上　（29–2）

寶蓋中尒時一切大衆覩佛神力歎未曾有
合掌礼佛瞻仰尊顔目不暫捨於是長者子寶
積即於佛前以偈頌曰
目淨脩廣如青蓮　心淨已度諸禪定
久積淨業稱無量　導衆以寂故稽首
既見大聖以神變　普現十方無量土
其中諸佛演說法　於是一切悉見聞
法王法力超群生　常以法財施一切
能善分別諸法相　於第一義而不動
已於諸法得自在　是故稽首此法王
說法不有亦不無　以因緣故諸法生
無我無造無受者　善惡之業亦不亡
始在佛樹力降魔　得甘露滅覺道成
已無心意無受行　而悉摧伏諸外道
三轉法輪於大千　其輪本來常清淨
天人得道此為證　三寶於是現世間
以斯妙法濟群生　一受不退常寂然
度老病死大醫王　當礼法海德無邊
毀譽不動如須彌　於善不善等以慈
心行平等如虛空　孰聞人寶不敬承
今奉世尊此微蓋　於中現我三千界
諸天龍神所居宮　乾闥婆等及夜叉
悉見世間諸所有　十力哀現是化變
衆覩希有皆歎佛　今我稽首三界尊
大聖法王衆所歸　淨心觀佛靡不欣

BD05512號　維摩詰所說經卷上　（29–3）

諸天龍神所居宮　乾闥婆等及夜叉
悉見世間諸所有　十力哀現是化變
衆覩希有皆歎佛　今我稽首三界尊
大聖法王衆所歸　淨心觀佛靡不欣
各見世尊在其前　斯則神力不共法
佛以一音演說法　衆生隨類各得解
皆謂世尊同其語　斯則神力不共法
佛以一音演說法　衆生各各隨所解
普得受行獲其利　斯則神力不共法
佛以一音演說法　或有恐畏或歡喜
或生厭離或斷疑　斯則神力不共法
稽首十力大精進　稽首已得無所畏
稽首住於不共法　稽首一切大導師
稽首能斷衆結縛　稽首已到於彼岸
稽首能度諸世間　稽首永離生死道
悉知衆生來去相　善於諸法得解脫
不著世間如蓮華　常善入於空寂行
達諸法相無罣㝵　稽首如空無所依
尒時長者子寶積說此偈已白佛言世尊是
五百長者子皆已發阿耨多羅三藐三菩提
心願聞得佛國土清淨唯願世尊說諸菩薩
淨土之行佛言善哉寶積乃能為諸菩薩問
於如來淨土之行諦聽諦聽善思念之當
為汝說於是寶積及五百長者子受教而聽
佛言寶積衆生之類是菩薩佛土所以者何

BD05512號　維摩詰所說經卷上　（29–4）

心願聞得佛國土清淨唯願世尊說諸菩薩
淨土之行佛言善哉寶積乃能為諸菩薩問
於如來淨土之行諦聽諦聽善思念之當
為汝說於是寶積及五百長者子受教而聽
佛言寶積眾生之類是菩薩佛土所以者何
菩薩隨所化眾生而取佛土隨所調伏眾生
而取佛土隨諸眾生應以何國入佛智慧而取
佛土隨諸眾生應以何國起菩薩根而取佛
土所以者何菩薩取於淨國皆為饒益諸眾
生故譬如有人欲於空地造立宮室隨意無
㝵若於虛空終不能成菩薩如是為成就
眾生故願取佛國願取佛國者非於空也寶
積當知直心是菩薩淨土菩薩成佛時不諂
眾生來生其國深心是菩薩淨土菩薩成佛
時具足功德眾生來生其國大乘心是菩薩淨
土菩薩成佛時大乘眾生來生其國布施是
薩淨土菩薩成佛時一切能捨眾生來生其
國持戒是菩薩淨土菩薩成佛時行十善
道滿願眾生來生其國忍辱是菩薩淨土菩
薩成佛時三十二相莊嚴眾生來生其國精進
是菩薩淨土菩薩成佛時勤脩一切功德眾
生來生其國禪定是菩薩淨土菩薩成佛時
攝心不亂眾生來生其國智慧是菩薩淨土菩
薩成佛時正定眾生來生其國四無量心是
菩薩淨土菩薩成佛時成就慈悲喜捨眾

BD05512號　維摩詰所說經卷上　（29–5）

生來生其國禪定是菩薩淨土菩薩成佛時
攝心不亂眾生來生其國智慧是菩薩淨土菩
薩成佛時正定眾生來生其國四無量心是
菩薩淨土菩薩成佛時成就慈悲喜捨眾
生來生其國四攝法是菩薩淨土菩薩成佛
時解脫所攝眾生來生其國方便是菩薩淨
土菩薩成佛時於一切法方便無㝵眾生來
生其國三十七道品是菩薩淨土菩薩成佛
時念處正勤神足根力覺道眾生來生其國
迴向心是菩薩淨土菩薩成佛時得一切具足
功德國土說除八難是菩薩淨土菩薩成佛
時國土無有三惡八難自守戒行不譏彼闕
是菩薩淨土菩薩成佛時國土無有犯禁之
名十善是菩薩淨土菩薩成佛時命不中夭
大富梵行所言誠諦常以軟語眷屬不離善
和諍訟言必饒益不嫉不恚正見眾生來生其
國如是寶積菩薩隨其直心則能發行隨其
發行則得深心隨其深心則意調伏隨意調
伏則如說行隨如說行則能迴向隨其迴向則
有方便隨其方便則成就眾生隨成就眾生
則佛土淨隨佛土淨則說法淨隨說法淨則
智慧淨隨智慧淨則其心淨隨其心淨則一
切功德淨是故寶積若菩薩欲得淨土當淨
其心隨其心淨則佛土淨

BD05512號　維摩詰所說經卷上　（29–6）

則佛土淨隨佛土淨則說法淨隨說法淨則
智慧淨隨智慧淨則其心淨隨其心淨則一
切功德淨是故寶積若菩薩欲得淨土當淨
其心隨其心淨則佛土淨
尒時舍利弗承佛威神作是念若菩薩心淨則
佛土淨者我世尊本為菩薩時意豈不淨而
是佛土不淨若此佛知其念即告之言於意
云何日月豈不淨耶而盲者不見對曰不也
世尊是盲者過非日月咎舍利弗衆生罪故不
見如來佛國嚴淨非如來咎舍利弗我此土
淨而汝不見尒時螺髻梵王語舍利弗勿作
是意謂此佛土以為不淨所以者何我見釋
迦牟尼佛土清淨譬如自在天宮舍利弗言
我見此土丘陵坑坎荊棘沙礫土石諸山穢
惡充滿螺髻梵言仁者心有高下不依佛慧
故見此土為不淨耳舍利弗菩薩於一切衆
生悉皆平等深心清淨依佛智慧則能見
此佛土清淨於是佛以足指按地即時三千
大千世界若干百千珍寶嚴飾譬如寶莊嚴
佛無量功德寶莊嚴土一切大衆歎未曾有
而皆自見坐寶蓮華佛告舍利弗汝且觀
是佛土嚴淨舍利弗言唯然世尊本所不見
本所不聞今佛國土嚴淨悉現佛語舍利弗
我佛國土常淨若此為欲度斯下劣人故示是
衆惡不淨土耳譬如諸天共寶器食隨其福

而皆自見坐寶蓮華佛告舍利弗汝且觀
是佛土嚴淨舍利弗言唯然世尊本所不見
本所不聞今佛國土嚴淨悉現佛語舍利弗
我佛國土常淨若此為欲度斯下劣人故示是
衆惡不淨土耳譬如諸天共寶器食隨其福
德飯色有異如是舍利弗若人心淨便見此
土功德莊嚴當佛現此國土嚴淨之時寶積
所將五百長者子皆得無生法忍八万四千
人發阿耨多羅三藐三菩提心佛攝神足於
是世界還復如故求聲聞乘三万二千天及
人知有為法皆悉無常遠塵離垢得法眼
淨八千比丘不受諸法漏盡意解

方便品第二

尒時毗耶離大城中有長者名維摩詰已曾
供養無量諸佛深殖善本得無生忍辯才
無㝵遊戲神通逮諸摠持獲無所畏降魔
勞怨入深法門善於智度通達方便大願成就明
了衆生心之所趣又能分別諸根利鈍久於佛
道心已純淑決定大乘諸有所作能善思量
住佛威儀心大如海諸佛咨嗟弟子釋梵世
主所敬欲度人故以善方便居毗耶離資財
無量攝諸貧民奉戒清淨攝諸毀禁以忍
調行攝諸恚怒以大精進攝諸懈怠一心禪
寂攝諸亂意以決定慧攝諸無智雖無白衣

無量攝諸貧民奉戒清淨攝諸毀禁以忍
調行攝諸恚怒以大精進攝諸懈怠一心禪
寂攝諸亂意以決定慧攝諸無智雖爲白衣
奉持沙門清淨律行雖處居家不著三界示
有妻子常脩梵行現有眷屬常樂遠離雖服寶
飾而以相好嚴身雖復飲食而以禪悅爲味
若至博弈戲處輒以度人受諸異道不毀正
信雖明世典常樂佛法一切見敬爲供養
中最執持正法攝諸長幼一切治生諧偶雖
獲俗利不以喜悅遊諸四衢饒益衆生入治
政法救護一切入講論處導以大乘入諸學
堂誘開童蒙入諸婬舍示欲之過入諸酒肆能
立其志若在長者長者中尊爲說勝法若
在居士居士中尊斷其貪著若在剎利剎
利中尊教以忍辱若在婆羅門婆羅門中尊
除其我慢若在大臣大臣中尊教以正法若
在王子王子中尊示以忠孝若在內官內官
中尊化政宮女若在庶民庶民中尊令興福
力若在梵天梵天中尊誨以勝慧若在帝釋
帝釋中尊示現無常若在護世護世中尊護
諸衆生長者維摩詰以如是等無量方便饒益
衆生其以方便現身有疾以其疾故國王大
臣長者居士婆羅門等及諸王子并餘官屬

BD05512 號　維摩詰所說經卷上　（29–9）

諸衆生長者維摩詰以如是等無量方便饒益
衆生其以方便現身有疾以其疾故國王大
臣長者居士婆羅門等及諸王子并餘官屬
無數千人皆往問疾其往者維摩詰因以身
疾廣爲說法諸人者是身無常無強無力
無堅速朽之法不可信也爲苦爲惱衆病所集
諸仁者如此身明智者所不怙是身如聚沫不
可撮摩是身如泡不得久立是身如焰從渴愛
生是身如芭蕉中無有堅是身如幻從顛倒
起是身如夢爲虛妄見是身如影從業緣現
是身如響屬諸因緣是身如浮雲須臾變滅
是身如電念念不在是身無主爲如地是身
無我爲如火是身無壽爲如風是身無人爲
如水是身不實四大爲家是身爲空離我
我所是身無知如草木瓦礫是身無作風
力所轉是身不淨穢惡充滿是身爲虛僞
雖假以澡浴衣食必歸磨滅是身爲災百一
病惱是身如丘井爲老所逼是身無定爲要
當死是身如毒蛇如怨賊如空聚陰界諸入
所共合成諸仁者此可患厭當樂佛身所以者
何佛身者即法身也從無量功德智慧生從
戒定慧解脫解脫知見生從慈悲喜捨生從
布施持戒忍辱柔和勤行精進禪定解脫
三昧多聞智慧諸波羅蜜生從方便生從六

BD05512 號　維摩詰所說經卷上　（29–10）

何佛身者即法身也從無量功德智慧生從
戒定慧解脫解脫知見生從慈悲喜捨生從
布施持戒忍辱柔和勤行精進禪定解脫
三昧多聞智慧諸波羅蜜生從方便生從六
通生從三明生從三十七道品生從止觀生從十
力四無所畏十八不共法生從斷一切不善法
集一切善法生從真實生從不放逸生從如
是無量清淨法生如來身諸仁者欲得佛身
斷一切衆生病者當發阿耨多羅三藐三菩
提心如是長者維摩詰爲諸問疾者如應
說法令無數千人皆發阿耨多羅三藐三
菩提心

弟子品第三

尒時長者維摩詰自念寢疾于床世尊大慈
寧不垂愍佛知其意即告舍利弗汝行詣維
摩詰問疾舍利弗白佛言世尊我不堪任詣
彼問疾所以者何憶念我昔曾於林中宴坐
樹下時維摩詰來謂我言唯舍利弗不必是
坐爲宴坐也夫宴坐者不於三界現身意是
爲宴坐不起滅定而現諸威儀是爲宴坐不
捨道法而現凡夫事是爲宴坐心不住内亦
不在外是爲宴坐於諸見不動而脩行三十
七品是爲宴坐不斷煩惱而入涅槃是爲宴坐
若能如是坐者佛所印可時我世尊聞說是

BD05512 號　維摩詰所說經卷上　（29–11）

爲宴[illegible]
捨道法而現凡夫事是爲宴坐心不住内亦
不在外是爲宴坐於諸見不動而脩行三十
七品是爲宴坐不斷煩惱而入涅槃是爲宴坐
若能如是坐者佛所印可時我世尊聞說是
語默然而止不能加報故我不任詣彼問疾
佛告大目揵連汝行詣維摩詰問疾目連白
佛言世尊我不堪任詣彼問疾所以者何憶
念我昔入毗耶離大城於里巷中爲諸居士
說法時維摩詰來謂我言唯大目連爲白衣
居士說法不當如仁者所說夫說法者當如
法說法無衆生離衆生垢故法無有我離我
垢故法無壽命離生死故法無有人前後際
斷故法常寂然滅諸相故法離於相無所緣
故法無名字言語斷故法無有說離覺觀故
法無形相如虚空故法無戲論畢竟空故法
無我所離我所故法無分別離諸識故法無
有比無相待故法不屬因不待緣故法同法
性入諸法故法隨於如無所隨故法住實際
諸邊不動故法無動搖不依六塵故法無去
來常不住故法順空隨無相應無作法離好
醜法無增損法無生滅法無所歸法過眼耳
鼻舌身心法無高下法常住不動法離一切觀
行唯大目連法相如是豈可說乎夫說法者
無說無示其聽法者無聞無得譬如幻士

BD05512 號　維摩詰所說經卷上　（29–12）

觀法無増損法無生滅法無所歸法過眼耳
鼻舌身心法無高下法常住不動法離一切觀
行唯大目連法相如是豈可說乎夫說法者
無說無示其聽法者無聞無得譬如幻士
為幻人說法當建是意而為說法當了衆生
根有利鈍善於知見無所罣㝵以大悲心讃
于大乘念報佛恩不斷三寶然後說法維摩
詰說是法時八百居士發阿耨多羅三藐三
菩提心我無此辯是故不任詣彼問疾
佛告大迦葉汝行詣維摩詰問疾迦葉白佛
言世尊我不堪任詣彼問疾所以者何憶念
我昔於貧里而行乞時維摩詰來謂我言唯
大迦葉有慈悲心而不能普捨豪富從貧乞
迦葉住平等法應次行乞食為不食故應行
乞食為壞和合相故應取揣食為不受故應
受彼食以空聚想入於聚落所見色與盲等
所聞聲與響等所嗅香與風等所食味不分
別受諸觸如智證知諸法如幻相無自性無他
性本自不然今則無滅迦葉若能不捨八邪入
八解脫以邪相入正法以一食施一切供養諸
佛及衆賢聖然後可食如是食者非有煩
惱非離煩惱非入定意非起定意非住世間非
住泥洹其有施者無大福無小福不為益不
為損是為正入佛道不依聲聞迦葉若如是

BD05512 號　維摩詰所說經卷上　（29–13）

佛及衆賢聖然後可食如是食者非有煩
惱非離煩惱非入定意非起定意非住世間非
住泥洹其有施者無大福無小福不為益不
為損是為正入佛道不依聲聞迦葉若如是
食為不空食人之施也時我世尊聞說是語
得未曾有即於一切菩薩深起敬心復作是
念斯有家名辯才智慧乃能如是其誰不
發阿耨多羅三藐三菩提心我從是來不復
勸人以聲聞辟支佛行是故不任詣彼問疾
佛告須菩提汝行詣維摩詰問疾須菩提白
佛言世尊我不堪任詣彼問疾所以者何憶
念我昔入其舍從乞食時維摩詰取我鉢盛
滿飯謂我言唯須菩提若能於食等者諸法
亦等諸法等者於食亦等如是行乞乃可取
食若須菩提不斷婬怒癡亦不與俱不壞於
身而隨一相不滅癡愛起於明脫以五逆相
而得解脫亦不解不縛不見四諦非不見諦
非得果非不得果非凡夫非離凡夫法非聖人非不聖
人雖成就一切法而離諸法相乃可取食若
須菩提不見佛不聞法彼外道六師富蘭那
迦葉末伽梨拘賖梨子刪闍耶毗羅胝子阿
耆多翅舍欽婆羅迦羅鳩馱迦旃延尼揵陀
若提子等是汝之師因其出家彼師所墮汝
亦隨墮乃可取食若須菩提入諸邪見不到
彼岸住於八難不得無難同於煩惱離清淨

BD05512 號　維摩詰所說經卷上　（29–14）

耆多翅舍欽婆羅迦羅鳩馱迦旃延尼揵陀
若提子等是汝之師因其出家彼師所墮汝
亦隨墮乃可取食若須菩提入諸邪見不到
彼岸住於八難不得無難同於煩惱離清淨
法汝得無諍三昧一切衆生亦得是定其施
汝者不名福田供養汝者墮三惡道爲與衆
魔共一手作諸勞侶汝與衆魔及諸塵勞等
無有異於一切衆生而有怨心謗諸佛毀於
法不入衆數終不得滅度汝若如是乃可取
食時我世尊聞此茫然不識是何言不知以
何荅便置鉢欲出其舍維摩詰言唯須菩提
取鉢勿懼於意云何如來所作化人若以是
事詰寧有懼不我言不也維摩詰言一切諸
法如幻化相汝今不應有所懼也所以者何
一切言說不離是相至於智者不着文字故
無所懼何以故文字性離無有文字是則解
脫解脫相者則諸法也維摩詰說是法時二
百天子得法眼淨故我不任詣彼問疾
佛告富樓那彌多羅尼子汝行詣維摩詰問
疾富樓那白佛言世尊我不堪任詣彼問疾
所以者何憶念我昔於大林中在一樹下爲
諸新學比丘說法時維摩詰來謂我言唯富
樓那先當入定觀此人心然後說法無以穢食
置於寶器當知是比丘心之所念無以瑠璃

BD05512號　維摩詰所說經卷上

（29–15）

諸新學比丘說法時維摩詰來謂我言唯富
樓那先當入定觀此人心然後說法無以穢食
置於寶器當知是比丘心之所念無以瑠璃
同彼水精汝不能知衆生根原無得發起以
小乘法彼自無瘡勿傷之也欲行大道莫示小
徑無以大海內於牛跡無以日光等彼螢火
富樓那此比丘久發大乘心中忘此意如何
以小乘法而教導之我觀小乘智慧微淺猶
如盲人不能分別一切衆生根之利鈍時維
摩詰即入三昧令此比丘自識宿命曾於五
百佛所殖衆德本迴向阿耨多羅三藐三菩
提即時豁然還得本心於是諸比丘稽首礼
維摩詰足時維摩詰因爲說法於阿耨多
羅三藐三菩提不復退轉我念聲聞不觀人
根不應說法是故不任詣彼問疾
佛告摩訶迦旃延汝行詣維摩詰問疾迦旃
延白佛言世尊我不堪任詣彼問疾所以者
何憶念昔者佛爲諸比丘略說法要我即於
後敷演其義謂無常義苦義空義無我義寂
滅義時維摩詰來謂我言唯迦旃延無以生
滅心行說實相法迦旃延諸法畢竟不生不
滅是無常義五受陰通達空無所起是苦義
諸法究竟無所有是空義於我無我而不二
是無我義法本不然今則無滅是寂滅義說

BD05512號　維摩詰所說經卷上

（29–16）

滅心行說實相法迦旃延諸法畢竟不生不
滅是無常義五受陰通達空無所起是苦義
諸法究竟無所有是空義於我無我而不二
是無我義法本不然今則無滅是寂滅義說
是法時彼諸比丘心得解脫故我不任詣彼
問疾
佛告阿那律汝行詣維摩詰問疾阿那律白
佛言世尊我不堪任詣彼問疾所以者何憶
念我昔於一處經行時有梵王名曰嚴淨與
万梵俱放淨光明來詣我所稽首作礼問我
言幾何阿那律天眼所見我即答言仁者吾
見此釋迦牟尼佛土三千大千世界如觀掌中
菴摩勒菓時維摩詰來謂我言唯阿那律天
眼所見為作相耶無作相耶假使作相則與外
道五通等若無作相即是無為不應有見世
尊我時默然彼諸梵聞其言得未曾有即為
作礼而問曰世孰有真天眼者維摩詰言有佛
世尊得真天眼常在三昧[illegible]見諸佛國不以
二相於是嚴淨梵王及其眷屬五百梵天皆
發阿耨多羅三藐三菩提心礼維摩詰足已
忽然不現故我不任詣彼問疾
佛告優波離汝行詣維摩詰問疾優波離白
佛言世尊我不堪任詣彼問疾所以者何憶
念昔者有二比丘犯律行以為恥不敢問佛來

忽然不現故我不任詣彼問疾
佛告優波離汝行詣維摩詰問疾優波離白
佛言世尊我不堪任詣彼問疾所以者何憶
念昔者有二比丘犯律行以為恥不敢問佛來
問我言唯優波離我等犯律誠以為恥不敢
問佛願解疑悔得免斯咎我即為其如法解
說時維摩詰來謂我言唯優波離無重增此
二比丘罪當直除滅勿擾其心所以者何彼罪
性不在內不在外不在中間如佛所說心垢故
衆生垢心淨故衆生淨心亦不在內不在外
不在中間如其心然罪垢亦然諸法亦然不
出於如如優波離以心相得解脫時寧有
垢不我言不也維摩詰言一切衆生心相無
垢亦復如是唯優波離妄想是垢無妄想
是淨顛倒是垢無顛倒是淨取我是垢不取
我是淨優波離一切法生滅不住如幻如電
諸法不相待乃至一念不住諸法皆妄見如
夢如焰如水中月如鏡中像以妄想生其知
此者是名奉律其知此者是名善解於是二
比丘言上智哉是優波離所不能及持律之上
而不能說我答言自捨如來未有聲聞及
菩薩能制其樂說之辯其智慧明達為若此
也時二比丘疑悔即除發阿耨多羅三藐三
菩提心作是願言令一切衆生皆得是辯故
我不任詣彼問疾

菩薩能制其樂說之辯其智慧明達為若此
也時二比丘疑悔即除發阿耨多羅三藐三
菩提心作是願言令一切衆生皆得是辯故
我不任詣彼問疾
佛告羅睺羅汝行詣維摩詰問疾羅睺羅白
佛言世尊我不堪任詣彼問疾所以者何憶
念昔時毗耶離諸長者子來詣我所稽首作
礼問我言唯羅睺羅汝佛之子捨轉輪王位
出家為道其出家者有何等利我即如法為
說出家功德之利時維摩詰來謂我言唯羅
睺羅不應說出家功德之利所以者何無利
無功德是為出家有為法者可說有利無功
德夫出家者為無為法無為法中無利無功
德羅睺羅夫出家者無彼無此亦無中間離
六十二見處於涅槃智者所受聖所行處降
伏衆魔度五道淨五眼得五力立五根不惱於
彼離衆雜惡摧諸外道超越假名出淤泥無
繫着無我所無所受無擾亂內懷喜護彼
意隨禪定離衆過若能如是是真出家於是
維摩詰語諸長者子汝等於正法中宜共出
家所以者何佛世難值諸長者子言居士我
聞佛言父母不聽不得出家維摩詰言然汝
等便發阿耨多羅三藐三提心是即出家
是即具足尒時三十二長者子皆發阿耨多

BD05512號　維摩詰所說經卷上　（29–19）

家所以者何佛世難值諸長者子言居士我
聞佛言父母不聽不得出家維摩詰言然汝
等便發阿耨多羅三藐三提心是即出家
是即具足尒時三十二長者子皆發阿耨多
羅三藐三菩提心故我不任詣彼問疾
佛告阿難汝行詣維摩詰問疾阿難白佛言
世尊我不堪任詣彼問疾所以者何憶念昔
時世尊身小有疾當用牛乳我即持鉢詣大
婆羅門家門下立時維摩詰來謂我言唯阿
難何為晨朝持鉢住此我言居士世尊身小有
疾當用牛乳故來至此維摩詰言止止阿難
莫作是語如來身者金剛之體諸惡已斷衆
善普會當有何疾當有何惱嘿往阿難勿謗
如來莫使異人聞此麁言無令大威德諸天及
他方淨土諸來菩薩得聞斯語阿難轉輪聖
王以少福故尚得無病豈況如來無量福會
普勝者哉行矣阿難勿使我等受斯恥也外
道梵志若聞此語當作是念何名為師自疾
不能救而能救諸疾人可密速去勿使人聞
當知阿難諸如來身即是法身非思欲身佛
為世尊過於三界佛身無漏諸漏已盡佛身
無為不墮諸數如此之身當有何疾時我世
尊實懷慚愧得無近佛而謬聽耶即聞空
中聲曰阿難如居士言但為佛出五濁惡世

BD05512號　維摩詰所說經卷上　（29–20）

為世尊過於三界佛身無漏諸漏已盡佛身
無為不墮諸數如此之身當有何疾時我世
尊實懷慚愧得無近佛而謬聽耶即聞空
中聲曰阿難如居士言但為佛出五濁惡世
現行斯法度脫衆生行矣阿難取乳勿慚世
尊維摩詰智慧辯才為若此也是故不任詣
彼問疾如是五百大弟子各各向佛說其本
緣稱述維摩詰所言皆曰不任詣彼問疾

菩薩品第四

於是佛告弥勒菩薩汝行詣維摩詰問疾弥
勒白佛言世尊我不堪任詣彼問疾所以者
何憶念我昔為兜率天王及其眷屬說不退
轉地之行時維摩詰來謂我言弥勒世尊授
仁者記一生當得阿耨多羅三藐三菩提為用
何生得授記乎過去耶未來耶現在耶若過
去生過去生已滅若未來生未來生未至若現
在生現在生無住如佛所說比丘汝今即
時亦生亦老亦滅若以無生得授記者無
生即是正位於正位中亦無授記亦無得阿
耨多羅三藐三菩提云何弥勒授一生記乎
為從如生得授記也為從如滅得授記耶若
以如生得授記者如無有生若以如滅得授
記者如無有滅一切衆生皆如也一切法亦如
也衆聖賢亦如也至於弥勒亦如也若弥勒

為從如生得授記也為從如滅得授記耶若
以如生得授記者如無有生若以如滅得授
記者如無有滅一切衆生皆如也一切法亦如
也衆聖賢亦如也至於弥勒亦如也若弥勒
得授記者一切衆生亦應授記所以者何夫
如者不二不異若弥勒得阿耨多羅三藐三
菩提者一切衆生皆亦應得所以者何一切
衆生即菩提相若弥勒滅度者一切衆生亦
當滅度所以者何諸佛知一切衆生畢竟寂
滅即涅槃相不復更滅是故弥勒無以此法
誘諸天子實無發阿耨多羅三藐三菩提心
者亦無退者弥勒當令此諸天子捨於分別
菩提之見所以者何菩提者不可以身得不
可以心得寂滅是菩提滅諸相故不觀是菩
提離諸緣故不行是菩提無憶念故斷是
菩提捨諸見故離是菩提離諸妄想故鄣
是菩提鄣諸願故不入是菩提無貪着故順是
菩提順於如故住是菩提住法性故至是菩提
至實際故不二是菩提離意法故等是菩提
等虛空故無為是菩提無生住滅故知是菩
提了衆生心行故不會是菩提諸入不會故不
合是菩提離煩惱習故無處是菩提無形色
故假名是菩提名字空故如化是菩提無取
捨故無亂是菩提常自靜故善寂是菩提性
清淨故無取是菩提離攀緣故無異是菩提

提了衆生心行故不會是菩提諸入不會故不
合是菩提離煩惱習故無處是菩提無形色
故假名是菩提名字空故如化是菩提無取
捨故無乱是菩提常自靜故善寂是菩提性
清淨故無取是菩提離攀緣故無異是菩提
諸法等故無比是菩提無可喻故微妙是菩
提諸法難知故世尊維摩詰說是法時二百
天子得無法忍故我不任詣彼問疾
佛告光嚴童子汝行詣維摩詰問疾光嚴白
佛言世尊我不堪任詣彼問疾所以者何憶
念我昔出毗耶離大城時維摩詰方入城我即
為作礼而問言居士從何所來答我言吾從
道場來我問道場者何所是答曰直心是道
場無虛假故發行是道場能辦事故深心是
道場增益功德故菩提心是道場無錯謬故
布施是道場不望報故持戒是道場得願具
故忍辱是道場於諸衆生心無㝵故精進是道
場不懈怠故禪定是道場心調柔故智慧是
道場現見諸法故慈是道場等衆生故悲是
道場忍疲苦故喜是道場悅樂法故捨是道
場憎愛斷故神通是道場成就六通故解脫
是道場能背捨故方便是道場教化衆生故
四攝是道場攝衆生故多聞是道場如聞行
故伏心是道場正觀諸法故三十七品是道

場憎愛斷故神通是道場成就六通故解脫
是道場能背捨故方便是道場教化衆生故
四攝是道場攝衆生故多聞是道場如聞行
故伏心是道場正觀諸法故三十七品是道
場捨有為法故諦是道場不誑世間故緣起是
道場無明乃至老死皆無盡故諸煩惱是道
場知如實故衆生是道場知無我故一切法
是道場知諸法空故降魔是道場不傾動故
三界是道場無所趣故師子吼是道場無所
畏故力無所畏不共法是道場無諸過故三明
是道場無餘㝵故一念知一切法是道場成就
一切智故如是善男子菩薩若應諸波羅蜜
教化衆生諸有所作舉足下足當知皆從道
場來住於佛法矣說是法時五百天人皆發
阿耨多羅三藐三菩提心故我不任詣彼
問疾
佛告持世菩薩汝行詣維摩詰問疾持世白
佛言世尊我不堪任詣彼問疾所以者何憶念
我昔住於靜室時魔波旬從万二千天女狀
如帝釋鼓樂絃歌來詣我所與其眷屬稽首我
足合掌恭敬於一面立我意謂是帝釋而語
之言善來憍尸迦雖福應有不當自恣當觀
欲無常以求善本於身命財而脩堅法即語
我言正士受是万二千天女可備掃灑我言

足合掌恭敬於一面立我意謂是帝釋而語
之言善來憍尸迦雖福應有不當自恣當觀
欲無常以求善本於身命財而脩堅法即語
我言正士受是万二千天女可備掃灑我言
憍尸迦無以此非法之物要我沙門釋子此
非我宜所言未訖時維摩詰來謂我言非帝
釋也是為魔來嬈固汝耳即語魔言是諸
女等可以與我如我應受魔即驚懼念維
摩詰將無惱我欲隱形去而不能隱盡其
神力亦不得去即聞空中聲曰波旬以女與之
乃可得去魔以畏故俛仰而與尒時維摩詰
語諸女言魔以汝等與我今汝皆當發阿耨多
羅三藐三菩提心即隨所應而為說法令發道
意復言汝等已發道意有法樂可以自娛不應
復樂五欲樂也天女即問何謂法樂答言樂常
信佛樂欲聽法樂供養衆樂離五欲樂觀五
陰如怨賊樂觀四大如毒虵樂觀內入如空聚
樂隨護道意樂饒益衆生樂敬養師樂廣
行施樂堅持戒樂忍辱柔和樂懃集善根
禪定不亂樂離垢明慧樂廣菩提心樂降衆
魔樂斷諸煩惱樂淨佛國土樂成就相好
故脩諸功德樂嚴道場樂聞深法不畏樂三
脫門不樂非時樂共同學樂於非同學中心無
恚礙樂將護惡知識樂近善知識樂心喜
清淨樂脩無量道品之法是為菩薩法樂於

魔樂斷諸煩惱樂淨佛國土樂成就相好
故脩諸功德樂嚴道場樂聞深法不畏樂三
脫門不樂非時樂共同學樂於非同學中心無
恚礙樂將護惡知識樂近善知識樂心喜
清淨樂脩無量道品之法是為菩薩法樂於
是波旬告諸女言我欲與汝俱還天宮諸女
言以我等與此居士有法樂我等甚樂不復
樂五欲樂也魔言居士可捨此女一切所有
施於彼者是為菩薩維摩詰言我已捨矣
汝便將去令一切衆生得法願具足於是諸
女問維摩詰我等云何止於魔宮維摩詰
言諸姊有法門名無盡燈汝等當學無盡
燈者譬如一燈然百千燈冥者皆明明終不盡
如是諸姊夫一菩薩開導百千衆生令發阿
耨多羅三藐三菩提心於其道意亦不滅盡
隨所說法而自增益一切善法是名無盡燈
也汝等雖住魔宮以是無盡燈令無數天子
天女發阿耨多羅三藐三菩提心者為報佛
恩亦大饒益一切衆生尒時天女頭面礼維
摩詰足隨魔還宮忽然不現世尊維摩詰
有如是自在神力智慧辯才故我不任詣彼
問疾
佛告長者子善德汝行詣維摩詰問疾善德
白佛言世尊我不堪任詣彼問疾所以者何

有如是自在神力智慧辯才故我不任詣彼
問疾
佛告長者子善德汝行詣維摩詰問疾善德
白佛言世尊我不堪任詣彼問疾所以者何
憶念我昔自於父舍設大施會供養一切沙
門婆羅門及諸外道貧窮下賤孤獨乞人期
滿七日時維摩詰來入會中謂我言長者子
夫大施會不當如汝所設當為法施之會何
用是財施會為我言居士何謂法施之會法
施會者無前無後一時供養一切衆生是名
法施之會何謂也謂以菩提起於慈心救衆
生起大悲心以持正法起於喜心以攝智慧
行於捨心以攝慳貪起檀波羅蜜以化犯戒
起尸波羅蜜以無我法起羼提波羅蜜以離
身心相起毗梨耶波羅蜜以菩提相起禪波
羅蜜以一切智起般若波羅蜜教化衆生而
起於空不捨有為法而起無相示現受生而
起無作護持正法起方便力以度衆生起四
攝法以敬事一切起除慢法於身命財起三
堅法於六念中起思念法於六和敬起質直
心正行善法起於淨命心淨歡喜起近賢
聖不憎惡人起調伏心以出家法起於深心
以如說行起於多聞以無諍法起空閑處趣
向佛慧起於宴坐解衆生縛起脩行地以具

BD05512號　維摩詰所說經卷上

(29–27)

心正行善法起於淨命心淨歡喜起近賢
聖不憎惡人起調伏心以出家法起於深心
以如說行起於多聞以無諍法起空閑處趣
向佛慧起於宴坐解衆生縛起脩行地以具
相好及淨佛土起福德業知一切衆生心念
如應說法起於智業知一切法不取不捨入
一相門起於慧業斷一切煩惱一切鄣㝵一
切不善法起一切善業以得一切智慧一切
善法起於一切助佛道法如是善男子是為
法施之會若菩薩住是法施會者為大施
主亦為一切世間福田世尊維摩詰說法時
婆羅門衆中二百人皆發阿耨多羅三藐三
菩提心我時心得清淨歎未曾有稽首禮
維摩詰足即解瓔珞價直百千以上之不肯
取我言居士願必納受隨意所與維摩詰乃
受瓔珞分作二分持一分施會中一最下乞人持
一分奉彼難勝如來一切衆會皆見光明國
土難勝如來又見珠瓔在彼佛上變成四柱
寶臺四面嚴飾不相鄣蔽時維摩詰現神
變已作是言若施主等心施一最下乞人猶
如如來福田之相無所分別等于大悲不求果
報是則名曰具足法施城中一最下乞人見
是神力聞其所說皆發阿耨多羅三藐三
菩提心故我不任詣彼問疾如是諸菩薩各

BD05512號　維摩詰所說經卷上

(29–28)

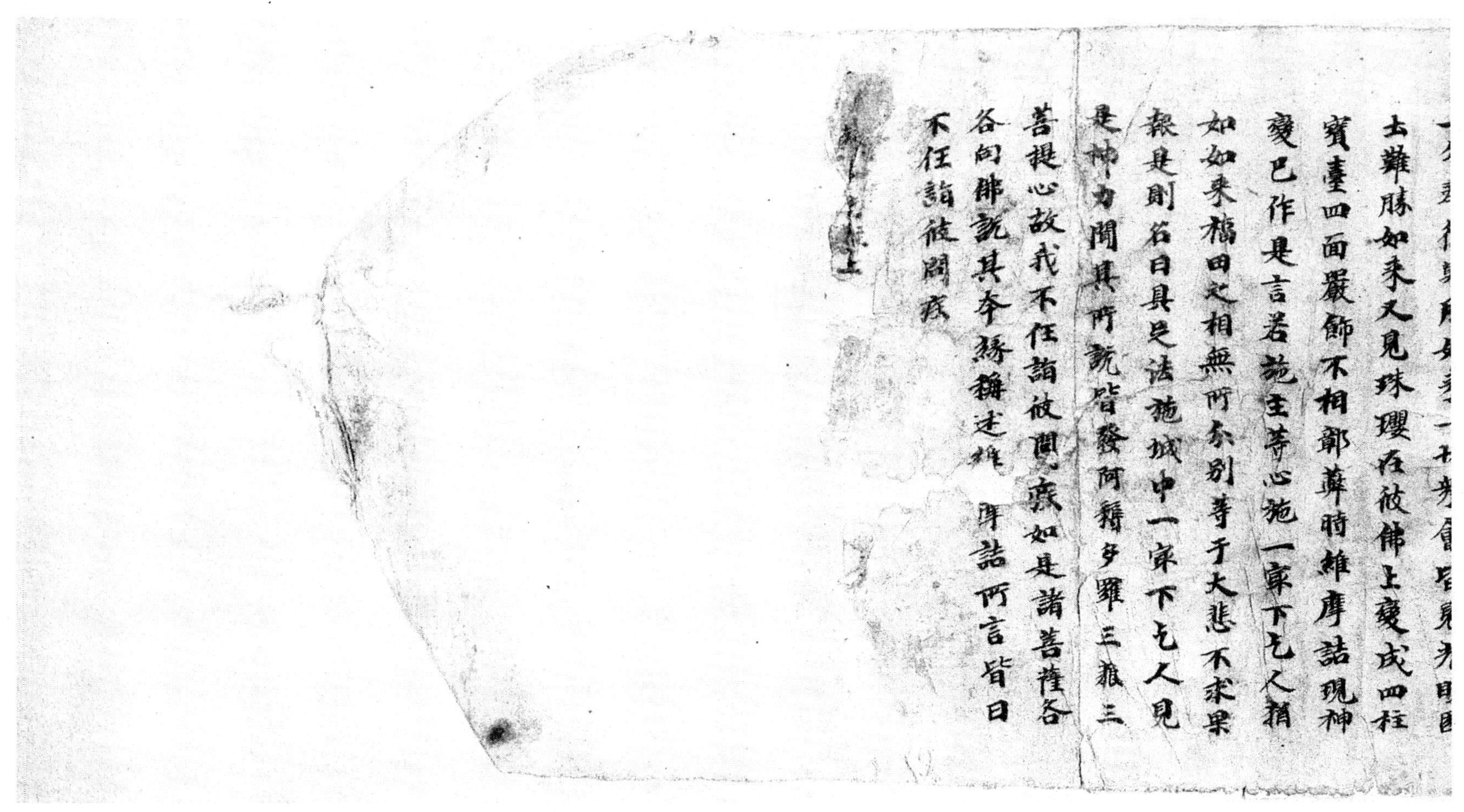

土雖勝如來又見珠瓔在彼佛上變成四柱
寶臺四面嚴飾不相鄣蔽時維摩詰現神
變已作是言若施主等心施一最下乞人猶
如如來福田之相無所分別等于大悲不求果
報是則名曰具足法施城中一最下乞人見
是神力聞其所說皆發阿耨多羅三藐三
菩提心故我不任詣彼問疾如是諸菩薩各
各向佛說其本緣稱述維摩詰所言皆曰
不任詣彼問疾

維摩詰經卷上

BD05512 號　維摩詰所說經卷上　（29–29）

BD05512 號背　雜寫　（4–1）

BD05512 號背　雜寫　　（4–2）

BD05512 號背 2　僧法海殘文書（擬）　　（4–3）

BD05512 號背 1　便麥歷（擬）　（4–4）

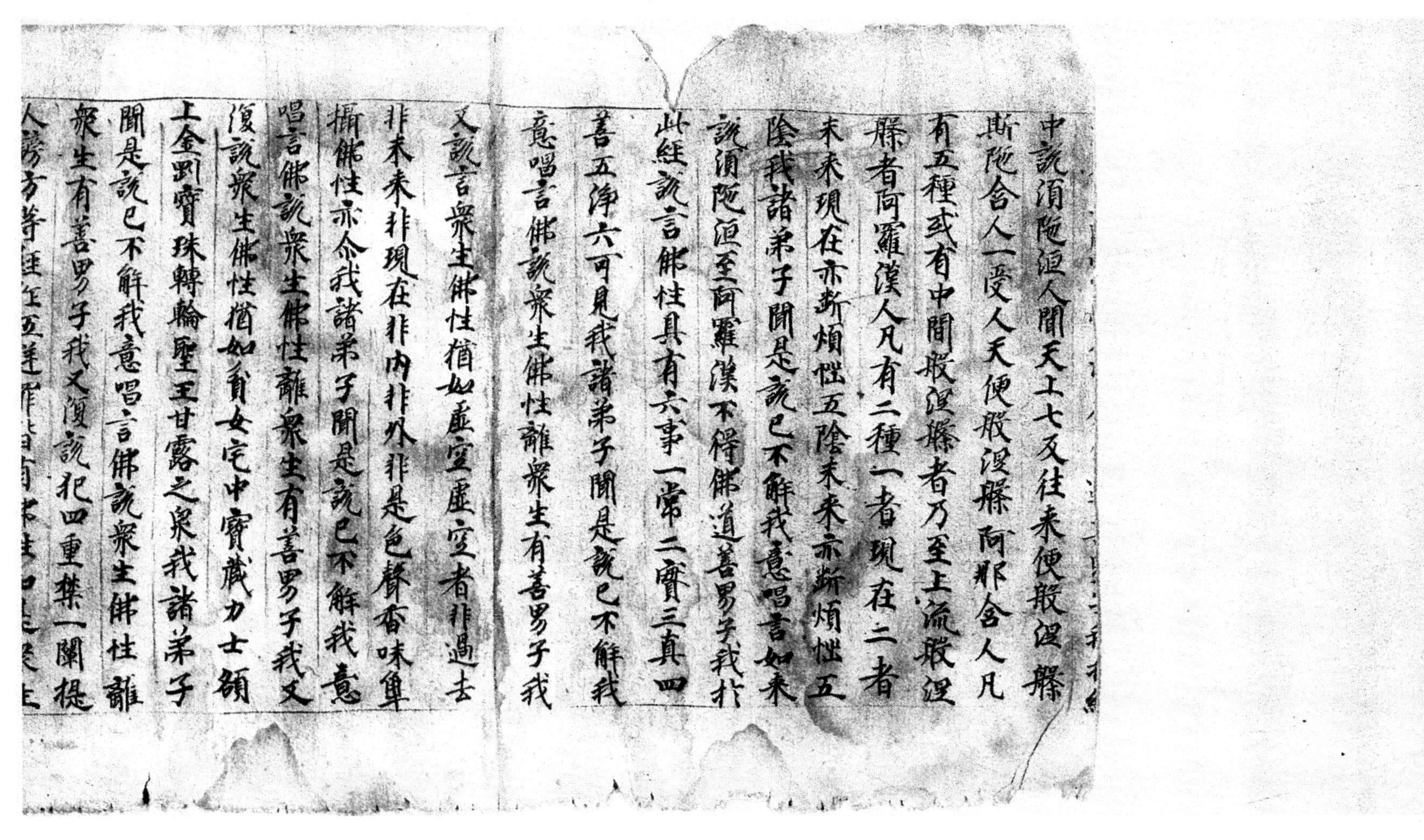

BD05513 號　大般涅槃經（北本　宮本）卷三五　（24–1）

唱言佛說衆生佛性離衆生有善男子我又
復說衆生佛性猶如貧女宅中寶藏力士額
上金剛寶珠轉輪聖王甘露之泉我諸弟子
聞是說已不解我意唱言佛說衆生佛性離
衆生有善男子我又復說犯四重禁一闡提
人謗方等經作五逆罪皆有佛性如是衆生
都无善法佛性是善我諸弟子聞是說已不
解我意唱言佛說衆生佛性離衆生有善男
子我又復說衆生者即是佛性何以故若離
衆生不得阿耨多羅三藐三菩提是故我與
波斯匿王說於象喻如盲說象雖不得象亦
不離象衆生說色乃至說識是佛性者亦復
如是雖非佛性非不佛性如我為王說箜篌
喻佛性亦尒善男子我諸弟子聞是說已不
解我意作種種說如盲說乳佛性亦尒以是
因緣或有說言犯四重禁謗方等經作五逆
罪一闡提等悉有佛性或說言无善男子我
於處處經中說言一人出世多人利益一國
土中二轉輪王一世界中二佛出世无有是
處一四天下八四天王乃至二他化自在天
亦无是處然我乃說從閻浮提阿鼻地獄上
至阿迦膩吒天我諸弟子聞是說已不解我
意唱言佛說无十方佛我亦於諸大乘經中
說有十方佛善男子如是諍訟是佛境界非
諸聲聞緣覺所知若人於是生疑心者猶能

BD05513號　大般涅槃經（北本　宮本）卷三五　　（24–2）

至阿迦膩吒天我諸弟子聞是說已不解我
意唱言佛說无十方佛我亦於諸大乘經中
說有十方佛善男子如是諍訟是佛境界非
諸聲聞緣覺所知若人於是生疑心者猶能
摧壞无量煩惱如須弥山若於是中生決定
者是名執著迦葉菩薩白佛言世尊云何執
著佛言善男子如是之人若從他聞若自尋
經若他故教於所著事不能放捨是名執著
迦葉復言世尊如是執著為是善耶是不善
乎善男子如是執著不名為善何以故不能
摧壞諸疑網故迦葉復言世尊如是人者本
自不疑云何說言不壞疑網善男子夫不疑
者即是疑也世尊若有人謂須陁洹人不墮
三惡是人亦當名著名疑善男子是可名定
不得名疑何以故善男子譬如有人先見人
樹後時夜行遙見杌根便生疑想人耶樹耶
善男子如人先見比丘梵志後時於路遙見
比丘即生疑想是沙門耶是梵志乎善男子
如人先見牛與水牛後遙見牛便生疑想彼
是牛耶是水牛乎善男子一切衆生先見二
物後便生疑何以故心不了故我亦不說須
陁洹人有墮三惡不墮三惡是人何故生於
疑心迦葉言世尊如佛所說要先見已然後
疑者有人未見二種物時亦復生疑何等是
耶所謂涅槃世尊譬如有人路遇濁水然未

BD05513號　大般涅槃經（北本　宮本）卷三五　　（24–3）

物後便生疑何以故心不了故我亦不說須
陁洹人有墮三惡不墮三惡是人何故生於
疑心迦葉言世尊如佛所說要先見已然後
疑者有人未見二種物時亦復生疑何等是
耶所謂涅槃世尊譬如有人路遇濁水然未
曾見而亦生疑如是水者深耶淺耶是人未
見云何生疑善男子夫涅槃者即是斷苦非
涅槃者即是苦也一切衆生見有二種見苦
非苦苦非苦者即是飢渴寒熱瞋喜病瘦安
隱老壯生死繫縛解脫恩愛別離怨憎聚會
衆生見已即便生疑當有畢竟遠離如是苦
惱事不是故衆生於涅槃中而生疑也汝意
若謂是人先來未見濁水云何疑者是義不
然何以故是人先於餘處見已是故於此未
曾到處而復生疑世尊是人先見深淺處時
已不生疑於今何故而復生疑佛言善男子
本未行故所以生疑是故我言不了故疑迦
葉菩薩白佛言世尊如佛所說疑即是著著
即是疑爲是誰耶善男子斷善根者迦葉言
世尊何等人輩能斷善根善男子若有聰明黠
慧利根能善分別遠離善友不聽正法不善
思惟不如法住如是之人能斷善根離是四
事心自思惟无有施物何以故施者即是捨
於財物若施有報當知施主常應貧窮何
以故子果相似故是故說言无因无果若如是

慧利根能善分別遠離善友不聽正法不善
思惟不如法住如是之人能斷善根離是四
事心自思惟无有施物何以故施者即是捨
於財物若施有報當知施主常應貧窮何
以故子果相似故是故說言无因无果若如是
說无因无果是則名爲斷善根也復作是念
施主受者及以財物三事无常无有停住若
无停住云何說言此是施主受者財物若
无受者云何得果以是義故无因无果若如
是說无因无果當知是人能斷善根復作是
念施主施時有五事施受者受已或時作善
或作不善而是施主亦復不得善不善果如
世間法從子生果果還作子因即施主果即受
者而是受者不能以此善不善法令施主得
以是義故无因无果若如是說无因无果當
知是人能斷善根復作是念无有施物何以
故施物无記若是无記云何而得善果報耶
无善惡果即是无記財若无記當知則无
善惡果報是故无施无因无果若如是說无
因无果當知是人能斷善根復作是念施者
即意若如是者无見无對非是色法若非是
色云何可施是故无施无因无果若如是說
无因无果當知是人能斷善根復作是念施
主若爲佛像天像命過父母而行施者則无
受者若无受者應无果報若无果報是爲无

即意若如是者无見无對非是色法若非是
色云何可施是故无施无因无果若如是説
无因无果當知是人能断善根復作是念施
主若為作像天像命過父母而行施者則无
愛者若无愛者應无果報若无果報是為无
因若无因者是為无果若如是説无因无果
當知是人能斷善根復作是念无父无母若
言父母是衆生因生衆生者理應常生无有
斷絶何以故因常有故然不常生是故當知
无有父母復作是念无父无母何以故若衆
生身因父母有一人應具男女二根然无具
者當知衆生非因父母復作是念非因父母
而生衆生何以故眼見衆生不似父母謂
身色心威儀進止是故父母非衆生因復作
是念一切世間有四種无一者未生名无如
泥團時未有瓶用二者滅已名无如瓶壞已
是名為无三者各異互无如牛中无馬馬中
无牛四者畢竟名无如兎角龜毛衆生父母
亦復如是同此四无若言父母衆生因者父
母死時子不必死是故父母非衆生因復作
是念若言父母衆生因者應因父母常生衆
生然而復有化生濕生是故當知非因父母生
衆生也復作是念自有衆生非因父母而得生
長譬如孔雀聞雷震聲而便得身又如青雀
飲雄雀淚而便得身如命命鳥見雄雀儛
即便得身作是念時如其不遇善知識者

BD05513號　大般涅槃經（北本　宮本）卷三五　（24-6）

是念若言父母衆生因者應因父母常生衆
生然而復有化生濕生是故當知非因父母生
衆生也復作是念自有衆生非因父母而得生
長譬如孔雀聞雷震聲而便得身又如青雀
飲雄雀淚而便得身如命命鳥見雄雀儛
即便得身作是念時如其不遇善知識者
當知是人能斷善根復作是念一切世間无善
惡果何以故有諸衆生具十善法樂行惠
施懃脩功德是人亦復疢病集身中年夭喪
財物損失多諸憂苦有行十惡貪嫉妬懶墮
懈怠不脩諸善身安无病終保年壽多饒
財寶无諸愁苦是故當知无善惡果復作是
念我亦曾聞諸聖人説有人脩善命終多墮三
惡道中有人行惡命終生於人天之中是故
當知无善惡果復作是念一切聖人有二種
説或説煞生得善果報或説煞生得惡果報
是故當知聖説不定聖若不定我云何定是
故當知无善惡果復作是念一切世間无有
聖人何以故若言聖人應得正道一切衆生具
煩惱時脩正道者當知是人正道煩惱一時
俱有若一時有當知正道不能破結若无
煩惱而脩道者如是正道為何所作是故具
煩惱者道不能壞不具煩惱道則无用是故
當知一切世間无有聖人復作是念无明緣
行乃至生緣老死是十二因緣一切衆生等

BD05513號　大般涅槃經（北本　宮本）卷三五　（24-7）

煩惱時脩正道者當知是人正道煩惱一時
俱有若一時有當知正道不能破結若无
煩惱而脩道者如是正道為何所作是故具
煩惱者道不能壞不具煩惱道則无用是故
當知一切世間无有聖人復作是念无明緣
行乃至生緣老死是十二因緣一切衆生等
共有之八聖道者其性平等亦應如是一人
得時一切應得一人脩時應一切苦滅何以故
煩惱等故而今不得是故當知无有正道
復作是念聖人皆有同凡夫法所謂飲食行
住坐卧睡眠喜咲飢寒渴熱愁憂恐怖若同
凡夫如是事者當知聖人不得聖道若得聖
道應當永斷如是等事如其不斷當知无道
復作是念聖人有身受五欲樂亦復罵辱撾
打於人嫉妬憍慢受於苦樂作善惡業是因
緣故知无聖人若有道者應斷是事是事不
斷當知无道復作是念多憐愍者名為聖
人何因緣故名為聖人道因緣故名為聖人若
道性憐愍便應愍念一切衆生不待脩已然
後方得如其无愍何故聖人因得聖道能
憐愍耶是故當知世无聖道復作是念一切
四大不從因生衆生等有是四大性不觀衆
生是邊應到彼不應到若有聖道性應如
是然今不尒是故當知世无聖人復作是念
若諸聖人有一涅槃當知是則无有聖人何

BD05513號　大般涅槃經（北本　宮本）卷三五　（24–8）

四大不從因生衆生等有是四大性不觀衆
生是邊應到彼不應到若有聖道性應如
是然今不尒是故當知世无聖人復作是念
若諸聖人有一涅槃當知是則无有聖人何
以故不可得故常住之法理不可得不可取
捨若諸聖人涅槃多者是則无常何以故可
數法故涅槃若一一人得時一切應得涅槃
若多是則有邊如其有邊云何名常若有說
言涅槃體一解脫是多如蓋是一者舌是多
是義不然何以故一一所得非一切得亦有
邊故是應无常若无常者云何得名為涅槃
耶涅槃若无誰為聖人是故當知无有聖人
復作是念聖人之道非因緣得若聖人道非
因緣得何故一切不作聖人若一切人非聖人
者當知是則无有聖人及以聖道復作是念
聖說正見有二因緣一者從他聞法二者內
自思惟是二因緣若從緣生所從緣生復從
緣生如是展轉有无窮過若是二事不從緣
生一切衆生何故不得作是觀時能斷善根
善男子若有衆生深見如是无因无果是人
能斷信等五根善男子斷善根者非是下劣
愚鈍之人亦非天中及三惡道破僧亦尒迦
葉菩薩白佛言世尊如是之人何時當能還
生善根佛言善男子是人二時還生善
根初入地獄出地獄時善男子善有三種過

BD05513號　大般涅槃經（北本　宮本）卷三五　（24–9）

愚鈍之人亦作天中及三惡道破僧亦尒迦
葉菩薩白佛言世尊如是之人何時當能還
生善根佛言善男子是人二時還生善
根初入地獄出地獄時善男子善有三種過
去現在未來若過去者其性自滅因雖滅盡
果報未熟是故不名斷過去果斷三世因故名
為斷迦葉菩薩白佛言世尊若斷三世因
名斷善根斷善根人即有佛性如是佛性為
是過去為是現在為是未來為遍三世若過
去者云何名常佛性亦常是故當知非過去
也若未來者云何名常何故佛説一切衆生
必定當得若必定得云何言斷若現在者復
云何常何故復言必得可見如來亦説佛性
有六一常二真三實四善五淨六可見若斷
善根有佛性者則不得名斷善根也若无佛
性云何復言一切衆生悉有佛性若言佛性
亦有亦斷云何如來復説是常佛言善男子
如來世尊為衆生故有四種荅一者定荅二者
分別荅三者隨問荅四者置荅善男子云何
定荅若問惡業得善果耶不善果乎是應定
荅得不善果善亦如是若問如來一切智不
是應定荅是一切智若問佛法是清淨不
是應定荅必定清淨若問如來弟子如法住
不是應定荅有如法住是名定荅云何分別
荅如我所説四真諦法云何為四苦集滅道

是應定荅是一切智若問佛法是清淨不
是應定荅必定清淨若問如來弟子如法住
不是應定荅有如法住是名定荅云何分別
荅如我所説四真諦法云何為四苦集滅道
何謂苦諦有八苦故名曰苦諦云何集諦五
陰因故名為集諦云何滅諦貪欲瞋癡畢竟
盡故名為滅諦云何道諦三十七助道法名
為道諦是名分別荅曰何隨問荅如我所説
一切法无常復有問言如來世尊為何法説
於无常荅言如來為有為法故説无常无我
亦尒如我所説一切法燒又問言如來世
尊為何法故説一切燒荅言如來為貪瞋癡
説一切燒善男子如來十力四无所畏大悲
大慈三念處首楞嚴等八万億諸三昧門三
十二相八十種好五智印等三万五千諸三
昧門金剛定等四千二百諸三昧門方便三
昧无量无邊如是等法是佛佛性如是佛性
則有七事一常二我三樂四淨五真六實七
善是名分別荅善男子後身菩薩佛性有
六一常二淨三真四實五善六少見是名分別
荅如汝先問斷善根人有佛性者亦有如來
佛性亦有後身佛性是二佛性鄣未來故得
名為无畢定得故得名為有是名分別荅如
來佛性非過去非現在非未來後身佛性現
在未來少可見故得名現在未見故名為

荅如汝先問斷善根人有佛性者亦有如来
佛性亦有後身佛性是二佛性鄣未来故得
名為无畢定得故得名為有是名分別荅如
来佛性非過去非現在非未来後身佛性現
在未来少可見故得名現在未具見故名為
未来如来未得阿耨多羅三藐三菩提時佛
性因故亦是過去現在未来果則不尒有是
三世有非三世後身菩薩佛性因故亦是過
去現在未来果亦如是是名分別荅九住菩
薩佛性六種一常二善三真四實五淨六可見
佛性因故亦是過去現在未来果亦如是是
名分別荅八住菩薩下至六住佛性五事一
真二實三淨四善五可見佛性因故亦是過
去現在未来果亦如是是名分別荅五住菩
薩下至初住佛性五事一真二實三淨四可
見五善不善善男子是五種佛性六種佛性
七種佛性斷善根人必當得故故得言有是
名分別荅若有說言斷善根者定有佛性
定无佛性是名置荅迦葉菩薩言世尊我聞
不荅乃名置荅如来今者何因緣荅而名置
荅善男子我亦不說置而不荅乃說置荅善
男子如是置荅復有二種一者遮止二者莫
着以是義故得名置荅迦葉菩薩白佛言世
尊如佛所說云何名因亦是過去現在未来
果亦過去現在未来非是過去現在未来

BD05513號　大般涅槃經（北本　宮本）卷三五　（24–12）

荅善男子我亦不說置而不荅乃說置荅善
男子如是置荅復有二種一者遮止二者莫
着以是義故得名置荅迦葉菩薩白佛言世
尊如佛所說云何名因亦是過去現在未来
果亦過去現在未来非是過去現在未来佛言
善男子五陰二種一者因二者果是因五陰
是過去現在未来是果五陰亦是過去現在
未来亦非過去現在未来善男子一切无明
煩惱等結悉是佛性何以故佛性因故從无
明行及諸煩惱得善五陰是名佛性從善五
陰乃至獲得阿耨多羅三藐三菩提是故
我於經中先說衆生佛性如雜血乳血者即
是无明行等一切煩惱乳者即是善五陰也
是故我說從諸煩惱及善五陰得阿耨多羅
三藐三菩提如衆生身皆從精血而得成就
佛性亦尒須陁洹人斯陁含人斷少煩惱佛
性如乳阿那含人佛性猶如酪阿羅漢人猶
如生蘇從辟支佛至十住菩薩猶如熟蘇如
来佛性猶如醍醐善男子現在煩惱為作鄣
故令諸衆生不得覩見如雪山中有忍辱草非
一切牛皆能得食佛性亦尒是名分別荅迦
葉菩薩白佛言世尊五種六種七種佛性若
未来有者云何說言斷善根人有佛性耶佛
言善男子如諸衆生有過去業因是業故衆
生現在得受果報有未来業以未生故終不
生果有現在煩惱若无煩惱一切衆生應當

BD05513號　大般涅槃經（北本　宮本）卷三五　（24–13）

葉菩薩白佛言世尊五種六種七種佛性若
未來有者云何說言斷善根人有佛性耶佛
言善男子如諸衆生有過去業因是業故衆
生現在得受果報有未來業以未生故終不
生果有現在煩惱若无煩惱一切衆生應當
了了現見佛性是故斷善根人以現在世煩
惱因緣能斷善根未來佛性力因緣故還生
善根迦葉言世尊未來云何能生善根善
男子猶如燈日雖復未生亦能破闇未來之生
能生衆生未來佛性亦復如是是名分別荅
迦葉菩薩白佛言世尊若言五陰是佛性者
云何說言衆生佛性非內非外佛言善男子
何因緣故如是失意我先不說衆生佛性是
中道耶迦葉言世尊我實不失意直以衆生
於此中道不能解故故發斯問善男子衆生
不解即是中道或時有解或有不解善男子
我為衆生得開解故說言佛性非內非外何
以故凡夫衆生或言佛性住五陰中如器中
有菓或言離陰而有猶如虛空是故如來說
於中道衆生佛性非內六入非外六入內外
合故名為中道是故如來宣說佛性即是中
道非內非外故名中道是名分別荅復次善
男子云何名為非內非外善男子或言佛性
即是外道何以故菩薩摩訶薩於无量劫在
外道中斷諸煩惱調伏其心教化衆生然後

BD05513號　大般涅槃經（北本　宮本）卷三五

（24–14）

道非內非外故名中道是名分別荅復次善
男子云何名為非內非外善男子或言佛性
即是外道何以故菩薩摩訶薩於无量劫在
外道中斷諸煩惱調伏其心教化衆生然後
乃得阿耨多羅三藐三菩提是故佛性即是
外道或言佛性即是內道何以故菩薩雖於
无量劫中脩集外道若離內道則不能得阿
耨多羅三藐三菩提是以佛性即是內道是
故如來遮此二邊說言佛性非內非外亦名內
外是名中道是名分別荅復次善男子或言
佛性即是如來金剛之身三十二相八十種
好何以故不虛誑故或言佛性即是十力四
无所畏大慈大悲及三念處首楞嚴等一切
三昧何以故因是三昧生金剛身三十二相八
十種好故是故如來遮此二邊說言佛性非
內非外亦名內外是名中道復次善男子或
有說言佛性即是內善思惟何以故離善思
惟則不能得阿耨多羅三藐三菩提故是故
佛性即是內善思惟或有說言佛性即是從
他聞法何以故從他聞法則能內善思惟若
不聞法則无思惟是以佛性即是從他聞法
是故如來遮此二邊說言佛性非內非外亦
名內外是名中道復次善男子復有說言佛
性是外謂檀波羅蜜從檀波羅蜜得阿耨多
羅三藐三菩提是以說言檀波羅蜜即是佛

BD05513號　大般涅槃經（北本　宮本）卷三五

（24–15）

是故如來遮此二邊說言佛性非内非外亦
名内外是名中道復次善男子復有說言佛
性是外謂檀波羅蜜從檀波羅蜜得阿耨多
羅三藐三菩提是以說言檀波羅蜜即是佛
性或有說言佛性是内謂五波羅蜜何以故
離是五事當知則无佛性因果以是說言五
波羅蜜即是佛性是故如來遮此二邊說言
佛性非内非外亦内亦外是名中道復次善
男子或有說言佛性在内譬如力士額上寶
珠何以故常樂我淨如寶珠故是以說言
佛性在内或有說言佛性在外如貧寶藏何
以故方便見故佛性亦尒在衆生外以方便故
而得見之是故如來遮此二邊說言佛性非内
非外亦内亦外是名中道善男子衆生佛性
非有非无所以者何佛性雖有非如虛空何
以故世間虛空雖以无量善巧方便不可得
見佛性可見是故雖有非如虛空佛性雖无
不同兎角何以故龜毛兎角雖以无量善巧
方便不可得生佛性可生是故雖无不同兎
角是故佛性非有非无亦有亦无云何名有
一切悉有是諸衆生不斷不滅猶如燈炎乃
至得阿耨多羅三藐三菩提是故名有云何
名无一切衆生現在未有一切佛法常樂我
淨是故名无有无合故即是中道是故佛說
衆生佛性非有非无善男子如有人問是種

一切悉有是諸衆生不斷不滅猶如燈炎乃
至得阿耨多羅三藐三菩提是故名有云何
名无一切衆生現在未有一切佛法常樂我
淨是故名无有无合故即是中道是故佛說
衆生佛性非有非无善男子如有人問是種
子中有果无耶應定荅言亦有亦无何以故
離子之外不能生果是故名有子未出牙是
故名无以是義故亦有亦无所以者何時節
有異其體是一衆生佛性亦復如是若言衆
生中別有佛性者是義不然何以故衆生即
佛性佛性即衆生直以時異有淨不淨善男
子若有問言是子能生果不是果能生子不
應定荅言亦生不生世尊如世人說乳中有酪
是義云何善男子若有說言乳中有酪是名
執著若言无酪是名虛妄離是二事應定說
言亦有亦无何故名有從乳生酪因即是乳
果即是酪是名爲有云何名无色味各異服用
不同熱病服乳冷病服酪乳生熱病酪生冷
病善男子若言乳中有酪性者乳即是酪
酪即是乳其性是一何因緣故乳在先出酪
不先生若有因緣一切世人何故不說若无
因緣何故酪不先出若酪不先出誰作次第
乳酪生蘇熟蘇醍醐是故知酪先无今有若
先无今有是无常法善男子若有說言乳有
酪性能生於酪水无酪性故不生酪是義不然
何以故水草亦有乳酪之性所以者何因於

因緣何故酪不先出若酪不先出誰作次第
乳酪生蘇熟蘇醍醐是故知酪先无今有若
先无今有是无常法善男子若有說言乳有
酪性能生於酪水无酪性故不生酪是義不然
何以故水草亦有乳酪之性所以者何因於
水草則出乳酪若言乳中定有酪性水草无
者是名虛妄何以故心不等故故名虛妄善
男子若言乳中定有酪者酪中亦應定有乳性
何因緣故乳中出酪酪不出乳若无因緣當
知是酪本无今有是故智者應言乳中非有
酪性非无酪性善男子是故如來於是經中
說如是言一切眾生定有佛性是名著若
无佛性是名虛妄智者應說眾生佛性亦有
亦无善男子四事和合生於眼識何等為四
眼色明欲是眼識性非眼非色非明非欲從
和合故便得出生如是眼識本无今有已有
還无是故當知无有本性乳中酪性亦復如
是若有說言水无酪性故不出酪是故乳中
定有酪性是義不然何以故善男子一切諸
法異因異果亦非一因生一切果非一切果
從一因生善男子如從四事生於眼識不可
復說從此四事應生耳識善男子離於方便
乳中得酪酪出生蘇不得如是要須方便善
男子智者不可見離方便從乳得酪謂得生
蘇亦應如是離方便得善男子是故我於是

復說從此四事應生耳識善男子離於方便
乳中得酪酪出生蘇不得如是要須方便善
男子智者不可見離方便從乳得酪謂得生
蘇亦應如是離方便得善男子是故我於是
經中說因生故法有因滅故法无善男子如
鹽性醎能令非醎使醎若非醎物先有醎性
世人何故更求鹽耶若先无者當知先无今
有以餘緣故而得醎也若言一切不醎之物
皆有醎性微故不知由此微性鹽能令醎若
本无性雖復有鹽不能令醎譬如種子自有
四大緣外四大而得增長牙莖枝葉鹽性亦
尒者是義不然何以故不醎之物先有醎性
者鹽亦應有微不醎性是鹽若有如是二性
何因緣故離不醎物不可獨用是故知鹽本
无二性如鹽一切不醎之物亦復如是若言
外四大種力能增長內四大者是義不然何
以故次第說故不從方便乳中得酪生蘇乃
至一切諸法皆不如是非方便得增外四大
亦復如是若說從外四大增內四大不見從
內四大增外四大如尸利沙菓先无形質見
昴星時菓則出生足長五寸如是菓者實不
因於外四大增善男子如來所說十二部經
或隨自意說或隨他意說或隨自他意說云
何名為隨自意說如五百比丘問舍利弗大
德佛說身因何者是耶舍利弗言諸大德汝
等亦各得正解脫自應識之何緣方作如是

或隨自意說或隨他意說或隨自他意說云
何名爲隨自意說如五百比丘問舍利弗大
德佛說身因何者是耶舍利弗言諸大德汝
等亦各得正解脫自應識之何緣方作如是
問耶有比丘言大德我未獲得正解脫時意
謂无明即是身因作是觀時得阿羅漢果復
有說言大德我未獲得正解脫時謂愛无明
即是身因作是觀時得阿羅漢果或有說識
名色六入觸受愛取有生飲食五欲即是身
因尒時五百比丘各各自說已所解脫已共往
佛所稽首佛足右遶三匝礼拜畢已却坐一
面各以如上已所解義向佛說之舍利弗白
佛言世尊如是諸人誰是正說誰不正說佛
告舍利弗善哉善哉一一比丘无非正說舍
利弗言世尊佛意云何佛言舍利弗我爲
欲界衆生說言父母即是身因如是等經名隨
自意說云何名爲隨他意說如杞吒羅長者
來至我所作如是言瞿曇汝知幻不若知幻
者即大幻人若不知者非一切智我言長者
知幻之人名幻人耶長者言善哉善哉知幻之
人即是幻人佛言長者舍衛國内波斯匿
王有旃陁羅名曰氣嘘汝知不耶長者答言
瞿曇我久知之佛言汝久知者可得即是旃
陁羅不長者言瞿曇我雖知彼是旃陁羅然
我此身非旃陁羅佛言長者汝得是義知旃
陁羅非旃陁羅我今何故不得知幻而非幻

BD05513號　大般涅槃經（北本　宮本）卷三五　（24–20）

人即是幻人佛言長者舍衛國内波斯匿
王有旃陁羅名曰氣嘘汝知不耶長者答言
瞿曇我久知之佛言汝久知者可得即是旃
陁羅不長者言瞿曇我雖知彼是旃陁羅然
我此身非旃陁羅佛言長者汝得是義知旃
陁羅非旃陁羅我今何故不得知幻而非幻
乎長者我實知幻知幻人知幻果報知幻伎
術我知殺知殺人知殺果報知殺解脫乃至知
耶見知耶見人知耶見果報知耶見解脫長
者若說非幻之人名爲幻人非耶見人說
耶見人得无量罪長者言瞿曇如汝所說我
得大罪我今所有悉以相上幸莫令彼波斯
匿王知我此事佛言長者是罪因緣不必失
財乃當因是墮三惡道是時長者聞惡道
名心生恐怖白佛言聖人我今失意獲得大
罪聖人今者是一切智亦應當知獲得解脫
我當云何得脫地獄餓鬼畜生尒時我爲說
四真諦長者聞已得須陁洹果心生慚愧向佛
懺悔我本愚癡佛非幻人而言是幻我從今
日歸依三寶佛言善哉善哉長者是名隨他
意說云何名爲隨自他說如我所說如一切
世間智者說有我亦說有智人說无我亦說
无世間智人說五欲樂有无常苦无我可斷
我亦說有世間智人說五欲樂有常樂我淨
无有是處我亦如是說无是處是名隨自他
說善男子如我所說十住菩薩少見佛性是

BD05513號　大般涅槃經（北本　宮本）卷三五　（24–21）

无世間智人說五欲樂有无常苦无我可斷
我亦說有世間智人說五欲樂有常樂我淨
无有是處我亦如是說无是處是名隨自他
說善男子如我所說十住菩薩少見佛性是
名隨他意說何故名少見十住菩薩得首楞
嚴等三昧三千法門是故了了自知當得阿
耨多羅三藐三菩提不見一切衆生定得阿耨
多羅三藐三菩提是故我說十住菩薩少
分見佛性善男子我常宣說一切衆生悉有
佛性是名隨自意說一切衆生不斷不滅乃
至得阿耨多羅三藐三菩提是故我今隨自
意說一切衆生悉有佛性煩惱覆故不能
得見我說如是汝說亦尒是名隨自他意說
善男子如來或時爲一法故說无量法如經中
說一切梵行因善知識一切梵行因雖无量
說善知識則已攝盡如我所說一切惡行邪
見爲因一切惡行因雖无量若說邪見則已
攝盡或說阿耨多羅三藐三菩提信心爲因
是菩提因雖復无量若說信心則已攝盡善
男子如來雖說无量諸法以爲佛性然不離
於陰入界世善男子如來說法爲衆生故有
七種語一者因語二者果語三者因果語四者
喻語五者不應說語六者世流布語七者如
意語云何名因語現在因中說未來果如我
所說善男子汝見衆生樂煞乃至樂行邪見

BD05513號　大般涅槃經（北本　宮本）卷三五

（24–22）

於陰入界世善男子如來說法爲衆生故有
七種語一者因語二者果語三者因果語四者
喻語五者不應說語六者世流布語七者如
意語云何名因語現在因中說未來果如我
所說善男子汝見衆生樂煞乃至樂行邪見
當觀是人即地獄人善男子若有衆生不樂
煞生乃至邪見當觀是人即是天人是名因
語云何果語現在果中說過去因如經中說
善男子如汝所見貧窮衆生顏貌醜陋不得
自在當知是人定有破戒妬心瞋心无慚愧
心若見衆生多財巨富諸根具足威德自在
當知是人定有戒施精進慚愧无有妬瞋是
名果語云何因果語如經中說善男子衆生
現在六入單因是名過去業果如來亦說名
之爲業是業因緣得未來果是名因果語云
何喻語如說師子王者即喻我身大象王
大龍王波利質多樹七寶聚大海須弥山大
地大雨船師導師調御丈夫力士牛王婆羅
門沙門大城多羅樹如是喻經名爲喻語云
何不應語我經中說天地可合河不入海如
爲波斯匿王說四方山來如爲鹿母優婆夷
說若娑羅樹能受八戒則得受於人天之樂
如說十住菩薩有退轉心不說如來有二種
語寧說須陁洹人墮三惡道不說十住有退
轉心是名不應語云何世流布語如佛所說
男女大小去來坐卧車乘房舍瓶衣衆生常

BD05513號　大般涅槃經（北本　宮本）卷三五

（24–23）

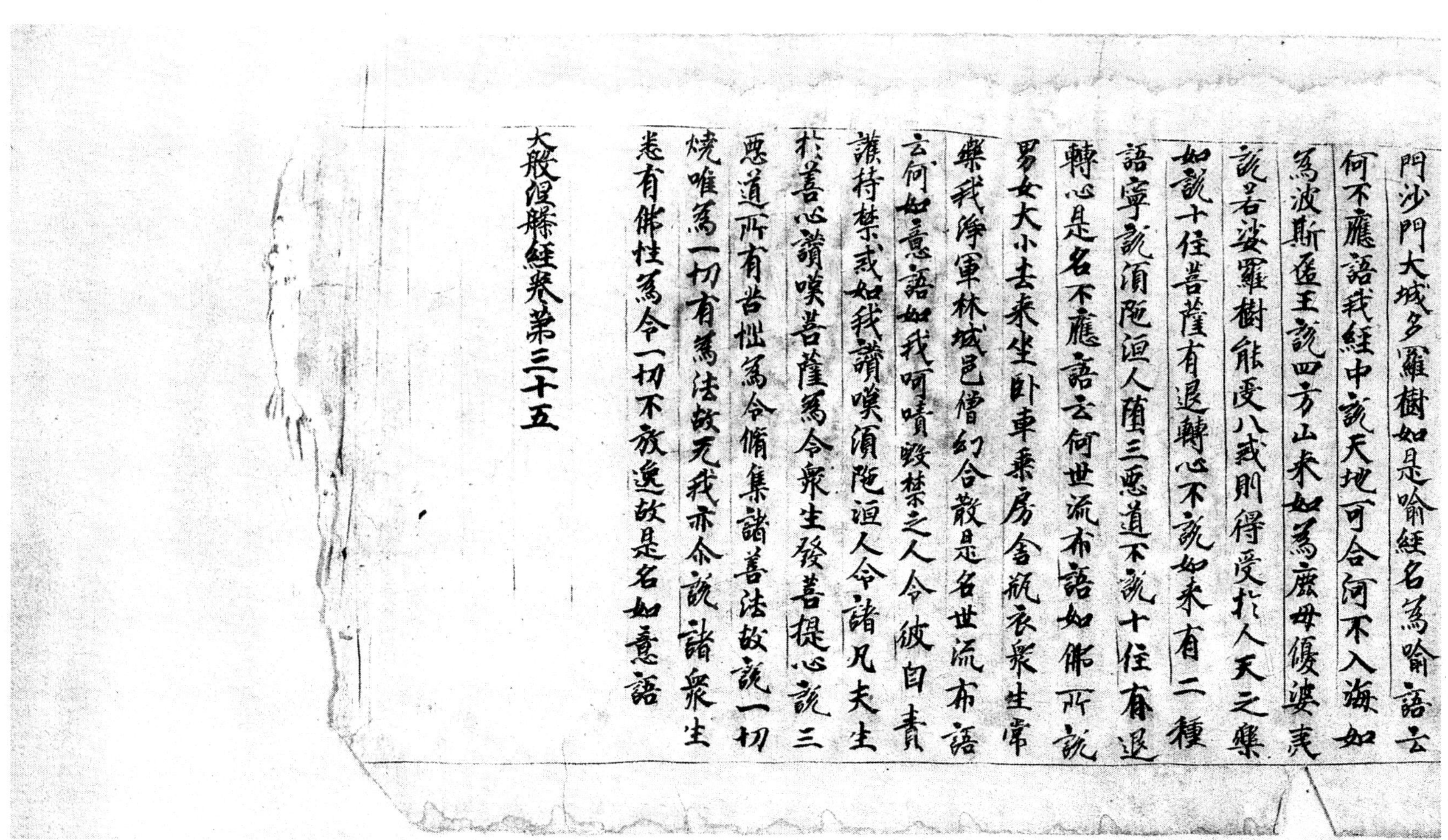

門沙門大城多羅樹如是喻經名爲喻語云
何不應語我經中說天地可合河不入海如
爲波斯匿王說四方山來如爲鹿母優婆夷
說若娑羅樹能受八戒則得受於人天之樂
如說十住菩薩有退轉心不說如來有二種
語寧說須陀洹人墮三惡道不說十住有退
轉心是名不應語云何世流布語如佛所說
男女大小去來坐卧車乘房舍瓶衣衆生常
樂我淨軍林城邑僧幻合散是名世流布語
云何如意語如我呵責毀禁之人令彼自責
護持禁戒如我讚嘆須陀洹人令諸凡夫生
於善心讚嘆菩薩爲令衆生發菩提心說三
惡道所有苦惱爲令修集諸善法故說一切
燒唯爲一切有爲法故說无我亦尒說諸衆生
悉有佛性爲令一切不放逸故是名如意語

大般涅槃經卷第三十五

BD05513 號　大般涅槃經（北本　宮本）卷三五　（24–24）

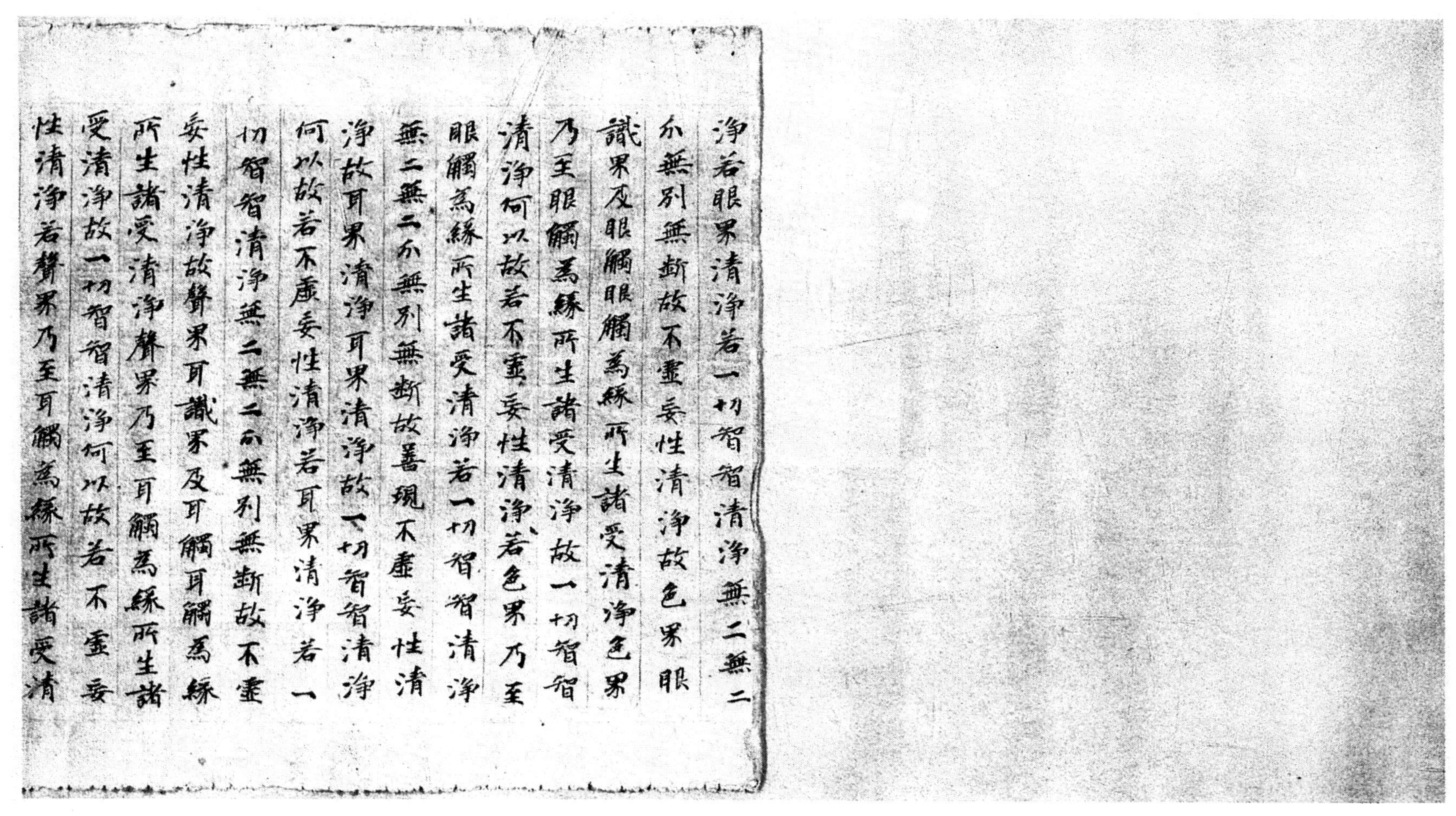

淨若眼界清淨若一切智智清淨無二無二
分無別無斷故不虛妄性清淨故色界眼
識界及眼觸眼觸爲緣所生諸受清淨色界
乃至眼觸爲緣所生諸受清淨故一切智智
清淨何以故若不虛妄性清淨若色界乃至
眼觸爲緣所生諸受清淨若一切智智清淨
無二無二分無別無斷故善現不虛妄性清
淨故耳界清淨耳界清淨故一切智智清淨
何以故若不虛妄性清淨若耳界清淨若一
切智智清淨無二無二分無別無斷故不虛
妄性清淨故聲界耳識界及耳觸耳觸爲緣
所生諸受清淨聲界乃至耳觸爲緣所生諸
受清淨故一切智智清淨何以故若不虛妄
性清淨若聲界乃至耳觸爲緣所生諸受清

BD05514 號　大般若波羅蜜多經卷二一八　（7–1）

無二無二分無別無斷故善現不虛妄性清
淨故耳界清淨耳界清淨故一切智智清淨
何以故若不虛妄性清淨若耳界清淨若一
切智智清淨無二無二分無別無斷故不虛
妄性清淨故聲界耳識界及耳觸耳觸為緣
所生諸受清淨聲界乃至耳觸為緣所生諸
受清淨故一切智智清淨何以故若不虛妄
性清淨若聲界乃至耳觸為緣所生諸受清
淨若一切智智清淨無二無二分無別無斷
故善現不虛妄性清淨故鼻界清淨鼻界清
淨故一切智智清淨何以故若不虛妄性清
淨若鼻界清淨若一切智智清淨無二無二
分無別無斷故不虛妄性清淨故香界鼻識
界及鼻觸鼻觸為緣所生諸受清淨香界乃
至鼻觸為緣所生諸受清淨故一切智智清
淨何以故若不虛妄性清淨若香界乃至鼻
觸為緣所生諸受清淨若一切智智清淨無
二無二分無別無斷故善現不虛妄性清淨
故舌界清淨舌界清淨故一切智智清淨何
以故若不虛妄性清淨若舌界清淨若一切
智智清淨無二無二分無別無斷故不虛妄
性清淨故味界舌識界及舌觸舌觸為緣所
生諸受清淨味乃至舌觸為緣所生諸受
清淨故一切智智清淨 以故若不虛妄性
清淨若味界乃至舌觸為緣所生諸受清淨
若一切智智清淨無二無二分無別無斷故
善現不虛妄性清淨故身界清淨身界青淨

生諸受清淨味乃至舌觸為緣所生諸受
清淨故一切智智清淨 以故若不虛妄性
清淨若味界乃至舌觸為緣所生諸受清淨
若一切智智清淨無二無二分無別無斷故
善現不虛妄性清淨故身界清淨身界清淨
故一切智智清淨何以故若不虛妄性清淨
若身界清淨若一切智智清淨無二無二分
無別無斷故不虛妄性清淨故觸界身識界
及身觸身觸為緣所生諸受清淨觸界乃至
身觸為緣所生諸受清淨故一切智智清淨
何以故若不虛妄性清淨若觸界乃至身觸
為緣所生諸受清淨若一切智智清淨無二
無二分無別無斷故善現不虛妄性清淨故
意界清淨意界清淨故一切智智清淨何以
故若不虛妄性清淨若意界清淨若一切智
智清淨無二無二分無別無斷故不虛妄性
清淨故法界意識界及意觸意觸為緣所生
諸受清淨法界乃至意觸為緣所生諸受清
淨故一切智智清淨何以故若不虛妄性清
淨若法界乃至意觸為緣所生諸受清淨若
一切智智清淨無二無二分無別無斷故善現
不虛妄性清淨故地界清淨地界清淨故一
切智智清淨何以故若不虛妄性清淨若地
界清淨若一切智智清淨無二無二分無別
無斷故不虛妄性清淨故水火風空識界清
淨水火風空識界清淨故一切智智清淨何
以故若不虛妄性清淨若水火風空識界清

界清淨若一切智智清淨無二無二分無別
無斷故不虛妄性清淨故水火風空識界清
淨水火風空識界清淨故一切智智清淨何
以故若不虛妄性清淨若水火風空識界清
淨若一切智智清淨無二無二分無別無斷
故善現不虛妄性清淨故無明清淨無明清
淨故一切智智清淨何以故若不虛妄性清
淨若無明清淨若一切智智清淨無二無
二分無別無斷故不虛妄性清淨故行識名
色六處觸受愛取有生老死愁歎苦憂惱清
淨行乃至老死愁歎苦憂惱清淨故一切智
智清淨何以故若不虛妄性清淨若行乃至
老死愁歎苦憂惱清淨若一切智智清淨無
二無二分無別無斷故
善現不虛妄性清淨故布施波羅蜜多清淨
布施波羅蜜多清淨故一切智智清淨何以
故若不虛妄性清淨若布施波羅蜜多清淨
若一切智智清淨無二無二分無別無斷故
不虛妄性清淨故淨戒安忍精進靜慮般若
波羅蜜多清淨淨戒乃至般若波羅蜜多清
淨故一切智智清淨何以故若不虛妄性清
淨若淨戒乃至般若波羅蜜多清淨若一切
智智清淨無二無二分無別無斷故善現不
虛妄性清淨故內空清淨內空清淨故一切
智智清淨何以故若不虛妄性清淨若內空
清淨若一切智智清淨無二無二分無別無
斷故不虛妄性清淨故外空內外空空空大

BD05514 號　大般若波羅蜜多經卷二一八　（7–4）

虛妄性清淨故內空清淨內空清淨故一切
智智清淨何以故若不虛妄性清淨若內空
清淨若一切智智清淨無二無二分無別無
斷故不虛妄性清淨故外空內外空空空大
空勝義空有為空無為空畢竟空無際空散
空無變異空本性空自相空共相空一切法
空不可得空無性空自性空無性自性空清
淨外空乃至無性自性空清淨故一切智智
清淨何以故若不虛妄性清淨若外空乃至
無性自性空清淨若一切智智清淨無二無
二分無別無斷故善現不虛妄性清淨故真
如清淨真如清淨故一切智智清淨何以故
若不虛妄性清淨若真如清淨若一切智智
清淨無二無二分無別無斷故不虛妄性清
淨故法界法性不變異性平等性離生性法
定法住實際虛空界不思議界清淨法界乃
至不思議界清淨故一切智智清淨何以故
若不虛妄性清淨若法界乃至不思議界清
淨若一切智智清淨無二無二分無別無斷
故善現不虛妄性清淨故苦聖諦清淨苦聖
諦清淨故一切智智清淨何以故若不虛妄
性清淨若苦聖諦清淨若一切智智清淨無
二無二分無別無斷故不虛妄性清淨故集
滅道聖諦清淨集滅道聖諦清淨故一切智
智清淨何以故若不虛妄性清淨若集滅道
聖諦清淨若一切智智清淨無二無二分無

BD05514 號　大般若波羅蜜多經卷二一八　（7–5）

性清淨若苦聖諦清淨若一切智智清淨無
二無二分無別無斷故不虛妄性清淨故集
滅道聖諦清淨集滅道聖諦清淨故一切智
智清淨何以故若不虛妄性清淨若集滅道
聖諦清淨若一切智智清淨無二無二分無
別無斷故善現不虛妄性清淨故四靜慮清
淨四靜慮清淨故一切智智清淨何以故若
不虛妄性清淨若四靜慮清淨若一切智智
清淨無二無二分無別無斷故不虛妄性清
淨故四無量四無色定清淨四無量四無色
定清淨故一切智智清淨何以故若不虛妄
性清淨若四無量四無色定清淨若一切智
智清淨無二無二分無別無斷故善現不虛
妄性清淨故八解脫清淨八解脫清淨故一
切智智清淨何以故若不虛妄性清淨若八
解脫清淨若一切智智清淨無二無二分無
別無斷故不虛妄性清淨故八勝處九次第
定十遍處清淨八勝處九次第定十遍處清
淨故一切智智清淨何以故若不虛妄性清
淨若八勝處九次第定十遍處清淨若一切
智智清淨無二無二分無別無斷故善現不
虛妄性清淨故四念住清淨四念住清淨故
一切智智清淨何以故若不虛妄性清淨若四
念住清淨若一切智智清淨無二無二分無
別無斷故不虛妄性清淨故四正斷四神足
五根五力七等覺支八聖道支清淨四正斷
乃至八聖道支清淨故一切智智清淨何以

BD05514號　大般若波羅蜜多經卷二一八　（7–6）

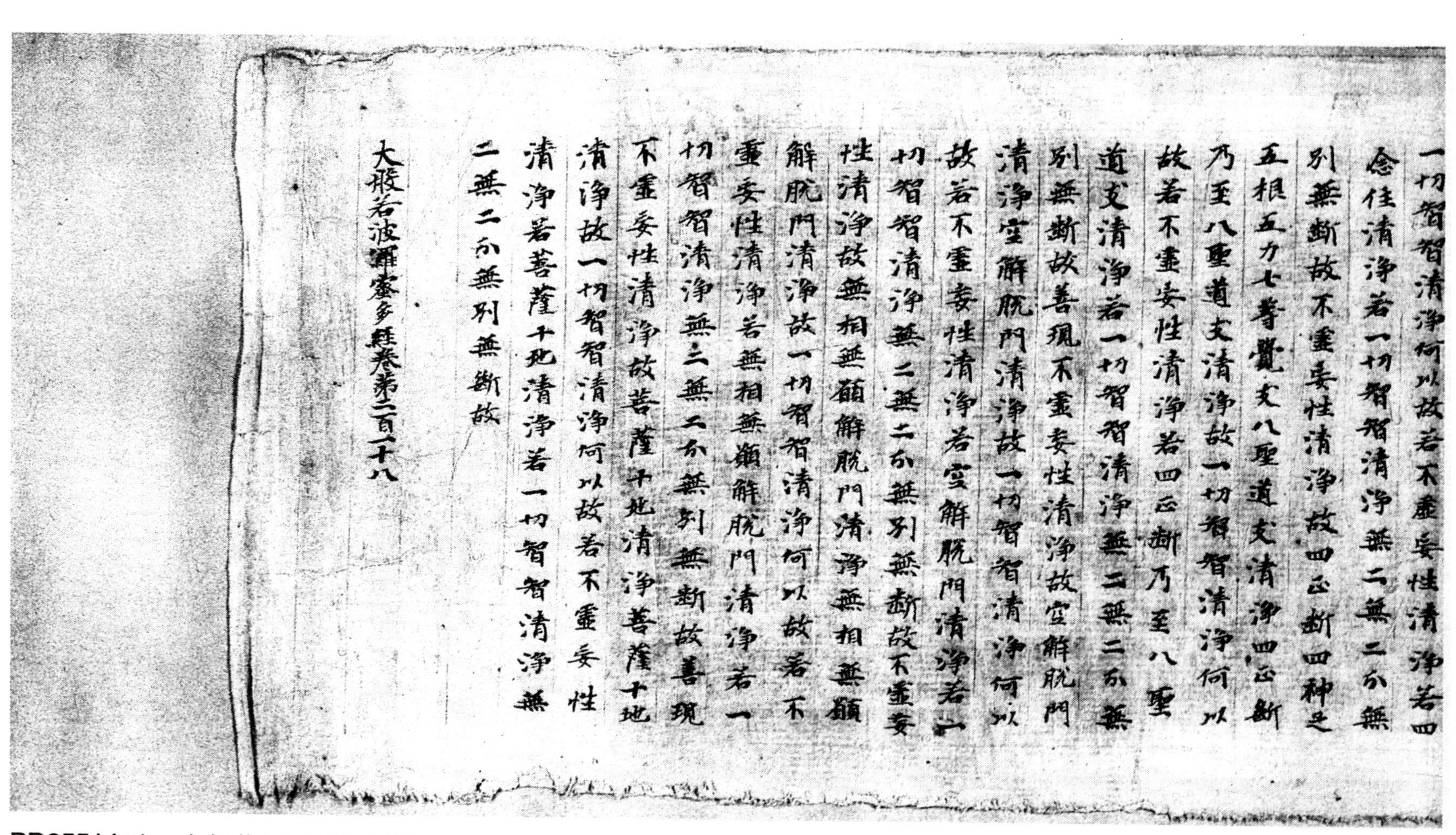
一切智智清淨何以故若不虛妄性清淨若四
念住清淨若一切智智清淨無二無二分無
別無斷故不虛妄性清淨故四正斷四神足
五根五力七等覺支八聖道支清淨四正斷
乃至八聖道支清淨故一切智智清淨何以
故若不虛妄性清淨若四正斷乃至八聖
道支清淨若一切智智清淨無二無二分無
別無斷故善現不虛妄性清淨故空解脫門
清淨空解脫門清淨故一切智智清淨何以
故若不虛妄性清淨若空解脫門清淨若一
切智智清淨無二無二分無別無斷故不虛妄
性清淨故無相無願解脫門清淨無相無願
解脫門清淨故一切智智清淨何以故若不
虛妄性清淨若無相無願解脫門清淨若一
切智智清淨無二無二分無別無斷故善現
不虛妄性清淨故菩薩十地清淨菩薩十地
清淨故一切智智清淨何以故若不虛妄性
清淨若菩薩十地清淨若一切智智清淨無
二無二分無別無斷故

大般若波羅蜜多經卷第二百一十八

BD05514號　大般若波羅蜜多經卷二一八　（7–7）

若比丘惡性不受人語……諸比丘如法諫已
自身不受諫語言大德莫向我說若好若惡我亦
不向諸大德說若好若惡大德且止莫諫我是比丘
言大德莫自身不受諫語大德自身當受諫語諸大德
如法諫諸比丘諸比丘亦如法諫大德如是佛弟子
衆得增益展轉相諫展轉相教展轉懺悔是比
丘如是諫時堅持不捨彼比丘應三諫捨此事故
至三諫捨者善不捨者僧伽婆尸沙
諸大德我已說十三僧伽婆尸沙九初犯四乃至
三諫若比丘犯一一法知而覆藏應強與波利婆沙
行波利婆沙竟增上與六夜摩那埵行摩那埵
已餘有出罪法應二十僧中出是比丘罪若少一人不
滿二十衆出是比丘罪是比丘罪不得除諸比丘亦
可呵此是時　今問諸大德是中清淨不　如是三說
諸大德是中清淨默然故是事如是持
諸大德是二不定法半月半月說戒經中來
若比丘共女人獨在屏處覆障處可作婬處坐
說非法語有住信優婆私於三法中一一法說若

BD05515號　四分律比丘戒本　（21–1）

可呵此是時　今問諸大德是中清淨不　如是三說
諸大德是中清淨默然故是事如是持
諸大德是二不定法半月半月說戒經中來
若比丘共女人獨在屏處覆障處可作婬處坐
說非法語有住信優婆私於三法中一一法說若
波羅夷若僧伽婆尸沙若波逸提是坐比丘自言
我犯是罪於三法中應一一治若波羅夷若僧
伽婆尸沙若波逸提如住信優婆私所說應如
法治是比丘是名不定法
若比丘共女人在露現處不可作婬處坐作麁惡
語有住信優婆私於二法中一一法說若僧伽婆
尸沙若波逸提是坐比丘自言我犯是事於二法
中應一一法治若僧伽婆尸沙若波逸提如住
信優婆私所說應如法治是比丘是名不定法
諸大德我已說二不定法今問諸大德是中清淨不　三說
諸大德是中清淨默然故是事如是持
諸大德是三十尼薩耆波逸提法半月半月說戒
經中來　若比丘衣已竟迦絺那衣已出畜長衣
經十日不淨施得畜若過十日尼薩耆波逸提

BD05515號　四分律比丘戒本　（21–2）

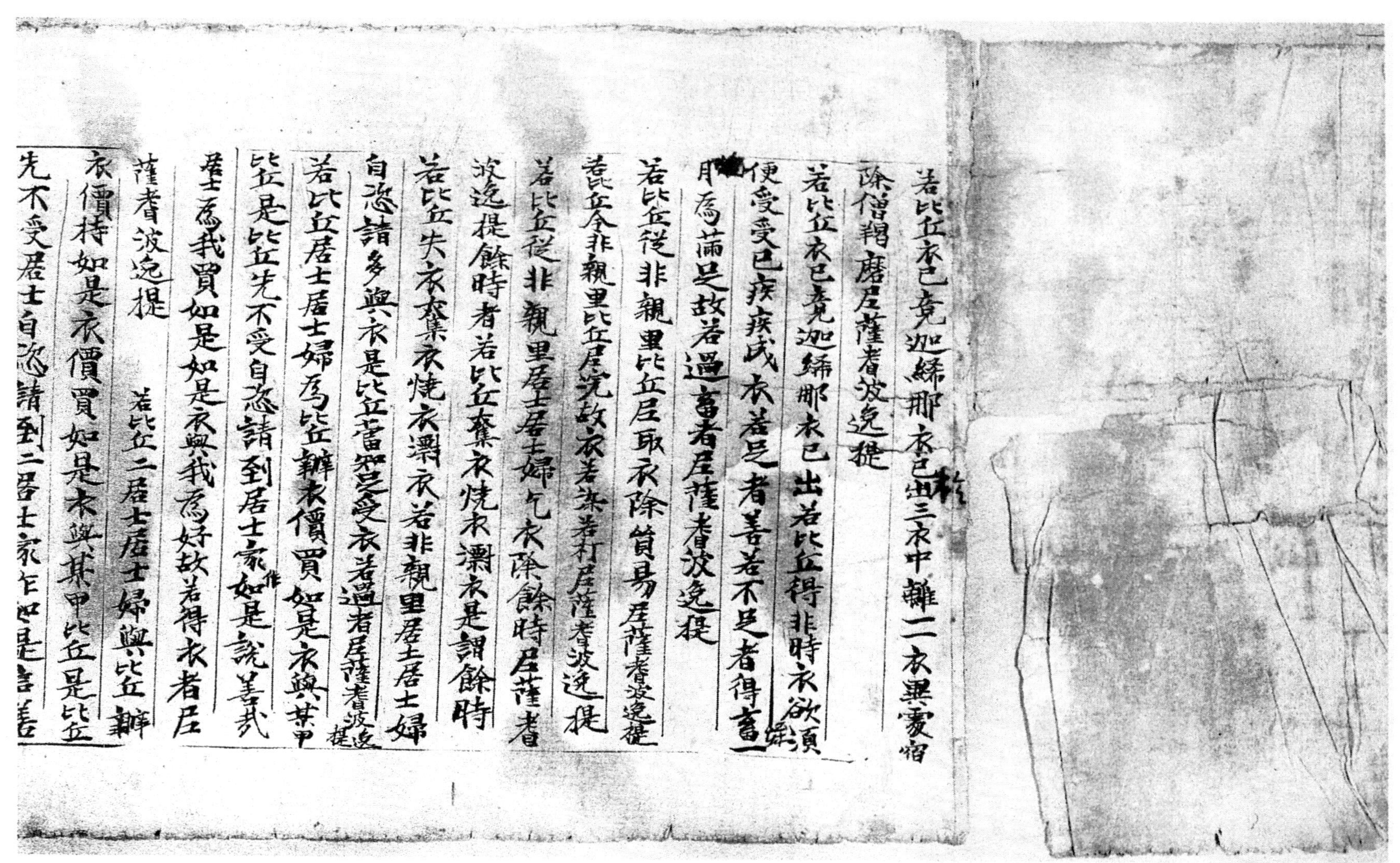

若比丘衣已竟迦絺那衣已出三衣中離一一衣異處宿
除僧羯磨尼薩耆波逸提
若比丘衣已竟迦絺那衣已出若比丘得非時衣欲須
便受受已疾疾成衣若足者善若不足者得畜一月
為滿足故若過畜者尼薩耆波逸提
若比丘從非親里比丘尼取衣除貿易尼薩耆波逸提
若比丘令非親里比丘尼浣故衣若染若打尼薩耆波逸提
若比丘從非親里居士居士婦乞衣除餘時尼薩耆
波逸提餘時者若比丘奪衣失衣燒衣漂衣是謂餘時
若比丘失衣奪衣燒衣漂衣若非親里居士居士婦
自恣請多與衣是比丘當知足受衣若過者尼薩耆波逸提
若比丘居士居士婦為比丘辦衣價買如是衣與某甲
比丘是比丘先不受自恣請到居士家作如是說善哉
居士為我買如是如是衣與我為好故若得衣者尼
薩耆波逸提　若比丘二居士居士婦與比丘辦
衣價持如是衣價買如是衣與某甲比丘是比丘
先不受居士自恣請到二居士家作如是言善

BD05515號　四分律比丘戒本　（21–3）

居士為我買如是如是衣與我為好故若得衣者尼
薩耆波逸提　若比丘二居士居士婦與比丘辦
衣價持如是衣價買如是衣與某甲比丘是比丘
先不受居士自恣請到二居士家作如是言善
哉居士辦如是衣價與我共作一衣為好故若
得衣者尼薩耆波逸提
若比丘若王若大臣若婆羅門若居士居士
婦遣使為比丘送衣價持如是衣價與某甲比丘彼使人至比丘所言大德今為汝故送是衣價
受取是比丘應語彼使如是言我不應受此衣
價我若須衣合時清淨當受彼使語比丘言大
德有執事人不須衣比丘應語言有若僧伽藍民
若優婆塞此是比丘執事人常為諸比丘執
事時彼使往至執事人所與衣價已還至比丘所作如
是言大德所示某甲執事人我已與衣價大德知
時往彼當得衣須衣比丘當往執事人所若二反
三反為作憶念應語言我須衣若二反三反為
作憶念若得衣者善若不得四反五反六反在
前嘿然立若四反五反六反在前嘿然住若得衣
者善若不得衣過是求得衣者尼薩耆波逸提
若不得衣從所得衣價處若自往若遣使往語言汝
先遣使持衣價與某甲比丘是比丘竟不得汝還取莫
使失此是時
若比丘雜野蠶綿作新臥具者尼薩耆波逸提
若比丘以新純黑羺羊毛作新臥具者尼薩耆波逸提

BD05515號　四分律比丘戒本　（21–4）

若不得衣從所得衣價處若自往遣使往語言汝
先遣使持衣價與某甲比丘是比丘竟不得衣汝還取莫
使失此是時
若比丘雜野蠶綿作新臥具者尼薩耆波逸提
若比丘以新純黑羺羊毛作新臥具者尼薩耆波逸提
若比丘作新臥具應用二分純黑羊毛三分白四分尨若
比丘不用二分黑三分白四分尨作新臥具者尼薩耆波逸提
若比丘作新臥具持至六年若減六年不捨故更作
新者除僧羯磨尼薩耆波逸提
若比丘作新坐具當取故者縱廣一搩手帖著
新者上壞色故若作新坐具不取故者縱廣一搩手
帖著新者上用壞色故尼薩耆波逸提
若比丘道路行得羊毛若無人持得自持乃至三
由旬若無人持過三由旬者尼薩耆波逸提
若比丘使非親里比丘尼浣染擘羊毛者尼薩耆波逸提
若比丘自手捉錢若金銀若教人捉若置地受者尼薩耆波逸提
若比丘種種賣買者尼薩耆波逸提
若比丘種種販賣者尼薩耆波逸提
若比丘畜長鉢不淨施得齊十日過者尼薩耆波逸提
若比丘畜鉢減五綴不漏更求新鉢為好故尼薩耆波逸
提彼比丘應往僧中捨展轉取下鉢與之令持乃
至破應持此是時
若比丘自乞縷線使非親里織師織作衣者尼薩耆波逸提
若比丘居士居士婦使織師為比丘織作衣彼比丘先不
受自恣請便往織師[illegible]

至破應持此是時
若比丘自乞縷線使非親里織師織作衣者尼薩耆波逸提
若比丘居士居士婦使織師為比丘織作衣彼比丘先不
受自恣請便往織師所語言此衣為我作與我
極好織令廣大堅緻我當少多與汝價是比丘與
價乃至一食直若得衣者尼薩耆波逸提
若比丘先與比丘衣後瞋恚若自奪若教人奪取
還我衣來不與汝若比丘還衣彼取衣者尼薩耆波逸提
若比丘有病殘藥酥油生酥蜜石蜜齊七日得服
若過七日服者尼薩耆波逸提
若比丘春殘一月在當求雨浴衣半月應用浴若
比丘過一月前求雨浴衣過半月前用浴尼薩耆波逸提
若比丘十日未竟夏三月諸比丘得急施衣比丘知是急
施衣當受受已乃至依時應畜若過畜者尼薩耆波逸提
若比丘夏三月竟後迦提一月滿在阿蘭若有疑恐懼
處住比丘如是處住三衣中欲留一一衣置舍內諸比丘有
因緣離衣宿乃至六夜若過者尼薩耆波逸提
若比丘知是僧物自求入己者尼薩耆波逸提
諸大德我已說三十尼薩耆波逸提法今問諸大德是中
清淨不（如是三說）諸大德是中清淨默然故是事如是持
諸大德是九十波逸提法半月半月說戒經中來
若比丘知而妄語者波逸提
若比丘種類毀呰語者波逸提
若比丘兩舌語者波逸提
若比丘與婦女同室宿者波逸提
若比丘與未受大戒人共宿過二宿至三宿波逸提

…半月半月說戒經中來
若比丘知而妄語者波逸提　若比丘種類毀呰語者波逸提
若比丘兩舌語者波逸提　若比丘與婦女同室宿者波逸提
若比丘與未受大戒人共宿過二宿至三宿波逸提
若比丘與未受大戒人共誦者波逸提
若比丘知他比丘有麁惡罪向未受大戒人說除僧羯磨波逸提
若比丘向未受大戒人說過人法言我見是我知是實者波逸提
若比丘與女人說法過五六語除有知男子波逸提
若比丘自手掘地若教人掘者波逸提　十
若比丘壞鬼神村者波逸提　若比丘妄作異語惱他者波逸提
若比丘嫌罵者波逸提
若比丘取僧繩牀木牀若臥具坐蓐露地敷若教人敷
捨去不自舉不教人舉者波逸提
若比丘於僧房舍中敷僧臥具若自敷若教人敷若
臥去時不自舉不教人舉波逸提
若比丘知先比丘住處後來於中間敷臥具止宿念言彼
若嫌迮者自當避我去作如是因緣非餘非威儀波逸提
若比丘瞋他比丘不喜僧房中若自牽出若教他牽出波逸提
若比丘若房若重閣上脫腳繩床若木床若坐若臥波逸提
若比丘知水有虫若自澆泥若澆草若教人澆者波逸提
若比丘作大房舍戶扉窗牖及餘莊飾具指授覆
苫齊二三節若過者波逸提　廿
若比丘僧不差教誡比丘尼者波逸提
若比丘為僧差教授比丘尼乃至日暮者波逸提

若比丘作大房舍戶扉窗牖及餘莊飾具指授覆
苫齊二三節若過者波逸提　廿
若比丘僧不差教誡比丘尼者波逸提
若比丘為僧差教授比丘尼乃至日暮者波逸提
若比丘語諸比丘作如是語諸比丘為飲食故教授比丘尼者波逸提
若比丘與非親里比丘尼衣除貿易波逸提
若比丘與非親里比丘尼作衣者波逸提
若比丘獨與比丘尼在屏處坐者波逸提
若比丘與比丘尼共期同一道行乃至一村間除異
時波逸提異時者與估客行若疑畏怖時是謂異時
若比丘與比丘尼共期同乘一船上水下水除直渡者波逸提
若比丘知比丘尼讚歎教化因緣得食食除檀越先意者波逸提
若比丘與婦女共期同一道行乃至一村間波逸提　卅
若比丘施一食處無病比丘應一食若過受者波逸提
若比丘展轉食除餘時波逸提餘時者病時施衣時是謂餘時
若比丘別眾食除餘時波逸提餘時者病時作衣時
施衣時道行時乘船時大眾集時沙門施食時此是時
若比丘至白衣家請比丘與餅麨飯若比丘欲須者當
取二三缽受還至僧伽藍中應分與餘比丘食若比丘無
病過兩三缽受持還至僧伽藍中不分與餘比丘食者波逸提
若比丘足食竟或時受請不作餘食法而食者波逸提
若比丘知他比丘足食已若受請不作餘食法慇懃請與
食長老取是食以是因緣非餘欲使他犯者波逸提
若比丘非時受食食者波逸提　若比丘殘宿食而食者波逸提

若比丘足食竟或時受請不作餘食法而食者波逸提
若比丘知他比丘足食已若受請不作餘食法慇懃請與
食長老取是食以是因緣非餘欲使他犯者波逸提
若比丘非時受食食者波逸提　若比丘殘宿食而食者波逸提
若比丘不受食若藥著口中除水及楊枝波逸提
若比丘得好美飲食乳酪魚及肉若比丘如此美飲食
無病自為已索者波逸提　卌
若比丘外道男外道女自手與食者波逸提
若比丘先受請已前食後食詣行餘家不囑授餘比丘除
餘時波逸提餘時者病時作衣時施衣時是謂餘時
若比丘在食家中有寶強安坐者波逸提
若比丘食家中有寶在屏處坐者波逸提
若比丘獨與女人露地坐者波逸提
若比丘語餘比丘如是語大德共至聚落當與汝食彼
比丘竟不教與是比丘食語言汝去我與汝一處若坐若
語不樂我獨坐獨語樂以是因緣非餘方便遣去波逸提
若比丘請四月與藥無病比丘應受若過受除常請
更請分請盡形壽請波逸提
若比丘往觀軍陣除時因緣波逸提
若比丘有因緣聽至軍中二宿三宿過者波逸提
若比丘二宿三宿軍中住或時觀軍陣鬪戰若觀遊軍
象馬力勢者波逸提　五十
若比丘飲酒者波逸提　若比丘水中嬉戲者波逸提
若比丘以指相擊攊者波逸提　若比丘不受諫者波逸提

若比丘有因緣聽至軍中二宿三宿過者波逸提
若比丘二宿三宿軍中住或時觀軍陣鬪戰若觀遊軍
象馬力勢者波逸提　五十
若比丘飲酒者波逸提　若比丘水中嬉戲者波逸提
若比丘以指相擊攊者波逸提　若比丘不受諫者波逸提
若比丘恐怖他比丘者波逸提
若比丘半月洗浴無病比丘應受不得過除餘時波逸提
餘時者熱時病時作時風時雨時道行時此是時
若比丘無病自為炙身故然露地然火若教人然除時因緣波逸提
若比丘藏他比丘衣鉢坐具針筒若自藏教人藏下至戲笑者波逸提
若比丘與比丘比丘尼式叉摩那沙彌沙彌尼衣後不語
主還取著者波逸提
若比丘得新衣應三種壞色一一色中隨意壞若青若黑
若木蘭若比丘不以三種壞色若青若黑若木蘭著
餘新衣者波逸提　六十
若比丘故殺畜生命者波逸提　若比丘知水有蟲飲用者波逸提
若比丘故惱他比丘令須臾間不樂者波逸提
若比丘知他比丘有麤惡罪覆藏者波逸提
若比丘年滿二十應受大戒　若比丘知年不滿二十與受
大戒此人不得戒彼比丘可呵癡故波逸提
若比丘知諍事如法懺悔已後更發舉者波逸提
若比丘知是賊伴結要共同道行乃至一村間者波逸提
若比丘作如是語我知佛所說法行婬欲非障道法
彼比丘諫此比丘言大德莫作是語莫謗世尊謗世

□□人不得戒彼比丘可呵癡故波逸提
若比丘知諍事如法懺悔已後更發舉者波逸提
若比丘知是賊伴結要共同道行乃至一村間者波逸提
若比丘作如是語我知佛所說法行婬欲非障道法
彼比丘諫此比丘言大德莫作是語莫謗世尊謗世
尊者不善世尊不作是語世尊無數方便說犯
婬欲者是障道法彼比丘諫此比丘時堅持不捨彼比丘
乃至三諫捨此事故若再三諫捨者善不捨者波逸提
若比丘知如是語人未作法如是邪見而不捨供給所
須共同羯磨同宿言語者波逸提
若比丘知沙弥作如是言我從佛聞法若行婬欲非障
道法彼比丘諫此沙弥如是言汝莫誹謗世尊謗
世尊者善不世尊不作是語沙弥世尊無數方便說
婬欲是障道法彼比丘諫此沙弥時堅持不捨彼比丘
應乃至再三呵諫令捨此事故乃至三諫而捨者善
不捨者彼比丘應語彼沙弥言汝自今已去不得言佛
是我世尊不得隨逐餘比丘如諸沙弥得與比丘二三
宿汝今無是事汝出去滅去不應住此若比丘知是
衆中被擯沙弥而誘將畜養共宿者波逸提
若比丘餘比丘如法諫時作如是語我今不學此戒當難
問餘智慧持律比丘者波逸提若為知為學故應難問
若比丘說戒時作如是語大德何用說是雜碎戒為說戒
時令人惱愧懷疑輕呵戒故波逸提
若比丘說戒時作如是語我今始知此法戒經所載半月
半月說戒經中來餘比丘知是比丘若二若三說戒中坐何

BD05515號　四分律比丘戒本

（21–11）

若比丘說戒時作如是語大德何用說是雜碎戒為說戒
時令人惱愧懷疑輕呵戒故波逸提
若比丘說戒時作如是語我今始知此法戒經所載半月
半月說戒經中來餘比丘知是比丘若二若三說戒中坐何
況多彼比丘無知無解若犯罪應如法治更重增无
知罪語言長老汝無利不善得汝說戒時不用心
念不一心兩聽法彼無知故波逸提
若比丘共同羯磨已後作如是語諸比丘隨親厚以衆僧物與者波逸提
若比丘衆僧斷事未竟不與欲而起去者波逸提
若比丘與欲已後悔者波逸提
若比丘共比丘鬪諍已聽此語向彼說者波逸提
若比丘瞋恚故不喜打比丘者波逸提
若比丘瞋恚不喜以手搏比丘者波逸提
若比丘瞋恚故以无根僧伽婆尸沙謗者波逸提
若比丘刹利水澆頭王種王未出未藏寶而入若過宮門閫者波逸提
若比丘若寶及寶莊飾具若自捉若教人捉除
僧伽藍中及寄宿處波逸提
若比丘在僧伽藍中若寄宿處若捉寶若以寶
莊飾具若自捉教人捉當作是念若有主識者當
取作如是因緣非餘若比丘非時入聚落不囑授餘比
丘者波逸提　若比丘作繩牀木牀足應高如
來八指除入陛孔上截竟若過者波逸提
若比丘作兜羅綿貯繩床木床大小蓐成者波逸提
若比丘作骨牙角針筒刳刮成者波逸提

分

BD05515號　四分律比丘戒本

（21–12）

丘者波逸提　若比丘作繩牀木牀足應高如
來八指除入陛上截竟若過者波逸提
若比丘作兜羅綿貯繩牀木牀大小蓐成者波逸提
若比丘作骨牙角針筒刳刮成者波逸提
若比丘作尼師壇當應量作是中量者長佛
二搩手廣一搩手半更增廣長各半搩手若過截
竟波逸提　若比丘作覆瘡衣當應量作是
中者長佛四搩手廣二搩手裁竟過者波逸提
若比丘作雨浴衣當應量作是中量者長佛六搩
手廣二搩手半過者裁竟波逸提
若比丘與如來等量作衣或過量作者波逸提
是中如來衣量者長佛十搩手廣六搩手是謂如來衣量
諸大德我已說九十波逸提法今問諸大德是中清淨不如是三說
諸大德是中清淨默然故是事如是持
諸大德是四波羅提提舍尼法半月半月說戒經中來
若比丘入村中從非親里比丘尼若無病自手取食食
者是比丘應向餘比丘悔過言大德我犯可呵法所不
應為我今向大德悔過是名悔過法
若比丘至白衣家內食是中有比丘尼指示與某甲羹
與某甲飯應語彼比丘尼如是言大姊且止須比丘
食竟若無一比丘語彼比丘尼如是言大姊且止須比丘
食竟者是比丘應向餘比丘悔過言大德我犯可
呵法所不應為我今大德悔過是名悔過法

BD05515號　四分律比丘戒本　（21–13）

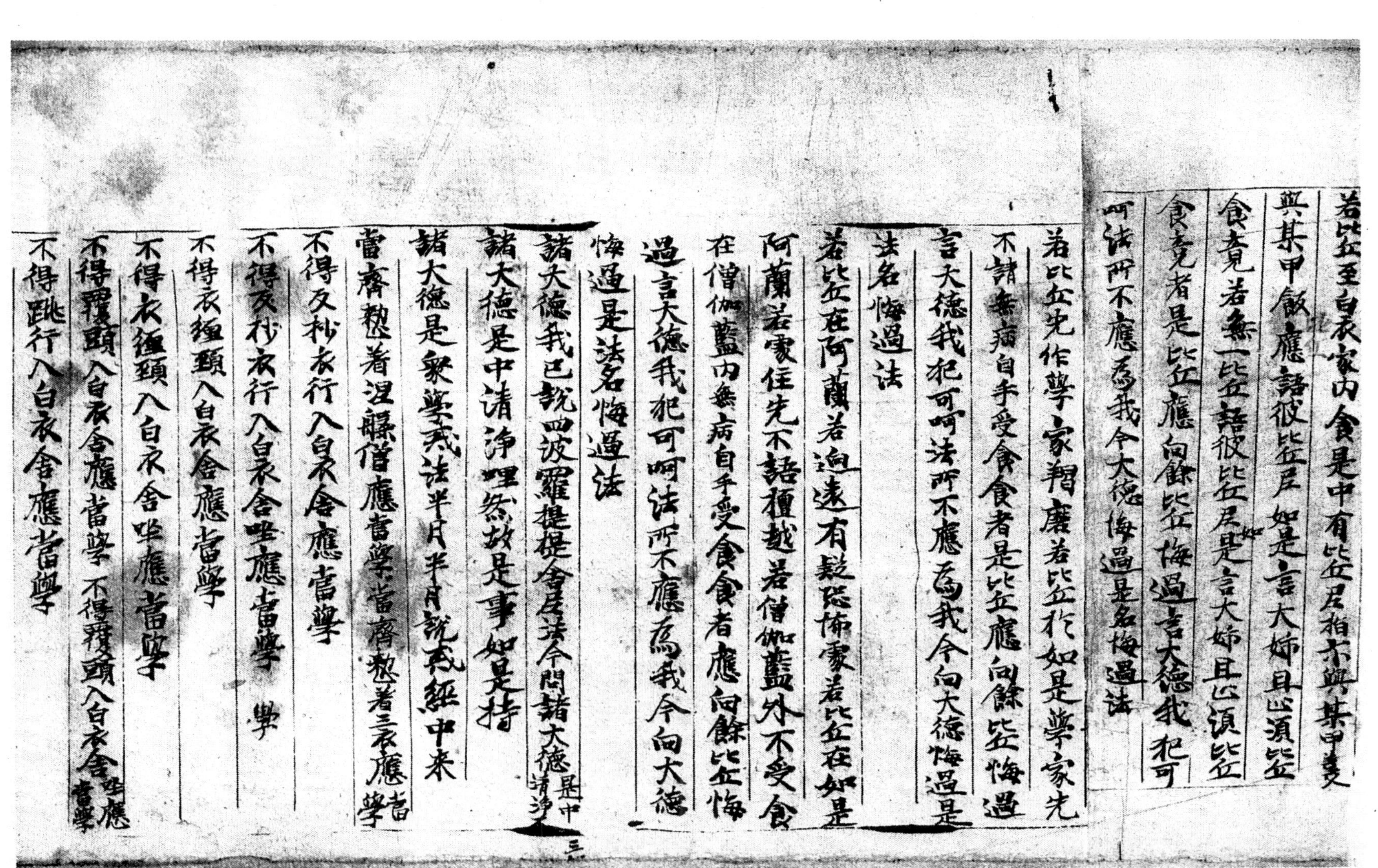
若比丘至白衣家內食是中有比丘尼指示與某甲羹
與某甲飯應語彼比丘尼如是言大姊且止須比丘
食竟若無一比丘語彼比丘尼如是言大姊且止須比丘
食竟者是比丘應向餘比丘悔過言大德我犯可
呵法所不應為我今大德悔過是名悔過法
若比丘先作學家羯磨若比丘於如是學家先
不請無病自手受食食者是比丘應向餘比丘悔過
言大德我犯可呵法所不應為我今向大德悔過是
法名悔過法
若比丘在阿蘭若迥遠有疑恐怖處若比丘在如是
阿蘭若處住先不語檀越若僧伽藍外不受食
在僧伽藍內無病自手受食食者應向餘比丘悔
過言大德我犯可呵法所不應為我今向大德
悔過是法名悔過法
諸大德我已說四波羅提提舍尼法今問諸大德是中清淨
諸大德是中清淨默然故是事如是持
諸大德是眾學戒法半月半月說戒經中來
當齊整著涅槃僧應當學當齊整著三衣應當學
不得反抄衣行入白衣舍應當學
不得反抄衣行入白衣舍坐應當學
不得衣纏頸入白衣舍應當學
不得衣纏頸入白衣舍坐應當學
不得覆頭入白衣舍應當學　不得覆頭入白衣舍坐應當學
不得跳行入白衣舍應當學

BD05515號　四分律比丘戒本　（21–14）

不得反抄衣行入白衣舍坐應當學

不得衣纏頸入白衣舍應當學

不得衣纏頸入白衣舍坐應當學

不得覆頭入白衣舍應當學　不得覆頭入白衣舍坐應當學

不得跳行入白衣舍應當學

不得跳行入白衣舍坐應當學

不得入白衣舍內蹲坐應當學

不得叉腰行入白衣舍應當學

不得叉腰行入白衣舍坐應當學

不得搖身行入白衣舍應當學

不得搖身行入白衣舍坐應當學

不得掉臂行入白衣舍應當學

不得掉臂行入白衣舍坐應當學

好覆身入白衣舍應當學

好覆身入白衣舍坐應當學

不得左右顧視行入白衣舍應當學　廿

不得左右顧視行入白衣舍坐應當學

靜嘿入白衣舍應當學　靜嘿入白衣舍坐應當學

不得戲笑行入白衣舍應當學

不得戲笑行入白衣舍坐應當學

用意受食應當學　平鉢受食應當學

平鉢受羹應當學　羹飯等食應當學

以次食應當學　卅　不得挑鉢中而食應當學

若比丘無病不得為己索羹飯應當學

用意受食應當學　平鉢受食應當學

平鉢受羹應當學　羹飯等食應當學

以次食應當學　卅　不得挑鉢中而食應當學

若比丘無病不得為己索羹飯應當學

不得以飯覆羹更望得應當學

不得視比坐鉢中應當學　當繫鉢想食應當學

不得大摶飯食應當學　不得大張口待飯食應當學

不得含飯語應當學　不得摶飯遙擲口中應當學

不得遺落飯食應當學　卌　不得頰食食應當學

不得嚼飯作聲食應當學　不得大噏飯食應當學

不得舌舐食應當學　不得振手食應當學

不得手把散飯食應當學　不得汙手捉飲器應當學

不得洗鉢水棄白衣舍內應當學

不得生草菜上大小便涕唾除病應當學　五十

不得淨水中大小便涕唾除病應當學

不得立大小便除病應當學

不得與反抄衣不恭敬人說法除病應當學

不得為衣纏頸者說法除病應當學

不得為覆頭者說法除病應當學

不得為裹頭者說法除病應當學

不得為叉腰者說法除病應當學

不得為著革屣者說法除病應當學

不得為著木屐者說法除病應當學

不得為覆頭者說法除病應當學
不得為裹頭者說法除病應當學
不得為叉腰者說法除病應當學
不得為著革屣者說法除病應當學
不得為著木屐者說法除病應當學
不得為騎乘者說法除病應當學
不得在佛塔中止宿除為守護故應當學 六十
不得藏財物置佛塔中除為堅牢故應當學
不得著革屣入佛塔中應當學
不得手捉革屣入佛塔中應當學
不得著革屣繞佛塔行應當學
不得著富羅入佛塔中應當學
不得手捉富羅入佛塔中應當學
不得塔下坐食留草及食汚地應當學
不得擔死屍從佛塔下過應當學
不得佛塔下埋死屍應當學
不得佛塔下燒死屍應當學 七十
不得向佛塔燒死屍應當學
不得向佛塔四邊燒死屍使臭氣來入應當學
不得持死人衣及牀從塔下過除浣染香熏應當學
不得佛塔下大小便應當學 不得向佛塔大小便應當學
不得繞佛塔四邊大小便使臭氣來入應當學
不得持佛像至大小便處應當學
不得在佛塔下嚼楊枝應當學
不得向佛塔嚼楊枝應當學

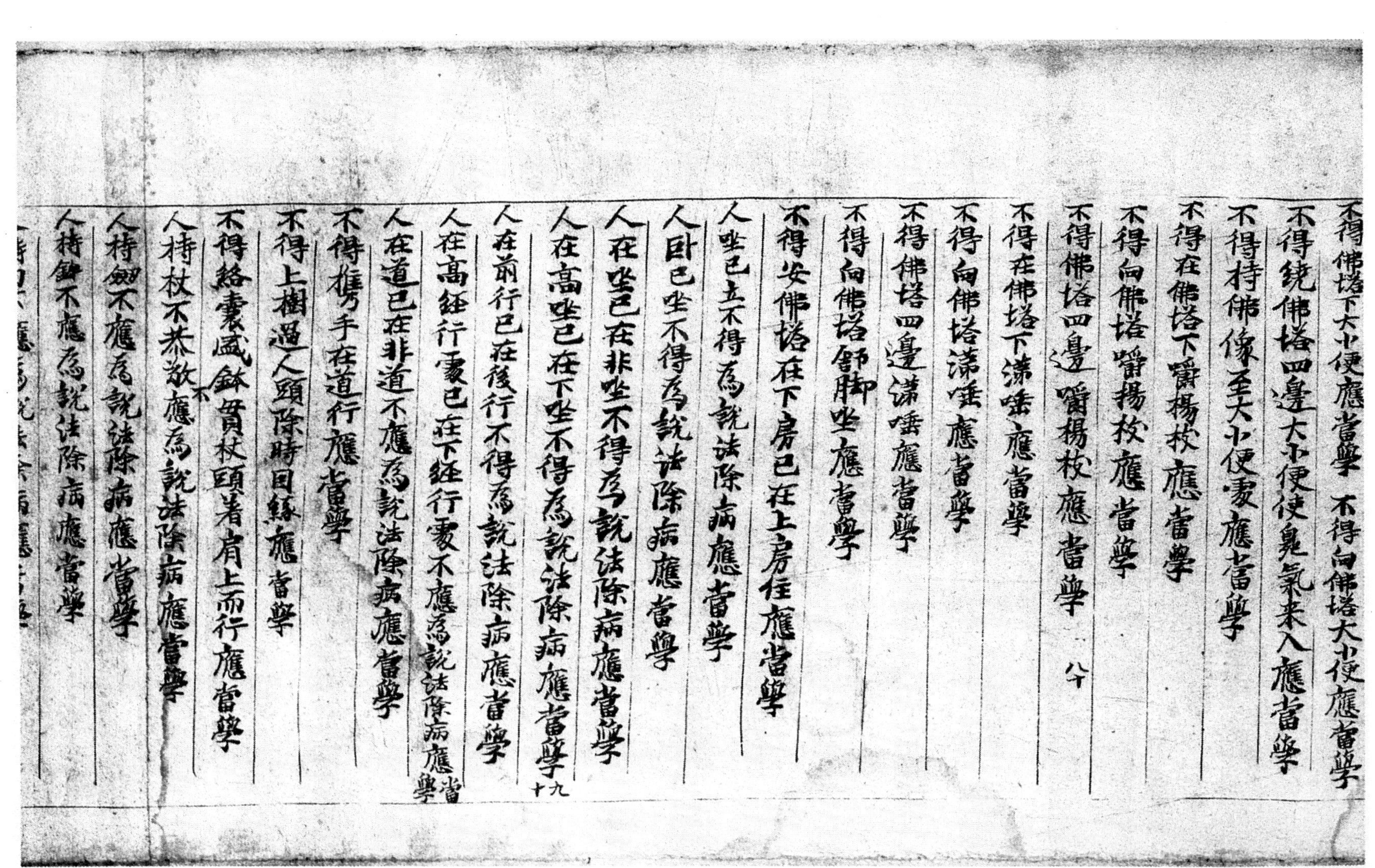
不得佛塔下大小便應當學 不得向佛塔大小便應當學
不得繞佛塔四邊大小便使臭氣來入應當學
不得持佛像至大小便處應當學
不得在佛塔下嚼楊枝應當學
不得向佛塔嚼楊枝應當學
不得佛塔四邊嚼楊枝應當學 八十
不得在佛塔下涕唾應當學
不得向佛塔涕唾應當學
不得佛塔四邊涕唾應當學
不得向佛塔舒脚坐應當學
不得安佛塔在下房已在上房住應當學
人坐已立不得為說法除病應當學
人卧已坐不得為說法除病應當學
人在坐已在非坐不得為說法除病應當學
人在高坐已在下坐不得為說法除病應當學 九十
人在前行已在後行不得為說法除病應當學
人在高經行處已在下經行處不應為說法除病應當學
人在道已在非道不應為說法除病應當學
不得攜手在道行應當學
不得上樹過人頭除時因緣應當學
不得絡囊盛鉢貫杖頭著肩上而行應當學
人持杖不恭敬不應為說法除病應當學
人持劍不應為說法除病應當學
人持鉾不應為說法除病應當學
人持刀不應為說法除病應當學

不得絡囊盛鉢貫杖頭著肩上而行應當學
人持杖不恭敬不應為說法除病應當學
人持劍不應為說法除病應當學
人持鉾不應為說法除病應當學
人持刀不應為說法除病應當學
人持蓋不應為說法除病應當學
諸大德我已說衆學戒法今問諸大德是中清淨不 三說
諸大德是中清淨默然故是事如是持
諸大德是七滅諍法半月半月說戒經中來
若比丘有諍事起即應除滅
應與現前毗尼 當與現前毗尼 應與憶念毗尼
當與憶念毗尼 應與不癡毗尼 當與不癡毗尼
應與自言治 當與自言治 應與多人語
當與多人語 應與覓罪相 當與覓罪相
應與如草覆地 當與如草覆地
諸大德我已說七滅諍法今問諸大德是中清淨不 如是三說
諸大德是中清淨默然故是事是持
諸大德我已說戒經序已說四波羅夷法已說十三僧伽
婆尸沙法已說二不定法已說三十尼薩耆波逸提
法已說九十波逸提法已說四波羅提提舍尼法已說
衆學戒法已說七滅諍法此是佛所說半月半月說
戒經中來 若更有餘佛法是中皆共和合應當學
忍辱第一道 佛說無為最 出家惱他人 不名為沙門
此是毗婆尸如來無所著等正覺說是戒經

法已說九十波逸提法已說四波羅提提舍尼法已說
衆學戒法已說七滅諍法此是佛所說半月半月說
戒經中來 若更有餘佛法是中皆共和合應當學
忍辱第一道 佛說無為最 出家惱他人 不名為沙門
此是毗婆尸如來無所著等正覺說是戒經
譬如明眼人 能避險惡道 世有聰明人 能遠離諸惡
此是尸棄如來無所著等正覺說是戒經
不謗亦不嫉 當奉行於戒 飲食知止足 常樂在空閑
心定樂精進 是名諸佛教 此是毗葉羅如來無所
著等正覺說是戒經 譬如蜂採花 不壞色與香
但取其味去 比丘入聚落 不違戾他事 不觀作不作 但自觀身行
若正若不正 此是拘留孫如來無所著等正覺說是戒經
心莫作放逸 聖法當勤學 如是無憂愁 心定入涅槃
此是拘那含牟尼如來無所著等正覺說是戒經
一切惡莫作 當奉行諸善 自淨其志意 是則諸佛教
此是迦葉如來無所著等正覺說是戒經
善護於口言 自淨其志意 身莫作諸惡 此三業道淨
能得如是行 是大仙人道 此是釋迦牟尼如來無
所著等正覺於十二年中為無事僧說是戒經
從是已後廣分別說自為樂法樂沙門者有慚有
愧樂學戒者當於中學
明人能護戒 能得三種樂 名譽及利養 死得生天上
當觀如是處 有智勤護戒 戒淨有智慧 便得第一道
如過去諸佛 及以未來者 現在諸世尊 能勝一切憂
皆共尊敬戒 此是諸佛法 若有自為身 欲求於佛道

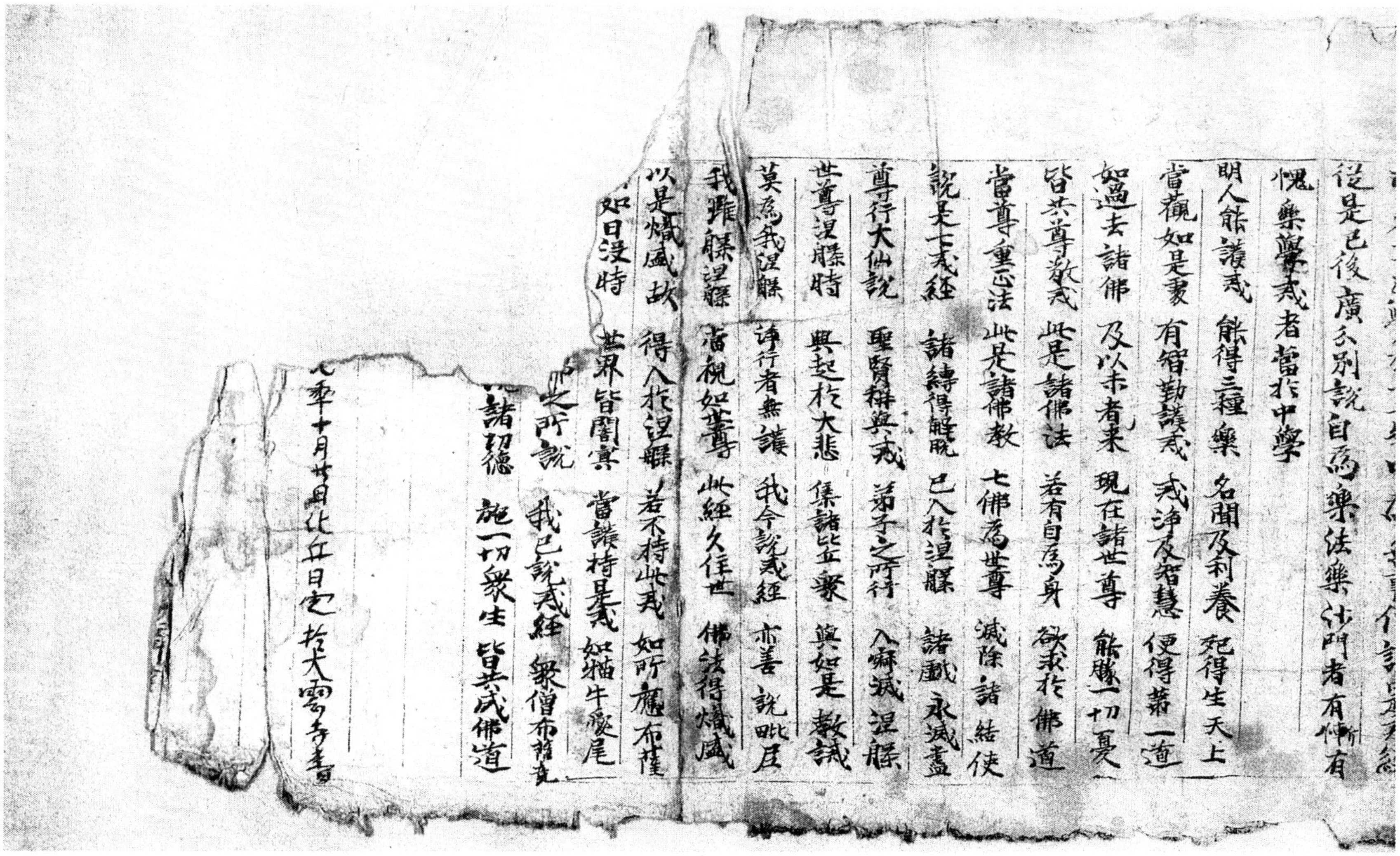

從是已後廣分別說自為樂法樂沙門者有慚有
愧樂學戒者當於中學
明人能護戒　能得三種樂　名聞及利養　死得生天上
當觀如是處　有智勤護戒　戒淨有智慧　便得第一道
如過去諸佛　及以未來者　現在諸世尊　能勝一切憂
皆共尊敬戒　此是諸佛法　若有自為身　欲求於佛道
當尊重正法　此是諸佛教　七佛為世尊　滅除諸結使
說是七戒經　諸縛得解脫　已入於涅槃　諸戲永滅盡
尊行大仙說　聖賢稱譽戒　弟子之所行　入寂滅涅槃
世尊涅槃時　興起於大悲　集諸比丘眾　與如是教誡
莫謂我涅槃　淨行者無護　我今說戒經　亦善說毗尼
我雖般涅槃　當視如世尊　此經久住世　佛法得熾盛
以是熾盛故　得入於涅槃　若不持此戒　如所應布薩
如日沒時　世界皆闇冥　當護持是戒　如犛牛愛尾
之所說　我已說戒經　眾僧布薩竟
諸功德　施一切眾生　皆共成佛道
年十月廿四日比丘日也於大雲寺書

BD05515 號　四分律比丘戒本　（21–21）

不得挑鉢中而食應當學
以次食應當學
羹飯等食應當學
平鉢受羹應當學
平鉢受食應當學
不得手把散食應當學
不得污手捉食器應當學
不得洗鉢水棄白衣舍應當學
羹飯等食應當學
不得以飯覆羹更望得應當學
不得視比坐鉢中食應當學
木木

BD05515 號背　雜寫　（2–1）

BD05515 號背　雜寫　　（2–2）

比丘尼故自手斷人命若持刀授與人若歎
死咄人此惡活為寧死不生作如是心念無數方便歎死
譽死勸死此比丘尼波羅夷不共住
若比丘尼實無所知自歎譽言我得過人法入聖智勝
法我知是我見是後於異時若問若不問欲求清淨故
作是言諸大姊我實不知不見而言我知我見虛誑妄語
除增上慢是比丘尼波羅夷不共住
若比丘尼染汙心共染汙心男子從腋已下膝已上身相觸
若捉若摩若牽若推若上摩若下摩若舉若下若捉
若捺是比丘尼波羅夷不共住是身相觸也
若比丘尼染汙心知男子染汙心受捉手捉衣入屏處共立
共語共行或身相倚或共期是比丘尼波羅夷不共住
此犯八事故
若比丘尼知比丘尼犯波羅夷不自發露不語眾人不白
大眾若於異時彼比丘尼或命終或眾中舉或休道
或入外道眾後作是言我先知有如是如是罪是比丘尼波
羅夷不共住覆藏重罪故
若比丘尼知比丘僧為作舉如法如律如佛所教不順從不

BD05516 號　四分比丘尼戒本　　（10–1）

此犯八事故
若比丘尼知比丘尼犯波羅夷不自發露不語衆人不白
大衆若於異時彼比丘尼或命終或衆中舉或休道
或入外道衆後作是言我先知有如是如是罪是比丘尼波
羅夷不共住覆藏重罪故
若比丘尼知比丘僧爲作舉如法如律如佛所教不順從不
懺悔僧未與作共住而順從諸比丘尼語言大姊此比丘
爲僧所舉如法如律如佛所教不順從不懺悔僧未與
作共住汝莫順從如是比丘尼諫彼比丘尼時是事堅
持不捨彼比丘尼應乃至第二第三諫令捨此事故若
乃至三諫捨者善不捨者是比丘尼波羅夷不共住犯
隨舉
諸大姊我已說八波羅夷法若比丘尼犯一一波羅夷法不
得與諸比丘尼共住如前後亦如是是比丘尼得波羅
夷罪不應共住今問諸大姊是中清淨不如是三
諸大姊是中清淨默然故是事如是持
諸大姊是十七僧伽婆尸沙法半月半月說戒經中來
若比丘尼媒嫁持男語語女持女語語男若爲成婦
事若私通乃至須臾頃是比丘尼犯初法應捨僧伽婆尸
沙
若比丘尼瞋恚不喜以無根波羅夷法謗欲破清淨行
後於異時若問若不問是事無根說我瞋恚故如是
語是比丘尼犯初法應捨僧伽婆尸沙

BD05516號　四分比丘尼戒本　（10–2）

沙
若比丘尼瞋恚不喜以無根波羅夷法謗欲破清淨行
後於異時若問若不問是事無根說我瞋恚故如是
語是比丘尼犯初法應捨僧伽婆尸沙
若比丘尼瞋恚不喜於異分事中取片非波羅夷比丘尼以
無根波羅夷法謗欲破彼人梵行後於異時若問若不
問知是異分事中取片彼比丘尼住瞋恚法故作如是語
是比丘尼犯初法應捨僧伽婆尸沙
若比丘尼詣官言居士若居士兒若奴若客作人若晝若
夜若一念頃若彈指頃若須臾頃是比丘尼犯初法應捨
僧伽婆尸沙
若比丘尼先知是賊女罪應死多人所知不問王大臣不
問種姓便度出家受具足戒是比丘尼犯初法應捨僧伽婆
尸沙
若比丘尼知比丘尼爲僧所舉如法如律如佛所教不順從
未懺悔僧未與作共住羯磨爲愛故不問僧僧不約勅
出界外作羯磨與解罪是比丘尼犯初法應捨僧伽婆尸
若比丘尼獨渡水獨入村獨宿獨在後行犯初法應捨僧
伽婆尸沙
若比丘尼染汙心知染汙心男子從彼受可食者及食并餘
物是比丘尼犯初法應捨僧伽婆尸沙
若比丘尼教比丘尼作如是語大姊彼有染汙心無染汙心
能那汝何汝自無染汙心於彼若得食但以時清淨受取

BD05516號　四分比丘尼戒本　（10–3）

伽婆尸沙
若比丘尼染汙心知染汙心男子從彼受可食者及食并餘
物是比丘尼犯初法應捨僧伽婆尸沙
若比丘尼教比丘尼作如是語大姊彼有染汙心無染汙心
能那汝何汝自無染汙心於彼若得食但以時清淨受取
此比丘尼犯初法應捨僧伽婆尸沙
若比丘尼欲壞和合僧勤方便受破僧法堅持不捨是比
丘尼應諫彼比丘尼言大姊汝莫壞和合僧莫方便壞和
合僧莫受破僧法堅持不捨大姊應與僧和合與僧和合
歡喜不諍同一師學如水乳合於佛法中有增益安樂
住是比丘尼諫彼比丘尼堅持不捨是比丘尼應三諫捨此事
故乃至三諫捨者善不捨者是比丘尼犯三法應捨僧伽
婆尸沙
若比丘尼有餘比丘尼羣黨若一若二若三乃至無數彼比
丘語是比丘尼言大姊汝莫諫此比丘尼此比丘尼法語比丘
尼律語比丘尼此比丘尼所說我等心喜樂此比丘尼所說我等
忍可是比丘尼語彼比丘尼言大姊莫作是說言此比丘尼是法
語比丘尼律語比丘尼此比丘尼所說我等喜樂此比丘尼所說
我等忍可何以故此比丘尼所說非法語非律語大姊莫欲破
壞和合僧當樂欲和合僧大姊與僧和合歡喜不諍同一師
學如水乳合於佛法中有增益安樂住是比丘尼諫彼比
丘尼時堅持不捨是比丘尼應三諫捨此事故乃至三諫捨
者善不捨者是比丘尼犯三法應捨僧伽婆尸沙
若比丘尼依城邑若村落住汙他家行惡行行惡行亦見亦

學如水乳合於佛法中有增益安樂住是比丘尼諫彼比
丘尼時堅持不捨是比丘尼應三諫捨此事故乃至三諫捨
者善不捨者是比丘尼犯三法應捨僧伽婆尸沙
若比丘尼依城邑若村落住汙他家行惡行行惡行亦見亦
聞汙他家亦見亦聞是比丘尼諫彼比丘尼言大姊汝汙他家
行惡行行惡行亦見亦聞汙他家亦見亦聞大姊汝汙他家
行惡行今可離此村落去不須住此彼比丘尼語此比丘尼
作是言大姊諸比丘尼有愛有恚有怖有癡有如是同罪
比丘尼有驅者有不驅者是諸比丘尼語彼比丘尼言大姊莫
作是語有愛有恚有怖有癡亦莫言有如是同罪比丘尼
有驅者有不驅者何以故而諸比丘尼不愛不恚不怖不癡
有如是同罪比丘尼有驅者有不驅者大姊汙他家行惡行
行惡行亦見亦聞汙他家亦見亦聞是比丘尼諫彼比丘尼時
堅持不捨是比丘尼應三諫捨此事故乃至三諫捨者善不
捨者是比丘尼犯三法應捨僧伽婆尸沙
若比丘尼惡性不受人語於戒法中諸比丘尼如法諫已自身
不受諫語言大姊汝莫向我說若好若惡我亦不向汝說若
好若惡諸姊止莫諫我是比丘尼當諫彼比丘尼言大姊汝
莫自身不受諫語大姊自身當受諫語大姊如法諫諸
比丘尼諸比丘尼亦當如法諫大姊如是佛弟子眾得增益
展轉相諫展轉相教展轉懺悔是比丘尼如是諫時堅持
不捨是比丘尼應三諫捨此事故乃至三諫捨者善不捨者
是比丘尼犯三法應捨僧伽婆尸沙

莫自身不受諫語大姊如法諫諸
比丘尼諸比丘尼亦當如法諫大姊如是佛弟子衆得增益
展轉相諫展轉相教展轉懺悔是比丘尼如是諫時堅持
不捨是比丘尼應三諫捨此事故乃至三諫捨者善不捨者
是比丘尼犯三法應捨僧伽婆尸沙
若比丘尼相親近住共作惡行惡聲流布展轉共相覆罪
是比丘尼當諫彼比丘尼言大姊汝等莫相親近共作惡
行惡聲流布共相覆罪汝等若不相親近於佛
法中得增益安樂住是比丘尼諫彼比丘尼時堅持不捨
是比丘尼應三諫捨此事故乃至三諫捨者善不捨者是
比丘尼犯三法應捨僧伽婆尸沙
若比丘尼比丘尼僧爲作呵諫時餘比丘尼教作如是言
汝等莫別住當共住我亦見餘比丘尼不別住共作惡行
惡聲流布共相覆罪僧以恚故教汝等別住是比丘尼
應諫彼比丘尼言大姊汝莫教餘比丘尼言汝等莫別
住我亦見餘比丘尼共住共住惡行惡聲流布共相覆
罪僧以恚故教汝等別住今唯有此二比丘尼共住共作
惡行惡聲流布共相覆罪更無有餘若此比丘尼別住
於佛法中有增益安樂住是比丘尼諫彼比丘尼時堅持
不捨是比丘尼應三諫令捨此事故乃至三諫捨者善不
捨者是比丘尼犯三法應捨僧伽婆尸沙
若比丘尼趣以一小事嗔恚不喜便作是語我捨佛捨法
捨僧不獨有此沙門釋子亦更有餘沙門婆羅門脩

BD05516號　四分比丘尼戒本　（10–6）

不捨是比丘尼應三諫令捨此事故乃至三諫捨者善不
捨者是比丘尼犯三法應捨僧伽婆尸沙
若比丘尼趣以一小事嗔恚不喜便作是語我捨佛捨法
捨僧不獨有此沙門釋子亦更有餘沙門婆羅門脩
梵行者我等亦可於彼脩梵行若是比丘尼時堅持不捨
彼比丘尼應三諫捨此事故乃至三諫捨者善不捨者是比
丘尼犯三法應捨僧伽婆尸沙
若比丘尼憙鬪諍不善憶持諍事後嗔恚作是語僧
有愛有恚有怖有癡是比丘尼應諫彼比丘尼言妹汝莫
憙鬪諍不善憶持諍事後嗔恚作是語僧有愛有恚
有怖有癡而僧不愛不恚不怖不癡汝自有愛有恚有怖
有癡是比丘尼諫彼比丘尼時堅持不捨彼比丘尼應三諫
捨此事故乃至三諫捨者善不捨者是比丘尼犯三法應捨
僧伽婆尸沙
諸大姊我已說十七僧伽婆尸沙法九初犯罪八乃至三諫若
比丘尼犯一一罪應半月二部僧中行摩那埵已餘有出罪
應二部僧中各二十衆出是比丘尼罪若少一人不滿四十衆
是比丘尼罪不得除諸比丘尼亦可呵此是時今問諸大姊是
中清淨不 如是至三
諸大姊是中清淨默然故是事如是持
諸大姊是三十尼薩耆波逸提法半月半月說戒經中來
若比丘尼衣已竟迦絺那衣已捨畜長衣經十日不淨施得
持若過者尼薩耆波逸提

BD05516號　四分比丘尼戒本　（10–7）

中清淨不 如是 三
諸大姊是中清淨默然故是事如是持
諸大姊是三十尼薩耆波逸提法半月半月說戒經中來
若比丘尼衣已竟迦絺那衣已捨畜長衣經十日不淨施得
持若過者尼薩耆波逸提
若比丘尼衣已竟迦絺那衣已捨五衣中若離一一衣異處宿
經一夜除僧羯磨尼薩耆波逸提
若比丘尼衣已竟迦絺那衣已捨若得非時衣欲須便
受受已疾疾成衣若足者善若不足者得畜一月
為滿足故若過畜者尼薩耆波逸提
若比丘尼從非親里居士居士婦乞衣除餘時尼薩耆
波逸提是中時者若奪衣失衣燒衣漂衣是名時
若比丘尼奪衣失衣燒衣漂衣是非親里居士居士婦
自恣請多與衣是比丘尼當知足受衣若過者尼薩
耆波逸提
若比丘尼居士居士婦為比丘尼辦衣價具如是衣價與
某甲比丘尼是比丘尼先不受[illegible]恣請到居士家作如
是說善哉居士為我辦如是如是衣價與我為好故
若得衣者尼薩耆波逸提
若比丘尼二居士居士婦與比丘尼辦衣價我曹辦如是衣
價與某甲比丘尼是比丘尼先不受自恣請到二居士家
作如是言善哉居士辦如是如是衣價與我共作一衣
為好故若得衣者尼薩耆波逸提

BD05516 號　四分比丘尼戒本

（10–8）

若比丘尼二居士居士婦與比丘尼辦衣價我曹辦如是衣
價與某甲比丘尼是比丘尼先不受自恣請到二居士家
作如是言善哉居士辦如是如是衣價與我共作一衣
為好故若得衣者尼薩耆波逸提
若比丘尼若王若大臣若婆羅門若居士居士婦遣使為
比丘尼送衣價持如是衣價與某甲比丘尼彼使至比丘
尼所語言阿姨為汝送衣價受取是比丘尼語彼使如
是言我不應受此衣價我若須衣合時清淨當受
彼使語比丘尼言阿姨有執事人不須衣比丘尼言有若
僧伽藍民若優婆塞此是比丘尼執事人常為比丘尼
執事彼使至執事人所與衣價已還到比丘尼所如是言
阿姨所示某甲執事人我已與衣價大姊知時往彼當
得衣比丘尼若須衣者當往彼執事人所二反三反語言
我須衣若二反三反為作憶念得衣者善若不得衣四
反五反六反在前默然住令彼憶念若四反五反六反在
前默然住得衣者善若不衣過是求得衣者尼薩耆波
逸提若不得衣隨彼使所來處若自往若遣使往語言
汝先遣使持衣價與某甲比丘尼是比丘尼竟不得汝
還取莫使失此是時
若比丘尼自取金銀若錢若教人取若口可受者尼薩耆波逸提
若比丘尼種種賣買寶物者尼薩耆波逸提 十
若比丘尼種種販賣者尼薩耆波逸提
若比丘尼鉢減五綴不漏更求新鉢為好故尼薩耆波逸提
是比丘尼當持此鉢於尼眾中捨從次滿貿至下坐以下坐

BD05516 號　四分比丘尼戒本

（10–9）

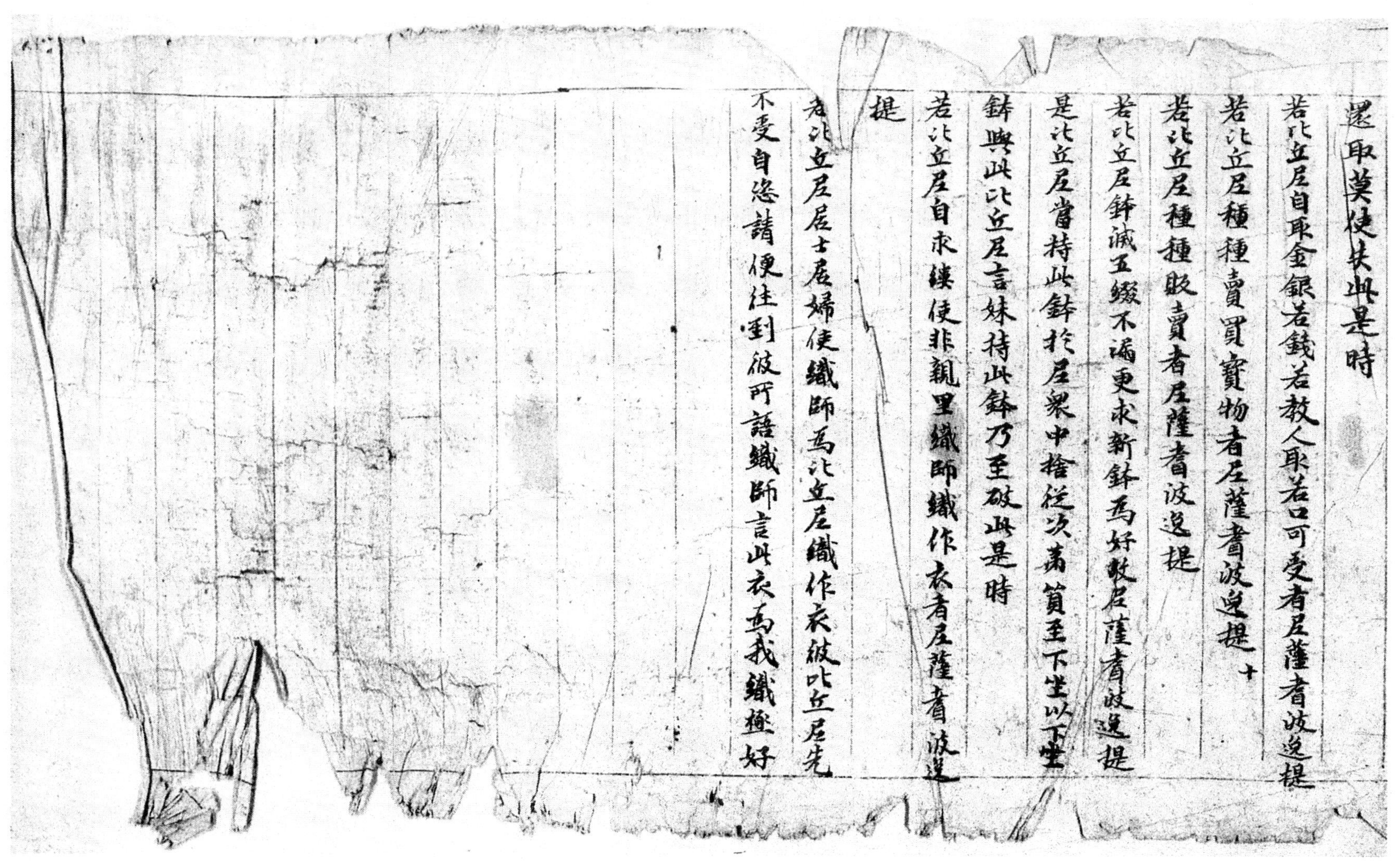

BD05516 號　四分比丘尼戒本　（10–10）

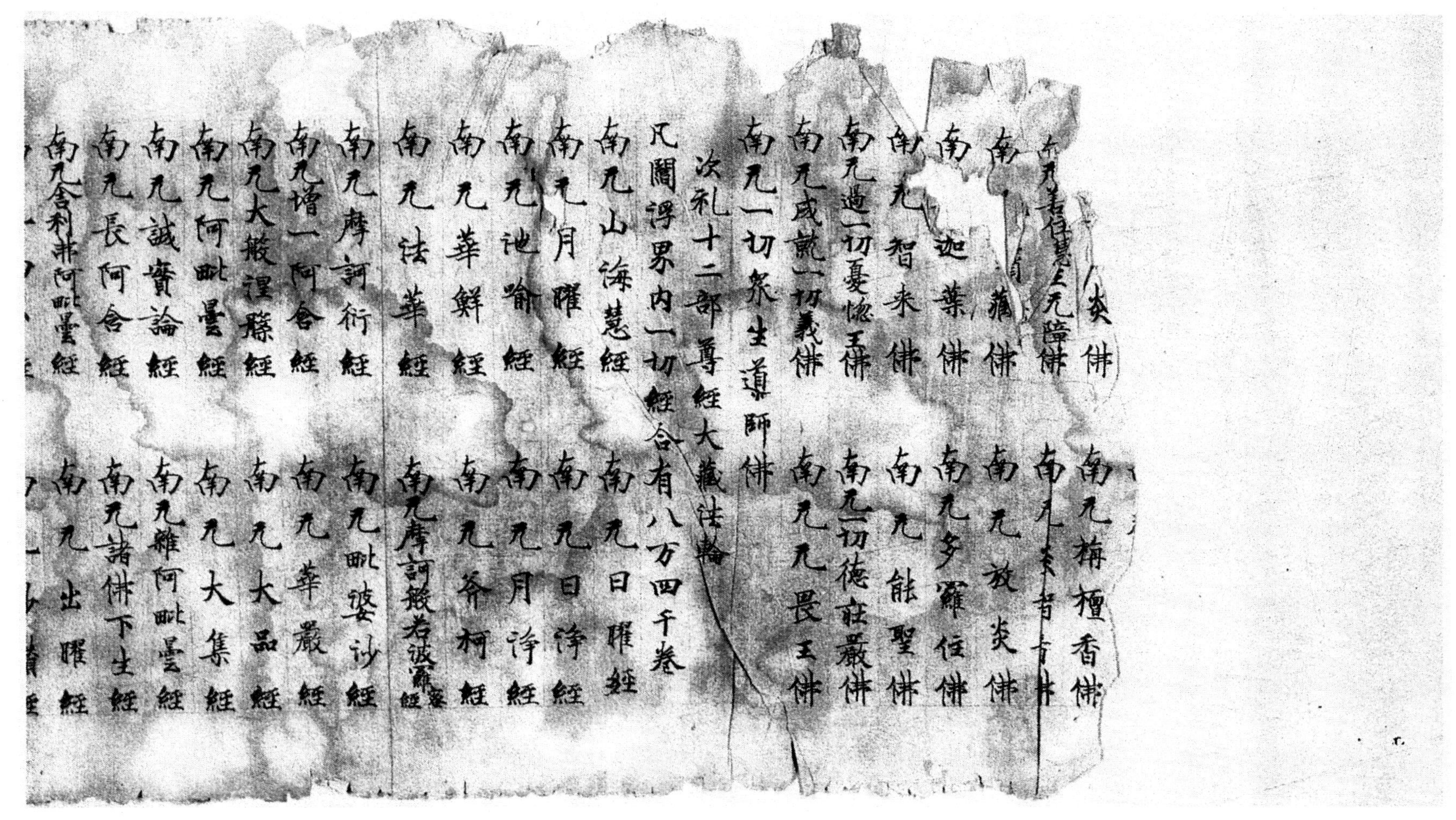

BD05517 號　佛名經（十六卷本）卷一　（24–1）

南无阿毗曇經　南无大集經
南无誠實論經　南无雜阿毗曇經
南无長阿含經　南无諸佛下生經
南无舍利弗阿毗曇經　南无出曜經
南无四分經　南无妙讃經
南无光讃經　南无雜阿含經
從此以上四百佛十二部經
次礼十方諸大菩薩　南无文殊師利菩薩
南无垢稱菩薩　南无地藏菩薩
南无虛空藏菩薩　南无觀世音菩薩
南无大勢菩薩　南无香象菩薩
南无大香象菩薩　南无藥王菩薩
南无藥上菩薩　南无金剛藏菩薩
南无解脫月菩薩　南无弥勒菩薩
南无集迹菩薩　南无无所發菩薩
南无陁羅尼自在王菩薩
南无无盡意菩薩　南无堅意菩薩
南无歸命如是无量无邊菩薩
南无東方九十億百千万同名梵勝菩薩
南无南方九十億百千万同名不隣陁羅菩
薩
南无西方九十億百千万同名大切德菩薩
南无北方九十億百千万同名大藥王菩薩
歸命如是等十方世无量无邊菩薩
南无舍利弗應當敬礼十方諸大菩薩摩
訶薩
南无文殊師利菩薩摩訶薩　南无觀世音菩薩
南无大勢至菩薩　南无普賢菩薩
南无龍勝菩薩　南无龍德菩薩

BD05517號　佛名經（十六卷本）卷一　（24–2）

歸命如是等十方世无量无邊菩薩
南无舍利弗應當敬礼十方諸大菩薩摩
訶薩
南无文殊師利菩薩摩訶薩　南无觀世音菩薩
南无大勢至菩薩　南无普賢菩薩
南无龍勝菩薩　南无龍德菩薩
次礼聲聞緣覺一切賢聖
南无阿利多辟支佛　南无婆利多辟支佛
南无多伽樓辟支佛　南无稱辟支佛
南无見辟支佛　南无愛見辟支佛
南无見辟支佛　南无乾陁羅辟支佛
南无无妻辟支佛　南无勬沙婆辟支佛
歸命如是等无量无邊辟支佛
礼三寶已次復懺悔
夫欲礼懺必須先敬三寶所以然者三寶即
是一切衆生良友福田若能歸向者則滅无
量罪長无量福能令行者離生死苦得解脫
樂是故弟子某甲等歸依十方盡虛空界一
切諸佛歸依十方盡虛空界一切尊法歸依
十方盡虛空界一切聖僧弟子今日所以懺
悔者正言无始以來在凡夫地莫問貴賤罪
自无量或因三業而生罪或從六根而起過
或以內心自邪思惟或藉外境起於染着如
是乃至十惡增長八万四千諸塵勞門然其
罪相雖復无量大而為語不出有三何等為
三一者煩惱二者是業三者是果報此三種
法能障聖道及以人天勝妙好事是故經中
目為三障所以諸佛菩薩教作方便懺悔除
滅此三滅者則六根十惡乃至八万四千諸

BD05517號　佛名經（十六卷本）卷一　（24–3）

是乃至十惡皆長八万四千諸塵勞門然其
罪相雖復无量大而為語不出有三何等為
三一者煩惱二者是業三者是果報此三種
法能障聖道及以人天勝妙好事是故經中
目為三障所以諸佛菩薩教作方便懺悔除
滅此三滅者則六根十惡乃至八万四千諸
塵勞門皆悉清淨是故弟子今日運此增上
勝心懺悔三障欲滅此三罪者當用何等心
可令此罪滅除先當興七種心以為方便然
後此罪乃可得滅何等為七一者慚愧二者
恐怖三者厭離四者發菩提心五者怨親平
等六者念報佛恩七者觀罪性空
第一慚愧者自惟我與釋迦如來同為凡夫
而今世尊成道以來已經尒所塵沙劫數而
我等相与躭染六塵流浪生死永无出期此
實天下可慚可愧可羞可恥
第二恐怖者既是凡夫身口意業常与罪相
應以是因緣命終之後應墮地獄畜生餓鬼
受无量苦如此實為可驚可恐可怖可懼
第三厭離者相与當觀生死之中唯有无常
苦空无我不淨虛假如水上泡速起速滅往
來流轉猶若車輪生老病死八苦交煎无時
暫息眾等相与但觀自身從頭至足其中但
有卅六物髮毛爪齒眵淚涕唾生熟二藏大
腸小腸脾腎心肺肝膽脾胃肪膏腦膜筋脈
骨髓大小便利九孔常流是故經言此身苦
所集一切皆不淨何有智慧者而當樂此身
生死既有如此種種惡法甚可患厭
第四發菩提心者經言當樂佛身佛身者即

BD05517號　佛名經（十六卷本）卷一　（24–4）

有卅六物髮毛爪齒眵淚涕唾生熟二藏大
腸小腸脾腎心肺肝膽脾胃肪膏腦膜筋脈
骨髓大小便利九孔常流是故經言此身苦
所集一切皆不淨何有智慧者而當樂此身
生死既有如此種種惡法甚可患厭
第四發菩提心者經言當樂佛身佛身者即
法身也從无量功德智慧生從六波羅蜜生
從慈悲喜捨生從卅七助菩提法生從如是
等種種功德智慧生如來身欲得此身者當
發菩提心求一切種智常樂我淨薩婆若
果淨佛國土成就眾生於身命財无所悋惜
第五怨親平等者於一切眾生起慈悲心彼
我想何以故尒若見怨異親即是分別以分
別故起諸相相着着因緣生諸煩惱煩惱因
緣造諸惡業惡業因緣故得苦果
第六念報佛恩者如來往昔无量劫中捨頭
目髓腦支節手足國城妻子象馬七珍為我
等故脩諸苦行此恩此德實難酬報是故
經言若以頂戴兩肩荷負於恒沙劫亦不能
報我等欲報如來恩者當於此世勇猛精進
捍勞忍苦不惜身命建立三寶弘通大乘廣
化眾生同入正道
第七觀罪性空者无有實相從因緣生顛倒
而有既從因緣而生則可從因緣而滅從因
緣而生者狎近惡友造作无端從因緣而滅
者即是今日洗心懺悔是故經言此罪相不
在內不在外不在中間故知此罪從本是空
生如是等七種心已緣想十方諸佛賢聖務
捲合掌披陳至到慚愧改革舒展心肝洗蕩

BD05517號　佛名經（十六卷本）卷一　（24–5）

緣而生者神從惡友造作无端從因緣而滅
者即是今日洗心懺悔是故經言此罪相不
在內不在外不在中間故知此罪從本是空
生如是等七種心已緣想十方諸佛賢聖於
捲合掌披陳至到慚愧改革舒展心肝洗蕩
腸胃如此懺悔亦何罪而不滅亦何障而不
消若復正尔悠悠緩縱情慮徒自勞形於事
何益且復人命无常喻如轉燭一息不還便
向灰壤三塗苦報即身應受不可以錢財寶
貨囑託求脫窈窈冥冥甚故无期獨嬰此苦
无代受者莫言我今生中无有此罪所以不
能懇到懺悔經中道言凡夫之人舉足動步
无非是罪又復過去生中皆悉成就无量惡
業追逐行者如影隨形若不懺悔罪惡日深
故苞藏瑕疵佛教不許說悔先罪淨名所尚
故知長淪苦海寔由隱覆是故弟子今日發
露懺悔不敢覆藏所言三障者一曰煩惱二
名為業三是果報此三種法更相由藉因煩
惱故所以起惡業惡業因緣故得苦果是故
弟子今日至心第一先應懺悔煩惱障又此
煩惱諸佛菩薩入理聖人種種呵責亦謂此
煩惱以為怨家何以故能斷眾生慧命根故
亦謂此煩惱以之為賊能劫眾生諸善法故
謂此煩惱以為瀑河能漂眾生入於生死大
苦海故亦謂此煩惱以為羈鎖能繫眾生於
生死獄不能得出故所以六道牽連四生不
絕惡業无窮苦果不息當知皆是煩惱過患
是故弟子今日運此增上善心歸依佛
東方善德佛　南方寶相佛　西方普光佛

謂此煩惱以為瀑河能漂眾生入於生死大
苦海故亦謂此煩惱以為羈鎖能繫眾生於
生死獄不能得出故所以六道牽連四生不
絕惡業无窮苦果不息當知皆是煩惱過患
是故弟子今日運此增上善心歸依佛
東方善德佛　南方寶相佛　西方普光佛
北方相德佛　東南方網明佛　西南方上智佛
西北方華德佛　東北方明智佛　下方明德佛
上方香積佛
如是十方盡虛空界一切三寶弟子從无始
以來至于今日或在人天六道受報有此心
識常懷愚惑繁滿胸衿或因三毒根造一切
罪或因三漏造一切罪或因三苦造一切罪
或緣三假造一切罪或貪三有造一切罪如
是等罪无量无邊惱亂一切六道四生今日
慚愧皆悉懺悔
又復弟子无始以來至于今日或因四識住
造一切罪或因四流造一切罪或因四取造
一切罪或因四執造一切罪或因四緣造一
切罪或因四大造一切罪或因四縛造一切
罪或因四食造一切罪或因四生造一切罪
如是等罪无量无邊惱亂六道一切眾生今
日慚愧皆悉懺悔
又復弟子无始以來至於今日或因五住地
煩惱造一切罪或因五受根造一切罪或因
五蓋造一切罪或因五慳造一切罪或因五
見造一切罪或因五心造一切罪如是等煩
惱无量无邊惱亂六道一切四生今日發露
皆悉懺悔

五蓋造一切罪或因五慳造一切罪或因五
見造一切罪或因五心造一切罪如是等煩
惱无量无邊惱乱六道一切四生今日發露
皆悲懺悔
又復弟子无始以來至於今日或因六情根
造一切罪或因六識造一切罪或因六想造
一切罪或因六受造一切罪或因六行造一
切罪或因六愛造一切罪或因六疑造一切
罪如是等煩惱无量无邊惱亂六道一切四
生今日慙愧發露皆悲懺悔
又復弟子无始以來至於今日或因七漏造
一切罪或因七使造一切罪或因八到造一
切罪或因八垢造一切罪或因八苦造一切
罪惱亂六道一切四生今日發露皆悲懺悔
又復无始以來至於今日或因九惱造一切
罪或因九結造一切罪或因九上緣造一切
罪或因十煩惱造一切罪或因十纏造一切
罪或因十一遍使造一切罪或因十二入造
一切罪或因十六知見造一切罪或因十八
界造一切罪或因二十五我造一切罪或因
六十二見造一切罪或因見諦思惟九十八
使百八煩惱晝夜熾然開諸漏門造一切罪
惱亂賢聖及以四生遍滿三界弥亘六道无
處可藏无處可避今日至到向十方佛尊法
聖衆慙愧發露皆悲懺悔
願弟子承是懺悔三毒一切煩惱生生世世
三慧明三達朗三苦滅三願滿願弟子承是懺
悔四識等一切煩惱所生功德生生世世廣
四等心立四信業四惡趣滅得四无畏願弟

聖衆慙愧發露皆悲懺悔
願弟子承是懺悔三毒一切煩惱生生世世
三慧明三達朗三苦滅三願滿願弟子承是懺
悔四識等一切煩惱所生功德生生世世廣
四等心立四信業四惡趣滅得四无畏願弟
子承是懺悔五蓋等諸煩惱度五道樹五根
淨五眼成五分懺悔六愛等諸煩惱所生功
德願生生世世具足六神通滿足六度業不
為六塵或常行六妙行又願弟子承是懺悔
七漏八垢九結十纏等一切諸煩惱所生功
德生生世世坐七淨華洗慶八水具九斷智
成十地行願以懺悔十一遍使及十二入十
八界等一切諸煩惱所生功德願十一空解
常用栖心自在能轉十二行輪具十八不共
之法无量功德一切圓滿
三部合卷　罪報應經　此經有六十品略出一品流行
南无不動光觀自在无量命居弥寶炎弥留
金剛佛
南无火盡迅通佛　南无善寂慧月佛
南无贊自在王佛　南无清淨月輪佛
南无住阿僧祇精進功德佛
南无无盡意佛　南无寶憶佛
南无光明无垢藏佛　南无大盡迅通佛
南无雲普謙佛　南无師子盡迅通佛
南无弥留上王佛　南无智慧求佛
南无讚妙法憧佛　南无金光明師子盡迅王佛
南无普照精上功德王佛　南无善住如意積王佛
南无普現佛　南无釋迦牟尼佛
[illegible]

南无[illegible] 南无[illegible]慧术佛
南无讃妙法幢佛 南无金光明師子奮迅王佛
南无普照精上功德王佛 南无善住如意積王佛
南无普現佛 南无釋迦牟尼佛
南无无量光佛 南无放炎佛
南无旃檀香佛 南无无垢慧深聲王佛
南无斷一切障佛 南无无量光明佛
南无作功德佛 南无普香上佛
南无不可勝奮迅聲王佛 南无降伏憍慢佛
南无毗婆尸佛 南无尸棄佛
南无毗舍浮佛 南无拘留孫佛
南无拘那含牟尼佛 南无迦葉佛
南无釋迦牟尼佛 南无成就一切義佛
南无能作无畏佛 南无齊靜王佛
南无阿閦佛 南无盧至佛
南无阿弥多佛 南无尼弥佛
南无住法佛 南无寶炎佛
南无弥留佛

從此以上五百佛十二部經一切賢聖

南无金剛佛
南无持法佛 南无勇猛法佛
南无妙法光明佛 南无法月面佛
南无住法佛 南无法幢佛
南无法威德佛 南无法自在佛
南无善住法佛 南无法家佛
南无善知力佛 南无弥勒等无量佛
南无毗婆尸佛 南无尸棄佛
南无毗舍浮佛 南无拘留孫佛
南无拘那含牟尼佛 南无迦葉佛

南无善住法佛 南无法家佛
南无善知力佛 南无弥勒等无量佛
南无毗婆尸佛 南无尸棄佛
南无毗舍浮佛 南无拘留孫佛
南无拘那含牟尼佛 南无迦葉佛
南无釋迦牟尼佛 南无阿弥陁佛
南无照佛 南无勝色佛
南无樂意佛 南无大道師佛
南无大聖天佛 南无那羅延佛
南无樹提佛 南无惡他佛
南无毗盧遮那佛 南无栴檀佛
南无具足佛 南无化佛
南无善化佛 南无世自在佛
南无人自在佛 南无壽醯那自在佛
南无勝自在佛 南无十力自在佛
南无毗頭羅佛 南无離諸畏佛
南无離諸憂佛 南无能破諸邪佛
南无散諸耶佛 南无破異意佛
南无智慧叢佛 南无寶獄佛
南无弥留獄佛 南无降魔佛
南无善才佛 南无堅才佛
南无堅奮迅佛 南无堅精進佛
南无堅莎羅佛 南无堅心佛
南无堅勇猛破陣佛 南无破陣佛
南无寶體佛 南无曇无竭佛
南无尼陁佛
南无波羅羅堅佛 南无普光佛
南无普賢佛 南无勝海佛
南无切德海佛 南无法海佛

南无堅勇猛破陣佛　南无破陣佛
南无寶體佛　南无量无竭佛
南无尼陁佛
南无波羅羅堅佛　南无普光佛
南无普賢佛　南无勝海佛
南无功德海佛　南无法海佛
南无虛空弥佛　南无虛空功德佛
南无虛空庫藏佛　南无虛空心佛
南无虛空多羅佛　南无无垢心佛
南无放光世界中現在說法虛空勝離塵无
垢塵平等眼清淨功德幢光明華波頭摩琉
璃光寶香烏身勝妙羅網莊嚴頂无量日月
光明照莊嚴願上莊嚴法界善化无障㝵王
佛彼佛世界中有菩薩名无比彼佛授記不
久得阿耨多羅三藐三菩提号種種光華寶
波頭摩金色身普照莊嚴不住眼放光照十
方世界幢王佛
若有善男子善女人信心受持讀誦彼佛及
菩薩名是善男子善女人超越閻浮提微塵
數劫得陁羅尼一切諸惡病不及其身
南无无量功德寶集樂示現金光明師子奮
迅王佛
南无師子奮迅心雲聲王佛
南无无垢淨光明覺寶華不斷光莊嚴王佛
南无寶光明莊嚴智功德聲自在王佛
南无寶波頭摩智清淨上王佛
南无摩　善住　山　王佛
南无光花種種奮迅王佛
南无拘蘇摩奮迅王佛

南无師子奮迅心雲聲王佛
南无无垢淨光明覺寶華不斷光莊嚴王佛
南无寶光明莊嚴智功德聲自在王佛
南无寶波頭摩智清淨上王佛
南无摩　善住　山　王佛
南无光花種種奮迅王佛
南无拘蘇摩奮迅王佛
南无波頭摩上弥留幢王佛
南无法幢空俱蘇摩王佛
南无莎羅華上光王佛
南无无垢眼上光王佛
南无无垢意山王佛
南无種種樂說莊嚴王佛
南无无尋藥王成就勝王佛
南无千雷雲聲王佛
南无金光明師子奮迅王佛
南无善婀智慧月聲自在王佛
南无善住摩尼山王佛
南无歡喜藏勝山王佛
南无普光上勝功德山王佛
南无功德藏增上山王佛
南无動山獄王佛　南无善住諸稱藏王佛
南无法海潮功德王佛　南无稱功德山王佛
從此以上六百佛十二部經一切賢聖
南无一切華香自在王佛
南无銀幢蓋王佛　南无雷燈幢王佛
南无月摩尼光王佛　南无波頭摩上宿王佛
南无无量上王佛　南无覺王佛
南无弥留幢王佛　南无莎羅華上王佛

南无一切華香自在王佛
南无鉅幢蓋王佛　南无雷燈幢王佛
南无月摩尼光王佛　南无波頭摩上星宿王佛
南无无量上王佛　南无覺王佛
南无弥留幢王佛　南无莎羅華上王佛
南无因陁羅幢王佛　南无師子蓋迅王佛
南无俱蘇摩生王佛　南无微細華佛
南无説義佛　南无无量精進佛
南无无邊弥留佛　南无離藏佛
南无无量眼佛　南无无量發行佛
南无發行難佛　南无所發行佛
南无无量發行佛　南无斷諸難佛
南无不定願佛　南无善住諸願佛
南无不念示現佛
南无无量善根成就諸行佛
南无无垢盡迅佛　南无不住盡迅佛
南无妙色佛　南无无相聲佛
南无虛空星宿增上佛　南无旃檀室佛
南无樂意佛　南无善行佛
南无境界自在佛　南无樂行佛
南无樂解脫佛　南无遠離怖畏毛竪佛
南无清淨眼佛　南无進寂靜佛
南无世間可樂佛　南无隨世間意佛
南无隨世間眼佛　南无寶佛
南无寶愛佛　南无羅睺羅佛
南无羅睺羅天佛　南无羅睺羅淨佛
南无寶慧佛　南无寶髻佛
南无寶形佛　南无羅網手佛
南无摩尼輪佛　南无解脫威德佛

BD05517號　佛名經（十六卷本）卷一　（24–14）

南无隨世間眼佛　南无寶佛
南无寶愛佛　南无羅睺羅佛
南无羅睺羅天佛　南无羅睺羅淨佛
南无寶慧佛　南无寶髻佛
南无寶形佛　南无羅網手佛
南无摩尼輪佛　南无解脫威德佛
南无善行佛　南无大愛佛
南无人面佛　南无吉佛
南无夢陁羅佛　南无離胎佛
南无淨宿佛　南无淨聖佛
南无虛空莊嚴佛　南无集功德佛
南无師子步佛　南无功德海佛
南无摩尼功德佛　南无廣功德佛
南无稱成佛　南无大如意輪佛
南无无畏上王佛　南无俱蘇摩國土佛
南无功德幢佛　南无威德佛
南无華眼佛　南无善身佛
南无慧國土佛　南无喜威德佛
南无波頭池智慧蓋迅佛
南无功德聚佛　南无寂滅慧佛
南无降魔佛　南无无上光佛
南无法自在佛　南无得世間功德佛
南无實諦稱佛　南无智勝佛
南无智愛佛　南无得智佛
南无智幢佛　南无羅網光幢佛
善男子善女人与一切衆生安隱樂如諸佛
者當讀誦是諸佛名復住是言
南无離諸无智障佛　南无虛空平等心佛
南无清淨无垢佛　南无善无垢藏佛

BD05517號　佛名經（十六卷本）卷一　（24–15）

善男子善女人与一切衆生安隱樂如諸佛
者當讀誦是諸佛名復住是言
南无離諸无智瞳佛　南无虛空平等心佛
南无清淨无垢佛　南无善无垢藏佛
南无堅固行佛　南无精進聲佛
從此以上七百佛十二部經一切賢聖
南无不離一切衆生門佛　南无斷諸過佛
南无成就觀佛　南无平等須弥面佛
南无无障无导精進堅佛
南无莎羅華華王佛
南无无量切德王佛　南无弥留燈王佛
南无藥王聲聲王佛　南无梵聲王佛
南无妙鼓聲王佛　南无雲聲王佛
南无龍自在王佛　南无世間自在王佛
南无陁羅尼自在王佛　南无滌王佛
南无怡諸病王佛　南无藥王佛
南无鵰王佛　南无燈王佛
南无樹提王佛　南无善王佛
南无星宿王佛　南无雲王佛
南无雷王佛　南无娑羅王佛
南无堅固自在王佛　南无切德聚佛
南无華聚佛　南无寶聚佛
南无寶住持莚燎佛　南无住持切德佛
南无住持无障力佛　南无住持地力進去佛
南无住持妙无垢位佛
南无一切寶莊嚴色住持佛
南无自在轉一切法佛　南无轉法輪佛
南无勝威德佛　南无淨威德佛
南无聖威德佛　南无大威德佛

南无住持无障力佛　南无住持地力進去佛
南无住持妙无垢位佛
南无一切寶莊嚴色住持佛
南无自在轉一切法佛　南无轉法輪佛
南无勝威德佛　南无淨威德佛
南无聖威德佛　南无大威德佛
南无師子威德佛　南无莎羅威德佛
南无悲威德佛　南无地威德佛
南无无垢威德佛　南无无垢琉璃佛
南无无垢辟佛　南无无垢眼佛
南无无垢面佛　南无波頭摩面佛
南无月面佛　南无日面佛
南无日威德莊嚴佛　南无金色佛
南无金色形佛　南无可樂色佛
南无瞻婆伽色佛　南无能与樂佛
南无能与眼佛　南无難勝佛
南无難降伏佛　南无斷諸惡佛
南无難量佛　南无難成佛
南无俱蘇摩成佛　南无甘露成佛
南无寶成就佛　南无切德成就佛
南无日成就佛　南无華成就佛
南无成就樂有佛　南无成就切德佛
南无大勝佛　南无妙佛
南无无垢佛　南无離諸障佛
南无婆樓那佛　南无婆樓那天佛
南无勇猛仙佛　南无精進仙佛
南无无垢仙佛　南无金剛仙佛
南无觀眼佛　南无无障导佛
南无住虛空佛　南无住清淨佛

南无无垢佛 南无離諸障佛
南无婆樓那佛 南无婆樓那天佛
南无勇猛仙佛 南无精進仙佛
南无无垢仙佛 南无金剛仙佛
南无觀眼佛 南无无障㝵佛
南无住虛空佛 南无住清淨佛
南无善住清淨功德寶佛 南无善跡佛
南无善思義佛 南无善化佛
南无善愛佛 南无善眼佛
南无善覲佛 南无善行佛
南无善生佛 南无善華佛
南无善香佛 南无善聲佛
從此以上八百佛十二部經一切賢聖
南无善髀佛 南无善光佛
南无善山佛 南无功德山佛
南无寶山佛 南无智山佛
南无勝山佛 南无上山佛
南无光明莊嚴佛 南无大光明莊嚴佛
南无清淨莊嚴佛 南无波頭摩莊嚴佛
南无寶中佛 南无金剛合佛
南无金剛齊佛 南无碎金剛佛
南无碎金剛堅佛 南无降伏魔佛
南无不空見佛 南无愛見佛
南无現見佛 南无善見佛
南无大善見佛 南无普見佛
南无无垢見佛 南无見平等不平等佛
南无見一切義佛 南无斷一切障㝵佛
南无斷一切衆生病佛 南无一切世間愛見佛
南无上妙佛 南无大莊嚴佛

南无大善見佛 南无普見佛
南无无垢見佛 南无見平等不平等佛
南无見一切義佛 南无斷一切障㝵佛
南无斷一切衆生病佛 南无一切世間愛見佛
南无上妙佛 南无大莊嚴佛
南无一切三昧佛 南无度一切疑佛
南无度一切法佛 南无不取諸法佛
南无一切清淨佛 南无一切義成就佛
南无一切通佛 南无華通佛
南无波頭摩樹提盡迅通佛
南无俱蘇摩通佛
南无海住持勝智慧盡迅通佛
次礼十二部尊經大藏法輪
南无賢思經 南无雜寶藏經
南无賢劫經 南无大般涅槃經
南无十住毗婆沙經 南无三藏經
南无大莊嚴論經 南无阿育王經
南无優婆塞經 南无道行經
南无小品經 南无菩薩地經
南无菩薩地持經 南无阿差末經
南无雜心經 南无中阿含經
南无弥勒成佛經 南无大臣經
南无百緣經 南无華手經
南无悲華經 南无觀佛三昧經
南无大衰經 南无中論經
南无法華經 南无普曜經
南无大樓炭經 南无佛本行經
次礼十方諸大菩薩
南无勝成就菩薩 南无[illegible]藏菩薩

南无大[illegible]經　南无中論經
南无法華經　南无普曜經
南无大樓炭經　南无佛本行經
次礼十方諸大菩薩
南无勝成就菩薩　南无勝藏菩薩
南无波頭摩勝菩薩　南无成就有菩薩
南无地持菩薩　南无寶掌菩薩
南无寶印手菩薩　南无師子意菩薩
南无師子奮迅吼聲菩薩　南无虛空藏菩薩
南无發心即轉法輪菩薩
南无一切聲差別樂說菩薩
南无山樂說菩薩　南无大海意菩薩
南无大山菩薩　南无愛見菩薩
南无歡喜王菩薩　南无无邊觀菩薩
南无无邊觀行菩薩　南无破邪見魔菩薩
南无无憂德菩薩　南无成就一切義菩薩
南无師子菩薩　南无善住意菩薩
南无无比心菩薩　南无那羅德菩薩
次礼聲聞緣覺一切賢聖
從此以上九百佛十二部經一切賢聖
南无斷耶離辟支佛　南无俱薩羅辟支佛
南无波藪陀羅辟支佛　南无无毒淨心辟支佛
南无寶无垢辟支佛　南无福德辟支佛
南无黑辟支佛　南无唯黑辟支佛
南无直福德辟支佛　南无識辟支佛
南无香辟支佛　南无有香辟支佛
歸命如是等无量无邊辟支佛
礼三寶已次復懺悔
夫論懺悔者本是改往脩來滅惡興善人生

BD05517號　佛名經（十六卷本）卷一　（24–20）

南无直福德辟支佛　南无識辟支佛
南无香辟支佛　南无有香辟支佛
歸命如是等无量无邊辟支佛
礼三寶已次復懺悔
夫論懺悔者本是改往脩來滅惡興善人生
居世誰能无過學人失念尚起煩惱羅漢結
習動身口業豈況凡夫而當無過但智者先
覺便能改悔愚者覆藏遂使滋漫所以積習
長夜曉悟无期若能慚愧發露懺悔者豈惟
正是滅罪而已亦復增長无量功德樹立如
來涅槃妙果若欲行此法者先當外肅形儀
瞻奉尊像内起敬意緣於想法懇切至到生
二種心何等為二一者自念我此形命難可
常保一朝散壞不知此身何時可復若復不
值諸佛賢聖忽遭逢惡友造衆罪業復應墮
落深坑險趣二者自念我此生中難得值遇
如來正法為佛弟子弟子之法紹繼聖種淨
身口意善法自居而今我等公自作惡而復
覆藏言他不知謂彼不見隱匿在心傲然无
愧此實天下愚惑之甚即今現有十方諸佛
諸大地菩薩諸天神仙何曾不以清淨天眼
見於我等所作罪惡又復幽顯靈祇注記罪
福纖毫无差夫論作罪之人命終之後牛頭
獄卒錄其精神在閻羅王所辯覈是非當今
之時一切怨對皆來證據各言汝先屠裂我
身炮煮蒸炙或言汝先剝奪於我一切財寶
離我眷屬我於今者始得汝便於時現前證
據何得敢諱唯應甘心分受宿殃如經所明
地獄之中不枉治人若其平素所作衆罪心

BD05517號　佛名經（十六卷本）卷一　（24–21）

身炮煮蒸炙或言汝先剝奪於我一切財寶
離我眷屬我於今者始得汝便於時現前證
據何得敢諱唯應甘心分受宿殃如經所明
地獄之中不枉治人若其平素所作眾罪心
自忘失者是其生時造惡之處一切諸相皆
現在前各言汝昔在於我邊作如是罪今何
得諱是為作罪无藏隱處於是閻魔羅王切
齒呵責將付地獄歷劫窮年求出莫由此事
不遠不關他人正是我身自作自受雖父子
至親一旦對至无代受者眾等相與及其未
休體无眾疾各自努力与性命競大怖至時
悔无所及是故弟子至心歸依佛
東方破疑淨光佛　南方无優功德佛
南无西方華嚴神通佛　南无北方月殿清淨佛
南无東南方破一切闇佛　南无西南方大悲觀眾生佛
南无西北方香氣放光明佛　南无東北方无量功德佛
南无下方斷一切疑佛　南无上方離一切憂佛
如是十方盡虛空界一切三寶弟子等從无
始以來至於今日積聚无明障蔽心目隨煩
惱性造三世罪或躭染愛著起於貪欲煩惱
或瞋恚忿怒懷害煩惱或惛懵瞪瞢不了煩
惱或我慢自高輕傲煩惱疑或正道猶豫煩
惱誹謗无因果邪見煩惱不識緣假著我煩惱
迷於三世執斷常煩惱朋抑惡法起見取煩
惱僻稟邪師造戒取煩惱乃至一等四執橫
計煩惱今日至誠皆悉懺悔
又復无始以來至於今日守惜堅着起慳恡
煩惱不攝六情奢誕煩惱心行弊惡不忍煩

BD05517號　佛名經（十六卷本）卷一　（24-22）

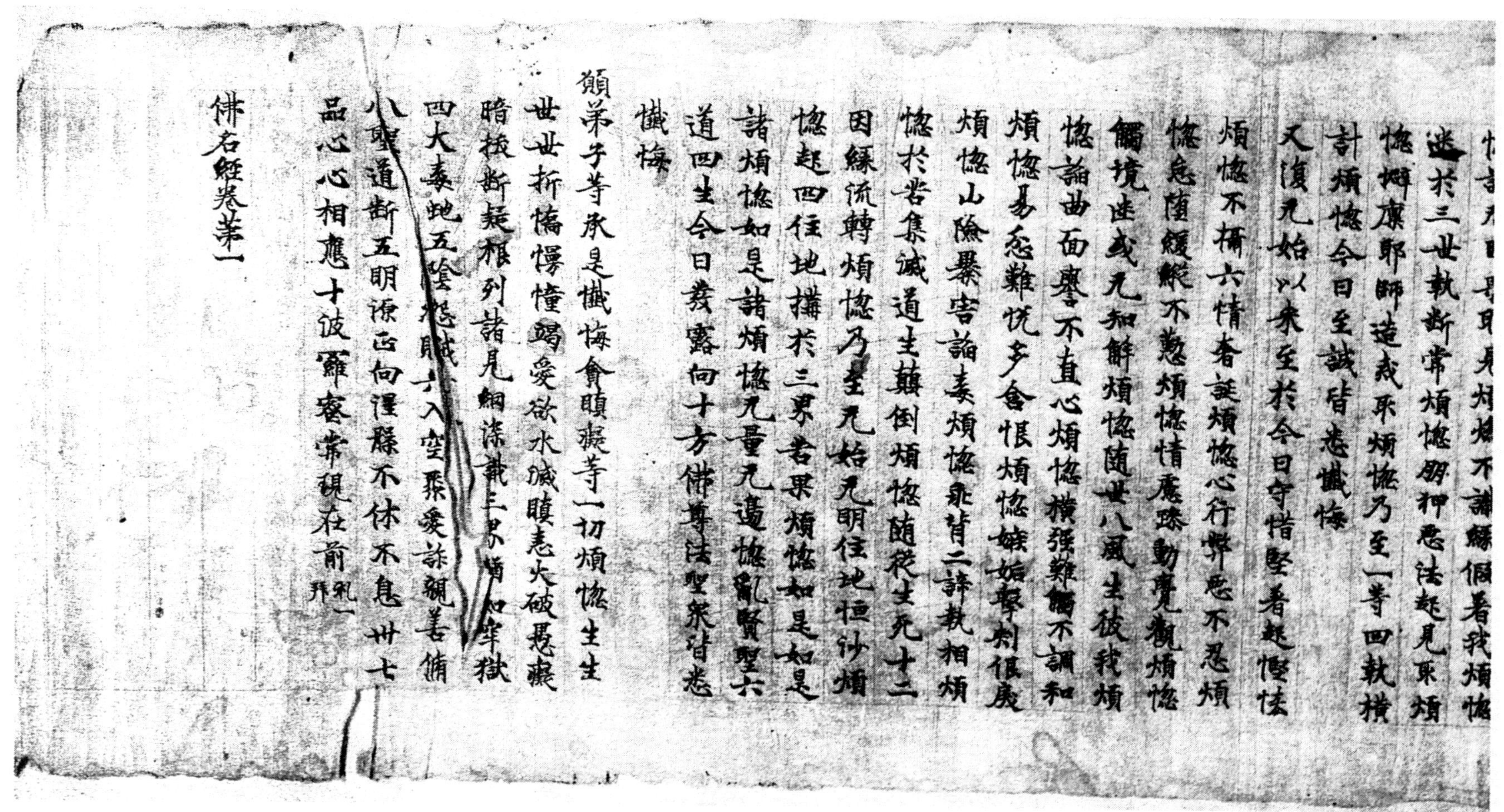

惱[...]不識緣假著我煩惱
迷於三世執斷常煩惱朋抑惡法起見取煩
惱僻稟邪師造戒取煩惱乃至一等四執橫
計煩惱今日至誠皆悉懺悔
又復无始以來至於今日守惜堅着起慳恡
煩惱不攝六情奢誕煩惱心行弊惡不忍煩
惱怠墮緩縱不懃煩惱情慮躁動覺觀煩惱
觸境迷惑无知解煩惱隨世八風生彼我煩
惱諂曲面譽不直心煩惱獷強難觸不調和
煩惱易忿難悅多含恨煩惱嫉妬擊刺很戾
煩惱山險暴害諭毒煩惱乖背二諦執相煩
惱於苦集滅道生顛倒煩惱隨從生死十二
因緣流轉煩惱乃至无始无明住地恒沙煩
惱起四住地攝於三界苦果煩惱如是如是
諸煩惱如是諸煩惱无量无邊惱亂賢聖六
道四生今日發露向十方佛尊法聖眾皆悉
懺悔
願弟子等承是懺悔貪瞋癡等一切煩惱生生
世世折憍慢幢竭愛欲水滅瞋恚火破愚癡
暗拔斷疑根列諸見網深識三界猶如牢獄
四大毒蛇五陰怨賊六入空聚愛詐親善脩
八聖道斷五明源正向涅槃不休不息卅七
品心心相應十波羅蜜常現在前
佛名經卷第一

BD05517號　佛名經（十六卷本）卷一　（24-23）

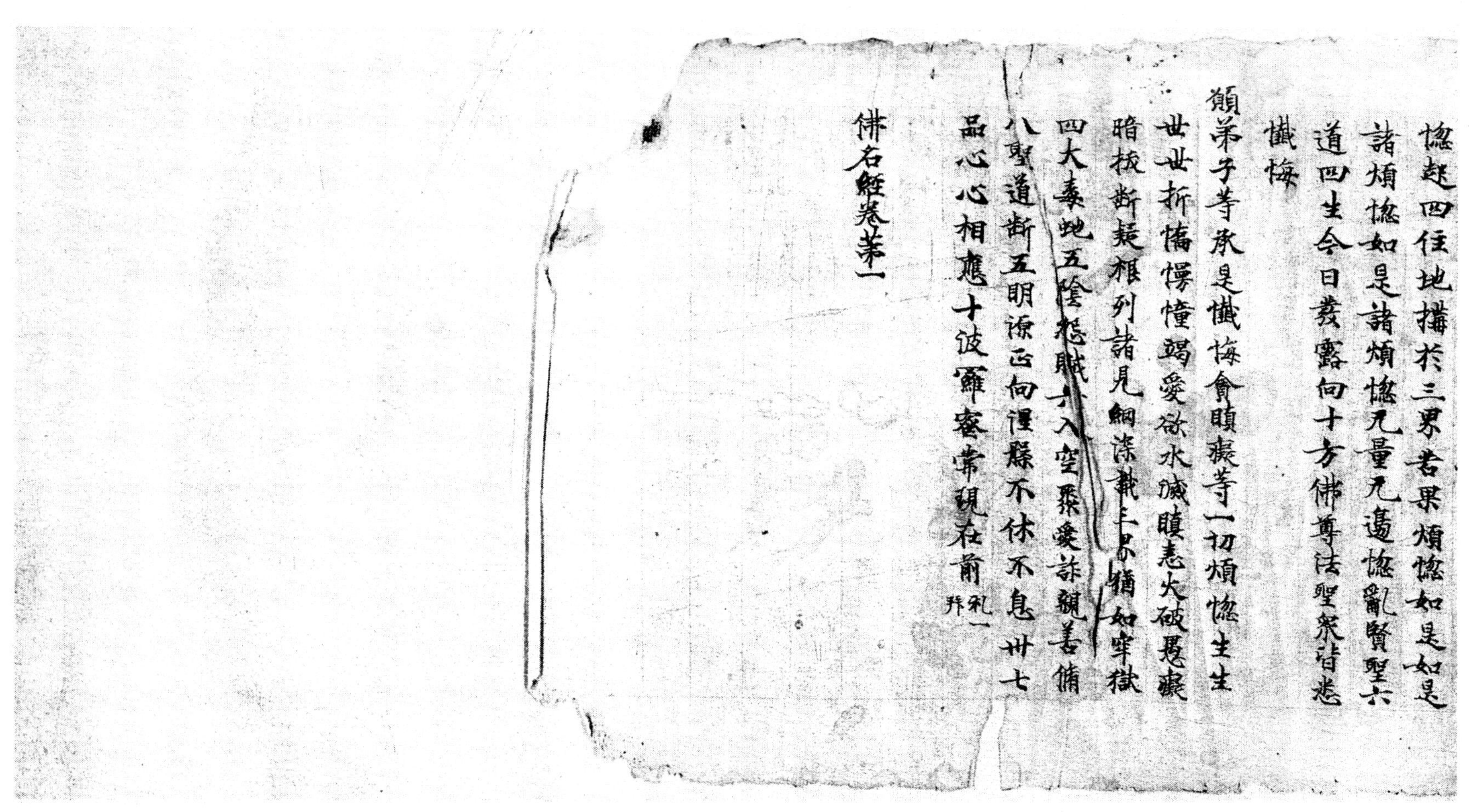

惱起四住地攝於三界若果煩惱如是如是
諸煩惱如是諸煩惱无量无邊惱亂賢聖六
道四生今日發露向十方佛尊法聖衆皆悉
懺悔
願弟子等承是懺悔會瞋癡等一切煩惱生生
世世折憍慢幢竭愛欲水滅瞋恚火破愚癡
暗拔斷疑根列諸見網深識三界猶如牢獄
四大毒蛇五陰怨賊六入空聚愛詐親善修
八聖道斷五明源正向涅槃不休不息卅七
品心心相應十波羅蜜常現在前 禮一拜
佛名經卷第一

BD05517號　佛名經（十六卷本）卷一　（24–24）

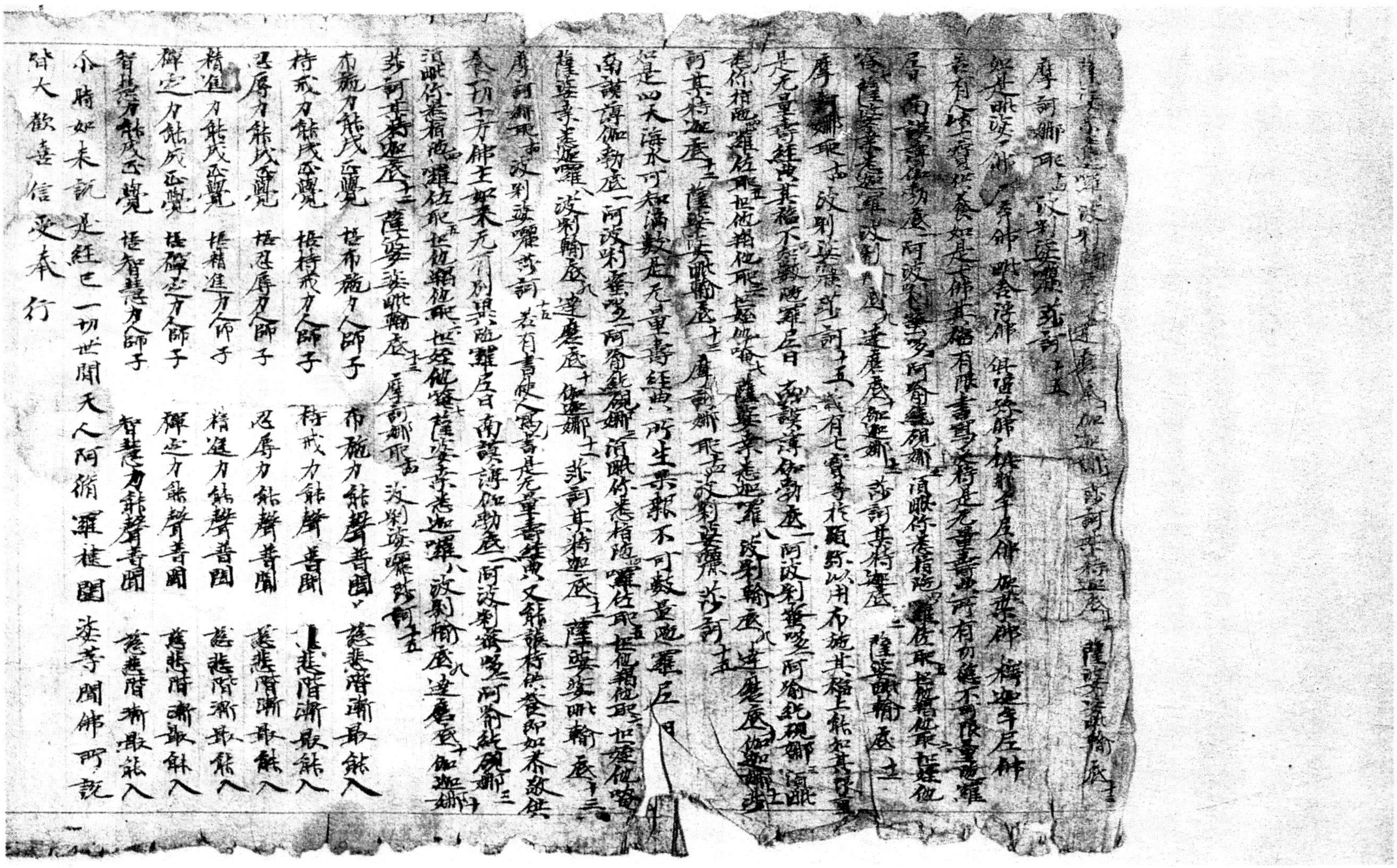

[illegible]
摩訶娜耶十四 波利婆囉莎訶十五
經是毗婆尸佛 尸棄佛 毗舍浮佛 俱留孫佛 拘那含牟尼佛 迦葉牟尼佛
若有人以七寶供養如是七佛其福有限書寫是无量壽經所有功德不可限量
南謨薄伽勒底一阿波唎蜜多二阿喻紇硯那三須毗你悉指陀四囉佐耶五怛他羯他耶六怛姪他
唵七薩婆桑悉迦囉八波利輸底九達磨底十伽迦那十一莎訶其揭娑底十二薩婆婆毗輸底十三
摩訶娜耶十四 波利婆囉莎訶十五 若有七寶等於須彌以用布施其福猶可知其限量
是无量壽經典其福不可數量 南謨薄伽勒底一阿波唎蜜多二阿喻紇硯那三須毗
你悉指陀四囉佐耶五怛他羯他耶六怛姪他唵七薩婆桑悉迦囉八波利輸底九達磨底十伽迦那十一莎
訶其揭娑底十二 薩婆婆毗輸底十三 摩訶娜耶十四 波利婆囉莎訶十五
如是四大海水可知滴數是无量壽經典所生果報不可數量陀羅尼曰
南謨薄伽勒底一阿波唎蜜多二阿喻紇硯那三須毗你悉指陀四囉佐耶五怛他羯他耶六怛姪他唵七
薩婆桑悉迦囉八波利輸底九達磨底十伽迦那十一莎訶其揭娑底十二 薩婆婆毗輸底十三
摩訶娜耶十四 波利婆囉莎訶十五 若有書使人寫書是无量壽經典又能讀持供養即如恭敬供
養一切十方佛土如來无有別異 陀羅尼曰 南謨薄伽勒底一阿波唎蜜多二阿喻紇硯那三
須毗你悉指陀四囉佐耶五怛他羯他耶六怛姪他唵七薩婆桑悉迦囉八波利輸底九達磨底十伽迦那十一
莎訶其揭娑底十二 薩婆婆毗輸底十三 摩訶娜耶十四 波利婆囉莎訶十五
布施力能成正覺　悟布施力人師子　布施力能聲普聞　慈悲階漸最能入
持戒力能成正覺　悟持戒力人師子　持戒力能聲普聞　慈悲階漸最能入
忍辱力能成正覺　悟忍辱力人師子　忍辱力能聲普聞　慈悲階漸最能入
精進力能成正覺　悟精進力人師子　精進力能聲普聞　慈悲階漸最能入
禪定力能成正覺　悟禪定力人師子　禪定力能聲普聞　慈悲階漸最能入
智慧力能成正覺　悟智慧力人師子　智慧力能聲普聞　慈悲階漸最能入
爾時如來說是經已一切世間天人阿脩羅揵闥婆等聞佛所說
皆大歡喜信受奉行

BD05518號 1　無量壽宗要經　（7–1）

精進力能成正覺　精進力師子　精進力能聲普聞　慈悲門漸取能入
禪定力能成正覺　禪定力師子　禪定力能聲普聞　慈悲門漸取能入
智慧力能成正覺　智慧力師子　智慧力能聲普聞　慈悲門漸取能入
尒時如來說是經已一切世間天人阿脩羅揵闥婆等聞佛所說
皆大歡喜信受奉行

佛說无量壽宗要經

大乘无量壽經

如是我聞一時薄伽梵在舍衛國祇樹給孤獨園與大苾蒭僧千二百五十人大菩薩摩訶薩
衆俱同會尒時世尊告曼殊室利童子曼殊上方有世界名无量功徳聚彼土有佛号
无量智决定王如來阿羅訶三藐三菩提現爲衆生開示說法曼殊聽南閻浮提人
短壽大限百年於中殀枉横死者衆曼殊如是无量壽决定王如來功徳名稱法要若有衆生得聞
名号若自書或使人書能爲經卷受持讀誦若於舍宅所住之處以種種花鬘瓔珞塗香
末香而爲供養如其命盡復得延年滿足百歲如是曼殊若有衆生得聞是无量壽智
决定王如來一百八名号者益其長壽若有衆生大命將盡憶念是如來名号更得增壽如
是曼殊若有善男子善女人欲求長壽於是无量壽如來一百八名号有得聞者或自
書或使人書受持讀誦得如是等果報福德具足陁羅尼曰
南謨薄伽勃底一阿波唎蜜多二阿喻紇硯娜三須毗你悉指陁四囉佐耶五怛他羯他耶六怛姪他唵七
薩婆桒悉迦囉八波唎輸底九達磨底十伽迦娜十一莎訶某特迦底十二薩婆婆毗輸底十三
摩訶娜耶十四波唎婆羅莎訶十五　世尊復告曼殊室利如是如來一百八名号者自書或使人
書爲經卷受持讀誦如壽命盡復滿百年壽終此身後得往生无量壽淨土陁羅尼曰
南謨薄伽勃底一阿波唎蜜多二阿喻紇硯娜三須毗你悉指陁四囉佐耶五怛他羯他耶六怛姪他唵七
薩婆桒悉迦囉八波唎輸底九達磨底十伽迦娜十一莎訶某特迦底十二薩婆婆毗輸底十三摩
訶娜耶十四波唎婆羅莎訶十五　尒時有九十九姟佛等一時同聲說是无量壽宗要經陁羅尼曰
南謨薄伽勃底一阿波唎蜜多二阿喻紇硯娜三須毗你悉指陁四囉佐耶五怛他羯他耶六怛姪他唵七

BD05518 號 1　無量壽宗要經

BD05518 號 2　無量壽宗要經

（7–2）

摩訶娜耶十四波唎婆羅莎訶十五　世尊復告曼殊室利如是如來一百八名号者自書或使人
書爲經卷受持讀誦如壽命盡復滿百年壽終此身後得往生无量壽淨土陁羅尼曰
南謨薄伽勃底一阿波唎蜜多二阿喻紇硯娜三須毗你悉指陁四囉佐耶五怛他羯他耶六怛姪他唵七
薩婆桒悉迦囉八波唎輸底九達磨底十伽迦娜十一莎訶某特迦底十二薩婆婆毗輸底十三摩
訶娜耶十四波唎婆羅莎訶十五　尒時有九十九姟佛等一時同聲說是无量壽宗要經陁羅尼曰
南謨薄伽勃底一阿波唎蜜多二阿喻紇硯娜三須毗你悉指陁四囉佐耶五怛他羯他耶六怛姪他唵七
薩婆桒悉迦囉八波唎輸底九達磨底十伽迦娜十一莎訶某特迦底十二薩婆婆毗輸底十三摩
訶娜耶十四波唎婆羅莎訶十五　尒時復有一百四姟佛一時同聲說是无量壽宗要經陁羅
尼曰　南謨薄伽勃底一阿波唎蜜多二阿喻紇硯娜三須毗你悉指陁四囉佐耶五怛他羯他耶六怛姪他唵七
薩婆桒悉迦囉八波唎輸底九達磨底十伽迦娜十一莎訶某特迦底十二薩婆婆毗輸底十三摩
訶娜耶十四波唎婆羅莎訶十五　尒時復有七佛一時同聲說是无量壽宗要經陁羅尼曰
南謨薄伽勃底一阿波唎蜜多二阿喻紇硯娜三須毗你悉指陁四羅佐耶五怛他羯他耶六怛姪他唵七
薩婆桒悉迦囉八波唎輸底九達磨底十伽迦娜十一莎訶某特迦底十二薩婆婆毗輸底十三
摩訶娜耶十四波唎婆羅莎訶十五　尒時復六十五姟佛一時同聲說是无量壽宗要經陁羅尼曰
南謨薄伽勃底一阿波唎蜜多二阿喻紇硯娜三須毗你悉指陁四囉佐耶五怛他羯他耶六怛姪他唵七
薩婆桒悉迦囉八波唎輸底九達磨底十伽迦娜十一莎訶某特迦底十二薩婆婆毗輸底十三摩
訶娜耶十四波唎婆羅莎訶十五　尒時復有五十五佛一時同聲說是无量壽宗要經陁羅尼曰
南謨薄伽勃底一阿波唎蜜多二阿喻紇硯娜三須毗你悉指陁四囉佐耶五怛他羯他耶六怛姪他唵七
薩婆桒悉迦囉八波唎輸底九達磨底十伽迦娜十一莎訶某特迦底十二薩婆婆毗輸底十三
摩訶娜耶十四波唎婆羅莎訶十五　尒時復有四十五姟佛一時同聲說是无量壽宗要經陁羅尼曰
南謨薄伽勃底一阿波唎蜜多二阿喻紇硯娜三須毗你悉指陁四囉佐耶五怛他羯他耶六怛姪他唵七
薩婆桒悉迦囉八波唎輸底九達磨底十伽迦娜十一莎訶某特迦底十二薩婆婆毗輸底十三
訶訶耶十四波唎婆羅莎訶十五　尒時復有三十六姟佛一時同聲說是量壽宗要經陁羅尼曰
南謨薄伽勃底一阿波唎蜜多二阿喻紇硯娜三須毗你悉指陁四囉佐耶五怛他羯他耶六怛姪他唵七
薩婆桒悉迦囉八波唎輸底九達磨底十伽迦娜十一莎訶某特迦底十二薩婆婆毗輸底十三
摩訶娜耶十四波唎婆羅莎訶十五　尒時復有二十五姟佛一時同聲說是无量壽宗要經陁
羅尼曰　南謨薄伽底一阿波唎蜜多二阿喻紇硯娜三須毗你悉指陁四囉佐耶五怛他羯他耶六怛姪他唵七
薩婆桒悉迦囉八波唎輸底九達磨底十伽迦娜十一莎訶某特迦底十二薩婆婆毗輸底十三
摩訶娜耶十四波唎婆羅莎訶
尒時復有恒河沙姟佛一時同聲說是无量壽宗要經陁羅尼曰
南謨薄伽勃底一阿波唎蜜多二阿喻紇硯娜三須毗你悉指陁四囉佐耶五怛他羯他耶六怛姪他唵七

BD05518 號 2　無量壽宗要經

（7–3）

羅尼曰 南謨薄伽勃底一 阿波唎蜜多二 阿喻紇硯娜三 須毗你悉指陀四 囉佐耶五 怛他揭他耶六 怛姪他唵七
薩婆桑悉迦囉八 波唎輸底九 達磨底十 伽迦娜十一 莎訶 其特迦底十二 薩婆婆毗輸底十三
摩訶娜耶十四 波唎婆囉莎訶
尒時復有恒河沙俱胝佛一時同聲說是无量壽宗要經陀羅尼曰
南謨薄伽勃底一 阿波唎蜜多二 阿喻紇硯娜三 須毗你悉指陀四 囉佐耶五 怛他羯他耶六 怛姪他唵七
薩婆桑悉迦囉八 波唎輸底九 達磨底十 伽迦娜十一 莎訶 其特迦底十二 薩婆婆毗輸底十三
摩訶娜耶十四 波唎婆囉莎訶十五
善男子 若有自書寫教人書寫是无量壽宗要經 如其命盡復得長壽而滿年 陀羅尼曰
南謨薄伽勃底一 阿波唎蜜多二 阿喻紇硯娜三 須毗你悉指陀四 囉佐耶五 怛他羯他耶六 怛姪他唵七
薩婆桑悉迦囉八 波唎輸底九 達磨底十 伽迦娜十一 莎訶 其特迦底十二 薩婆婆毗輸底十三
摩訶娜耶十四 波唎婆囉莎訶十五 若有自書寫教人書寫是无量壽宗要經讀誦受持畢竟
不墮地獄 在在所生得宿命智 陀羅尼曰 南謨薄伽勃底一 阿波唎蜜多二 阿喻紇硯娜三 須毗你悉
指陀四 囉佐耶五 怛他羯他耶六 怛姪他唵七 薩婆桑悉迦囉八 波唎輸底九 達磨底十 伽迦娜十一 莎訶
其特迦底十二 薩婆婆毗輸底十三 摩訶娜耶十四 波唎婆囉莎訶十五
若有自書寫教人書寫是无量壽宗要經受持讀誦 如同書寫八万四千部經典 陀羅尼曰
南謨薄伽勃底一 阿波唎蜜多二 阿喻紇硯娜三 須毗你悉指陀四 囉佐耶五 怛他羯他耶六 怛姪他唵七
薩婆桑悉迦囉八 波唎輸底九 達磨底十 伽迦娜十一 莎訶 其特迦底十二 薩婆婆毗輸底十三
摩訶娜耶十四 波唎婆囉莎訶十五 若有自書寫教人書寫是无量壽宗要經 即是書寫八万四千
部 建立塔廟 陀羅尼曰 南謨薄伽勃底一 阿波唎蜜多二 阿喻紇硯娜三 須毗你悉指陀四 囉佐耶
怛他羯他耶六 怛姪他唵七 薩婆桑悉迦囉八 波唎輸伽迦娜十一 莎訶 其特迦底十二 薩婆婆毗輸底十三 摩
訶娜耶十四 波唎婆囉莎訶十五 若有自書寫教人書寫是无量壽宗要經 能消五无間等一切
重罪 陀羅尼曰 南謨薄伽勃底一 阿波唎蜜多二 阿喻紇硯娜三 須毗你悉指陀四 囉佐耶五 怛他羯他
耶六 怛姪他唵七 薩婆桑悉迦囉八 波唎輸底九 達磨底十 伽迦娜十一 薩訶 其特迦底十二 薩婆婆毗輸底十三
摩訶娜耶十四 波唎婆囉莎訶十五 若有自書寫教人書寫是无量壽宗要經受持讀誦 設有重
罪猶如須彌 盡能除滅 陀羅尼曰 南謨薄伽勃底一 阿波唎蜜多二 阿喻紇硯娜三 須毗你悉指陀四 囉佐耶五
怛他羯他耶六 怛姪他唵七 薩婆桑悉迦囉八 波唎輸底九 達磨底十 伽迦娜十一 莎訶 其特迦底十二 薩婆
婆毗輸底十三 摩訶娜耶十四 波唎婆囉莎訶十五 若有自書寫教人書寫是无量壽宗要經受持
讀誦 若魔魔之眷屬 夜叉羅剎 不得其便 終无枉死 陀羅尼曰 南謨薄伽勃底一 阿波唎
蜜多二 阿喻紇硯娜三 須毗你悉指陀四 囉佐耶五 怛他羯他耶六 怛姪他唵七 薩婆桑悉迦囉八
波唎輸底九 達磨底十 伽迦娜十一 莎訶 其特迦底十二 薩婆婆毗輸底十三 摩訶娜耶十四 波
唎婆囉莎訶十五 若有自書寫教人書寫是无量壽宗要經受持讀誦 臨命終時九十九俱

BD05518 號 2 無量壽宗要經 （7–4）

怛他羯他耶六 怛姪他唵七 薩婆桑悉迦囉八 波唎輸底九 達磨底十 伽迦娜十一 莎訶 其特迦底十二 薩婆
婆毗輸底十三 摩訶娜耶十四 波唎婆囉莎訶十五 若有自書寫教人書寫是无量壽宗要經受持
讀誦 若魔魔之眷屬 夜叉羅剎 不得其便 終无枉死 陀羅尼曰 南謨薄伽勃底一 阿波唎
蜜多二 阿喻紇硯娜三 須毗你悉指陀四 囉佐耶五 怛他羯他耶六 怛姪他唵七 薩婆桑悉迦囉八
波唎輸底九 達磨底十 伽迦娜十一 莎訶 其特迦底十二 薩婆婆毗輸底十三 摩訶娜耶十四 波
唎婆囉莎訶十五 若有自書寫教人書寫是无量壽宗要經受持讀誦 臨命終時九十九俱
胝佛現其人前 千佛授手 能遊一切佛剎 莫於此經生於疑惑 陀羅尼曰
南謨薄伽勃底一 阿波唎蜜多二 阿喻紇硯娜三 須毗你悉指陀四 囉佐耶五 怛他羯他耶六 怛姪他唵七
薩婆桑悉迦囉八 波唎輸底九 達磨底十 伽迦娜十一 莎訶 其特迦底十二 薩婆婆毗輸底十三
摩訶娜耶十四 波唎婆囉莎訶十五 若有自書寫教人書寫是无量壽宗要經受持讀誦
常得四天大王隨其衛護 陀羅尼曰 南謨薄伽勃底一 阿波唎蜜多二 阿喻紇硯娜三 須
毗你悉指陀四 囉佐耶五 怛他羯他耶六 怛姪他唵七 薩婆桑悉迦囉八 波唎輸底九 達磨底十
伽迦娜十一 莎訶 其特迦底十二 薩婆婆毗輸底十三 摩訶娜耶十四 波唎婆囉莎訶十五
若有自書寫教人書寫是无量壽宗要經受持讀誦 當得往生西方極樂世界阿彌陀佛淨土
陀羅尼曰 南謨薄伽勃底一 阿波唎蜜多二 阿喻紇硯娜三 須毗你悉指陀四 囉佐耶五 怛他羯他耶六 怛姪他唵七
薩婆桑悉迦囉八 波唎輸底九 達磨底十 伽迦娜十一 莎訶 其特迦底十二 薩婆婆毗輸底十三
摩訶娜耶十四 波唎婆囉莎訶十五 若有方所自書寫使人書寫是无量壽經典之處 則為
是塔 皆應恭敬作礼 若是畜生或為鳥獸得聞是 如是等類 皆當不久得成一切種智 陀羅尼曰
南謨薄伽勃底一 阿波唎蜜多二 阿喻紇硯娜三 須毗你悉指陀四 囉佐耶五 怛他羯他耶六 怛姪他唵七
薩婆桑悉迦囉八 波唎輸底九 達磨底十 伽迦娜十一 莎訶 其特迦底十二 薩婆婆毗輸底十三
摩訶娜耶十四 波唎婆囉莎訶十五
若有於是无量壽經 自書寫若使人書 畢竟不受女人之身 陀羅尼曰
南謨薄伽勃底一 阿波唎蜜多二 阿喻紇硯娜三 須毗你悉指陀四 囉佐耶五 怛他羯他耶六 怛姪他唵七
薩婆桑悉迦囉八 波唎輸底九 達磨底十 伽迦娜十一 莎訶 其特迦底十二 薩婆婆毗輸底十三
摩訶娜耶十四 波唎婆囉莎訶十五 若有能於是經少分錢財布施者 等於三千大千世界滿中七寶布
施 陀羅尼曰 南謨薄伽勃底一 阿波唎蜜多二 阿喻紇硯娜三 須毗你悉指陀四 囉佐耶五 怛他
羯他耶六 怛姪他唵七 薩婆桑悉迦囉八 波唎輸底九 達磨底十 伽迦娜十一 莎訶 其特迦底十二
薩婆婆毗輸底十三 摩訶娜耶十四 波唎婆囉莎訶十五
若有能供養是經者 則是供養一切諸經 等无有別異 陀羅尼曰
南謨薄伽勃底一 阿波唎蜜多二 阿喻紇硯娜三 須毗你悉指陀四 囉佐耶五 怛他羯他耶六 怛姪他唵七
薩婆桑悉迦囉八 波唎輸底九 達磨底十 伽迦娜十一 莎訶 其特迦底十二 薩婆婆毗輸底十三

BD05518 號 2 無量壽宗要經 （7–5）

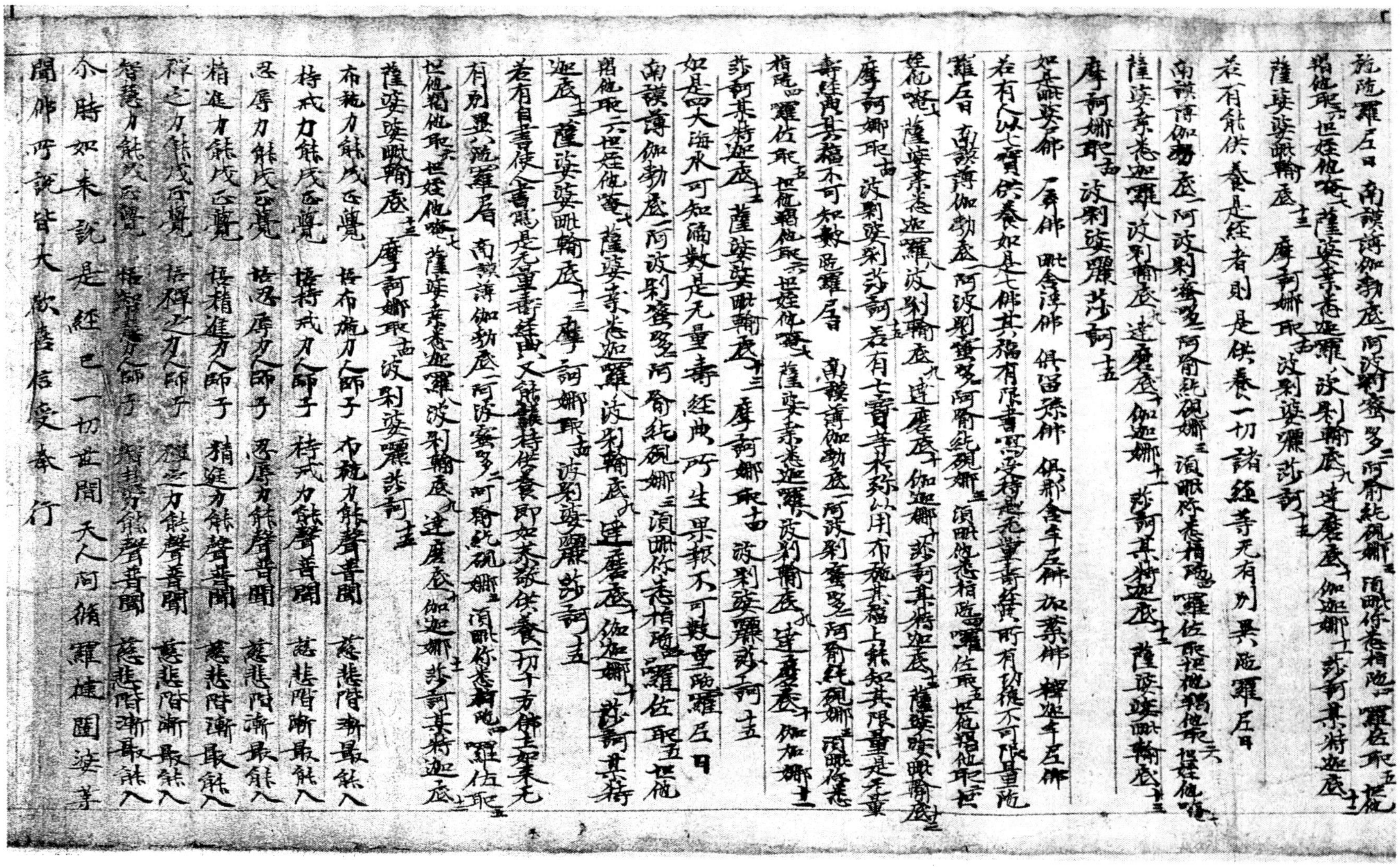

旃陁羅丘曰 南謨薄伽勃底一 阿波唎蜜多二 阿喻紇硯娜三 須毗你悉指陁四 囉佐耶五 怛他
羯他耶六 怛姪他唵七 薩婆桑悉迦囉八 波唎輸底九 達磨底十 伽迦娜十一 莎訶某將迦底十二
薩婆婆毗輸底十三 摩訶娜耶十四 波唎婆囉莎訶十五
若有能供養是經者 則是供養一切諸經 等无有別異 旃陁羅丘曰
南謨薄伽勃底一 阿波唎蜜多二 阿喻紇硯娜三 須毗你悉指陁四 囉佐耶五 怛他羯他耶六 怛姪他唵七
薩婆桑悉迦囉八 波唎輸底九 達磨底十 伽迦娜十一 莎訶某將迦底十二 薩婆婆毗輸底十三
摩訶娜耶十四 波唎婆囉莎訶十五
如是毗婆尸佛 尸棄佛 毗舍浮佛 俱留孫佛 俱那含牟尼佛 迦葉佛 釋迦牟尼佛
若有人以七寶供養如是七佛 其福有限 書寫受持是无量壽經典 所有功德不可限量 旃陁
羅丘曰 南謨薄伽勃底一 阿波唎蜜多二 阿喻紇硯娜三 須毗你悉指陁四 囉佐耶五 怛他羯他耶六 怛
姪他唵七 薩婆桑悉迦囉八 波唎輸底九 達磨底十 伽迦娜十一 莎訶某將迦底十二 薩婆婆毗輸底十三
摩訶娜耶十四 波唎婆唎莎訶十五 若有七寶等於須彌山 用布施其福上能知其限量 是无量
壽經典其福不可知數 旃陁羅丘曰 南謨薄伽勃底一 阿波唎蜜多二 阿喻紇硯娜三 須毗你悉
指陁四 囉佐耶五 怛他羯他耶六 怛姪他唵七 薩婆桑悉迦囉八 波唎輸底九 達磨底十 伽迦娜十一
莎訶某將迦底十二 薩婆婆毗輸底十三 摩訶娜耶十四 波唎婆囉莎訶十五
如是四大海水可知滴數 是无量壽經典所生果報不可數量 旃陁羅丘曰
南謨薄伽勃底一 阿波唎蜜多二 阿喻紇硯娜三 須毗你悉指陁四 囉佐耶五 怛他
羯他耶六 怛姪他唵七 薩婆桑悉迦囉八 波唎輸底九 達磨底十 伽迦娜十一 莎訶某將
迦底十二 薩婆婆毗輸底十三 摩訶娜耶十四 波唎婆囉莎訶十五
若有自書使人書寫是无量壽經典 又能恭敬持供養 即如來恭敬供養一切十方佛土 无
有別異 旃陁羅丘曰 南謨薄伽勃底一 阿波蜜多二 阿喻紇硯娜三 須毗你悉指陁四 囉佐耶五
怛他羯他耶六 怛姪他唵七 薩婆桑悉迦囉八 波唎輸底九 達磨底十 伽迦娜十一 莎訶某將迦底十二
薩婆婆毗輸底十三 摩訶娜耶十四 波唎婆囉莎訶十五
布施力能成正覺 悟布施力入師子 布施力能聲普聞 慈悲階漸最能入
持戒力能成正覺 悟持戒力入師子 持戒力能聲普聞 慈悲階漸最能入
忍辱力能成正覺 悟忍辱力入師子 忍辱力能聲普聞 慈悲階漸最能入
精進力能成正覺 悟精進力入師子 精進力能聲普聞 慈悲階漸最能入
禪定力能成正覺 悟禪定力入師子 禪定力能聲普聞 慈悲階漸最能入
智慧力能成正覺 悟智慧力入師子 智慧力能聲普聞 慈悲階漸最能入
爾時如來說是經已 一切世間天人阿脩羅揵闥婆等
聞佛所說 皆大歡喜 信受奉行

BD05518號2　無量壽宗要經　　(7–6)

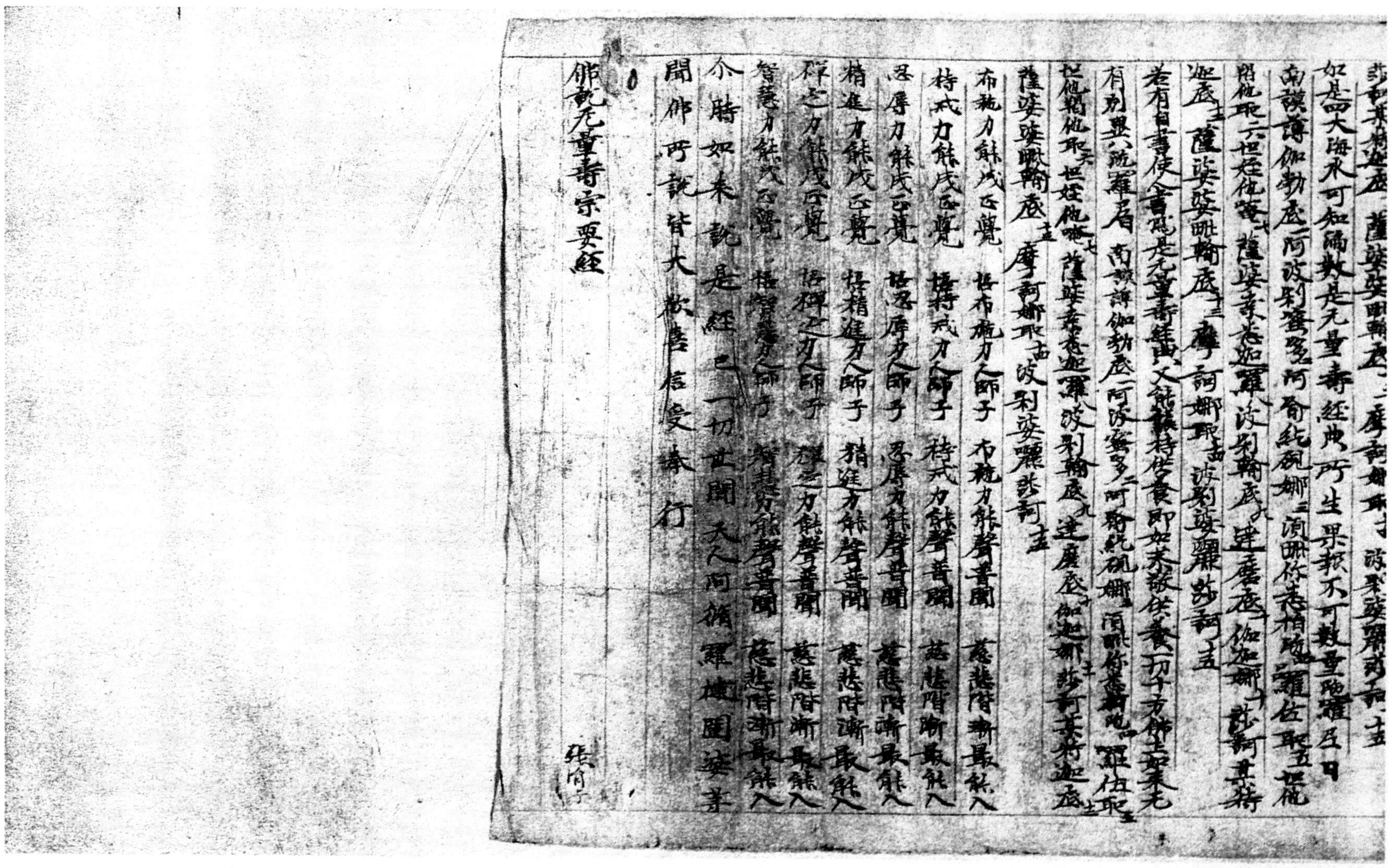

莎訶某將迦底十二 薩婆婆毗輸底十三 摩訶娜耶十四 波唎婆囉莎訶十五
如是四大海水可知滴數 是无量壽經典所生果報不可數量 旃陁羅丘曰
南謨薄伽勃底一 阿波唎蜜多二 阿喻紇硯娜三 須毗你悉指陁四 囉佐耶五 怛他
羯他耶六 怛姪他唵七 薩婆桑悉迦囉八 波唎輸底九 達磨底十 伽迦娜十一 莎訶某將
迦底十二 薩婆婆毗輸底十三 摩訶娜耶十四 波唎婆囉莎訶十五
若有自書使人書寫是无量壽經典 又能恭敬持供養 即如來恭敬供養一切十方佛土 无
有別異 旃陁羅丘曰 南謨薄伽勃底一 阿波蜜多二 阿喻紇硯娜三 須毗你悉指陁四 囉佐耶五
怛他羯他耶六 怛姪他唵七 薩婆桑悉迦囉八 波唎輸底九 達磨底十 伽迦娜十一 莎訶某將迦底十二
薩婆婆毗輸底十三 摩訶娜耶十四 波唎婆囉莎訶十五
布施力能成正覺 悟布施力入師子 布施力能聲普聞 慈悲階漸最能入
持戒力能成正覺 悟持戒力入師子 持戒力能聲普聞 慈悲階漸最能入
忍辱力能成正覺 悟忍辱力入師子 忍辱力能聲普聞 慈悲階漸最能入
精進力能成正覺 悟精進力入師子 精進力能聲普聞 慈悲階漸最能入
禪定力能成正覺 悟禪定力入師子 禪定力能聲普聞 慈悲階漸最能入
智慧力能成正覺 悟智慧力入師子 智慧力能聲普聞 慈悲階漸最能入
爾時如來說是經已 一切世間天人阿脩羅揵闥婆等
聞佛所說 皆大歡喜 信受奉行
佛說无量壽宗要經
張肯子

BD05518號2　無量壽宗要經　　(7–7)

……如来應正等覺
……於諸善根由彼如来慈
……神力故令我今日隨所念處隨所
視方隨所至國能令无量百千万億衆生受
諸快樂乃至所須衣服飲食資生之具金銀
瑠璃硨磲碼碯珊瑚虎魄真珠等寶悉令充
足若復有人至心讀誦是金光明最勝王經亦
當日日燒衆名香及諸妙花為我供養彼
瑠璃金山寶花光照吉祥功德海如来應正
等覺復當每日於三時中稱念我名別以香
花及諸美食供養於我亦常聽受此妙經王
得如是福而說頌曰
由能如是持經故　自身眷屬離諸衰
所須衣食无乏之時　威光壽命難窮盡
能使地味常增長　諸天降雨隨時節
令彼天衆咸歡悅　及以園林穀果神
叢林果樹並滋榮　所有苗稼咸成就
欲求珎財皆滿願　隨所念者遂其心
佛告大吉祥天女善哉善哉汝能如是憶念
昔因報恩供養利益安樂无邊衆生流布是
經功德无盡

BD05519號　金光明最勝王經卷八　（3–1）

由能如是持經故　自身眷屬離諸衰
所須衣食无乏之時　威光壽命難窮盡
能使地味常增長　諸天降雨隨時節
令彼天衆咸歡悅　及以園林穀果神
叢林果樹並滋榮　所有苗稼咸成就
欲求珎財皆滿願　隨所念者遂其心
佛告大吉祥天女善哉善哉汝能如是憶念
昔因報恩供養利益安樂无邊衆生流布是
經功德无盡
金光明最勝王經大吉祥天女增長財物品第十七
尒時大吉祥天女復白佛言世尊北方薜室
羅末拏天王城名有財去城不遠有園名曰
妙花福光中有勝殿七寶所成世尊我常住
彼若復有人欲求五穀日日增多倉庫盈溢
者應當發起敬信之心淨治一室瞿摩塗地
應畫我像種種瓔珞周匝莊嚴當洗浴身著
淨衣服塗以名香入淨室內發心為我每日
三時稱彼佛名及此經名号而申礼敬南謨
瑠璃金山寶花光照吉祥功德海如来持諸
香花及以種種甘美飲食至心奉獻亦以香
花及諸飲食供養我像復持飲食散擲餘
方施諸神等實言邀請大吉祥天發所求願
若如所說是不虛者於我所請勿令空尒于時
吉祥天女知是事已便生愍念令其宅中財
穀增長即當誦呪請召於我先稱佛名及
菩薩名字一心敬礼
南謨一切十方三世諸佛　南謨寶髻佛
南謨无垢光明寶幢佛　南謨金幢光佛

BD05519號　金光明最勝王經卷八　（3–2）

吉祥天女知是事已便生愍念令其宅中財
教增長即當誦呪請召於我先稱佛名及
菩薩名字一心敬礼
南謨一切十方三世諸佛　南謨寶髻佛
南謨无垢光明寶幢佛　南謨金幢光佛
南謨百金光藏佛　南謨金蓋寶積佛
南謨金花光幢佛　南謨大燈光佛
南謨大寶幢佛　南謨東方不動佛
南謨南方寶幢佛　南謨西方无量壽佛
南无北方天皷音佛　南謨妙幢菩薩
南謨金光菩薩　南謨金藏菩薩
南謨常啼菩薩　南謨法上菩薩
南謨善安菩薩
敬礼如是佛菩薩已次當誦呪請召我大
吉祥天女由此呪力所求之事皆得成就即
說呪曰
南謨室唎莫訶天女　怛姪他
鉢唎脯𠼪拏折𠼪　三曼頞
達唎設泥（去聲下皆同余）　莫訶毗訶羅揭帝
三曼多毗曇末泥　莫訶迦里也
鉢唎底瑟侘鉢泥　薩婆頞娑彈泥
蘇鉢唎底脯𠼪　㝹耶娜達摩多
莫訶毗俱比帝　莫訶迷咄嚕
鄔波僧呬羝　莫訶頡唎使
蘇僧近（入）里呬羝　三曼多頞他

BD05519 號　金光明最勝王經卷八　（3–3）

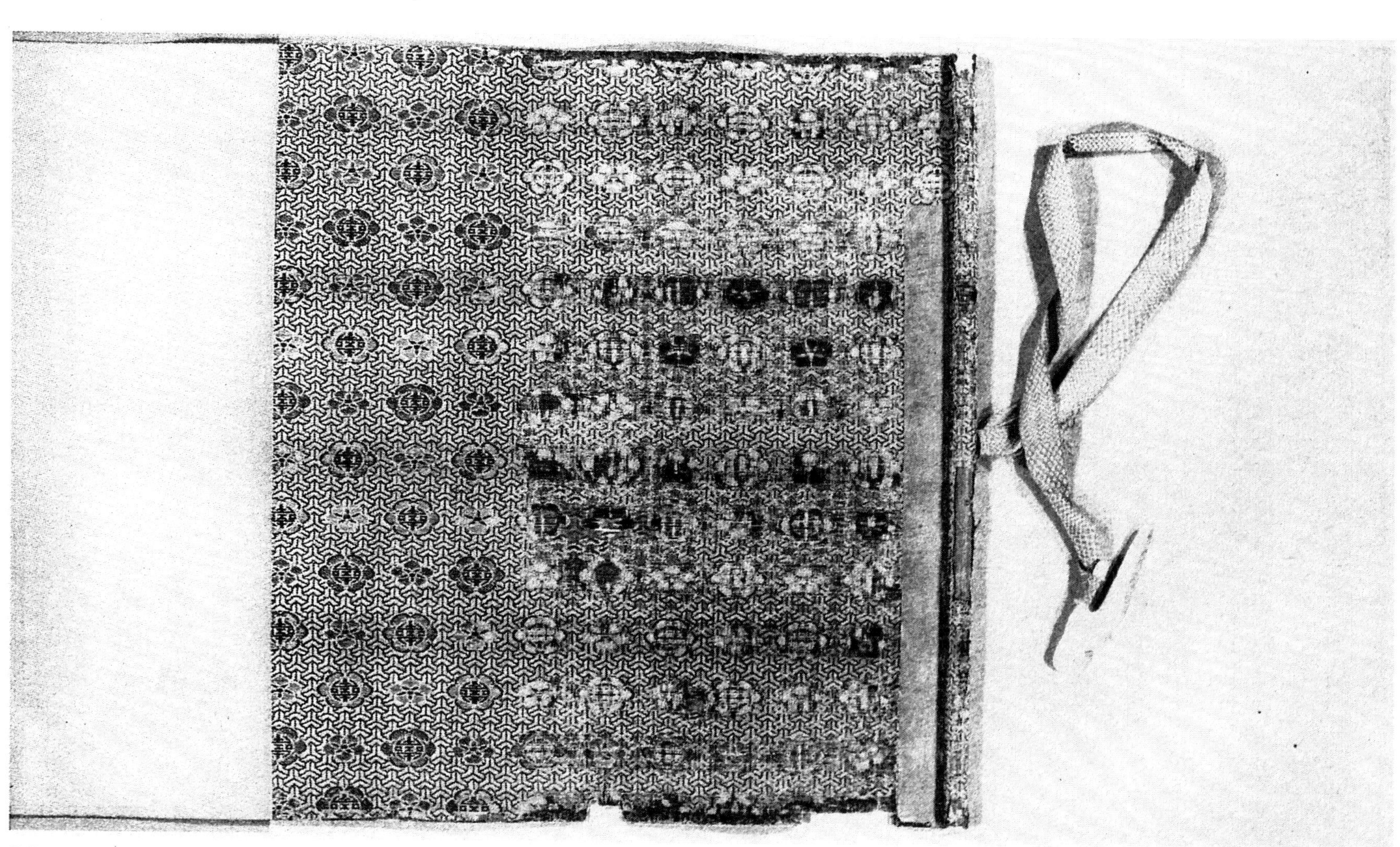

BD05520 號背　護首　（1–1）

BD05520號　無上秘要卷五二　　（18–1）

BD05520號　無上秘要卷五二　　（18–2）

BD05520號　無上秘要卷五二　（18–3）

天尊言常以正月十五日七月十五日十月
十五日平旦正中夜半三時沐浴身形五香
自洗冠帶衣服又叩齒十二通呪曰五濁已
消八景已明今日受練罪滅福生長與五帝
齊真上靈便出戶入室依行直也
入室東向燒香叩齒卅二通呪曰无上三天
玄元始炁太上老君召出臣身中三五功曹
左右官使者左右龍虎捧香驛龍騎吏侍香
玉童傳言玉女五帝直符各卅二人出出者
嚴莊關啓此間里域土地真官正神臣正今
燒香行道陳乞所願得十方正真之炁入
臣身中令所啓速達上聞无極天尊太上大
道至真帝前
三上香

BD05520號　無上秘要卷五二　（18–4）

玉童傳言玉女五帝直符各卌二人出出者
嚴莊關啓此間里域土地真官正神臣正令
燒香行道陳乞所願得十方正真之炁入
臣身中令所啓速達上聞无極天尊太上大
道至真帝前
三上香
无上洞玄靈寶弟子某岳先生臣王甲宿世
緣會得生道化蒙三洞法師先生王甲所見
啓拔開度賚儭叅以經法過太之恩實在民
極而臣生長流俗五神諍競塵滌罪穢永不
自覺與罪同長山海弥積前生至今不知緣
来凡以累劫逮及今日罪結天地在何簿目
為三官執舉拘逮地役雖自脩勵无有感徹
真靈不降衆魔所伐致思念不專五神飛越
常恐一旦歸命幽客弥淪万劫終天无拔謹
以三元大慶吉日清齋燒香首謝前身及得
今日積行所犯天所不原地所不赦神所不
哀鬼所不放億罪兆過觸犯三元百八十條
三官九府百廿曹陰陽水火左右中官考吏
之罪令故燒香歸身歸神歸命无極天尊太
上道君卌二天上帝十方大聖衆至真諸君
丈人飛天神王天仙飛仙神仙地仙五岳諸
真人玉女諸天日月星宿璇璣玉衡及地上
十方无極諸靈官三界五帝三官九府百廿
曹三河四海九江八極衆神靈司諸官气正

上道君卌二天上帝十方大聖衆至真諸君
丈人飛天神王天仙飛仙神仙地仙五岳諸
真人玉女諸天日月星宿璇璣玉衡及地上
十方无極諸靈官三界五帝三官九府百廿
曹三河四海九江八極衆神靈司諸官气正
大恩一切原除宿身今生所犯之罪以令燒
香功德拔度罪根願削除地簡絶滅右府黒
薄罪録度上南宫左府長生青録之中神仙
度世永享无窮得道之後昇入无形與真合
同
謝十方
第一東向九拜長跪言臣甲今歸命東方无
極太上靈寶天尊已得道大聖衆至真尊神
太清玄元上三天无極大道无上玄老太上老
君太上丈人皇上老君皇上丈人青靈上
真諸天帝君諸天帝丈人太帝君太帝丈人
九老仙都君九炁丈人等百千万重道炁千
二百官君太清玉陛下東極老人青華大神
上相司馬青童金闕後聖帝君青陽始青神
人靈寶九仙君等青和玉女主仙四郎東方
无極世界一切神靈气正直垂大慈開宥之
恩原赦臣身前生緣来逮及今日受生所犯
上不敬諸天大聖尊神東方无極世界一切神
靈日月星宿四時五行風雨雷電雲霧時節
下不敬師父尊長五岳四瀆三河四海九江

无極世界一切神靈气咸直垂大慈開宥之
恩原赦臣身前生緣来逮及今日受生所犯
上不敬諸天大聖尊神東方无極世界一切神
靈日月星宿四時五行風雨雷電雲霧時節
下不敬師父尊長五岳四瀆三河四海九江
八極諸真人神仙玉女東鄉諸靈官三界地
祇三官九署一切神明欺師因遺穢籍天經
竊盜聖文敗易靈音宣傳至法貪利入身私
相化授五帝无盟謀圖反逆執行不忠不慈
不孝不愛不仁上逆君父下敖衆生略奪人
物淫犯他妻骨肉相加門族交通嫉妒勝己
諍競切名口是心非攻擊賢人飲酒食肉濁注
五神罵詈呪咀自作无端八齋吉日喜怒
无常輕拯藉寘棄薄老人陵賤貧窮逐寵豪
强諸如此罪不可勝記積世結固纏綿不解
气令燒香歸命東方气咸大慈直垂哀原赦
除臣身前生億劫以来乃至今身所犯坐如
上之罪气賜更始於今自改伏從禁戒不敢
有犯气削地簡三官罪録右官黒薄悉對重
根度名左府青録之中今日大慶万願開陳
謹自首謝歸命天尊气神气仙與真合同門
户興泰善緣来生世世因極長享自然畢便
解巾叩頭自愽各九十過止
謝東方畢次起左行向東南一拜長跪言甲
令歸命東南无極太上靈寶天尊已得道大

謹自首謝歸命天尊气神气仙與真合同門
户興泰善緣来生世世因極長享自然畢便
解巾叩頭自愽各九十過止
謝東方畢次起左行向東南一拜長跪言甲
令歸命東南无極太上靈寶天尊已得道大
聖衆至真尊神南上老君丹靈老子南極上
元長生真人度世司馬司命司録好生韓君
起死更生煉骨還神大聖神王萬福君萬福
丈人太和玉女東南无極世界一切神靈气
咸謝如東方法畢叩頭自愽各一十二過止
謝東南畢次起左行向南方三拜長跪言甲
令歸命南方无極太上靈寶天尊已得道大
聖衆至真尊神无極大道南上赤帝丹靈老
子太和玉女長生司馬好生君司命司録南
極度世君飛天真人開度受生神仙玉歷注
生神仙度世君万福万度万生万无君南方
无極世界一切神靈謝如上法畢叩頭自愽
各卌過止
謝南方畢次起左行向西南方一拜長跪言
甲令歸命西南无極太上靈寶天尊已得道
大聖衆至真尊神天皇老人南極元真君洞
陽大靈神生炁飛真神王神仙玉女西南無
極世界一切神靈气咸謝如上法畢叩頭自
愽各一十二過止
謝西南畢次起左行向西方七拜長跪言甲

大聖衆至真尊神天皇老人南極无真君洞
陽大靈神生炁飛真神王神仙玉女西南無
極世界一切神靈乞丐謝如上法畢叩頭自
慱各一十二過止
謝西南畢次起左行向西方七拜長跪言甲
令歸命西方无極太上靈寶天尊已得道大
聖衆至真尊神无極大道西華太妙至極上
帝金堂玉仙真母金闕後聖上相帝君玄古
天師万聖道主四極真人神仙玉女西方无
極世界一切神靈乞丐謝如上畢叩頭自慱
各七十過止
謝西方畢次左行向西北二拜長跪言甲令
歸命西北无極太上靈寶天尊已得道大聖
衆至真尊神无極大道上帝真皇老人飛天
神王度仙上聖監靈真人神仙玉女北方无
極世界一切神靈乞丐謝如上畢叩頭自慱
各一十二過止
謝西北畢次左行向北方五拜長跪言甲令
歸命北方无極太上靈寶天尊已得道大聖
衆至真尊神无極大道太上老君太上丈人
高上玉晨北極真公万聖道主妙行真人太
陰司命典死録度筭司馬揔司教神皇太真
神仙玉女北方无極世界一切神靈乞丐謝
如上畢叩頭自慱各五十過止
謝北方畢次左行向東北一拜長跪言甲令

衆至真尊神无極大道太上老君太上丈人
高上玉晨北極真公万聖道主妙行真人太
陰司命典死録度筭司馬揔司教神皇太真
神仙玉女北方无極世界一切神靈乞丐謝
如上畢叩頭自慱各五十過止
謝北方畢次左行向東北一拜長跪言甲令
歸命東北无極太上靈寶天尊已得道大聖
衆至真尊神无極大道飛天神王神霄魔王
制靈監真都統神人万生神皇上玄老君真
人玉女東北无極世界一切神靈乞丐如上
畢叩頭自慱各一十二過止
謝東北畢次左行向地户下方一十二拜長
跪言甲令歸命下方无極太上靈寶天尊已
得道大聖衆至真尊神无極大道下元玄黄
洞淵洞靈高皇九土四司五帝十二仙君大
靈黄母四司真人九宫神仙玉女无極世界
一切神靈乞丐謝如上法畢叩頭自慱各一
百廿過止
謝下方畢次左行向天門上方卌二拜長跪
言甲令歸命上方无極太上靈寶天尊已得
道大聖衆至真尊神无極大道上下中央四
面八方卌二天上帝太上无爲大道諸君丈
人衆大至尊无上无巔无極无窮普照普察
无量洞明衆上正真无鞅數衆道炁无始无
先寂廓无端混沌无形虚无自然太上无根
真役玄道大智慧原宗一明威太上无爲大

道大聖衆至真尊神无極大道上下中央四
面八方卌二天上帝太上无為大道諸君丈
人衆大至尊无上无巔无極无窮普照普察
无量洞明衆上正真无鞅數衆道炁无始无
先寥廓无端混沌无形虚无自然太上元根
寘寂玄通大智慧原正一明威太上无為大
道道中之道神明君无上无初万億數万億
數无鞅數道德諸君丈人太上道德君道德
丈人无上万生君万生丈人无上万炁君万炁
丈人无上万无君万无丈人无上万福君无
上万福丈人鴻濛天神諸君丈人新出老鬼
太清玄元上三天无極大道无上丈人太上
三炁君太上老君太上丈人太清君太清丈
人太玄上一君太玄丈人中黄正一君中黄
丈人太元君太元丈人太始君太始丈人太
初君太初丈人太素君太素丈人太虚君太
虚丈人太一君太一丈人太儀君太儀丈人
太平君太平丈人太淵君太淵丈人天帝君
天帝丈人九老仙都君九老仙都丈人玉歷
君玉歷丈人九炁君九炁丈人菩百千万億
億万數无鞅數万重道炁丈人千二百官君
千二百官丈人太清玉陛下太上玉真君玉
真丈人五仙君五仙丈人九靈君九靈丈人太
清十二真君十二真君丈人廿四神人君廿四
神人丈人太清卅六真君卅六真丈人五炁君

千二百官丈人太清玉陛下太上玉真君玉
真丈人五仙君五仙丈人九靈君九靈丈人太
清十二真君十二真君丈人廿四神人君廿四
神人丈人太清卅六真君卅六真丈人五炁君
五炁丈人陰陽生炁君生炁丈人上上太一
君太一丈人皇天太上帝无極太上元君太
上元君丈人太一君太一丈人神寳君神寳
丈人真寳君真寳丈人天寳君天寳丈人靈
寳君靈寳丈人元神君元神丈人元真君元
真丈人元靈君元靈丈人天皇老君皇老丈
人南極君南極丈人黄神老君黄神丈人黄
老君黄老丈人太和君太和丈人太上皇真
道君諸君丈人上古天師君天師丈人三師
君三師丈人万道父母万德父母天地父母
神仙所出神仙所聚東王公西王母日君月
夫人五星君五星皇妃琁璣玉衡九星真君
衆仙真人聖父聖母神仙玉女上方弥羅比
天无極世界一切神靈乞丏謝如上法畢叩
頭自愽各三百廿過止
謝日月星
謝上方畢次左行向東北日官三拜長跪言
甲令歸命日君夫人日中皇華洞明太光童
子散暉玉女日中諸神仙乞丏原臣受生所
行罪責上觸天光生死殃對並蒙赦除身得
光明與日同景長享无極受福自然畢叩頭

謝上方畢次左行向東北日宮三拜長跪言
甲令歸命日君夫人日中皇華洞明太光童
子散暉王女日中諸神仙气丙原臣受生所
行罪負上觸天光生死殃對並蒙赦除身得
光明與日同景長亨无極受福自然畢叩頭
自慱各卌過止
謝日宮畢次趍左行向西南月宮七拜長跪
言甲令歸命月君夫人石景水母圓光王女
散暉童子月中謝神仙气丙原臣受生所行
罪負與月同景長亨无極受福自然畢叩頭
自慱各七十過止
謝月宮畢次左行向北九拜長跪言甲令歸
命諸天星宿璇璣玉衡七星北斗九星三台
五星夫人廿八宿周天三百六十五度星中
大神星中真皇夫人靈妃神仙玉女气丙原
臣受生所行罪負上觸天光生死殃對並蒙
原除身得光明與星宿同景長亨无極受福
自然畢叩頭自慱各三百六十五過止
謝五岳
謝星官畢次左行向東岳再拜長跪言甲令
歸命東岳太山青帝大神飛仙真人神仙諸
靈官名山大澤一切神靈气丙原臣受生以
來所行罪負上觸東岳名山大神元惡之罪
並蒙赦宥削除罪簡名上仙錄得與大神交
友自然畢叩頭自慱各卌過止

靈官名山大澤一切神靈气丙原臣受生以
來所行罪負上觸東岳名山大神元惡之罪
並蒙赦宥削除罪簡名上仙錄得與大神交
友自然畢叩頭自慱各卌過止
次向南方再拜言甲令歸命南岳霍山赤帝
大神飛仙真人神仙諸靈官名山大澤一切
神靈气丙如東岳法
次向西南再拜言甲令歸命中岳嵩高山黃
帝大神飛仙真人神仙諸靈官名山大澤一
切神靈气丙如東岳法
次向西方再拜言甲令歸命西岳華山白帝
大神飛仙真人神仙諸靈官名山大澤一切
神靈气丙如東岳法
次北方再拜言甲令歸命北岳恒山黑帝大
神飛仙真人神仙諸靈官名山大澤一切神
靈气丙如東岳法
謝五岳並如東岳法但言至東岳便改其方
岳名耳叩頭自慱並各卌過止
謝水官
謝五岳畢次左行向北方十二拜謝水官言
甲令歸命扶桑太帝湯谷神王洞源洞淵清
泠大神三河四海九江水帝十二淮濟河伯
河侯河中二千石清河夫人水府神仙一切
諸靈官气丙原臣前生以來至于今日所行

甲令歸命扶桑太帝湯谷神王洞源洞渊清
泠大神三河四海九江水帝十二淮濟河伯
河侯河中二千石清河夫人水府神仙一切
諸靈官乞丏原臣前生以來至于今日所行
罪負无數恣目觸犯水官无悉之罪乞見原
赦今日燒香首謝大神歸命歸身乞得生活
免諸罪根削水簡對上名生錄神仙簿中長
享无極與道合真叩頭自搏各二百八十過
止
謝水官畢次向北三拜謝三寶神經長跪
言甲令歸命太上无極大道至真无上三十
六部尊經三寶靈文仙圖錄符章自然天
書金書玉字侍經玉童玉女三部威神乞丏
謝如上東方法畢叩頭自搏各三百六十
過止
謝畢左行還西向東三上香呪曰
香官使者左右龍虎捧香驛龍騎吏當令臣
靜室齋堂自然金液丹精百靈芝英交會
在此香火前令臣得道遂獲神仙舉家万福
天下受恩十方玉童玉女侍衛香烟傳臣所
啓逕御无極太上大道前
天尊言其三元品試謝罪上法三元宮中隱
存形神精思罪根備仙上道學士一歲三過
行之行之當令心丹意盡神形同皆无有怠
倏感徹諸天三元削罪於黑薄北帝落死而

BD05520號　無上秘要卷五二　（18–15）

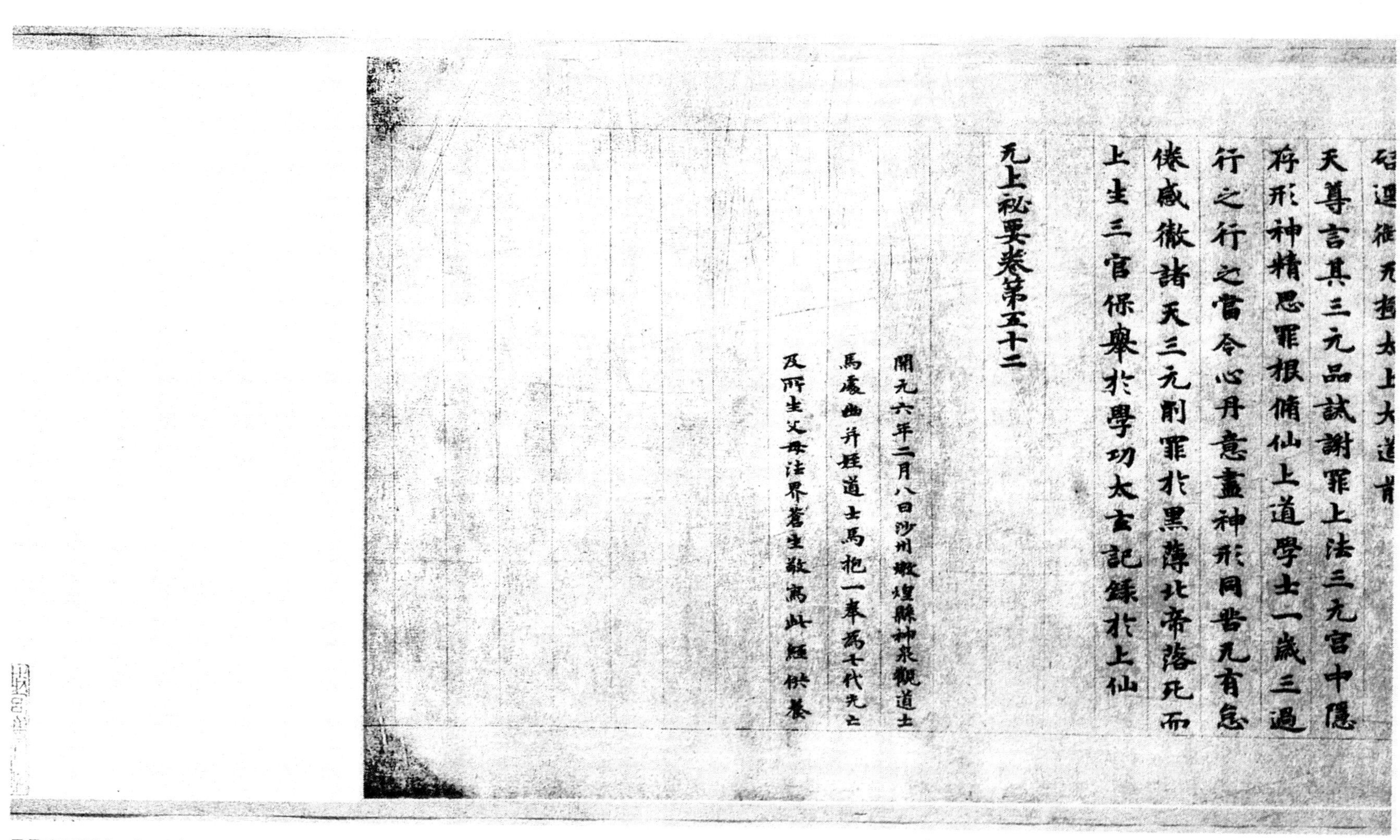
啓逕御无極太上大道前
天尊言其三元品試謝罪上法三元宮中隱
存形神精思罪根備仙上道學士一歲三過
行之行之當令心丹意盡神形同皆无有怠
倏感徹諸天三元削罪於黑薄北帝落死而
上生三官保舉於學功太玄記錄於上仙

无上秘要卷第五十二

開元六年二月八日沙州燉煌縣神泉觀道士
馬處幽并姪道士馬抱一奉為七代先亡
及所生父母法界蒼生敬寫此經供養

BD05520號　無上秘要卷五二　（18–16）

BD05520號　無上秘要卷五二　　(18–17)

BD05520號　無上秘要卷五二　　(18–18)

雲角出……
是法身……不相
分別非……別體、
別雖有……滅猶
亦无所……之解脫
死王……修行所不
能……處善男子譬如
有人願欲……得金礦既得礦
已即便碎之……鍊得清淨金
隨意迴轉……嚴具雖有諸用金
性不改
復次善男子若善男子善女人求勝解脫修
行世善得見如來及弟子衆得親近已白佛
言世尊何者為善何者不善何者正修得清
淨行諸佛如來及弟子衆見彼問時如是思
惟是善男子善女人欲求清淨欲聽正法即

BD05521 號　金光明最勝王經卷二

（10–1）

復次善男子若善男子善女人求勝解脫修
行世善得見如來及弟子衆得親近已白佛
言世尊何者為善何者不善何者正修得清
淨行諸佛如來及弟子衆見彼問時如是思
惟是善男子善女人欲求清淨欲聽正法即
便為說令其開悟彼既聞已正念憶持發心
修行得精進力除嬾惰障滅一切罪於諸學
處離不尊重息掉悔心入於初地依初地心
除利有情障得入二地於此地中除不逼惱
障入於三地於此地中除心軟淨障入於四
地於此地中除善方便障入於五地於此地
中除見真俗障入於六地於此地中除見行
相障入於七地於此地中除不見滅相障入
於八地於此地中除不見生相障入於九地
於此地中除六通障入於十地於此地中除
所知障除根本心入如來地如來地者由三
淨故名極清淨云何為三一者煩惱淨二者
苦淨三者相淨譬如真金鎔銷冶鍊既燒打
已无復塵垢為顯金性本清淨故金體清淨
非謂无金譬如濁水澄渟清淨无復滓穢為
顯水性本清淨故非謂无水如是法身與煩
惱雜苦集除已无復餘習為顯佛性本清淨
故非謂无體譬如虛空烟雲塵霧之所障蔽
若除屏已是空界淨非謂无空如是法身一
切衆苦悉皆盡故說為清淨非謂无體譬如
有人於睡夢中見大河水漂泛其身運手動
足截流而渡得至彼岸由彼身心不懈退故

BD05521 號　金光明最勝王經卷二

（10–2）

故非謂无體辟如虛空烟雲塵霧之所障蔽
若除屏已是空界淨非謂无空如是法身一
切衆苦悉皆盡故說爲清淨非謂无體辟如
有人於睡夢中見大河水漂泛其身運手動
足截流而渡得至彼岸由彼身心不懈退故
從夢覺已不見有水彼此岸別非謂无心生
死妄想既滅盡已是覺清淨非謂无覺如是
法界一切妄想不復生故說爲清淨非是諸
佛无其實體
復次善男子是法身者惑障清淨能現應身
業障清淨能現化身智障清淨能現法身辟
如依空出電依電出光如是依法身故能現
應身依應身故能現化身由性淨故能現法
身智慧清淨能現應身三昧清淨能現化身
此三清淨是法如如不異如如一味如如解
脫如如究竟如如是故諸佛體无有異善男
子若有善男子善女人說於如來是我大師
若作如是決定信者此人即應深心解了如
來之身无有別異善男子以是義故於諸境
界不正思惟悉皆除斷即知彼法无有二相
亦无分別聖所修行如如於彼无有二相正
修行故如是如是一切諸障悉皆除滅如如
一切障滅如是如是法如如如如智得最清
淨如如法界正智清淨如是如是一切自在
具足攝受皆得成就一切諸障悉皆除滅一
切諸障得清淨故是名真如正智真實之相
如是見者是名聖見是則名爲真實見佛何

BD05521號　金光明最勝王經卷二　（10–3）

修行故如是如是一切諸障悉皆除滅如如
一切障滅如是如是法如如如如智得最清
淨如如法界正智清淨如是如是一切自在
具足攝受皆得成就一切諸障悉皆除滅一
切諸障得清淨故是名真如正智真實之相
如是見者是名聖見是則名爲真實見佛何
以故如實得見法真如故是故諸佛悉能普
見一切如來何以故聲聞獨覺已出三界求
真實境不能智見如是聖人所不知見一切
凡夫皆生疑惑顛倒分別不能得度如兔浮
海必不能過所以者何力微劣故凡夫之人
亦復如是不能通達法如如故然諸如來无
分別心於一切法得大自在具足清淨深智
慧故是自境界不共他故是故諸佛如來於
无量无邊阿僧祇劫不惜身命難行苦行方
得此身最上无比不可思議過言說境是妙
寂靜離諸怖畏
善男子如是知見法真如者无生老死壽命
无限无有睡眠亦无飢渴心常在定无有散
動若於如來起諍論心是則不能見於如來
諸佛所說皆能利益有聽聞者无不解脫諸
惡禽獸惡人惡鬼不相逢值由聞法故果報
无盡然諸如來无无記事一切境界无欲知
心生死涅槃无有異想如來所說无不決定
諸佛如來四威儀中无非智攝一切諸法无
有不爲慈悲所攝无有不爲利益安樂諸衆
生者善男子若有善男子善女人於此金光
[illegible]

BD05521號　金光明最勝王經卷二　（10–4）

无盡然諸如來无无記事一切境界无欲知
心生死涅槃无有異想如來所說无不決定
諸佛如來四威儀中无非智攝一切諸法无
有不為慈悲所攝无有不為利益安樂諸衆
生者善男子若有善男子善女人於此金光
明經聽聞信解不墮地獄餓鬼傍生阿蘇羅
道常處人天不生下賤恒得親近諸佛如來
聽受正法常生諸佛清淨國土所以者何由
得聞此甚深法故是善男子善女人則為如
來已知已記當得不退阿耨多羅三藐三菩
提若善男子善女人於此甚深微妙之法一
經耳者當知是人不謗如來不毀正法不輕
聖衆一切衆生未種善根令得種故已種善
根令增長成熟故一切世界所有衆生皆勸
修行六波羅蜜多
尒時虛空藏菩薩梵釋四王諸天衆等即從
座起偏袒右肩合掌恭敬頂礼佛足白佛言
世尊若所在處講說如是金光明王微妙經
典於其國土有四種利益何者為四一者國
王軍衆強盛无諸怨敵離於疾病壽命延長
吉祥安樂正法興顯二者中宮妃后王子諸
臣和悅无諍離於諂佞王所愛重三者沙門
婆羅門及諸國人修行正法无病安樂无枉
死者於諸福田悉皆修立四者於三時中四
大調適常為諸天增加守護慈悲平等无傷
害心令諸衆生歸敬三寶皆願修習菩提之行
是為四種利益之事世尊我等亦常為弘

BD05521號　金光明最勝王經卷二　（10–5）

婆羅門及諸國人修行正法无病安樂无枉
死者於諸福田悉皆修立四者於三時中四
大調適常為諸天增加守護慈悲平等无傷
害心令諸衆生歸敬三寶皆願修習菩提之行
是為四種利益之事世尊我等亦常為弘
經故隨逐如是持經之人所在住處為作利
益佛言善哉善哉善男子如是如是汝等應
當勤心流布此妙經王則令正法久住於世

金光明最勝王經夢見懺悔品第四

尒時妙幢菩薩親於佛前聞妙法已歡喜踊
躍一心思惟還至本處於夜夢中見大金鼓
光明晃耀猶如日輪於此光中得見十方无
量諸佛於寶樹下坐瑠璃座无量百千大衆
圍繞而為說法見一婆羅門桴擊金鼓出大
音聲聲中演說微妙伽他明懺悔法妙幢聞
已皆悉憶持繫念而住至天曉已與无量百
千大衆圍繞持諸供具出王舍城詣鷲峯山
至世尊所礼佛足已布設香花右繞三帀退
坐一面合掌恭敬瞻仰尊顏白佛言世尊我
於夢中見婆羅門以手執桴擊妙金鼓出大
音聲聲中演說微妙伽他明懺悔法我皆憶
持唯願世尊降大慈悲聽我所說即於佛前
而說頌曰

我於昨夜中　夢見大金鼓　其形極姝妙　周遍有金光
猶如盛日輪　光明皆普耀　充滿十方界　咸見於諸佛
在於寶樹下　各處瑠璃座　无量百千衆　恭敬而圍繞
有一婆羅門　以杖擊金鼓　於其鼓聲內　說此妙伽他

BD05521號　金光明最勝王經卷二　（10–6）

而說頌曰

我於昨夜中　夢見大金鼓　其形極姝妙　周遍有金光
猶如盛日輪　光明皆普耀　充滿十方界　咸見於諸佛
在於寶樹下　各處瑠璃座　无量百千衆　恭敬而圍繞
有婆羅門　以杖擊金鼓　於其鼓聲內　說此妙伽他
金光明鼓出妙聲　遍至三千大千界
能滅三塗極重罪　及以人中諸苦厄
由此金鼓聲威力　永滅一切煩惱障
斷除怖畏令安隱　譬如自在牟尼尊
佛於生死大海中　積行修成一切智
能令衆生覺品具　究竟咸歸功德海
由此金鼓出妙聲　普令聞者獲梵響
證得无上菩提果　常轉清淨妙法輪
住壽不可思議劫　隨機說法利群生
能斷煩惱衆苦流　貪瞋癡等皆除滅
若有衆生處惡趣　大火猛焰周遍身
若得聞是妙鼓音　即能離苦歸依佛
皆得成就宿命智　能憶過去百千生
悉皆正念牟尼尊　得聞如來甚深教
由聞金鼓勝妙音　常得親近於諸佛
悉能捨離諸惡業　純修清淨諸善品
一切天人有情類　慇重至誠祈願者
得聞金鼓妙音聲　能令所求皆滿之
衆生墮在无間獄　猛火炎熾苦焚身
无有救護處輪迴　聞者能令苦除滅
人天餓鬼傍生中　所有現受諸苦難
得聞金鼓發妙響　皆蒙離苦得解脫

BD05521號　金光明最勝王經卷二　（10–7）

衆生墮在无間獄　猛火炎熾苦焚身
无有救護處輪迴　聞者能令苦除滅
人天餓鬼傍生中　所有現受諸苦難
得聞金鼓發妙響　皆蒙離苦得解脫
現在十方界　常住兩足尊　願以大悲心　哀愍憶念我
衆生无歸依　亦无有救護　為如是等類　能作大歸依
我先所作罪　極重諸惡業　今對十方前　至心皆懺悔
我不信諸佛　亦不敬尊親　不務修衆善　常造諸惡業
或自恃尊高　種姓及財位　盛年行放逸　常造諸惡業
心恒起邪念　口陳於惡言　不見於過罪　常造諸惡業
恒作愚夫行　无明闇覆心　隨順不善友　常造諸惡業
或因諸戲樂　或復懷憂惱　為貪瞋所纏　故我造諸惡
親近不善人　及由慳嫉意　貧窮行諂誑　故我造諸惡
雖不樂衆過　由有怖畏故　及不得自在　故我造諸惡
或為躁動心　或因瞋恚恨　及以飢渴惱　故我造諸惡
由飲食衣服　及貪愛女人　煩惱火所燒　故我造諸惡
於佛法僧衆　不生恭敬心　作如是衆罪　我今悉懺悔
於獨覺菩薩　亦无恭敬心　作如是衆罪　我今悉懺悔
无知謗正法　不孝於父母　作如是衆罪　我今悉懺悔
由愚癡憍慢　及以貪瞋力　作如是衆罪　我今悉懺悔
我於十方界　供養无數佛　當願拔衆生　令離諸苦難
願一切有情　皆令住十地　福智圓滿已　成佛導群迷
我為諸衆生　苦行百千劫　以大智慧力　皆令出苦海
我為諸含識　演說甚深經　最勝金光明　能除諸惡業
若人百千劫　造諸極重罪　蹔時能發露　衆惡盡消除
依此金光明　作如是懺悔　由斯能速盡　一切諸苦業
勝定百千種　不思議總持　根力覺道支　修習常无倦

BD05521號　金光明最勝王經卷二　（10–8）

我為諸衆生　苦行百千劫　以大智慧力　皆令出苦海
我為諸含識　演說甚深經　最勝金光明　能除諸惡業
若人百千劫　造諸極重罪　暫時能發露　衆惡盡消除
依此金光明　作如是懺悔　由斯能速盡　一切諸苦業
勝定百千種　不思議總持　根力覺道支　修習常无倦
我當至十地　具足珍寶處　圓滿佛功德　濟度生死流
我於諸佛海　甚深功德藏　妙智難思議　皆令得具足
唯願十方佛　觀察護念我　皆以大悲心　哀受我懺悔
我於多劫中　所造諸惡業　由斯生苦惱　哀愍願消除
我造諸惡業　常生憂怖心　於四威儀中　曾无歡樂想
諸佛具大悲　能除衆生怖　願受我懺悔　令得離憂苦
我有煩惱障　及以諸報業　願以大悲水　洗濯令清淨
我先作諸罪　及現造惡業　至心皆發露　咸願得蠲除
未來諸惡業　防護令不起　設令有違者　終不敢覆藏
身三語四種　意業復有三　繫縛諸有情　无始恒相續
由斯三種行　造作十惡業　如是衆多罪　我今皆懺悔
我造諸惡業　苦報當自受　今於諸佛前　至誠皆懺悔
於此贍部洲　及他方世界　所有諸善業　今我皆隨喜
願離十惡業　修行十善道　安住十地中　常見十方佛
我以身語意　所修福智業　願以此善根　速成无上慧
我今親對十力前　發露衆多苦難事
凡愚迷惑三有難　恒造極重惡業難
我所積集欲邪難　常起貪愛流轉難
於此世間耽著難　一切愚夫煩惱難
狂心散動顛倒難　及以親近惡友難
於生死中貪染難　瞋癡闇鈍造罪難
生八无暇惡處難　未曾積集功德難
我今皆於最勝前　懺悔无邊罪惡業

BD05521號　金光明最勝王經卷二

（10–9）

我以身語意　所修福智業　願以此善根　速成无上慧
我今親對十力前　發露衆多苦難事
凡愚迷惑三有難　恒造極重惡業難
我所積集欲邪難　常起貪愛流轉難
於此世間耽著難　一切愚夫煩惱難
狂心散動顛倒難　及以親近惡友難
於生死中貪染難　瞋癡闇鈍造罪難
生八无暇惡處難　未曾積集功德難
我今皆於最勝前　懺悔无邊罪惡業
我今歸依諸善逝　我禮德海无上尊
如大金山照十方　唯願慈悲哀攝受
身色金光淨无垢　目如清淨紺琉璃
吉祥威德名稱尊　大悲慧日除衆闇
佛日光明常普遍　善淨无垢離諸塵
牟尼月照極清涼　能除衆生煩惱熱
三十二相遍莊嚴　八十隨好皆圓滿
福德難思无與等　如日流光照世間
色如琉璃淨无垢　猶如滿月處虛空
妙頗梨網映金軀　種種光明以嚴飾
於生死苦暴流內　老病憂愁水所漂
如是苦海難堪忍　佛日舒光令永竭
我今稽首一切智　三千世界希有尊
光明晃耀紫金身　種種妙好皆嚴飾
如大海水量難知　大地微塵不可數
如妙高山叵稱量　亦如虛空无有際
諸佛功德亦如是　一切有情不能知
於无量劫諦思惟　无有能知德海岸

BD05521號　金光明最勝王經卷二

（10–10）

尼律藏第二分卷第七
尒時婆伽婆在舍衛國祇樹給孤獨園時六
群比丘尼以香塗摩身諸居士見皆共譏慊
言此比丘尼等不知慚愧犯梵行外自稱言
我知正法如是何有正法乃以香塗身如似
婬女賊女時諸比丘尼聞其中有少欲知足
行頭陀樂學戒知慚愧者嫌責六群比丘尼
言汝等云何乃以衆香塗身耶即白諸比
丘諸比丘往白世尊世尊以此因緣集比丘僧
呵責六群比丘尼言汝所為非非威儀非沙
門法非淨行非隨順行所不應為云何比丘
尼以香塗身以無數方便呵責已告諸比丘
此六群比丘尼多種有漏處最初犯戒自今
已去与比丘尼結戒集十句義乃至正法久
住欲說戒者當如是說若比丘尼以香塗摩
身者波逸提比丘尼義如上彼比丘尼以香
塗身波逸提比丘突吉羅式叉摩那沙彌
沙彌尼突吉羅是謂為犯不犯者或時得如
是病或為瘦力者所執無犯無犯者最初未
制戒癡狂心亂痛惱所纏　第一百五十竟
尒時婆伽婆在舍衛國祇樹給孤獨園時六
群比丘尼以胡麻滓塗摩身諸居士見皆共
譏嫌之此比丘尼無有慚愧犯梵行外自稱
言我知正法如是何有正法乃以胡麻滓

BD05522號　四分律二分卷七　（29–1）

沙彌尼突吉羅是謂為犯不犯者或時得如
是病或為瘦力者所執無犯無犯者最初未
制戒癡狂心亂痛惱所纏　第一百五十竟
尒時婆伽婆在舍衛國祇樹給孤獨園時六
群比丘尼以胡麻滓塗摩身諸居士見皆共
譏嫌之此比丘尼無有慚愧犯梵行外自稱
言我知正法如是何有正法云何持胡麻滓
塗身如似賊女婬女時諸比丘尼聞其中有
少欲知足行頭陀樂學戒知慚愧者呵責六
群比丘尼言汝云何以胡麻滓塗身即白諸
比丘諸比丘往白世尊世尊以此因緣集比
丘僧呵責六群比丘尼言汝所為非非威儀
非沙門法非淨行非隨順行所不應為云何
比丘尼乃以胡麻滓塗身耶以無數方便呵
責已告諸比丘此比丘尼多種有漏處最初
犯戒自今已去与比丘尼結戒集十句義乃
至正法久住欲說戒者當如是說若比丘尼
以胡麻滓塗摩身者波逸提比丘尼義如上
彼比丘尼以胡麻滓摩身者波逸提比丘突
吉羅式叉摩那沙彌沙彌尼突吉羅是謂為
犯不犯者或時有如是病或為瘦力者無犯
無犯者最初未制戒癡狂心亂痛惱所纏　第百五十一竟
尒時婆伽婆在舍衛國祇樹給孤獨園時有
六群比丘尼使諸比丘尼揩摩身諸居士見
皆共譏嫌此比丘尼不知慚愧犯梵行外自
稱言我知正法如是何有正法乃使諸比丘
尼揩摩其身如似賊女婬女無異時諸比丘
尼聞其中有少欲知足行頭陀樂學戒知慚

BD05522號　四分律二分卷七　（29–2）

皆譏慬此比丘尼不知慚愧犯梵行外自
稱言我知正法如是何有正法乃使諸比丘
尼揩摩其身如似賊淫女女无異時諸比丘
尼聞其中有少欲知足行頭陀樂學戒知慚
愧者呵責六群比丘尼言汝云何乃使諸比
丘尼揩摩其身即白諸比丘諸比丘往白世尊
世尊以此因緣集比丘僧呵責六群比丘尼
言汝所為非非威儀非沙門法非淨行非隨順
行所不應為云何比丘尼乃使諸比丘尼揩
摩其身以无數方便呵責已告諸比丘此比丘
尼多種有漏處最初犯戒自今已去与比丘尼結
戒集十句義乃至正法久住欲說戒者當如
是說若比丘尼使比丘尼塗摩身波逸提比
丘尼義如上彼比丘尼揩摩身者波逸提比
丘突吉羅式叉摩那沙彌沙彌尼突吉羅是謂
謂為犯不犯者或時有如是病或羸力所執
无犯无犯者最初未制戒癡狂心亂痛惱纏
所 第一百五十二竟
尒時婆伽婆在舍衛國祇樹給孤獨園時六
群比丘尼使式叉摩那塗身諸居士見皆共
譏慬此比丘尼等不知慚愧犯梵行外自稱
言我知正法如是何有正法使式叉摩那塗
摩其身如似婬女賊女无異時諸比丘尼聞
其中有少欲知足行頭陀樂學戒知慚愧者
慬責六群比丘尼言汝等云何使式叉摩那
揩摩其身即白諸比丘諸比丘往白世尊 世尊
以此因緣集比丘僧呵責六群比丘尼言汝
所為非非威儀非門沙法非淨行非隨順行

摩其身如似婬女賊女无異時諸比丘尼聞
其中有少欲知足行頭陀樂學戒知慚愧者
慬責六群比丘尼言汝等云何使式叉摩那
揩摩其身即白諸比丘諸比丘往白世尊 世尊
以此因緣集比丘僧呵責六群比丘尼言汝
所為非非威儀非門沙法非淨行非隨順行
所不應為云何比丘尼使式叉摩那揩摩其
身以无數方便呵責已告諸比丘此比丘尼
多種有漏處最初犯戒自今已去与比丘尼
結戒集十句義乃至正法久住欲說戒者當
如是說若比丘尼使式叉摩那揩摩其身者
波逸提比丘尼義如上彼比丘尼使式叉摩
那塗身者波逸提比丘突吉羅式叉摩那沙
彌沙彌尼突吉羅是謂為犯不犯者或有如
是病或為羸力所執无犯无犯者最初未制
戒癡狂心亂痛惱所纏 第一百五十三竟
尒時婆伽婆在舍衛國祇樹給孤獨園時六
群比丘尼使沙彌尼塗身諸居士見皆共慬
言此六群比丘尼不知慚愧犯梵行使沙彌
尼塗摩其身如似婬女賊女无異時諸比丘
尼聞其中有少欲知足行頭陀樂學戒知慚
愧者呵責六群比丘尼言汝等云何乃使沙
彌尼塗摩其身即白諸比丘諸比丘往白世尊
世尊以此因緣集比丘僧呵責六群比丘尼
言汝所為非非威儀非沙門法非淨行非隨
順行所不應為云何比丘尼使沙彌尼塗摩
身以无數方便呵責已告諸比丘此比丘尼
多種有漏處最初犯戒自今已去与比丘尼

世尊以此因緣集比丘僧呵責六群比丘尼
言汝所為非非威儀非沙門法非淨行非隨
順行所不應為云何比丘尼使沙弥尼塗摩
身以無數方便呵責已告諸比丘此比丘尼
多種有漏處最初犯戒自今已去与比丘尼
結戒集十句義乃至正法久住欲說戒者當
如是說若比丘尼使沙弥尼塗摩身者波逸
提比丘尼義如上彼比丘尼使沙弥尼塗身
摩者波逸提比丘突吉羅式叉摩那沙弥沙
弥尼突吉羅是謂為犯不犯者或時有如是
病或為勢力所執無犯无犯者最初未制戒
癡狂心亂痛惱所纏 第一百五十四竟
尒時婆伽婆在舍衛國祇樹給孤獨園時六
群比丘尼使白衣婦女塗摩身時諸居士見
皆共譏嫌此比丘尼不知慚愧乃使白衣婦
女塗摩其身如似婬女賊女時諸比丘尼聞
其中有少欲知足行頭陁樂學戒知慚愧者
呵責六群比丘尼言汝等云何使白衣婦女
塗摩其身即白諸比丘 諸比丘 往白世尊 世
尊以此因緣集比丘僧呵責六群比丘尼言
汝所為非非威儀非沙門法非淨行非隨順
行所不應為云何比丘尼使白衣婦女塗摩
身以無數方便呵責已告諸比丘此比丘尼
多種有漏處最初犯戒自今已去与比丘尼
結戒集十句義乃至正法久住欲說者當如
是說若比丘尼使白衣婦女塗摩身者 波逸
提比丘尼義如上彼比丘尼使白衣婦女塗
摩身者波逸提比丘突吉羅式叉摩那沙弥

行所不應為云何比丘尼使白衣婦女塗摩
身以無數方便呵責已告諸比丘此比丘尼
多種有漏處最初犯戒自今已去与比丘尼
結戒集十句義乃至正法久住欲說者當如
是說若比丘尼使白衣婦女塗摩身者波逸
提比丘尼義如上彼比丘尼使白衣婦女塗
摩身者波逸提比丘突吉羅式叉摩那沙弥
沙弥尼突吉羅是謂為犯不犯者或有如是病
或為勢力者所執無犯无犯者最初未制戒
癡狂心亂痛惱所纏 第一百五十五竟
尒時婆伽婆在舍衛國祇樹給孤獨園時偷
蘭難陁比丘尼作如是念着貯跨衣令身麁
大居士見皆共譏嫌此比丘尼等不知慚愧
犯梵行自稱言我知正法如是何有正法方
何着貯跨衣令身麁大似婬女賊女時諸
比丘尼聞其中有少欲知足行頭陁樂學戒
知慚愧者呵責偷蘭難陁言汝云何作如是
念着貯跨衣令身麁大耶即白諸比丘諸比丘
往白世尊世尊以此因緣集比丘僧呵責
偷蘭難陁言汝所為非非威儀非沙門法非
淨行非隨順行所不應為云何比丘尼作如
是心着貯跨衣令身麁大以無數方便呵責
已告諸比丘此比丘尼多種有漏處最初犯
戒自今已去与比丘尼結戒集十句義乃至
正法久住欲說戒者當如是說若比丘尼着
貯跨衣者波逸提比丘尼義如上貯跨衣者
用毳若劫貝若俱遮羅若乳葉草若芻摩
若野蠶綿一切物彼比丘尼作如是意着貯
跨衣令身[illegible]

戒自今已去与比丘尼結戒集十句義乃至
正法久住欲說戒者當如是說若比丘尼著
騎踤衣者波逸提比丘尼義如上騎踤衣若
用毳若刼貝若俱遮羅若乳葉草若芻摩
若野蠶綿一切物彼比丘尼作如是意著騎
踤衣令身麁大波逸提比丘突吉羅式叉摩
那沙弥沙弥尼突吉羅是謂為犯不犯者
有如是病内著病衣外著涅槃僧次著僧祇
支或羸力者所執无犯无犯者最初未制戒癡
狂心亂痛惱所纏　第一百五十八竟
尒時婆伽婆在舍衛國祇樹給孤獨園時六
群比丘尼畜婦女莊嚴身具手腳釧及猥處
莊嚴具諸居士見皆共譏慊言此比丘尼无
有慚愧犯於梵行外自稱言我知正法如是何
有正法乃畜婦女莊嚴身具手腳釧及猥處
莊嚴具如似婬女賊女時諸比丘尼聞其中
有少欲知足行頭陀樂學戒知慚愧者呵責
六群比丘尼言汝等云何乃畜婦女莊嚴身
具手腳釧及猥處莊嚴具耶即白諸比丘諸
比丘往白世尊世尊以此因緣集比丘僧呵
責六群比丘尼言汝所為非非威儀非沙門
法非淨行非隨順行所不應為云何比丘尼
畜婦女莊嚴身具手腳釧及猥處莊嚴具以
无數方便呵責已告諸比丘此比丘尼多種
有漏處最初犯戒自今已去与比丘尼結戒
集十句義乃至正法久住欲說戒者當如是說
若比丘尼畜婦女莊嚴具者波逸提如是世
尊与比丘尼結戒時諸比丘尼有命難梵行

有漏處最初犯戒自今已去与比丘尼結戒
集十句義乃至正法久住欲說戒者當如是說
若比丘尼畜婦女莊嚴具者波逸提如是世
尊与比丘尼結戒時諸比丘尼有命難梵行
難有疑不敢著莊嚴身具走佛言自今已去
為命難梵行難聽著莊嚴身具走自今已去
當如是結戒若比丘尼畜婦女莊嚴身具除時
因緣波逸提若比丘尼畜婦女莊嚴身具手
腳釧猥處莊嚴具乃至樹皮作鑷一切波逸
提比丘突吉羅式叉摩那沙弥沙弥尼突吉
羅是謂為犯不犯者有如是病若命難梵行
難著莊嚴具逃走或為強力所執无犯无犯
者最初未制戒癡狂心亂痛惱所纏　第一百五十七竟
尒時婆伽婆在舍衛國祇樹給孤獨園時六
群比丘尼著革屣手擎蓋而行諸居士見皆
共譏慊言此比丘尼不知慚愧犯梵行外自
稱言我知正法如是何有正法著革屣手擎
蓋而行如婬女賊女時諸比丘尼聞其中
少有欲知足行頭陀樂學戒知慚愧者呵責
六群比丘尼汝云何乃著革屣手擎蓋而行
即白諸比丘諸比丘往白世尊世尊以此因
緣集比丘僧呵責六群比丘尼汝所為非非
威儀非沙門法非淨行非隨順行所不應為
云何著革屣手擎蓋而行以无數方便呵責
已告諸比丘此比丘尼多種有漏處最初犯
戒自今已去与比丘尼結戒集十句義乃至
正法久住欲說戒者當如是說若比丘尼著
革屣持蓋在道行者波逸提如是世尊与比

云何著草蕯并蜂盖而行以无數方便呵責
已告諸比丘此比丘尼多種有漏處最初犯
戒自今已去与比丘尼結戒集十句義乃至
正法久住欲說戒者當如是說若比丘尼著
草蕯持盖在道行者波逸提如是世尊与比
丘尼結戒時諸比丘尼至小食大食處若在
集若說戒時行遇雨漬壞新染色衣佛言自
今已去聽護身護卧具故在僧伽藍內作樹
皮盖葉盖竹盖時有比丘尼天雨時塗跣行
泥汙脚汙衣坐具佛言自今已去聽為護身
衣具故在僧伽藍內作屐著諸比丘尼雖作
屐猶行衣汙身汙坐具佛言自今已去聽下
著樹皮若皮若瀆以鏈綖綴若斷聽用筋若
无或用皮帶繫之自今已去當如是說戒若
比丘尼著草蕯持盖行塗時因緣波逸提比
丘尼義如上著草蕯持盖行塗時因緣波逸
提彼比丘尼著草蕯持盖行隨所行村界一
一波逸提无村阿蘭若處道行十里一波逸
提行減一村界突吉羅減十里突吉羅行一
家界內突吉羅方便欲去而不去若共期去
不去一切突吉羅比丘突吉羅式叉摩那沙
弥沙弥尼突吉羅是謂為犯不犯者或時有
如是病若護身護衣護卧具於僧伽藍中作
樹皮盖葉盖竹盖護身護衣護卧具故於僧
伽藍中作屐著不犯或為强者所執或為繫
閉或命難梵行難著草蕯持盖行无犯无犯
者最初未制戒癡狂心亂痛惱所纏 第一百五十八竟
尒時婆伽婆在舍衛國祇樹給孤獨園時六

樹皮盖葉盖竹盖護身護衣護卧具故於僧
伽藍中作屐著不犯或為强者所執或為繫
閉或命難梵行難著草蕯持盖行无犯无犯
者最初未制戒癡狂心亂痛惱所纏 第一百五十八竟
尒時婆伽婆在舍衛國祇樹給孤獨園時六
群比丘尼乘乘在道行諸居士見皆共譏慊
此比丘尼不知慚愧犯梵行外自稱言我知正
法如是何有正法乘乘而行如似婬女賊女无異
時諸比丘尼聞其中有少欲知足行頭陁樂
學戒知慚愧者嫌責六群比丘尼汝云何乘乘
在道行即白諸比丘諸比丘往白世尊世尊
以此因緣集比丘僧呵責六群比丘尼汝所為
非非威儀非沙門法非淨行非隨順行所不
應為云何比丘尼乘乘而行以无數方便呵
責已告諸比丘此比丘尼多種有漏處最初
犯戒自今已去与比丘尼結戒集十句義乃
至正法久住欲說戒者當如是說若比丘尼
乘乘在道行波逸提如是世尊与比丘尼結
時戒諸比丘尼結有疾者或羸病氣力微弱
不能從此住處至彼住處佛言自今已去聽
乘步挽乘一切女人乘時諸比丘尼有難事
或命難梵行難恐不敢乘乘去佛言自今已
去有如是難事聽乘乘去自今已去當如是
說比丘尼无病乘乘行除時因緣波逸提比
丘尼義如上乘者有四種象乘馬乘車乘步
乘彼比丘尼无病乘乘行隨所行村界一一
波逸提若无村阿蘭若處行十里一波逸提
減一村界若減十里突吉羅若行一家界內

說比丘尼无病乘乘行除時因緣波逸提比
丘尼義如上乘者有四種象乘馬乘車乘步
乘彼比丘尼无病乘乘行隨所行村界一一
波逸提若无村阿蘭若處行十里一波逸提
減一村界若減十里突吉羅若行一家界內
突吉羅方便欲去而不去共期去而不去一
切突吉羅比丘突吉羅式叉摩那沙彌沙彌
尼突吉羅是謂為犯不犯者或時有如是病
乘種種女乘若命難梵行難乘乘走為強力
所執將去者无犯无犯者最初未制戒癡狂
心亂痛惱所纏 第一百五十九竟
爾時婆伽婆在舍衛國祇樹給孤獨園時六
群比丘尼不著僧祇支入村露胸腋乳腰帶
居士見皆共譏嫌言此比丘尼不知慚愧犯
梵行外自稱言我知正法如是何有正法不
著祇支入村如賊女婬女无異時諸比丘尼
聞其中有少欲知足行頭陀樂學戒知慚愧
者呵責六群比丘尼言汝云何不著僧祇支
入村露胸腋乳腰帶即白諸比丘諸比丘往
白世尊世尊以此因緣集比丘僧呵責六群
比丘尼言汝所為非非威儀非沙門法非淨
行非隨順行所不應為汝云何不著僧祇支入村
露胸腋乳腰帶以无數方便呵責已告諸比
丘此六群比丘尼多種有漏處最初犯戒自
今已去與比丘尼結戒集十句義乃至正法
久住欲說戒者當如是說若比丘尼不著僧
祇支入村者波逸提比丘尼義如上波比丘
尼不著僧祇支入村門波逸提一腳[illegible]

丘此六群比丘尼多種有漏處最初犯戒自
今已去與比丘尼結戒集十句義乃至正法
久住欲說戒者當如是說若比丘尼不著僧
祇支入村者波逸提比丘尼義如上波比丘
尼不著僧祇支入村門波逸提一腳在門外
一腳在門內若方便欲入而不入若期入而
不入者一切突吉羅比丘突吉羅式叉摩那
沙彌沙彌尼突吉羅是謂為犯不犯者有
如是病或腋下有瘡或无祇支或方欲作或浣
染未乾若在治或舉深固或為強力所執
或命難梵行難无犯无犯者最初未制戒癡
狂心亂痛惱所纏 第一百六十竟
爾時婆伽婆在舍衛國祇樹給孤獨園時偷
蘭難陀比丘尼向暮至居士家就而坐坐隨
坐時頃不語主人閉門而去時有賊先常有
心欲偷其家物遇見閉門即入偷其財物去時
居士問言向暮誰開門出答言是偷蘭難陀
比丘尼時居士即譏嫌言此比丘尼不知慚
愧不與取外自稱言我知正法如是何有正
法乃與賊同謀偷我財物如似賊女婬女諸
比丘尼聞其中有少欲知足行頭陀樂學戒
知慚愧者呵責偷蘭難陀言汝云何向暮至
居士家即白諸比丘諸比丘往白世尊世尊以此
因緣集比丘僧呵責偷蘭難陀言汝所為非
非威儀非沙門法非淨行非隨順行所不應
為汝云何向暮至居士家以无數方便呵責已
告諸比丘此比丘尼多種有漏處最初犯戒
自今已去與比丘尼結戒集十句義乃至正

[illegible]
非威儀非沙門法非淨行非隨順行所不應
為云何向暮至居士家以无數方便呵責已
告諸比丘此比丘尼多種有漏處最初犯戒
自今已去與比丘尼結戒集十句義乃至正
法久住欲說戒者當如是說若比丘尼向暮
至白衣家者波逸提如是世尊與比丘尼結
戒時諸比丘尼欲瞻營佛法僧事若有瞻病
事或為檀越喚皆有疑而自不敢去佛言自今
已去若有請喚者聽往自今已去當如是說
戒若比丘尼向暮至白衣家先不被喚波逸
提比丘尼義如上彼比丘尼向暮至白衣家
先不被請喚入門波逸提一腳在門外一腳
腳在門內若方便欲去而不去若期去而不去
者一切突吉羅彼比丘尼若至白衣家隨住
時須不語主人而去出門者波逸提方便欲
去而不去若共期去而不去一切突吉羅比
丘突吉羅式叉摩那沙彌沙彌尼突吉羅是
謂為犯不犯者若佛法僧事若瞻視病事若
請喚去為勢力所執若被繫縛將去或命難
梵行難先不喚而去至彼家隨住時須語主
人而去若彼舍為火所燒崩壞或有毒蛇或
有賊或惡獸或為勢力所執若繫縛將出或
命難梵行難不語主人出者无犯无犯者最
初未制戒癡狂心亂痛惱所纏 第一百八十一竟
尒時婆伽婆在舍衛國祇樹給孤獨園時六
群比丘尼衆中有一比丘尼向暮輒開僧伽
藍門出无所語而去時諸賊見已生念我當
劫其財物念已即便入門劫奪其物盡時諸

[illegible]
初未制戒癡狂心亂痛惱所纏 第一百八十一竟
尒時婆伽婆在舍衛國祇樹給孤獨園時六
群比丘尼衆中有一比丘尼向暮輒開僧伽
藍門出无所語而去時諸賊見已生念我當
劫其財物念已即便入門劫奪其物盡時諸
比丘尼白相聞言誰向暮開門无所語而去
出聞六群比丘尼一人開門出時諸比丘尼
聞其中有少欲知足行頭陀樂學戒知慚
愧者呵責六群比丘尼言云何向暮无所語
開門而出即白諸比丘諸比丘往白世尊世
尊以此因緣集比丘僧呵責六群比丘尼言
汝所為非非威儀非沙門法非淨行非隨順
行所不應為云何比丘尼向暮无所語開門
而出以无數方便呵責已告諸比丘此比丘
尼多種有漏處最初犯戒自今已去與比丘
尼結戒集十句義乃至正法久住欲說戒者
當如是說若比丘尼向暮開僧伽藍門出者
當如是說若比丘尼向暮開僧伽藍門出者
波逸提如是世尊與比丘尼結戒時諸比丘
尼以佛法僧事或看視病事皆疑不敢出佛
言自今已去聽囑授出自今已去當如是說
戒若比丘尼向暮開僧伽藍門不囑授餘比
丘尼而出者波逸提比丘尼義如上波逸提一
腳在內一腳在外方便欲去而不去若共期
去而不去一切突吉羅比丘突吉羅式叉摩
那沙彌沙彌尼突吉羅是謂為犯不犯者
或佛法僧事或看病事囑授而出若僧伽藍
破壞若為所燒若有毒蛇若有賊 若惡獸

丘尼而出者波逸提比丘義如上波逸提一
脚在内一脚在外方便欲去而不去若共期
去而不去一切突吉羅比丘突吉羅式叉摩
那沙彌沙彌尼突吉羅是謂為犯不犯者
或佛法僧事或看病事囑授而出若僧伽藍
破壞若為所燒若有毒蛇若有賊若惡獸
若為強力所執若被繫縛將出或命難梵行
難不囑而出者无犯无犯者最初未制戒癡
狂心亂痛惱所纏　第一百六十二竟
尒時婆伽婆在舍衛國祇樹給孤獨園時六
群比丘尼中有一人日沒閉僧伽藍門出不
囑而出時有賊因寬獄而出邊見僧伽藍門
開便來入時諸守獄人追逐而來問諸比丘
尼頗見如是賊不不見者言不見其守獄者
即便處處推覓得賊時諸居士皆共譏嫌此
比丘尼等不知慚愧作惡語外自稱言我知
正法如是何有正法見賊而言不見耶時諸
比丘尼自相問言誰日沒閉門而去報言六
群比丘尼中一人閉門出時諸比丘尼聞其
中有少欲知足行頭陀樂學戒知慚愧者呵
責六群比丘尼汝云何日沒閉門不囑而
出耶即白諸比丘諸比丘往白世尊世尊以
此因緣集比丘僧呵責六群比丘尼中一人
言汝所為非非威儀非沙門法非淨行非隨順
行所不應為云何比丘尼日沒閉門出不
囑而去耶以无數方便呵責已告諸比丘此
比丘尼多種有漏處最初犯戒自今已去与
比丘尼結戒集十句義乃至正法久住欲說

行所不應為云何比丘尼日沒閉門出不
囑而去耶以无數方便呵責已告諸比丘此
比丘尼多種有漏處最初犯戒自今已去与
比丘尼結戒集十句義乃至正法久住欲說
戒者當如是說若比丘尼日沒閉僧伽藍門
而出波逸提如是世尊与比丘尼結戒時諸
比丘尼或為佛法僧事若視病事疑不敢去佛
言自今已去聽囑授去自今已去當如是說
戒若比丘尼日沒閉僧伽藍門不授囑而去
者波逸提比丘尼義如上波比丘尼日沒閉
僧伽藍門不囑授出波逸提一脚在門内一脚在
門外方便欲去而不去共期去而不去一切突
吉羅式叉摩那沙彌沙彌尼突吉羅是謂為
犯不犯者或為佛法僧事或視病事若囑而
出或彼僧伽藍破壞或為火所燒或有賊或
有惡獸毒蛇在中或為強力者所執或被繫
縛將去或命難梵行難不囑諸而去者无犯
无犯者最初未制戒癡狂心亂痛惱所纏
第一百六十三竟
尒時婆伽婆在舍衛國祇樹給孤獨園時有
比丘尼夏安居時諸比丘尼聞其中有少
欲知足行頭陀樂學戒知慚愧者呵責諸比
丘尼言云何不夏安居耶即白諸比丘諸比
丘往白世尊世尊以此因緣集比丘僧呵責
諸比丘尼言汝所為非非威儀非沙門法非
淨行非隨順行所不應為云何比丘尼不夏
安居耶以无數方便呵責已告諸比丘此比
丘尼多種有漏處最初犯戒自今已去与比

[illegible]
丘往白世尊世尊以此因緣集比丘僧呵責
諸比丘尼言汝所為非非威儀非沙門法非
淨行非隨順行所不應為云何比丘尼不夏
安居耶以無數方便呵責已告諸比丘此比
丘尼多種有漏處最初犯戒自今已去與比
丘尼結戒集十句義乃至正法久住欲說戒
者當如是說若比丘尼夏不安居者波逸提
如是世尊與比丘尼結戒時諸比丘尼有為
佛法僧事或看病事者不及前安居疑佛言
自今已去聽有如是因緣後安居自今已去
當如是說戒若比丘尼不前安居不後安居
者波逸提比丘尼義如上波比丘尼不前安
居者突吉羅不後安居者波逸提比丘突吉
羅式叉摩那沙彌沙彌尼突吉羅是謂為
犯不犯者前安居若或為佛法僧事或瞻視病
人受後安居無犯無犯者最初未制戒癡狂
心亂痛惱所纏 第百八十四竟 爾時婆伽婆在舍衛
國祇樹給孤獨園時諸比丘尼聞世尊制戒
得受人授具足戒便度常漏大小便涕唾常
出者與受具足戒尼汙身汙衣汙臥具諸比
丘尼聞中其有少欲知足行頭陀樂學戒知慚
愧者呵責諸比丘尼言世尊云何輒受常漏
大小便涕唾常出者汙身汙衣牀褥臥具耶
即白諸比丘諸比丘往白世尊世尊以此因
緣集比丘僧呵責諸比丘尼言汝所為非非
威儀非沙門法非淨行非隨順行所不應為
云何比丘尼乃度常漏大小便涕唾常出汙
身衣牀褥臥具以無數方便呵責已告諸比

即白諸比丘諸比丘往白世尊世尊以此因
緣集比丘僧呵責諸比丘尼言汝所為非非
威儀非沙門法非淨行非隨順行所不應為
云何比丘尼乃度常漏大小便涕唾常出汙
身衣牀褥臥具以無數方便呵責已告諸比
丘此比丘尼多種有漏處最初犯戒自今已
去與比丘尼結戒集十句義乃至正法久住
欲說戒者當如是說若比丘尼度常漏大小便
涕唾常出者與受具足戒波逸提如是世尊
與比丘尼結戒時比丘尼亦不知常漏大小
便不漏大小便不涕唾出後乃知或有波逸
提儀者有疑者不知者不犯自今已去當如
是結戒若比丘尼知女人是常漏大小便涕唾
常出授具足戒波逸提比丘尼義如上波
比丘尼常漏大小便涕唾常出者度受具
足戒三羯磨竟和上尼波逸提白二羯磨三
突吉羅白一羯磨二突吉羅白已一突吉羅
白未竟突吉羅未白前剃髮與受戒集眾滿
一切突吉羅比丘突吉羅是謂為犯不犯者
先不知若信可信人語信父母語與受具
足戒後有如是病無犯無犯者最初未制戒
癡狂心亂痛惱所纏 第一百八十五竟
爾時婆伽婆在舍衛國祇樹給孤獨園時有
比丘尼度二形人時有比丘尼眾見諸比丘尼
聞其中有少欲知足行頭陀樂學戒知慚愧
者慊責諸比丘尼言世尊云何度他二形人
即白諸比丘諸比丘往白世尊世尊以此因
緣集比丘僧呵責諸比丘尼言汝所為非非

聞其中有少欲知足行頭陀樂學戒知慚愧
者憐責諸比丘尼言汝等云何度他二形人
耶白諸比丘諸比丘往白世尊世尊以此因
緣集比丘僧呵責諸比丘尼言汝所為非非
威儀非沙門法非淨行非隨順行所不應為
云何比丘尼乃度二形人耶以无數方便呵
責已告諸比丘此比丘尼多種有漏處最初
犯戒自今已去與比丘尼結戒集十句義乃
至正法久住欲說戒者當如是說若比丘尼
度二形人受具足戒波逸提如是世尊與比
丘尼結戒時諸比丘尼不知二形不二形度
方知有形或有作波逸提懺者或有疑不
知无犯自今已去當如是結戒若比丘尼知
二形人與受具足戒者波逸提比丘尼義如
上二形者男形女形彼比丘尼知形二人與
與受具足戒三羯磨竟和上尼波逸提白二
羯磨竟三突吉羅白一竟二突吉羅白已一
突吉羅白未竟突吉羅未白前剃髮與受戒
集衆滿一切突吉羅比丘突吉羅是謂為犯
不犯者先不知若信彼人語若信可信者若
信父母語若與受具足已後變為二形无犯
无犯者最初未制戒癡狂心亂痛惱所結
纏　第一百六十八竟
尒時婆伽婆在舍衛國祇樹給孤獨園時諸
比丘尼度二道合者與受具足戒大小便時不別
諸比丘尼見諸比丘尼聞其中有少欲知足行
頭陀樂學戒知慚愧者憐責諸比丘尼言汝
云何度道二合者與受具足戒耶白諸比丘

尒時婆伽婆在舍衛國祇樹給孤獨園時諸
比丘尼度二道合者與受具足戒大小便時不別
諸比丘尼見諸比丘尼聞其中有少欲知足行
頭陀樂學戒知慚愧者憐責諸比丘尼言汝
云何度道二合者與受具足戒耶白諸比丘
諸比丘往白世尊世尊以此因緣集比丘僧
呵責諸比丘尼汝所為非非威儀非沙門法
非淨行非隨順行所不不應為云何比丘
尼乃度二道合者與受具足戒以无數方便
呵責已告諸比丘此比丘尼多種有漏處最
初犯戒自今已去與比丘尼結戒集十句義
乃至正法久住欲說戒者當如是說若比丘尼
度二道合者與受具足戒波逸提如是世尊
與比丘尼結戒時諸比丘尼亦不知二道合
度乃知二道合或有作波逸提懺者有疑者
不知者无犯自今已去當如結是戒若比丘
尼知二道合者與受具足戒波逸提比丘尼
義如上二道合者大小便道不別彼比丘尼
知二道合者度與受具足戒白三羯磨竟和
上尼波逸提白二羯磨三突吉羅白一羯磨
二突吉羅白已一突吉羅白未竟突吉羅未
竟突吉羅未白前若剃髮與受戒若集衆衆
滿一切突吉羅比丘突吉羅是謂為犯不犯
者先不知若信彼人語若信可信者若信父
母語若與受具足戒後二道合无犯无犯者
最初未制戒癡狂心亂痛惱所纏　第一百六十七竟
尒時婆伽婆在舍衛國祇樹給孤獨園時諸
比丘尼聞世尊制戒聽度弟子便度負債人

者先不知若信彼人語若信可信者若信父
母語若与受具足戒復二道合无犯无犯者
最初未制戒癡狂心亂痛惱所纏　第一百六十七竟
尒時婆伽婆在舍衛國祇樹給孤獨園時諸
比丘尼聞世尊制戒聽度弟子便度負債人
及諸病者与受具足戒已債主來牽捉若病
者常須人守視不得遠離時諸比丘尼聞其
中有少欲知足行頭陀樂學戒知慚愧者慊
責諸比丘尼言世尊制戒聽度人世云何度
他負債人及病者使債主牽捉病者常須守
視不得遠離耶即白諸比丘諸比丘往白世
尊世尊以此因緣集比丘僧呵責諸比丘尼
言汝所為非非威儀非淨行非隨順行所不應
為云何比丘尼度他負債人及病者使債主牽
捉病者須守視不得遠離也以无數方便呵
責已告諸比丘此比丘尼多種有漏處最初
犯戒自今已去与比丘尼結戒集十句義乃至
正法久住欲說戒者當如是說若比丘尼度
負債人及病者与受具足戒波逸提如是世
尊与比丘尼結戒時諸比丘尼不知有負債
難无負病難不病後方知負債及病者難
中有作波逸提懺者有疑者不知不犯自
今已去當如是結戒若比丘尼知有負債難
者病者与受具足戒波逸提比丘尼義如上
負債乃至一錢為十六分之一分也病者乃
至常頭痛彼比丘尼知負債難及有病難者
度与受具足戒白三羯磨竟和上尼波逸提
白二羯磨竟三突吉羅白一羯磨二突吉羅
白已一突吉羅未白竟突吉羅未白前剃髮

負債乃至一錢為十六分之一分也病者乃
至常頭痛彼比丘尼知負債難及有病難者
度与受具足戒白三羯磨竟和上尼波逸提
白二羯磨竟三突吉羅白一羯磨二突吉羅
白已一突吉羅未白竟突吉羅未白前剃髮
与受戒集衆衆滿一切突吉羅比丘突吉羅
是謂為犯不犯者先不知若信彼人語若信
可信者若信父母語若受具足戒已負債
若无病犯无犯者最初未制戒癡狂心亂痛惱
所纏　第一百六十八竟
尒時婆伽婆在舍衛國祇樹給孤獨園時六
群比丘尼學習呪術以自活命呪術者或支節
呪術剎利呪術或起尸鬼呪術或學知死相
轉禽獸卜知衆鳥音聲諸比丘尼聞其中
有少欲知足行頭陀樂學戒知慚愧者慊責
六群比丘尼言汝等云何乃學習如是諸伎
術乃至衆鳥音聲耶即白諸比丘諸比丘往白
世尊世尊以此因緣集比丘僧呵責六群比
丘尼言汝所為非非威儀非沙門法非淨行
非隨順行所不應為云何比丘尼學如是諸
伎術乃至知衆鳥音聲也以无數方便呵責
已告諸比丘此比丘尼多種有漏處最初犯
戒自今已去与比丘尼結戒集十句義乃至
正法久住欲說戒者當如是說若比丘尼學
世俗伎術以自活命波逸提比丘尼義如上
伎術者如上說彼比丘尼習諸伎術乃至知
衆鳥音聲說而了了者波逸提不了了者突
吉羅比丘突吉羅式叉摩那沙彌沙彌尼突
突吉羅是謂為犯不犯者若學呪腹中虫病

世俗伎術以自活命波逸提比丘尼義如上
伎術者如上說彼比丘尼習諸伎術乃至知
衆鳥音聲說而了了者波逸提不了了者突
吉羅比丘突吉羅式叉摩那沙彌沙彌尼是
突吉羅是謂為犯不犯者若學呪腹中虫病
若治宿食不消學書學誦若學世論為伏外
道故若學呪毒為自護不以活命无犯无犯者
最初未制戒癡狂心亂痛惱所纏 第一百六十九竟
爾時婆伽婆在舍衛國祇樹給孤獨園時六
群比丘尼以世俗伎術教授諸白衣語言汝
等莫向日月及神祀廟舍大小便亦莫向日
月神祀除去糞掃及諸蕩器不淨水莫向日
月神祀舒脚若欲起房舍耕田種作當向日
月及向神祀廟舍又言今日某甲星宿日好
宜種作作舍使作人宜与小兒剃髮之宜
長髮宜剃宜舉求財物宜遠行時諸比丘尼
聞其中有少欲知足行頭陀樂學戒知慚愧
者嫌責六群比丘尼言汝云何以如是伎術
教授白衣語言汝等知不莫向日月神祀
廟舍大小便乃至宜出遠行耶白諸比丘諸
比丘往白世尊世尊以此因緣集比丘僧呵
責六群比丘尼言汝所為非非威儀非沙門
法非淨行非隨順行所不應為云何六群比
丘尼乃至以伎術教授長者家語言汝知不
莫向日月所迴禮處大小便乃至宜出遠行
耶以无數方便呵責已告諸比丘此比丘尼
多種有漏處最初犯戒自今已去與比丘尼

丘尼乃至以伎術教授長者家語言汝知不
莫向日月所迴禮處大小便乃至宜出遠行
耶以无數方便呵責已告諸比丘此比丘尼
多種有漏處最初犯戒自今已去與比丘尼
結戒集十句義乃至正法久住欲說戒者當
如是說若比丘尼以世俗呪術教授白衣波
逸提比丘尼義如上伎術者如上句所說若
欲說者當向彼人言莫向如來塔及聲聞塔
大小便及除棄糞掃蕩器不淨水亦莫向如
來塔及聲聞塔舒脚若欲起房舍及耕田種
作者當向如來塔及聲聞塔又言今日有如
是星宿好宜起舍宜種作宜使作人宜為小
兒剃髮長髮剃髮應語言宜入塔寺供養比
丘僧受齋法八日十四日十五日現變化日
彼比丘尼以是世俗伎術教授白衣乃至
宜出遠行說而了了者波逸提不了了者突
吉羅比丘尼突吉羅式叉摩那沙彌沙彌尼突
吉羅是謂為犯不犯者教言莫向如來塔及
聲聞塔大小便及除糞掃不淨水亦莫向如
來塔及聲聞塔舒脚若耕田種作若起舍向
如來塔乃至受齋法若戲咲語若疾疾語若
獨語夢中語欲說此乃說彼无犯无犯者最
初未制戒癡狂心亂痛惱所纏 第一百七十竟
爾時婆伽婆在周那絺羅國六群比丘尼被
優而不著時諸比丘尼聞其中有少欲知足
行頭陀樂學戒知慚愧者呵責六群比丘尼
汝云何被優而不著即白諸比丘諸比丘往
白世尊世尊以此因緣集比丘僧呵責六群

初未制戒癡狂心亂痛惱所纏 第一百七十竟
爾時婆伽婆在阿耶鞞羅國六群比丘尼被
擯而不去時諸比丘尼聞其中有少欲知足
行頭陀樂學戒知慚愧者呵責六群比丘尼
汝云何被擯而不去即白諸比丘諸比丘往
白世尊世尊以此因緣集比丘僧呵責六群
比丘尼言汝所為非非威儀非沙門法非淨
行非隨順行所不應為云何被擯而不去耶
以無數方便呵責已告諸比丘此比丘尼多
種有漏處最初犯戒自今已去与比丘尼結
戒集十句義乃至正法久住欲說戒者當如
是說若比丘尼被擯不去者波逸提比丘尼
義如上若比丘尼被擯應去而不去波逸提
比丘突吉羅式叉摩那沙彌沙彌尼突吉羅是
謂為犯不犯者若被擯即去若隨順不逆下
意悔過求解擯羯磨或得病或無伴去或水
陸道斷或賊或惡獸難水大暴長或為強力
所執若被繫閉或命難梵行難被擯而不去
者無犯無犯者最初未制戒癡狂心亂痛惱
所纏 第一百七十一竟
爾時婆伽婆在舍衛國祇樹給孤獨園時安
隱比丘尼大有智慧問諸比丘義彼諸比丘被
問已不能答皆慚愧時諸比丘尼聞其中有
少欲知足行頭陀樂學戒知慚愧者嫌責安
隱比丘尼言汝云何有大智慧而問諸比丘
義使不能答令慚愧也即白諸比丘諸比丘
往白世尊世尊以此因緣集比丘僧呵責安

BD05522號　四分律二分卷七　（29–25）

少欲知足行頭陀樂學戒知慚愧者嫌責安
隱比丘尼言汝云何有大智慧而問諸比丘
義使不能答令慚愧也即白諸比丘諸比丘
往白世尊世尊以此因緣集比丘僧呵責安
隱比丘尼言汝所為非非威儀非沙門法非
淨行非隨順行所不應為云何大有智慧而
問諸比丘義令諸比丘不能答有慚愧耶以
無數方便呵責已告諸比丘此比丘尼多種
有漏處最初犯戒自今已去与比丘尼結戒集
十句義乃至正法久住欲說戒者當如是說若
比丘尼問比丘義者波逸提如是世尊与比
丘尼結戒時諸比丘尼教授不知從誰求教
授有疑不知當何從問義佛言自今已去若
欲問義者先當求聽已然後問自今已去當如
是結戒若比丘尼欲問比丘義先不求而問
者波逸提比丘尼義如上彼比丘尼問比丘
義先不求而問說而了了者波逸提不了了
者突吉羅比丘突吉羅式叉摩那沙彌沙彌尼突
吉羅是謂為犯不犯者先求而後問若
先常聽問若先是親厚若親厚者語言汝但
問我當為汝求請若彼從此受若二人俱從
他受若彼問此答若二人共論議或戲語或疾疾
語或屏處語或夢中語或欲說此乃說彼
無犯無犯者最初未制戒癡狂心亂痛惱
所纏 第一百七十二竟
爾時婆伽婆在舍衛國祇樹給孤獨園時六
群比丘尼先住後至後至先住欲惱亂彼故
在前經行若立若坐若臥爾時諸比丘尼聞

BD05522號　四分律二分卷七　（29–26）

无犯无犯者最初未制戒痴狂心亂痛惱
所纏　第一百七十二竟
爾時婆伽婆在舍衛國祇樹給孤獨園時六
群比丘尼先住後至後至先住欲惱亂彼故
在前經行若立若坐若卧爾時諸比丘尼聞
其中有少欲知足行頭陀樂學戒知慚愧者
呵責六群比丘尼言汝云何在先住後至比
丘尼前欲惱亂故若經行若立若坐若卧耶
即白諸比丘諸比丘往白世尊世尊以此因
緣集比丘僧呵責六群比丘尼言汝所為非
非威儀非沙門法非淨行非隨順行所不應
為云何汝等先住後至比丘尼前欲惱亂故
若經行若立若坐若卧耶以无數方便呵責
已告諸比丘此六群比丘尼多種有漏處最
初犯戒自今已去與比丘尼結戒集十句義
乃至正法久住欲說戒者當如是說若比丘
尼先住後至後至先住欲惱亂彼故在前經
行若立若坐若卧波逸提如是世尊與比丘
尼結戒時彼比丘尼不知先住不先住後至
不後至後乃知或作波逸提懺者有疑者不
知者无犯若比丘尼知先住後至後至先住
欲惱亂彼故在前經行若坐若立若卧波逸
提比丘尼義如上彼比丘尼知先住後至後
至先住欲惱亂彼故在前經行若立若坐若
卧者波逸提比丘突吉羅式叉摩那沙彌沙
彌尼突吉羅是謂為犯不犯者若先不知若
問先聽經行若是上坐更耳經行若欲經行
若是親厚若親厚者語言汝但經行我當為

BD05522號　四分律二分卷七

（29–27）

卧者波逸提比丘突吉羅式叉摩那沙彌沙
彌尼突吉羅是謂為犯不犯者若先不知若
問先聽經行若是上坐更耳經行若欲經行
若是親厚若親厚者語言汝但經行我當為
汝語若病倒地或強力者所執或被繫縛若
命難梵行難无犯无犯者最初未制戒痴狂
心亂痛惱所纏　第一百七十三竟
爾時婆伽婆在舍衛國祇樹給孤獨園時舍
衛城中有一多知識比丘尼命終時諸比丘
尼在比丘僧伽藍中立塔彼處處承大僧洗
足石坐石破用累塔有客比丘來不知是比
丘尼塔便向禮拜時諸比丘尼聞其中有少
欲知足行頭陀樂學戒知慚愧者呵責比丘
尼言汝云何乃在大僧僧伽藍中立塔令客比
丘來比丘不知而禮拜耶即白諸比丘諸比
丘往白世尊世尊以此因緣集比丘僧呵責
諸比丘尼言汝所為非非威儀非沙門法非
淨行非隨順行所不應為云何比丘尼乃於
大僧僧伽藍中立塔令客比丘來不知而向
禮拜以无數方便呵責已告諸比丘此比丘尼
多種有漏處最初犯戒自今已去與比丘
尼結戒集十句義乃至正法久住欲說戒者
當如是說若比丘尼在比丘僧伽藍內起塔
者波逸提如是世尊與比丘尼結戒時諸比
丘尼在故壞无比丘僧伽藍中起塔疑佛言
无犯自今已去當如是結戒若比丘尼在有
比丘僧伽藍中起塔波逸提比丘尼義如上
彼比丘尼不知有比丘无比丘後乃知或作

BD05522號　四分律二分卷七

（29–28）

丘來比丘不知而禮拜邪即曰諸比丘諸比
丘注白世尊世尊以此因緣集比丘僧呵責
諸比丘尼言汝所為非非威儀非沙門法非
淨行非隨順行所不應為云何比丘尼乃於
大僧僧伽藍中立塔令客比丘來不知而向
禮拜以无數方便呵責已告諸比丘此比丘尼
多種有漏處最初犯戒自今已去與比丘
尼結戒集十句義乃至正法久住欲說戒者
當如是說若比丘尼在比丘僧伽藍內起塔
者波逸提如是世尊與比丘尼結戒時諸比
丘尼在故壞无比丘僧伽藍中起塔起佛言
无犯自今已去當如是結戒若比丘尼在有
比丘僧伽藍中起塔波逸提比丘尼義如上
彼比丘尼不知有比丘无比丘後乃知或作
波逸提懺者不知无犯自今已去應如是結
戒若比丘尼有比丘僧伽藍中起塔波逸提
若比丘尼知有比丘僧伽藍中起塔隨所

BD05522號　四分律二分卷七　（29–29）

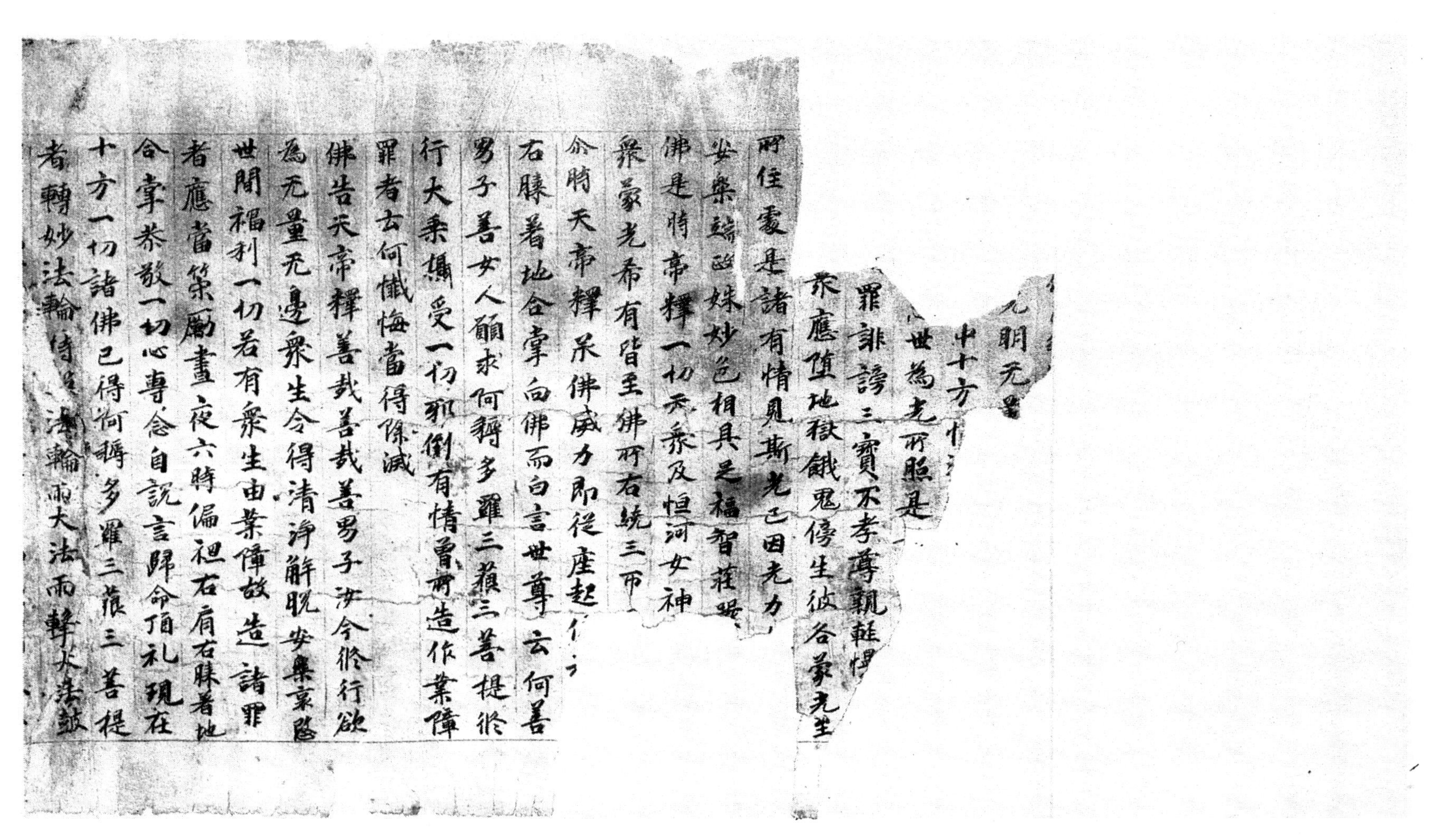
光明无量
中十方
世為光所照是
罪誹謗三寶不孝尊親輕慢
衆應墮地獄餓鬼傍生彼各蒙光至
所住處是諸有情見斯光已因光力
安樂端嚴殊妙色相具足福智莊嚴
佛是時帝釋一切天衆及恒河女神
衆蒙光希有皆至佛所右繞三帀
爾時天帝釋承佛威力即從座起偏
右膝著地合掌向佛而白言世尊云何善
男子善女人願求阿耨多羅三藐三菩提於
行大乘攝受一切邪倒有情曾所造作業障
罪者云何懺悔當得除滅
佛告天帝釋善哉善哉善男子汝今於行欲
為无量无邊衆生令得清淨解脫安樂哀愍
世間福利一切若有衆生由業障故造諸罪
者應當策勵晝夜六時偏袒右肩右膝著地
合掌恭敬一心專念自說言歸命頂礼現在
十方一切諸佛已得阿耨多羅三藐三菩提
者轉妙法輪持照法輪雨大法雨擊大法鼓

BD05523號　金光明最勝王經卷三　（16–1）

為无量无邊衆生令得清淨解脫安樂哀愍
世間福利一切若有衆生由業障故造諸罪
者應當策勵晝夜六時偏袒右肩右膝著地
合掌恭敬一心專念自說言歸命頂礼現在
十方一切諸佛已得阿耨多羅三藐三菩提
者轉妙法輪持照法輪雨大法雨擊大法鼓
吹大法螺建大法幢秉大法炬為欲利益安
樂諸衆生故常行法施誘進群迷令得大果
證常樂故如是等諸佛世尊以身語意稽首
歸誠至心礼敬彼諸世尊以真實慧以真實
眼真實證明真實平等悉知悉見一切衆生
善惡之業我從无始生死以來隨惡流轉共
諸衆生造業障罪為貪瞋癡之所纏縛未識
佛時未識法時未識僧時未識善惡由身語
意造无間罪惡心出佛身血誹謗正法破和
合僧殺阿羅漢殺害父母身三語四意三種
行造十惡業自作教他見作隨喜於諸善人
横生毀謗斗秤欺誑以偽為真不淨飲食施
與一切於六道中所有父母更相惱害或盜
窣堵波物四方僧物現前僧物自在而用世
尊法律不樂奉行師長教示不相隨順見行
聲聞獨覺大乘行者善生罵辱令諸行人
心生悔惱見有勝己便懷嫉妬法施財施常
生慳悋无明所覆邪見惑心不脩善因令惡
增長於諸佛所而起誹謗法說非法非法說
法如是衆罪佛以真實慧真實眼真實證
明真實平等悉知悉見我今歸命對諸佛前
皆悉發露不敢覆藏未作之罪更不復作已

BD05523號　金光明最勝王經卷三

（16–2）

生慳悋无明所覆邪見惑心不脩善因令惡
增長於諸佛所而起誹謗法說非法非法說
法如是衆罪佛以真實慧真實眼真實證
明真實平等悉知悉見我今歸命對諸佛前
皆悉發露不敢覆藏未作之罪更不復作已
作之罪今皆懺悔所作業障應墮惡道地獄
傍生餓鬼之中阿蘇羅衆及八難處願我此
生所有業障皆得消滅所有惡報未來不受
亦如過去諸大菩薩脩菩提行所有業障悉
已懺悔我之業障今亦懺悔皆悉發露不
敢覆藏已作之罪願得除滅未來之惡更不
敢造亦如未來諸大菩薩脩菩提行所有業
障悉已懺悔我之業障今亦懺悔皆悉發露
不敢覆藏已作之罪願得除滅未來之惡更
不敢造亦如現在十方世界諸大菩薩脩菩
提行所有業障悉已懺悔我之業障今亦懺
悔皆悉發露不敢覆藏已作之罪願得除滅
未來之惡更不敢造
善男子以是因緣若有造罪一剎那中不得
覆藏何況一日一夜乃至多時若有犯罪欲
求清淨心懷慚恥信於未來必有惡報生大
恐怖應如是懺如人被火燒頭燒衣救令速
滅火若未滅心不得安若人犯罪亦復如是
即應懺悔令速除滅若有願生富樂之家多
饒財寶復欲發意脩習大乘亦應懺悔滅除
業障欲生豪貴婆羅門剎帝利家及轉輪
王七寶具足亦應懺悔滅除業障
善男子若有欲生四大王衆天三十三天夜摩

BD05523號　金光明最勝王經卷三

（16–3）

滅火若未滅心不得安若人犯罪亦復如是
即應懺悔令速除滅若有願生富樂之家多
饒財寶復欲發意脩習大乘亦應懺悔滅除
業障欲生豪貴婆羅門剎帝利家及轉輪
王七寶具足亦應懺悔滅除業障
善男子若有欲生四大王衆三十三天夜摩
天覩史多天樂變化天他化自在天亦應懺
悔滅除業障若欲生梵衆梵輔大梵天少光
无量光極光淨天少淨无量淨遍淨天无雲
福生廣果无煩无熱善現天善見色究竟
天亦應懺悔滅除業障若欲求預流果一來
果不還果阿羅漢果亦應懺悔滅除業障若欲
願求三明六通聲聞獨覺自在菩提至究竟
地求一切智智淨智不思議智不動智三藐
三菩提正遍智者亦應懺悔滅除業障何以
故善男子一切諸法從因緣生如來所說異
相生異相滅因緣異故如是過去諸法皆已
滅盡所有業障无復遺餘是諸行法未得現
先而今得生未來業障更不復起何以故
善男子一切法空如來所說无有我人衆生
壽者亦无生滅亦无行法善男子一切諸法
皆依於本亦不可說何以故過一切相故若有
善男子善女人如是入於微妙真理生信敬心
是名无衆生而有於本以是義故說於懺
悔滅除業障
善男子若人成就四法能除業障永得清淨
云何為四一者不起邪心正念成就二者於
甚深理不生誹謗三者於初行菩薩起一切
智心四者於諸衆生起慈无量是謂為四尒

BD05523號　金光明最勝王經卷三　（16–4）

是名无衆生而有於本以是義故說於懺
悔滅除業障
善男子若人成就四法能除業障永得清淨
云何為四一者不起邪心正念成就二者於
甚深理不生誹謗三者於初行菩薩起一切
智心四者於諸衆生起慈无量是謂為四尒
時世尊而說頌言
專心護三業　不誹謗深法　作一切智想　慈心淨業障
善男子有四業障難可滅除云何為四一者
於菩薩律儀犯極重惡二者於大乘經心生
誹謗三者於自善根不能增長四者貪著三
有无出離心復有四種對治業障云何為四
一者於十方世界一切如來至心親近說一切
罪二者為一切衆生勸請諸佛說深妙法三
者隨喜一切衆生所有功德四者所有一切功
德善根皆迴向阿耨多羅三藐三菩提尒
時天帝釋白佛言世尊世間所有男子女人
於大乘行有能行者有不行者云何能得隨
喜一切衆生功德善根佛言善男子若有衆
生雖於大乘未能脩習然於晝夜六時偏袒
右肩右膝着地合掌恭敬一心專念作隨喜
時得福无量應作是言十方世界一切衆生
現在脩行施戒心慧我今皆悉深生隨喜由
作如是隨喜福故必當獲得尊重殊勝无上
无等最妙之果如是過去未來一切衆生所
有善根皆悉隨喜又於現在初行菩薩發菩
提心所有功德過百大劫行菩薩行有大功
德護无生忍至不退轉一生補處如是一切
功德之蘊皆悉至心隨喜讚歎過去未來一

BD05523號　金光明最勝王經卷三　（16–5）

无等最妙之果如是過去未來一切衆生所
有善根皆悉隨喜又於現在初行菩薩發菩
提心所有功德過百大劫行菩薩行有大功
德謙无生忍至不退轉一生補處如是一切
功德之蘊皆悉至心隨喜讚歎過去未來一
切菩薩所有功德隨喜讚歎亦復如是復於
現在十方世界一切諸佛應正遍知證妙菩提
為度无邊諸衆生故轉无上法輪行无礙法施
擊法鼓吹法螺建法幢雨法雨哀愍勸化一
切衆生咸令信受皆蒙法施悉得充足无盡
安樂又復所有菩薩聲聞獨覺功德積集
善根若有衆生未具如是諸功德者悉令
具足我皆隨喜如是過去未來諸佛菩薩
聲聞獨覺所有功德亦皆至心隨喜讚歎
善男子如是隨喜當得无量功德之聚如
恒河沙三千大千世界所有衆生皆斷煩惱
成阿羅漢若有善男子善女人盡其形壽常
以上妙衣服飲食卧具醫藥而為供養如是
功德不及如前隨喜功德千分之一何以故
供養功德有數有量不攝一切諸功德故隨
喜功德无量无數能攝三世一切功德是故
隨喜功德无量无數能攝三世一切功德是故
若人欲求增長勝善根者應脩如是隨喜功
德若有女人願女身為男子者亦應脩習
隨喜功德必得隨心現成男子尒時天帝釋
白佛言世尊已知隨喜功德勸請功德唯願
為說欲令未來一切菩薩當轉法輪現在菩
薩正脩行故佛告帝釋若有善男子善女人

BD05523號　金光明最勝王經卷三

（16–6）

若人欲求增長勝善根者應脩如是隨喜功
德若有女人願女身為男子者亦應脩習
隨喜功德必得隨心現成男子尒時天帝釋
白佛言世尊已知隨喜功德勸請功德唯願
為說欲令未來一切菩薩當轉法輪現在菩
薩正脩行故佛告帝釋若有善男子善女人
願求阿耨多羅三藐三菩提者應當脩行聲
聞獨覺大乘道之是人當於晝夜六時如前
威儀一心專念作如是言我今歸依十方一
切諸佛世尊已得阿耨多羅三藐三菩提未
轉无上法輪欲捨報身入涅槃者我皆至誠
頂礼勸請轉大法輪雨大法雨然大法燈照
明理趣施无礙法莫般涅槃久住於世度脫
安樂一切衆生如前所說乃至无盡安樂我
今以此勸請功德迴向阿耨多羅三藐三菩
提如過去未來現在諸大菩薩勸請功德迴
向菩提我亦如是勸請大菩薩勸請功德普
菩提善男子假使有人以三千大千世界滿
中七寶供養如來若復有人勸請如來轉大
法輪所得功德其福勝彼何以故彼是財施
此是法施善男子且置三千大千世界七寶
布施若人以滿恒河沙數大千世界七寶供
養一切諸佛勸請功德亦勝於彼由其法施
有五勝利云何為五一者法施兼利自他財
施不尒二者法施能令衆生出於三界財施
之福不出欲界三者法施能淨法身財施但
唯增長於色四者法施无窮財施有盡五者
法施能斷无明財施唯伏貪愛是故善男子

BD05523號　金光明最勝王經卷三

（16–7）

養一切諸佛勸請功德亦勝於彼由其法施
有五勝利云何為五一者法施兼利自他財
施不介二者法施能令衆生出於三界財施
之福不出欲界三者法施能淨法身財施但
唯增長於色四者法施无窮財施有盡者五
法施能斷无明財施唯伏貪愛是故善男子
勸請功德无量无邊難可譬喻如我昔行菩
薩道時勸請諸佛轉大法輪由彼善根是故
今日一切帝釋諸梵王等勸請於我轉大法
輪善男子請轉法輪為欲度脫安樂諸衆生
故我於往昔為菩提行勸請如來久住於世莫
般涅槃依此善根我得十力四无所畏四无礙
辯大慈大悲證得无數不共之法我當入於无
餘涅槃我之正法久住於世我法身者清淨
无比種種妙相无量智慧无量自在无量功
德難可思議一切衆生皆蒙利益百千万
劫說不能盡法身攝藏一切諸法一切諸法
不攝法身法身常住不墮常見雖復斷滅亦
非斷見能破衆生種種異見能生衆生種種
真見能解一切衆生之縛无縛可解能植衆
生諸善根本未成熟者令成熟已成熟者令
解脫无作无動遠離闠閙寂靜无為自在安
樂過於三世能現三世出於聲聞獨覺之境
諸大菩薩之所脩行一切如來體无有異此等
皆由勸請功德善根力故如是法身我今已
得是故若有欲得阿耨多羅三藐三菩提者
於諸經中一句一頌為人解說功德善根尚
无限量何況勸請如來轉大法輪久住於世

樂過於三世能現三世出於聲聞獨覺之境
諸大菩薩之所脩行一切如來體无有異此等
皆由勸請功德善根力故如是法身我今已
得是故若有欲得阿耨多羅三藐三菩提者
於諸經中一句一頌為人解說功德善根尚
无限量何況勸請如來轉大法輪久住於世
莫般涅槃
時天帝釋復白佛言世尊若善男子善女人
為求阿耨多羅三藐三菩提故脩三乘道所
有善根云何迴向一切智智佛告天帝善男
子若有衆生欲求菩提脩三乘道所有善根
願迴向者當於晝夜六時慇重至心作如是
說我從无始生死以來於三寶所脩行成就所
所有善根乃至施與傍生一摶之食或以善
言和解諍訟或受三歸及諸學處或復懺悔
勸請隨喜所有善根我今作意悉皆攝取迴
施一切衆生无悋惜心是解脫分善根所攝
如佛世尊之所知見不可稱量无礙清淨如
是所有功德善根悉以迴向一切衆生不住相
心不捨相心我亦如是功德善根悉以迴施
一切衆生願皆獲得如意之手搖空出寶
滿衆生願富樂无盡智慧无窮妙法辯才悉
皆无滯共諸衆生同證阿耨多羅三藐三菩
提得一切智因此善根更復出生无量善法
亦皆迴向无上菩提又如過去諸大菩薩脩行
之時功德善根悉皆迴向一切種智現在
未來亦復如是然我所有功德善根亦皆迴
向阿耨多羅三藐三菩提是諸善根願共一
切衆生俱成正覺如餘諸佛於坐道場菩提

於彼一切智因此善根所得出生无量善法
亦皆迴向无上菩提又如過去諸大菩薩脩行
之時功德善根悉皆迴向一切種智現在
未來亦復如是然我所有功德善根亦皆迴
向阿耨多羅三藐三菩提是諸善根願共一
切衆生俱成正覺如餘諸佛於坐道場菩提
樹下不可思議无礙清淨住於无盡法藏陁
羅尼首楞嚴等破魔波旬无量兵衆所覺
知應可通達如是一切一剎那中悉皆照了
於後夜中獲甘露法證甘露義我及衆生願
皆同證如是妙覺猶如
无量壽佛　勝光佛　妙光佛　阿閦佛
功德善佛　師子光明佛　百光明佛　網光明佛
寶相佛　寶焰佛　焰明佛　焰盛光明佛
吉祥上王佛　微妙聲佛　妙莊嚴佛　法幢佛
上勝身佛　可愛色身佛　光明遍照佛　梵淨王佛
上性佛
如是等如來應正遍知過去未來及以現在
亦現應化得阿耨多羅三藐三菩提轉无上
法輪為度衆生我亦如是廣說如上
善男子若有淨信男子女人於此金光明最
勝經王滅業障品受持讀誦憶念不忘為他
廣說得无量无邊大功德聚譬如三千大千
世界所有衆生一時皆得成就人身得人身
已成獨覺道若有男子女人盡其形壽恭敬
尊重四事供養一一獨覺各施七寶如須弥
山此諸獨覺入涅槃後皆以珎寶起塔供養
其塔高廣十二踰繕那以諸花香寶幢幡蓋
常為供養善男子於意云何是所獲功德

已成獨覺道若有男子女人盡其形壽恭敬
尊重四事供養一一獨覺各施七寶如須弥
山此諸獨覺入涅槃後皆以珎寶起塔供養
其塔高廣十二踰繕那以諸花香寶幢幡蓋
常為供養善男子於意云何是所獲功德
寧為多不天帝釋言甚多世尊善男子
若復有人於此金光明微妙經典衆經之王
滅業障品受持讀誦憶念不忘為他廣說
所獲功德於前所說供養功德百分不及一
百千万億分及至校量譬喻所不能及何以故
是善男子善女人正行中勸請十方一切諸
佛轉无上法轉皆為諸佛歡喜讚歎善男子
如我所說一切施中法施勝是故善男子於三
寶所設諸供養不可為比勸受三歸持一切
戒无有毀犯三業不空不可為比一切世界
一切衆生隨力隨能隨所願樂於三乘中
勸發菩提心不可為比於三世中一切世界所
有衆生皆得无礙速令成就无量功德不可
為比三世剎土一切衆生令无障礙得三菩
提不可為比三世剎土一切衆生勸令速出
四惡道苦不可為比三世剎土一切衆生勸
令除滅極重惡業不可為比一切苦惱勸令解
脫不可為比一切怖畏苦惱逼切皆令得解
不可為比三世佛前一切衆生所有功德勸
令隨喜發菩提願不可為比勸除惡行罵
辱之業一切功德皆願成就所在生中勸請
供養尊重讚歎一切三寶勸請衆生淨脩福
行成滿菩提不可為比是故當知勸請一切

不可為比三世佛前一切衆生所有功德勸
令隨喜發菩提願不可為比勸除惡行罵
辱之業一切功德皆願成就所在生中勸請
供養尊重讚歎一切三寶勸請衆生淨脩福
行成滿菩提不可為比是故當知勸請一切
世界三世三寶勸請滿足六波羅蜜勸請轉
於无上法輪勸請住世經无量劫演說无
量甚深如法功德甚深无能比者
介時天帝釋及恒河女神无量天四大天衆
從座而起偏袒右肩右膝著地合掌頂礼
白佛言世尊我等得聞是金光明最勝王
經令悉受持讀誦利為他廣說依此法住
何以故世尊我等欲求耨多羅三藐三菩
提隨順此種種勝相如法行故介時梵王
及天帝釋等於說法處皆以種種曼陁羅花
而散佛上三千大千世界地皆大動一切天
鼓及諸音樂不鼓自鳴放金色光遍滿世界
出妙音聲時天帝釋白佛言世尊此等皆
是金光明經威神之力慈悲普救種種利益
種增長菩薩善根諸業障佛言如是如是如
汝所說何以故善男子我念往昔過无量百
千阿僧祇劫有佛名寶王大光照如來應正
遍知出現於世住世六百八十億劫介時寶
王大光照如來為欲度脫人天釋梵沙門婆
羅門一切衆生令安樂故當出現時初會說
法度百千億万衆皆得阿羅漢果諸漏
已盡三明六通自在无礙於第二會復度九
十千億億万衆皆得阿羅漢果諸漏已盡三

王大光照如來為欲度脫人天釋梵沙門婆
羅門一切衆生令安樂故當出現時初會說
法度百千億万衆皆得阿羅漢果諸漏
已盡三明六通自在无礙於第二會復度九
十千億億万衆皆得阿羅漢果諸漏已盡三
明六通自在无礙於第三會復度九十八千億
億万衆皆得阿羅漢果圓滿如上
善男子我於介時作女人身名福寶光明於
第三會親近世尊受持讀誦是金光明經為
他廣說求阿耨多羅三藐三菩提故時彼世
尊為我授記此福寶光明女於未來世當
得作佛号釋迦牟尼如來應正遍知明行足
善逝世間解无上士調御丈夫天人師佛世
尊捨女身後從是以來越四惡道生人天中
受上妙樂八十四百千生作轉輪王至于今
日得成正覺名稱普聞遍滿世界時會大
衆忽然皆見寶王大光照如來轉无上法輪說
微妙法善男子去此索訶世界東方過百千
恒河沙數佛土有世界名寶莊嚴其寶王大
光照如來今現在彼未般涅槃說微妙法廣
化群生汝等見者即是彼佛
善男子若有善男子善女人聞是寶王大光
照如來名号者於菩薩地得不退轉至大涅
槃若有女人聞是佛名者臨命終時得見彼
佛來至其所既見佛已究竟不復更受女人
善男子是金光明微妙經典種種利益種種
增長菩薩善根滅諸業障善男子若有苾
芻苾芻尼鄔波索迦鄔波斯迦隨在何處為

觧若有女人聞是佛名者臨命終時得見彼
佛来至其所既見佛已究竟不復更受女人
善男子是金光明微妙經典種種利益種種
增長菩薩善根滅諸業障善男子若有苾
芻苾芻尼鄔波索迦鄔波斯迦隨在何處為
人講說是金光明微妙經典於其國土皆獲
四種福利善根云何為四一者國王无病離諸
災厄二者壽命長遠无有障礙三者无諸怨
敵兵衆勇健四者安隱豐樂正法流通何以
故如是人王常為釋梵四王藥叉之衆共守
護故
尒時世尊告天衆曰善男子是事實不是時
无量釋梵四王及藥叉衆俱時同聲答世尊
言如是如是若有國土講宣讀誦此妙經王
是諸國主我等四王常来擁護行住共俱其
王若有一切災障及諸怨敵我等四王皆使
消殄憂愁疾疫亦令除差增益壽命感應
禎祥所願遂心恒生歡喜我等亦能令其國
中所有軍兵悉皆勇健佛言善哉善哉善男
子如汝所說汝當脩行何以故是諸國主如法
行時一切人民隨王脩習如法行者汝等皆蒙
色力勝利宮殿光明眷屬強盛時釋梵等
白佛言如是世尊佛言若有講讀此妙經典流
通之處於其國中大臣輔相有四種益云何
為四一者更相親穆尊重愛念二者常為人
王心所愛重亦為沙門婆羅門大國小國之
所尊敬三者輕財重法不求世利嘉名普暨
衆所欽仰四者壽命延長安隱快樂是名四

白佛言如是世尊佛言若有講讀此妙經典流
通之處於其國中大臣輔相有四種益云何
為四一者更相親穆尊重愛念二者常為人
王心所愛重亦為沙門婆羅門大國小國之
所尊敬三者輕財重法不求世利嘉名普暨
衆所欽仰四者壽命延長安隱快樂是名四
益若有國土宣說是經沙門婆羅門得四種
勝利云何為四一者衣服飲食卧具醫藥无
所乏少二者皆得安樂心思惟讀誦三者依於
山林得安樂住者隨心所願皆得滿足是
名四種勝利若有國土宣說是經一切人民
皆得豐樂无諸疾疫商估往還多獲寶貨
尒時梵釋四天王及諸大衆白佛言世尊如
是經典甚深之義若現在者當知如来卅七
種助菩提法住世未滅若是經典滅盡之時
正法亦滅佛言如是如是善男子是故汝等
於此金光明經一句一頌一品一部皆當一心
正讀誦正聞持正思惟正脩習為諸衆生廣
宣流布長夜安樂福利无邊時諸大衆聞佛
說已咸蒙勝益歡喜受持

金光明經卷第三

闠胡對　穆莫六　暨其器

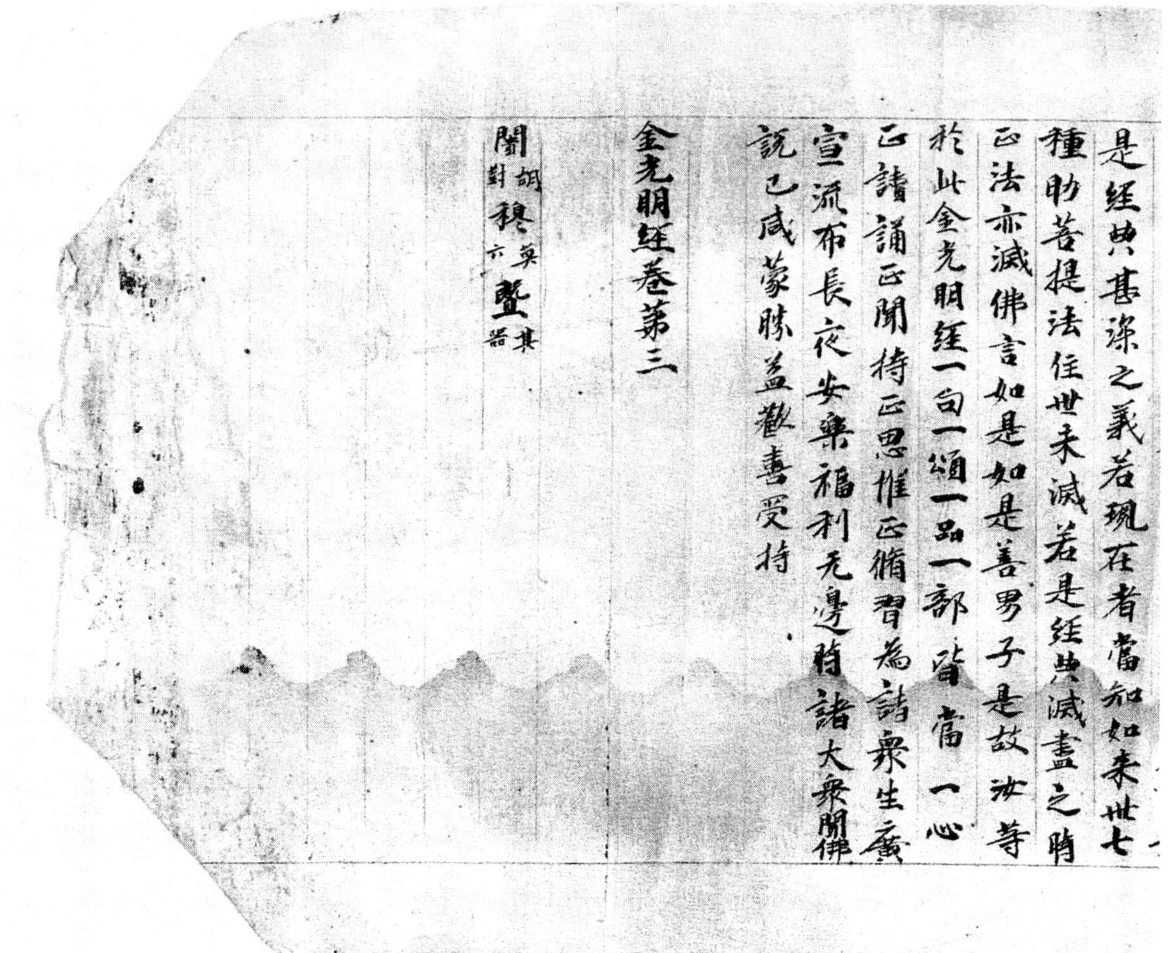
是經典甚深之義若現在者當知如來世七
種勒菩提法住世未滅若是經典滅盡之時
正法亦滅佛言如是如是善男子是故汝等
於此金光明經一句一頌一品一部皆當一心
正讀誦正聞持正思惟正脩習為諸衆生廣
宣流布長夜安樂福利无邊時諸大衆聞佛
說已咸蒙勝益歡喜受持

金光明經卷第三

闍胡對穆英六豎其器

BD05523號　金光明最勝王經卷三　（16–16）

諸佛世尊　時說是經　是故行者　於佛滅後
聞如是經　勿生疑惑　應當一心　廣說此經
世世值佛　疾成佛道

妙法蓮華經如來神力品第二十一

爾時千世界微塵等菩薩摩訶薩從地踊出
者皆於佛前一心合掌瞻仰尊顏而白佛言
世尊我等於佛滅後世尊分身所在國土滅
度之處當廣說此經所以者何我等亦自欲
得是真淨大法受持讀誦解說書寫而供養
之爾時世尊於文殊師利等无量百千万億
舊住娑婆世界菩薩摩訶薩及諸比丘比丘
尼優婆塞優婆夷天龍夜叉乾闥婆阿脩羅
迦樓羅緊那羅摩睺羅伽人非人等一切衆
前現大神力出廣長舌上至梵世一切毛孔
放於无量无數色光皆悉遍照十方世界衆
寶樹下師子座上諸佛亦復如是出廣長舌
放无量光釋迦牟尼佛及寶樹下諸佛現神
力時滿百千歲然後還攝舌相一時謦欬俱
共彈指是二音聲遍至十方諸佛世界地皆

BD05524號　妙法蓮華經卷六　（4–1）

前現大神力出廣長舌上至梵世一切毛孔
放於无量无數色光皆悉遍照十方世界衆
寶樹下師子座上諸佛亦復如是出廣長舌
放无量光釋迦牟尼佛及寶樹下諸佛現神
力時滿百千歲然後還攝舌相一時謦欬俱
共彈指是二音聲遍至十方諸佛世界地皆
六種震動其中衆生天龍夜叉乾闥婆阿脩
羅迦樓羅緊那羅摩睺羅伽人非人等以佛
神力故皆見此娑婆世界无量无邊百千万
億衆寶樹下師子座上諸佛及見釋迦牟尼
佛共多寶如來在寶塔中坐師子座又見无
量无邊百千万億菩薩摩訶薩及諸四衆恭
敬圍繞釋迦牟尼佛既見是已皆大歡喜得
未曾有即時諸天於虛空中高聲唱言過此
无量无邊百千万億阿僧祇世界有國名娑
婆是中有佛名釋迦牟尼今為諸菩薩摩訶
薩說大乘經名妙法蓮華教菩薩法佛所護
念汝等當深心隨喜亦當礼拜供養釋迦牟
尼佛彼諸衆生聞虛空中聲已合掌向娑婆
世界作如是言南无釋迦牟尼佛南无釋迦
牟尼佛以種種華香瓔珞幡蓋及諸嚴身之
具珍寶妙物皆共遙散娑婆世界所散諸物
從十方來譬如雲集變成寶帳遍覆此間諸
佛之上于時十方世界通達无㝵如一佛土尒
時佛告上行等菩薩大衆諸佛神力如是

BD05524號　妙法蓮華經卷六

（4–2）

薩說大乘經名妙法蓮華教菩薩法佛所護
念汝等當深心隨喜亦當礼拜供養釋迦牟
尼佛彼諸衆生聞虛空中聲已合掌向娑婆
世界作如是言南无釋迦牟尼佛南无釋迦
牟尼佛以種種華香瓔珞幡蓋及諸嚴身之
具珍寶妙物皆共遙散娑婆世界所散諸物
從十方來譬如雲集變成寶帳遍覆此間諸
佛之上于時十方世界通達无㝵如一佛土尒
時佛告上行等菩薩大衆諸佛神力如是
无量无邊不可思議若我以是神力於无量
无邊百千万億阿僧祇劫為囑累故說此經
功德猶不能盡以要言之如來一切所有之
法如來一切自在神力如來一切祕要之藏如來
一切甚深之事皆於此經宣示顯說是故
汝等於如來滅後應當一心受持讀誦解
說書寫如說脩行所在國土若有受持讀誦
解說書寫如說脩行若經卷所住之處若於
園中若於林中若於樹下若於僧房若白衣
舍若在殿堂若山谷曠野是中皆應起塔供養
所以者何當知是處即是道場諸佛於此得
阿耨多羅三藐三菩提諸佛於此轉于法輪
諸佛於此而般涅槃尒時世尊欲重宣此義
而說偈言
諸佛救世者　住於大神通　為悅衆生故　現无量神力
舌相至梵天　身放无數光　為求佛道者　現此希有事

BD05524號　妙法蓮華經卷六

（4–3）

无量无邊不可思議若我以是神力於无量
无邊百千万億阿僧祇劫為囑累故説此經
功德猶不能盡以要言之如来一切所有之
法如来一切自在神力如来一切秘要之藏如来
一切甚深之事皆於此經宣示顯説是故
汝等於如来滅後應當一心受持讀誦解
説書寫如説脩行所在國土若有受持讀誦
解説書寫如説脩行若經巻所住之處若於
園中若於林中若於樹下若於僧房若白衣
舎若在殿堂若山谷曠野是中皆應起塔供養
所以者何當知是處即是道場諸佛於此得
阿耨多羅三藐三菩提諸佛於此轉于法輪
諸佛於此而般涅槃尒時世尊欲重宣此義
而説偈言
諸佛救世者 住於大神通 為悦衆生故 現无量神力
舌相至梵天 身放无數光 為求佛道者 現此希有事
諸佛謦欬聲 及彈指之聲 周聞十方國 地皆六種動
以佛滅度後 能持是經故 諸佛皆歡喜 現无量神力

BD05524號　妙法蓮華經卷六　（4–4）

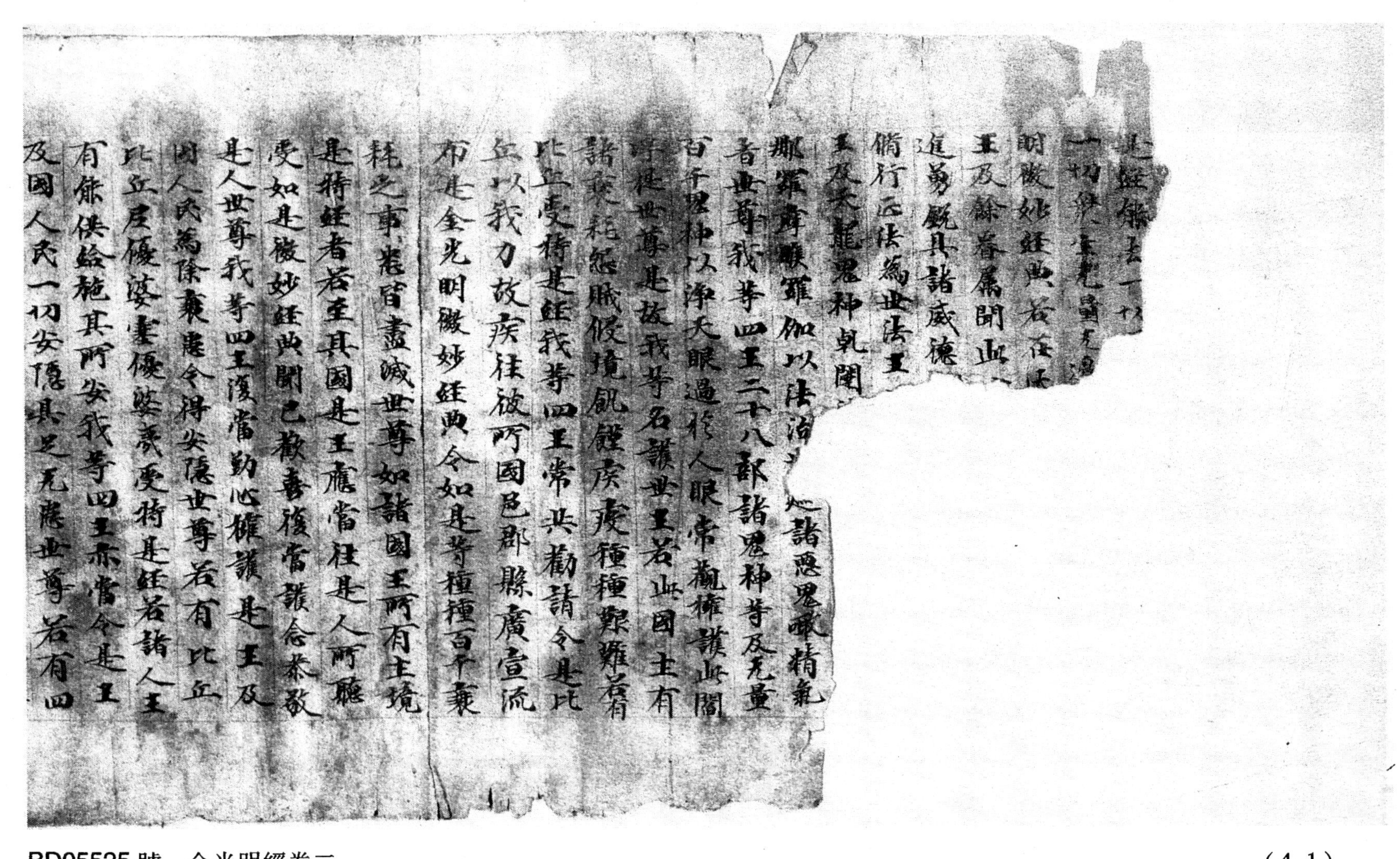
是經能去一[illegible]
一切衆生[illegible]
明微妙經典若在
王及餘眷屬聞此
進勇銳具諸威德
脩行正法為世法王
王及天龍鬼神乾闥
那羅摩睺羅伽以法治世遮諸惡鬼噉精氣
者世尊我等四王二十八部諸鬼神等及无量
百千鬼神以淨天眼過於人眼常觀擁護此閻
浮提世尊是故我等名護世王若此國土有
諸衰耗怨賊侵境飢饉疾疫種種艱難若有
比丘受持是經我等四王常共勸請令是比
丘以我力故疾往彼所國邑郡縣廣宣流
布是金光明微妙經典令如是等種種百千衰
耗之事悉皆盡滅世尊如諸國王所有土境
是持經者若至其國是王應當往是人所聽
受如是微妙經典聞已歡喜復當護念恭敬
是人世尊我等四王復當勤心擁護是王及
國人民為除衰患令得安隱世尊若有比丘
比丘尼優婆塞優婆夷受持是經若諸人王
有能供給施其所安我等四王亦當令是王
及國人民一切安隱具足无患世尊若有四

BD05525號　金光明經卷二　（4–1）

受如是微妙經典聞已歡喜復當護念恭敬
是人世尊我等四王復當勤心擁護是王及
國人民為除衰患令得安隱世尊若有比丘
比丘尼優婆塞優婆夷受持是經若諸人王
有能供給施其所安我等四王亦當令是王
及國人民一切安隱具足无患世尊若有四
衆受持讀誦是妙經典若諸人王有能供養
恭敬尊重讚嘆我等四王亦當復令如是人
王於諸王中常得第一供養恭敬尊重讚
嘆亦令餘王欽尚羨慕稱讚其善
尒時世尊讚嘆護世四天王等善哉善哉汝
等四王過去以曾供養恭敬尊重讚嘆无量
百千万億諸佛於諸佛所種諸善根說於正
法脩行正法以法治世為人天王汝等令日長
夜利益於諸衆生行大悲心施与衆生一切
樂具能遮諸惡勸与諸善以是義故若有人
王能供養恭敬此金光明微妙經典汝等正
應如是護念滅其苦惱与其安樂汝等四王
及諸眷屬无量无邊百千鬼神若能護念
如是經典者即是護持去來現在諸佛正法汝
等四王及餘天衆百千鬼神与阿脩羅共戰
闘時汝等諸天常得勝利汝等若能護念
是經悉能調伏一切諸苦所謂怨賊飢饉疾
疫若四部衆有能受持讀誦此經汝等亦應
勤心守護為除衰惱施与安樂尒時四王復白
佛言世尊是金光明微妙經典於未來世在
所流布若國土城邑郡縣村落隨所至處若

BD05525號　金光明經卷二　（4–2）

是經悉能調伏一切諸苦所謂怨賊飢饉疾
疫若四部衆有能受持讀誦此經汝等亦應
勤心守護為除衰惱施与安樂尒時四王復白
佛言世尊是金光明微妙經典於未來世在
所流布若國土城邑郡縣村落隨所至處若
諸國王以天律治世復能恭敬至心聽受是
妙經典并復尊重供養供給持是經典四部
之衆以是因緣我等時時得聞如是微妙經
典聞已即得增益身力心進勇銳具諸威德
是故我等及无量鬼神常當隱形隨是經典
所流布處而作擁護令无留難亦當護念
聽是經典諸國王等及其人民除其患難悉
令安隱他方怨賊亦使退散若有人王聽是經
時隣國怨敵興如是念當具四兵壞彼國土
世尊以是經典威神力故尒時隣敵更有異
怨為作留難於其境界起諸衰惱灾異疾
病尒時怨敵起如是等諸惡事已俻具四
兵發向是國規往討罰我等尒時當与眷
屬无量无邊百千鬼神隱蔽其形為作護助
令彼怨敵自然退散起諸怖懅種種留難彼
國兵衆尚不能到況復當能有所破壞
尒時佛讚四天王等善哉善哉汝等四王乃
能擁護我百千億那由他劫所可脩集阿耨
多羅三藐三菩提及諸人王受持是經恭
敬供養者為消衰患令其安樂復能擁護
宮殿舍宅城邑村落國土邊壃乃至怨賊悉
令退散滅其衰惱令得安隱亦令一切閻浮提

BD05525號　金光明經卷二　（4–3）

所流布處而作擁護令无留難亦當[illegible]
聽是經典諸國王等及其人民除其患難悉
令安隱他方怨賊亦使退散若有人王聽是經
時隣國怨敵興如是念當具四兵壞彼國土
世尊以是經典威神力故尒時隣敵更有異
怨為作留難於其境界起諸衰惱灾異疾
病尒時怨敵起如是等諸惡事已偹具四
兵發向是國規往討罸我等尒時當与眷
属无量无邊百千鬼神隱蔽其形為作護助
令彼怨敵自然退散起諸怖懅種種留難彼
國兵衆尚不能到况復當能有所破壞
尒時佛讚四天王等善哉善哉汝等四王乃
能擁護我百千億那由他劫所可脩集阿耨
多羅三藐三菩提及諸人王受持是經恭
敬供養者為消衰患令其安樂復能擁護
宮殿舍宅城邑村落國土邊壃乃至怨賊悉
令退散滅其衰惱令得安隱亦令一切閻浮提
內所有諸王无諸凶衰鬪訟之事四王當知

BD05525號　金光明經卷二　（4–4）

尊是何因緣先現此瑞有若干千万蓮華閻
浮檀金為莖白銀為葉金剛為鬚甄叔迦寶
以為其臺尒時釋迦牟尼佛告文殊師利是
妙音菩薩摩訶薩欲從淨華宿王智佛國與
八万四千菩薩圍繞而來至此娑婆世界供
養親近礼拜於我亦欲供養聽法華經文殊
師利白佛言世尊是菩薩種何善本脩何功
德而能有是大神通力行何三昧願為我等
說是三昧名字我等亦欲勤脩行之行此三
昧乃能見是菩薩色相大小威儀進止唯願
世尊以神通力彼菩薩來令我得見尒時釋
迦牟尼佛告文殊師利此久滅度多寶如來
當為汝等而現其相時多寶佛告彼菩薩善
男子來文殊師利法王子欲見汝身于時妙
音菩薩於彼國沒與八万四千菩薩俱共發
來所經諸國六種震動皆悉雨於七寶蓮華
百千天樂不鼓自鳴是菩薩目如廣大青蓮
華葉正使和合百千万月其面貌端正復過
於此身真金色无量百千功德莊嚴威德熾
盛光明照曜諸相具足如那羅延堅固之身
入七寶臺上昇虛空去地七多羅樹諸菩薩
衆恭敬圍繞而來詣此娑婆世界耆闍崛山

BD05526號　妙法蓮華經卷七　（2–1）

世尊以神通力彼菩薩來令我得見尒時釋
迦牟尼佛告文殊師利此久滅度多寶如來
當為汝等而現其相時多寶佛告彼菩薩善
男子來文殊師利法王子欲見汝身于時妙
音菩薩於彼國沒與八万四千菩薩俱共發
來所經諸國六種震動皆悉雨於七寶蓮華
百千天樂不鼓自鳴是菩薩目如廣大青蓮
華葉正使和合百千万月其面貌端正復過
於此身真金色无量百千功德莊嚴威德熾
盛光明照曜諸相具足如那羅延堅固之身
入七寶臺上昇虛空去地七多羅樹諸菩薩
眾恭敬圍繞而來詣此娑婆世界耆闍崛山
到已下七寶臺以價直百千瓔珞持至釋迦
牟尼佛所頭面礼足奉上瓔珞而白佛言世
尊淨華宿王智佛問訊世尊少病少惱起居
輕利安樂行不四大調和不世事可忍不眾
生易度不无多貪欲瞋恚愚癡嫉妬慳慢不
无不孝父母不敬沙門邪見不善心不攝五
情不世尊眾生能降伏諸魔怨不久滅度多
寶如來在七寶塔中來聽法不又問訊多寶

BD05526 號　妙法蓮華經卷七　（2–2）

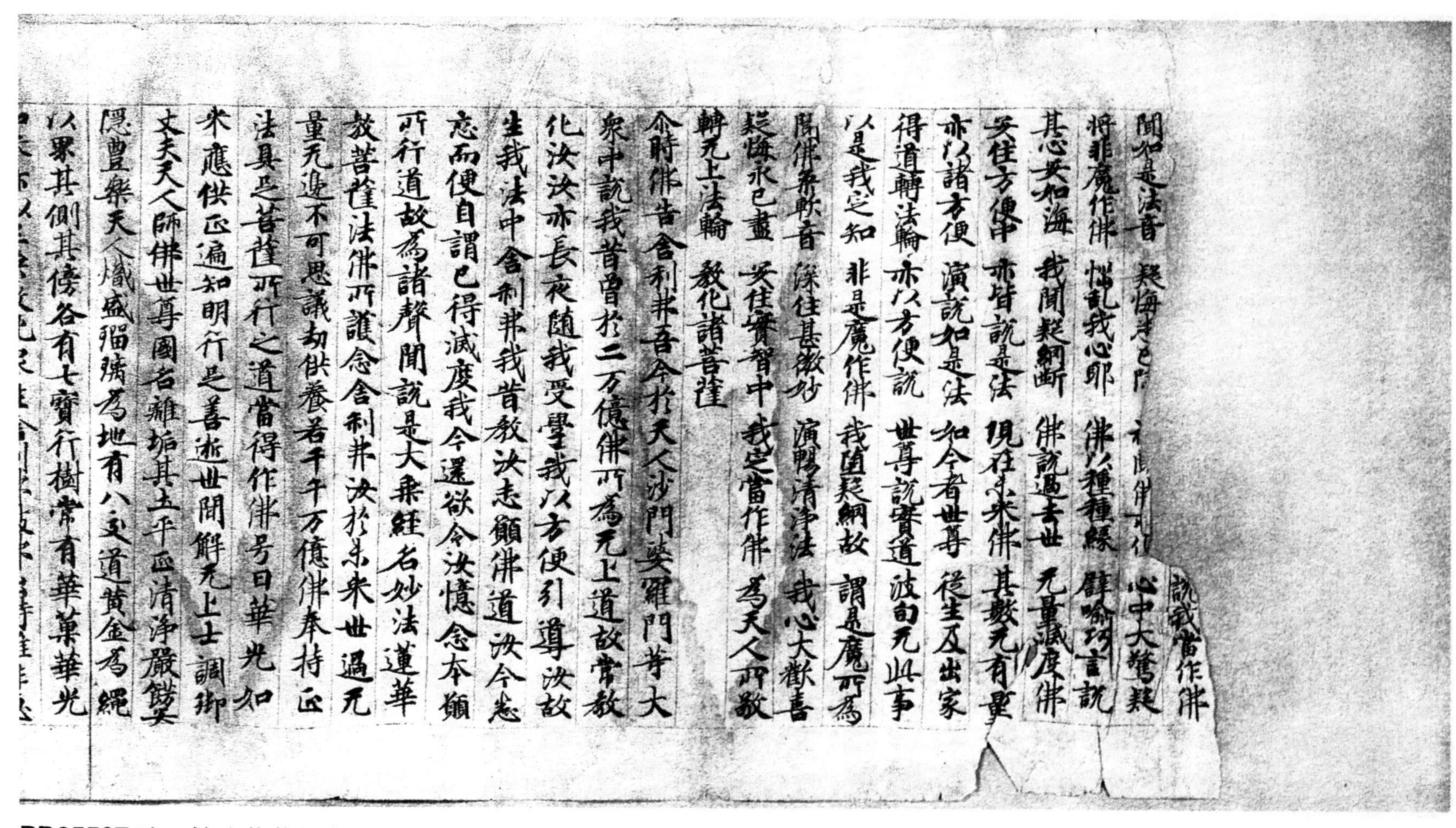
說我當作佛
聞如是法音　疑悔悉已除　初聞佛所說　心中大驚疑
將非魔作佛　惱亂我心耶　佛以種種緣　譬喻巧言說
其心安如海　我聞疑網斷　佛說過去世　无量滅度佛
安住方便中　亦皆說是法　現在未來佛　其數无有量
亦以諸方便　演說如是法　如今者世尊　從生及出家
得道轉法輪　亦以方便說　世尊說實道　波旬无此事
以是我定知　非是魔作佛　我墮疑網故　謂是魔所為
聞佛柔軟音　深遠甚微妙　演暢清淨法　我心大歡喜
疑悔永已盡　安住實智中　我定當作佛　為天人所敬
轉无上法輪　教化諸菩薩
尒時佛告舍利弗吾今於天人沙門婆羅門等大
眾中說我昔曾於二万億佛所為无上道故常教
化汝汝亦長夜隨我受學我以方便引導汝故
生我法中舍利弗我昔教汝志願佛道汝今悉
忘而便自謂已得滅度我今還欲令汝憶念本願
所行道故為諸聲聞說是大乘經名妙法蓮華
教菩薩法佛所護念舍利弗汝於未來世過无
量无邊不可思議劫供養若干千万億佛奉持正
法具足菩薩所行之道當得作佛号曰華光如
來應供正遍知明行足善逝世間解无上士調御
丈夫天人師佛世尊國名離垢其土平正清淨嚴飾安
隱豐樂天人熾盛瑠璃為地有八交道黃金為繩
以界其側其傍各有七寶行樹常有華菓華光

BD05527 號　妙法蓮華經卷二　（14–1）

量无邊不可思議劫供養若干千万億佛奉持正
法具足菩薩所行之道當得作佛号曰華光如
来應供正遍知明行足善逝世間解无上士調御
丈夫天人師佛世尊國名離垢其土平正清淨嚴餝安
隱豐樂天人熾盛瑠璃為地有八交道黃金為繩
以界其側其傍各有七寶行樹常有華菓華光
如来亦以三乘教化衆生舍利弗彼佛出時雖非惡
世以本願故說三乘法其劫名大寶莊嚴何故名
曰大寶莊嚴其國中以菩薩為大寶故彼諸菩
薩无量无邊不可思議筭數譬喻所不能及非
佛智力无能知者若欲行時寶華承足此諸菩
薩非初發意皆久殖德本於无量百千万億佛
所淨修梵行恒為諸佛之所稱歎常修佛慧
具大神通善知一切諸法之門質直无偽志念
堅固如是菩薩充滿其國舍利弗華光佛壽
十二小劫除為王子未作佛時其國人民壽
八小劫華光如来過十二小劫授堅滿菩薩
阿耨多羅三藐三菩提記告諸比丘是堅滿
菩薩次當作佛号曰華足安行多陁阿伽度
阿羅訶三藐三佛陁其佛國土亦復如是舍利
弗是華光佛滅度之後正法住世三十二小劫
像法住世亦三十二小劫尒時世尊欲重宣此
義而說偈言
舍利弗来世　成佛普智尊　号名曰華光　當度无量衆
供養无數佛　具足菩薩行　十力等功德　證於无上道
過无量劫已　劫名大寶嚴　世界名離垢　清淨无瑕穢
以瑠璃為地　金繩界其道　七寶雜色樹　常有華菓實
彼國諸菩薩　志念常堅固　神通波羅蜜　皆已悉具足
於無數佛所　善學菩薩道　如是等大士　華光佛所化

BD05527號　妙法蓮華經卷二　（14–2）

供養无數佛　具足菩薩行　十力等功德　證於无上道
過无量劫已　劫名大寶嚴　世界名離垢　清淨无瑕穢
以瑠璃為地　金繩界其道　七寶雜色樹　常有華菓實
彼國諸菩薩　志念常堅固　神通波羅蜜　皆已悉具足
於無數佛所　善學菩薩道　如是等大士　華光佛所化
佛為王子時　棄國捨世榮　於最末後身　出家成佛道
華光佛住世　壽十二小劫　其國人民衆　壽命八小劫
佛滅度之後　正法住於世　三十二小劫　廣度諸衆生
正法滅盡已　像法三十二　舍利廣流布　天人普供養
華光佛所為　其事皆如是　其兩足聖尊　最勝无倫匹
彼即是汝身　宜應自欣慶
尒時四部衆比丘比丘尼優婆塞優婆夷天龍夜
叉乾闥婆阿羅迦樓羅緊那羅摩睺羅伽等
大衆見舍利弗於佛前受阿耨多羅三藐三
菩提記心大歡喜踊躍无量各各脫身所著
上衣以供養佛釋提桓因梵天王等與无數天
子亦以天妙衣天曼陁羅華摩訶曼陁羅華等
供養於佛所散天衣住虛空中而自迴轉諸天
伎樂百千万種於虛空中一時俱作雨衆天華
而作是言佛昔於波羅奈初轉法輪今乃復轉
无上最大法輪尒時諸天子欲重宣此義而說
偈言
昔於波羅柰　轉四諦法輪　分別說諸法　五衆之生滅
今復轉最妙　无上大法輪　是法甚深奧　少有能信者
我等從昔来　數聞世尊說　未曾聞如是　深妙之上法
世尊說是法　我等皆隨喜　大智舍利弗　今得受尊記
我等亦如是　必當得作佛　於一切世間　最尊无有上
佛道叵思議　方便隨宜說　我所有福業　今世若過世
及見佛功德　盡迴向佛道

BD05527號　妙法蓮華經卷二　（14–3）

我等從昔來　數聞世尊說　未曾聞如是　深妙之上法
世尊說是法　我等皆隨喜　大智舍利弗　今得受尊記
我等亦如是　必當得作佛　於一切世間　最尊无有上
佛道叵思議　方便隨宜說　我所有福業　今世若過世
及見佛功德　盡迴向佛道
尒時舍利弗白佛言世尊我今无復疑悔親於
佛前得受阿耨多羅三藐三菩提記是諸千二
百心自在者昔住學地佛常教化言我法能離
生老病死究竟涅槃是學无學人亦各自以離
我見及有无見等謂得涅槃而今於世尊前聞所
未聞皆墮疑惑善哉世尊願為四衆說其因緣
令離疑悔尒時佛告舍利弗我先不言諸佛世
尊以種種因緣譬喻言辭方便說法皆為阿耨
多羅三藐三菩提耶是諸所說皆為化菩薩故
然舍利弗今當復以譬喻更明此義諸有智者
以譬喻得解舍利弗若國邑聚落有大長者其
年衰邁財富無量多有田宅及諸僮僕其家
廣大唯有一門多諸人衆一百二百乃至五百人
止住其中堂閣朽故墻壁頹落柱根腐敗梁棟
傾危周匝俱時欻然火起焚燒舍宅長者諸子
若十廿或至卅在此宅中長者見是大火從四面
起即大驚怖而作是念我雖能於此所燒之門
安隱得出而諸子等於火宅內樂著嬉戲不覺
不知不驚不怖火來逼身苦痛切己心不猒患
无求出意舍利弗是長者作是思惟我身手有
力當以衣裓若以几案從舍出之復更思惟是舍
唯有一門而復狹小諸子幼稚未有所識戀著
戲處或當墮落為火所燒我當為說怖畏之事
此舍已燒宜時疾出无令為火之所燒害作是念

不知不驚不怖火來逼身苦痛切己心不猒患
无求出意舍利弗是長者作是思惟我身手有
力當以衣裓若以几案從舍出之復更思惟是舍
唯有一門而復狹小諸子幼稚未有所識戀著
戲處或當墮落為火所燒我當為說怖畏之事
此舍已燒宜時疾出无令為火之所燒害作是念
已如所思惟具告諸子汝等速出父雖憐愍善
言誘喻而諸子等樂著嬉戲不肯信受不驚
不畏了无出心亦復不知何者是火何者為舍云
何為失但東西走戲視父而已尒時長者即作是
念此舍已為大火所燒我及諸子若不時出必為
所焚我今當設方便令諸子等得免斯害父知
諸子先心各有所好種種珍玩奇異之物情必
樂著而告之言汝等所可玩好希有難得汝若
不取後必憂悔如此種種羊車鹿車牛車今
在門外可以遊戲汝等於此火宅宜速出來隨汝
所欲皆當與汝尒時諸子聞父所說珍玩之物適
其願故心各勇銳互相推排競共馳走爭出火
宅是時長者見諸子等安隱得出皆於四衢道
中露地而坐无復障礙其心泰然歡喜踊躍時
諸子等各白父言父先所許玩好之具羊車鹿
車牛車願時賜與舍利弗尒時長者各賜諸子
等一大車其車高廣衆寶莊校周匝欄楯
四面懸鈴又於其上張設幰蓋亦以珍奇雜寶
而嚴飾之寶繩交絡垂諸華纓重敷綩綖安
置丹枕駕以白牛膚色充潔形體姝好有大
筋力行步平正其疾如風又多僕從而侍衛之所
以者何是大長者財富无量種種諸藏悉皆充
溢而作是念我財物无極不應以下劣小車與

四面懸鈴又於其上張設幰蓋亦以珍奇雜寶
而嚴飾之寶繩交絡垂諸華纓重敷綩綖安
置丹枕駕以白牛膚色充潔形體姝好有大
筋力行步平正其疾如風又多僕從而侍衛之所
以者何是大長者財富无量種種諸藏悉皆充
溢而作是念我財物无極不應以下劣小車與
諸子等今此幼童皆是吾子愛无偏黨我有如
是七寶大車其數无量應當等心各各與之
不宜差別所以者何以我此物周給一國猶尚不
匱何況諸子是時諸子各乘大車得未曾有非
本所望舍利弗於汝意云何是長者等與諸子
珍寶大車寧有虛妄不舍利弗言不也世尊是
長者但令諸子得免火難全其軀命非為虛
妄何以故若全身命便為已得玩好之具況復
方便於彼火宅而拔濟之世尊若是長者乃至
不與最小一車猶不虛妄何以故是長者先作是
意我以方便令子得出以是因緣无虛妄也何況
長者自知財富无量欲饒益諸子等與大車佛
告舍利弗善哉善哉如汝所言舍利弗如來亦復
如是則為一切世間之父於諸怖畏衰惱憂患无
明闇蔽永盡无餘而悉成就无量知見力无所畏
有大神力及智惠力具足方便智惠波羅蜜大
慈大悲常无懈惓恒求善事利益一切而生三界
朽故火宅為度衆生生老病死憂悲苦惱愚癡
闇蔽三毒之火教化令得阿耨多羅三藐三菩提
見諸衆生為生老病死憂悲苦惱之所燒煮亦以
五欲財利故受種種苦又以貪著追求故現受衆
苦後受地獄畜生餓鬼之苦若生天上及在人間貧
窮困苦愛別離苦怨憎會苦如是等種種諸苦

闇蔽三毒之火教化令得阿耨多羅三藐三菩提
見諸衆生為生老病死憂悲苦惱之所燒煮亦以
五欲財利故受種種苦又以貪著追求故現受衆
苦後受地獄畜生餓鬼之苦若生天上及在人間貧
窮困苦愛別離苦怨憎會苦如是等種種諸苦
衆生沒在其中歡喜遊戲不覺不知不驚不怖亦
不生猒不求解脫於此三界火宅東西馳走雖遭
大苦不以為患舍利弗佛見此已便作是念我為
衆生之父應拔其苦難與无量无邊佛智惠樂
令其遊戲舍利弗如來復作是念若我但以神
力及智惠力捨於方便為諸衆生讚如來知見
力无所畏者衆生不能以是得度所以者何是
諸衆生未免生老病死憂悲苦惱而為三界火宅
所燒何由能解佛之智惠舍利弗如彼長者雖復
身手有力而不用之但以慇懃方便勉濟諸子火宅
之難然後各與珍寶大車如來亦復如是雖有力
无所畏而不用之但以智惠方便於三界火宅拔
濟衆生為說三乘聲聞辟支佛佛乘而作是言
汝等莫得樂住三界火宅勿貪麤弊色聲香味
觸也若貪著生愛則為所燒汝速出三界當得
三乘聲聞辟支佛佛乘我今為汝保任此事終不
虛也汝等但當勤修精進如來以是方便誘進衆
生復作是言汝等當知此三乘法皆是聖所稱歎
自在无繫无所依求乘是三乘以无漏根力覺
道禪定解脫三昧等而自娛樂便得无量安隱
快樂舍利弗若有衆生內有智性從佛世尊聞
法信受慇懃精進欲速出三界自求涅槃是名
聲聞乘如彼諸子為求羊車出於火宅若有衆
生從佛世尊聞法信受慇懃精進求自然惠樂

道禪定解脫三昧等而自娛樂便得无量安隱
快樂舍利弗若有衆生內有智性從佛世尊聞
法信受懃懃精進欲速出三界自求涅槃是名
聲聞乘如彼諸子為求羊車出於火宅若有衆
生從佛世尊聞法信受懃懃精進求自然慧樂
獨善寂深知諸法因緣是名辟支佛乘如彼諸
子為求鹿車出於火宅若有衆生從佛世尊聞
法信受勤脩精進求一切智佛智自然智无
師智如來知見力无所畏愍念安樂无量衆生
利益天人度脫一切是名大乘菩薩求此乘故
名為摩訶薩如彼諸子為求牛車出於火宅
舍利弗如彼長者見諸子等安隱得出火宅到
无畏處自惟財富无量等以大車而賜諸子如來
亦復如是為一切衆生之父若見无量億千衆生
以佛教門出三界苦怖畏險道得涅槃樂如來爾
便作是念我有无量无邊智慧力无畏等諸
佛法藏是諸衆生皆是我子等與大乘不令
有人獨得滅度皆以如來滅度而滅度之是諸衆
生脫三界者悉與諸佛禪定解脫等娛樂
之具皆是一相一種聖所稱歎能生淨妙第一之
樂舍利弗如彼長者初以三車誘引諸子然後
但與大車寶物莊嚴安隱第一然彼長者无虛
妄之咎如來亦復如是无有虛妄初說三乘
引導衆生然後但以大乘而度脫之何以故如
來有无量智慧力无所畏諸法之藏能與一切
衆生大乘之法但不能盡受舍利弗以是因緣
當知諸佛方便力故於一切佛乘分別說三佛
欲重宣此義而說偈言
譬如長者 有一大宅 其宅久故 而復頓弊

來有无量智慧力无所畏諸法之藏能與一切
衆生大乘之法但不能盡受舍利弗以是因緣
當知諸佛方便力故於一切佛乘分別說三佛
欲重宣此義而說偈言
譬如長者 有一大宅 其宅久故 而復頓弊
堂舍高危 柱根摧朽 梁棟傾斜 基陛頹毀
墻壁圮坼 泥塗褫落 覆苫亂墜 椽梠差脫
周障屈曲 雜穢充遍 有五百人 止住其中
鵄梟鵰鷲 烏鵲鳩鴿 蚖蛇蝮蠍 蜈蚣蚰蜒
守宮百足 狖狸鼷鼠 諸惡虫輩 交橫馳走
屎尿臭處 不淨流溢 蜣蜋諸虫 而集其上
狐狼野干 咀嚼踐蹋 嚌齧死屍 骨肉狼藉
由是群狗 競來搏撮 飢羸慞惶 處處求食
鬪爭摣掣 啀喍嗥吠 其舍恐怖 變狀如是
處處皆有 魑魅魍魎 夜叉惡鬼 食噉人肉
毒虫之屬 諸惡禽獸 孚乳產生 各自藏護
夜叉競來 爭取食之 食之既飽 惡心轉熾
鬪諍之聲 甚可怖畏 鳩槃荼鬼 蹲踞土埵
或時離地 一尺二尺 往返遊行 縱逸嬉戲
捉狗兩足 撲令失聲 以腳加頸 怖狗自樂
復有諸鬼 其身長大 裸形黑瘦 常住其中
發大惡聲 叫呼求食 復有諸鬼 其咽如針
復有諸鬼 首如牛頭 或食人肉 或復噉狗
頭髮蓬亂 殘害凶險 飢渴所逼 叫喚馳走
夜叉餓鬼 諸惡鳥獸 飢急四向 窺看窗牖
如是諸難 恐畏无量
是朽故宅 屬于一人 其人近出 未久之間
於後宅舍 忽然火起 四面一時 其焰俱熾
棟梁椽柱 爆聲震裂 摧折墮落 墻壁崩倒
諸鬼神等 揚聲大叫 鵰鷲諸鳥 鳩槃荼等

夜叉餓鬼　諸惡鳥獸　飢急四向　窺看窓牖
如是諸難　恐畏无量
是朽故宅　屬于一人　其人近出　未久之間
於後宅舍　忽然火起　四面一時　其焰俱熾
棟梁椽柱　爆聲震裂　摧折墮落　墻壁崩倒
諸鬼神等　揚聲大叫　鵰鷲諸鳥　鳩槃荼等
周章惶怖　不能自出　惡獸毒虫　藏竄孔穴
毗舍闍鬼　亦住其中　薄福德故　為火所逼
共相殘害　飲血噉肉　野干之屬　並已前死
諸大惡獸　競來食噉　臭烟熢㶿　四面充塞
蜈蚣蚰蜒　毒虵之類　為火所燒　爭走出穴
鳩槃荼鬼　隨取而食　又諸餓鬼　頭上火然
飢渴熱惱　周章悶走　其宅如是　甚可怖畏
毒害火災　眾難非一　是時宅主　在門外立
聞有人言　汝諸子等　先因遊戲　來入此宅
稚小无知　歡娛樂著　長者聞已　驚入火宅
方宜救濟　令无燒害　告喻諸子　說眾患難
惡鬼毒虫　災火蔓莚　眾苦次第　相續不絕
毒虵蚖蝮　及諸夜叉　鳩槃荼鬼　野干狐狗
鵰鷲鵄梟　百足之屬　飢渴惱急　甚可怖畏
此苦難處　況復大火　諸子无知　雖聞父誨
猶故樂著　嬉戲不已　是時長者　而作是念
諸子如此　益我愁惱　今此舍宅　无一可樂
而諸子等　耽湎嬉戲　不受我教　將為火害
即便思惟　設諸方便　告諸子等　我有種種
珍玩之具　妙寶好車　羊車鹿車　大牛之車
今在門外　汝等出來　吾為汝等　造作此車
隨意所樂　可以遊戲　諸子聞說　如此諸車
即時奔競　馳走而出　到於空地　離諸苦難

即便思惟　設諸方便　告諸子等　我有種種
珍玩之具　妙寶好車　羊車鹿車　大牛之車
今在門外　汝等出來　吾為汝等　造作此車
隨意所樂　可以遊戲　諸子聞說　如此諸車
即時奔競　馳走而出　到於空地　離諸苦難
長者見子　得出火宅　住於四衢　坐師子座
而自慶言　我今快樂　此諸子等　生育甚難
愚小无知　而入險宅　多諸毒虫　魑魅可畏
大火猛焰　四面俱起　而此諸子　貪樂嬉戲
我已救之　令得脫難　是故諸人　我今快樂
爾時諸子　知父安坐　皆詣父所　而白父言
願賜我等　三種寶車　如前所許　諸子出來
當以三車　隨汝所欲　今正是時　唯垂給與
長者大富　庫藏眾多　金銀琉璃　車𤦲馬瑙
以眾寶物　造諸大車　莊校嚴飾　周匝欄楯
四面懸鈴　金繩交絡　真珠羅網　張施其上
金華諸瓔　處處垂下　眾綵雜飾　周帀圍繞
柔軟繒纊　以為茵蓐　上妙細㲲　價直千億
鮮白淨潔　以覆其上　有大白牛　肥壯多力
形體姝好　以駕寶車　多諸儐從　而侍衛之
以是妙車　等賜諸子　諸子是時　歡喜踊躍
乘是寶車　遊於四方　嬉戲快樂　自在无㝵
告舍利弗　我亦如是　眾聖中尊　世間之父
一切眾生　皆是吾子　深著世樂　无有慧心
三界无安　猶如火宅　眾苦充滿　甚可怖畏
常有生老　病死憂患　如是等火　熾然不息
如來已離　三界火宅　寂然閑居　安處林野
今此三界　皆是我有　其中眾生　悉是吾子
而今此處　多諸患難　唯我一人　能為救護

一切衆生　皆是吾子　深著世樂　无有慧心
三界无安　猶如火宅　衆苦充滿　甚可怖畏
常有生老　病死憂患　如是等火　熾然不息
如來已離　三界火宅　寂然閑居　安處林野
今此三界　皆是我有　其中衆生　悉是吾子
而今此處　多諸患難　唯我一人　能為救護
雖復教詔　而不信受　於諸欲染　貪著深故
以是方便　為說三乘　令諸衆生　知三界苦
開示演說　出世間道　是諸子等　若心決定
具足三明　及六神通　有得緣覺　不退菩薩
汝舍利弗　我為衆生　以此譬喻　說一佛乘
汝等若能　信受是語　一切皆當　得成佛道
是乘微妙　清淨苐一　於諸世間　為无有上
佛所悅可　一切衆生　所應稱讚　供養礼拜
无量億千　諸力解脫　禪定智慧　及佛餘法
得如是乘　令諸子等　日夜劫數　常得遊戲
與諸菩薩　及聲聞衆　乘此寶車　直至道場
以是因緣　十方諦求　更无餘乘　除佛方便
告舍利弗　汝諸人等　皆是吾子　我則是父
汝等累劫　衆苦所燒　我皆濟拔　令出三界
我雖先說　汝等滅度　但盡生死　而實不滅
今所應作　唯佛智慧　若有菩薩　於是衆中
能一心聽　諸佛實法　諸佛世尊　雖以方便
所化衆生　皆是菩薩　若人小智　深著愛欲
為此等故　說於苦諦　衆生心喜　得未曾有
佛說苦諦　真實无異　若有衆生　不知苦本
深著苦因　不能暫捨　為是等故　方便說道
諸苦所因　貪欲為本　若滅貪欲　无所依止
滅盡諸苦　名第三諦　為滅諦故　修行於道

能一心聽　諸佛實法　諸佛世尊　雖以方便
所化衆生　皆是菩薩　若人小智　深著愛欲
為此等故　說於苦諦　衆生心喜　得未曾有
佛說苦諦　真實无異　若有衆生　不知苦本
深著苦因　不能暫捨　為是等故　方便說道
諸苦所因　貪欲為本　若滅貪欲　无所依止
滅盡諸苦　名苐三諦　為滅諦故　修行於道
離諸苦縛　名得解脫　是人於何　而得解脫
但離虛妄　名為解脫　其實未得　一切解脫
佛說是人　未實滅度　斯人未得　无上道故
我意不欲　令至滅度　我為法王　於法自在
安隱衆生　故現於世　汝舍利弗　我此法印
為欲利益　世間故說　在所遊方　勿妄宣傳
若有聞者　隨喜頂受　當知是人　阿鞞跋致
若有信受　此經法者　是人已曾　見過去佛
恭敬供養　亦聞是法　若有人能　信汝所說
則為見我　亦見於汝　及比丘僧　并諸菩薩
斯法華經　為深智說　淺識聞之　迷惑不解
一切聲聞　及辟支佛　於此經中　力所不及
汝舍利弗　尚於此經　以信得入　況餘聲聞
其餘聲聞　信佛語故　隨順此經　非已智分
又舍利弗　憍慢懈怠　計我見者　莫說此經
凡夫淺識　深著五欲　聞不能解　亦勿為說
若人不信　毀謗此經　則斷一切　世間佛種
或復顰蹙　而懷疑惑　汝當聽說　此人罪報
若佛在世　若滅度後　其有誹謗　如斯經典
見有讀誦　書持經者　輕賤憎嫉　而懷結恨
此人罪報　汝今復聽　其人命終　入阿鼻獄
具足一劫　劫盡更生　如是展轉　至无數劫
從地獄出　當墮畜生　若狗野干　其形頹瘦

又舍利弗　憍慢懈怠　計我見者　莫說此經
凡夫淺識　深著五欲　聞不能解　亦勿為說
若人不信　毀謗此經　則斷一切　世間佛種
或復顰蹙　而懷疑惑　汝當聽說　此人罪報
若佛在世　若滅度後　其有誹謗　如斯經典
見有讀誦　書持經者　輕賤憎嫉　而懷結恨
此人罪報　汝今復聽　其人命終　入阿鼻獄
具足一劫　劫盡更生　如是展轉　至无數劫
從地獄出　當墮畜生　若狗野干　其形頞瘦
黧黮疥癩　人所觸嬈　又復為人　之所惡賤
常困飢渴　骨肉枯竭　生受楚毒　死被瓦石
斷佛種故　受斯罪報　若作駱駝　或生驢中
身常負重　加諸杖捶　但念水草　餘无所知
謗斯經故　獲罪如是　有作野干　來入聚落
身體疥癩　又无一目　為諸童子　之所打擲
受諸苦痛　或時致死　於此死已　更受蟒身
其形長大　五百由旬　聾騃无足　宛轉腹行
為諸小虫　之所唼食　晝夜受苦　无有休息
謗斯經故　獲罪如是　若得為人　諸根闇鈍
矬陋攣躄　盲聾背傴　有所言說　人不信受
口氣常臭　鬼魅所著　貧窮下賤　為人所使

BD05527號　妙法蓮華經卷二　（14–14）

以布施力得具相　八十種好悉嚴淨
淨持戒力无能動　明人思量所不得
佛持戒心清淨故　人中師子所作成
如來智力更无比　以无怖畏勝三界
如師子王眾中吼　超過一切諸外道
尒時毗盧遮那阿脩羅王所設供養亦如
毗摩質多阿脩羅王設供養已乘七寶車遶
佛三帀手執眾寶以散如來復以偈頌而讚佛
曰
諸眾皆集牟尼所　淨心瞻仰如來面
一切現前覩世尊　斯則如來不共相
佛以一音演說法　種種隨心各皆解
世尊說應眾生機　斯則如來不共相
佛以音演演說法　眾生隨類各得解
稱意所欲知其義　斯則如來不共相
佛以一音演說法　或有脩進或調伏
或有獲得无學果　斯則如來不共法
尒時目真隣陁阿脩羅王所設供養亦如毗
摩質多阿脩羅王脩供養已乘七寶車遶
佛三帀手執赤真珠以散佛上說偈讚曰
[illegible]

BD05528號　大寶積經（兌廢稿）卷六二　（2–1）

佛三帀手執新寶以散如來復以偈頌而讚佛
日
諸衆皆集牟尼所　淨心瞻仰如來面
一切現前覩世尊　斯則如來不共相
佛以一音演説法　種種隨心各皆解
世尊説應衆生根　斯則如來不共相
佛以音演演説法　衆生隨類各得解
稱意所欲知其數　斯則如來不共相
佛以一音演説法　或有脩進或調伏
或有獲得无學果　斯則如來不共法
尒時目真隣陁阿脩羅王所設供養亦如毗
摩質多阿脩羅王脩供養已乘七寶車遶
佛三帀手執赤真珠以散佛上説偈讚曰
放喜淨心敬信佛　離於傲慢无邪見
順佛所含不放逸　是為脩行无比子
諸法自性不可得　如夢行欲悉皆虛
但隨想起非實有　世尊知法亦如是
如秋時雲水月中　逮成无如最上生
不能成滿明智
妙人畢如不錯悟　涤樂佛法精進者
分別諸法悉如夢　於佛法中不放逸
　　　　　　　　得見如實妙三昧
尒時毗摩質多阿脩羅王等有六十那由他

BD05528 號　大寶積經（兑廢稿）卷六二　　（2–2）

大乘无量壽經
如是我聞一時薄伽梵在舍衛國祇樹給孤獨園與大苾芻僧千二百五十人大菩薩摩訶
薩衆俱同會坐尒時世尊告曼殊室利童子曼殊上方有世界名无量功德聚彼土有佛
号无量智決定王如來阿羅多羅三藐三菩提現為衆生開示説法曼殊諦聽南閻浮提
人皆短壽大限百年於中殀枉横死者衆曼殊如是无量壽如來功德名稱法要
若有衆生得聞名号若自書或使人書能為經卷受持讀誦若於舍宅所住之處
以種種花鬘瓔珞塗香末香而為供養如其命盡復得延年滿足百歲如是曼殊若有
衆生得聞是无量壽智決定王如來一百八名号者益其長壽若有衆生大命將盡憶念
是如來名号更得增壽如是曼殊若有善男子善女人欲求長命於是无量壽如來一
百八名号有得聞者或自書若使人書受持讀誦得如是等果報福德具足陁羅尼曰
南謨薄伽勃底一阿波唎蜜多二阿喻紇硯娜三須毗你悉指陁四囉佐耶五怛他羯他耶六怛姪
他唵七薩婆桑悉迦囉八鉢唎輸底九達磨底十伽迦娜十一莎訶某特伽底十二莎訶娑毗輸底
十三摩訶娜耶十四波唎婆唎莎訶十五
世尊復告曼殊室利如是如來一百八名号若有自書或使人書為經卷受持讀誦
如壽命盡復滿百年壽終此身後得往无量福智世界无量壽淨土陁羅尼曰
南謨薄伽勃底一阿波唎蜜多二阿喻紇硯娜三須毗你悉指陁四囉佐耶五怛他羯他耶六怛
姪他唵七薩婆桑悉迦囉八鉢唎輸底九達磨底十伽迦娜十一莎訶某特伽底十二莎婆婆毗
輸底十三摩訶娜耶十四波唎婆囉莎訶十五
尒時有九十九殑伽沙佛等一時同聲説是无量壽宗要經陁羅尼曰
南謨薄伽勃底一阿波唎蜜多二阿喻紇硯娜三須毗你悉指陁四囉佐耶五怛他羯他耶六怛
姪他唵七薩婆桑悉迦囉八波唎輸底九達磨底十伽迦娜十一莎訶某特伽底十二莎婆
婆毗輸底十三摩訶娜耶十四波唎婆唎莎訶十五
尒時復有一百四殑伽沙佛一時同聲説是无量壽宗要經陁羅尼曰

BD05529 號　無量壽宗要經　　（6–1）

南謨薄伽勃底一阿波唎蜜多二阿喻紇硯娜三須毗你失指陀四囉佐耶五怛他羯他耶六怛
姪他唵七薩婆桑悉迦囉八鉢唎輸底九達摩底十伽伽娜十一莎訶娑特迦底十二薩婆婆毗
輸底十三摩訶娜耶十四波唎婆羅莎訶十五
尒時有九十九姟佛等一時同聲說是无量壽宗要經陀羅尼曰
南謨薄伽勃底一阿波唎蜜多二阿喻紇硯娜三須毗你失指陀四囉佐耶五怛他羯他耶六怛
姪他唵七薩婆桑悉迦囉八波唎輸底九達摩底十伽伽娜十一莎訶娑特迦底十二薩婆
婆毗輸底十三摩訶娜耶十四波唎婆唎莎訶十五
尒時復有一百四姟佛一時同聲說是无量壽宗要經陀羅尼曰
南謨薄伽勃底一阿波唎蜜多二阿喻紇硯娜三須毗你失指陀四囉佐耶五怛他羯他耶六怛姪他
唵七薩婆桑悉迦囉八波唎輸底九達摩底十伽伽娜十一莎訶娑特迦底十二薩婆婆毗輸底十三
摩訶娜耶十四波唎婆羅莎訶十五
尒時復有七姟佛一時同聲說是无量壽宗要經陀羅尼曰　南謨薄伽勃底一
阿波唎蜜多二阿喻紇硯娜三須毗志指陀四囉佐耶五怛他羯他耶六怛姪他唵七薩婆桑悉迦囉八
波唎輸底九達摩底十伽伽娜十一莎訶娑特迦底十二薩婆婆毗輸底十三摩訶娜耶十四波唎婆羅
莎訶十五　尒時復有六十五姟佛一時同聲說是无量壽宗要經陀羅尼曰
南謨薄伽勃底一阿波唎蜜多二阿喻紇硯娜三須毗你失指陀四囉佐耶五怛他羯他耶六怛姪他唵七
薩婆桑悉迦囉八波唎輸底九達摩底十伽伽娜十一莎訶娑特迦底十二薩婆婆毗輸底十三摩訶
娜耶十四波唎婆羅莎訶十五
尒時復有五十五姟佛一時同聲說是无量壽宗要經陀羅尼曰
南謨薄伽勃底一阿波唎蜜多二阿喻紇硯娜三須毗你失指陀四囉佐耶五怛他羯他耶六怛姪他唵七
薩婆桑悉迦囉八波唎輸底九達摩底十伽伽娜十一莎訶娑特迦底十二薩婆婆毗輸底十三摩訶
娜耶十四波唎婆羅莎訶十五
尒時復有四十五姟佛一時同聲說是无量壽宗要經陀羅尼曰　南謨薄伽勃底一
阿波唎蜜多二阿喻紇硯娜三須毗你失指陀四囉佐耶五怛他羯他耶六怛姪他唵七薩婆桑悉迦
囉八波唎輸底九達摩底十伽伽娜十一莎訶娑特迦底十二薩婆婆毗輸底十三摩訶娜耶十四波
唎婆羅莎訶十五　尒時復有三十六姟佛一時同聲說是无量壽宗要經陀羅尼曰
南謨薄伽勃底一阿波唎蜜多二阿喻紇硯娜三須毗你失指陀四囉佐耶五怛他羯他耶六怛姪他
唵七薩婆桑悉迦囉八波唎輸底九達摩底十伽伽娜十一莎訶娑特迦底十二薩婆婆毗輸底十三
摩訶娜耶十四波唎婆羅莎訶十五
尒時復有二十五姟佛一時同聲說是无量壽宗要經陀羅尼曰　南謨薄伽勃底一阿
波唎蜜多二阿喻紇硯娜三須毗你失指陀四囉佐耶五怛他羯他耶六怛姪他唵七薩婆桑悉迦囉八

BD05529號　無量壽宗要經　（6–2）

唎婆羅莎訶十五　尒時復有三十六姟佛一時同聲說是无量壽宗要經陀羅尼曰
南謨薄伽勃底一阿波羅蜜多二阿喻紇硯娜三須毗你失指陀四囉佐耶五怛他羯他耶六怛姪他
唵七薩婆桑悉迦囉八波唎輸底九達摩底十伽伽娜十一莎訶娑特迦底十二莎婆婆毗輸底十三
摩訶娜耶十四波唎婆羅莎訶十五
尒時復有二十五姟佛一時同聲說是无量壽宗要經陀羅尼曰　南謨薄伽勃底一阿
波唎蜜多二阿喻紇硯娜三須毗你失指陀四囉佐耶五怛他羯他耶六怛姪他唵七薩婆桑悉迦囉八
波唎輸底九達摩底十伽伽娜十一莎訶娑特迦底十二薩婆婆毗輸底十三摩訶娜耶十四波唎婆唎
莎訶十五　尒時復有恒河沙姟佛一時同聲說是无量壽宗要經陀羅尼曰
南謨薄伽勃底一阿波唎蜜多二阿喻紇硯娜三須毗你失指陀四囉佐耶五怛他羯他耶六怛姪他唵七
薩婆桑悉迦囉八達摩底十伽伽娜十一莎訶娑特迦底十二薩婆婆毗輸底十三摩訶娜耶十四波唎婆唎
莎訶十五　善男子若有自書寫教人書寫是无量壽宗要經如其命盡復得長壽而滿
年陀羅尼曰　南謨薄伽勃底一阿波唎蜜多二阿喻紇硯娜三須毗你失指陀四囉佐耶五怛他羯他
耶六怛姪他唵七薩婆桑悉迦囉八波唎輸底九達摩底十伽伽娜十一莎訶娑特迦底十二薩婆婆毗輸底十三
摩訶娜耶十四波唎婆羅莎訶十五
若有自書寫教人書寫是无量壽宗要經讀誦受持畢竟不墮地獄在在所生得宿命
智陀羅尼曰　南謨薄伽勃底一阿波唎蜜多二阿喻紇硯娜三須毗你失指陀四囉佐耶五怛
他羯他耶六怛姪他唵七薩婆桑悉伽囉八波唎輸底九達摩底十伽伽娜十一莎訶娑特迦底十二薩
婆婆毗輸底十三摩訶娜耶十四波唎婆羅莎訶十五
若有自書寫教人書寫是无量壽宗要經讀誦受持畢竟不墮地獄在在所生得宿命智陀
羅尼曰　南謨薄伽勃底一阿波唎蜜多二阿喻紇硯娜三須毗你失指陀四囉佐耶五怛他
羯他耶六怛姪他唵七薩婆桑悉迦囉八波唎輸底九達摩底十伽伽娜十一莎訶娑特迦底十二薩婆
婆毗輸底十三摩訶娜耶十四波唎婆羅莎訶十五
若有自書教人書寫是无量壽宗要經受持讀誦如同書寫八万四千一切經典陀羅尼曰
南謨薄伽勃底一阿波唎蜜多二阿喻紇硯娜三須毗你失指陀四囉佐耶五怛他羯他耶六怛姪他唵七
薩婆桑悉迦囉八波唎輸底九達摩底十伽迦底十一莎訶娑特迦底十二薩婆婆毗輸底十三摩訶
娜耶十四波唎婆羅莎訶十五
若有自書寫教人書寫是无量宗要經即是書寫八万四千部建立塔廟陀羅尼曰
南謨薄伽勃底一阿波唎蜜多二阿喻紇硯娜三須毗你失指陀四囉佐耶五怛他羯他耶六怛姪
他唵七波婆桑迦羅八波唎輸底九達摩底十伽迦娜十一莎訶娑特迦底十二薩婆婆毗輸底十三摩
訶娜耶十四波唎婆羅莎訶十五
若有自書寫教人書寫是是无量壽宗要經能滅五无間等一切重罪陀羅尼曰
南謨薄伽勃底一阿波唎蜜多二阿喻紇硯娜三須毗你失指陀四囉佐耶怛他羯他耶怛姪他

BD05529號　無量壽宗要經　（6–3）

南謨薄伽勃底一阿波唎蜜多二阿諭紇硯娜三須毗你悉指陀四囉佐耶五怛他羯他耶六怛姪
他唵七薩婆桑悉迦囉八波唎輸底九達磨底十伽迦娜十一莎訶糸特迦底十二薩婆婆毗輸底十三摩
訶娜耶十四波唎婆囉莎訶十五
若有自書寫教人書寫是无量壽宗要經能消五无間等一切重罪陀羅尼曰
南謨薄伽勃底阿波唎蜜多阿諭紇硯娜須毗你悉指陀囉佐耶怛他羯他耶怛姪他
唵薩婆桑悉迦囉波唎輸底達磨底伽迦娜莎訶糸特迦底薩婆婆毗輸底
摩訶娜耶波唎婆囉莎訶十五
若有自書寫教人書寫是无量壽宗要經受持讀誦設有重罪猶如須彌盡能除滅陀羅尼曰
南謨薄伽勃底阿波唎蜜多阿諭紇硯娜須毗你悉指陀囉佐耶怛他羯他耶怛姪他唵
薩婆桑悉迦囉波唎輸底達摩底伽迦娜莎訶糸特迦底薩婆婆毗輸底摩訶
娜耶波唎婆囉莎訶十五
若有自書寫教人書是无量壽宗要經受持讀誦若天魔魔之眷屬夜叉羅剎不得侵終
无枉死陀羅尼曰　南謨薄伽勃底一阿波唎蜜多二阿諭紇硯娜三須毗你悉指陀四囉佐
耶五怛他羯他耶六怛姪他唵七薩婆桑悉迦囉八波唎輸底九達磨底十伽迦娜十一莎訶糸特迦
底十二薩婆婆毗輸底十三摩訶娜耶十四波唎婆囉莎訶十五
若有自書寫教人書寫是无量壽宗要經受持讀誦當命終時有九十九俱胝佛現其人前
象十佛授手彼人遊一切佛剎莫於此經生於疑惑陀羅尼曰　南謨薄伽勃底一阿波
唎蜜多二阿諭紇硯娜三須毗你悉指陀四囉佐耶五怛他羯他耶六怛姪他唵七薩婆桑悉迦囉八
波唎輸底九達磨底十伽迦娜十一莎訶糸特迦底十二薩婆婆毗輸底十三摩訶娜耶十四波唎婆唎
莎訶十五　若有自書寫教人書寫是无量壽宗要經受持讀誦常得四天大王隨其
衛護陀羅尼曰　南謨薄伽勃底一阿波唎蜜多二阿諭紇硯娜三須毗你悉指陀四怛他羯他
耶六怛姪他唵七薩婆桑悉迦囉八波唎輸底九達磨底十伽迦娜十一莎訶糸特迦底十二薩婆婆毗輸
底十三摩訶娜耶十四波唎婆囉莎訶十五
若有自書寫教人書寫是无量壽宗要經受持讀誦當得往生西方極樂世界阿彌陀淨土陀羅
尼曰　南謨薄伽勃底一阿波唎蜜多二阿諭紇硯娜三須毗你悉指陀四囉佐耶五怛他羯他耶六怛姪
他唵七薩婆桑悉迦囉八波唎輸底九達磨底十伽迦娜十一莎訶糸特迦底十二薩婆婆毗輸底十三摩訶
娜耶十四波唎婆囉莎訶十五
若有方所自書寫使人書寫是无量壽宗要經典之處則為是塔皆應恭敬作禮若是畜生
或為鳥獸得聞是經如是等類皆當不久成一切種智陀羅尼曰
南謨薄伽勃底一阿波唎蜜多二阿諭紇硯娜三須毗你悉指陀四囉佐耶五怛他羯他耶六怛姪他唵七
薩婆桑悉迦囉八波唎輸底九達磨底十伽迦娜十一莎訶糸特迦底十二薩婆婆毗輸底十三摩訶

BD05529號　無量壽宗要經

（6–4）

南謨薄伽勃底一阿波唎蜜多二阿諭紇硯娜三須毗你悉指陀四囉佐耶五怛他羯他耶六怛姪他唵七
薩婆桑悉迦囉八波唎輸底九達磨底十伽迦娜十一莎訶糸特迦底十二薩婆婆毗輸底十三摩訶
娜耶十四波唎婆囉莎訶十五
若有於是无量壽宗要經自書寫使人書畢竟不受女人之身陀羅尼曰
南謨薄伽勃底一阿波唎蜜多二阿諭紇硯娜三須毗你悉指陀四囉佐耶五怛他羯他耶六怛姪他唵七薩婆
桑悉迦囉八波唎輸底九達磨底十伽迦娜十一莎訶糸特迦底十二薩婆婆毗輸底十三摩訶娜耶十四波
唎婆囉莎訶十五　若有能於是經少分布施者當於三千大千世界滿中七寶布施陀
羅尼曰　南謨薄伽勃底一阿波唎蜜多二阿諭紇硯娜三須毗你悉指陀四怛他羯他
怛姪他唵七薩婆桑悉迦囉八波唎輸底九達磨底十伽迦娜十一莎訶糸特迦底十二薩婆婆毗輸
底十三摩訶娜耶十四波唎婆囉莎訶十五
若有供養是經者則是供養一切諸經等无有異陀羅尼曰
南謨薄伽勃底一阿波唎蜜多二阿諭紇硯娜三須毗你悉指陀四囉佐耶五怛他羯他耶六怛姪他唵
薩婆桑悉迦囉八波唎輸底九達磨底十伽迦娜十一莎訶糸特迦底十二薩婆婆毗輸底十三
摩訶娜耶十四波唎婆囉莎訶十五
如是毗婆尸佛弃佛毗舍浮佛俱留孫佛俱那含牟尼佛迦葉佛釋迦牟尼佛
若有人以七寶供養如是七佛其福有限書寫受持是无量壽經典所有功德不可限
量陀羅尼曰
南謨薄伽勃底一阿波唎蜜多二阿諭紇硯娜三須毗你悉指陀四囉佐耶五怛他羯他耶六怛姪他唵
薩婆桑悉迦囉八波唎輸底九達磨底十伽迦娜十一莎訶糸特迦底十二薩婆婆毗輸底十三摩訶娜耶
波唎婆囉莎訶十五
若有七寶等於須彌以用布施其福上能知其限量是无量壽經典其福不可知數陀
羅尼曰　南謨薄伽勃底一阿波唎蜜多二阿諭紇硯娜三須毗你悉指陀四囉佐耶五怛他羯他
怛姪他唵七薩婆桑悉迦囉八波唎輸底九達磨底十伽迦娜十一莎訶糸特迦底十二薩婆婆毗輸
底十三摩訶娜耶十四波唎婆囉莎訶十五
如是四大海水可知滴數是无量壽經典所生果報不可數量陀羅尼曰
南謨薄伽勃底一阿波唎蜜多二阿諭紇硯娜三須毗你悉指陀四囉佐耶五怛他羯他耶六怛姪他唵七薩
婆桑悉迦囉八波唎輸底九達磨底十伽迦娜十一莎訶糸特迦底十二薩婆婆毗輸底十三
摩訶娜耶十四波唎婆囉莎訶十五
若有人自書使人書寫是无量壽經典又能讀持供養即如恭敬供養一切十方
佛土如來无有別異陀羅尼曰
南謨薄伽勃底一阿波唎蜜多二阿諭紇硯娜三須毗你悉指陀四囉佐耶五怛他羯他耶六怛姪

BD05529號　無量壽宗要經

（6–5）

波唎婆灑莎訶十五

若有七寶等於須弥以用布施其福上能知其限量是无量壽經典其福不可知數陁

羅尼曰　南謨薄伽勃底一阿波唎蜜哆二阿喻紇硯娜三須毗你栺陁四囉佐耶五怛他羯他耶六

怛姪他唵七　薩婆桑悉迦囉八波唎輸底九達磨底十伽迦娜十一莎訶某持迦底十二薩婆婆毗輸

底十三摩訶娜耶十四波唎婆灑莎訶十五

如是四大海水可知渧數是无量壽經典所生果報不可數量陁羅尼曰

南謨薄伽底一阿波唎蜜哆二阿喻紇硯娜三須毗你恚栺陁四囉佐耶五怛他羯他耶六怛姪他唵七　薩

婆桑悉迦囉八波唎輸底九達磨底十伽迦娜十一莎訶某持迦底十二薩婆婆毗輸底十三

摩訶娜耶十四波唎婆灑莎訶十五

若有人自書使人書寫是无量壽經典又能讀持供養即如恭敬供養一切十方

佛土如来无有別異陁羅尼曰

南謨薄伽勃底一阿波唎蜜哆二阿喻紇硯娜三須毗你恚栺陁四囉佐耶五怛他羯他耶六怛姪

他唵七　薩婆桑迦囉八波唎輸底九達磨底十莎訶某特迦底上薩婆婆毗輸底十二摩

訶娜耶十四莎訶娑灑莎訶十五

布施力能成正覺　悟布施力人師子　布施力能聲善聞　慈悲階漸最能入

持戒力能成正覺　悟持戒力人師子　持戒力能聲善聞　慈悲階漸最能入

忍辱力能成正覺　悟忍辱力人師子　忍辱力能聲善聞　慈悲階漸最能入

精進力能成正覺　悟精進力人師子　精進力能聲善聞　慈悲階漸最能入

禪定力能成正覺　悟禪定力人師子　禪定力能聲善聞　慈悲階漸最能入

智慧力能成正覺　悟智慧力人師子　智慧力能聲善聞　慈悲階漸最能入

尒時如来說是經已一切世間天人阿脩羅揵闥婆等聞佛所說皆大歡喜信受奉行

佛說无量壽宗要經

BD05529 號　無量壽宗要經　（6–6）

善男子善女人

一日若二日若

若七日一心不　　日阿弥陁

與諸聖衆現在其前是人終時心不顛倒即

得往生阿弥陁佛極樂國土舍利弗我見是

利故說此言若有衆生聞是說者應當發

願生彼國土

舍利弗如我今者讚嘆阿弥陁佛不可思議

功德東方亦有阿閦鞞佛須弥相佛大須弥

佛須弥光佛妙音佛如是等恒河沙數諸佛

各於其國出廣長舌相遍覆三千大千世界

說誠實言汝等衆生當信是稱讚不可思

議功德一切諸佛所護念經

舍利弗南方世界有日月燈佛名聞光佛大

焰肩佛須弥燈佛无量精進佛如是等恒河

沙數諸佛各於其國出廣長舌相遍覆三千

大千世界說誠實言汝等衆生當信是稱

讚不可思議功德一切諸佛所護念經

舍利弗西方世界有无量壽佛无量相佛无

量幢佛大光佛大明佛寶相佛淨光佛如是

BD05530 號 1　阿彌陀經　（4–1）

焰肩佛須弥燈佛无量精進佛如是等恒河
沙數諸佛各於其國出廣長舌相遍覆三千
大千世界說誠實言汝等衆生當信是稱
讚不可思議功德一切諸佛所護念經
舍利弗西方世界有无量壽佛无量相佛无
量幢佛大光佛大明佛寶相佛淨光佛如是
等恒河沙數諸佛各於其國出廣長舌相遍
覆三千大千世界說誠實言汝等衆生當信
是稱讚不可思議功德一切諸佛所護念經
舍利弗北方世界有焰肩佛最勝音佛難阻
佛日生佛網明佛如是等恒河沙數諸佛各
於其國出廣長舌相遍覆三千大千世界說
誠實言汝等衆生當信是稱讚不可思議
功德一切諸佛所護念經
舍利弗下方世界有師子佛名聞佛名光佛
達摩佛法幢佛持法佛如是等恒河沙數諸
佛各於其國出廣長舌相遍覆三千大千世
界說誠實言汝等衆生當信是稱讚不可思
議功德一切諸佛所護念經
舍利弗上方世界有梵音佛宿王佛香上佛
香光佛大焰肩佛雜色寶華嚴身佛娑羅樹
王佛寶華德佛見一切義佛如須弥山佛如
是等恒河沙數諸佛各於其國出廣長舌相
遍覆三千大千世界說誠實言汝等衆生當
信是稱讚不可思議功德一切諸佛所護念
經

BD05530號1　阿彌陀經　（4–2）

王佛寶華德佛見一切義佛如須弥山佛如
是等恒河沙數諸佛各於其國出廣長舌相
遍覆三千大千世界說誠實言汝等衆生當
信是稱讚不可思議功德一切諸佛所護念
經
舍利弗於汝意云何何故名一切諸佛所護念
經舍利弗若有善男子善女人聞是諸佛所
說名及經名者是諸善男子善女人皆為一切
諸佛共所護念皆得不退轉於阿耨多羅三
藐三菩提是故舍利弗汝等皆當信受我語
及諸佛所說舍利弗若有人已發願今發願
當發願欲生阿弥陁佛國者是諸人等皆得
不退轉於阿耨多羅三藐三菩提於彼國土
若已生若今生若當生是故舍利弗諸善男
子善女人若有信者應當發願生彼國土舍
利弗如我今者稱讚諸佛不可思議功德彼
諸佛等亦稱說我不可思議功德而作是
言釋迦牟尼佛能為甚難希有之事能於
娑婆國土五濁惡世劫濁見濁煩惱濁衆生濁
命濁中得阿耨多羅三藐三菩提為諸衆生
說是一切世間難信之法舍利弗當知我於
五濁惡世行此難事得阿耨多羅三藐三
菩提為一切世間說此難信之法是為甚難
佛說此經已舍利弗及諸比丘一切世間天
人阿脩羅等聞佛所說歡喜信受
阿弥陁佛說呪曰

BD05530號1　阿彌陀經　（4–3）

說是一切世間難信之法舍利弗當知我於
五濁惡世行此難事得阿耨多羅三藐三
菩提爲一切世間說此難信之法是爲甚難
佛說此經已舍利弗及諸比丘一切世間天
人阿脩羅等聞佛所說歡喜信受
阿弥陁佛說呪曰
那上謨上菩上陁夜藥可反下同 那謨䭾囉摩夜那
謨僧伽夜那摩阿弭多婆上夜跢丁可反下同他伽多
夜阿上阿羅上訶上藐三藐三菩陁夜跢姪他
阿上弭唎上藐阿弭唎都婆鞞菩迷反下同 阿弭唎
哆三婆鞞上阿弭唎跢鞞迦嚩藐伽弭你
伽伽那稽居移反唎底迦上嚟娑上囉皤波皱叉
楚我反 燴迦嚟一切惡業盡 娑婆訶
呪中諸口傍字皆依本音轉舌言之无口者
依字讀

BD05530 號 2　阿彌陀佛說咒　（4–4）

多病痟瘦　无所依怙　雖親附人　人不在意
若有所得　尋復忘失　若脩醫道　順方治病
更增他疾　或復致死　若自有病　无人救療
設服良藥　而復增劇　若他反逆　抄劫竊盜
如是等罪　横羅其殃　如斯罪人　永不見佛
衆聖之王　說法教化　如斯罪人　常生難處
狂聾心亂　永不聞法　於无數劫　如恒河沙
生輒聾瘂　諸根不具　常處地獄　如遊園觀
在餘惡道　如己舍宅　駝驢猪狗　是其行處
謗斯經故　獲罪如是　若得爲人　聾盲瘖瘂
貧窮諸衰　以自在嚴　水腫乾痟　疥癩癰疽
如是等病　以爲衣服　身常臭處　垢穢不淨
深著我見　增益瞋恚　婬欲熾盛　不擇禽獸
謗斯經故　獲罪如是　告舍利弗　謗斯經者
若說其罪　窮劫不盡　以是因緣　我故語汝
无智人中　莫說此經　若有利根　智慧明了
多聞强識　求佛道者　如是之人　乃可爲說
若人曾見　億百千佛　殖諸善本　深心堅固
如是之人　乃可爲說　若人精進　常脩慈心
不惜身命　乃可爲說　若人恭敬　无有異心
離諸凡愚　獨處山澤　如是之人　乃可爲說

BD05531 號　妙法蓮華經卷二　（10–1）

多聞強識　求佛道者　如是之人　乃可為說
若人曾見　億百千佛　殖諸善本　深心堅固
如是之人　乃可為說　若人精進　常修慈心
不惜身命　乃可為說　若人恭敬　无有異心
離諸凡愚　獨處山澤　如是之人　乃可為說
又舍利弗　若見有人　捨惡知識　親近善友
如是之人　乃可為說　若見佛子　持戒清潔
如淨明珠　求大乘經　如是之人　乃可為說
若人无瞋　質直柔軟　常愍一切　恭敬諸佛
如是之人　乃可為說　復有佛子　於大眾中
以清淨心　種種因緣　譬喻言辭　說法无导
如是之人　乃可為說　若有比丘　為一切智
四方求法　合掌頂受　但樂受持　大乘經典
乃至不受　餘經一偈　如是之人　乃可為說
如人至心　求佛舍利　如是求經　得已頂受
其人不復　志求餘經　亦未曾念　外道典籍
如是之人　乃可為說
告舍利弗　我說是相　求佛道者　窮劫不盡
如是等人　則能信解　汝當為說　妙法華經

妙法蓮華經信解品第四

尒時慧命須菩提摩訶迦旃延摩訶迦葉摩
訶目揵連從佛所聞未曾有法世尊授舍利弗
阿耨多羅三藐三菩提記發希有心歡喜踊躍
即從座起整衣服偏袒右肩右膝著地一心合
掌曲躬恭敬瞻仰尊顏而白佛言我等居僧之
首年並朽邁自謂已得涅槃无所堪任不復進
求阿耨多羅三藐三菩提世尊往昔說法既久我
時在座身體疲懈但念空无相无作於菩薩法
遊戲神通淨佛國土成就眾生心不憙樂所以

阿耨多羅三藐三菩提記發希有心歡喜踊躍
即從座起整衣服偏袒右肩右膝著地一心合
掌曲躬恭敬瞻仰尊顏而白佛言我等居僧之
首年並朽邁自謂已得涅槃无所堪任不復進
求阿耨多羅三藐三菩提世尊往昔說法既久我
時在座身體疲懈但念空无相无作於菩薩法
遊戲神通淨佛國土成就眾生心不憙樂所以
者何世尊令我等出於三界得涅槃證又今我等
年已朽邁於佛教化菩薩阿耨多羅三藐三菩
提不生一心好樂之心我等今於佛前聞授聲聞阿
耨多羅三藐三菩提記甚歡喜得未曾有不謂於
今忽然得聞希有之法深自慶幸獲大善利无
量珎寶不求自得世尊我等今者說樂譬喻以明
斯義譬若有人年既幼稚捨父逃逝久住他國或
十二十至五十歲年既長大加復窮困馳騁四方以求
衣食漸漸遊行遇向本國其父先來求子不得中
止一城其家大富財寶无量金銀琉璃珊瑚虎珀頗
梨珠等其諸倉庫悉皆盈溢多有僮僕臣佐吏
民象馬車乘牛羊无數出入息利乃遍他國商估
賈客亦甚眾多時貧窮子遊諸聚落經歷國
邑遂到其父所止之城父每念子與子離別五十
餘年而未曾向人說如此事但自思惟心懷悔恨
自念老朽多有財物金銀珎寶倉庫盈溢无有子
息一旦終沒財物散失无所委付以是慇懃每憶其
子復作是念我若得子委付財物坦然快樂无復憂
慮世尊尒時窮子傭賃展轉遇到父舍住立門側
遙見其父踞師子牀寶几承足諸婆羅門剎利居士
皆恭敬圍繞以真珠瓔珞價直千万莊嚴其身吏
民僮僕手執白拂侍立左右覆以寶帳垂諸華幡

自念老朽多有財物金銀珍寶倉庫盈溢无有子
息一旦終沒財物散失无所委付是以慇懃每憶其
子復作是念我若得子委付財物坦然快樂无復憂
慮世尊尒時窮子傭賃展轉遇到父舍住立門側
遥見其父踞師子牀寶几承足諸婆羅門剎利居士
皆恭敬圍繞以真珠瓔珞價直千万莊嚴其身吏
民僮僕手執白拂侍立左右覆以寶帳垂諸華幡
香水灑地散衆名華羅列寶物出內取與有如是
等種種嚴飾威德特尊窮子見父有大力勢即
懷恐怖悔來至此竊作是念此或是王或是王
等非我傭力得物之處不如往至貧里肆力有地
衣食易得若久住此或見逼迫強使我作作是念
已疾走而去時富長者於師子座見子便識心大
歡喜即作是念我財物庫藏今有所付我常思念
此子无由見之而忽自來甚適我願我雖年朽猶
故貪惜即遣傍人急追將還尒時使者疾走往捉
窮子驚愕稱怨大喚我不相犯何為見捉使者
執之逾急強牽將還于時窮子自念无罪而被
囚執此必定死轉更惶怖悶絕躃地父遥見之而語
使言不須此人勿強將來以冷水灑面令得醒悟
莫復與語所以者何父知其子志意下劣自知豪
貴為子所難審知是子而以方便不語他人云是我
子使者語之我今放汝隨意所趣窮子歡喜得未曾
有從地而起往至貧里以求衣食尒時長者將欲誘引
其子而設方便密遣二人形色憔悴无威德者汝可詣
彼徐語窮子此有作處倍與汝直窮子若許將來
使作若言欲何所作便可語之雇汝除糞我等二人
亦共汝作時二使人即求窮子既得之具陳上事尒
時窮子先取其價尋與除糞其父見子愍而怪

BD05531號　妙法蓮華經卷二　（10–4）

其子而設方便密遣二人形色憔悴无威德者汝可詣
彼徐語窮子此有作處倍與汝直窮子若許將來
使作若言欲何所作便可語之雇汝除糞我等二人
亦共汝作時二使人即求窮子既得之具陳上事尒
時窮子先取其價尋與除糞其父見子愍而怪
之又以他日於窻牖中遥見子身羸瘦憔悴糞土
塵坌汙穢不淨即脫瓔珞細耎上服嚴飾之具更
著麁弊垢膩之衣塵土坌身右手執持除糞之
器狀有所畏語諸作人汝等勤作勿得懈息以方
便故得近其子後復告言咄男子汝常此作勿
復餘去當加汝價諸有所須瓮器米麪鹽醋之屬
莫自疑難亦有老弊使人須者相給好自安意我
如汝父勿復憂慮所以者何我年老大而汝少壯汝
常作時无有欺怠瞋恨怨言都不見汝有此諸惡
如餘作人自今已後如所生子即時長者更與作字
名之為兒尒時窮子雖欣此遇猶故自謂客作賤
人由是之故於廿年中常令除糞過是已後心相體
信入出无難然其所止猶在本處世尊尒時長者
有疾自知將死不久語窮子言我今多有金銀珍
寶倉庫盈溢其中多少所應取與汝悉知之我
心如是當體此意所以者何今我與汝便為不異
宜加用心无令漏失尒時窮子即受教勑領知衆
物金銀珍寶及諸庫藏而无希取一飡之意然其
所止故在本處下劣之心亦未能捨復經少時父知
子意漸已通泰成就大志自鄙先心臨欲終時而命
其子并會親族國王大臣剎利居士皆悉已集即
自宣言諸君當知此是我子我之所生於某城中捨
吾逃走跉跰辛苦五十餘年其本字某我名某甲
昔在本城懷憂推覓忽於此間遇會得之此實

BD05531號　妙法蓮華經卷二　（10–5）

所止故在本處下劣之心亦未能捨復經少時父知
子意漸已通泰成就大志自鄙先心臨欲終時而命
其子并會親族國王大臣剎利居士皆悉已集即
自宣言諸君當知此是我子我之所生於某城中捨
吾逃走跉跰辛苦五十餘年其本字某我名某甲
昔在本城懷憂推覓忽於此間遇會得之此實
我子我實其父今吾所有一切財物皆是子有先
所出內是子所知世尊是時窮子聞父此言即大歡
喜得未曾有而作是念我本无心有所希求今此
寶藏自然而至世尊大富長者則是如來我等皆
似佛子如來常說我等為子世尊我等以三苦故
於生死中受諸熱惱迷惑无知樂著小法今日世
尊令我等思惟蠲除諸法戲論之糞我等於中勤
加精進得至涅槃一日之價既得此已心大歡喜自
以為足而便自謂於佛法中勤精進故所得弘多
然世尊先知我等心著弊欲樂於小法便見縱捨
不為分別汝等當有如來知見寶藏之分世尊以
方便力說如來智慧我等從佛得涅槃一日之價以
為大得於此大乘无有志求我等又因如來智慧
為諸菩薩開示演說而自於此无有志願所以者何
佛知我等心樂小法以方便力隨我等說而我等不
知真是佛子今我等方知世尊於佛智慧无所悋惜
所以者何我等昔來真是佛子而但樂小法若我等
有樂大之心佛則為說我大乘法今此經中唯說一
乘而昔於菩薩前毀呰聲聞樂小法者然佛實以
大乘教化是故我等說本无心有所希求今法王
大寶自然而至如佛子所應得者皆已得之爾時摩
訶迦葉欲重宣此義而說偈言
我等今日　聞佛音教　歡喜踊躍　得未曾有
佛說聲聞　當得作佛　无上寶聚　不求自得

乘而昔於菩薩前毀呰聲聞樂小法者然佛實以
大乘教化是故我等說本无心有所希求今法王
大寶自然而至如佛子所應得者皆已得之爾時摩
訶迦葉欲重宣此義而說偈言
我等今日　聞佛音教　歡喜踊躍　得未曾有
佛說聲聞　當得作佛　无上寶聚　不求自得
譬如童子　幼稚无識　捨父逃逝　遠到他土
周流諸國　五十餘年　其父憂念　四方推求
求之既疲　頓止一城　造立舍宅　五欲自娛
其家巨富　多諸金銀　車𤦲馬瑙　真珠琉璃
象馬牛羊　輦輿車乘　田業僮僕　人民衆多
出入息利　乃遍他國　商估賈人　无處不有
千万億衆　圍繞恭敬　常為王者　之所愛念
群臣豪族　皆共宗重　以諸緣故　往來者衆
豪富如是　有大力勢　而年朽邁　益憂念子
夙夜惟念　死時將至　癡子捨我　五十餘年
庫藏諸物　當如之何　爾時窮子　求索衣食
從邑至邑　從國至國　或有所得　或无所得
飢餓羸瘦　體生瘡癬　漸次經歷　到父住城
傭賃展轉　遂至父舍　爾時長者　於其門內
施大寶帳　處師子座　眷屬圍繞　諸人侍衛
或有計算　金銀寶物　出內財產　注記券疏
窮子見父　豪貴尊嚴　謂是國王　若國王等
驚怖自怪　何故至此　覆自念言　我若久住
或見逼迫　強驅使作　思惟是已　馳走而去
借問貧里　欲往傭作　長者是時　在師子座
遙見其子　默而識之　即勑使者　追捉將來
窮子驚喚　迷悶躄地　是人執我　必當見殺
何用衣食　使我至此　長者知子　愚癡狹劣

或見逼迫　強驅使作　思惟是已　馳走而去
借問貧里　欲往傭作　長者是時　在師子座
遥見其子　默而識之　即勑使者　追捉將來
窮子驚喚　迷悶躄地　是人執我　必當見殺
何用衣食　使我至此　長者知子　愚癡狹劣
不信我言　不信是父　即以方便　更遣餘人
眇目矬陋　无威德者　汝可語之　云當相雇
除諸糞穢　倍與汝價　窮子聞之　歡喜隨來
為除糞穢　淨諸房舍　長者於牖　常見其子
念子愚劣　樂為鄙事　於是長者　著弊垢衣
執除糞器　往到子所　方便附近　語令勤作
既益汝價　并塗足油　飲食充足　薦席厚暖
如是苦言　汝當勤作　又以軟語　若如我子
長者有智　漸令入出　經二十年　執作家事
示其金銀　真珠頗梨　諸物出入　皆使令知
猶處門外　止宿草菴　自念貧事　我无此物
父知子心　漸已曠大　欲與財物　即聚親族
國王大臣　剎利居士　於此大衆　說是我子
捨我他行　經五十歲　自見子來　已二十年
昔於某城　而失是子　周行求索　遂來至此
凡我所有　舍宅人民　悉以付之　恣其所用
子念昔貧　志意下劣　今於父所　大獲珍寶
并及舍宅　一切財物　甚大歡喜　得未曾有
佛亦如是　知我樂小　未曾說言　汝等作佛
而說我等　得諸无漏　成就小乘　聲聞弟子
佛勑我等　說最上道　修習此者　當得成佛
我承佛教　為大菩薩　以諸因緣　種種譬喻
若干言辭　說无上道　諸佛子等　從我聞法
日夜思惟　精勤修習　是時諸佛　即授其記

佛亦如是　知我樂小　未曾說言　汝等作佛
而說我等　得諸无漏　成就小乘　聲聞弟子
佛勑我等　說最上道　修習此者　當得成佛
我承佛教　為大菩薩　以諸因緣　種種譬喻
若干言辭　說无上道　諸佛子等　從我聞法
日夜思惟　精勤修習　是時諸佛　即授其記
汝於來世　當得作佛　一切諸佛　秘藏之法
但為菩薩　演其實事　而不為我　說斯真要
如彼窮子　得近其父　雖知諸物　心不希取
我等雖說　佛法寶藏　自无志願　亦復如是
我等內滅　自謂為足　唯了此事　更无餘事
我等若聞　淨佛國土　教化衆生　都无欣樂
所以者何　一切諸法　皆悉空寂　无生无滅
无大无小　无漏无為　如是思惟　不生喜樂
我等長夜　於佛智慧　无貪无著　无復志願
而自於法　謂是究竟　我等長夜　修習空法
得脫三界　苦惱之患　住最後身　有餘涅槃
佛所教化　得道不虛　則為已得　報佛之恩
我等雖為　諸佛子等　說菩薩法　以求佛道
而於是法　永无願樂　導師見捨　觀我心故
初不勸進　說有實利　如富長者　知子志劣
以方便力　柔伏其心　然後乃付　一切財物
佛亦如是　現希有事　知樂小者　以方便力
調伏其心　乃教大智　我等今日　得未曾有
非先所望　而今自得　如彼窮子　得无量寶
世尊我今　得道得果　於无漏法　得清淨眼
我等長夜　持佛淨戒　始於今日　得其果報
法王法中　久修梵行　今得无漏　无上大果
我等今者　真是聲聞　以佛道聲　令一切聞
我等今者　真阿羅漢　於諸世間　天人魔梵

世尊我今 得道得果 於无漏法 得清淨眼
我等長夜 持佛淨戒 始於今日 得其果報
法王法中 久修梵行 今得无漏 无上大果
我等今者 真是聲聞 以佛道聲 令一切聞
我等今者 真阿羅漢 於諸世間 天人魔梵
普於其中 應受供養 世尊大恩 以希有事
憐愍教化 利益我等 无量億劫 誰能報者
手足供給 頭頂禮敬 一切供養 皆不能報
若以頂戴 兩肩荷負 於恒沙劫 盡心恭敬
又以美膳 无量寶衣 及諸卧具 種種湯藥
牛頭旃檀 及諸珎寶 以起塔廟 寶衣布地
如斯等事 以用供養 於恒沙劫 亦不能報
諸佛希有 无量无邊 不可思議 大神通力
无漏无爲 諸法之王 能爲下劣 忍于斯事
取相凡夫 隨宜爲說
諸佛於法 得冣自在 知諸衆生 種種欲樂
及其志力 隨所堪任 以无量喻 而爲說法
隨諸衆生 宿世善根 又知成熟 未成熟者
種種籌量 分別知已 於一乘道 隨宜說三

妙法蓮華經卷第二

BD05531號　妙法蓮華經卷二　（10–10）

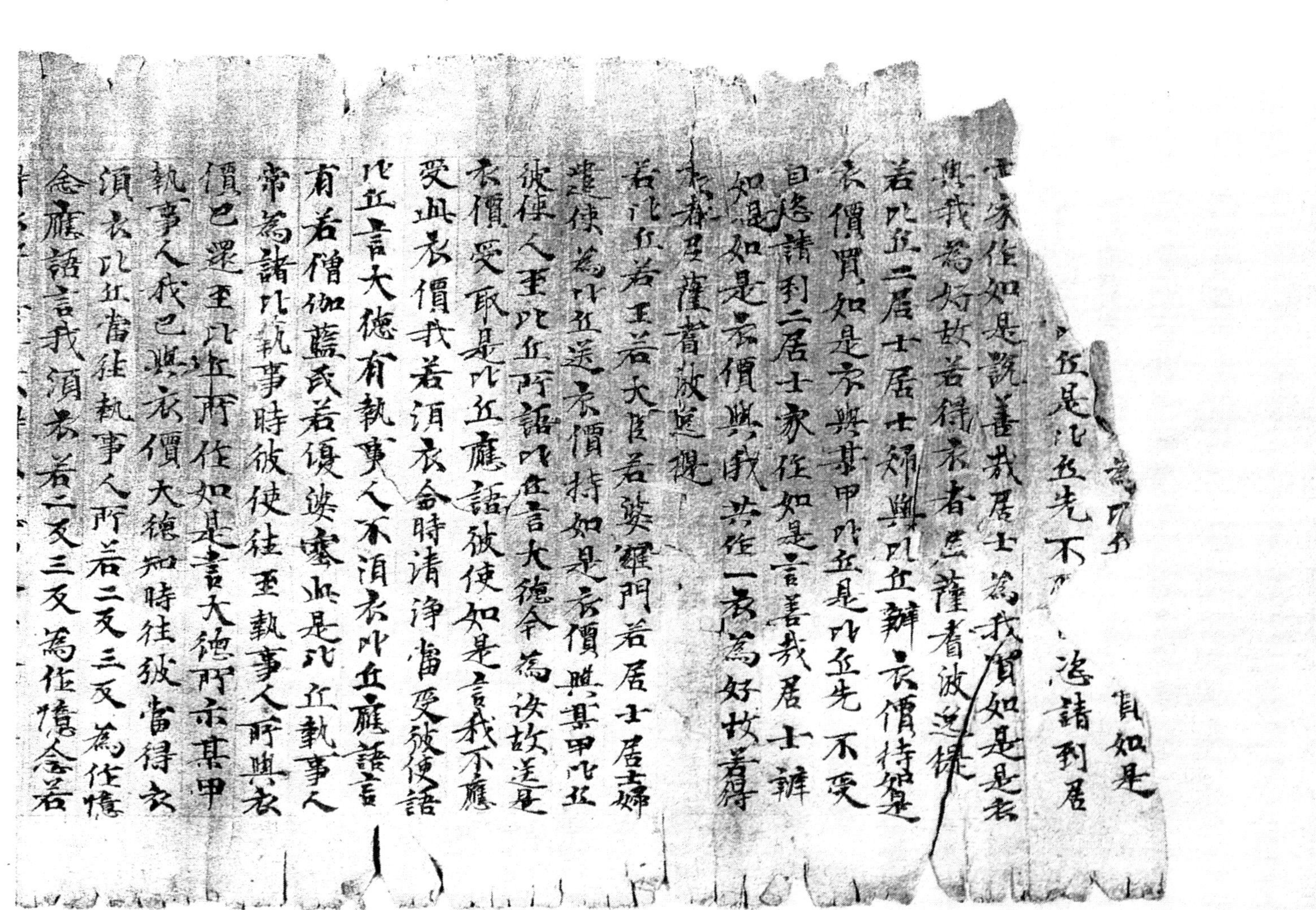

……貿如是
比丘是比丘先不……恣請到居
士家作如是說善哉居士爲我貿如是是衣
與我爲好故若得衣者尼薩耆波逸提
若比丘二居士居士婦與比丘辦衣價持是
衣價買如是衣與某甲比丘是比丘先不受
自恣請到二居士家作如是言善哉居士辦
如是如是衣價與我共作一衣爲好故若得
衣者尼薩耆波逸提
若比丘若王若大臣若婆羅門若居士居士婦
遣使爲比丘送衣價持如是衣價與某甲比丘
彼使人至比丘所語比丘言大德今爲汝故送是
衣價受取是比丘應語彼使如是言我不應
受此衣價我若須衣合時清淨當受彼使語
比丘言大德有執事人不須衣比丘應語言
有若僧伽藍民若優婆塞此是比丘執事人
常爲諸比丘執事時彼使往至執事人所與衣
價已還至比丘所作如是言大德所示某甲
執事人我已與衣價大德知時往彼當得衣
須衣比丘當往執事人所若二反三反爲作憶
念應語言我須衣若二反三反爲作憶念若

BD05532號　四分僧戒本　（2–1）

衣價受取是比丘應語彼使如是言我不應
受此衣價我若須衣合時清淨當受彼使語
比丘言大德有執事人不須衣比丘應語言
有若僧伽藍民若優婆塞此是比丘執事人
常為諸比丘執事時彼使往至執事人所與衣
價已還至比丘所作如是言大德所示某甲
執事人我已與衣價大德知時往彼當得衣
須衣比丘當往執事人所若二反三反為作憶
念應語言我須衣若二反三反為作憶念若
得衣者善若不得衣應四反五反六反在前
嘿然立若四反五反六反在前嘿然住得衣者
善若不得衣過是求得衣者尼
薩耆波逸提若不得衣從所得衣價處若自
往若遣使往語言汝先遣使持衣價與某比
丘是比丘竟不得衣汝還取莫使失此是時
若比丘雜野蠶綿作新臥具者尼薩耆波逸提
若比丘以新純黑羺羊毛作新臥具者尼薩耆
波逸提
若比丘作新臥具應用二分純黑羊毛三分白
四分尨若比丘不用二分黑三分白四分尨作新
臥具者尼薩耆波逸提
若比丘作新臥具持至滿六年若減六年不捨

BD05532號　四分僧戒本　（2–2）

與死勸死[illegible]
是比[illegible]數方便讚死譽死歎
若比丘尼實無所知自歎譽言我得過人法入聖智勝法
我知是我見是後於異時若問若不問欲求清
淨故大姊我實不知不見而言我知我見虛誑妄語除增
上慢是比丘尼波羅夷不共住
若比丘尼染污心共染污心男子從腋已下膝已上身相觸若
捉若摩若牽若推若上摩若下摩若舉若下若捉若
捺是比丘尼波羅夷不共住是身相觸也
若比丘尼染污心知男子染心受捉手捉衣入屏處共立共語
共行或身相倚身相倚或共期是比丘尼波羅夷不共住
犯此八事故
若比丘尼知比丘尼犯波羅夷不自舉不語眾人不白大眾若
於異時彼比丘尼或命終或眾中舉或休道眾後作是言
我先知有如是如是罪是比丘尼波羅夷不共住覆重罪故
若比丘尼知比丘僧為作舉如法如律如佛所教不順從不懺悔
僧未舉作共住而順從諸比丘尼語言大姊此比丘為僧所舉如
法如律如佛所教不順從不懺悔僧未與作共住汝莫順從如
是比丘尼諫彼比丘尼時是事堅持不捨彼比丘尼應乃至第二
第三諫令捨此事故若乃至三諫捨者善不捨者是比丘尼

BD05533號　四分比丘尼戒本　（16–1）

[illegible]
我先知有如是如是罪是比丘尼波羅夷不共住覆重罪故
若比丘尼知比丘僧為作舉如法如律如佛所教不順從不懺悔
僧未與作共住而順從諸比丘尼語言大姊此比丘為僧所舉如
法如律如佛所教不順從不懺悔僧未與作共住汝莫順從如
是比丘尼諫彼比丘尼時是事堅持不捨彼比丘尼應乃至第二
第三諫令捨此事故若乃至三諫捨者善不捨者是比丘尼
波羅夷不共住犯隨舉
諸大姊我已說八波羅夷法若比丘尼犯一一波羅夷法不得與
諸比丘尼共住如前後亦如是是比丘尼得波羅夷罪不應共
住今問諸大德是中清淨不 如是至三
諸大姊是中清淨默然故是事如是持
諸大姊是十七僧伽婆尸沙法半月半月說戒經中來
若比丘尼媒嫁持男意語女持女語語男若為成婦事若
為私通事乃至須臾頃是比丘尼犯初法應捨僧伽婆尸沙
若比丘尼瞋恚不喜以無根波羅夷法謗欲破彼清淨行後
於異時若問若不問知如是事根說我瞋恚故作如是語比丘
犯初法應捨僧伽婆尸沙
若比丘尼瞋恚不喜於異分事中取片非波羅夷比丘尼以無
根波羅夷法謗欲破彼梵行後於異時若問若不問知是異
分事中取片彼比丘尼住瞋恚故作如是說是比丘尼犯初法
應捨僧伽婆尸沙
若比丘尼詣官言人若居士若居士兒若奴若客作人若晝若夜若
一念頃若彈指頃若須臾頃時此比丘尼犯初法應捨僧伽婆尸沙
若比丘尼先知是賊女罪應死多人所知不問王大臣不問種姓
便度出家受具足戒是比丘尼犯初法應捨僧伽婆尸沙
若比丘尼知比丘尼為僧所舉如法如律如佛所教不順從未懺悔
僧未與作共住羯磨為愛故不問僧僧不約勅出界外作羯磨與

BD05533號　四分比丘尼戒本

（16–2）

應捨僧伽婆尸沙
若比丘尼詣官言人若居士若居士兒若奴若客作人若晝若夜若
一念頃若彈指頃若須臾頃時此比丘尼犯初法應捨僧伽婆尸沙
若比丘尼先知是賊女罪應死多人所知不問王大臣不問種姓
便度出家受具足戒是比丘尼犯初法應捨僧伽婆尸沙
若比丘尼知比丘尼為僧所舉如法如律如佛所教不順從未懺悔
僧未與作共住羯磨為愛故不問僧僧不約勅出界外作羯磨與
界罪是比丘尼犯初法應捨僧伽婆尸沙
若比丘尼獨渡水獨入村獨宿獨在後行是比丘尼犯初法應捨
僧伽婆尸沙
若比丘尼染汙心知染汙心男子從彼受可食者及食并餘物
是比丘尼犯初法應捨僧伽婆尸沙
若比丘教比丘尼作如是語大姊彼有染汙心無染汙心能那如
何汝自無染汙心於彼若得食以時清淨受取此比丘尼犯初法應
捨僧伽婆尸沙
若比丘教比丘尼作如是語大姊彼有染汙心無染汙心能那如何
汝自無染汙心於彼若得食以時清淨受取此比丘尼犯初法
應捨僧伽婆尸沙
若比丘尼欲壞和合僧方便破僧法堅持不捨是比丘尼應諫
彼比丘尼言大姊汝莫壞和合僧莫方便壞和合僧莫受破
僧法堅持不捨大姊應與僧和合與僧和合歡喜不諍同
一師學如水乳合於佛法中有增益安樂住是比丘尼諫彼比丘
尼時堅持不捨是比丘尼應三諫捨此事故乃至三諫捨者善不
捨者是比丘尼犯三法應捨僧伽婆尸沙
若比丘尼有餘比丘尼群黨若一若二若三乃至無數彼比丘尼
語是比丘尼言大姊汝莫諫此比丘此比丘尼法語比丘尼律語比丘尼
此比丘尼所說我等喜樂此比丘尼所說我等忍可是比丘尼語
彼比丘尼言大姊莫作是說言此比丘尼是法語比丘尼律語比丘

BD05533號　四分比丘尼戒本

（16–3）

尼時不捨是比丘尼應三諫捨此事故乃至三諫捨者善不
捨者是比丘尼犯三法應捨僧伽婆尸沙
若比丘尼有餘比丘尼群黨若一若二若三乃至无數彼比丘尼
語是比丘尼言大姊汝莫諫此比丘尼此比丘尼法語比丘尼律語比丘尼
此比丘尼所說我等喜樂此比丘尼所說我等忍可是比丘尼語
彼比丘尼言大姊莫作是說言此比丘尼是法語比丘尼律語比丘
尼此比丘尼所說我等喜樂此比丘尼所說我忍可何以故此
比丘尼所說非法語非律語大姊莫欲破壞和合僧當樂欲和合
僧與僧和合歡喜不諍同一師學如水乳合於佛法中有增
益安樂住是比丘尼諫彼比丘尼時堅持不捨是比丘尼應三諫
捨此事故乃至三諫捨者善不捨者是比丘尼犯三法應
捨僧伽婆尸沙
若比丘尼依城邑若村落住汙他家行惡行行惡行亦見亦
聞汙他家亦見聞是比丘尼諫彼比丘尼言大姊汝汙他家行惡
行行惡亦見亦聞汙他家亦見亦聞大姊汝汙他家行惡
行今可離此村落去不須住此彼比丘尼語此比丘尼言大
姊諸比丘尼有愛有恚有怖有癡有如是同罪比丘尼有駈者有不
駈者是諸比丘尼語彼比丘尼言大姊莫作是語有愛有恚有怖有
癡亦莫言有如是同罪比丘尼有駈者有不駈者何以故而諸比丘尼
不愛不恚不怖不癡有如是同罪比丘尼有駈者有不駈者
大姊汙他家行惡行行惡行亦見亦聞汙他家亦見亦聞是
比丘尼諫彼比丘時堅持不捨是比丘尼應三諫捨此事故乃
三諫捨者善不捨者是比丘尼犯三法應捨僧伽婆尸沙
若比丘尼惡性不受人語於戒法中諸比丘尼如法諫時已自身
受人語大姊汝莫向我說若好若惡我亦不向汝說若好若惡
諸大姊且止莫諫我是比丘尼當諫彼比丘尼言大姊汝莫自身
不受諫語大姊自身當受諫語大姊汝法諫諸比丘尼諸比丘
亦當如法諫大姊如是佛弟子衆得增益展轉相諫展轉相

BD05533號　四分比丘尼戒本　（16–4）

三諫捨者善不捨者是比丘尼犯三法應捨僧伽婆尸沙
若比丘尼惡性不受人語於戒法中諸比丘尼如法諫時已自身
受人語大姊汝莫向我說若好若惡我亦不向汝說若好若惡
諸大姊且止莫諫我是比丘尼當諫彼比丘尼言大姊汝莫自身
不受諫語大姊自身當受諫語大姊汝法諫諸比丘尼諸比丘
亦當如法諫大姊如是佛弟子衆得增益展轉相諫展轉相
教展轉懺悔是比丘尼如是諫時堅持不捨是比丘尼應三諫捨此
事故乃至三諫捨者善不捨者是比丘尼犯三法應捨僧伽
婆尸沙
若比丘尼相親近住共作惡行惡聲流布展轉共相覆罪是比丘
尼當諫彼比丘尼言大姊汝莫相親近共住作惡行惡聲
流共相覆罪汝等若不相親近於佛法中得增益安樂住是比丘
諫彼比丘尼時堅持不捨是比丘尼應三諫捨此事故乃至三諫
捨者善不捨者是比丘尼犯三法應捨僧伽婆尸沙
若比丘尼比丘尼僧為作呵諫是餘比丘尼教作如是言汝等莫別住當
共住我亦見餘比丘尼不別住不別住共作惡行惡聲流布共
相覆罪僧以恚故教汝別住是比丘尼應諫彼比丘尼言大汝莫教
餘比丘尼言汝等莫別住我亦見餘比丘尼共住共作惡行惡聲流
布共相覆罪僧以恚故教汝別住今僧有此二比丘尼共住共作惡
聲流布共相覆罪更无有餘若此比丘尼住於佛法中有增安樂
住是比丘尼諫彼比丘尼時堅持不捨是比丘尼應三諫令捨此事
故乃至三諫捨者善不捨者是比丘尼犯三法應捨僧伽婆尸沙
若比丘尼趣一小事瞋恚不喜便便作是言我捨佛捨法捨僧不
獨有此沙門釋子亦更有餘沙門婆羅門梵行者我等亦可
修梵行是比丘尼當諫彼比丘尼言大姊汝趣以一小事瞋恚不
喜便作是我捨法捨僧不獨有此沙門釋子亦更有沙門婆羅
修梵行者我等亦可於彼修梵行若是比丘尼諫彼比丘尼時堅
持不捨彼比丘尼應三諫捨此事故乃至三諫捨者善不捨者是

BD05533號　四分比丘尼戒本　（16–5）

若比丘尼趣一小事瞋恚不喜便作是言我捨佛捨法捨僧不
獨有此沙門釋子亦更有餘沙門婆羅門梵行者我等亦可
脩梵行是比丘尼當諫彼比丘尼言大姊汝趣以一小事瞋恚不
喜便作是我捨法捨僧不獨有此沙門釋子亦更有沙門婆羅
脩梵行者我等亦可於彼脩梵行若是比丘尼諫彼比丘尼時堅
持不捨彼比丘尼應三諫捨此事故乃至三諫捨者善不捨者是
比丘尼犯三法應捨僧伽婆尸沙
若比丘尼喜鬪諍不善憶持諍事後瞋恚作如是語僧有愛有恚有
怖有癡汝自有愛有恚有怖有癡是比丘尼應諫彼比丘尼言妹汝
莫喜鬪諍不善憶持後瞋恚作如是語僧有愛有恚有怖有
癡而僧不愛不恚不怖不癡汝有愛有恚有怖有癡是比丘尼諫
彼比丘尼時堅持不捨彼比丘尼應三諫捨此事故乃至三諫捨
者善不捨者是比丘尼犯三法應捨僧伽婆尸沙
諸大姊我已說十七僧伽婆尸沙法九初犯罪八乃至三諫若比丘尼
犯一一法應半月二部僧中行摩那埵已行摩那埵已餘有出罪應
二部四十僧中出是比丘尼罪若少一人不滿四十眾出是比丘尼罪
是比丘尼罪是不得除諸比丘尼亦可呵此是時今問諸大姊是中
清淨不 如是至三
諸大姊是中清淨默然故是事如是持
金色
諸大姊是三十尼薩耆波逸提法半月半月說戒經中來
若比丘尼衣已竟迦絺那衣已捨畜長衣經十日不淨施得畜若
過者尼薩耆波逸提
若比丘尼衣已竟迦絺那衣已捨五衣中若離一一衣異處宿經一
夜除僧羯磨尼薩耆波逸提
若比丘尼衣已竟迦絺那衣已捨若得非時衣欲須便受受已疾
疾成衣若足者善若不足者得畜一月為滿足故若過畜者尼
薩耆波逸提

若比丘尼衣已竟迦絺那衣已捨五衣中若離一一衣異處宿經一
夜除僧羯磨尼薩耆波逸提
若比丘尼衣已竟迦絺那衣已捨若得非時衣欲須便受受已疾
疾成衣若足者善若不足者得畜一月為滿足故若過畜者尼
薩耆波逸提
若比丘尼從非親里居士居士婦乞衣除餘時尼薩耆波逸提
餘時者若奪衣失衣燒衣漂衣是名餘時
若比丘尼奪衣失衣燒衣漂衣若非親里居士若居士婦自恣請多
與衣是比丘尼當知足受衣若過受尼薩耆波逸提
若比丘尼居士居士婦為比丘尼辦衣價具如是衣價與某甲比丘尼
是比丘尼先不受自恣請到居士家作如是說善哉居士為我
辦如是如是衣價與我為好故若得衣者尼薩耆波逸提
若比丘尼二居士居士婦與比丘尼辦衣價我曹辦如是衣價與某甲比丘
尼是比丘尼先不受自恣請到二居士家作如是言善哉居士
辦如是如是衣價與我共作一衣為好故若得衣者尼薩
耆波逸提
若比丘尼若王若大臣若婆羅門若居士居士婦遣使為比丘尼
送衣價持如是衣價與某甲比丘尼彼使至比丘尼所語言阿夷為
汝送衣價受取是比丘尼語彼使如是言我不應受此衣
價我若須衣合時清淨當受彼使語比丘尼言阿夷有執事
不須衣比丘尼言有若僧伽藍民若優婆塞此是比丘尼執事人
人常為比丘尼執事彼使至執事所與衣價已還到比丘尼所如是言
阿夷所示某甲執事人我已與衣價大姊如是往彼當得衣
比丘尼若須衣者當往執事人所二反三反語言我須衣若二反
三反為作憶念得衣者善若不不得衣四反五反六反在前默
然立令彼憶念若四反五反六反在前默然住得衣者善若不得
衣過是求得衣者尼薩耆波逸提

人常爲比丘尼執事彼使至執事所與衣價已還到比丘尼所如是言
阿夷所示某甲執事人我已與衣價大姊如是往彼當得衣
比丘尼若須衣者當往執事人所二反三反語言我須衣若二反
三反爲作憶念得衣者善若不得衣四反五反六反在前默
然立令彼憶念若四反五反六反在前默然住得衣者善若不得
衣過是求得衣者尼薩耆波逸提
若不得衣從所得價處若自往若遣使往語言汝先遣使持衣
價與某甲比丘尼是比丘尼竟不得衣汝還取莫使失此是時
若比丘尼自取金銀若錢若教人取若口可受者尼薩耆波逸提
若比丘尼種種賣買寶物者尼薩耆波逸提
若比丘尼種種販賣者尼薩耆波逸提
若比丘尼畜鉢減五綴不漏更求新鉢爲好故尼薩耆波逸提
是比丘尼當持此鉢於尼衆中捨從次第貿至下鉢以下座鉢與此
比丘尼言妹持此鉢乃至破此是時
若比丘尼自求縷使非親里織師織作衣者薩波逸提
若比丘尼居士居士婦使織師爲比丘尼織作衣彼比丘尼先不受自恣
請便往到彼所語織師言此衣爲我極好織令廣長堅緻
齊整好我當少多與汝價若比丘尼與價乃至一食直得
者尼薩耆波逸提
若比丘尼與比丘尼衣已後瞋恚故若自奪若教人奪取還我衣
來不與汝是比丘尼應還衣彼取衣者尼薩耆波提逸
若比丘尼有病畜藥酥油生酥蜜石蜜得食殘宿乃至七日得服
若過七日服者尼薩耆波逸提
若比丘尼十日未滿夏三月若有急施衣比丘尼知急施衣應受受
已乃至衣時應畜若過畜者尼薩耆波逸提
若比丘尼知物向僧自求入己者尼薩耆波逸提
若比丘尼欲索是更索彼者尼薩耆波逸提
若比丘尼知檀越所爲僧施異迴作餘用者尼薩耆波逸提

BD05533號　四分比丘尼戒本　（16–8）

若過七日服者尼薩耆波逸提
若比丘尼十日未滿夏三月若有急施衣比丘尼知急施衣應受受
已乃至衣時應畜若過畜者尼薩耆波逸提
若比丘尼知物向僧自求入己者尼薩耆波逸提
若比丘尼欲索是更索彼者尼薩耆波逸提
若比丘尼知檀越所爲僧施異迴作餘用者尼薩耆波逸提
若比丘尼所爲施物異自求爲僧迴作異用者尼薩耆波逸提
若比丘尼檀越所施物異迴作餘用者尼薩耆波逸提
若比丘尼檀越所施物異自求爲僧迴餘用者尼薩耆波逸提
若比丘尼畜長鉢者尼薩耆波逸提
若比丘尼多畜好色器者尼薩耆波逸提
若比丘尼許他比丘尼病衣後不與者尼薩耆波逸提
若比丘尼以非時衣受作是衣者尼薩耆波逸提
若比丘尼與比丘尼貿易衣後瞋恚還自奪取若使人奪妹還我
衣來我不與汝汝衣屬汝我衣還我者尼薩耆波逸提
若比丘尼乞重衣齋價直四張氎過者尼薩耆波逸提
若比丘尼欲乞輕衣極重價直兩張半氎過者尼薩耆波逸提
諸大姊我已說三十尼薩耆波逸提法今問諸大姊是中清淨不 三說
諸大姊是中清淨默然故是事如是持　蓮華色
諸大姊是一百七十八波逸提法半月半月說戒經中來
若比丘尼故妄語者波逸提
若比丘尼兩舌語者波逸提
若比丘尼毀呰語者波逸提
若比丘尼與男子同室宿者波逸提
若比丘尼共未受大戒女人同一室宿若過二宿者波逸提
若比丘尼與未受具戒人共誦法者波逸提
若比丘尼知他比丘尼犯麤罪向未受大戒人說除僧羯磨波逸提
若比丘尼向未受大戒人說過人法言我知是我見是實者波逸提
若比丘尼與男子說法過五六語除有知女人波逸提
若比丘尼自掘地若教人掘波逸提

BD05533號　四分比丘尼戒本　（16–9）

若比丘尼與男子同室宿者波逸提
若比丘尼共未受大戒女人同一室宿若過二宿者波逸提
若比丘尼與未受具戒人共誦法者波逸提
若比丘尼知他犯麁惡罪向未受大戒人說除僧羯磨波逸提
若比丘尼向未受大戒人說過人法言我知是我見是實者波逸提
若比丘尼與男子說法過五六語除有知女人波逸提
若比丘尼自掘地若教人掘波逸提
若比丘尼壞鬼神村者波逸提
若比丘尼妄作異語惱他者波逸提
若比丘尼嫌罵者波逸提
若比丘尼取僧繩床若木床若臥具坐褥露地自敷若教人敷
捨去不自舉不教人舉波逸提
若比丘尼於僧房中取僧臥具自敷若教人敷在中若坐若臥
從處捨去自不舉不教人舉波逸提
若比丘尼知比丘尼先住處後來於中間敷臥具止宿念言彼若
嫌迮者自當避我去作如是因緣非餘非威儀波逸提
若比丘尼瞋他比丘尼不喜眾僧房中自牽出若教人牽出者
波逸提
若比丘尼若在重閣上脫脚繩床若木床若坐若臥波逸提
若比丘尼知水有虫自有澆泥若草若教人澆者波逸提
若比丘尼作大房戶扉窗牖及餘莊飾具指授覆苫齊二三節
若過者波逸提
若比丘尼施一食處无病比丘尼應一食若過授者波逸提
若比丘尼別眾食除異時波逸提　異時者病時作衣時施衣
時道行時乘船時大會時沙門施食是此是時
若比丘尼至檀越家殷勤請與餅麨飯比丘尼欲須者當二三鉢
應受持至寺內分與餘比丘尼食若比丘尼无病過三鉢受至
寺中不分與餘比丘尼食者波逸提
若比丘尼非時食者波逸提　若比丘尼殘宿食者波逸提
若比丘尼不受食及藥著口中除水楊枝波逸提

BD05533號　四分比丘尼戒本

(16–10)

時道行時乘船時大會時沙門施食是此是時
若比丘尼至檀越家殷勤請與餅麨飯比丘尼欲須者當二三鉢
應受持至寺內分與餘比丘尼食若比丘尼无病過三鉢受至
寺中不分與餘比丘尼食者波逸提
若比丘尼非時食者波逸提　若比丘尼殘宿食者波逸提
若比丘尼不受食及藥著口中除水楊枝波逸提
若比丘尼先受請已若前食後食行詣餘家不囑餘比丘尼除餘
時波逸提　餘時者病時作衣時施衣時此是時
若比丘尼食家中有寶強安坐者波逸提
若比丘尼食家中有寶在屏處坐者波逸提
若比丘尼獨與男子露地一處共坐者波逸提
若比丘尼語比丘尼如是語大姊共汝至聚落當與汝食彼
比丘尼竟不教與是比丘尼食如是言大姊去我與汝一處共
坐共語不樂我獨坐獨語樂以是因緣非餘方便遣去波逸提
若比丘尼請比丘尼四月與藥无病比丘尼應受若過受除常
請更請分請盡形請波逸提
若比丘尼往觀軍陣除是因緣波逸提
若比丘尼有因緣至軍中若二宿三宿過者波逸提
若比丘尼軍中住若二宿三宿或時觀軍鬪諍若觀遊軍象
馬勢力波逸提　若比丘尼飲酒者波逸提
若比丘尼水中戲者波逸提　若比丘尼以指相擊攊者波逸提
若比丘尼不受諫者波逸提　若比丘尼恐怖他比丘尼波逸提
若比丘尼半月洗浴无病比丘尼應受若過受除餘時波逸提
異時者熱時病時作時風時雨時遠行來時此是時
若比丘尼无病為炙身故露地然火若教人然除餘時波逸提
若比丘尼藏他比丘尼若衣若坐具鉢筒自藏教人藏下至戲
笑者波逸提
若比丘尼淨施比丘尼式叉摩那沙彌沙彌尼衣後不問主取著

BD05533號　四分比丘尼戒本

(16–11)

若比丘尼半月洗浴不病比丘尼應受若過受除餘時波逸提
餘時者熱時病時作時風時雨時遠行來時此是時
若比丘尼無病為炙身故露地然火若教人然除餘時波逸提
若比丘尼藏他比丘尼若衣若坐具鉢筒自藏教人藏下至戲
笑者波逸提
若比丘尼淨施比丘尼式叉摩那沙彌沙彌尼衣後不問主取著
波逸提
若比丘尼得新衣當作三種染壞色青黑木蘭若比丘尼得　衣不三
種染壞色青黑木蘭新衣持者波逸提
若比丘尼故斷畜生命者波逸提　蓮華色
若比丘尼知水有蟲飲者波逸提
若比丘尼故惱他比丘尼乃至少時不樂波逸提
若比丘尼知比丘有麁惡罪覆藏者波逸提
若比丘尼知諍事如法懺悔已後更發舉者波逸提
若比丘尼知是賊伴共期一道行乃至一聚落波逸提
若比丘尼作如是語我知佛所說法行婬欲非鄣道法彼比丘尼
諫此比丘尼言大姊莫作是語莫謗世尊謗世尊者不善世尊不作是
語世尊無數方便說婬欲是鄣道法彼比丘尼諫此比丘尼時
堅持不捨彼比丘尼乃至三諫令捨是事乃至三諫時捨者善
不捨者彼逸提
若比丘尼知如是語人未作法如是邪見而不捨若畜同一羯磨同
一止宿波逸提
若比丘尼知沙彌尼作如語我知佛所說法行婬欲非鄣道法彼比丘
尼諫此沙彌尼言汝莫是語莫誹謗世尊謗世尊者不善世尊
不作是語沙彌世尊無數方便說婬欲是鄣道法犯婬欲是
鄣道法彼比丘尼諫此沙彌尼時堅持不捨彼比丘尼應乃至三呵諫彼
比丘尼捨此事故乃至三諫時捨者善不捨者彼比丘尼應語是
是沙彌尼言汝自今已去非佛弟子不得隨餘比丘尼行如諸沙

BD05533號　四分比丘尼戒本　（16–12）

不尊作是語沙彌世尊無數方便說婬欲是鄣道法犯婬欲　是
鄣道法彼比丘尼諫此沙彌尼時堅持不捨彼比丘尼應乃至三呵諫彼
比丘尼捨此事故乃至三諫時捨者善不捨者彼比丘尼應語是
是沙彌尼言汝自今已去非佛弟子不得隨餘比丘尼行如諸沙
彌尼得與比丘尼二三宿汝今無是事汝出去滅去不須住此中住
若比丘尼知如是被擯沙彌尼若畜共同止宿者波逸提
若比丘尼如法諫時作如是語我今不與是戒乃至問有智慧持律
者當難問波逸提若為求解應當難問
若比丘尼說戒時作如是語大姊用是雜碎戒為說是戒時令人惱愧
懷疑輕訶戒故波逸提
若比丘尼說戒時作如是語大姊我今始知是戒半月半月說戒經
中來餘比丘尼知是比丘尼若二若三說戒中坐何況多彼比丘尼無知
無解若犯罪應如法治更重增無知法大姊汝無利不善得汝
說戒時不用心念不一心兩耳聽法彼無知故波逸提
若比丘尼共同羯磨已後作如是說諸比丘尼隨親厚以眾僧物與者
波逸提
若比丘尼僧斷事時不與欲而起去者波逸提
若比丘尼與欲竟後更呵者波逸提
若比丘尼比丘尼共闘諍後聽此語已向彼說波逸提
若比丘尼瞋恚故不喜打彼比丘尼者波逸提
若比丘尼瞋恚故不喜以手搏比丘尼者波逸提
若比丘尼瞋恚故不喜以無根僧伽婆尸沙法謗者波逸提
若比丘尼刹利水澆頭王王未出未藏寶若入宮過門閫者波
逸提
若比丘尼若寶及寶莊飾具自捉若教人捉除僧伽藍中及寄
處波逸提　若僧伽藍中若寄宿處若寶若以寶莊飾自捉
識者當取如是因緣非餘

BD05533號　四分比丘尼戒本　（16–13）

若比丘尼瞋恚故不喜以無僧伽婆尸沙法謗者波逸提
若比丘尼剎利水澆頭王王未出未藏寶若入宮過門閾者波
逸提
若比丘尼若寶及寶莊飾具自捉若教人捉除僧伽藍中及寄
宿處波逸提 若僧伽藍中若寄宿處若寶若以寶莊飾自捉
若教人捉若識者當取如是因緣非餘
若比丘尼非時入聚落不囑授比丘尼者波逸提
若比丘尼作繩床若木床足應高如來八指除入梐孔上截竟過
者波逸提
若比丘尼持兜羅綿貯作繩床木床若臥具坐具波逸提
若比丘尼噉蒜者波逸提
若比丘尼剃三處毛者波逸提
若比丘尼以水作淨齊兩指各一節若過者波逸提
若比丘尼以胡膠作男根者波逸提
若比丘尼共相拍者波逸提
若比丘尼無病時供給水以扇扇者波逸提
若比丘尼在生草上大小便者波逸提
若比丘尼乞生穀者波逸提
若比丘尼夜便大小便器中晝不看牆外棄者波逸提
若比丘尼往觀看伎樂者波逸提
若比丘尼入村內與男子在屏處共立共語者波逸提
若比丘尼與男子共入屏障處者波逸提
若比丘尼入村內巷陌中遣伴遠去在屏處與男子共立耳語者波逸提
若比丘尼入白衣家內坐不語主人捨去者波逸提
若比丘尼入白衣家內不語主人輒坐床者波逸提
若比丘尼入白衣家內不語主人輒自敷坐宿者波逸提
若比丘尼與男子共入闇室中者波逸提
若比丘尼不審諦受語便向人說者波逸提
若比丘尼有小因緣事便呪詛墮三惡道不生佛法中若我有如是事
墮三惡道不生佛法中若汝有如是事亦墮三惡道 若比丘尼

BD05533 號　四分比丘尼戒本

（16–14）

若比丘尼入白衣家內不語主人輒坐床者波逸提
若比丘尼入白衣家內不語主人輒自敷坐宿者波逸提
若比丘尼與男子共入闇室中者波逸提
若比丘尼不審諦受語便向人說者波逸提
若比丘尼有小因緣事便呪詛墮三惡道不生佛法中若我有如是事
墮三惡道不生佛法中若汝有如是事亦墮三惡道 若比丘尼
不生佛法中波逸提
若比丘尼共鬪諍不善憶持諍事推胷啼哭者波逸提
若比丘尼無病二人共床臥者波逸提
若比丘尼共一褥同一被臥者波逸提
若比丘尼知先住後至後至先住欲惱故在前誦經問義教授者波逸
若比丘尼同活比丘尼病不瞻視者波逸提
若比丘尼安居聽餘比丘尼在房中安床後瞋恚驅出者波逸提
若比丘尼春夏冬一切時人間遊行除因緣者波逸提
若比丘尼夏安居訖不去者波逸提
若比丘尼邊界有疑恐怖處人間遊行者波逸提
若比丘尼界內有疑恐怖處人間遊行者波逸提
若比丘尼親近居士居士兒共住作不隨順行餘比丘尼諫此比丘尼者
言妹汝莫親近居士居士兒共住作不隨順行大姊可住別住若住者於
佛法中有增益安樂住彼比丘尼諫此比丘尼時堅持不捨彼比丘
尼應三諫捨此事故乃至三諫捨者善若不捨者波逸提
若比丘尼往觀王宮文飾畫堂園林浴池者波逸提
若比丘尼露身形在河水泉流池水中浴者波逸提
若比丘尼作浴衣應量作應量作者長佛六磔手廣二磔手半
若過者波逸提
若比丘尼縫僧伽梨過五日者波逸提
若比丘尼過五日不看僧伽梨者波逸提
若比丘尼與眾僧衣作留難者
波逸提
若比丘尼不問主便著他衣者波逸提
若比丘尼持沙門衣施與外道白衣者波逸提
若比丘尼作如是意眾僧如法分衣遮令不分恐弟子不得者波逸提

BD05533 號　四分比丘尼戒本

（16–15）

佛法中有增益安樂住……
尼應三諫捨此事故乃至三諫捨者善若不捨者波逸提
若比丘尼往觀王宮文飾畫堂園林浴池者波逸提
若比丘尼露身形在河水泉流池水中浴者波逸提
若比丘尼作浴衣應量作應量作者長佛六磔手廣二磔手半
若比丘尼縫僧伽梨過五日者波逸提
若過者波逸提
若比丘尼與衆僧衣作留難者
若比丘尼過五日不看僧伽梨者波逸提
若比丘尼不問主便著他衣者波逸提
波逸提
若比丘尼持沙門衣施與外道白衣者波逸提
若比丘尼作如是意衆僧如法分衣遮令不分恐弟子不得者波逸提
若比丘尼作如是意衆令僧令不得出迦絺那衣後當出欲令五事
放捨者波逸提
若比丘尼作如是意遮比丘尼僧不出迦絺那衣欲令久得五事放捨
者波逸提
若比丘尼語比丘尼語言為我滅此諍事而不與作方便令滅者波逸提
若比丘尼自手持食與白衣外道食者波逸提
若比丘尼自手紡績者波逸提
若比丘尼為白衣使作使者波逸提
若比丘尼入白衣舍內小林大牀上若坐若卧者波逸提
若比丘尼至白衣舍語主人敷坐止宿明日不辭主人而去者波逸提
若比丘尼教人誦習俗呪術者波逸提
若比丘尼誦習世俗呪術者波逸提
若比丘尼知女人身任便遮出家受具足戒者波逸提
逸提
若比丘尼知婦女乳兒與受具足戒者波逸提
若比丘尼知……不滿……具足戒者

BD05533 號　四分比丘尼戒本　（16–16）

在三摩地神通
生心現種種形方便調伏一切諸佛　不游
手灌其頂皆從種種諸佛國土而來此會大
慧菩薩摩訶薩為其上首
尒時世尊於海龍王宮說法過七日已從大海出
有无量億梵釋護世諸天龍等奉迎於佛
尒時如來舉目觀見摩羅耶山楞伽大城即
便微笑而作是言昔諸如來應正等覺皆
於此城說自所得聖智證法非諸外道臆度
邪見及以二乘修行境界我今亦當為羅婆
那王開示此法
尒時羅婆那夜叉王以佛神力聞佛言音遥
知如來從龍宮出梵釋護世天龍圍繞見海
波浪觀其衆會藏識大海境界風動轉識
浪起發歡喜心於其城中高聲唱言我當
詣佛請入此城令我及與諸天世人於長夜中
得饒益作是語已即與眷屬乘花宮殿往世
尊所到已下殿右繞三帀作衆伎樂供養如

BD05534 號　大乘入楞伽經卷一　（22–1）

波浪觀其衆會識藏大海境界風動轉識
浪起發歡喜心於其城中高聲唱言我當
詣佛請入此城令我及與諸天世人於長夜中
得饒益作是語已即與眷屬乘花宮殿往世
尊所到已下殿右繞三帀作衆伎樂供養如
來所持樂器皆是大青因陀羅寶瑠璃等寶
以爲閒錯无價上衣而用纏裹其聲美妙音
節相和於中說偈而讚佛曰
心自性法藏　無我離見垢　證智之所知　願佛爲宣說
善法集爲身　證智常安樂　變化自在者　願入楞伽城
過去佛菩薩　皆曾住此城　此諸藥叉衆　一心願聽法
尒時羅婆那楞伽王以都吒迦音歌讚佛已復
以歌聲而說頌言
世尊於七日　住摩竭海中　然後出龍宮　安詳昇此岸
我與諸婇女　及藥叉眷屬　輸迦娑刺那　衆中聰慧者
悉以其神力　往詣如來所　各下花宮殿　礼敬世所尊
復以佛威神　對佛稱己名　我是羅剎王　十首羅婆那
今來詣佛所　願佛攝受我　及楞伽城中　所有諸衆生
過去无量佛　咸昇寶山頂　住楞伽城中　說自所證法
世尊亦應尒　住彼寶嚴山　菩薩衆圍繞　演說清淨法
我等於今日　及住楞伽衆　一心共欲聞　離言自證法
我念去來世　所有无量佛　菩薩共圍繞　演說楞伽經
此入楞伽典　昔佛所稱讚　願佛同往尊　亦爲衆開演
請佛爲哀愍　无量藥叉衆　入彼寶嚴城　說此妙法門
此妙楞伽城　種種寶嚴飾　墻壁非土石　羅網悉珎寶
此諸藥叉衆　共曾供養佛　修行離諸過　證智常明了

我念去來世　所有无量佛　菩薩共圍繞　演說楞伽經
此入楞伽典　昔佛所稱讚　願佛同往尊　亦爲衆開演
請佛爲哀愍　无量藥叉衆　入彼寶嚴城　說此妙法門
此妙楞伽城　種種寶嚴飾　墻壁非土石　羅網悉珎寶
此諸藥叉衆　共曾供養佛　修行離諸過　證智常明了
藥叉男女等　渴仰於大乘　自信摩訶衍　亦樂令他住
唯願無上尊　爲諸羅剎衆　甕耳等眷屬　往詣楞伽城
我於去來今　勤供養諸佛　願聞自證法　究竟大乘道
願佛哀愍我　及諸藥叉衆　共諸佛子等　入此楞伽城
我宮殿婇女　及以諸瓔珞　可愛无憂園　願佛哀納受
我於佛菩薩　无有不捨物　乃至身給侍　唯願哀納受
尒時世尊聞是語已即告之言藥叉王過去世
中諸大導師咸哀愍汝受汝勸請詣寶山中
說自證法未來諸佛亦復如是此是脩行甚
深觀行現法樂者之所住處我及諸菩薩
哀愍汝故受汝所請作是語已默然而住時
羅婆那王即以所乘妙花宮殿奉施於佛佛
坐其上王及諸菩薩前後導從无量婇女歌
詠讚歎供養於佛往詣彼城到彼城已羅婆
那王及諸眷屬復作種種上妙供養藥叉衆
中童男童女以寶羅網供養於佛羅婆那王
施寶瓔珞奉佛菩薩以挂其頸尒時世尊及
諸菩薩受供養已各爲略說自證境界甚深
之法時羅婆那王并其眷屬復更供養大
慧菩薩而勸請言
我今請大士　奉問於世尊　一切諸如來　自證智境界
我與藥叉衆　及此諸菩薩　一心願欲聞　是故咸勸請

施寶瓔珞奉佛菩薩以桂其頸尒時世尊及
諸菩薩受供養已各為略說自證境界甚深
之法時羅婆那王并其眷屬復更供養大
慧菩薩而勸請言
我今請大士　奉問於世尊　一切諸如來　自證智境界
我與藥叉衆　及此諸菩薩　一心願欲聞　是故咸勸請
汝是脩行者　言論中冣勝　是故生尊敬　勸汝請問法
自證清淨法　究竟入佛地　離外道二乘　一切諸過失
尒時世尊以神通力於彼山中復更化作无量
寶山悉以諸天百千萬億妙寶嚴飾一一山
上皆現佛身一一佛前皆有羅婆那王及其
衆會十方所有一切國土皆於中現一一國中
悉有如來一一佛前咸有羅婆那王并其
眷屬楞伽大城阿輸迦園如是莊嚴等无有
異一一皆有大慧菩薩而興請問佛為開示
自證智境以百千妙音說此經已佛及諸
菩薩皆於空中隱而不現羅婆那王唯自見
身住本宮中作是思惟向者是誰誰聽其說
所見何物是誰能見佛及國城衆寶山林如
是等物今何所在為夢所作為幻所成為復
猶如乹闥婆城為翳所見為燄所惑為如夢
中石女生子為如陽燄旋火輪耶復更思惟
一切諸法性皆如是唯是自心分別境界凡
夫迷惑不能解了无有能見亦无所見无有
能說亦无所說見佛聞法皆是分別如向所
見不能見佛不起分別是則能見見時楞伽王

BD05534號　大乘入楞伽經卷一　（22–4）

一切諸法性皆如是唯是自心分別境界凡
夫迷惑不能解了无有能見亦无所見无有
能說亦无所說見佛聞法皆是分別如向所
見不能見佛不起分別是則能見見時楞伽王
尋即開悟離諸雜染證唯自心住无分別往
昔所種善根力故於一切法得如實見不隨
他悟能以自智善巧觀察永離一切臆度邪
解住大脩行為脩行師現種種身善達方便
巧知諸地上增進相常樂遠離心意意識斷
三相續見離外道執著內自覺悟入如來藏
趣於佛地聞虛空中及宮殿內咸出聲言善
哉大王如汝所學諸脩行者應如是學應如
是見一切如來應如是見一切諸法若異見者
則是斷見汝應永離心意意識應勤觀察一
切諸法應脩內行莫著外見莫墮二乘及以
外道所脩句義所見境界及所應得諸三摩
地法汝不應樂戲論談笑汝不應起圍陁諸見
亦不應著王位自在亦不應住六定等中若
能如是即是如實脩行者行能摧他論能破
惡見能捨一切我見執著能以妙慧轉所依識
能脩菩薩大乘之道能入如來自證之地汝應
如是勤加脩學令所得法轉更清淨善脩三
摩地三摩鉢底莫著二乘外道境界以為
勝樂如凡脩者之所分別外道執我見有我
相及實求那而生取著二乘見有无明緣行
於性空中亂相分別楞伽王此法殊勝是大

BD05534號　大乘入楞伽經卷一　（22–5）

能修菩薩大乘之道能入如來自證之地汝應
如是勤加修學令所得法轉更清淨善修三
摩地三摩鉢底莫著二乘外道境界以為
勝樂如凡修者之所分別外道執我見有我
相及實求那而生取著二乘見有无明緣行
於性空中亂相分別楞伽王此法殊勝是大
乘道能令成就自證聖智於諸有中受上妙
生楞伽王此大乘行破无明翳滅識波浪不
墮外道諸見行中楞伽王外道行者執著於
我作諸異論不能演說離執著見識性二
義善哉楞伽王汝先見佛思惟此義如是
思惟乃是見佛
尒時羅婆那王復作是念願我更得奉見如
來如來世尊於觀自在離外道法能說自證
聖智境界超諸應化所應作事住如來定入
三摩地樂是故說名大觀行師亦復名為大哀
愍者能燒煩惱分別薪盡諸佛子衆所共圍
繞普入一切衆生心中遍一切處具一切智永
離一切分別事相我今願得重見如來大神道
力以得見故未得者得已得不退離諸分別
住三摩鉢底樂增長滿足如來智地尒時世
尊知楞伽王即當證悟無生法忍為哀愍
故便現其身令所化事還復如本時十頭
王見所曾覩无量山城悉寶莊嚴一一城中
皆有如來應正等覺三十二相以嚴其身
自見其身遍諸佛前悉有大慧夜叉圍繞
說自證智所行之法亦見十方諸佛國土如是

BD05534號　大乘入楞伽經卷一

（22–6）

故便現其身令所化事還復如本時十頭
王見所曾覩无量山城悉寶莊嚴一一城中
皆有如來應正等覺三十二相以嚴其身
自見其身遍諸佛前悉有大慧夜叉圍繞
說自證智所行之法亦見十方諸佛國土如是
等事悉无有別尒時世尊普觀衆會以慧
眼觀非肉眼觀如師子王奮迅迴盼欣然大
笑於其眉間髀脇腰頸及以肩髆德字之中
一一毛孔皆放无量妙色光明如虹拖暉如日
舒光亦如劫火猛焰熾然時虛空中梵釋四
天遙見如來坐如須彌楞伽山頂欣然大笑
尒時諸菩薩及諸天衆咸作是念如來世尊
於法自在何因緣故欣然大笑身放光明默
然不動住自證境入三摩地樂如師子王周迴
顧視觀羅婆那念如實法
尒時大慧菩薩摩訶薩先受羅婆那王請復
知菩薩衆會之心及觀未來一切衆生皆悉
樂著語言文字隨言取義而生迷惑執取二
乘外道之行或作是念世尊已離諸識境界
何因緣故欣然大笑為斷彼疑而問於佛佛
即告言善哉大慧善哉大慧汝觀世間愍
諸衆生於三世中惡見所纏欲令開悟而問於
我諸智慧人為利自他能作是問大慧此楞伽
王曾問過去一切如來應正等覺二種之義
今亦欲問未來亦尒此二種義差別之相一切
二乘及諸外道皆不能測

BD05534號　大乘入楞伽經卷一

（22–7）

諸衆生於三世中惡見所纏欲令開悟而問於
我諸智慧人為利自他能作是問大慧此楞伽
王曾問過去一切如來應正等覺二種之義
今亦欲問未來亦尒此二種義差別之相一切
二乘及諸外道皆不能測
尒時如來知楞伽王欲問此義而告之曰楞
伽王汝欲問我宜應速問我當為汝分別解
釋滿汝所願令汝歡喜能以智慧思惟觀察
離諸分別善知諸地脩習對治證真實義入
三摩地樂為諸如來之所攝受住奢摩他樂
遠離二乘三摩地過失住於不動善慧法雲
菩薩之地能如實知諸法无我當於大寶蓮花
宮中以三摩地水而灌其頂復現无量蓮花
圍繞无數菩薩於中止住與諸衆會遞相瞻
視如是境界不可思議楞伽王汝起一方便行
住脩行地復起无量諸方便行汝定當得如上
所說不思議事處如來位隨形應物汝所當
得一切二乘及諸外道梵釋天等所未曾見
尒時楞伽王蒙佛許已即於清淨光明如大
蓮花寶山頂上從座而起諸婇女衆之所圍
繞化作无量種種色花種種色香末香塗香
幢幡幰蓋冠珮纓珞及餘世間未曾聞見種
種勝妙莊嚴之具又復化作欲界所有種種无
量諸音樂器過諸天龍乾闥婆等一切世間
之所有者又復化作十方佛土昔所曾見諸音
樂器又復化作大寶羅網遍覆一切佛菩薩

幢幡幰蓋冠珮纓珞及餘世間未曾聞種
種勝妙莊嚴之具又復化作欲界所有種種无
量諸音樂器過諸天龍乾闥婆等一切世間
之所有者又復化作十方佛土昔所曾見諸音
樂器又復化作大寶羅網遍覆一切佛菩薩
上復現種種上妙衣服建立幢幡以為供養
作是事已即昇虛空高七多羅樹於虛空中
復雨種種諸供養雲作諸音樂從空而下即
坐第二日電光明如大蓮花寶山頂上歡喜
恭敬而作是言我今欲問如來二義如是二
義我已曾問過去如來應正等覺彼佛世
尊已為我說我今亦欲問於是義唯願如來
為我宣說世尊變化如來說此二義非根本
佛根本佛說三摩地樂境不說虛妄分別
所行善哉世尊於法自在唯願哀愍說此
二義一切佛子心皆樂聞
尒時世尊告彼王言汝應問我當為汝說時
藥叉王更著種種寶冠瓔珞諸莊嚴具以嚴
其身而作是言如來常說法尚應捨何況非
法云何得捨此二種法何者是法何者非法
法若應捨云何有二有二即墮分別相中有體
无體是實非實如是一切皆是分別不能了
知阿賴耶識无差別相如毛輪住非淨智境
法性如是云何可捨尒時佛告楞伽王言楞
伽王汝豈不見瓶等无常敗壞之法凡夫於
中妄生分別汝今何故不如是知法與非法差
別之相此是凡夫之所分別非聖智見凡夫

无體是實如是一切皆是分別不能了
知阿賴耶識无差別相如毛輪住非淨智境
法性如是云何可捨尒時佛告楞伽王言楞
伽王汝豈不見瓶等无常敗壞之法凡夫於
中妄生分別汝今何故不如是知法與非法差
別之相此是凡夫之所分別非聖智見凡夫
墮在種種相中非諸聖者楞伽王如燒宮殿
園林見種種焰火性是一所出光焰由薪力故
長短大小各差別汝今云何不如是知法與
非法差別之相楞伽王如一種子生牙莖枝
葉及以花果无量差別外法如是內法亦
然謂无明為緣生蘊界處一切諸法於三
界中受諸趣生有苦樂好醜語默行止各
各差別又如諸識相雖是一隨於境界有
上中下染淨善惡種種差別楞伽王非但如
上法有差別諸脩行者脩觀行時自智所
行亦復見有差別之相况法與非法而无種種
差別分別楞伽王法與非法差別相者當知
悉是相分別故楞伽王何者是法所謂二乘
及諸外道虛妄分別說有實等為諸法因如
是等法應捨應離不應於中分別取相見自
心法性則无執著瓶等諸物凡愚所取本无
有體諸觀行人以毗鉢舍那如實觀察名捨
諸法楞伽王何者是非法所謂諸法无性无
相永離分別如實見者若有若无如是境
界彼皆不起是名捨非法復有非法所謂兎
角石女兒等皆无性相不可分別但隨世俗說

BD05534號　大乘入楞伽經卷一

（22–10）

有體諸觀行人以毗鉢舍那如實觀察名捨
諸法楞伽王何者是非法所謂諸法无性无
相永離分別如實見者若有若无如是境
界彼皆不起是名捨非法復有非法所謂兎
角石女兒等皆无性相不可分別但隨世俗說
有名字非如瓶等而可取著以彼非是識之
所取如是分別亦應捨離是名捨法及捨非
法楞伽王汝先所問我已說竟楞伽王汝言
我於過去諸如來所已問是義彼諸如來已
為我說楞伽王汝言過去但是分別未來亦
然我亦同彼楞伽王彼諸佛法皆離分別已
出一切分別戲論非如色相唯智能證為令
眾生得安樂故而演說法以无相智說名如
來是故如來以智為體智為身故不可分別
不可以何分別不可以我人眾生相分別何故
不能分別以意識因境界起取色形相是
故離能分別亦離所分別楞伽王譬如壁上
彩畫眾生无有覺知世間眾生悉亦如是无
業无報諸法亦然无聞无說楞伽王世間眾生
猶如變化凡夫外道不能了達楞伽王能如是
見名為正見若他見者名分別見由分別故取
著於二楞伽王譬如有人於水鏡中自見其像
於燈月中自見其影於山谷中自聞其響便
生分別而起取著此亦如是法與非法唯是
分別由分別故不能捨離但更增長一切虛
妄不得寂靜寂靜者所謂一心一心者是最

BD05534號　大乘入楞伽經卷一

（22–11）

著於二楞伽王譬如有人於水鏡中自見其像
於燈月中自見其影於山谷中自聞其響便
生分別而起取著此亦如是法與非法唯是
分別由分別故不能捨離但更增長一切虛
妄不得寂靜寂靜者所謂一心一心者是最
勝三摩地從此能生自證聖智以如來藏而為
境界

大乘入楞伽經集一切法品第二之一

尒時大慧菩薩摩訶薩與摩帝菩薩俱遊一
切諸佛國土承佛神力從座而起偏袒右肩右
膝著地向佛合掌曲躬恭敬而說頌讚言
世間離生滅　譬如虛空花　智不得有无　而興大悲心
一切法如幻　遠離於心識　智不得有无　而興大悲心
世間恒如夢　遠離於斷常　智不得有无　而興大悲心
知人法无我　煩惱及尒焰　常清淨无相　而興大悲心
佛不住涅槃　涅槃不住佛　遠離覺所覺　若有若非有
法身如幻夢　云何可稱讚　知无性无生　乃名稱讚佛
佛无根境相　不見名見佛　云何於牟尼　而能有讚毀
若見於牟尼　寂靜遠離生　是人今後世　離著无所取
尒時大慧菩薩摩訶薩偈讚佛已自說姓名
我名為大慧　通達於大乘　今以百八義　仰諮无上尊
時世間解聞是語已普觀眾會而作是言
汝等諸佛子　今皆恣所問　我當為汝說　自證之境界
尒時大慧菩薩摩訶薩蒙佛許已頂礼佛足
以頌問曰
云何起計度　云何淨計度　云何起迷惑　云何淨迷惑

BD05534號　大乘入楞伽經卷一　（22–12）

時世間解聞是語已普觀眾會而作是言
汝等諸佛子　今皆恣所問　我當為汝說　自證之境界
尒時大慧菩薩摩訶薩蒙佛許已頂礼佛足
以頌問曰
云何起計度　云何淨計度　云何起迷惑　云何淨迷惑
云何名佛子　及无影次第　云何剎土化　相及諸外道
解脫至何所　誰縛誰能解　云何禪境界　何故有三乘
彼以何緣生　何作何能作　誰說二俱異　云何諸有起
云何无色定　及與滅盡定　云何為想滅　云何從定覺
云何所作生　進去及持身　云何見諸物　云何入諸地
云何有佛子　誰能破三有　何處身云何　生復住何處
云何得神通　自在及等持　等持心何相　願佛為我說
云何名識藏　云何名意識　云何起諸見　云何退諸見
云何姓非姓　云何唯是心　何因建立相　云何成无我
云何无眾生　云何隨俗說　云何得不起　常見及斷見
云何佛外道　其相不相違　何故當來世　種種諸異部
云何為性空　云何剎那滅　胎藏云何起　云何世不動
云何諸世間　如幻亦如夢　乾城及陽焰　乃至水中月
云何菩提分　覺分從何起　云何國土亂　何故見諸有
云何知世法　云何離文字　云何如空花　不生亦不滅
真如有幾種　諸度心有幾　云何如虛空　云何離分別
云何地次第　云何得無影　何者二无我　云何所知淨
聖智有幾種　戒眾生亦然　摩尼等諸寶　斯並云何出
誰起於語言　眾生及諸物　明處與伎術　誰之所顯示
伽他有幾種　長行句亦然　道理幾不同　解釋幾差別
飲食是誰作　愛欲云何起　云何轉輪王　及以諸小王
云何王守護　天眾幾種別　地日月星宿　斯等並是何

BD05534號　大乘入楞伽經卷一　（22–13）

云何地次第　云何得無影　何者二无我　云何所知淨
聖智有幾種　戒衆生亦然　摩尼等諸寶　斯並云何出
誰起於語言　衆生及諸物　明處與伎術　誰之所顯示
伽他有幾種　長行句亦然　道理幾不同　解釋幾差別
飲食是誰作　愛欲云何起　云何轉輪王　及以諸小王
云何王守護　天衆幾種別　地日月星宿　斯等並是何
解脫有幾種　脩行師復幾　云何阿闍梨　弟子幾差別
如來有幾種　本生事亦然　衆魔及異學　如是各有幾
自性幾種異　心有幾種別　云何唯假設　願佛為開演
云何為風雲　念智何因有　藤樹等行列　此並誰能作
云何烏馬獸　何因而捕取　云何卑陋人　願佛為我說
云何六時攝　云何一闡提　女男及不男　此並云何生
云何脩行進　云何脩行退　瑜伽師有幾　令人住其中
衆生生諸趣　何形何色相　冨饒大自在　此復何因得
云何釋迦種　云何甘蔗種　仙人長苦行　是誰之教受
何因佛世尊　一切剎中現　異名諸色類　佛子衆圍繞
何因不食肉　何因令斷肉　食肉諸衆生　以何因故食
何故諸國土　猶如日月形　須弥及蓮花　萬字師子像
何故諸國土　如因陁羅網　覆住或側住　一切寶所成
何故諸國土　无垢日月光　或如花果形　箜篌細腰鼓
云何變化佛　云何為報佛　真如智慧佛　願皆為我說
云何於欲界　不成等正覺　何故色究竟　離染得菩提
如來滅度後　誰當持正法　世尊住久如　正法幾時住
悉檀有幾種　諸見復有幾　何故立毗尼　及以諸比丘
一切諸佛子　獨覺及聲聞　云何轉所依　云何得无相
云何得世通　云何得出世　復以何因故　心住七地中

如來滅度後　誰當持正法　世尊住久如　正法幾時住
悉檀有幾種　諸見復有幾　何故立毗尼　及以諸比丘
一切諸佛子　獨覺及聲聞　云何轉所依　云何得无相
云何得世通　云何得出世　復以何因故　心住七地中
僧伽有幾種　云何成破僧　云何為衆生　廣說醫方論
何故大牟尼　唱說如是言　迦葉拘留孫　拘那含是我
何故說斷常　及與我无我　何不恒說實　一切唯是心
云何男女林　訶梨菴摩羅　雞羅娑輪圍　及以金剛山
如是處中間　无量寶莊嚴　仙人乹闥婆　一切皆充滿
此皆何因緣　願尊為我說
尒時世尊聞其所請大乘微妙諸佛之心最上
法門即告之言善哉大慧諦聽諦聽如汝所
問當次第說即說頌言
若生若不生　涅槃及空相　流轉无自性　波羅蜜佛子
聲聞辟支佛　外道无色行　須弥巨山海　洲渚剎土地
星宿與日月　天衆阿脩羅　解脫自在通　力禪諸等持
滅及如意足　菩提分及道　禪定與无量　諸蘊及往來
乃至滅盡定　心生起言說　心意識无我　五法及自性
分別所分別　能所二種見　諸乘種性處　金摩尼真珠
一闡提大種　荒亂及一佛　智所知教得　衆生有无有
烏馬獸何因　云何而捕取　云何因譬喻　相應成悉檀
所作及能作　衆林與迷惑　如是真實理　唯心无境界
諸地无次第　无相轉所依　醫方工巧論　伎術諸明處
須弥諸山地　巨海日月量　上中下衆生　身各幾微塵
一一剎幾塵　一一弓幾肘　幾弓俱盧舍　半由旬由旬
兎毫與隙遊　蟣羊毛穬麦　半升與一升　是各幾穬麦

諸地无次苐　无相轉所依　醫方工巧論　伎術諸明處
須弥諸山地　巨海日月量　上中下衆生　身各幾微塵
一一剎幾塵　一一弓幾肘　幾弓俱盧舍　半由旬由旬
兎毫與隙遊　蟣羊毛穬麦　半升與一升　是各幾穬麦
一斛及十斛　十萬暨于億　乃至頻婆羅　是等各幾數
幾塵成芥子　幾芥成草子　復以幾草子　而成於一豆
幾豆成一銖　幾銖成一兩　幾兩成一斤　幾斤成須弥
此等所應請　何因問餘事　聲聞辟支佛　諸佛及佛子
如是等身量　各有幾微塵　火風各幾塵　一一根有幾
眉及諸毛孔　復各幾塵成　如是等諸事　云何不問我
云何得財富　云何輪轉王　云何王守護　云何得解脫
云何長行句　婬欲及飲食　云何男女林　金剛等諸山
幻夢渴愛譬　諸雲從何起　時節云何有　何因種種味
女男及不男　佛菩薩嚴飾　云何諸妙山　仙闥婆莊嚴
解脫至何所　誰縛誰解脫　云何禪境界　變化及外道
云何无因作　云何有因作　云何轉諸見　云何起計度
云何淨計度　所作云何起　云何而轉去　云何斷諸想
云何起等持　破三有者誰　何處身云何　云何无有我
云何隨俗說　汝問相云何　及所問非我　云何為胎藏
及以餘支分　云何斷常見　云何心一境　云何言說智
戒種性佛子　云何稱理釋　云何師弟子　衆生種性別
飲食及虛空　聡明魔施設　云何樹行布　是汝之所問
何因一切剎　種種相不同　或有如箜篌　腰鼓及衆花
或有離光明　仙人長苦行　或有好族姓　令衆生尊重
或有體卑陋　為人所輕賤　云何欲界中　脩行不成佛
而於色究竟　乃昇等正覺　云何世間人　而能獲神通
何因稱比丘　何故名僧伽　云何化及報　真如智慧佛

BD05534 號　大乘入楞伽經卷一　（22–16）

何因一切剎　種種相不同　或有如箜篌　腰鼓及衆花
或有離光明　仙人長苦行　或有好族姓　令衆生尊重
或有體卑陋　為人所輕賤　云何欲界中　脩行不成佛
而於色究竟　乃昇等正覺　云何世間人　而能獲神通
何因稱比丘　何故名僧伽　云何化及報　真如智慧佛
云何使其心　得住七地中　此及於餘義　汝今咸問我
如先佛所說　一百八種句　一一相相應　遠離諸見過
亦離於世俗　言語所成法　我當為汝說　佛子應聽受
尒時大慧菩薩摩訶薩白佛言世尊何者是
一百八句佛言大慧所謂生句非生句常句非
常句相句非相句住異句非住異句剎那
句非剎那句自性句非自性句空句非空句
斷句非斷句心句非心句中句非中句恒句
非恒句緣句非緣句因句非因句煩惱句非
煩惱句愛句非愛句方便句非方便句善巧
句非善巧句清淨句非清淨句相應句非相
應句譬喻句非譬喻句弟子句非弟子句師
句非師句種性句非種性句三乘句非三乘
句无影像句非无影像句願句非願句三輪
句非三輪句摽相句非摽相句有句非有
句无句非无句俱句非俱句自證聖智句非
自證聖智句現法樂句非現法樂句剎句
非剎句塵句非塵句水句非水句弓句非弓句
大種句非大種句筭數句非筭數句神通句
非神通句虛空句非虛空句雲句非雲句巧
明句非巧明句伎術句非伎術句風句非風句

BD05534 號　大乘入楞伽經卷一　（22–17）

非刹句塵句非塵句水句非水句弓句非弓句
大種句非大種句筭數句非筭數句神通句
非神通句虛空句非虛空句雲句非雲句巧
明句非巧明句伎術句非伎術句風句非風句
地句非地句心句非心句假立句非假立句體
性句非體性句藴句非藴句衆生句非衆生
句覺句非覺句涅槃句非涅槃句所知句非
所知句外道句非外道句荒亂句非荒亂句幻句
非幻句夢句非夢句陽焰句非陽焰句影像
句非影像句火輪句非火輪句乾闥婆句非
乾闥婆句天句非天句飲食句非飲食句婬
欲句非婬欲句見句非見句波羅蜜句非波
羅蜜句戒句非戒句日月星宿句非日月星宿
句諦句非諦句果句非果句滅句非滅句滅
起句非滅起句醫方句非醫方句相句非相
句支分句非支分句禪句非禪句迷句非迷句
現句非現句護句非護句種族句非種族句
仙句非仙句王句非王句攝受句非攝受句
寶句非寶句記句非記句一闡提句非一闡
提句女男不男句非女男不男句味句非味
句作句非作句身句非身句計度句非計
度句動句非動句根句非根句有為句非
有為句因果句非因果句色究竟句非色究
竟句時節句非時節句樹藤句非樹藤句
種種句非種種句演說句非演說句決定句非決
定句毗尼句非毗尼句比丘句非比丘句住持
句非住持句文字句非文字句大慧此百八

度句動句非動句根句非根句有為句非
有為句因果句非因果句色究竟句非色究
竟句時節句非時節句樹藤句非樹藤句
種種句非種種句演說句非演說句決定句非決
定句毗尼句非毗尼句比丘句非比丘句住持
句非住持句文字句非文字句大慧此百八
句皆是過去諸佛所說
尒時大慧菩薩摩訶薩復白佛言世尊諸識
有幾種生住滅佛言大慧諸識有二種生住
滅非憶度者之所能知所謂相續生及相生
相續住及相住相續滅及相滅諸識有三相
謂轉相業相真相大慧識廣說有八略則唯
二謂現識及分別事識大慧如明鏡中現諸
色像現識亦尒大慧現識與分別事識此二
識无異相互為因大慧現識以不思議熏變
為因分別事識以分別境界及无始戲論氣
為因大慧阿賴耶識虛妄分別種種習氣滅
即一切根識滅是名相滅大慧相續滅者謂
所依因滅及所緣滅即相續滅所依因者謂
无始戲論虛妄習氣所緣者謂自心所見分
別境界大慧譬如泥團與微塵非異非不異
金與莊嚴具亦如是大慧若泥團與微塵異
者應非彼成而實彼成是故不異若不異者泥
團微塵應无分別大慧轉識藏識若異者藏識
藏應非彼因若不異者轉識滅藏識亦應滅
然彼真相不滅大慧識真相不滅但業相滅
若真相滅者藏識應滅若藏識滅者即不

金與莊嚴具亦如是大慧若泥團與微塵異
者應非彼成而實彼成是故不異若不異者泥
團微塵應无分別大慧轉識藏識若異者識
藏應非彼因若不異者轉識滅識藏亦應滅
然彼真相不滅大慧識真相不滅但業相滅
若真相滅者藏識應滅若識藏滅者即不
異外道斷滅論大慧彼諸外道作如是說取
境界相續識滅即无始相續識滅大慧彼諸
外道說相續識從作者生不說眼識依色光
明和合而生唯說作者爲生因故作者是何
彼計勝性丈夫自在時及微塵爲能作者復
次大慧有七種自性所謂集自性性自性相
自性大種自性因自性緣自性成自性復次
大慧有七種第一義所謂心所行智所行二
見所行超二見所行超子地所行如來所行
如來自證聖智所行大慧此是過去未來
現在一切如來應正等覺法自性第一義心
以此心成就如來世間出世間最上法以聖
慧眼入自共相種種安立其所安立不與外
道邪見共大慧云何爲外道邪見謂不知境
界自分別現於自性第一義見有見无而起
言說大慧我今當說若了境如幻自心所現
則滅妄想三有苦及无明愛業緣大慧有諸
沙門婆羅門妄計非有及有於因果外顯現
諸物依時而住或計蘊界處依緣生住有已
即滅大慧彼於若相續若作用若生若滅若
諸有若涅槃若道若業若果若諦是破壞

言說大慧我今當說若了境如幻自心所現
則滅妄想三有苦及无明愛業緣大慧有諸
沙門婆羅門妄計非有及有於因果外顯現
諸物依時而住或計蘊界處依緣生住有已
即滅大慧彼於若相續若作用若生若滅若
諸有若涅槃若道若業若果若諦是破壞
斷滅論何以故不得現法故不見根本故大慧
譬如瓶破不作瓶事又如燋種不能生牙此亦
如是若蘊界處法已現當滅應知此則无相
續生以无因故但是自心虛妄所見復次大慧
若本无有識三緣合生龜應生毛沙應出油
汝宗則壞違決定義所作事業悉空无益大
慧三合爲緣是因果性可說爲有過現未來
從无生有此依住覺想地者所有理教及自
惡見熏習餘氣作如是說大慧愚癡凡夫惡
見所噬邪見迷醉无智妄稱一切智說
大慧復有沙門婆羅門觀一切法皆无自性
如空中雲如旋火輪如乾闥婆城如幻如燄如
水中月如夢所見不離自心由无始來虛妄
見故取以爲外作是觀已斷分別緣亦離妄
心所取名義知身及物并所住處一切皆是
識藏境界无能所取及生住滅如是思惟恒
住不捨大慧此菩薩摩訶薩不久當得生
死涅槃二種平等大悲方便无功用行觀衆
生如幻如影從緣无起知一切境界離心无
得行无相道漸昇諸地住三摩地境了達三
界皆唯自心得如幻定絕衆影象成就智慧

住不捨大慧此菩薩摩訶薩不久當得生
死涅槃二種平等大悲方便无功用行觀衆
生如幻如影從緣无起知一切境界離心无
得行无相道漸昇諸地住三摩地境了達三
界皆唯自心得如幻定絶諸影像成就智慧
證无生法入金剛喻三摩地當得佛身恒住
如如起諸變化力通自在大慧方便以爲嚴
飾遊諸佛國令離外道及心意識轉依次第
成如來身大慧菩薩摩訶薩欲得佛身
應當遠離蘊界處心因緣所作生住滅法戲
論分別但住心量觀察三有无始時來妄習
所起思惟佛地无相无生自證聖智得心自在
无功用行如如意寶隨宜現身令達唯心漸
入諸地是故大慧菩薩摩訶薩於自悉檀應
善脩學

大乘入楞伽經卷第一下

BD05534 號　大乘入楞伽經卷一　（22–22）

□羅蜜多時所引發□□智證通波羅
蜜多
尒時舍利子復白佛言世尊云何菩薩摩訶
薩脩行般若波羅蜜多時所引發天耳智證
通波羅蜜多佛告具壽舍利子若舍利子有
菩薩摩訶薩天耳智證通最勝清淨過人天
耳能如實聞十方各如殑伽沙界情非情類
種種音聲所謂遍聞一切地獄聲傍生聲鬼
界聲人聲天聲聲聞聲獨覺聲菩薩聲如
來聲訶毀生死聲讚歎涅槃聲棄背有爲
聲趣向菩提聲厭惡有漏聲欣樂無漏聲稱
揚三寶聲摧伏異道聲論議決擇聲諷誦經
典聲勸斷諸惡聲教脩衆善聲拔濟苦難
聲慶慰歡樂聲如是等聲若大若小皆能遍
聞無障無礙舍利子是菩薩摩訶薩雖具如
是天耳作用而於其中不自高舉不著天耳智證通
性不著天耳智證通事不著能得如是天耳
智證通者於著不著俱無所著何以故舍利
子是菩薩摩訶薩達一切法自性空故自性
離故自性本來不可得故舍利子是菩薩摩
訶薩不作是念我今引發天耳智證通爲自娛

BD05535 號　大般若波羅蜜多經卷九　（11–1）

是天耳作用而於其中不自高舉不著天耳智證通
性不著天耳智證通事不著能得如是天耳
智證通者於著不著俱無所著何以故舍利
子是菩薩摩訶薩達一切法自性空故自性
離故自性本來不可得故舍利子是菩薩摩
訶薩不作是念我今引發天耳智通爲自娛
樂爲娛樂他唯除爲得一切智舍利子是
爲菩薩摩訶薩修行般若波羅蜜多時所引
發天耳智證通波羅蜜多
尒時舍利子復白佛言世尊云何菩薩摩訶
薩修行般若波羅蜜多時所引發他心智證
通波羅蜜多佛告具壽舍利子言舍利子有
菩薩摩訶薩他心智證通能如實智十方各
如殑伽沙界他心有情類心心所法所謂遍知
他有情類若有貪心如實知有貪心若離貪
心如實知離貪心若有瞋心如實知有瞋心若
離瞋心如實知離瞋心若有癡心如實知有
癡心若離癡心實知離癡心若有愛心如
實知有愛心若離愛心如實知愛心若
有取心如實知有取心若離取心如實知離
一心若聚心如實知聚心若散心如實知散
心若小心如實知小心若大心如實知大心
若舉心如實知舉心若下心如實知下心若
寂靜心如實知寂靜心若不寂靜心如實知
不寂靜心若掉心如實知掉心若不掉心如
實知不掉心若定心如實知定心若不定心
如實知不定心若解脫心如實知解脫心若

若舉心如實知舉心若下心如實知下心若
寂靜心如實知寂靜心若不寂靜心如實知
不寂靜心若掉心如實知掉心若不掉心如
實知不掉心若定心如實知定心若不定心
如實知不定心若解脫心如實知解脫心若
不解脫心如實知不解脫心若有漏心如實
知有漏心若无漏心如實知无漏心若有疊
心如實知有疊心若无疊心如實知无疊心
若有上心如實知有上心若无上心如實知
无上心舍利子是菩薩摩訶薩雖具如是
他心智用而於其中不自高舉不著他心智證
通性不著他心智證通事不著能得如是他
心智證通者於著不著俱無所著何以故舍
利子是菩薩摩訶薩達一切法自性空故自
性離故自性本來不可得故舍利子是菩薩
摩訶薩不作是念令我引發他心智通爲自
娛樂爲娛樂他唯除爲得一切智智舍利子
是爲菩薩摩訶薩修行般若波羅蜜多時
所引發他心智證通波羅蜜多
尒時舍利子復白佛言世尊云何菩薩摩訶
薩修行般若波羅蜜多時所引發宿住隨念智
證通波羅蜜多佛告具壽舍利子言舍利子
有菩薩摩訶薩宿住隨念智證通能如實
知十方各如殑伽沙等一切有情諸宿住事
所謂隨念若自若他一心十念百心千心多百
千心須諸宿住事或復隨念一日十日百日
千日多百千日諸宿住事或復隨念一月十

有菩薩摩訶薩宿住隨念智證通能如實
知十方各如殑伽沙等一切有情諸宿住事
所謂隨念若自若他一心十念百心千心多百
千心頃諸宿住事或復隨念一日十日百日
千日多百千日諸宿住事或復隨念一月十
月百月千月多千月諸宿住事或復隨念
一歲十歲百歲千歲多百千歲諸住事或
復隨念一劫十劫百劫千劫多百千劫乃至
无量无數百千俱胝那庾多劫諸宿住事
或復隨念前際所有諸宿住事謂如是時如
是處如是名如是姓如是類如是食如是久
住如是壽限如是長壽如是受樂如是受苦
從彼處沒來生此間從此間沒往生彼處如
是狀貌如是言說若略若廣若自若他諸宿
住事皆能隨念舍利是菩薩摩訶薩雖具
如是宿住智用而於其中不自高舉不著宿
住隨念智證通性不著宿住隨念智證通
事不著能得宿住隨念智證通者於著不著
俱无所著何以故舍利子是菩薩摩訶薩達
一切法自性空故自性離故自性本來不可行
故舍利子是菩薩摩訶薩不住是念利令引
發宿住智通爲自娛樂爲娛樂他唯除爲得
一切智智舍利子是爲菩薩摩訶薩脩行般
若波羅蜜多時所引發宿住隨念智證通波
羅蜜多
尒時舍利子復白佛言世尊云何菩薩摩訶

發宿住智通爲自娛樂爲娛樂他唯除爲得
一切智智舍利子是爲菩薩摩訶薩脩行般
若波羅蜜多時所引發宿住隨念智證通波
羅蜜多
尒時舍利子復白佛言世尊云何菩薩摩訶
薩脩行般若波羅蜜多時所引發天眼智證
通波羅蜜多佛告具壽舍利子言舍利子有
菩薩摩訶薩天眼智證通最勝清淨過人天
眼能如實見十方各如殑伽沙界情非情類
種種色像所謂善見謂有情類死時生時妙
色麁色若勝若劣善趣惡趣諸如是等種種
色像因此復智諸有情類隨業力用受生差
別如是有情成就身妙行成就語如行成就
意如行讃美賢聖正見因緣身壞命終當
昇善趣或生天上或生人中受諸妙樂如是有
情成就身惡行成就語惡行成就意惡行誹
毀賢聖邪見因緣身壞命終當墮惡趣或生
地獄或生生傍或生鬼界或生邊地下賤穢惡
有情類中受諸劇苦如是有情種種業受果
差別皆如實知舍利子是菩薩摩訶薩雖
具如是天眼住用而於其中不自高舉不著天
眼智證通性不著天眼智證通事不著能行
如是天眼智證通者於著不著俱无所著何
以故舍利子是菩薩摩訶薩達一切法自性
空故自性離故自性本來不可得故舍利子
是菩薩摩訶薩不住是念我今引發天眼
智通爲自娛樂爲娛樂他唯除爲得一切智

眼智證通性不着天眼智證通事不著能行
如是天眼智證通者於著不著俱无所着何
以故舍利子是菩薩摩訶薩達一切法自性
空故自性離故自性本來不可得故舍利子
是菩薩摩訶薩不住是念我今引發天眼
智通為自娛樂為娛樂他唯除為得一切智
智舍利子是為菩薩摩訶薩修行般若波
羅蜜多時所引發天眼智證通波羅蜜多
尒時舍利子復白佛言世尊云何菩薩摩訶
薩修行般若波羅蜜多時所引發漏盡智證
通波羅蜜多佛告具壽舍利子言舍利子有
菩薩摩訶薩漏盡智證通能如實知十方
各如殑伽沙界一切有情若自若他漏盡不
盡此通依止金剛喻定斷諸障習方得圓滿
得不退轉菩薩地時於一切漏亦名為盡畢
竟不起現前故菩薩雖得此漏盡道不墮聲
聞及獨覺地唯趣無上正等菩提不復希求
餘義利故舍利子是菩薩摩訶薩雖具如是
漏盡智用而於其中不自高舉不著漏盡智
證通性不著漏盡智證通事不著能得如是
漏盡智證通者於著不著俱無所著何以故
舍利子是菩薩摩訶薩達一切法自性空故
自性離故自性本來不可得故舍利子是菩
薩摩訶薩不住是念我今引發漏盡智通為
自娛樂為娛樂他唯除為得一切智智舍利
子是為菩薩摩訶薩修行般若波羅蜜多
時所引發漏盡智證通

舍利子是菩薩摩訶薩達一切法自性空故
自性離故自性本來不可得故舍利子是菩
薩摩訶薩不住是念我今引發漏盡智通為
自娛樂為娛樂他唯除為得一切智智舍利
子是為菩薩摩訶薩修行般若波羅蜜多
時所引發漏盡智證通波羅蜜多如是舍利
子諸菩薩摩訶薩修行般若波羅蜜多時
能圓滿清淨六神通波羅蜜多由此六神通波
羅蜜多圓滿清淨故便得圓滿一切智智謂
一切智一切相智
復次舍利子有菩薩摩訶薩修行般若波羅
蜜多時安住布施波羅蜜多嚴淨一切智一
切相智道由畢竟空不起慳貪心故復
次舍利子有菩薩摩訶薩修行般若波羅蜜
多時安住淨戒波羅蜜多嚴淨一切智一切相
智道由畢竟空不起犯戒心故復次
舍利子有菩薩摩訶薩修行般若波羅蜜多
時安住安忍波羅蜜多嚴淨一切智一切相
智道由畢竟空不起慈悲忿恚心故復次舍
舍利子有菩薩摩訶薩修行般若波羅蜜
多時安住精進波羅蜜多嚴淨一切智一切相
智道由畢竟空不起勤勇懈怠心故復次舍
舍利子有菩薩摩訶薩修行般若波羅蜜
多時安住精進波羅蜜多嚴淨一切智一切相
智道由畢竟空不起勤勇懈怠心故復次舍
利子有菩薩摩訶薩修行般若波羅蜜多時
安住靜慮波羅蜜多嚴淨一切智一切相智

智道由畢竟空不起勤勇懈怠心故復次舍
舍利子有菩薩摩訶薩脩行般若波羅蜜
多時安住精進波羅蜜多嚴淨一切智一切相
智道由畢竟空不起勤勇懈怠心故復次舍
利子有菩薩摩訶薩脩行般若波羅蜜多時
安住靜慮波羅蜜多嚴淨一切智一切相智
道由畢竟空不起寂靜散亂心故復次舍利
子有菩薩摩訶薩脩行般若波羅蜜多時安
住般若波羅蜜多嚴淨一切智一切相智道由
畢竟空不起智慧愚癡心故
復次舍利子有菩薩摩訶薩脩行般若波羅
蜜多時安住布施淨戒波羅蜜多嚴淨一切
智一切相智道由畢竟空不起惠施慳貪持
戒犯戒心故復次舍利子有菩薩摩訶薩脩
行般若波羅蜜多時安住布施安忍波羅蜜
多嚴淨一切智一切相智道由畢竟空不起
惠施慳貪慈悲忿恚心故復次舍利子有菩
薩摩訶薩脩行般若波羅蜜多時安住布施
精進波羅蜜多嚴淨一切智一切相智道由
畢竟空不起惠施慳貪懃用懈怠心故復次
舍利子有菩薩摩訶薩脩行般若波羅蜜多
時安住布施靜慮波羅蜜多嚴淨一切智一
切相智道由畢竟空不起惠施慳貪寂靜散
亂心故復次舍利子有菩薩摩訶薩脩行般若
波羅蜜多時安住布施般若波羅蜜多嚴淨一
切智一切相智道由畢竟空不起惠施慳貪
智惠愚癡心故復次舍利子有菩薩摩訶

切相智道由畢竟空不起惠施慳貪寂靜散
亂心故復次舍利子有菩薩摩訶薩脩行般若
波羅蜜多時安住布施般若波羅蜜多嚴淨一
切智一切相智道由畢竟空不起惠施慳貪
智惠愚癡心故復次舍利子有菩薩摩訶
薩脩行般若波羅蜜多時安住淨戒安忍
波羅蜜多嚴淨一切智一切相智道由畢竟
空不起持戒犯戒慈悲忿恚心故復次舍利
子有菩薩摩訶薩脩行般若波羅蜜多時
安住淨戒精進波羅蜜多嚴淨一切智一切相
智道由畢竟空不起持戒犯戒勤勇懈怠心
故復次舍利子有菩薩摩訶薩脩行般若波
羅蜜多時安住淨戒靜慮波羅蜜多嚴淨
切智一切相智道由畢竟空不起持戒犯戒
寂靜散亂心故復次舍利子有菩薩摩訶薩
脩行般若波羅蜜多時安住淨戒般若波羅
蜜多嚴淨一切智一切相智道由畢竟空不
起持戒犯戒智惠愚癡心故復次舍利子有
菩薩摩訶薩脩行般若波羅蜜多時安住安
忍精進波羅蜜多嚴淨一切智一切相智道
由畢竟空不起慈悲忿恚勤勇懈怠心故復
次舍利子有菩薩摩訶薩脩行般若波羅蜜
多時安住安忍靜慮波羅蜜多嚴淨一切智
一切相智道由畢竟空不起慈悲忿恚寂靜
散亂心故復次舍利子有菩薩摩訶薩脩行
般若波羅蜜多時安住安忍般若波羅蜜多
嚴淨一切智一

多時安住安忍靜慮波羅蜜多嚴波一切智
一切相智道由畢竟空不起慈悲忿恚寂靜
散亂心故復次舍利子有菩薩摩訶薩脩行
般若波羅蜜多時安住安忍般若波羅蜜多
嚴淨一切智一切相智道由畢竟空不起慈
悲忿恚智慧愚癡心故復次舍利子有菩薩
摩訶薩脩行般若波羅蜜多時安住精進靜
慮波羅蜜多嚴淨一切智一切相智道由畢
竟空不起勤勇懈怠寂靜散亂心故復次舍
利子有菩薩摩訶薩脩行般若波羅蜜多
時安住精進般若波羅蜜多嚴淨一切智一切
相智道由畢竟空不起勤勇懈怠智慧愚癡
心故復次舍利子有菩薩摩訶薩脩行般若
波羅蜜多時安住靜慮般若波羅蜜多嚴淨
一切智一切相智道由畢竟空不起寂靜散亂
智慧愚癡心故
復次舍利子有菩薩摩訶薩脩行般若波羅
蜜多時安住布施淨戒安忍波羅蜜多嚴淨
一切智一切相智道由畢竟空不起惠施慳
貪持戒犯戒慈悲忿恚心故復次舍利子有
菩薩摩訶薩脩行般若波羅蜜多時安住布
施淨戒精進波羅蜜多嚴淨一切智一切相
智道由畢竟空不起惠施慳貪持戒犯戒勤
勇懈怠心故復次舍利子有菩薩摩訶薩脩
行般若波羅蜜多時安住布施淨戒靜慮波
羅蜜多嚴淨一切智一切相智道由畢竟空不
[illegible]

BD05535號　大般若波羅蜜多經卷九　（11–10）

蜜多時安住布施淨戒安忍波羅蜜多嚴淨
一切智一切相智道由畢竟空不起惠施慳
貪持戒犯戒慈悲忿恚心故復次舍利子有
菩薩摩訶薩脩行般若波羅蜜多時安住布
施淨戒精進波羅蜜多嚴淨一切智一切相
智道由畢竟空不起惠施慳貪持戒犯戒勤
勇懈怠心故復次舍利子有菩薩摩訶薩脩
行般若波羅蜜多時安住布施淨戒靜慮波
羅蜜多嚴淨一切智一切相智道由畢竟空不
起惠施慳貪持戒犯戒寂靜散亂心故復次
舍利子有菩薩摩訶薩脩行般波若羅蜜多
時安住布施淨戒般若波羅蜜多嚴淨一切
智一切相智道由畢竟空不起惠施慳貪持戒
犯戒智慧愚癡心故復次舍利子有菩薩摩
訶薩脩行般若波羅蜜多時安住布施安忍
精進波羅蜜多嚴淨一切智一切相智道由
畢竟空不起惠施慳貪慈悲忿恚勤勇懈
怠心故復次舍利子有菩薩摩訶薩脩行般
若波羅蜜多時安住布施安忍靜慮波羅蜜
多嚴淨一切智一切相智道由畢竟空不起惠
施慳貪慈悲忿恚寂靜散亂心故復次舍利
子有菩薩摩訶薩脩行般若波羅蜜多時安
[illegible]施安忍般若波羅蜜多嚴淨一切智一
[illegible]空不起惠施慳貪慈悲忿
[illegible]子有菩薩摩訶
[illegible]

BD05535號　大般若波羅蜜多經卷九　（11–11）

衣毛不竪如師子步致得妙乘為如神龍安
和其心猶如調象遊在衆中若如神仙則致
勇猛降伏怨敵遊于大會志彊無懼意界自
然而無所畏所説當諦志無有難蠲塵勞法
如月盛滿智慧光明如炬遠照如日之昇無
所不耀滅除衆冥若如燈燎離於諸著無有
增減持行如地衆生仰活猶若良田百穀滋
植洗一切垢譬若如水滅除諸想猶若如火
於一切法而無所著猶若如風不可動搖如
須弥山志性堅彊猶如金剛鐵圍之山諸外
異學莫能當者聲聞緣覺無能及者以法
等味譬若如海則為度師蠲除一切塵勞之
慕求經法未曾厭足則於智慧而無充滿
則為聖皇而轉法輪顏貌姝特如天帝釋心得
自在有如梵天演法雷震猶如天陰為雨甘
露如澍洪澤則得長益根力覺意則得超度
生死之患便得進入於佛聖慧則得遠近致
佛言道當懷慱聞無有倫匹以過於量志無
有量智慧辯才而無等侶逮得總持志性堅
彊意達聡明覩群生性觀諸法其志界暢

BD05536號　持心梵天所問經卷一　（2–1）

於一切法而無所著猶若如風不可動搖如
須弥山志性堅彊猶如金剛鐵圍之山諸外
異學莫能當者聲聞緣覺無能及者以法
等味譬若如海則為度師蠲除一切塵勞之
慕求經法未曾厭足則於智慧而無充滿
則為聖皇而轉法輪顏貌姝特如天帝釋心得
自在有如梵天演法雷震猶如天陰為雨甘
露如澍洪澤則得長益根力覺意則得超度
生死之患便得進入於佛聖慧則得遠近致
佛言道當懷慱聞無有倫匹以過於量志無
有量智慧辯才而無等侶逮得總持志性堅
彊意達聡明覩群生性觀諸法其志界暢
常行慈愍哀世間人已得超度世俗之事行
無所著猶如蓮華不為俗法之所染汙諸明
智者悉愛敬之諸慱聞者多信徒之為衆智
士常所恭順諸天世人悉奉事之諸禪思衆
聲者為礼諸聖賢衆咸來宗待聲聞緣覺所
共欽嘉則好遠離主地之行則無諂餝不貪
利養威神巍巍履賢聖跡端正殊雅色貌難
及威曜光光不可稱究則以相好而自莊嚴

BD05536號　持心梵天所問經卷一　（2–2）

波羅蜜多本來寂靜故學是學一切智智不
為淨戒安忍精進靜慮般若波羅蜜多本來
寂靜故學是學一切智智不若菩薩摩訶薩
為布施波羅蜜多自性涅槃故學是學一切
智智不為淨戒安忍精進靜慮般若波羅蜜
多自性涅槃故學是學一切智智不
世尊若菩薩摩訶薩為內空盡故學是學一
切智智不為外空內外空空空大空勝義空
有為空無為空畢竟空無際空散空無變異
空本性空自相空共相空一切法空不可得空
無性空自性空無性自性空盡故學是學
一切智智不若菩薩摩訶薩為內空離故學
是學一切智智不為外空乃至無性自性空
離故學是學一切智智不若菩薩摩訶薩為
內空滅故學是學一切智智不為外空乃至
無性自性空滅故學是學一切智智不若菩
薩摩訶薩為內空無生故學是學一切智智

BD05537號　大般若波羅蜜多經卷三三八　（6–1）

是學一切智智不為外空乃至無性自性空
離故學是學一切智智不若菩薩摩訶薩為
內空滅故學是學一切智智不為外空乃至
無性自性空滅故學是學一切智智不若菩
薩摩訶薩為內空無生故學是學一切智智
不為外空乃至無性自性空無生故學是學
一切智智不若菩薩摩訶薩為內空無滅故
學是學一切智智不為外空乃至無性自性
空無滅故學是學一切智智不若菩薩摩訶
薩為內空本來寂靜故學是學一切智智不
為外空乃至無性自性空本來寂靜故學是
學一切智智不若菩薩摩訶薩為內空自性
涅槃故學是學一切智智不為外空乃至無
性自性空自性涅槃故學是學一切智智不
世尊若菩薩摩訶薩為真如盡故學是學一
切智智不為法界法性不虛妄性不變異性
平等性離生性法定法住實際虛空界不思
議界盡故學是學一切智智不若菩薩摩訶
薩為真如離故學是學一切智智不為法界
乃至不思議界離故學是學一切智智不若
菩薩摩訶薩為真如滅故學是學一切智智
不為法界乃至不思議界滅故學是學一切
智智不若菩薩摩訶薩為真如無生故學是
學一切智智不為法界乃至不思議界無生
故學是學一切智智不若菩薩摩訶薩為真
如無滅故學是學一切智智不為法界乃至

BD05537號　大般若波羅蜜多經卷三三八　（6–2）

不為法界乃至不思議界滅故學是學一切
智智不若菩薩摩訶薩為真如無生故學是
學一切智智不為法界乃至不思議界無生
故學是學一切智智不若菩薩摩訶薩為真
如無滅故學是學一切智智不為法界乃至
不思議界無滅故學是學一切智智不若菩
薩摩訶薩為真如本來寂靜故學是學一切
智智不為法界乃至不思議界本來寂靜故
學是學一切智智不若菩薩摩訶薩為真如
自性涅槃故學是學一切智智不為法界乃
至不思議界自性涅槃故學是學一切智智
不世尊若菩薩摩訶薩為苦聖諦盡故學是
學一切智智不為集滅道聖諦盡故學是學
一切智智不若菩薩摩訶薩為苦聖諦離故
學是學一切智智不為集滅道聖諦離故學
是學一切智智不若菩薩摩訶薩為苦聖諦
滅故學是學一切智智不為集滅道聖諦滅
故學是學一切智智不若菩薩摩訶薩為苦
聖諦無生故學是學一切智智不為集滅道
聖諦無生故學是學一切智智不若菩薩摩
訶薩為苦聖諦無滅故學是學一切智智不
為集滅道聖諦無滅故學是學一切智智不
若菩薩摩訶薩為苦聖諦本來寂靜故學是
學一切智智不為集滅道聖諦本來寂靜故
學是學一切智智不若菩薩摩訶薩為苦聖
諦自性涅槃故學是學一切智智不為集滅

BD05537號　大般若波羅蜜多經卷三三八

（6–3）

若菩薩摩訶薩為苦聖諦本來寂靜故學是
學一切智智不為集滅道聖諦本來寂靜故
學是學一切智智不若菩薩摩訶薩為苦聖
諦自性涅槃故學是學一切智智不為集滅
道聖諦自性涅槃故學是學一切智智不
世尊若菩薩摩訶薩為四靜慮盡故學是學
一切智智不為四無量四無色定盡故學是
學一切智智不若菩薩摩訶薩為四靜慮離
故學是學一切智智不為四無量四無色定
離故學是學一切智智不若菩薩摩訶薩為
四靜慮滅故學是學一切智智不為四無量
四無色定滅故學是學一切智智不若菩薩
摩訶薩為四靜慮無生故學是學一切智智
不為四無量四無色定無生故學是學一切
智智不若菩薩摩訶薩為四靜慮無滅故學
是學一切智智不為四無量四無色定無滅
故學是學一切智智不若菩薩摩訶薩為四
靜慮本來寂靜故學是學一切智智不為四
無量四無色定本來寂靜故學是學一切智
智不若菩薩摩訶薩為四靜慮自性涅槃故
學是學一切智智不為四無量四無色定自
性涅槃故學是學一切智智不
世尊若菩薩摩訶薩為八解脫盡故學是學
一切智智不為八勝處九次第定十遍處盡
故學是學一切智智不若菩薩摩訶薩為八
解脫離故學是學一切智智不為八勝處九
次第定十遍處離故學是學一切智智不[illegible]

BD05537號　大般若波羅蜜多經卷三三八

（6–4）

學是學一切智智不為四無量四無色定自
性涅槃故學是學一切智智不
世尊若菩薩摩訶薩為八解脫盡故學是學
一切智智不為八勝處九次第定十遍處盡
故學是學一切智智不若菩薩摩訶薩為八
解脫離故學是學一切智智不為八勝處九
次第定十遍處離故學是學一切智智不若
菩薩摩訶薩為八解脫滅故學是學一切智
智不為八勝處九次第定十遍處滅故學是
學一切智智不若菩薩摩訶薩為八解脫無
生故學是學一切智智不為八勝處九次第
定十遍處無生故學是學一切智智不若菩
薩摩訶薩為八解脫無滅故學是學一切智
智不為八勝處九次第定十遍處無滅故學
是學一切智智不若菩薩摩訶薩為八解脫
本來寂靜故學是學一切智智不為八勝處
九次第定十遍處本來寂靜故學是學一切
智智不若菩薩摩訶薩為八解脫自性涅槃
故學是學一切智智不為八勝處九次第定
十遍處自性涅槃故學是學一切智智不

大般若波羅蜜多經卷第三百卅八

BD05537號　大般若波羅蜜多經卷三三八　（6–5）

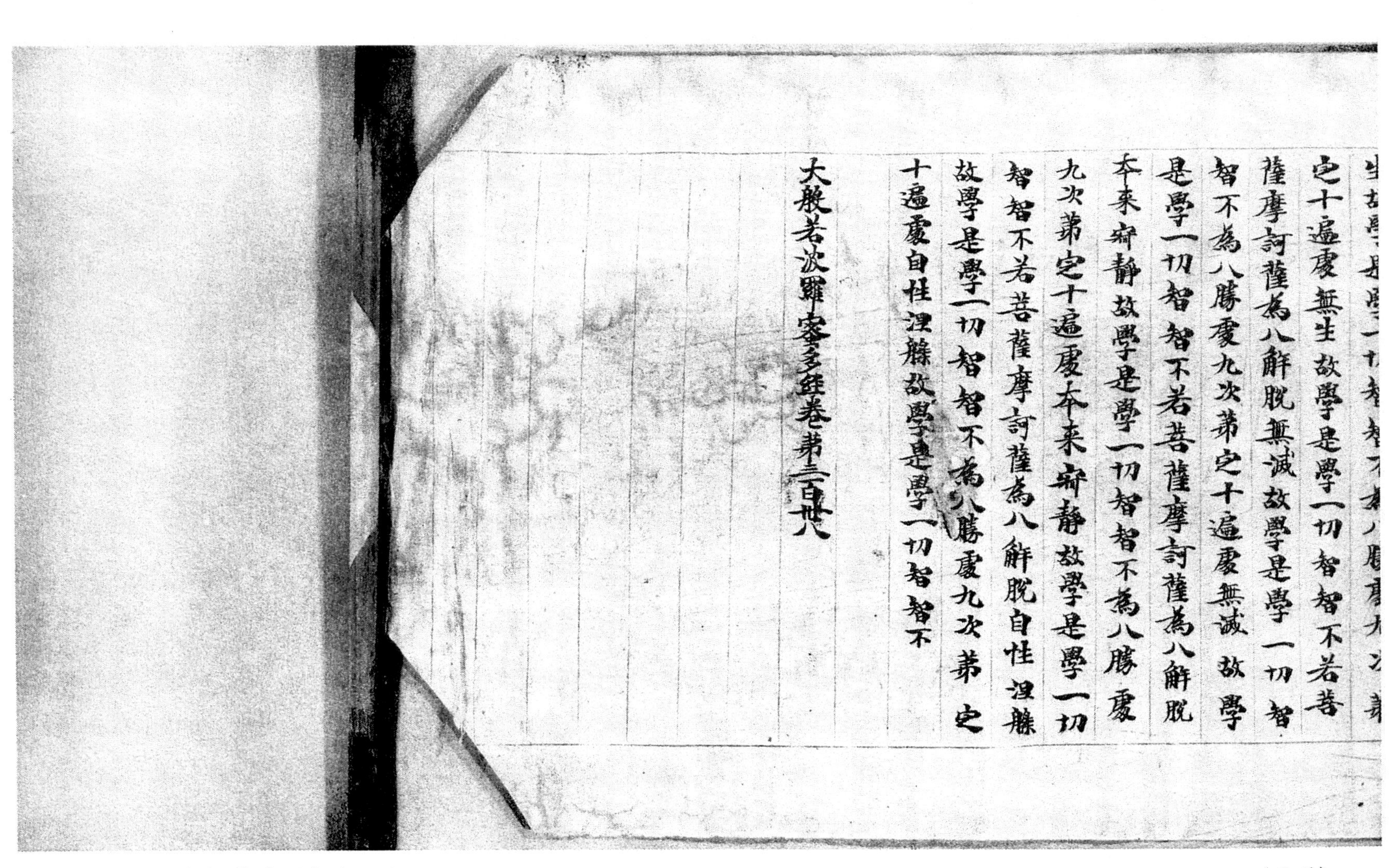

生故學是學一切智智不為八勝處九次第
定十遍處無生故學是學一切智智不若菩
薩摩訶薩為八解脫無滅故學是學一切智
智不為八勝處九次第定十遍處無滅故學
是學一切智智不若菩薩摩訶薩為八解脫
本來寂靜故學是學一切智智不為八勝處
九次第定十遍處本來寂靜故學是學一切
智智不若菩薩摩訶薩為八解脫自性涅槃
故學是學一切智智不為八勝處九次第定
十遍處自性涅槃故學是學一切智智不

大般若波羅蜜多經卷第三百卅八

BD05537號　大般若波羅蜜多經卷三三八　（6–6）

分別演說諸法之實　世尊於諸天人
一切衆中　而宣是言　我為如來　兩足之尊
出于世間　猶如大雲　充潤一切　枯槁衆生
皆令離苦　得安隱樂　世間之樂　及涅槃樂
諸天人衆　一心善聽　皆應到此　覲无上尊
我為世尊　无能及者　安隱衆生　故現於世
為大衆說　甘露淨法　其法一味　解脫涅槃
以一妙音　演暢斯義　常為大乘　而作因緣
我觀一切　普皆平等　无有彼此　愛憎之心
我无貪著　亦无限礙　恒為一切　平等說法
如為一人　衆多亦然　常演說法　曾无他事
去來坐立　終不疲猒　充足世間　如雨普潤
貴賤上下　持戒毀戒　威儀具足　及不具足
正見邪見　利根鈍根　等雨法雨　而无懈惓
一切衆生　聞我法者　隨力所受　住於諸地
或處人天　轉輪聖王　釋梵諸王　是小藥草
知无漏法　能得涅槃　起六神通　及得三明
獨處山林　常行禪定　得緣覺證　是中藥草

BD05538號　妙法蓮華經卷三　（25–1）

正見邪見　利根鈍根　等雨法雨　而无懈惓
一切衆生　聞我法者　隨力所受　住於諸地
或處人天　轉輪聖王　釋梵諸王　是小藥草
知无漏法　能得涅槃　起六神通　及得三明
獨處山林　常行禪定　得緣覺證　是中藥草
求世尊處　我當作佛　行精進定　是上藥草
又諸佛子　專心佛道　常行慈悲　自知作佛
決定无疑　是名小樹　安住神通　轉不退輪
度无量億　百千衆生　如是菩薩　名為大樹
佛平等說　如一味雨　隨衆生性　所受不同
如彼草木　所稟各異　佛以此喻　方便開示
種種言辭　演說一法　於佛智慧　如海一渧
我雨法雨　充滿世間　一味之法　隨力脩行
如彼叢林　藥草諸樹　隨其大小　漸增茂好
諸佛之法　常以一味　令諸世間　普得具足
漸次脩行　皆得道果　聲聞緣覺　處於山林
住最後身　聞法得果　是名藥草　各得增長
若諸菩薩　智慧堅固　了達三界　求最上乘
是名小樹　而得增長　復有住禪　得神通力
聞諸法空　心大歡喜　放无數光　度諸衆生
是名大樹　而得增長　如是迦葉　佛所說法
譬如大雲　以一味雨　潤於人華　各得成實
迦葉當知　以諸因緣　種種譬喻　開示佛道
是我方便　諸佛亦然　今為汝等　說最實事
諸聲聞衆　皆非滅度　汝等所行　是菩薩道
漸漸脩學　悉當成佛

BD05538號　妙法蓮華經卷三　（25–2）

譬如大雲以一味雨潤於人華各得成實
迦葉當知以諸因緣種種譬喻開示佛道
是我方便諸佛亦然今為汝等說最實事
諸聲聞衆皆非滅度汝等所行是菩薩道
漸漸脩學悉當成佛

妙法蓮華經授記品第六

尒時世尊說是偈已告諸大衆唱如是言我
此弟子摩訶迦葉於未來世當得奉覲三百
万億諸佛世尊供養恭敬尊重讚歎廣宣諸
佛无量大法於最後身得成為佛名曰光明
如來應供正遍知明行足善逝世間解无上
士調御丈夫天人師佛世尊國名光德劫名
大莊嚴佛壽十二小劫正法住世二十小劫
像法亦住二十小劫國界嚴飾无諸穢惡瓦
礫荊棘便利不淨其土平正无有高下坑坎
堆阜瑠璃為地寶樹行列黃金為繩以界道
側散諸寶華周遍清淨其國菩薩无量千億
諸聲聞衆亦復无數无有魔事雖有魔及魔
民皆護佛法尒時世尊欲重宣此義而說偈
言
告諸比丘　我以佛眼　見是迦葉　於未來世
過无數劫　當得作佛　而於來世　供養奉覲
三百万億　諸佛世尊　為佛智慧　淨脩梵行
供養最上　二足尊已　脩習一切　无上之慧
於最後身　得成為佛　其土清淨　瑠璃為地

過无數劫　當得作佛　而於來世　供養奉覲
三百万億　諸佛世尊　為佛智慧　淨脩梵行
供養最上　二足尊已　脩習一切　无上之慧
於最後身　得成為佛　其土清淨　瑠璃為地
多諸寶樹　行列道側　金繩界道　見者歡喜
常出好香　散衆名華　種種奇妙　以為莊嚴
其地平正　无有丘坑　諸菩薩衆　不可稱計
其心調柔　逮大神通　奉持諸佛　大乘經典
諸聲聞衆　无漏後身　法王之子　亦不可計
乃以天眼　不能數知　其佛當壽　十二小劫
正法住世　二十小劫　像法亦住　二十小劫
光明世尊　其事如是
尒時大目揵連須菩提摩訶迦旃延等皆悉
悚慄一心合掌瞻仰尊顏目不暫捨即共同
聲而說偈言
大雄猛世尊　諸釋之法王　哀愍我等故　而賜佛音聲
若知我深心　見為授記者　如以甘露灑　除熱得清涼
如從飢國來　忽遇大王饍　心猶懷疑懼　未敢即便食
若復得王教　然後乃敢食　我等亦如是　每惟小乘過
不知當云何　得佛无上慧　雖聞佛音聲　言我等作佛
心尚懷憂懼　如未敢便食　若蒙佛授記　尒乃快安樂
大雄猛世尊　常欲安世間　願賜我等記　如飢須教食
尒時世尊知諸大弟子心之所念告諸比丘
是須菩提於當來世奉覲三百万億那由他
佛供養恭敬尊重讚歎常脩梵行具菩薩道

大雄猛世尊　常欲安世間　願賜我等記　如飢須教食

尒時世尊知諸大弟子心之所念告諸比丘是須菩提於當來世奉覲三百万億那由他佛供養恭敬尊重讚歎常脩梵行具菩薩道於冣後身得成為佛号曰名相如来應供正遍知明行足善逝世間解无上士調御丈夫天人師佛世尊劫名有寶國名寶生其土平正頗梨為地寶樹莊嚴无諸丘坑沙礫荊棘便利之穢寶華覆地周遍清淨其土人民皆處寶臺珎妙樓閣聲聞弟子无量无邊筭數譬喻所不能知諸菩薩衆无數千万億那由他佛壽十二小劫正法住世二十小劫像法亦住二十小劫其佛常處虛空為衆說法度脫无量菩薩及聲聞衆尒時世尊欲重宣此義而說偈言

諸比丘衆　今告汝等　皆當一心　聽我所說
我大弟子　須菩提者　當得作佛　号曰名相
當供无數　万億諸佛　隨佛所行　漸具大道
冣後身得　三十二相　端政殊妙　猶如寶山
其佛國土　嚴淨第一　衆生見者　无不愛樂
佛於其中　度无量衆　其佛法中　多諸菩薩
皆悉利根　轉不退輪　彼國常以　菩薩莊嚴
諸聲聞衆　不可稱數　皆得三明　具六神通
住八解脫　有大威德　其佛說法　現於无量
神通變化　不可思議　諸天人民　數如恒沙

BD05538號　妙法蓮華經卷三

（25–5）

佛於其中　度无量衆　其佛法中　多諸菩薩
皆悉利根　轉不退輪　彼國常以　菩薩莊嚴
諸聲聞衆　不可稱數　皆得三明　具六神通
住八解脫　有大威德　其佛說法　現於无量
神通變化　不可思議　諸天人民　數如恒沙
皆共合掌　聽受佛語　其佛當壽　十二小劫
正法住世　二十小劫　像法亦住　二十小劫

尒時世尊復告諸比丘衆我今語汝是大迦旃延於當來世以諸供具供養奉事八千億佛恭敬尊重諸佛滅後各起塔廟高千由旬縱廣正等五百由旬以金銀瑠璃車𤦲馬瑙真珠玫瑰七寶合成衆華瓔珞塗香末香燒香繒蓋幢幡供養塔廟過是已後當復供養二万億佛亦復如是供養是諸佛已具菩薩道當得作佛号曰閻浮那提金光如来應供正遍知明行足善逝世間解无上士調御丈夫天人師佛世尊其土平正頗梨為地寶樹莊嚴黃金為繩以界道側妙華覆地周遍清淨見者歡喜无四惡道地獄餓鬼畜生阿脩羅道多有天人諸聲聞衆及諸菩薩无量万億莊嚴其國佛壽十二小劫正法住世二十小劫像法亦住二十小劫尒時世尊欲重宣此義而說偈言

諸比丘衆　皆一心聽　如我所說　真實无異
是迦旃延　當以種種　妙好供具　供養諸佛

BD05538號　妙法蓮華經卷三

（25–6）

[illegible]
小劫像法亦住二十小劫尒時世尊欲重宣
此義而說偈言
諸比丘衆　皆一心聽　如我所說　真實无異
是迦旃延　當以種種　妙好供具　供養諸佛
諸佛滅後　起七寶塔　亦以華香　供養舍利
其最後身　得佛智慧　成等正覺　國土清淨
度脫无量　万億衆生　皆爲十方　之所供養
佛之光明　无能勝者　其佛号曰　閻浮金光
菩薩聲聞　斷一切有　无量无數　莊嚴其國
尒時世尊復告大衆我今語汝是大目揵連
當以種種供具供養八千諸佛恭敬尊重諸
佛滅後各起塔廟高千由旬縱廣正等五百
由旬以金銀琉璃車𤦲馬瑙真珠玫瑰七寶
合成衆華瓔珞塗香末香燒香繒蓋幢幡以
用供養過是已後當復供養二百万億諸佛
亦復如是當得成佛号曰多摩羅跋栴檀香
如來應供正遍知明行足善逝世間解无上
士調御丈夫天人師佛世尊劫名喜滿國名
意樂其土平正頗梨爲地寶樹莊嚴散真珠
華周遍清淨見者歡喜多諸天人菩薩聲聞
其數无量佛壽二十四小劫正法住世四十
小劫像法亦住四十小劫尒時世尊欲重宣
此義而說偈言
我此弟子　大目揵連　捨是身已　得見八千
二百万億　諸佛世尊　爲他道故　供養恭敬

其數无量佛壽二十四小劫正法住世四十
小劫像法亦住四十小劫尒時世尊欲重宣
此義而說偈言
我此弟子　大目揵連　捨是身已　得見八千
二百万億　諸佛世尊　爲他道故　供養恭敬
於諸佛所　常脩梵行　於无量劫　奉持佛法
諸佛滅後　起七寶塔　長表金刹　華香伎樂
而以供養　諸佛塔廟　漸漸具足　菩薩道已
於意樂國　而得作佛　号多摩羅　栴檀之香
其佛壽命　二十四劫　常爲天人　演說佛道
聲聞无量　如恒河沙　三明六通　有大威德
菩薩无數　志固精進　於佛智慧　皆不退轉
佛滅度後　正法當住　四十小劫　像法亦尒
我諸弟子　威德具足　其數五百　皆當授記
於未來世　咸得成佛
我及汝等　宿世因緣　吾今當說　汝等善聽
妙法蓮華經化城喻品第七
佛告諸比丘乃往過去无量无邊不可思議
阿僧祇劫尒時有佛名大通智勝如來應供
正遍知明行足善逝世間解无上士調御丈
夫天人師佛世尊其國名好成劫名大相諸
比丘彼佛滅度已來甚大久遠譬如三千大
千世界所有地種假使有人磨以爲墨過於
東方千國土乃下一點大如微塵又過千國
土復下一點如是展轉盡地種墨於汝等意
云何是諸國土若筭師若筭師弟子能得邊

比丘彼佛滅度已來甚大久遠譬如三千大
千世界所有地種假使有人磨以為墨過於
東方千國土乃下一點大如微塵又過千國
土復下一點如是展轉盡地種墨於汝等意
云何是諸國土若筭師若筭師弟子能得邊
際知其數不不也世尊諸比丘是人所經國
土若點不點盡末為塵一塵一劫彼佛滅度
已來復過是數无量无邊百千万億阿僧祇
劫我以如來知見力故觀彼久遠猶若今日
尒時世尊欲重宣此義而說偈言
我念過去世　无量无邊劫　有佛兩足尊　名大通智勝
如人以力磨　三千大千土　盡此諸地種　皆悉以為墨
過於千國土　乃下一塵點　如是展轉點　盡此諸塵墨
如是諸國土　點与不點等　復盡末為塵　一塵為一劫
此諸微塵數　其劫復過是　彼佛滅度來　如是无量劫
如來无礙智　知彼佛滅度　及聲聞菩薩　如見今滅度
諸比丘當知　佛智淨微妙　无漏无所礙　通達无量劫
佛告諸比丘大通智勝佛壽五百四十万億
那由他劫其佛本坐道場破魔軍已垂得阿
耨多羅三藐三菩提而諸佛法不現在前如
是一小劫乃至十小劫結加趺坐身心不動
而諸佛法猶不在前尒時忉利諸天先為彼
佛於菩提樹下敷師子座高一由旬佛於此
坐當得阿耨多羅三藐三菩提適坐此座時
諸梵天王雨衆天華面百由旬香風時來吹

BD05538號　妙法蓮華經卷三

（25–9）

是一小劫乃至十小劫結加趺坐身心不動
而諸佛法猶不在前尒時忉利諸天先為彼
佛於菩提樹下敷師子座高一由旬佛於此
坐當得阿耨多羅三藐三菩提適坐此座時
諸梵天王雨衆天華面百由旬香風時來吹
去萎華更雨新者如是不絕滿十小劫供養
於佛乃至滅度常雨此華四王諸天為供養
佛常擊天鼓其餘諸天作天伎樂滿十小劫
至于滅度亦復如是諸比丘大通智勝佛過
十小劫諸佛之法乃現在前成阿耨多羅三
藐三菩提其佛未出家時有十六子其第一
者名曰智積諸子各有種種珍異玩好之具
聞父得成阿耨多羅三藐三菩提皆捨所珍
往詣佛所諸母涕泣而隨送之其祖轉輪聖
王與一百大臣及餘百千万億人民皆共圍
繞隨至道場咸欲親近大通智勝如來供養
恭敬尊重讚歎到已頭面礼足繞佛畢已一
心合掌瞻仰世尊以偈頌曰
大威德世尊　為度衆生故　於无量億劫　尒乃得成佛
諸願已具足　善哉吉无上　世尊甚希有　一坐十小劫
身體及手足　靜然安不動　其心常惔怕　未曾有散亂
究竟永寂滅　安住无漏法　今者見世尊　安隱成佛道
我等得善利　稱慶大歡喜　衆生常苦惱　盲瞑无導師
不識苦盡道　不知求解脫　長夜增惡趣　減損諸天衆
從瞑入於瞑　永不聞佛名　今佛得最上　安隱无漏法
[illegible]

BD05538號　妙法蓮華經卷三

（25–10）

身體及手足 靜然安不動 其心常

究竟永寂滅 安住无漏法 今者見世尊 安隱成佛道
我等得善利 稱慶大歡喜 衆生常苦惱 盲瞑无導師
不識苦盡道 不知求解脫 長夜增惡趣 減損諸天衆
從冥入於冥 永不聞佛名 今佛得最上 安隱无漏法
我等及天人 爲得最大利 是故咸稽首 歸命无上尊

尒時十六王子偈讚佛已勸請世尊轉於法輪咸作是言世尊說法多所安隱憐愍饒益諸天人民重說偈言

世雄无等倫 百福自莊嚴 得无上智慧 願爲世間說
度脫於我等 及諸衆生類 爲分別顯說 令得是智慧
若我等得佛 衆生亦復然 世尊知衆生 深心之所念
亦知所行道 又知智慧力 欲樂及脩福 宿命所行業
世尊悉知已 當轉无上輪

佛告諸比丘大通智勝佛得阿耨多羅三藐三菩提時十方各五百万億諸佛世界六種震動其國中間幽瞑之處日月威光所不能照而皆大明其中衆生各得相見咸作是言此中云何忽生衆生又其國界諸天宮殿乃至梵宮六種震動大光普照遍滿世界勝諸天光尒時東方五百万億諸國土中梵天宮殿光明照曜倍於常明諸梵天王各作是念今者宮殿光明昔所未有以何因緣而現此相是時諸梵天王即各相詣共議此事時彼衆中有一大梵天王名救一切爲諸梵衆而說偈言

殿光明照曜倍於常明諸梵天王各作是念今者宮殿光明昔所未有以何因緣而現此相是時諸梵天王即各相詣共議此事時彼衆中有一大梵天王名救一切爲諸梵衆而說偈言

我等諸宮殿 光明昔未有 此是何因緣 宜各共求之
爲大德天生 爲佛出世間 而此大光明 遍照於十方

尒時五百万億國土諸梵天王與宮殿俱各以衣裓盛諸天華共詣西方推尋是相見大通智勝如來處於道場菩提樹下坐師子座諸天龍王乾闥婆緊那羅摩睺羅伽人非人等恭敬圍繞及見十六王子請佛轉法輪即時諸梵天王頭面礼佛繞百千匝即以天華而散佛上其所散華如須弥山并以供養佛菩提樹其菩提樹高十由旬華供養已各以宮殿奉上彼佛而作是言唯見哀愍饒益我等所獻宮殿願垂納處時諸梵天王即於佛前一心同聲以偈頌曰

世尊甚希有 難可得值遇 具无量功德 能救護一切
天人之大師 哀愍於世間 十方諸衆生 普皆蒙饒益
我等所從來 五百万億國 捨深禪定樂 爲供養佛故
我等先世福 宮殿甚嚴飾 今以奉世尊 唯願哀納受

尒時諸梵天王偈讚佛已各作是言唯願世尊轉於法輪度脫衆生開涅槃道時諸梵天王一心同聲而說偈言

我等先世福　宮殿甚嚴飾　今以奉世尊　唯願哀納受
尒時諸梵天王偈讚佛已各作是言唯願世
尊轉於法輪度脫衆生開涅槃道時諸梵天
王一心同聲而說偈言
世雄兩足尊　唯願演說法　以大慈悲力　度苦惱衆生
尒時大通智勝如來嘿然許之又諸比丘東
南方五百万億國土諸大梵王各自見宮殿
光明照曜昔所未有歡喜踊躍生希有心即
各相詣共議此事時彼衆中有一大梵天王
名曰大悲為諸梵衆而說偈言
是事何因緣　而現如此相　我等諸宮殿　光明昔未有
為大德天生　為佛出世間　未曾見此相　當共一心求
過千万億土　尋光共推之　多是佛出世　度脫苦衆生
尒時五百万億諸梵天王與宮殿俱各以衣
裓盛諸天華共詣西北方推尋是相見大通
智勝如來處于道場菩提樹下坐師子座諸
天龍王乹闥婆緊那羅摩睺羅伽人非人等
恭敬圍繞及見十六王子請佛轉法輪時諸
梵天王頭面礼佛繞百千帀即以天華而散
佛上所散之華如須弥山并以供養佛菩提
樹華供養已各以宮殿奉上彼佛而作是言
唯見哀愍饒益我等所獻宮殿願垂納處尒
時諸梵天王即於佛前一心同聲以偈頌曰
聖主天中王　迦陵頻伽聲　哀愍衆生者　我等今敬礼
世尊甚希有　久遠乃一現　一百八十劫　空過无有佛

唯見哀愍饒益我等所獻宮殿願垂納處尒
時諸梵天王即於佛前一心同聲以偈頌曰
聖主天中王　迦陵頻伽聲　哀愍衆生者　我等今敬礼
世尊甚希有　久遠乃一現　一百八十劫　空過无有佛
三惡道充滿　諸天衆減少　今佛出於世　為衆生作眼
世間所歸趣　救護於一切　為衆生之父　哀愍饒益者
我等宿福慶　今得值世尊
尒時諸梵天王偈讚佛已各作是言唯願世
尊哀愍一切轉於法輪度脫衆生時諸梵天
王一心同聲而說偈言
大聖轉法輪　顯示諸法相　度苦惱衆生　令得大歡喜
衆生聞此法　得道若生天　諸惡道減少　忍善者增益
尒時大通智勝如來嘿然許之又諸比丘南
方五百万億國土諸大梵王各自見宮殿光
明照曜昔所未有歡喜踊躍生希有心即各
相詣共議此事以何因緣我等宮殿有此光
曜而彼衆中有一大梵天王名曰妙法為諸
梵衆而說偈言
我等諸宮殿　光明甚威曜　此非无因緣　是相宜求之
過於百千劫　未曾見是相　為大德天生　為佛出世間
尒時五百万億諸梵天王與宮殿俱各以衣
裓盛諸天華共詣北方推尋是相見大通智
勝如來處于道場菩提樹下坐師子座諸天
龍王乹闥婆緊那羅摩睺羅伽人非人等恭
敬圍繞及見十六王子請佛轉法輪時諸梵

尒時五百万億諸梵天王與宮殿俱各以衣
裓盛諸天華共詣北方推尋是相見大通智
勝如來處于道場菩提樹下坐師子座諸天
龍王乾闥婆緊那羅摩睺羅伽人非人等恭
敬圍繞及見十六王子請佛轉法輪時諸梵
天王頭面礼佛繞百千帀即以天華而散佛
上所散之華如須弥山并以供養佛菩提樹
華供養已各以宮殿奉上彼佛而作是言唯
見哀愍饒益我等所獻宮殿願垂納處尒時
諸梵天王即於佛前一心同聲以偈頌曰
世尊甚難見 破諸煩惱者 過百三十劫 今乃得一見
諸飢渴衆生 以法雨充滿 昔所未曾覩 無量智慧者
如優曇鉢羅 今日乃值遇 我等諸宮殿 蒙光故嚴飾
世尊大慈悲 唯願垂納受
尒時諸梵天王偈讚佛已各作是言唯願世
尊轉於法輪令一切世間諸天魔梵沙門婆
羅門皆獲安隱得度脫時諸梵天王一心同
聲以偈頌曰
唯願天人尊 轉無上法輪 擊于大法鼓 而吹大法螺
普雨大法雨 度無量衆生 我等咸歸請 當演深遠音
尒時大通智勝如來嘿然許之西南方乃至
下方亦復如是尒時上方五百万億國土諸
大梵王皆悉自覩所止宮殿光明威曜昔所
未有歡喜踊躍生希有心即各相詣共議此
事以何因緣我等宮殿有斯光明而彼衆中

尒時大通智勝如來嘿然許之西南方乃至
下方亦復如是尒時上方五百万億國土諸
大梵王皆悉自覩所止宮殿光明威曜昔所
未有歡喜踊躍生希有心即各相詣共議此
事以何因緣我等宮殿有斯光明而彼衆中
有一大梵天王名曰尸棄為諸梵衆而說偈
言
今以何因緣 我等諸宮殿 威德光明曜 嚴飾未曾有
如是之妙相 昔所不聞見 為大德天生 為佛出世間
尒時五百万億諸梵天王與宮殿俱各以衣
裓盛諸天華共詣下方推尋是相見大通智
勝如來處于道場菩提樹下坐師子座諸天
龍王乾闥婆緊那羅摩睺羅伽人非人等恭敬圍繞
及見十六王子請佛轉法輪時諸梵天王頭
面礼佛繞百千帀即以天華而散佛上所散
之華如須弥山并以供養佛菩提樹華供養
已各以宮殿奉上彼佛而作是言唯見哀愍
饒益我等所獻宮殿願垂納處時諸梵天王
即於佛前一心同聲以偈頌曰
善哉見諸佛 救世之聖尊 能於三界獄 勉出諸衆生
普智天人尊 哀愍群萌類 能開甘露門 廣度於一切
於昔無量劫 空過無有佛 世尊未出時 十方常闇暝
三惡道增長 阿脩羅亦盛 諸天衆轉減 死多墮惡道
不從佛聞法 常行不善事 色力及智慧 斯等皆減少
罪業因緣故 失樂及樂想 住於邪見法 不識善儀則

普智天人尊　哀愍群萌類　能開甘露門　廣度於一切
於昔无量劫　空過无有佛　世尊未出時　十方常闇暝
三惡道增長　阿脩羅亦盛　諸天衆轉減　死多墮惡道
不從佛聞法　常行不善事　色力及智慧　斯等皆減少
罪業因緣故　失樂及樂想　住於耶見法　不識善儀則
不蒙佛所化　常墮於惡道　佛爲世間眼　久遠時乃出
哀愍諸衆生　故現於世間　超出成正覺　我等甚欣慶
及餘一切衆　喜歎未曾有　我等諸宮殿　蒙光故嚴飾
今以奉世尊　唯垂哀納受　願以此功德　普及於一切
我等與衆生　皆共成佛道
尒時五百万億諸梵天王偈讚佛已各白佛
言唯願世尊轉於法輪多所安隱多所度脫
時諸梵天王而說偈言
世尊轉法輪　擊甘露法鼓　度苦惱衆生　開示涅槃道
唯願受我請　以大微妙音　哀愍而敷演　无量劫習法
尒時大通智勝如來受十方諸梵天王及十
六王子請即時三轉十二行法輪若沙門婆
羅門若天魔梵及餘世間所不能轉謂是苦
是苦集是苦滅是苦滅道及廣說十二因緣
法无明緣行行緣識識緣名色名色緣六入
六入緣觸觸緣受受緣愛愛緣取取緣有有
緣生生緣老死憂悲苦惱无明滅則行滅行
滅則識滅識滅則名色滅名色滅則六入滅
六入滅則觸滅觸滅則受滅受滅則愛滅愛
滅則取滅取滅則有滅有滅則生滅生滅則
老死憂悲苦惱滅佛於天人大衆之中說是

緣生生緣老死憂悲苦惱无明滅則行滅行
滅則識滅識滅則名色滅名色滅則六入滅
六入滅則觸滅觸滅則受滅受滅則愛滅愛
滅則取滅取滅則有滅有滅則生滅生滅則
老死憂悲苦惱滅佛於天人大衆之中說是
法時六百万億那由他人以不受一切法故
而於諸漏心得解脫皆得深妙禪定三明六
通具八解脫第二第三第四說法時千万億
恒河沙那由他等衆生亦以不受一切法故
而於諸漏心得解脫從是已後諸聲聞衆无
量无邊不可稱數尒時十六王子皆以童子
出家而爲沙弥諸根通利智慧明了已曾供
養百千万億諸佛淨脩梵行求阿耨多羅三
藐三菩提俱白佛言世尊是諸无量千万億
大德聲聞皆已成就世尊亦當爲我等說阿
耨多羅三藐三菩提法我等聞已皆共脩學
世尊我等志願如來知見深心所念佛自證
知尒時轉輪聖王所將衆中八万億人見十
六王子出家亦求出家王即聽許尒時彼佛
受沙弥請過二万劫已乃於四衆之中說是
大乘經名妙法蓮華教菩薩法佛所護念說
是經已十六沙弥爲阿耨多羅三藐三菩提
故皆共受持諷誦通利說是經時十六菩薩
沙弥皆悉信受聲聞衆中亦有信解其餘衆
生千万億種皆生疑惑佛說是經於八千劫

大乘經名妙法蓮華教菩薩法佛所護念說
是經已十六沙弥爲阿耨多羅三藐三菩提
故皆共受持諷誦通利說是經時十六菩薩
沙弥皆悉信受聲聞衆中亦有信解其餘衆
生千万億種皆生疑惑佛說是經於八千劫
未曾休廢說此經已即入静室住於禪定八
万四千劫是時十六菩薩沙弥知佛入室寂
然禪定各昇法座亦於八万四千劫爲四部
衆廣說分別妙法華經一一皆度六百万億
那由他恒河沙等衆生示教利喜令發阿耨
多羅三藐三菩提心大通智勝佛過八万四
千劫已從三昧起往詣法座安詳而坐普告
大衆是十六菩薩沙弥甚爲希有諸根通利
智慧明了已曾供養无量千万億數諸佛於
諸佛所常脩梵行受持佛智開示衆生令入
其中汝等皆當數數親近而供養之所以者
何若聲聞辟支佛及諸菩薩能信是十六菩
薩所說經法受持不毀者是人皆當得阿耨
多羅三藐三菩提如來之慧佛告諸比丘是
十六菩薩常樂說是妙法蓮華經一一菩薩
所化六百万億那由他恒河沙等衆生世世
所生與菩薩俱從其聞法悉皆信解以此因
緣得值四万億諸佛世尊于今不盡諸比丘
我今語汝彼佛弟子十六沙弥今皆得阿耨多
羅三藐三菩提於十方國土現在說法有无

所化六百万億那由他恒河沙等衆生世世
所生與菩薩俱從其聞法悉皆信解以此因
緣得值四万億諸佛世尊于今不盡諸比丘
我今語汝彼佛弟子十六沙弥今皆得阿耨多
羅三藐三菩提於十方國土現在說法有无
量百千万億菩薩聲聞以爲眷屬其二沙
弥東方作佛一名阿閦在歡喜國二名須弥
頂東南方二佛一名師子音二名師子相南
方二佛一名虛空住二名常滅西南方二佛
一名帝相二名梵相西方二佛一名阿弥陁
二名度一切世間苦惱西北方二佛一名多
摩羅跋栴檀香神通二名須弥相北方二佛
一名雲自在二名雲自在王東北方佛名壞
一切世間怖畏第十六我釋迦牟尼佛於娑
婆國土成阿耨多羅三藐三菩提諸比丘我
等爲沙弥時各各教化无量百千万億恒河
沙等衆生從我聞法爲阿耨多羅三藐三菩
提此諸衆生于今有住聲聞地者我常教化
阿耨多羅三藐三菩提是諸人等應以是法
漸入佛道所以者何如來智慧難信難解尒
時所化无量恒河沙等衆生者汝等諸比丘
及我滅度後未來世中聲聞弟子是也我滅
度後復有弟子不聞是經不知不覺菩薩所
行自於所得功德生滅度想當入涅槃我於
餘國作佛更有異名是人雖生滅度之想入

時所化无量恒河沙等衆生者汝等諸比丘
及我滅度後未來世中聲聞弟子是也我滅
度後復有弟子不聞是經不知不覺菩薩所
行自於所得功德生滅度想當入涅槃我於
餘國作佛更有異名是人雖生滅度之想入
於涅槃而於彼土求佛智慧得聞是經唯以
佛乘而得滅度更无餘乘除諸如來方便說
法諸比丘若如來自知涅槃時到衆又清淨
信解堅固了達空法深入禪定便集諸菩薩
及聲聞衆為說是經世間无有二乘而得滅
度唯一佛乘得滅度耳比丘當知如來方便
深入衆生之性知其志樂小法深著五欲為
是等故說於涅槃是人若聞則便信受譬如
五百由旬險難惡道曠絕无人怖畏之處若
有多衆欲過此道至珍寶處有一導師聰慧
明達善知險道通塞之相將導衆人欲過此
難所將人衆中路懈退白導師言我等疲極
而復怖畏不能復進前路猶遠今欲退還導
師多諸方便而作是念此等可愍云何捨大
珍寶而欲退還作是念已以方便力於險道
中過三百由旬化作一城告衆人言汝等勿
怖莫得退還今此大城可於中止隨意所作
若入是城快得安隱若能前至寶所亦可得
去是時疲極之衆心大歡喜歎未曾有我等
今者免斯惡道快得安隱於是衆人前入化

BD05538號　妙法蓮華經卷三

（25–21）

中過三百由旬化作一城告衆人言汝等勿
怖莫得退還今此大城可於中止隨意所作
若入是城快得安隱若能前至寶所亦可得
去是時疲極之衆心大歡喜歎未曾有我等
今者免斯惡道快得安隱於是衆人前入化
城生已度想生安隱想爾時導師知此人衆
既得止息无復疲惓即滅化城語衆人言汝
等去來寶處在近向者大城我所化作為止
息耳諸比丘如來亦復如是今為汝等作大
導師知諸生死煩惱惡道險難長遠應去應
度若衆生但聞一佛乘者則不欲見佛不欲
親近便作是念佛道長遠久受懃苦乃可得
成佛知是心怯弱下劣以方便力而於中道
為止息故說二涅槃若衆生住於二地如來
爾時即便為說汝等所作未辦汝所住地近
於佛慧當觀察籌量所得涅槃非真實也但
是如來方便之力於一佛乘分別說三如彼
導師為止息故化作大城既知息已而告之
言寶處在近此城非實我化作耳爾時世尊
欲重宣此義而說偈言
大通智勝佛　十劫坐道場　佛法不現前　不得成佛道
諸天神龍王　阿脩羅衆等　常雨於天華　以供養彼佛
諸天擊天鼓　并作衆伎樂　香風吹萎華　更雨新好者
過十小劫已　乃得成佛道　諸天及世人　心皆懷踊躍
彼佛十六子　皆與其眷屬　千万億圍繞　俱行至佛道

BD05538號　妙法蓮華經卷三

（25–22）

大通智勝佛　十劫坐道場　佛法不現前　不得成佛道
諸天神龍王　阿修羅眾等　常雨於天華　以供養彼佛
諸天擊天鼓　并作眾伎樂　香風吹萎華　更雨新好者
過十小劫已　乃得成佛道　諸天及世人　心皆懷踊躍
彼佛十六子　皆與其眷屬　千万億圍繞　俱行至佛所
頭面礼佛足　而請轉法輪　聖師子法雨　充我及一切
世尊甚難值　久遠時一現　為覺悟群生　震動於一切
東方諸世界　五百万億國　梵宮殿光曜　昔所未曾有
諸梵見此相　尋來至佛所　散華以供養　并奉上宮殿
請佛轉法輪　以偈而讚歎　佛知時未至　受請默然坐
三方及四維　上下亦復尒　散華奉宮殿　請佛轉法輪
世尊甚難值　願以大慈悲　廣開甘露門　轉无上法輪
无量慧世尊　受彼眾人請　為宣種種法　四諦十二緣
无明至老死　皆從生緣有　如是眾過患　汝等應當知
宣暢是法時　六百万億姟　得盡諸苦際　皆成阿羅漢
第二說法時　千万恒沙眾　於諸法不受　亦得阿羅漢
從是後得道　其數无有量　万億劫算數　不能得其邊
時十六王子　出家作沙彌　皆共請彼佛　演說大乘法
我等及營從　皆當成佛道　願得如世尊　慧眼第一淨
佛知童子心　宿世之所行　以无量因緣　種種諸譬喻
說六波羅蜜　及諸神通事　分別真實法　菩薩所行道
說是法華經　如恒河沙偈　彼佛說經已　靜室入禪定
一心一處坐　八万四千劫　是諸沙彌等　知佛禪未出
為无量億眾　說佛无上慧　各各坐法座　說是大乘經
於佛宴寂後　宣揚助法化　一一沙彌等　所度諸眾生
有六百万億　恒河沙等眾　彼佛滅度後　是諸聞法者

BD05538號　妙法蓮華經卷三　（25–23）

說是法華經　如恒河沙偈　彼佛說經已　靜室入禪定
一心一處坐　八万四千劫　是諸沙彌等　知佛禪未出
為无量億眾　說佛无上慧　各各坐法座　說是大乘經
於佛宴寂後　宣揚助法化　一一沙彌等　所度諸眾生
有六百万億　恒河沙等眾　彼佛滅度後　是諸聞法者
在在諸佛土　常與師俱生　是十六沙彌　具足行佛道
今現在十方　各得成正覺　尒時聞法者　各在諸佛所
其有住聲聞　漸教以佛道　我在十六數　曾亦為汝說
是故以方便　引汝趣佛慧　以是本因緣　今說法華經
汝入佛道　慎勿懷驚懼　譬如險惡道　迥絕多毒獸
又復无水草　人所怖畏處　无數千万眾　欲過此險道
其路甚曠遠　經五百由旬　時有一導師　強識有智慧
明了心決定　在險濟眾難　眾人皆疲惓　而白導師言
等今頓乏　於此欲退還　導師作是念　此輩甚可愍
如何欲退還　而失大珍寶　尋時思方便　當設神通力
化作大城郭　莊嚴諸舍宅　周帀有園林　渠流及浴池
門高樓閣　男女皆充滿　即作是化已　慰眾言勿懼
汝入此城　各可隨所樂　諸人既入城　心皆大歡喜
生安隱想　自謂已得度　導師知息已　集眾而告言
等當前進　此是化城耳　我見汝疲極　中路欲退還
以方便力　權化作此城　汝今勤精進　當共至寶所
復如是　為一切導師　見諸求道者　中路而懈廢
能度生死　煩惱諸險道　故以方便力　為息說涅槃
等苦滅　所作皆已辦　既知到涅槃　皆得阿羅漢
集大眾　為說真實法　諸佛方便力　分別說三乘

BD05538號　妙法蓮華經卷三　（25–24）

門高樓閣　男女皆充滿　即作是化已　慰衆言勿懼
汝入此城　各可隨所樂　諸人既入城　心皆大歡喜
皆生安隱想　自謂已得度　導師知息已　集衆而告言
汝等當前進　此是化城耳　我見汝疲極　中路欲退還
故以方便力　權化作此城　汝今勤精進　當共至寶所
我亦復如是　為一切導師　見諸求道者　中路而懈廢
不能度生死　煩惱諸險道　故以方便力　為息說涅槃
言汝等苦滅　所作皆已辦　既知到涅槃　皆得阿羅漢
爾乃集大衆　為說真實法　諸佛方便力　分別說三乘
唯有一佛乘　息處故說二　今為汝說實　汝所得非滅
為佛一切智　當發[illegible]　汝證一切智　十力等佛法
具三十二相　乃是真實滅　諸佛之導師　為息說涅槃
既知是息已　引入於佛慧

妙法蓮華經卷第三

BD05538號　妙法蓮華經卷三

（25–25）

故行方便慈一切亦現故行无隱慈直心清
淨故行深心慈无雜行故行无誑慈不虛假
故行安樂慈令得佛樂故菩薩之慈為若此
世文殊師利又問何謂為悲荅曰菩薩所作
功德皆與一切衆生共之何謂為喜荅曰有
所饒益歡喜无悔何謂為捨荅曰所作福祐
无所悕望文殊師利又問生死有畏菩薩當
何所依維摩詰言菩薩於生死畏中當依如
來功德之力文殊師利又問菩薩欲依如來
功德之力當於何住荅曰菩薩欲依如來功
德力者當住度脫一切衆生又問欲度衆生
當何所除荅曰欲度衆生除其煩惱又問欲
除煩惱當何所行荅曰當行正念又問云何
行於正念荅曰當行不生不滅又問何法不
生何法不滅荅曰不善不生善法不滅又問
善不善孰為本荅曰身為本又問身孰為
本荅曰欲貪為本又問欲貪孰為本荅曰虛

BD05539號　維摩詰所說經卷中

（3–1）

除煩惱當何所行荅曰當行正念又問云何
行於正念荅曰當行不生不滅又問何法不
生何法不滅荅曰不善不生善法不滅又問
善不善孰為本荅曰身為本又問身孰為
本荅曰欲貪為本又問欲貪孰為本荅曰虛
妄分別為本又問虛妄分別孰為本荅曰顛倒
想為本又問顛倒想孰為本荅曰无住為本
又問无住孰為本荅曰无住則无本文殊師
利從无住本立一切法
時維摩詰室有一天女見諸大人聞所說法
便現其身即以天華散諸菩薩大弟子上華
至諸菩薩即皆墮落至大弟子便著不墮
一切弟子神力去華不能令去尒時天問舍利
弗何故去華荅曰此華不如法是以去之天
曰勿謂此華為不如法所以者何是華无所分
別仁者自生分別想耳若於佛法出家有所
分別為不如法若无所分別是則如法觀諸
菩薩華不著者以斷一切分別想故譬如
人畏時非人得其便如是弟子畏生死故色
聲香味觸得其便也已離畏者一切五欲无能
為也結習未盡華著身耳結習盡者華不
著也舍利弗言天止此室其已久如荅曰我止
此室如耆年解脫舍利弗言止此久耶天曰
耆年解脫亦何如久舍利弗嘿然不荅天曰
如何耆舊大智而嘿荅曰解脫者无所言說

菩薩華不著者以斷一切分別想故譬如
人畏時非人得其便如是弟子畏生死故色
聲香味觸得其便也已離畏者一切五欲无能
為也結習未盡華著身耳結習盡者華不
著也舍利弗言天止此室其已久如荅曰我止
此室如耆年解脫舍利弗言止此久耶天曰
耆年解脫亦何如久舍利弗嘿然不荅天曰
如何耆舊大智而嘿荅曰解脫者无所言說
故吾於是不知所云天曰言說文字皆解脫
相所以者何解脫者不內不外不在兩間文
字亦不內不外不在兩間是故舍利弗无離
文字說解脫也所以者何一切諸法是解脫
相舍利弗言不復以離婬怒癡為解脫乎天
曰佛為增上慢人說離婬怒癡為解脫耳若
无增上慢者佛說婬怒癡性即是解脫舍利
弗言善哉善哉天女汝何所得以何為證辯
乃如是天曰我无得无證故辯如是所以者
何若有得有證者則於佛法為增上慢舍利
弗問天汝於三乘為何志求天曰以聲聞法
化衆生故我為聲聞以因緣法化衆生故我
為辟支佛以大悲法化衆生故我為大乘舍
利弗如人入瞻蔔林唯嗅瞻蔔不嗅餘香如
是若入此室但聞佛功德之香不樂聞聲聞
辟支佛功德香也舍利弗其有釋梵四天王

福德何以故是諸衆生无
相壽者相无法相亦无非法
衆生若心取相則為著我
法相即著我人衆生壽者
相即著我人衆生壽者是故不
取非法以是義故如来常說汝等比
說法如筏喻者法尚應捨何況非法
須菩提於意云何如来得阿耨多羅三
菩提耶如来有所說法耶須菩提言如我解
佛所說義無有定法名阿耨多羅三藐三菩
提亦无有定法如来可說何以故如来所說
法皆不可取不可說非法非非法所以者何
一切賢聖皆以无為法而有差別須菩提於
意云何若人滿三千大千世界七寶以用布
施是人所得福德寧為多不須菩提言甚多

BD05540號　金剛般若波羅蜜經

（10–1）

一切賢聖皆以无為法而有差別須菩提於
意云何若人滿三千大千世界七寶以用布
施是人所得福德寧為多不須菩提言甚多
世尊何以故是福德即非福德性是故如来
說福德多若復有人於此經中受持乃至四
句偈等為他人說其福勝彼何以故須菩提
一切諸佛及諸佛阿耨多羅三藐三菩提法
皆從此經出須菩提所謂佛法者即非佛法
須菩提於意云何須陁洹能作是念我得須
陁洹果不須菩提言不也世尊何以故須陁
洹名為入流而无所入不入色聲香味觸法是
名須陁洹須菩提於意云何斯陁含能作
是念我得斯陁含果不須菩提言不也世尊
何以故斯陁含名為往来而實无往来是名
斯陁含須菩提於意云何阿那含能作是念
我得阿那含果不須菩提言不也世尊何以
故阿那含名為不来而實无来是故名阿那
含須菩提於意云何阿羅漢能作是念我得
阿羅漢道不須菩提言不也世尊何以故實
无有法名阿羅漢世尊若阿羅漢作是念我
得阿羅漢道即為著我人衆生壽者世尊佛
說我得无諍三昧人中最為第一是第一離
欲阿羅漢我不作是念我是離欲阿羅漢世
尊我若作是念我得阿羅漢道世尊則不說
須菩提是樂阿蘭那行者以須菩提實无
所行而名須菩提是樂阿蘭那行

BD05540號　金剛般若波羅蜜經

（10–2）

說我得无諍三昧人中㝡爲苐一是苐一離
欲阿羅漢我不作是念我是離欲阿羅漢世
尊我若作是念我得阿羅漢道世尊則不說
須菩提是樂阿蘭那行者以須菩提實无
所行而名須菩提是樂阿蘭那行
佛告須菩提於意云何如來昔在然燈佛所
於法有所得不世尊如來在然燈佛所於法
實无所得須菩提於意云何菩薩莊嚴佛
土不不也世尊何以故莊嚴佛土者則非莊
嚴是名莊嚴是故須菩提諸菩薩摩訶薩應
如是生清淨心不應住色生心不應住聲香味
觸法生心應无所住而生其心須菩提譬如
有人身如須弥山王於意云何是身爲大不
須菩提言甚大世尊何以故佛說非身是名
大身須菩提如恒河中所有沙數如是沙等
恒河於意云何是諸恒河沙寧爲多不須菩
提言甚多世尊但諸恒河尚多无數何況其
沙須菩提我今實言告汝若有善男子善女
人以七寶滿尒所恒河沙數三千大千世界
以用布施得福多不須菩提言甚多世尊佛
告須菩提若善男子善女人於此經中乃至
受持四句偈等爲他人說而此福德勝前福
德復次須菩提隨說是經乃至四句偈等當
知此處一切世間天人阿脩羅皆應供養如佛
塔廟何況有人盡能受持讀誦須菩提當知

告須菩提若善男子善女人於此經中乃至
受持四句偈等爲他人說而此福德勝前福
德復次須菩提隨說是經乃至四句偈等當
知此處一切世間天人阿脩羅皆應供養如佛
塔廟何況有人盡能受持讀誦須菩提當知
是人成就㝡上苐一希有之法若是經典
所在之處則爲有佛若尊重弟子
尒時須菩提白佛言世尊當何名此經我等
云何奉持佛告須菩提是經名爲金剛般若
波羅蜜以是名字汝當奉持所以者何須菩
提佛說般若波羅蜜則非般若波羅蜜須菩
提於意云何如來有所說法不須菩提白佛
言世尊如來无所說須菩提於意云何三千
大千世界所有微塵是爲多不須菩提言甚
多世尊須菩提諸微塵如來說非微塵是名
微塵如來說世界非世界是名世界須菩提
於意云何可以三十二相見如來不不也世
尊何以故如來說三十二相即是非相是名
三十二相須菩提若有善男子善女人以恒
河沙等身命布施若復有人於此經中乃
至受持四句偈等爲他人說其福甚多尒時須
菩提聞說是經深解義趣涕淚悲泣而白佛
言希有世尊佛說如是甚深經典我從昔來
所得慧眼未曾得聞如是之經世尊若復有
人得聞是經信心清淨則生實相當知是人
成就第一希有功德世尊是實相者則是

菩提聞說是經深解義趣涕淚悲泣而白佛
言希有世尊佛說如是甚深經典我從昔來
所得慧眼未曾得聞如是之經世尊若復有
人得聞是經信心清淨則生實相當知是人
成就第一希有功德世尊是實相者則是
非相是故如來說名實相世尊我今得聞如是
經典信解受持不足為難若當來世後五百
歲其有衆生得聞是經信解受持是人則為
第一希有何以故此人无我相人相衆生相
壽者相所以者何我相即是非相人相衆生
相壽者相即是非相何以故離一切諸相則
名諸佛佛告須菩提如是如是若復有人得
聞是經不驚不怖不畏當知是人甚為希有
何以故須菩提如來說第一波羅蜜非第一
波羅蜜是名第一波羅蜜須菩提忍辱波羅
蜜如來說非忍辱波羅蜜何以故須菩提如
我昔為歌利王割截身體我於尒時无我相
无人相无衆生相无壽者相何以故我於往
昔節節支解時若有我相人相衆生相壽
者相應生瞋恨須菩提又念過去於五百世作
忍辱仙人於尒所世无我相无人相无衆生
相无壽者相是故須菩提菩薩應離一切
相發阿耨多羅三藐三菩提心不應住色生心
不應住聲香味觸法生心應生无所住心若
心有住則為非住是故佛說菩薩心不應住
色布施須菩提菩薩為利益一切衆生應如

BD05540 號　金剛般若波羅蜜經　（10–5）

相无壽者相是故須菩提菩薩應離一切
相發阿耨多羅三藐三菩提心不應住色生心
不應住聲香味觸法生心應生无所住心若
心有住則為非住是故佛說菩薩心不應住
色布施須菩提菩薩為利益一切衆生應如
是布施如來說一切諸相即是非相又說一
切衆生則非衆生須菩提如來是真語者實
語者如語者不誑語者不異語者須菩提
如來所得法此法无實无虛須菩提若菩薩
心住於法而行布施如人入闇則无所見若菩
薩心不住法而行布施如人有目日光明照
見種種色須菩提當來之世若有善男子
善女人能於此經受持讀誦則為如來以佛
智慧悉知是人悉見是人皆得成就无量无
邊功德須菩提若有善男子善女人初日分以
恒河沙等身布施中日分復以恒河沙等身
布施後日分亦以恒河沙等身布施如是无
量百千萬億劫以身布施若復有人聞此經
典信心不逆其福勝彼何況書寫受持讀誦
為人解說須菩提以要言之是經有不可思
議不可稱量无邊功德如來為發大乘者說
為發最上乘者說若有人能受持讀誦廣
為人說如來悉知是人悉見是人皆得成就不
可量不可稱无有邊不可思議功德如是人
等則為荷擔如來阿耨多羅三藐三菩提何
以故須菩提若樂小法者著我見人見衆生

BD05540 號　金剛般若波羅蜜經　（10–6）

為人說如來悉知是人悉見是人皆得成就不
可量不可稱无有邊不可思議功德如是人
等則為荷擔如來阿耨多羅三藐三菩提何
以故須菩提若樂小法者著我見人見衆生
見壽者見則於此經不能聽受讀誦為人解
說須菩提在在處處若有此經一切世間
人阿脩羅所應供養當知此處則為
應恭敬作礼圍遶以諸華香而散
須菩提若善男子善女人受持
若為人輕賤是人先世罪業應墮惡
人輕賤故先世罪業則為消滅當得阿耨
三藐三菩提須菩提我念過去无量阿僧
劫於然燈佛前得值八百四千萬億
諸佛悉皆供養承事无空過者若
後末世能受持讀誦此經所得功德於我
供養諸佛功德百分不及一千萬億分乃
筭數譬喻所不能及須菩提若善男子
人於後末世有受持讀誦此經所得功
若具說者或有人聞心則狂亂狐疑不信
菩提當知是經義不可思議果報亦不可思
議尒時須菩提白佛言世尊善男子善女人
發阿耨多羅三藐三菩提心云何應住云何降
伏其心佛告須菩提善男子善女人發阿
耨多羅三藐三菩提心者當生如是心我應
滅度一切衆生滅度一切衆生已而无有一
衆生實滅度者何以故若菩薩有我相人相
[illegible]

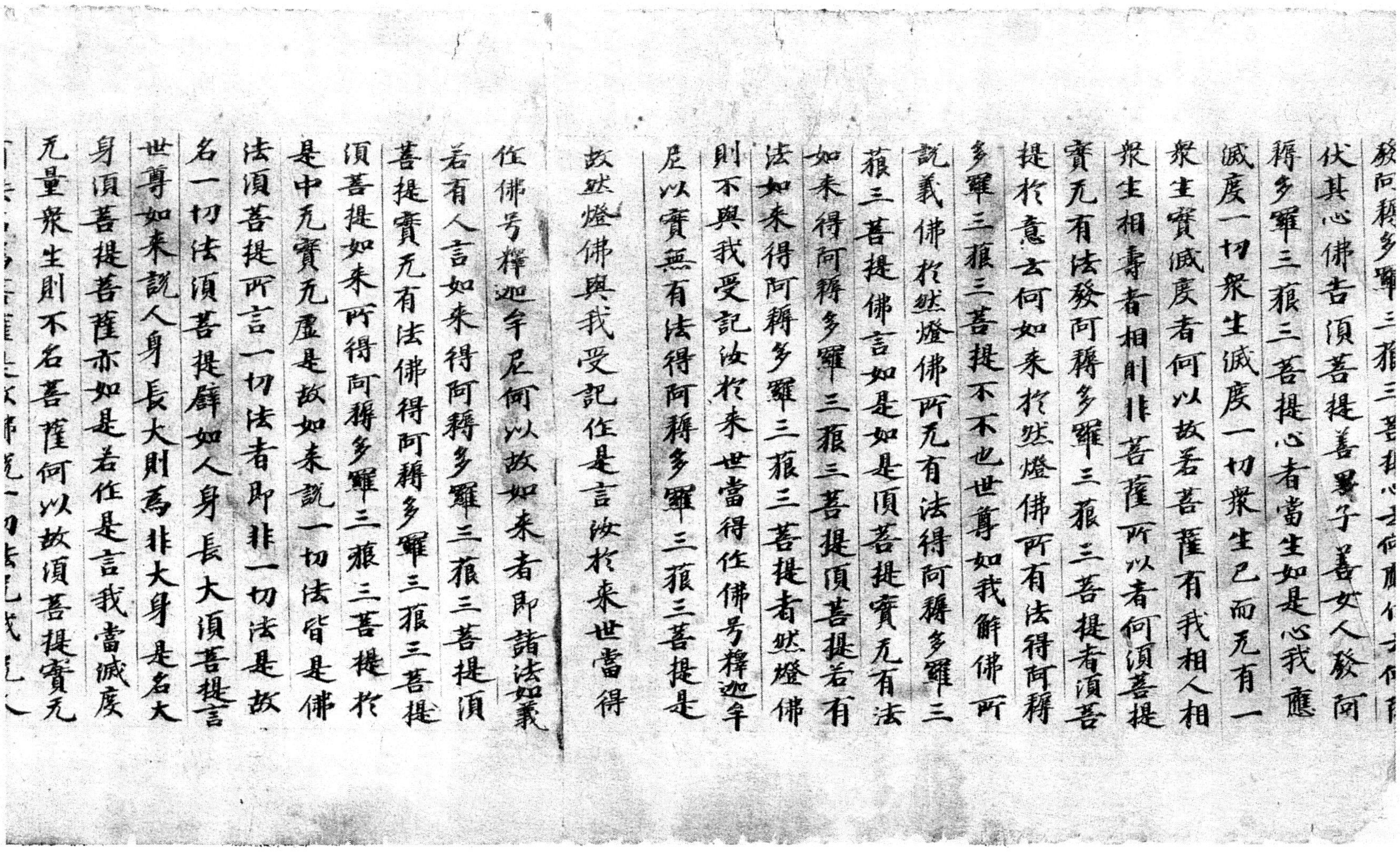

發阿耨多羅三藐三菩提心云何應住云何降
伏其心佛告須菩提善男子善女人發阿
耨多羅三藐三菩提心者當生如是心我應
滅度一切衆生滅度一切衆生已而无有一
衆生實滅度者何以故若菩薩有我相人相
衆生相壽者相則非菩薩所以者何須菩提
實无有法發阿耨多羅三藐三菩提者須菩
提於意云何如來於然燈佛所有法得阿耨
多羅三藐三菩提不不也世尊如我解佛所
說義佛於然燈佛所无有法得阿耨多羅三
藐三菩提佛言如是如是須菩提實无有法
如來得阿耨多羅三藐三菩提須菩提若有
法如來得阿耨多羅三藐三菩提者然燈佛
則不與我受記汝於來世當得作佛号釋迦牟
尼以實無有法得阿耨多羅三藐三菩提是
故然燈佛與我受記作是言汝於來世當得
作佛号釋迦牟尼何以故如來者即諸法如義
若有人言如來得阿耨多羅三藐三菩提須
菩提實无有法佛得阿耨多羅三藐三菩提
須菩提如來所得阿耨多羅三藐三菩提於
是中无實无虛是故如來說一切法皆是佛
法須菩提所言一切法者即非一切法是故
名一切法須菩提譬如人身長大須菩提言
世尊如來說人身長大則為非大身是名大
身須菩提菩薩亦如是若作是言我當滅度
无量衆生則不名菩薩何以故須菩提實无
[illegible]

法須菩提所言一切法者即非一切法是故
名一切法須菩提譬如人身長大須菩提言
世尊如來說人身長大則爲非大身是名大
身須菩提菩薩亦如是若作是言我當滅度
无量衆生則不名菩薩何以故須菩提實无
有法名爲菩薩是故佛說一切法无我无人
无衆生无壽者須菩提若菩薩作是言我當
莊嚴佛土是不名菩薩何以故如來說莊嚴
佛土者即非莊嚴是名莊嚴須菩提若菩薩
通達无我法者如來說名真是菩薩須菩提
於意云何如來有肉眼不如是世尊如來有
肉眼須菩提於意云何如來有天眼不如是世
尊如來有天眼須菩提於意云何如來有慧
眼不如是世尊如來有慧眼須菩提於意云
何如來有法眼不如是世尊如來有法眼須
菩提於意云何如來有佛眼不如是世尊如
來有佛眼須菩提於意云何恒河中所有沙
佛說是沙不如是世尊如來說是沙須菩提
於意云何如一恒河中所有沙有如是等恒
河是諸恒河所有沙數佛世界如是寧爲多
不甚多世尊佛告須菩提尒所國土中所有
衆生若干種心如來悉知何以故如來說諸
心皆爲非心是名爲心所以者何須菩提過
去心不可得現在心不可得未來心不可得
須菩提於意云何若有人滿三千大千世界
七寶以用布施是人以是因緣得福多不如

BD05540 號　金剛般若波羅蜜經　（10–9）

心皆爲非心是名爲心所以者何須菩提過
去心不可得現在心不可得未來心不可得
須菩提於意云何若有人滿三千大千世界
七寶以用布施是人以是因緣得福多不如
是世尊此人以是因緣得福甚多須菩提若
福德有實如來不說得福德多以福德无故
如來說得福德多須菩提於意云何佛可以
具足色身見不不也世尊如來不應以色身
見何以故如來說具足色身即非具足色身
是名具足色身須菩提於意云何如來可以
具足諸相見不不也世尊如來不應以具足
諸相見何以故如來說諸相具足即非具足
是名諸相具足須菩提汝勿謂如來作是念
我當有所說法莫作是念何以故若人言如
來有所說法即爲謗佛不能解我所說故須
菩提說法者无法可說是名說法須菩提白
佛言世尊佛得阿耨多羅三藐三菩提爲无
所得耶如是如是須菩提我於阿耨多羅三
藐三菩提乃至无有少法可得是名阿耨多
羅三藐三菩提復次須菩提是法平等无有
高下是名阿耨多羅三藐三菩提以无我无人
无衆生无壽者脩一切善法則得阿耨多羅
[illegible]須菩提所言善法者如來說即
[illegible]是名[illegible]大千世界
[illegible]用

BD05540 號　金剛般若波羅蜜經　（10–10）

[illegible]薩所得是
音菩薩摩訶薩供養
[illegible]塔已還歸本土所經
蓮華作百千万億種種
[illegible]四千菩薩圍繞至淨
[illegible]世尊我到娑婆世界
[illegible]佛及見多寶佛塔禮
[illegible]師利法王子菩薩及見藥
[illegible]進力菩薩勇施菩薩等亦令
菩薩得現一切色身三昧說是妙
音菩薩來往品時四万二千天子得无生法
忍華德菩薩得法華三昧

妙法蓮華經觀世音菩薩普門品第二十五

尒時无盡意菩薩即從座起偏袒右肩合掌
向佛而作是言世尊觀世音菩薩以何因緣
名觀世音佛告无盡意菩薩善男子若有无
量百千万億衆生受諸苦惱聞是觀世音菩
薩一心稱名觀世音菩薩即時觀其音聲皆
得解脫若有持是觀世音菩薩名者設入大
大火火不能燒由是菩薩威神力故若為大水
所漂稱其名号即得淺處若有百千万億衆

BD05541號　妙法蓮華經卷七　（20-1）

名觀世音佛告无盡意菩薩善男子若有无
量百千万億衆生受諸苦惱聞是觀世音菩
薩一心稱名觀世音菩薩即時觀其音聲皆
得解脫若有持是觀世音菩薩名者設入大
大火火不能燒由是菩薩威神力故若為大水
所漂稱其名号即得淺處若有百千万億衆
生為求金銀琉璃車𤦲馬瑙珊瑚虎珀真珠
等寶入於大海假使黑風吹其船舫飄墮羅
剎鬼國其中若有乃至一人稱觀世音菩薩
名者是諸人等皆得解脫羅剎之難以是因
緣名觀世音若復有人臨當被害稱觀世音
菩薩名者彼所執刀杖尋段段壞而得解脫
若三千大千國土滿中夜叉羅剎欲來惱人
聞其稱觀世音菩薩名者是諸惡鬼尚不能
以惡眼視之況復加害設復有人若有罪若
无罪杻械枷鎖檢繫其身稱觀世音菩薩名
者皆悉斷壞即得解脫若三千大千國土滿
中怨賊有一商主將諸商人齎持重寶經過
嶮路其中一人作是唱言諸善男子勿得恐
怖汝等應當一心稱觀世音菩薩名号是菩
薩能以无畏施於衆生汝等若稱名者於此
怨賊當得解脫衆商人聞俱發聲言南无觀
世音菩薩稱其名故即得解脫无盡意觀世
音菩薩摩訶薩威神之力巍巍如是若有衆
生多於婬欲常念恭敬觀世音菩薩便得離
欲若多瞋恚常念恭敬觀世音菩薩便得離
瞋若多愚癡常念恭敬觀世音菩薩便得離

BD05541號　妙法蓮華經卷七　（20-2）

是賊當得解脫衆商人聞俱發聲言南无觀
世音菩薩稱其名故即得解脫无盡意觀世
音菩薩摩訶薩威神之力巍巍如是若有衆
生多於婬欲常念恭敬觀世音菩薩便得離
欲若多瞋恚常念恭敬觀世音菩薩便得離
瞋若多愚癡常念恭敬觀世音菩薩便得離
癡无盡意觀世音菩薩有如是等大威神力
多所饒益是故衆生常應心念若有女人設
欲求男禮拜供養觀世音菩薩便生福德智
慧之男設欲求女便生端正有相之女宿殖德
本衆人愛敬无盡意觀世音菩薩有如是力
若有衆生恭敬禮拜觀世音菩薩福不唐捐
是故衆生皆應受持觀世音菩薩名号无盡
意若有人受持六十二億恒河沙菩薩名字
復盡形供養飲食衣服卧具醫藥於汝意云
何是善男子善女人功德多不无盡意言甚
多世尊佛言若復有人受持觀世音菩薩名
号乃至一時禮拜供養是二人福正等无異
於百千万億劫不可窮盡无盡意受持觀世
音菩薩名号得如是无量无邊福德之利无
盡意菩薩白佛言世尊觀世音菩薩云何遊
此娑婆世界云何而為衆生說法方便之力
其事云何佛告无盡意菩薩善男子若有國
土衆生應以佛身得度者觀世音菩薩即現
佛身而為說法應以辟支佛身得度者即現
辟支佛身而為說法應以聲聞身得度者即
現聲聞身而為說法應以梵王身得度者即

BD05541號　妙法蓮華經卷七

（20–3）

其事云何佛告无盡意菩薩善男子若有國
土衆生應以佛身得度者觀世音菩薩即現
佛身而為說法應以辟支佛身得度者即現
辟支佛身而為說法應以聲聞身得度者即
現聲聞身而為說法應以梵王身得度者即
現梵王身而為說法應以帝釋身得度者即
現帝釋身而為說法應以自在天身得度者
即現自在天身而為說法應以大自在天身
得度者即現大自在天身而為說法應以天
大將軍身得度者即現天大將軍身而為說
法應以毗沙門身得度者即現毗沙門身而
為說法應以小王身得度者即現小王身而
為說法應以長者身得度者即現長者身而
為說法應以居士身得度者即現居士身而
為說法應以宰官身得度者即現宰官身而
為說法應以婆羅門身得度者即現婆羅門
身而為說法應以比丘比丘尼優婆塞優婆
夷身得度者即現比丘比丘尼優婆塞優婆
夷身而為說法應以長者居士宰官婆羅
門婦女身得度者即現婦女身而為說法應
以童男童女身得度者即現童男童女身而
為說法應以天龍夜叉乾闥婆阿脩羅迦樓
羅緊那羅摩睺羅伽人非人等身得度者即
皆現之而為說法應以執金剛神得度者即
現執金剛神而為說法无盡意是觀世音菩
薩成就如是功德以種種形遊諸國土度脫
衆生是故汝等應當一心供養觀世音菩薩

BD05541號　妙法蓮華經卷七

（20–4）

羅緊那羅摩睺羅伽人非人等身得度者即
皆現之而為說法應以執金剛神得度者即
現執金剛神而為說法无盡意是觀世音菩
薩成就如是功德以種種形遊諸國土度脫
衆生是故汝等應當一心供養觀世音菩薩
是觀世音菩薩摩訶薩於怖畏急難之中能
施无畏是故此娑婆世界皆号之為施无畏
者无盡意菩薩白佛言世尊我今當供養觀
世音菩薩即解頸衆寶珠瓔珞價直百千兩
金而以與之作是言仁者受此法施珎寶瓔
珞時觀世音菩薩不肯受之无盡意復白觀
世音菩薩言仁者愍我等故受此瓔珞尒時
佛告觀世音菩薩當愍此无盡意菩薩及諸
四衆天龍夜叉乾闥婆阿脩羅迦樓羅緊那羅
摩睺羅伽人非人等故受是瓔珞即時觀世
音菩薩愍諸四衆及於天龍人非人等受其
瓔珞分作二分一分奉釋迦牟尼佛一分奉
多寶佛塔无盡意觀世音菩薩有如是自
在神力遊於娑婆世界
尒時无盡意菩薩以偈問曰
世尊妙相具　我今重問彼　佛子何因緣　名為觀世音
具足妙相尊　偈荅无盡意　汝聽觀音行　善應諸方所
弘誓深如海　歷劫不思議　侍多千億佛　發大清淨願
我為汝略說　聞名及見身　心念不空過　能滅諸有苦
假使興害意　推落大火坑　念彼觀音力　火坑變成池
或漂流巨海　龍魚諸鬼難　念彼觀音力　波浪不能沒
或在須弥峯　為人所推墮　念彼觀音力　如日虛空住

BD05541號　妙法蓮華經卷七　（20–5）

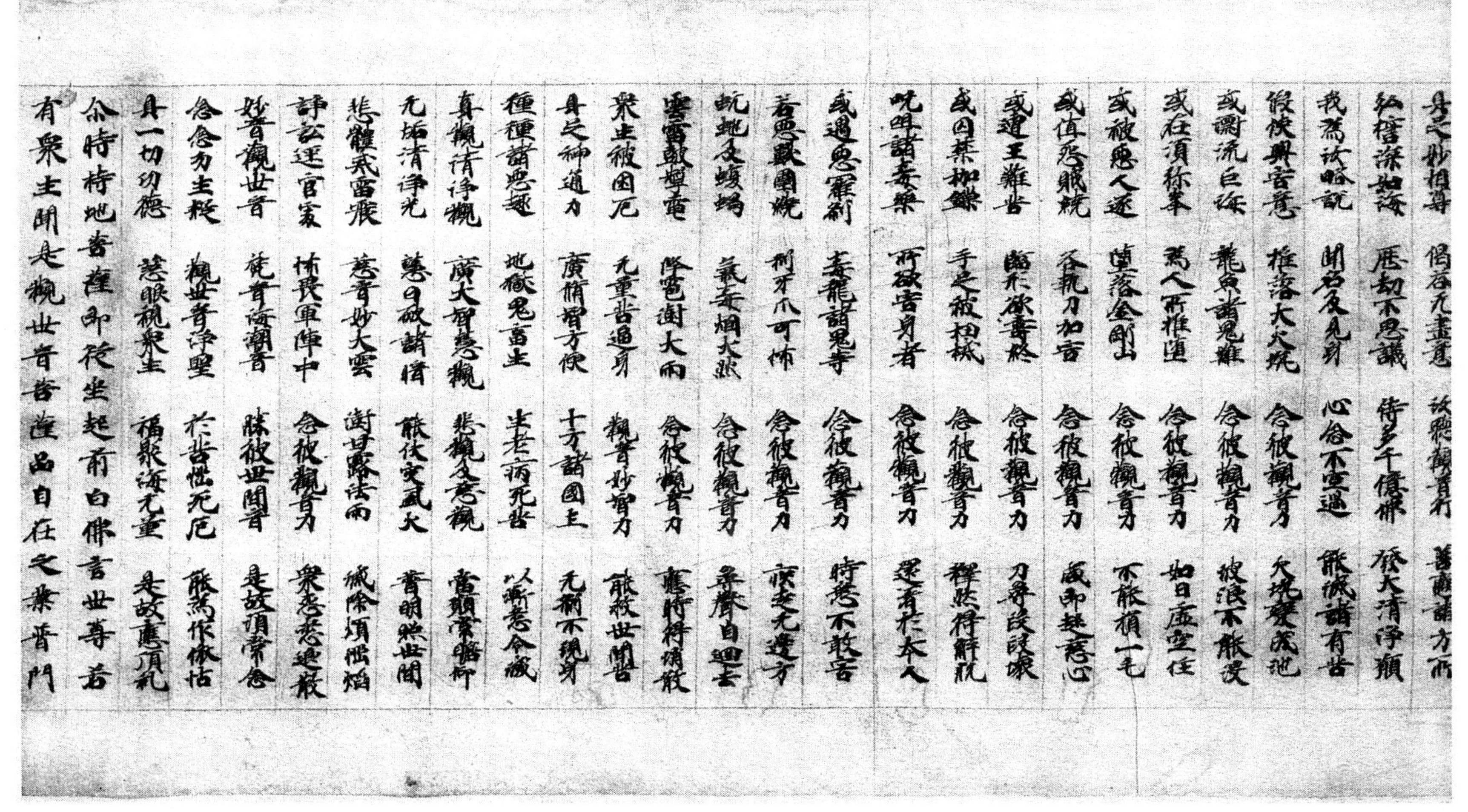

具足妙相尊　偈荅无盡意　汝聽觀音行　善應諸方所
弘誓深如海　歷劫不思議　侍多千億佛　發大清淨願
我為汝略說　聞名及見身　心念不空過　能滅諸有苦
假使興害意　推落大火坑　念彼觀音力　火坑變成池
或漂流巨海　龍魚諸鬼難　念彼觀音力　波浪不能沒
或在須弥峯　為人所推墮　念彼觀音力　如日虛空住
或被惡人逐　墮落金剛山　念彼觀音力　不能損一毛
或值怨賊繞　各執刀加害　念彼觀音力　咸即起慈心
或遭王難苦　臨刑欲壽終　念彼觀音力　刀尋段段壞
或囚禁枷鎖　手足被杻械　念彼觀音力　釋然得解脫
呪詛諸毒藥　所欲害身者　念彼觀音力　還著於本人
或遇惡羅剎　毒龍諸鬼等　念彼觀音力　時悉不敢害
若惡獸圍遶　利牙爪可怖　念彼觀音力　疾走无邊方
蚖虵及蝮蠍　氣毒烟火然　念彼觀音力　尋聲自迴去
雲雷鼓掣電　降雹澍大雨　念彼觀音力　應時得消散
衆生被困厄　无量苦逼身　觀音妙智力　能救世間苦
具足神通力　廣脩智方便　十方諸國土　无刹不現身
種種諸惡趣　地獄鬼畜生　生老病死苦　以漸悉令滅
真觀清淨觀　廣大智慧觀　悲觀及慈觀　常願常瞻仰
无垢清淨光　慧日破諸闇　能伏災風火　普明照世間
悲體戒雷震　慈意妙大雲　澍甘露法雨　滅除煩惱焰
諍訟經官處　怖畏軍陣中　念彼觀音力　衆怨悉退散
妙音觀世音　梵音海潮音　勝彼世間音　是故須常念
念念勿生疑　觀世音淨聖　於苦惱死厄　能為作依怙
具一切功德　慈眼視衆生　福聚海无量　是故應頂禮
尒時持地菩薩即從座起前白佛言世尊若
有衆生聞是觀世音菩薩品自在之業普門

BD05541號　妙法蓮華經卷七　（20–6）

念念勿生疑　觀世音淨聖　於苦惱死厄　能為作依怙
具一切功德　慈眼視眾生　福聚海无量　是故應頂禮
尒時持地菩薩即從座起前白佛言世尊若
有眾生聞是觀世音菩薩品自在之業普門
示現神通力者當知是人功德不少佛說是
普門品時眾中八万四千眾生皆發无等等
阿耨多羅三藐三菩提心
妙法蓮華經陀羅尼品第二十六
尒時藥王菩薩即從座起偏袒右肩合掌向
佛而白佛言世尊若善男子善女人有能受
持法華經者若讀誦通利若書寫經卷得幾
所福佛告藥王若有善男子善女人供養八
百万億那由他恒河沙等諸佛於汝意云何
其所得福寧為多不甚多世尊佛言若善男
子善女人能於是經乃至受持一四句偈讀
誦解義如說修行功德甚多尒時藥王菩薩
白佛言世尊我今當與說法者陀羅尼呪以守
護之即說呪曰
安尒一 曼尒二 摩祢三 摩摩祢四 旨隸五 遮梨第六
賒咩羊鳴音七 賒履冈雉反 多瑋八 羶輸千反帝九 目帝十
目多履十一 娑履十二 阿瑋娑履十三 桑履十四 娑履十五
叉裔十六 阿叉裔十七 阿耆膩十八 羶帝十九 賒履二十
陀羅尼二十一 阿盧伽婆娑蘇奈反 簸蔗毘叉膩二十二
祢毘剃二十三 阿便哆都餓反 邏祢履剃二十四 阿亶
哆波隸輸地途賣反二十五 漚究隸二十六 牟究隸二十七
阿羅隸二十八 波羅隸二十九 首迦差初几反三十 阿三磨

陀羅尼二十一 阿盧伽婆娑蘇奈反 簸蔗毘叉膩二十二
祢毘剃二十三 阿便哆都餓反 邏祢履剃二十四 阿亶
哆波隸輸地途賣反二十五 漚究隸二十六 牟究隸二十七
阿羅隸二十八 波羅隸二十九 首迦差初几反三十 阿三磨
三履三十一 佛馱毘吉利袠帝三十二 達磨波利
差猜離反三十三 僧伽涅瞿沙祢三十四 婆舍婆舍
輸地三十五 曼哆邏三十六 曼哆邏叉夜多三十七 郵樓
哆三十八 郵樓哆憍舍略盧遮反三十九 惡叉邏四十 惡叉
冶多冶四十一 阿婆盧四十二 阿摩若荏蔗反 那多夜四十三
世尊是陀羅尼神呪六十二億恒河沙等諸
佛所說若有侵毀此法師者則為侵毀是諸
佛已時釋迦牟尼佛讚藥王菩薩言善哉善
哉藥王汝愍念擁護此法師故說是陀羅尼
於諸眾生多所饒益尒時勇施菩薩白佛言
世尊我亦為擁護讀誦受持法華經者說陀
羅尼若此法師得是陀羅尼若夜叉若羅剎
若富單那若吉蔗若鳩槃荼若餓鬼等伺求
其短无能得便即於佛前而說呪曰
痤誓螺反隸一 摩訶痤隸二 郁枳三 目枳四 阿隸五
阿羅婆第六 涅隸第七 涅隸多婆第八 伊
緻猪履反柅九 韋緻柅十 旨緻柅十一 涅隸墀柅
十二 涅隸墀婆底十三
世尊是陀羅尼神呪恒河沙等諸佛所說亦
皆隨喜若有侵毀此法師者則為侵毀是諸
佛已尒時毘沙門天王護世者白佛言世尊
我亦為愍念眾生擁護此法師故說是陀羅

世尊是陀羅尼神呪恒河沙等諸佛所說亦
皆隨喜若有侵毀此法師者則為侵毀是諸
佛已尒時毗沙門天王護世者白佛言世尊
我亦為愍念眾生擁護此法師故說是陀羅
尼即說呪曰
阿梨一那梨二㝹那梨三阿那盧四那履五
拘那履六
世尊以是神呪擁護法師我亦自當擁護持
是經者令百由旬內无諸衰患尒時持國天
王在此會中與千万億那由他乾闥婆眾恭
敬圍繞前詣佛所合掌白佛言世尊我亦以
陀羅尼神呪擁護持法華經者即說呪曰
阿伽祢一伽祢二瞿利三乾陀利四旃陀利五摩
蹬耆六常求利七浮樓莎柅八頞底九
世尊是陀羅尼神呪四十二億諸佛所說若有
侵毀此法師者則為侵毀是諸佛已尒時有
十羅剎女等一名藍婆二名毗藍婆三名曲
齒四名華齒五名黑齒六名多髮七名无猒
足八名持瓔珞九名睪帝十名奪一切眾生
精氣是十羅剎女與鬼子母并其子及眷屬
俱詣佛所同聲白佛言世尊我等亦欲擁護
讀誦受持法華經者除其衰患若有伺求法
師短者令不得便即於佛前而說呪曰
伊提履一伊提泯二伊提履三阿提履四伊提
履五泥履六泥履七泥履八泥履九泥履十
樓醯一十樓醯二十樓醯三十樓醯四十多醯五十多醯六十

讀誦受持法華經者除其衰患若有伺求法
師短者令不得便即於佛前而說呪曰
伊提履一伊提泯二伊提履三阿提履四伊提
履五泥履六泥履七泥履八泥履九泥履十
樓醯一十樓醯二十樓醯三十樓醯四十多醯五十多醯六十
多醯七十兜醯八十㝹醯九十
寧上我頭上莫惱於法師若夜叉若羅剎若
餓鬼若富單那若吉蔗若毗陀羅若犍馱若
烏摩勒伽若阿跋摩羅若夜叉吉蔗若人吉蔗
若熱病若一日若二日若三日若四日乃至七
日若常熱病若男形若女形若童男形若童
女形乃至夢中亦復莫惱即於佛前而說偈
言
若不順我呪　惱亂說法者　頭破作七分　如阿梨樹枝
如煞父母罪　亦如壓油殃　斗秤欺誑人　調達破僧罪
犯此法師者　當獲如是殃
諸羅剎女說此偈已白佛言世尊我等亦當身
自擁護受持讀誦脩行是經者令得安隱
離諸衰患消眾毒藥佛告諸羅剎女善哉善
哉汝等但能擁護受持法華名者福不可量
何況擁護具足受持供養經卷華香瓔珞末
香塗香燒香幡蓋伎樂然種種燈蘇燈油燈
諸香油燈蘇摩那華油燈瞻蔔華油燈婆師
迦華油燈優鉢羅華油燈如是等百千種供
養者睪帝汝等及眷屬應當擁護如是法師
說是陀羅尼品時六万八千人得无生法忍
妙法蓮華經妙莊嚴王本事品第二十七

諸香油燈蘇摩那華油燈瞻蔔華油燈婆師
迦華油燈優鉢羅華油燈如是等百千種供
養者罪帝汝等及眷屬應當擁護如是法師
說是陀羅尼品時六万八千人得无生法忍
妙法蓮華經妙莊嚴王本事品第二十七
尒時佛告諸大眾乃往古世過无量无邊不可
思議阿僧祇劫有佛名雲雷音宿王華智多
陀阿伽度阿羅呵三藐三佛陀國名光明莊
嚴劫名憙見彼佛法中有王名妙莊嚴其王
夫人名曰淨德有二子一名淨藏二名淨眼
是二子有大神力福德智慧久脩菩薩所
行之道所謂檀波羅蜜尸羅波羅蜜羼提波
羅蜜毗梨耶波羅蜜禪波羅蜜般若波羅蜜
方便波羅蜜慈悲喜捨乃至三十七品助道法
皆悉明了通達又得菩薩淨三昧日星宿三
昧淨光三昧淨色三昧淨照明三昧長莊嚴
三昧大威德藏三昧於此三昧亦悉通達尒
時彼佛欲引導妙莊嚴王及愍念眾生故說
是法華經時淨藏淨眼二子到其母所合十
指爪掌白言願母往詣雲雷音宿王華智佛
所我等亦當侍從親近供養禮拜所以者何
此佛於一切天人眾中說法華經宜應聽受
母告子言汝父信受外道深著婆羅門法汝
等應往白父與共俱去淨藏淨眼合十指爪
掌白母我等是法王子而生此邪見家母告
子言汝等當憂念汝父為現神變若得見者
心必清淨或聽我等往至佛所於是二子念

此佛於一切天人眾中說法華經宜應聽受
母告子言汝父信受外道深著婆羅門法汝
等應往白父與共俱去淨藏淨眼合十指爪
掌白母我等是法王子而生此邪見家母告
子言汝等當憂念汝父為現神變若得見者
心必清淨或聽我等往至佛所於是二子念
其父故踊在虛空高七多羅樹現種種神變
於虛空中行住坐卧身上出水身下出火身
下出水身上出火或現大身滿虛空中而復
現小小復現大於虛空中滅忽然在地入地
如水履水如地現如是等種種神變令其父
王心淨信解時父見子神力如是心大歡喜
得未曾有合掌向子言汝等師為是誰誰之
弟子二子白言大王彼雲雷音宿王華智佛
今在七寶菩提樹下法座上坐於一切世間
天人眾中廣說法華經是我等師我是弟子
父語子言我今亦欲見汝等師可共俱往於
是二子從空中下到其母所合掌白母父王
今已信解堪任發阿耨多羅三藐三菩提心
我等為父已作佛事願母見聽於彼佛所出
家脩道尒時二子欲重宣其意以偈白母
願母放我等　出家作沙門　諸佛甚難值　我等隨佛學
如優曇鉢羅　值佛復難是　脫諸難亦難　願聽我出家
母即告言聽汝出家所以者何佛難值故於
是二子白父母言善哉父母願時往詣雲雷
音宿王華智佛所親近供養所以者何佛難

願母放我等　出家作沙門　諸佛甚難值　我等隨佛學
如優曇鉢羅　值佛復難是　脫諸難亦難　願聽我出家
母即告言聽汝出家所以者何佛難值故於
是二子白父母言善哉父母願時往詣雲雷
音宿王華智佛所親近供養所以者何佛難
得值如優曇鉢羅華又如一眼之龜值浮木
孔而我等宿福深厚生值佛法是故父母當
聽我等令得出家所以者何諸佛難值時亦
難遇彼時妙莊嚴王後宮八万四千人皆悉
堪任受持是法華經淨眼菩薩於法華三昧
久已通達淨藏菩薩已於无量百千万億劫
通達離諸惡趣三昧欲令一切衆生離諸惡
趣故其王夫人得諸佛集三昧能知諸佛秘
密之藏二子如是以方便力善化其父令心
信解好樂佛法於是妙莊嚴王與群臣眷屬
俱淨德夫人與後宮婇女眷屬俱其王二子
與四万二千人俱一時共詣佛所到已頭面
礼足遶佛三帀却住一面爾時彼佛為王說
法示教利喜王大歡悅爾時妙莊嚴王及其
夫人解頸真珠瓔珞價直百千以散佛上於
虛空中化成四柱寶臺臺中有大寶床敷百
千万天衣其上有佛結加趺坐放光明爾
時妙莊嚴王作是念佛身希有端嚴殊特
成就第一微妙之色時雲雷音宿王華智佛告
四衆言汝等見是妙莊嚴王於我前合掌立
不此王於我法中作比丘精勤修習助佛道

BD05541號　妙法蓮華經卷七　（20–13）

千万天衣其上有佛結加趺坐放光明爾
時妙莊嚴王作是念佛身希有端嚴殊特
成就第一微妙之色時雲雷音宿王華智佛告
四衆言汝等見是妙莊嚴王於我前合掌立
不此王於我法中作比丘精勤修習助佛道
法當得作佛号娑羅樹王國名大光劫名大
高王其娑羅樹王佛有无量菩薩衆及无量
聲聞其國平正功德如是其王即時以國付
弟與夫人二子并諸眷屬於佛法中出家修
道王出家已於八万四千歲常勤精進修行
妙法華經過是已後得一切淨功德莊嚴三昧
即昇虛空高七多羅樹而白佛言世尊此我
二子已作佛事以神通變化轉我邪心令得
安住於佛法中得見世尊此二子者是我善
知識為欲發起宿世善根饒益我故來生我
家爾時雲雷音宿王華智佛告妙莊嚴王言
如是如是如汝所言若善男子善女人種善
根故世世得善知識其善知識能作佛事示
教利喜令入阿耨多羅三藐三菩提大王當
知善知識者是大因緣所謂化導令得見佛
發阿耨多羅三藐三菩提心大王汝見此二
子不此二子已曾供養六十五百千万億那
由他恒河沙諸佛親近恭敬於諸佛所受持
法華經愍念邪見衆生令住正見妙莊嚴王
即從虛空中下而白佛言世尊如來甚希有
以功德智慧故頂上肉髻光明顯照其眼長

BD05541號　妙法蓮華經卷七　（20–14）

子不此二子已曾供養六十五百千万億那
由他恒河沙諸佛親近恭敬於諸佛所受持
法華經愍念邪見衆生令住正見妙莊嚴王
即從虛空中下而白佛言世尊如來甚希有
以功德智慧故頂上肉髻光明顯照其眼長
廣而紺青色眉間毫相白如珂月齒白齊密
常有光明脣色赤好如頻婆菓尒時妙莊嚴
王讚歎佛如是等無量百千万億功德已於
如來前一心合掌復白佛言世尊未曾有也
如來之法具足成就不可思議微妙功德教
戒所行安隱快善我從今日不復自隨心行
不生邪見憍慢瞋恚諸惡之心說是語已礼
佛而出佛告大衆於意云何妙莊嚴王豈異
人乎今華德菩薩是其淨德夫人今佛前光
照莊嚴相菩薩是哀愍妙莊嚴王及諸眷屬
故於彼中生其二子者今藥王菩薩藥上菩
薩是是藥王藥上菩薩成就如此諸大功德
已於無量百千万億諸佛所殖衆德本成就
不可思議諸善功德若有人識是二菩薩名
字者一切世間諸天人民亦應礼拜佛說是
妙莊嚴王本事品時八万四千人遠塵離垢
於諸法中得法眼淨

妙法蓮華經普賢菩薩勸發品第二十八

尒時普賢菩薩以自在神通威德名聞與大
菩薩無量無邊不可稱數從東方來所經諸
國普皆震動雨寶蓮華作無量百千万億種

BD05541號　妙法蓮華經卷七　（20–15）

於諸法中得法眼淨
妙法蓮華經普賢菩薩勸發品第二十八
尒時普賢菩薩以自在神通威德名聞與大
菩薩無量無邊不可稱數從東方來所經諸
國普皆震動雨寶蓮華作無量百千万億種
種伎樂又與無數諸天龍夜叉乾闥婆阿修
羅迦樓羅緊那羅摩睺羅伽人非人等大衆
圍遶各現威德神通之力到娑婆世界耆
闍崛山中頭面礼釋迦牟尼佛右遶七帀白佛
言世尊我於寶威德上王佛國遙聞此娑婆
世界說法華經與無量無邊百千万億諸菩
薩衆共來聽受唯願世尊當為說之若善男
子善女人於如來滅後云何能得是法華經
佛告普賢菩薩若善男子善女人成就四法
於如來滅後當得是法華經一者為諸佛護
念二者殖衆德本三者入正定聚四者發救
一切衆生之心善男子善女人如是成就四
法於如來滅後必得是經尒時普賢菩薩
白佛言世尊於後五百歲濁惡世中其有受
持是經典者我當守護除其衰患令得安隱使
無伺求得其便者若魔若魔子若魔女若魔
民若為魔所著者若夜叉若羅剎若鳩槃茶
若毗舍闍若吉蔗若富單那若韋陀羅等諸
惱人者皆不得便是人若行若立讀誦此經
我尒時乘六牙白象王與大菩薩衆俱詣其
所而自現身供養守護安慰其心亦為供養

BD05541號　妙法蓮華經卷七　（20–16）

民若爲魔所著者若夜叉若羅刹若鳩槃茶
若毗舍闍若吉蔗若富單那若韋陀羅等諸
惱人者皆不得便是人若行若立讀誦此經
我尒時乘六牙白象王與大菩薩衆俱詣其
所而自現身供養守護安慰其心亦爲供養
法華經故是人若坐思惟此經尒時我復乘
白象王現其人前其人若於法華經有所忘
失一句一偈我當教之與共讀誦還令通利
尒時受持讀誦法華經者得見我身甚大歡
喜轉復精進以見我故即得三昧及陀羅尼
名爲旋陀羅尼百千万億旋陀羅尼法音方
便陀羅尼得如是等陀羅尼世尊若後世後
五百歲濁惡世中比丘比丘尼優婆塞優婆
夷求索者受持者讀誦者書寫者欲脩習是
法華經於三七日中應一心精進滿三七日已
我當乘六牙白象與无量菩薩而自圍繞以
一切衆生所憙見身現其人前而爲說法亦
教利喜亦復與其陀羅尼呪得是陀羅尼故
无有非人能破壞者亦不爲女人之所惑亂
我身亦自常護是人唯願世尊聽我說此陀
羅尼即於佛前而說呪曰
阿檀地途賣反一 檀陀婆地二 檀陀婆帝三 檀陀
鳩舍隸四 檀陀脩陀隸五 脩陀隸六 脩陀羅
婆底七 佛䭾波羶禰八 薩婆陀羅尼阿婆多
尼九 薩婆婆沙阿婆多尼十 脩阿婆多尼十一
僧伽婆履叉尼二十 僧伽涅伽陀尼三十 阿僧祇四十

BD05541號　妙法蓮華經卷七　（20–17）

阿檀地途賣反一 檀陀婆地二 檀陀婆帝三 檀陀
鳩舍隸四 檀陀脩陀隸五 脩陀隸六 脩陀羅
婆底七 佛䭾波羶禰八 薩婆陀羅尼阿婆多
尼九 薩婆婆沙阿婆多尼十 脩阿婆多尼十一
僧伽婆履叉尼二十 僧伽涅伽陀尼三十 阿僧祇四十
僧伽波伽地五十 帝隸阿惰僧伽兜略盧遮反阿
羅帝波羅帝六十 薩婆僧伽三摩地伽蘭地七十 薩
婆達磨脩波利刹帝八十 薩婆薩埵樓䭾憍舍
略阿㝹伽地九十 辛阿毗吉利地帝二十
世尊若有菩薩得聞是陀羅尼者當知普賢
神通之力若法華經行閻浮提有受持者應
作此念皆是普賢威神之力若有受持讀誦
正憶念解其義趣如說脩行當知是人行普
賢行於无量无邊諸佛所深種善根爲諸如
來手摩其頭若但書寫是人命終當生忉利
天上是時八万四千天女作衆伎樂而來迎
之其人即著七寶冠於采女中娛樂快樂何
況受持讀誦正憶念解其義趣如說脩行若
有人受持讀誦解其義趣是人命終爲千
佛授手令不恐怖不墮惡趣即往兜率天上彌
勒菩薩所彌勒菩薩有三十二相大菩薩衆
所共圍繞有百千万億天女眷屬而於中生
有如是等功德利益是故智者應當一心自
書若使人書受持讀誦正憶念如說脩行世
尊我今以神通力故守護是經於如來滅後
閻浮提內廣令流布使不斷絕尒時釋迦牟尼

BD05541號　妙法蓮華經卷七　（20–18）

所共圍繞有百千万億天女眷屬而於中生
有如是等功德利益是故智者應當一心自
書若使人書受持讀誦正憶念如說修行世
尊我今以神通力故守護是經於如來滅後
閻浮提內廣令流布使不斷絕尒時釋迦牟尼
佛讚言善哉善哉普賢汝能護助是經令多
所眾生安樂利益汝已成就不可思議功德
深大慈悲從久遠來發阿耨多羅三藐三菩
提意而能作是神通之願守護是經我當以
神通力守護能受持普賢菩薩名者普賢若
有受持讀誦正憶念修習書寫是法華經者
當知是人則見釋迦牟尼佛如從佛口聞此
經典當知是人供養釋迦牟尼佛當知是人
佛讚善哉當知是人為釋迦牟尼佛手摩其
頭當知是人為釋迦牟尼佛衣之所覆如是
之人不復貪著世樂不好外道經書手筆亦
復不喜親近其人及諸惡者若屠兒若畜猪
羊雞狗若獵師若衒賣女色是人心意質直
有正憶念有福德力是人不為三毒所惱亦
復不為嫉妬我慢邪慢增上慢所惱是人少
欲知足能修普賢之行普賢若如來滅後後
五百歲若有人見受持讀誦法華經者應作
是念此人不久當詣道場破諸魔眾得阿耨
多羅三藐三菩提轉法輪擊法鼓吹法螺雨
法雨當坐天人大眾中師子法座上普賢若
於後世受持讀誦是經典者是人不復貪著

BD05541號　妙法蓮華經卷七

（20–19）

五百歲若有人見受持讀誦法華經者應作
是念此人不久當詣道場破諸魔眾得阿耨
多羅三藐三菩提轉法輪擊法鼓吹法螺雨
法雨當坐天人大眾中師子法座上普賢若
於後世受持讀誦是經典者是人不復貪著
衣服臥具飲食資生之物所願不虛亦於現
世得其福報若有人輕毀之言汝狂人耳空
作是行終无所獲如是罪報當世世无眼若
有供養讚歎之者當於今世得現果報若復
見受持是經者出其過惡若實若不實此人
現世得白癩病若有輕笑之者當世世牙齒
疏缺醜脣平鼻手腳繚戾眼目角睞身體臭
穢惡瘡膿血水腹短氣諸惡重病是故普賢
若見受持是經典者當起遠迎當如敬佛
說是普賢菩薩勸發品時恒河沙等无量无邊
菩薩得百千万億旋陀羅尼三千大千世界
微塵等諸菩薩具普賢道佛說是經時普
賢等諸菩薩舍利弗等諸聲聞及諸天龍人
非人等一切大會皆大歡喜受持佛語作禮而
去

妙法蓮華經卷第七

BD05541號　妙法蓮華經卷七

（20–20）

言唯舍利弗夫求法者不貪軀命何况牀坐
夫求法者非有色受想行識之求非有界入
之求非有欲色无色之求唯舍利弗夫求法者
不著佛求不著法求不著衆求夫求法者
无見苦求无斷集求无造盡證脩道之求所
以者何法无戲論若言我當見苦斷集證滅
脩道是則戲論非求法也唯舍利弗法名寂
滅若行生滅是求生滅非求法也法名无染
若染於法乃至涅槃是則染著非求法也法
无行處若行於法是則行處非求法也法无
取捨若取捨法是則取捨非求法也法无處
所若著處所是則著處非求法也法名无相
若隨相識是則求相非求法也法不可住若
住於法是則住法非求法也法不可見聞覺知
若行見聞覺知是則見聞覺知非求法也
法名无為若行有為是求有為非求法也是
故舍利弗若求法者於一切法應无所求

BD05542 號　維摩詰所說經卷中　（2–1）

所若著處所是則著處非求法也法名无相
若隨相識是則求相非求法也法不可住若
住於法是則住法非求法也法不可見聞覺知
若行見聞覺知是則見聞覺知非求法也
法名无為若行有為是求有為非求法也是
故舍利弗若求法者於一切法應无所求說
是語時五百天子於諸法中得法眼淨尒時
長者維摩詰問文殊師利仁者遊於无量千
萬億阿僧祇國何等佛土有好上妙功德成
就師子之座文殊師利言居士東方度卅六
恒河沙國有世界名須弥相其佛号須弥燈
王今現在彼佛身長八萬四千由旬其師子
座高八萬四千由旬嚴飾苐一於是長者維
摩詰現神通力即時彼佛遣三萬二千師子之
座高廣嚴淨来入維摩詰室諸菩薩大苐子
釋梵四天王等昔所未見其室廣博悉皆苞
容三萬二千師子座无所妨礙於毗耶離城
及閻浮提四天下亦不迫迮悉見如故尒時
維摩詰語文殊師利就師子座與諸菩薩上
人俱坐當自立身如彼坐像其得神通菩薩
即自變形為四萬二千由旬坐師子座諸新發
意菩薩及大苐子皆不能昇尒時維摩詰語
舍利弗就師子座舍利弗言居士此座高廣
舍利弗為須弥燈王
人

BD05542 號　維摩詰所說經卷中　（2–2）

禮佛足退坐一面尒時世尊四衆圍繞供養
恭敬尊重讚歎為諸菩薩說大乘經名无量
義教菩薩法佛所護念佛說此經已結加趺
坐入於无量義處三昧身心不動是時天雨
曼陁羅華摩訶曼陁羅華曼殊沙華摩訶
曼殊沙華而散佛上及諸大衆普佛世界六種
震動尒時會中比丘比丘尼優婆塞優婆夷
天龍夜叉乾闥婆阿脩羅迦樓羅緊那羅摩
睺羅伽人非人及諸小王轉輪聖王是諸大
衆得未曾有歡喜合掌一心觀佛尒時佛放
眉間白毫相光照東方万八千世界靡不周
遍下至阿鼻地獄上至阿迦尼吒天於此世
界盡見彼土六趣衆生又見彼土現在諸佛
及聞諸佛所說經法并見彼諸比丘比丘尼
優婆塞優婆夷諸脩行得道者復見諸菩薩
摩訶薩種種因緣種種信解種種相貌行菩
薩道復見諸佛般涅槃者復見諸佛般涅槃
後以佛舍利起七寶塔尒時弥勒菩薩作是
念今者世尊現神變相以何因緣而有此瑞

BD05543號　妙法蓮華經卷一　（23–1）

優婆塞優婆夷諸脩行得道者復見諸菩薩
摩訶薩種種因緣種種信解種種相貌行菩
薩道復見諸佛般涅槃者復見諸佛般涅槃
後以佛舍利起七寶塔尒時弥勒菩薩作是
念今者世尊現神變相以何因緣而有此瑞
今佛世尊入于三昧是不可思議現希有事
當以問誰誰能荅者復作此念是文殊師利
法王之子已曾親近供養過去无量諸佛必
應見此希有之相我今當問尒時比丘比丘
尼優婆塞優婆夷及諸天龍鬼神等咸作此
念是佛光明神通之相今當問誰尒時弥勒
菩薩欲自決疑又觀四衆比丘比丘尼優婆
塞優婆夷及諸天龍鬼神等衆會之心而問
文殊師利言以何因緣而有此瑞神通之相
放大光明照于東方万八千土悉見彼佛國
界莊嚴於是弥勒菩薩欲重宣此義以偈問
曰
文殊師利　導師何故　眉間白豪　大光普照
雨曼陁羅　曼殊沙華　栴檀香風　悅可衆心
以是因緣　地皆嚴淨　而此世界　六種震動
時四部衆　咸皆歡喜　身意快然　得未曾有
眉間光明　照于東方　万八千土　皆如金色
從阿鼻獄　上至有頂　諸世界中　六道衆生
生死所趣　善惡業緣　受報好醜　於此悉見
又覩諸佛　聖主師子　演說經典　微妙第一
其聲清淨　出柔軟音　教諸菩薩　无數億万
梵音深妙　令人樂聞　各於世界　講說正法

BD05543號　妙法蓮華經卷一　（23–2）

眉間光明　照于東方　万八千土　皆如金色
從阿鼻獄　上至有頂　諸世界中　六道衆生
生死所趣　善惡業緣　受報好醜　於此悉見
又覩諸佛　聖主師子　演說經典　微妙第一
其聲清淨　出柔軟音　教諸菩薩　无數億万
梵音深妙　令人樂聞　各於世界　講說正法
種種因緣　以无量喻　照明佛法　開悟衆生
若人遭苦　猒老病死　爲說涅槃　盡諸苦際
若人有福　曾供養佛　志求勝法　爲說緣覺
若有佛子　脩種種行　求无上慧　爲說淨道
文殊師利　我住於此　見聞若斯　及千億事
如是衆多　今當略說　我見彼土　恒沙菩薩
種種因緣　而求佛道　或有行施　金銀珊瑚
真珠摩尼　車𤦲馬瑙　金剛諸珎　奴婢車乘
寶飾輦轝　歡喜布施　迴向佛道　願得是乘
三界第一　諸佛所歎　或有菩薩　駟馬寶車
欄楯華蓋　軒飾布施　復見菩薩　身肉手足
及妻子施　求无上道　又見菩薩　頭目身體
欣樂施與　求佛智慧　文殊師利　我見諸王
往詣佛所　問无上道　便捨樂土　宮殿臣妾
剃除鬚髮　而被法服　或見菩薩　而作比丘
獨處閑靜　樂誦經典　又見菩薩　勇猛精進
入於深山　思惟佛道　又見離欲　常處空閑
深脩禪定　得五神通　又見菩薩　安禪合掌
以千万偈　讚諸法王　復見菩薩　智深志固
能問諸佛　聞悉受持　又見佛子　定慧具足
以无量喻　爲衆講法　欣樂說法　化諸菩薩
破魔兵衆　而擊法鼓　又見菩薩　寂然宴默

BD05543號　妙法蓮華經卷一　（23–3）

入於深山　思惟佛道　又見離欲　常處空閑
深脩禪定　得五神通　又見菩薩　安禪合掌
以千万偈　讚諸法王　復見菩薩　智深志固
能問諸佛　聞悉受持　又見佛子　定慧具足
以无量喻　爲衆講法　欣樂說法　化諸菩薩
破魔兵衆　而擊法鼓　又見菩薩　寂然宴默
天龍恭敬　不以爲喜　又見菩薩　處林放光
濟地獄苦　令入佛道　又見佛子　未甞睡眠
經行林中　懃求佛道　又見具戒　威儀无缺
淨如寶珠　以求佛道　又見佛子　住忍辱力
增上慢人　惡罵捶打　皆悉能忍　以求佛道
又見菩薩　離諸戲咲　及癡眷屬　親近智者
一心除亂　攝念山林　億千万歲　以求佛道
或見菩薩　餚饍飲食　百種湯藥　施佛及僧
名衣上服　價直千万　或无價衣　施佛及僧
千万億種　栴檀寶舍　衆妙卧具　施佛及僧
清淨園林　華菓茂盛　流泉浴池　施佛及僧
如是等施　種種微妙　歡喜无猒　求无上道
或有菩薩　說寂滅法　種種教詔　无數衆生
或見菩薩　觀諸法性　无有二相　猶如虛空
又見佛子　心无所著　以此妙慧　求无上道
文殊師利　又有菩薩　佛滅度後　供養舍利
又見佛子　造諸塔廟　无數恒沙　嚴飾國界
寶塔高妙　五千由旬　縱廣正等　二千由旬
一一塔廟　各千幢幡　珠交露幔　寶鈴和鳴
諸天龍神　人及非人　香華伎樂　常以供養
文殊師利　諸佛子等　爲供舍利　嚴飾塔廟

BD05543號　妙法蓮華經卷一　（23–4）

文殊師利 又有菩薩 佛滅度後 供養舍利
又見佛子 造諸塔廟 无數恒沙 嚴飾國界
寶塔高妙 五千由旬 縱廣正等 二千由旬
一一塔廟 各千幢幡 珠交露幔 寶鈴和鳴
諸天龍神 人及非人 香華伎樂 常以供養
文殊師利 諸佛子等 為供舍利 嚴飾塔廟
國界自然 殊特妙好 如天樹王 其華開敷
佛放一光 我及衆會 見此國界 種種殊妙
諸佛神力 智慧希有 放一淨光 照无量國
我等見此 得未曾有 佛子文殊 願決衆疑
四衆欣仰 瞻仁及我 世尊何故 放斯光明
佛子時荅 決疑令喜 何所饒益 演斯光明
佛坐道場 所得妙法 為欲說此 為當授記
示諸佛土 衆寶嚴淨 及見諸佛 此非小緣
文殊當知 四衆龍神 瞻察仁者 為說何等
尒時文殊師利語弥勒菩薩摩訶薩及諸大
士善男子等如我惟忖今佛世尊欲說大法
雨大法雨吹大法螺擊大法鼓演大法義諸
善男子我於過去諸佛曾見此瑞放斯光已
即說大法是故當知今佛現光亦復如是欲
令衆生咸得聞知一切世間難信之法故現
斯瑞諸善男子如過去无量无邊不可思議
阿僧祇劫尒時有佛号日月燈明如來應供
正遍知明行足善逝世間解无上士調御丈
夫天人師佛世尊演說正法初善中善後善
其義深遠其語巧妙純一无雜具足清白梵
行之相為求聲聞者說應四諦法度生老病
死究竟涅槃為求辟支佛者說應十二因緣

阿僧祇劫尒時有佛号日月燈明如來應供
正遍知明行足善逝世間解无上士調御丈
夫天人師佛世尊演說正法初善中善後善
其義深遠其語巧妙純一无雜具足清白梵
行之相為求聲聞者說應四諦法度生老病
死究竟涅槃為求辟支佛者說應十二因緣
法為諸菩薩說應六波羅蜜令得阿耨多羅
三藐三菩提成一切種智次復有佛亦名日
月燈明次復有佛亦名日月燈明如是二万
佛皆同一字号日月燈明又同一姓姓頗羅
墮弥勒當知初佛後佛皆同一字名日月燈
明十号具足所可說法初中後善其最後佛
未出家時有八子一名有意二名善意三名
无量意四名寶意五名增意六名除疑意七
名響意八名法意是八王子威德自在各領
四天下是諸王子聞父出家得阿耨多羅三
藐三菩提悉捨王位亦隨出家發大乘意常
脩梵行皆為法師已於千万佛所殖諸善本
是時日月燈明佛說大乘經名无量義教菩
菩法佛所護念說是經已即於大衆中結跏
趺坐入於无量義處三昧身心不動是時天
雨曼陁羅華摩訶曼陁羅華曼殊沙華摩
訶曼殊沙華而散佛上及諸大衆普佛世界六
種震動尒時會中比丘比丘尼優婆塞優婆
夷天龍夜叉乾闥婆阿脩羅迦樓羅緊那羅
摩睺羅伽人非人及諸小王轉輪聖王等是
諸大衆得未曾有歡喜合掌一心觀佛尒時
如來放眉間白毫相光照東方万八千佛土

訶曼殊沙華而散佛上及諸大衆普佛世界六
種震動尒時會中比丘比丘尼優婆塞優婆
夷天龍夜叉乾闥婆阿脩羅迦樓羅緊那羅
摩睺羅伽人非人及諸小王轉輪聖王等是
諸大衆得未曾有歡喜合掌一心觀佛尒時
如來放眉間白毫相光照東方万八千佛土
靡不周遍如今所見是諸佛土彌勒當知尒
時會中有二十億菩薩樂欲聽法是諸菩薩
見此光明普照佛土得未曾有欲知此光所
為因緣時有菩薩名曰妙光有八百弟子是
時日月燈明佛從三昧起因妙光菩薩說大
乘經名妙法蓮華教菩薩法佛所護念六十
小劫不起于座時會聽者亦坐一處六十小
劫身心不動聽佛所說謂如食頃是時衆中
无有一人若身若心而生懈惓日月燈明佛
於六十小劫說是經已即於梵魔沙門婆羅
門及天人阿脩羅衆中而宣此言如來於今
日中夜當入无餘涅槃時有菩薩名曰德藏
日月燈明佛即授其記告諸比丘是德藏菩
薩次當作佛号曰淨身多陁阿伽度阿羅訶
三藐三佛陁佛授記已便於中夜入无餘涅
槃佛滅度後妙光菩薩持妙法蓮華經滿八
十小劫為人演說日月燈明佛八子皆師妙
光妙光教化令其堅固阿耨多羅三藐三菩
提是諸王子供養无量百千万億佛已皆成
佛道其家後成佛者名曰燃燈八百弟子中
有一人号曰求名貪著利養雖復讀誦衆經
而不通利多所忘失故号求名是人亦以種

日月燈明佛八子皆師妙
光妙光教化令其堅固阿耨多羅三藐三菩
提是諸王子供養无量百千万億佛已皆成
佛道其家後成佛者名曰燃燈八百弟子中
有一人号曰求名貪著利養雖復讀誦衆經
而不通利多所忘失故号求名是人亦以種
諸善根因緣故得值无量百千万億諸佛供
養恭敬尊重讚歎彌勒當知尒時妙光菩薩
豈異人乎我身是也求名菩薩汝身是也今
見此瑞與本无異是故惟忖今日如來當說
大乘經名妙法蓮華教菩薩法佛所護念尒
時文殊師利於大衆中欲重宣此義而說偈
言

我念過去世　无量无數劫　有佛人中尊　号日月燈明
世尊演說法　度无量衆生　无數億菩薩　令入佛智慧
佛未出家時　所生八王子　見大聖出家　亦隨脩梵行
時佛說大乘　經名无量義　於諸大衆中　而為廣分別
佛說此經已　即於法座上　跏趺坐三昧　名无量義處
天雨曼陁華　天鼓自然鳴　諸天龍鬼神　供養人中尊
一切諸佛土　即時大震動　佛放眉間光　現諸希有事
此光照東方　万八千佛土　示一切衆生　生死業報處
有見諸佛土　以衆寶莊嚴　瑠璃頗梨色　斯由佛光照
及見諸天人　龍神夜叉衆　乾闥緊那羅　各供養其佛
又見諸如來　自然成佛道　身色如金山　端嚴甚微妙
如淨瑠璃中　內現真金像　世尊在大衆　敷演深法義
一一諸佛土　聲聞衆无數　因佛光所照　悉見彼大衆
或有諸比丘　在於山林中　精進持淨戒　猶如護明珠
又見諸菩薩　行施忍辱等　其數如恒沙　斯由佛光照

及見諸天人 龍神夜叉衆 乾闥緊那羅 各供養其佛
又見諸如来 自然成佛道 身色如金山 端嚴甚微妙
如淨瑠璃中 内現真金像 世尊在大衆 敷演深法義
一一諸佛土 聲聞衆无數 因佛光所照 悉見彼大衆
或有諸比丘 在於山林中 精進持淨戒 猶如護明珠
又見諸菩薩 行施忍辱等 其數如恒沙 斯由佛光照
又見諸菩薩 深入諸禪定 身心寂不動 以求无上道
又見諸菩薩 知法寂滅相 各於其國土 說法求佛道
尒時四部衆 見日月燈佛 現大神通力 其心皆歡喜
各各自相問 是事何因緣 天人所奉尊 適從三昧起
讚妙光菩薩 汝為世間眼 一切所歸信 能奉持法藏
如我所說法 唯汝能證知 世尊既讚歎 令妙光歡喜
說是法華經 滿六十小劫 不起於此座 所說上妙法
是妙光法師 悉皆能受持 佛說是法華 令衆歡喜已
尋即於是日 告於天人衆 諸法實相義 已為汝等說
我今於中夜 當入於涅槃 汝一心精進 當離於放逸
諸佛甚難值 億劫時一遇 世尊諸子等 聞佛入涅槃
各各懷悲惱 佛滅一何速 聖主法之王 安慰无量衆
我若滅度時 汝等勿憂怖 是德藏菩薩 於无漏實相
心已得通達 其次當作佛 号曰為淨身 亦度无量衆
佛此夜滅度 如薪盡火滅 分布諸舍利 而起无量塔
比丘比丘尼 其數如恒沙 倍復加精進 以求无上道
是妙光法師 奉持佛法藏 八十小劫中 廣宣法華經
是諸八王子 妙光所開化 堅固无上道 當見无數佛
供養諸佛已 隨順行大道 相繼得成佛 轉次而授記
最後天中天 号曰燃燈佛 諸仙之導師 度脫无量衆
是妙光法師 時有一弟子 心常懷懈怠 貪著於名利
求名利无猒 [illegible]

比丘比丘尼 其數如恒沙 倍復加精進 以求无上道
是妙光法師 奉持佛法藏 八十小劫中 廣宣法華經
是諸八王子 妙光所開化 堅固无上道 當見无數佛
供養諸佛已 隨順行大道 相繼得成佛 轉次而授記
最後天中天 号曰燃燈佛 諸仙之導師 度脫无量衆
是妙光法師 時有一弟子 心常懷懈怠 貪著於名利
求名利无猒 多遊族姓家 棄捨所習誦 廢忘不通利
以是因緣故 号之為求名 亦行衆善業 得見无數佛
供養於諸佛 隨順行大道 具六波羅蜜 今見釋師子
其後當作佛 号名曰弥勒 廣度諸衆生 其數无有量
彼佛滅度後 懈怠者汝是 妙光法師者 今則我身是
我見燈明佛 本光瑞如此 以是知今佛 欲說法華經
今相如本瑞 是諸佛方便 今佛放光明 助發實相義
諸人今當知 合掌一心待 佛當雨法雨 充足求道者
諸求三乘人 若有疑悔者 佛當為除斷 令盡无有餘

妙法蓮華經方便品第二

尒時世尊從三昧安詳而起告舍利弗諸佛
智慧甚深无量其智慧門難解難入一切聲
聞辟支佛所不能知所以者何佛曾親近百
千万億无數諸佛盡行諸佛无量道法勇猛
精進名稱普聞成就甚深未曾有法隨宜所
說意趣難解舍利弗吾從成佛已来種種因
緣種種譬喻廣演言教无數方便引導衆生
令離諸著所以者何如来方便知見波羅蜜
皆已具足舍利弗如来知見廣大深遠无量
无礙力无所畏禪定解脫三昧深入无際成
就一切未曾有法舍利弗如来能種種分別
巧說諸法 [illegible]

緣種種譬喻廣演言教无數方便引導衆生
令離諸著所以者何如来方便知見波羅蜜
皆已具足舍利弗如来知見廣大深遠无量
无礙力无所畏禪定解脱三昧深入无際成
就一切未曾有法舍利弗如来能種種分別
巧說諸法言辭柔軟悅可衆心舍利弗取要
言之无量无邊未曾有法佛悉成就止舍利
弗不須復說所以者何佛所成就第一希有
難解之法唯佛與佛乃能究盡諸法實相所
謂諸法如是相如是性如是體如是力如是
作如是因如是緣如是果如是報如是本末
究竟等尒時世尊欲重宣此義而說偈言
世雄不可量　諸天及世人　一切衆生類　无能知佛者
佛力无所畏　解脱諸三昧　及佛諸餘法　无能測量者
本從无數佛　具足行諸道　甚深微妙法　難見難可了
於无量億劫　行此諸道已　道場得成果　我已悉知見
如是大果報　種種性相義　我及十方佛　乃能智是事
是法不可示　言辭相寂滅　諸餘衆生類　无有能得解
除諸菩薩衆　信力堅固者　諸佛弟子衆　曾供養諸佛
一切漏已盡　住是最後身　如是諸人等　其力所不堪
假使滿世間　皆如舍利弗　盡思共度量　不能測佛智
正使滿十方　皆如舍利弗　及餘諸弟子　亦滿十方刹
盡思共度量　亦復不能知　辟支佛利智　无漏最後身
亦滿十方界　其數如竹林　斯等共一心　於億无量劫
欲思佛實智　莫能知少分　新發意菩薩　供養无數佛
了達諸義趣　又能善說法　如稻麻竹葦　充滿十方刹
一心以妙智　於恒河沙劫　咸皆共思量　不能知佛智

正使滿十方　皆如舍利弗　及餘諸弟子　亦滿十方刹
盡思共度量　亦復不能知　辟支佛利智　无漏最後身
亦滿十方界　其數如竹林　斯等共一心　於億无量劫
欲思佛實智　莫能知少分　新發意菩薩　供養无數佛
了達諸義趣　又能善說法　如稻麻竹葦　充滿十方刹
一心以妙智　於恒河沙劫　咸皆共思量　不能知佛智
不退諸菩薩　其數如恒沙　一心共思求　亦復不能知
又告舍利弗　无漏不思議　甚深微妙法　我今已具得
唯我知是相　十方佛亦然　舍利弗當知　諸佛語无異
於佛所說法　當生大信力　世尊法久後　要當說真實
告諸聲聞衆　及求緣覺乘　我令脱苦縛　逮得涅槃者
佛以方便力　示以三乘教　衆生處處著　引之令得出
尒時大衆中有諸聲聞漏盡阿羅漢阿若憍
陳如等千二百人及發聲聞辟支佛心比丘比
丘尼優婆塞優婆夷各作是念今者世尊
何故慇懃稱歎方便而作是言佛所得法甚
深難解有所言說意趣難知一切聲聞辟支
佛所不能及佛說一解脱義我等亦得此法
到於涅槃而今不知是義所趣尒時舍利弗
知四衆心疑自亦未了而白佛言世尊何因
何緣慇懃稱歎諸佛第一方便甚深微妙難
解之法我自昔来未曾從佛聞如是說今者
四衆咸皆有疑唯願世尊敷演斯事世尊何
故慇懃稱歎甚深微妙難解之法尒時舍利
弗欲重宣此義而說偈言
慧日大聖尊　久乃說是法　自說得如是　力无畏三昧
禪定解脱等　不可思議法　道場所得法　无能發問者

解之法我自昔来未曾從佛聞如是說今者
四衆咸皆有疑唯願世尊敷演斯事世尊何
故慇懃稱歎甚深微妙難解之法尒時舍利
弗欲重宣此義而說偈言
慧日大聖尊　久乃說是法　自說得如是　力无畏三昧
禪定解脫等　不可思議法　道場所得法　无能發問者
我意難可測　亦无能問者　无問而自說　稱歎所行道
智慧甚微妙　諸佛之所得　无漏諸羅漢　及求涅槃者
今皆墮疑網　佛何故說是　其求緣覺者　比丘比丘尼
諸天龍鬼神　及乾闥婆等　相視懷猶豫　瞻仰兩足尊
是事為云何　願佛為解說　於諸聲聞衆　佛說我第一
我今自於智　疑惑不能了　為是究竟法　為是所行道
佛口所生子　合掌瞻仰待　願出微妙音　時為如實說
諸天龍神等　其數如恒沙　求佛諸菩薩　大數有八万
又諸万億國　轉輪聖王至　合掌以敬心　欲聞具足道
尒時佛告舍利弗止止不須復說若說是事
一切世間諸天及人皆當驚疑舍利弗重白
佛言世尊唯願說之唯願說之所以者何是
會无數百千万億阿僧祇衆生曾見諸佛諸
根猛利智慧明了聞佛所說則能敬信尒時
舍利弗欲重宣此義而說偈言
法王无上尊　唯說願勿慮　是會无量衆　有能敬信者
佛復止舍利弗若說是事一切世間天人阿
脩羅皆當驚疑增上慢比丘將墜於大坑尒
時世尊重說偈言
止止不須說　我法妙難思　諸增上慢者　聞必不敬信
尒時舍利弗重白佛言世尊唯願說之唯願

佛復止舍利弗若說是事一切世間天人阿
脩羅皆當驚疑增上慢比丘將墜於大坑尒
時世尊重說偈言
止止不須說　我法妙難思　諸增上慢者　聞必不敬信
尒時舍利弗重白佛言世尊唯願說之唯願
說之今此會中如我等比百千万億世世已
曾從佛受化如此人等必能敬信長夜安隱
多所饒益尒時舍利弗欲重宣此義而說偈
言
无上兩足尊　願說第一法　我為佛長子　唯垂分別說
是會无量衆　能敬信此法　佛已曾世世　教化如是等
皆一心合掌　欲聽受佛語　我等千二百　及餘求佛者
願為此衆故　唯垂分別說　是等聞此法　則生大歡喜
尒時世尊告舍利弗汝已慇懃三請豈得不
說汝今諦聽善思念之吾當為汝分別解說
說此語時會中有比丘比丘尼優婆塞優婆
夷五千人等即從座起礼佛而退所以者何
此輩罪根深重及增上慢未得謂得未證謂
證有如此失是以不住世尊黙然而不制止
尒時佛告舍利弗我今此衆无復枝葉純有
貞實舍利弗如是增上慢人退亦佳矣汝今
善聽當為汝說舍利弗言唯然世尊願樂欲
聞佛告舍利弗如是妙法諸佛如来時乃說
之如優曇鉢華時一現耳舍利弗汝等當信
佛之所說言不虛妄舍利弗諸佛隨宜說法
意趣難解所以者何我以无數方便種種因
緣譬喻言辭演說諸法是法非思量分別之

貞實舍利弗如是增上慢人退亦佳実汝今
善聽當為汝說舍利弗言唯然世尊願樂欲
聞佛告舍利弗如是妙法諸佛如來時乃說
之如優曇鉢華時一現耳舍利弗汝等當信
佛之所說言不虛妄舍利弗諸佛隨宜說法
意趣難解所以者何我以无數方便種種因
緣譬喻言辭演說諸法是法非思量分別之
所能解唯有諸佛乃能知之所以者何諸佛
世尊唯以一大事因緣故出現於世舍利弗
云何名諸佛世尊唯以一大事因緣故出現
於世諸佛世尊欲令衆生開佛知見使得清
淨故出現於世欲示衆生佛知見故出現於
世欲令衆生悟佛知見故出現於世欲令衆
生入佛知見道故出現於世舍利弗是為諸
佛以一大事因緣故出現於世佛告舍利弗
諸佛如來但教化菩薩諸有所作常為一事
唯以佛之知見示悟衆生舍利弗如來但以
一佛乘故為衆生說法无有餘乘若二若三
舍利弗一切十方諸佛法亦如是舍利弗過
去諸佛以无量无數方便種種因緣譬喻言
辭而為衆生演說諸法是法皆為一佛乘故
是諸衆生從諸佛聞法究竟皆得一切種智
舍利弗未來諸佛當出於世亦以无量无數
方便種種因緣譬喻言辭而為衆生演說諸
法是法皆為一佛乘故是諸衆生從佛聞法
究竟皆得一切種智舍利弗現在十方无量
百千万億佛土中諸佛世尊多所饒益安樂
衆生是諸佛亦以无量无數方便種種因緣

舍利弗未來諸佛當出於世亦以无量无數
方便種種因緣譬喻言辭而為衆生演說諸
法是法皆為一佛乘故是諸衆生從佛聞法
究竟皆得一切種智舍利弗現在十方无量
百千万億佛土中諸佛世尊多所饒益安樂
衆生是諸佛亦以无量无數方便種種因緣
譬喻言辭而為衆生演說諸法是法皆為一
佛乘故是諸衆生從佛聞法究竟皆得一切
種智舍利弗是諸佛但教化菩薩欲以佛之
知見示衆生故欲以佛之知見悟衆生故欲
令衆生入佛之知見故舍利弗我今亦復如
是知諸衆生有種種欲深心所著隨其本性
以種種因緣譬喻言辭方便力故而為說法
舍利弗如此皆為得一佛乘一切種智故舍
利弗十方世界中尚无二乘何況有三舍利
弗諸佛出於五濁惡世所謂劫濁煩惱濁衆
生濁見濁命濁如是舍利弗劫濁亂時衆生
垢重慳貪嫉妬成就諸不善根故諸佛以方
便力於一佛乘分別說三舍利弗若我弟子
自謂阿羅漢辟支佛者不聞不知諸佛如來
但教化菩薩事此非佛弟子非阿羅漢非辟
支佛又舍利弗是諸比丘比丘尼自謂已得
阿羅漢是最後身究竟涅槃便不復志求阿
耨多羅三藐三菩提當知此輩皆是增上慢
人所以者何若有比丘實得阿羅漢若不信
此法无有是處除佛滅度後現前无佛所以
者何佛滅度後如是等經受持讀誦解義者
是人難得若遇餘佛於此法中便得決了舍

阿羅漢是最後身究竟涅槃便不復志求阿
耨多羅三藐三菩提當知此輩皆是增上慢
人所以者何若有比丘實得阿羅漢若不信
此法无有是處除佛滅度後現前无佛所以
者何佛滅度後如是等經受持讀誦解義者
是人難得若遇餘佛於此法中便得決了舍
利弗汝等當一心信解受持佛語諸佛如來
言无虛妄无有餘乘唯一佛乘尒時世尊欲
重宣此義而說偈言
比丘比丘尼　有懷增上慢　優婆塞我慢　優婆夷不信
如是四眾等　其數有五千　不自見其過　於戒有缺漏
護惜其瑕疵　是小智已出　眾中之糟糠　佛威德故去
斯人尠福德　不堪受是法　此眾无枝葉　唯有諸貞實
舍利弗善聽　諸佛所得法　无量方便力　而為眾生說
眾生心所念　種種所行道　若干諸欲性　先世善惡業
佛悉知是已　以諸緣譬喻　言辭方便力　令一切歡喜
或說脩多羅　伽陁及本事　本生未曾有　亦說於因緣
譬喻并祇夜　優波提舍經　鈍根樂小法　貪著於生死
於諸无量佛　不行深妙道　眾苦所惱亂　為是說涅槃
我設是方便　令得入佛慧　未曾說汝等　當得成佛道
所以未曾說　說時未至故　今正是其時　決定說大乘
我此九部法　隨順眾生說　入大乘為本　以故說是經
有佛子心淨　柔軟亦利根　无量諸佛所　而行深妙道
為此諸佛子　說是大乘經　我記如是人　來世成佛道
以深心念佛　脩持淨戒故　此等聞得佛　大喜充遍身
佛知彼心行　故為說大乘　聲聞若菩薩　聞我所說法
乃至於一偈　皆成佛无疑　十方佛土中　唯有一乘法
无二亦无三　除佛方便說　但以假名字　引導於眾生

BD05543號　妙法蓮華經卷一

（23–17）

……以故說是經
有佛子心淨　柔軟亦利根　无量諸佛所　而行深妙道
為此諸佛子　說是大乘經　我記如是人　來世成佛道
以深心念佛　脩持淨戒故　此等聞得佛　大喜充遍身
佛知彼心行　故為說大乘　聲聞若菩薩　聞我所說法
乃至於一偈　皆成佛无疑　十方佛土中　唯有一乘法
无二亦无三　除佛方便說　但以假名字　引導於眾生
說佛智慧故　諸佛出於世　唯此一事實　餘二則非真
終不以小乘　濟度於眾生　佛自住大乘　如其所得法
定慧力莊嚴　以此度眾生　自證无上道　大乘平等法
若以小乘化　乃至於一人　我則墮慳貪　此事為不可
若人信歸佛　如來不欺誑　亦无貪嫉意　斷諸法中惡
故佛於十方　而獨无所畏　我以相嚴身　光明照世間
无量眾所尊　為說實相印　舍利弗當知　我本立誓願
欲令一切眾　如我等无異　如我昔所願　今者已滿足
化一切眾生　皆令入佛道　若我遇眾生　盡教以佛道
无智者錯亂　迷惑不受教　我知此眾生　未曾脩善本
堅著於五欲　癡愛故生惱　以諸欲因緣　墜墮三惡道
輪迴六趣中　備受諸苦毒　受胎之微形　世世常增長
薄德少福人　眾苦所逼迫　入邪見稠林　若有若无等
依止此諸見　具足六十二　深著虛妄法　堅受不可捨
我慢自矜高　諂曲心不實　於千萬億劫　不聞佛名字
亦不聞正法　如是人難度　是故舍利弗　我為設方便
說諸盡苦道　示之以涅槃　我雖說涅槃　是亦非真滅
諸法從本來　常自寂滅相　佛子行道已　來世得作佛
我有方便力　開示三乘法　一切諸世尊　皆說一乘道
今此諸大眾　皆應除疑惑　諸佛語无異　唯一无二乘
過去无數劫　无量滅度佛　百千萬億種　其數不可量

BD05543號　妙法蓮華經卷一

（23–18）

我慢自矜高　諂曲心不實　於千万億劫　不聞佛名字
亦不聞正法　如是人難度　是故舍利弗　我為設方便
說諸盡苦道　示之以涅槃　我雖說涅槃　是亦非真滅
諸法從本来　常自寂滅相　佛子行道已　来世得作佛
我有方便力　開示三乘法　一切諸世尊　皆說一乘道
今此諸大眾　皆應除疑惑　諸佛語无異　唯一无二乘
過去无數劫　无量滅度佛　百千万億種　其數不可量
如是諸世尊　種種緣譬喻　无數方便力　演說諸法相
是諸世尊等　皆說一乘法　化无量眾生　令入於佛道
又諸大聖主　知一切世間　天人羣生類　深心之所欲
更以異方便　助顯第一義　若有眾生類　值諸過去佛
若聞法布施　或持戒忍辱　精進禪智等　種種脩福德
如是諸人等　皆已成佛道　諸佛滅度已　若人善軟心
如是諸眾生　皆已成佛道　諸佛滅度已　供養舍利者
起万億種塔　金銀及頗梨　車璖與馬瑙　玫瑰琉璃珠
清淨廣嚴飾　莊挍於諸塔　或有起石廟　栴檀及沉水
木櫁并餘材　塼瓦泥土等　若於曠野中　積土成佛廟
乃至童子戲　聚沙為佛塔　如是諸人等　皆已成佛道
若人為佛故　建立諸形像　刻雕成眾相　皆已成佛道
或以七寶成　鍮石赤白銅　白鑞及鉛錫　鐵木及與泥
或以膠漆布　嚴飾作佛像　如是諸人等　皆已成佛道
采畫作佛像　百福莊嚴相　自作若使人　皆已成佛道
乃至童子戲　若草木及筆　或以指爪甲　而畫作佛像
如是諸人等　漸漸積功德　具足大悲心　皆已成佛道
但化諸菩薩　度脫无量眾　若人於塔廟　寶像及畫像
以華香幡蓋　敬心而供養　若使人作樂　擊鼓吹角貝
簫笛琴箜篌　琵琶鐃銅鈸　如是眾妙音　盡持以供養
或以歡喜心　歌唄頌佛德　乃至一小音　皆已成佛道

BD05543號　妙法蓮華經卷一　（23–19）

乃至童子戲　若草木及筆　或以指爪甲　而畫作佛像
如是諸人等　漸漸積功德　具足大悲心　皆已成佛道
但化諸菩薩　度脫无量眾　若人於塔廟　寶像及畫像
以華香幡蓋　敬心而供養　若使人作樂　擊鼓吹角貝
簫笛琴箜篌　琵琶鐃銅鈸　如是眾妙音　盡持以供養
或以歡喜心　歌唄頌佛德　乃至一小音　皆已成佛道
若人散亂心　乃至以一華　供養於畫像　漸見无數佛
或有人禮拜　或復但合掌　乃至舉一手　或復小低頭
以此供養像　漸見无量佛　自成无上道　廣度无數眾
入无餘涅槃　如薪盡火滅　若人散亂心　入於塔廟中
一稱南无佛　皆已成佛道　於諸過去佛　在世或滅後
若有聞是法　皆已成佛道　未来諸世尊　其數无有量
是諸如来等　亦方便說法　一切諸如来　以无量方便
度脫諸眾生　入佛无漏智　若有聞法者　无一不成佛
諸佛本誓願　我所行佛道　普欲令眾生　亦同得此道
未来世諸佛　雖說百千億　无數諸法門　其實為一乘
諸佛兩足尊　知法常无性　佛種從緣起　是故說一乘
是法住法位　世間相常住　於道場知已　道師方便說
天人所供養　現在十方佛　其數如恒沙　出現於世間
安隱眾生故　亦說如是法　知第一寂滅　以方便力故
雖示種種道　其實為佛乘　知眾生諸行　深心之所念
過去所習業　欲性精進力　及諸根利鈍　以種種因緣
譬喻亦言辭　隨應方便說　今我亦如是　安隱眾生故
以種種法門　宣示於佛道　我以智慧力　知眾生性欲
方便說諸法　皆令得歡喜　舍利弗當知　我以佛眼觀
見六道眾生　貧窮无福慧　入生死險道　相續苦不斷
深著於五欲　如犛牛愛尾　以貪愛自蔽　盲瞑无所見

BD05543號　妙法蓮華經卷一　（23–20）

過去所習業 欲性精進力 及諸根利鈍 以種種因緣
譬喻亦言辭 隨應方便說 今我亦如是 安隱衆生故
以種種法門 宣示於佛道 我以智慧力 知衆生性欲
方便說諸法 皆令得歡喜 舍利弗當知 我以佛眼觀
見六道衆生 貧窮无福慧 入生死險道 相續苦不斷
深著於五欲 如犛牛愛尾 以貪愛自蔽 盲瞑无所見
不求大勢佛 及與斷苦法 深入諸邪見 以苦欲捨苦
為是衆生故 而起大悲心 我始坐道場 觀樹亦經行
於三七日中 思惟如是事 我所得智慧 微妙最第一
衆生諸根鈍 著樂癡所盲 如斯之等類 云何而可度
尒時諸梵王 及諸天帝釋 護世四天王 及大自在天
并餘諸天衆 眷屬百千万 恭敬合掌礼 請我轉法輪
我即自思惟 若但讚佛乘 衆生沒在苦 不能信是法
破法不信故 墜於三惡道 我寧不說法 疾入於涅槃
尋念過去佛 所行方便力 我今所得道 亦應說三乘
作是思惟時 十方佛皆現 梵音慰喻我 善哉釋迦文
第一之導師 得是无上法 隨諸一切佛 而用方便力
我等亦皆得 最妙第一法 為諸衆生類 分別說三乘
少智樂小法 不自信作佛 是故以方便 分別說諸果
雖復說三乘 但為教菩薩 舍利弗當知 我聞聖師子
深淨微妙音 喜稱南无佛 復作如是念 我出濁惡世
如諸佛所說 我亦隨順行 思惟是事已 即趣波羅柰
諸法寂滅相 不可以言宣 以方便力故 為五比丘說
是名轉法輪 便有涅槃音 及以阿羅漢 法僧差別名
從久遠劫來 讚示涅槃法 生死苦永盡 我常如是說
舍利弗當知 我見佛子等 志求佛道者 无量千万億
咸以恭敬心 皆來至佛所 曾從諸佛聞 方便所說法
我即作是念 所以出於世 為說佛慧故 今正是其時

諸法寂滅相 不可以言宣 以方便力故 為五比丘說
是名轉法輪 便有涅槃音 及以阿羅漢 法僧差別名
從久遠劫來 讚示涅槃法 生死苦永盡 我常如是說
舍利弗當知 我見佛子等 志求佛道者 无量千万億
咸以恭敬心 皆來至佛所 曾從諸佛聞 方便所說法
我即作是念 所以出於世 為說佛慧故 今正是其時
舍利弗當知 鈍根小智人 著相憍慢者 不能信是法
今我喜无畏 於諸菩薩中 正直捨方便 但說无上道
菩薩聞是法 疑網皆已除 千二百羅漢 悉亦當作佛
如三世諸佛 說法之儀式 我今亦如是 說无分別法
諸佛興出世 懸遠值遇難 正使出于世 說是法復難
无量无數劫 聞是法亦難 能聽是法者 斯人亦復難
譬如優曇華 一切皆愛樂 天人所希有 時時乃一出
聞法歡喜讚 乃至發一言 則為已供養 一切三世佛
是人甚希有 過於優曇華 汝等勿有疑 我為諸法王
普告諸大衆 但以一乘道 教化諸菩薩 无聲聞弟子
汝等舍利弗 聲聞及菩薩 當知是妙法 諸佛之秘要
以五濁惡世 但樂著諸欲 如是等衆生 終不求佛道
當來世惡人 聞佛說一乘 迷惑不信受 破法墮惡道
有慚愧清淨 志求佛道者 當為如是等 廣讚一乘道
舍利弗當知 諸佛法如是 以万億方便 隨宜而說法
其不習學者 不能曉了此 汝等既已知 諸佛世之師
隨宜方便事 无復諸疑惑 心生大歡喜 自知當作佛

妙法蓮華經卷第一

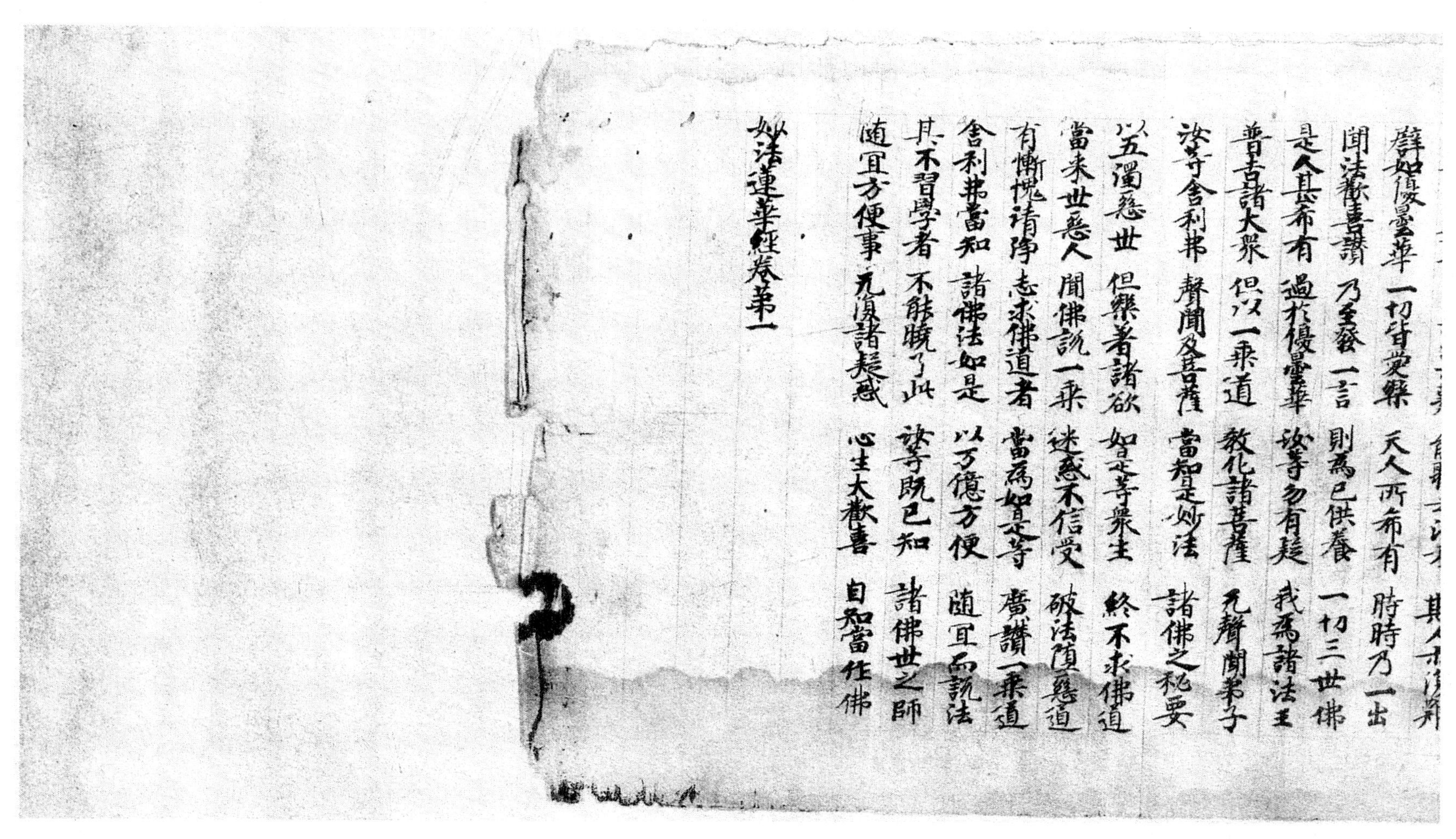

譬如優曇華　一切皆愛樂　天人所希有　時時乃一出
聞法歡喜讚　乃至發一言　則為已供養　一切三世佛
是人甚希有　過於優曇華　汝等勿有疑　我為諸法王
普告諸大衆　但以一乘道　教化諸菩薩　无聲聞弟子
汝等舍利弗　聲聞及菩薩　當知是妙法　諸佛之秘要
以五濁惡世　但樂著諸欲　如是等衆生　終不求佛道
當來世惡人　聞佛說一乘　迷惑不信受　破法墮惡道
有慚愧清淨　志求佛道者　當為如是等　廣讚一乘道
舍利弗當知　諸佛法如是　以万億方便　隨宜而說法
其不習學者　不能曉了此　汝等既已知　諸佛世之師
隨宜方便事　无復諸疑惑　心生大歡喜　自知當作佛

妙法蓮華經卷第一

BD05543號　妙法蓮華經卷一　（23–23）

梵天是諸菩薩以妙音聲歌无量頌讚歎諸
佛尒時弥勒菩薩從座而起偏袒右肩合掌
向佛而說偈言
佛說希有法　昔所未曾聞　世尊有大力　壽命不可量
无數諸佛子　聞世尊分別　說得法利者　歡喜充遍身
或住不退地　或得陁羅尼　或无礙樂說　万億旋總持
或有大千界　微塵數菩薩　各各皆能轉　不退之法輪
復有中千界　微塵數菩薩　各各皆能轉　清淨之法輪
復有小千界　微塵數菩薩　餘各八生在　當得成佛道
復有四三二　如此四天下　微塵諸菩薩　隨所生成佛
或一四天下　微塵數菩薩　餘有一生在　當成一切智
如是等衆生　聞佛壽長遠　得无量无漏　清淨之果報
復有八世界　微塵數衆生　聞佛說壽命　皆發无上心
世尊說无量　不可思議法　多有所饒益　如虛空无邊
雨天曼陁羅　摩訶曼陁羅　釋梵如恒沙　无數佛土來
雨栴檀沈香　繽紛而亂墜　如鳥飛空下　供養於諸佛
天鼓虛空中　自然出妙聲　天衣千万種　旋轉而來下
衆寶妙香鑪　燒无價之香　自然悉周遍　供養諸世尊

BD05544號　妙法蓮華經卷五　（2–1）

或一四天下　微塵數菩薩　餘有一生在　當成一切智
如是等衆生　聞佛壽長遠　得无量无漏　清淨之果報
復有八世界　微塵數衆生　聞佛說壽命　皆發无上心
世尊說无量　不可思議法　多有所饒益　如虛空无邊
雨天曼陀羅　摩訶曼陀羅　釋梵如恒沙　无數佛土來
雨栴檀沉香　繽紛而亂墜　如鳥飛空下　供養於諸佛
天鼓虛空中　自然出妙聲　天衣千万種　旋轉而來下
衆寶妙香鑪　燒无價之香　自然悉周遍　供養諸世尊
其大菩薩衆　執七寶幡蓋　高妙万億種　次第至梵天
一一諸佛前　寶幢懸勝幡　亦以千万偈　歌詠諸如來
如是種種事　昔所未曾聞　聞佛壽无量　一切皆歡喜
佛名聞十方　廣饒益衆生　一切具善根　以助无上心
尒時佛告弥勒菩薩摩訶薩阿逸多其有衆
生聞佛壽命長遠如是乃至能生一念信解
所得功德无有限量若有善男子善女人為
阿耨多羅三藐三菩提於八十万億那由他劫
行五波羅蜜檀波羅蜜尸波羅蜜羼提波羅
蜜毗梨耶波羅蜜禪波羅蜜除般若波羅蜜
以是功德比前功德百分千分百千万億分不
二一乃至筭數譬喻所不

BD05544 號　妙法蓮華經卷五

（2–2）

是出世間於其中不入不出不溢不散是為入不二法門　善意菩薩曰生死
涅槃為二若見生死性則无生死无縛无解不然不滅如是解者是為入不二
法門　現見菩薩曰盡不盡為二法若究竟盡若不盡皆是无盡相无
盡相即是空空則无有盡不盡相如是入者是為入不二法門　普守菩薩曰
我无我為二我尚不可得非我何可得見我實性者不復起二是為入不二法
門　電天菩薩曰明无明為二无明實性即是明明亦不可取離一切數於其中平等
无二者是為入不二法門　喜見菩薩曰色色空為二色即是空非色滅空色性自
空如是受想行識識空為二識即是空非識滅空識性自空於其中而通達者是
為入不二法門　明相菩薩曰四種異空種異為二四種性即是空種性如前際後際
空故中際亦空若能如是知諸種性者是為入不二法門　妙意菩薩曰眼色為二若知
眼性於色不貪不恚不癡是名寂滅如是耳聲鼻香舌味身觸意法為二若知
意性於法不貪不恚不癡是名寂滅安住其中是為入不二法門　无盡意菩薩
曰布施迴向一切智為二布施性即是迴向一切智性如是持戒忍辱精進禪定智慧
迴向一切智為二智慧性即是迴向一切智性於其中入一相者是為入不二法門
深慧菩薩曰是空是无相是无作為二空即无相无相即无作若空无相无
作則无心意識於一解脫門即是三解脫門者是為入不二法門　寂根菩薩曰
佛法衆為二佛即是法法即是衆是三寶皆无為相與虛空等一切法
亦尒能隨此行者是為入不二法門　心无閡菩薩曰身身滅為二身即是身
滅所以者何見身實相者不起見身及以滅身身與滅身无二无分別於其中
不驚不懼者是為入不二法門　上善菩薩曰身口意善為二是三業皆无
作相身无作相即口无作相口无作相即意无作相是三業无作相即一切法无
作相能如是隨无作慧者是為入不二法門　福田菩薩曰福行罪行不動
行為二三行實性即是空空則无福行无罪行无不動行於此三行而不起者是
為入不二法門　華嚴菩薩曰從我起二為二見我實相者不起二法若不住二法則
无有識无所識者是為入不二法門　德藏菩薩曰有所得相為二若无所得
則无取捨无取捨者是為入不二法門　月上菩薩曰闇與明為二无闇无明則
无有二所以者何如入滅受想定无闇无明一切法相亦復如是於其中平等入

BD05545 號 1　維摩詰所說經卷中

（10–1）

[illegible]意无作相是三業无作相即一切法无
作相能如是隨无作慧者是為入不二法門　福田菩薩曰福行罪行不動
行為二三行實性即是空空則无福行无罪行无不動行於此三行而不起者是
為入不二法門　華嚴菩薩曰從我起二為二見我實相者不起二法若不住二法則
无有識无所識者是為入不二法門　德藏菩薩曰有所得相為二若无所得
則无取捨无取捨者是為入不二法門　月上菩薩曰闇與明為二无闇无明則
无有二所以者何如入滅受想定无闇无明一切法相亦復如是於其中平等入
者是為入不二法門　寶印手菩薩曰樂涅槃不樂世間為二若不樂涅槃不
猒世間則无有二所以者何若有縛則有解若本无縛其誰求解无縛无
解則无樂猒是為入不二法門　珠頂王菩薩曰正道邪道為二住正道者則不
分別是邪是正離此二者是為入不二法門　樂實菩薩曰實不實為二實見
者尚不見實何況非實所以者何非肉眼所見慧眼乃能見而此慧眼无見无不見
是為入不二法門　如是諸菩薩各各說已問文殊師利何等是菩薩入不二法門文
殊師利曰如我意者於一切法无言无說无示无識離諸問答是為入不二法門
於是文殊師利問維摩詰我等各自說已仁者當說何等是菩薩入不二法門
時維摩詰嘿然无言文殊師利歎曰善哉善哉乃至无有文字語言是真入
不二法門說是入不二法門品時於此眾中五千菩薩皆入不二法門得无生法忍
維摩詰經卷中

維摩詰經香積品第十　卷下

於是舍利弗心念日時欲至此諸菩薩當於何食時維摩詰知其意而語言佛
說八解脫仁者受行豈雜欲食而聞法乎若欲食者且待須臾當令汝得未曾
有食時維摩詰即入三昧以神通力示諸大眾上方界分過卌二恒河沙佛土有國名眾
香佛號香積今現在其國香氣比於十方諸佛世界人天之香最為第一彼土无有聲聞
辟支佛名唯有清淨大菩薩眾佛為說法其界一切皆以香作樓閣經行香地苑園皆
香其食香氣周流十方无量世界時彼佛與諸菩薩方共坐食有諸天子皆號香嚴
悉發阿耨多羅三藐三菩提心供養彼佛及諸菩薩此諸大眾莫不目見時維摩詰
問眾菩薩言諸仁者誰能致彼佛飯以文殊師利威神力故咸皆嘿然維摩詰言仁者
此諸大眾无乃可恥文殊師利曰如佛所言勿輕未學於是維摩詰不起于坐居
眾會前化作菩薩相好光明威德殊勝蔽於眾會而告之曰汝往上方界分度如卌二恒河
沙佛土有國名眾香佛號香積與諸菩薩方共坐食汝往到彼如我辭曰維摩詰
稽首世尊足下致敬无量問訊起居少病少惱氣力安不願得世尊所食之餘
當於娑婆世界施作佛事令此樂小法者得弘大道亦使如來名聲普聞時化菩薩即
於會前昇于上方舉眾皆見其去到眾香界礼彼佛足又聞其言維摩詰稽
首世尊足下致敬无量問訊起居少病少惱氣力安不願得世尊所食之餘欲於娑婆
世界施作佛事使此樂小法者得弘大道亦使如來名聲普聞彼諸大士見化菩薩歎
未曾有今此上人從何所來娑婆世界為在何許云何名為樂小法者即以問佛佛告
之曰下方度如卌二恒河沙佛土有世界名娑婆佛號釋迦牟尼今現在於五濁惡世為樂小法

BD05545 號 1　維摩詰所說經卷中　（10–2）

BD05545 號 2　維摩詰所說經卷下

[illegible]
當於娑婆世界施作佛事令此樂小法者得弘大道亦使如來名聲普聞時化菩薩即
於會前昇于上方舉眾皆見其去到眾香界礼彼佛足又聞其言維摩詰稽
首世尊足下致敬无量問訊起居少病少惱氣力安不願得世尊所食之餘欲於娑婆
世界施作佛事使此樂小法者得弘大道亦使如來名聲普聞彼諸大士見化菩薩歎
未曾有今此上人從何所來娑婆世界為在何許云何名為樂小法者即以問佛佛告
之曰下方度如卌二恒河沙佛土有世界名娑婆佛號釋迦牟尼今現在於五濁惡世為樂小法
眾生敷演道教彼有菩薩名維摩詰住不可思議解脫為諸菩薩說法故遣化來稱揚我
名并讚此土令彼菩薩增益功德彼菩薩言其人何如乃作是化德力无畏神足若斯佛言
甚大一切十方皆遣化往施作佛事饒益眾生於是香積如來以眾香鉢盛滿香飯與化
菩薩時彼九百万菩薩俱發聲言我欲詣娑婆世界供養釋迦牟尼佛并欲見維摩
詰等諸菩薩眾佛言可往攝汝身香无令彼諸眾生起惑著心又當捨汝本形勿使
彼國求菩薩者而自鄙恥又汝於彼莫懷輕賤而作礙想所以者何十方國土皆如虛空
又諸佛為欲化諸樂小法者不盡現其清淨土耳時化菩薩既受鉢飯與彼九百万菩薩俱
承佛威神及維摩詰力於彼世界忽然不現須臾之間至維摩詰舍時維摩詰即化作九百
万師子之座嚴好如前諸菩薩皆坐其上化菩薩以滿鉢香飯與維摩詰飯香普薰毗耶
離城及三千大千世界時毗耶離婆羅門居士等聞是香氣身意快然歎未曾有於
是長者主月蓋從八万四千人來入維摩詰舍見其室中菩薩甚多諸師子座高
廣嚴好皆大歡喜礼眾菩薩及大弟子却住一面諸地神虛空神及欲色界諸天聞此香
氣亦皆來入維摩詰舍時維摩詰語舍利弗等諸大聲聞仁者可食如來甘露味飯
大悲所薰无以限意食之使不消也有異聲聞念是飯少而此大眾人人當食化菩薩曰
勿以聲聞小德小智稱量如來无量福慧四海有竭此飯无盡使一切人食揣若須弥乃至一
劫猶不能盡所以者何无盡戒定智慧解脫解脫知見功德具足者所食之餘終不可
盡於是鉢飯悉飽眾會猶故不賜其諸菩薩聲聞天人食此飯者身安快樂譬如一切樂莊
嚴國諸菩薩也又諸毛孔皆出妙香亦如眾香國土諸樹之香　尒時維摩詰問眾香
菩薩香積如來以何說法彼菩薩曰我土如來无文字說但以眾香令諸天人得入律行菩薩各
各坐香樹下聞斯妙香即獲一切德藏三昧得是三昧者菩薩所有功德皆悉具足彼諸菩
薩問維摩詰今世尊釋迦牟尼以何說法維摩詰言此土眾生剛強難化故佛為說剛強
之語以調伏之言是地獄是畜生是餓鬼是諸難處是愚人生處是身邪行是身邪行
報是口邪行是口邪行報是意邪行是意邪行報是殺生是殺生報是不與取是不與取
報是邪婬是邪婬報是妄語是妄語報是兩舌是兩舌報是惡口是惡口報是无義語是无義語
報是貪嫉是貪嫉報是瞋惱是瞋惱報是邪見是邪見報是慳悋是慳悋報是毀戒
是毀戒報是瞋恚是瞋恚報是懈怠是懈怠報是亂意是亂意報是愚癡是愚癡
報是結戒是持戒是犯戒是應作是不應作是鄣礙是不鄣礙是得罪是離罪是
淨是垢是有漏是无漏是邪道是正道是有為是无為是世間是涅槃以難化之人心如
[illegible]

BD05545 號 2　維摩詰所說經卷下　（10–3）

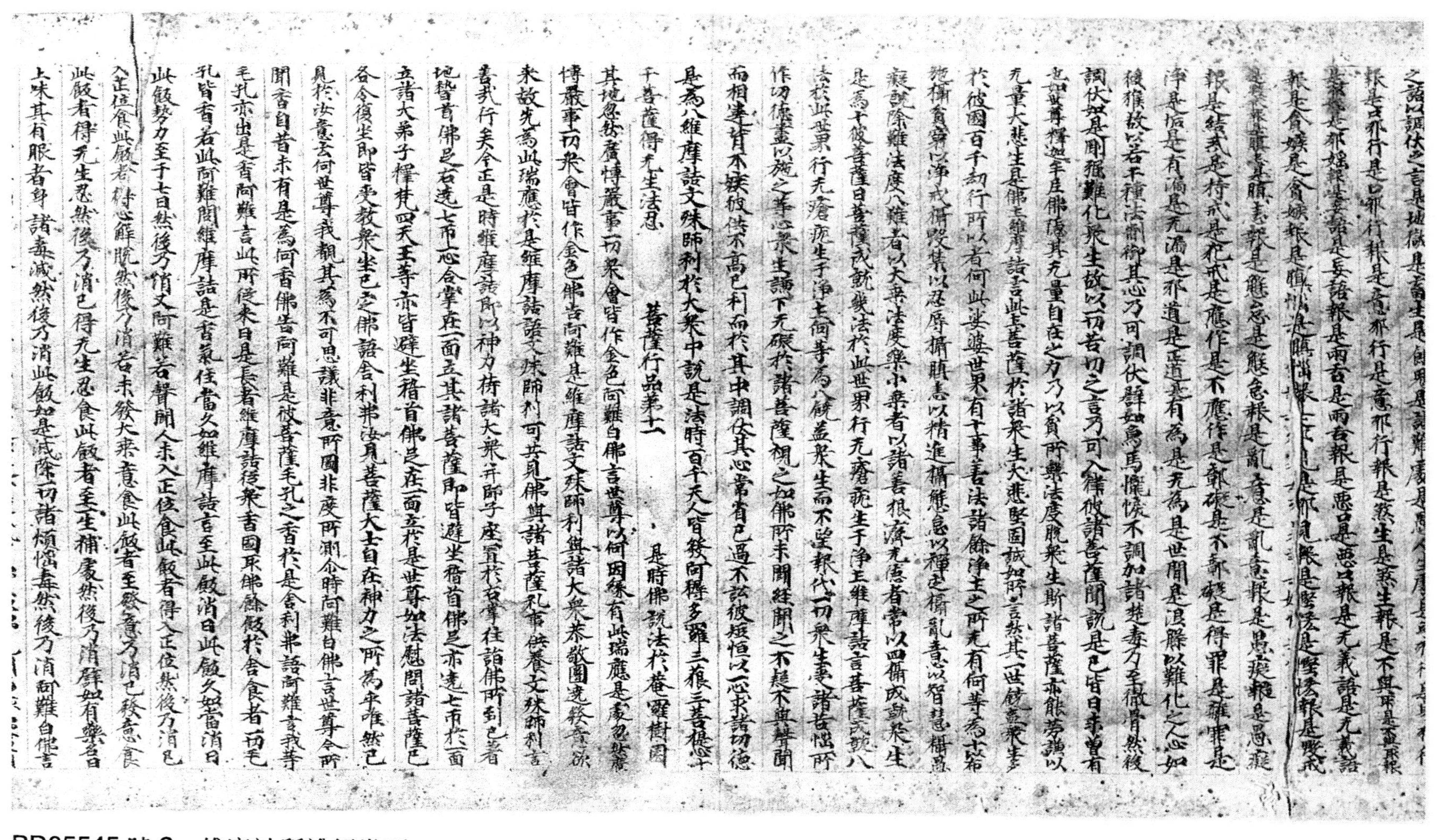

BD05545 號 2　維摩詰所說經卷下　（10–4）

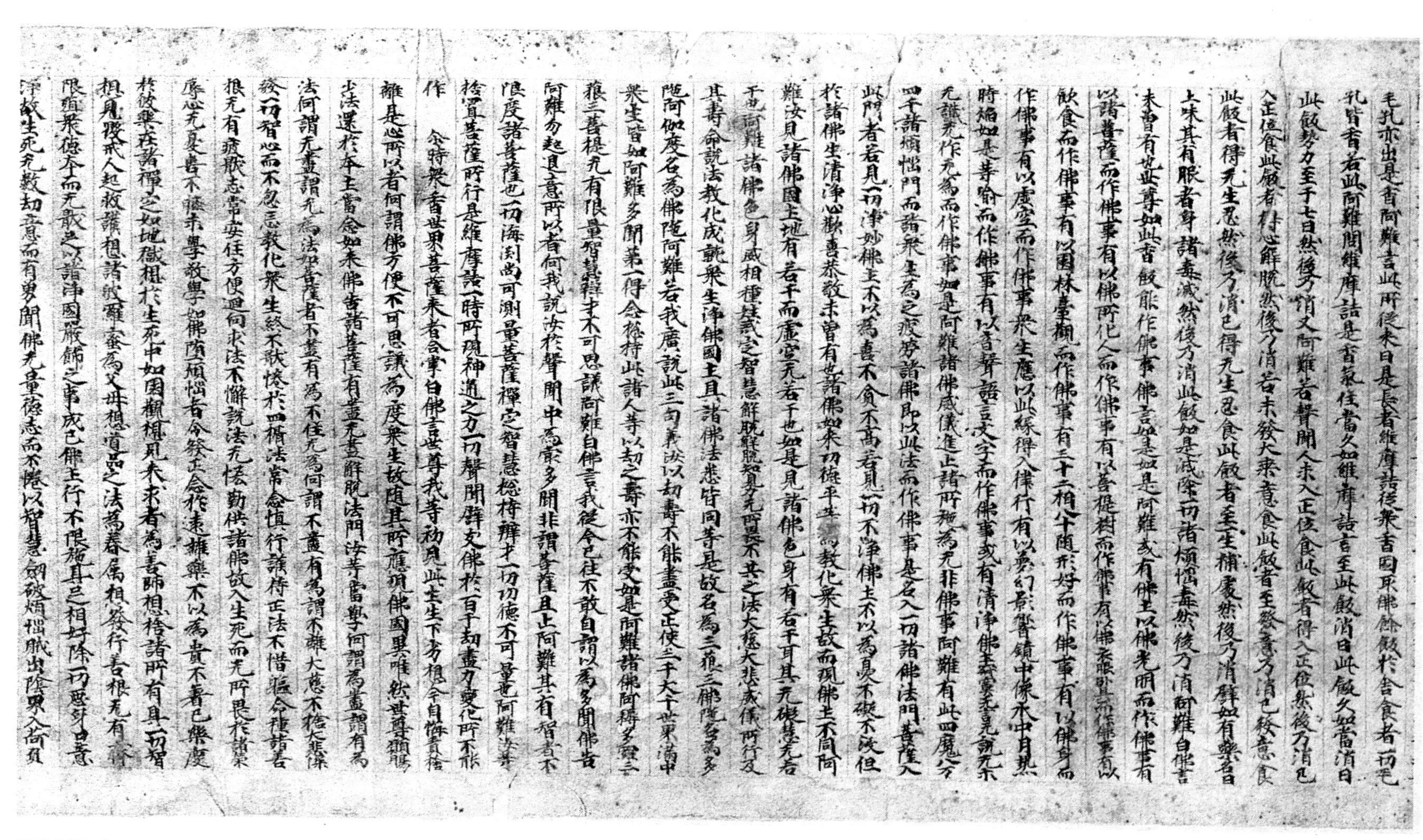

BD05545 號 2　維摩詰所說經卷下　（10–5）

想見毀戒人起救護想諸波羅蜜為父母想道品之法為眷屬想發行善根无有齊
限殖衆德本而无厭足以諸淨國嚴飾之事成己佛土行不限施具足相好除一切惡淨身口意
淨故生死无數劫意而有勇聞佛无量德志而不倦以智慧劍破煩惱賊出陰界入荷負
衆生永使解脫以大精進摧伏魔軍常求无念實相智慧行少欲知足而不捨世法不壞
威儀而能隨俗起神通慧引導衆生得念總持所聞不忘善別諸根斷衆生疑以樂
說辯演法无礙淨十善道受天人福脩四无量開梵天道勸請說法隨喜讚善得
佛音聲身口意善得佛威儀深脩善法所行轉勝以大乘教成菩薩僧心无放逸不
失衆善行如此法是名菩薩不盡有為何謂菩薩不住无為謂脩學空不以空為證
脩學无相无作不以无相无作為證脩學无起不以无起為證觀於无常而不厭
善本觀世間苦而不惡生死觀於无我而誨人不倦觀於寂滅而不永寂滅觀於遠離而
身心脩善觀无所歸而歸趣善法觀於无生而以生法荷負一切觀於无漏而不斷諸漏
觀无所行而以行法教化衆生觀於空无而不捨大悲觀正法位而不隨小乘觀諸法虛妄
无牢无人无主无相本願未滿而不虛福德禪定智慧脩如此法是名菩薩不住无為又
具福德故不住无為具智慧故不盡有為大慈悲故不住无為滿本願故不盡
有為集法藥故不住无為隨授藥故不盡有為知衆生病故不住无為滅衆生病故不
盡有為諸正士菩薩已脩此法不盡有為不住无為是名盡无盡无礙解脫法門汝
等當學尒時彼諸菩薩聞說是法皆大歡喜以衆妙華若干種色若干種香散遍三千大
千世界供養於佛及此經法并諸菩薩已稽首佛足歎未曾有言釋迦牟尼佛乃能於
此善行方便言已忽然不現還到彼國

見阿閦佛品第十二

尒時世尊問維摩詰汝欲見如來為以何等觀如來乎維摩詰言如自觀身實相觀佛亦
然我觀如來前際不來後際不去今則不住不觀色不觀色如不觀色性不觀受想行識不觀識如
不觀識性非四大起同於虛空六入无積眼耳鼻舌身心已過不在三界三垢已離順三脫門
三明與无明等不一相不異相不自相不他相非无相非取相不此岸不彼岸不中流而化衆生觀於寂
滅亦不永滅不此不彼不以此不以彼不可以智知不可以識識无晦无明无名无相无強
无弱非淨非穢不在方不離方非有為非无為无示无說不施不慳不戒不犯不忍不恚
不進不怠不定不亂不智不愚不成不欺不來不去不出不入一切言語道斷非福田
非不福田非應供養非不應供養非取非捨非有相非无相同真際等法性不可
稱不可量過諸稱量非大非小非見非聞非覺非知離衆結縛等諸智同衆生於諸
法无分別一切无失无濁无惱无作无起无生无滅无畏无憂无喜无厭无著无已有无當
有无今有不可以一切言說分別顯示世尊如來身為若此作如是觀以斯觀者名為正觀
若他觀者名為邪觀尒時舍利弗問維摩詰汝於何沒而來生此維摩詰言汝所得法
有沒生乎舍利弗言无沒生也若諸法无沒生相云何問言汝於何沒而來生此於意云何
譬如幻師幻作男女寧沒生耶舍利弗言无沒生也汝豈不聞佛說諸法如幻相乎答曰
如是若一切法如幻相者云何問言汝於何沒而來生此舍利弗沒者為虛誑法壞敗之相生
者為虛誑法相續之相菩薩雖沒不盡善本雖生不長諸惡是時佛告舍利弗有國名

BD05545 號 2　維摩詰所說經卷下　（10–6）

法无分別一切无失无濁无惱无作无起无生无滅无畏无憂无喜无厭无著无已有无當
有无今有不可以一切言說分別顯示世尊如來身為若此作如是觀以斯觀者名為正觀
若他觀者名為邪觀尒時舍利弗問維摩詰汝於何沒而來生此維摩詰言汝所得法
有沒生乎舍利弗言无沒生也若諸法无沒生相云何問言汝於何沒而來生此於意云何
譬如幻師幻作男女寧沒生耶舍利弗言无沒生也汝豈不聞佛說諸法如幻相乎答曰
如是若一切法如幻相者云何問言汝於何沒而來生此舍利弗沒者為虛誑法壞敗之相生
者為虛誑法相續之相菩薩雖沒不盡善本雖生不長諸惡是時佛告舍利弗有國名
妙喜佛号无動是維摩詰於彼國沒而來生此舍利弗言未曾有也世尊是人乃能捨
清淨土而來樂此多怒害處維摩詰語舍利弗於意云何日光出時與冥合乎答曰不也
日光出時則无衆冥維摩詰言夫日何故行閻浮提答曰欲以明照為之除冥維摩詰
言菩薩如是雖生不淨佛土為化衆生不與愚闇而共合也但滅衆生煩惱闇耳
是時大衆渴仰欲見妙喜世界无動如來及其菩薩聲聞之衆佛知一切衆會所念告維
摩詰言善男子為此衆會現妙喜國无動如來及諸菩薩聲聞之衆衆皆欲見於是維
摩詰心念吾當不起于坐接妙喜國鐵圍山川溪谷江河大海泉源須彌諸山及日月星宿天
龍鬼神梵天等宮并諸菩薩聲聞之衆城邑聚落男女大小乃至无動如來及菩提樹
諸妙蓮華能於十方作佛事者三道寶階從閻浮提至忉利天以此寶階諸天來下悉為
礼敬无動如來聽受經法閻浮提人亦登其階上昇忉利見彼諸天妙喜世界成就如是无
量功德上至阿迦膩吒天下至水際以右手斷取如陶家輪入此世界猶持華鬘示一切衆作
是念已入於三昧現神通力以其右手斷取妙喜世界置於此土彼得神通菩薩及聲聞衆并
餘天人俱發聲言唯然世尊誰取我去願見救護无動佛言非我所為是維摩詰神力
所作其餘未得神通者不覺不知己之所往妙喜世界雖入此土而不增減於是世界亦不
迫隘如本无異　尒時釋迦牟尼佛告諸大衆汝等且觀妙喜世界无動如來其國嚴飾
菩薩行淨弟子清白皆曰唯然已見佛言若菩薩欲得如是清淨佛土當學无動如來所
行之道現此妙喜國時娑婆世界十四那由他人發阿耨多羅三藐三菩提心皆願生於妙喜佛
土釋迦牟尼佛即記之曰當生彼國時妙喜世界於此國土所應饒益其事訖已還復本處舉
衆皆見佛告舍利弗汝見此妙喜世界及无動佛不唯然已見世尊願使一切衆生得清淨
土如无動佛獲神通力如維摩詰世尊我等快得善利得見是人親近供養其諸衆生若
今現在若佛滅後聞此經者亦得善利況復聞已信解受持讀誦解說如法脩行若有
手得是經典者便為已得法寶之藏若有讀誦解釋其義如說脩行則為諸佛之所護
念其有供養如是人者當知則為供養於佛其有書持此經卷者當知其室則有如來若聞
是經能隨喜者斯人則為取一切智若能信解此經乃至一四句偈為他說者當知此人即是
受阿耨多羅三藐三菩提記

法供養品第十三

尒時釋提桓因於大衆中白佛言
世尊我雖從佛及文殊師利聞百千經未曾聞此不可思議自在神通決定實相經典如我
解佛所說義趣若有衆生聞是經法信解受持讀誦之者必得是法不疑何況如說脩行
斯人則為閉衆惡趣開諸善門常為諸佛之所護念降伏外學摧滅魔怨脩治菩提安

BD05545 號 2　維摩詰所說經卷下　（10–7）

手得是經典者便為已得法寶之藏若有讀誦解釋其義如說脩行則為諸佛之所護
念其有供養如是人者當知則為供養於佛其有書持此經卷者當知其室則有如來若聞
是經能隨喜者斯人則為取一切智若能信解此經乃至一四句偈為他說者當知此人即是
受阿耨多羅三藐三菩提記
法供養品第十三　　爾時釋提桓因於大衆中白佛
言世尊我雖從佛及文殊師利聞百千經未曾聞此不可思議自在神通決定實相經典如我
解佛所說義趣若有衆生聞是經法信解受持讀誦之者必得是法不疑何況如說脩行
斯人則為閉衆惡趣開諸善門常為諸佛之所護念降伏外學摧滅魔怨脩治菩提安
處道場履踐如來所行之跡世尊若有受持讀誦如說脩行者我當與諸眷屬供養
給事所在聚落城邑山林曠野有是經處我亦與諸眷屬聽受法故共到其所其未信者
當令生信其已信者當為作護佛言善哉善哉天帝如汝所說吾助爾喜此經廣說過
去未來現在諸佛不可思議阿耨多羅三藐三菩提是故天帝若善男子善女人受持讀
誦供養是經者則為供養去來今佛天帝正使三千大千世界如來滿中譬如甘蔗竹葦
稻麻叢林若有善男子善女人或以一劫或減一劫恭敬尊重讚歎供養奉諸所安至諸佛
滅後以一一全身舍利起七寶塔縱廣一四天下高至梵天表剎莊嚴以一切華香瓔珞幢幡伎
樂微妙第一若一劫若減一劫而供養之於天帝意云何其人植福寧為多不釋提桓因言多
矣世尊彼之福德若以百千億劫說不能盡佛告天帝當知是善男子善女人聞是不
可思議解脫經典信解受持讀誦脩行福多於彼所以者何諸佛菩提皆從是生菩提之
相不可限量以是因緣福不可量　佛告天帝過去无量阿僧祇劫時世有佛號曰藥王
如來應供正遍知明行足善逝世間解无上士調御丈夫天人師佛世尊世界曰大莊嚴劫曰莊
嚴佛壽二十小劫其聲聞僧三十六億那由他菩薩僧有十二億天帝是時有轉
輪聖王名曰寶蓋七寶具足王四天下王有千子端正勇健能伏怨敵爾時寶蓋與其眷
屬供養藥王如來施諸所安至滿五劫過五劫已告其千子汝等亦當如我以深心供養於佛
於是千子受父王命供養藥王如來復滿五劫一切施安其王一子名曰月蓋獨坐思惟寧有供
養殊過此者以佛神力空中有天曰善男子法之供養勝諸供養即問何謂法之供養
天曰汝可往問藥王如來當廣為汝說法之供養即時月蓋王子行詣藥王如來稽首
佛足却住一面白佛言世尊諸供養中法供養勝云何為法供養佛言善男子法供養者
諸佛所說深經一切世間難信難受微妙難見清淨无染非但分別思惟之所能得菩
薩法藏所攝陀羅尼印印之至不退轉成就六度善分別義順菩提法衆經之上入大慈悲
離衆魔事及諸邪見順因緣法无我无人无衆生无壽命空无相无作无起能令衆生坐
於道場而轉法輪諸天龍神乾闥婆等所共歎譽能令衆生入佛法藏攝諸賢聖一
切智慧說衆菩薩所行之道依於諸法實相之義明宣无常苦空无我寂滅之法能救
一切毀禁衆生諸魔外道及貪著者能使怖畏諸佛賢聖所共稱歎背生死苦示涅槃
樂十方三世諸佛所說若聞如是等經信解受持讀誦以方便力為諸衆生分別解說
顯示分明守護法故是名法之供養又於諸法如說脩行隨順十二因緣離諸邪見得
无生忍決定无我无有衆生而於因緣果報无違无諍離諸我所依於義不依語

BD05545號2　維摩詰所說經卷下

（10-8）

顯示分明守護法故是名法之供養又於諸法如說脩行隨順十二因緣離諸邪見得
无生忍決定无我无有衆生而於因緣果報无違无諍離諸我所依於義不依語
依智不依識依了義經不依不了義經依於法不依人隨順法相无所入无所歸无明畢
竟滅故諸行亦畢竟滅乃至生畢竟滅故老死亦畢竟滅作如是觀十二因緣无有盡
相不復起見是名最上法之供養　佛告天帝王子月蓋從藥王佛聞如是法得柔順
忍即解寶衣嚴身之具以供養佛白佛言世尊如來滅後我當行法供養守護正法
願以威神加哀建立令我得降魔怨脩菩薩行佛知其深心所念而記之曰汝於末後守護法
城天帝時王子月蓋見法清淨聞佛授記以信出家脩集善法精進不久得五神通具
菩薩道得陀羅尼无斷辯才於佛滅後以其所得神通總持辯才之力滿十小劫藥王如
來所轉法輪隨而分布月蓋比丘以守護法勤行精進即於此身化百萬億人於阿耨多羅
三藐三菩提立不退轉十四那由他人深發聲聞辟支佛心无量衆生得生天上天帝時王寶
蓋豈異人乎今現得佛號寶炎如來其王千子即賢劫中千佛是也從迦羅鳩孫馱為始
得佛最後如來號曰樓至月蓋比丘則我身是如是天帝當知此要以法供養於諸供
養為上為最第一无比是故天帝當以法之供養供養於佛　囑累品第十四
於是佛告彌勒菩薩言彌勒我今以是无量億阿僧祇劫所集阿耨多羅三藐三菩提法付
囑於汝如是輩經於佛滅後末世之中汝等當以神力廣宣流布於閻浮提无令斷絕所以
者何未來世中當有善男子善女人及天龍鬼神乾闥婆羅剎等發阿耨多羅三
藐三菩提心樂于大法若使不聞如是等經則失善利如此輩人聞是等經必多信樂發
希有心當以頂受隨諸衆生所應得利而為廣說彌勒當知菩薩有二相何謂為
二一者好於雜句文飾之事二者不畏深義如實能入若好雜句文飾事者當知是為新
學菩薩若於如是无染无著甚深經典无有恐畏能入其中聞已心淨受持讀誦如說脩
行當知是為久脩道行彌勒復有二法名新學者不能決定於甚深法何等為二一者所
未聞深經聞之驚怖生疑不能隨順毀謗不信而作是言我初不聞從何所來二者若有
護持解說如是深經者不肯親近供養恭敬或時於中說其過惡有此二法當知是新
學菩薩為自毀傷不能於深法中調伏其心彌勒復有二法菩薩雖信解深法猶自
毀傷而不能得无生法忍何等為二一者輕慢新學菩薩而不教誨二者雖信解深法
而取相分別是為二法彌勒菩薩聞說是已白佛言世尊未曾有也如佛所說我當
遠離如斯之惡奉持如來无數阿僧祇劫所集阿耨多羅三藐三菩提法若未來世
善男子善女人求大乘者當令手得如是等經與其念力使受持讀誦為他廣說
世尊若後末世有能受持讀誦為他說者當知皆是彌勒神力之所建立佛言善哉善哉
彌勒如汝所說佛助爾喜於是一切菩薩合掌白佛我等亦於如來滅後十方
國土廣宣流布阿耨多羅三藐三菩提復當開導諸說法者令得是經
爾時四天王白佛言世尊在在處處城邑聚落山林曠野有是經卷讀誦解說者我當率
諸官屬為聽法故往詣其所擁護其人面百由旬令无伺求得其便者是時佛告阿難受持是
經廣宣流布阿難言唯我已受持要者世尊當何名斯經佛言阿難是經名為維摩

BD05545號2　維摩詰所說經卷下

（10-9）

諸有聞如是深經者不肯親近供養恭敬或時於中說其過惡有此二法當知是新
學菩薩為自毀傷不能於深法中調伏其心彌勒復有二法菩薩雖信解深法猶自
毀傷而不能得无生法忍何等為二一者輕慢新學菩薩而不教誨二者雖信解深法
而取相分別是為二法彌勒菩薩聞說是已白佛言世尊未曾有也如佛所說我當
遠離如斯之惡奉持如來无數阿僧祇劫所集阿耨多羅三藐三菩提法若未來世
善男子善女人求大乘者當令手得如是等經與其念力使受持讀誦為他廣說
世尊若後末世有能受持讀誦為他說者當知是為彌勒神力之所建立佛言善哉
善哉彌勒如汝所說佛助令喜於是一切菩薩合掌白佛言世尊我等亦於如來滅後十方
國土廣宣流布阿耨多羅三藐三菩提復當開導諸說法者令得是經
尒時四天王白佛言世尊在在處處城邑聚落山林曠野有是經卷讀誦解說者我當率
諸官屬為聽法故往詣其所擁護其處面百由旬令无伺求得其便者是時佛告阿難受持是
經廣宣流布阿難言唯然我已受持要者世尊當何名斯經佛言阿難是經名為維摩
詰所說亦名不可思議解脫法門如是受持　佛說是經已長者維摩詰文殊師利舍
利弗阿難等及諸天人阿脩羅一切大衆聞佛所說皆大歡喜

維摩詰經卷下

BD05545 號 2　維摩詰所說經卷下　（10–10）

五未曾
積滿周窮濟乏求得无盡是
難得之法此室釋迦牟尼佛阿弥陀佛
閦佛寶德寶炎寶月寶嚴難勝師子響一切
利成如是等十方无量諸佛是上人念時即皆
為來廣說諸佛秘要法藏說已還去是為七
未曾有難得之法此室一切諸天嚴飾宮殿
諸佛淨土皆於中現是為八未曾有難得之
法舍利弗此室常現八未曾有難得之法誰
有見斯不思議事而復樂於聲聞法乎
舍利弗言汝何以不轉女身天曰我從十二年
來求女人相了不可得當何所轉譬如幻師
化作幻女若有人問何以不轉女身是人為正
問不舍利弗言不也幻无定相當何所轉天
曰一切諸法亦復如是无有定相云何乃問
不轉女身即時天女以神通力變舍利弗令
如天女天自化身如舍利弗而問言何以不
轉女身舍利弗以天女像而荅言我今不知
何轉而變為女身天曰舍利弗若能轉

BD05546 號　維摩詰所說經卷中　（13–1）

日一切諸法亦復如是无有定相云何乃問
不轉女身即時天女以神通力變舍利弗令
如天女天自化身如舍利弗而問言何以不
轉女身舍利弗以天女像而荅言我今不知
何轉而變為女身天曰舍利弗若能轉此
女身則一切女人亦當能轉如舍利弗非女
而現女身一切女人亦復如是雖現女身而
非女也是故佛說一切諸法非男非女即時
天女還攝神力舍利弗身還復如故天問舍
利弗女身色相今何所在舍利弗言女身色
相无在无不在天曰一切諸法亦復如是无在
无不在夫无在无不在者佛所說也舍利
弗問天汝於此沒當生何所天曰佛化所生
吾如彼生曰佛化所生非沒生也天曰衆生
猶然无沒生也舍利弗問天汝久如當得阿耨
多羅三藐三菩提天曰如舍利弗還為凡夫
我乃當成阿耨多羅三藐三菩提舍利弗
言我作凡夫无有是處天曰我得阿耨多羅
三藐三菩提亦无是處所以者何菩提无住處
是故无有得者舍利弗言今諸佛得阿耨
多羅三藐三菩提已得當得如恒河沙皆
謂何乎天曰皆以世俗文字數故說有三世
非謂菩提有去来今天曰舍利弗汝得阿
羅漢道耶曰无所得故而得天曰諸佛菩薩
亦復如是无所得故而得今時維摩詰語

BD05546號　維摩詰所說經卷中　（13–2）

多羅三藐三菩提已得當得如恒河沙皆
謂何乎天曰皆以世俗文字數故說有三世
非謂菩提有去来今天曰舍利弗汝得阿
羅漢道耶曰无所得故而得天曰諸佛菩薩
亦復如是无所得故而得尒時維摩詰語
舍利弗是天女已曾供養九十二億佛已能
遊戲菩薩神通所願具足得无生忍住不退
轉以本願故隨意能現教化衆生

佛道品第八

尒時文殊師利問維摩詰言菩薩云何通達
佛道維摩詰言若菩薩行於非道是為通
達佛道又問云何菩薩行於非道荅曰若菩薩
行五无間而无惱恚至于地獄无諸罪垢至于
畜生无有无明憍慢等過至于餓鬼而具
足功德行色无色界道不以為勝示行貪欲
離諸染著示行瞋恚於諸衆生无有恚礙示
行愚癡而以智慧調伏其心示行慳貪而捨
內外所有不惜身命示行毀禁而安住淨戒
乃至小罪猶懷大懼示行瞋恚而常慈忍示
行懈怠而勤脩功德示行亂意而常念定示
行愚癡而通達世間出世間慧示行諂僞而
善方便隨諸經義示行憍慢而於衆生猶如
橋梁示行諸煩惱而心常清淨示入於魔而
順佛智慧不隨他教示入聲聞而為衆生說未
聞法示入辟支佛而成就大悲教化衆生示入

BD05546號　維摩詰所說經卷中　（13–3）

行愚癡而通達世間出世間慧示行諂偽而
善方便隨諸經義示行憍慢而於衆生猶如
橋梁示行諸煩惱而心常清淨示入於魔而
順佛智慧不隨他教示入聲聞而為衆生說未
聞法示入辟支佛而成就大悲教化衆生示入
貧窮而有寶手功德无盡示入形殘而具諸
相好以自莊嚴示入下賤而生佛種姓中具
諸功德示入羸劣醜陋而得那羅延身一切
衆生之所樂見示入老病而永斷病根超越
死畏示有資生而恒觀无常實无所貪示
有妻妾采女而常遠離五欲淤泥現於訥
鈍而成就辯才總持无失示入邪濟而以正
濟度諸衆生現遍入諸道而不斷其因緣現
於涅槃而不斷生死文殊師利菩薩能如是
行於非道是為通達佛道
於是維摩詰問文殊師利何等為如來種文
殊師利言有身為種无明有愛為種貪恚癡
為種四顛倒為種五蓋為種六入為種七識
處為種八邪法為種九惱處為種十不善道
為種以要言之六十二見及一切煩惱皆是佛
種曰何謂也答曰若見无為入正位者不能
復發阿耨多羅三藐三菩提心譬如高原
陸地不生蓮華卑濕淤泥乃生此華如是
見无為法入正位者終不復能生於佛法煩

BD05546 號　維摩詰所說經卷中　（13–4）

種曰何謂也答曰若見无為入正位者不能
復發阿耨多羅三藐三菩提心譬如高原
陸地不生蓮華卑濕淤泥乃生此華如是
見无為法入正位者終不復能生於佛法煩
惱泥中乃有衆生起佛法耳又如殖種於空終
不得生糞壤之地乃能滋茂如是入无為正
位者不生佛法起於我見如須弥山猶能發
於阿耨多羅三藐三菩提心生佛法矣是故
當知一切煩惱為如來種譬如不下巨海則不
能得无價寶珠如是不入煩惱大海則不能
生一切智寶
尒時大迦葉歎言善哉文殊師利快說
此語誠如所言塵勞之儔為如來種我等今
者不復堪任發阿耨多羅三藐三菩提心乃
至五无間罪猶能發意生於佛法而今我等
永不能發譬如根敗之士其於五欲不能復
利如是聲聞諸結斷者於佛法中无所復益
永不志願是故文殊師利凡夫於佛法有反
復而聲聞无也所以者何凡夫聞佛法能起
无上道心不斷三寶正使聲聞終身聞佛法
力无畏等永不能發无上道意
尒時會中有一菩薩名普現色身問維摩詰
言居士父母妻子親戚眷屬吏民知識悉為
是誰奴婢僮僕象馬車乘皆何所在於是維

BD05546 號　維摩詰所說經卷中　（13–5）

无上道心不斷三寶正使聲聞終身聞佛法
力无畏等永不能發无上道意
尒時會中有一菩薩名普現色身問維摩詰
言居士父母妻子親戚眷屬吏民知識悉為
是誰奴婢僮僕象馬車乘皆何所在於是維
摩詰以偈荅曰
智度菩薩母　方便以為父　一切衆導師　无不由是生
法喜以為妻　慈悲心為女　善心誠實男　畢竟空寂舍
弟子衆塵勞　隨意之所轉　道品善知識　由是成正覺
諸度法等侶　四攝為伎女　歌詠誦法言　以此為音樂
揔持之園苑　无漏法林樹　覺意淨妙華　解脫智慧果
八解之浴池　定水湛然滿　布以七淨華　浴此无垢人
象馬五通馳　大乘以為車　調御以一心　遊於八正路
相具以嚴容　衆好飾其姿　慚愧之上服　深心為華鬘
富有七寶財　教授以滋息　如所說脩行　迴向為大利
四禪為牀座　從於淨命生　多聞增智慧　以為自覺音
甘露法之食　解脫味為漿　淨心以澡浴　戒品為塗香
摧滅煩惱賊　勇健无能踰　降伏四種魔　勝幡建道場
雖知无起滅　示彼故有生　悉現諸國土　如日无不見
供養於十方　无量億如來　諸佛及己身　无有分別想
雖知諸佛國　及與衆生空　而常脩淨土　教化於群生
諸有衆生類　形聲及威儀　无畏力菩薩　一時能盡現
覺知衆魔事　而示隨其行　以善方便智　隨意皆能現
或示老病死　成就諸群生　了知如幻化　通達无有礙
或現劫盡燒　天地皆洞然　衆人有常想　照令知无常

BD05546 號　維摩詰所說經卷中

（13–6）

雖知諸佛國　及與衆生空　而常脩淨土　教化於群生
諸有衆生類　形聲及威儀　无畏力菩薩　一時能盡現
覺知衆魔事　而示隨其行　以善方便智　隨意皆能現
或示老病死　成就諸群生　了知如幻化　通達无有礙
或現劫盡燒　天地皆洞然　衆人有常想　照令知无常
无數億衆生　俱來請菩薩　一時到其舍　化令向佛道
經書禁呪術　工巧諸伎藝　盡現行此事　饒益諸群生
世間衆道法　悉於中出家　因以解人惑　而不墮邪見
或作日月天　梵王世界主　或時作地水　或復作風火
劫中有疾疫　現作諸藥草　若有服之者　除病消衆毒
劫中有飢饉　現身作飲食　先救彼飢渴　卻以法語人
劫中有刀兵　為之起慈悲　化彼諸衆生　令住无諍地
若有大戰陣　立之以等力　菩薩現威勢　降伏使和安
一切國土中　諸有地獄處　輙往到于彼　勉濟其苦惱
一切國土中　畜生相食噉　皆現生於彼　為之作利益
示受於五欲　亦復現行禪　令魔心憒乱　不能得其便
火中生蓮華　是可謂希有　在欲而行禪　希有亦如是
或現作婬女　引諸好色者　先以欲鉤牽　後令入佛智
或為邑中主　或作商人導　國師及大臣　以祐利衆生
諸有貧窮者　現作无盡藏　因以勸導之　令發菩提心
我心憍慢者　為現大力士　消伏諸貢高　令住佛上道
其有恐懼衆　居前而慰安　先施以无畏　後令發道心
或現離婬欲　為五通仙人　開導諸群生　令住戒忍慈
見須供事者　現為作僮僕　既悅可其意　乃發以道心

BD05546 號　維摩詰所說經卷中

（13–7）

我心憍慢者　為現大力士　消伏諸貢高　令住佛上道
其有恐懼衆　居前而慰安　先施以无畏　後令發道心
或現離婬欲　為五通仙人　開道諸群生　令住戒忍慈
見須供事者　現為作僮僕　既悅可其意　乃發以道心
隨彼之所須　得入於佛道　以善方便力　皆能給足之
如是道无量　所行无有崖　智慧无邊際　度脫无數衆
假令一切佛　於无數億劫　讚歎其功德　猶尚不能盡
誰聞如是法　不發菩提心　除彼不肖人　癡冥无智者
入不二法門品弟九
尒時維摩詰謂衆菩薩言諸仁者云何菩薩
入不二法門各隨所樂說之會中有菩薩名法
自在說言諸仁者生滅為二法本不生今則
无滅得此无生法忍是為入不二法門
德守菩薩曰我我所為二因有我故便有我
所若无有我則无我所是為入不二法門
不眴菩薩曰受不受為二若法不受則不可
得以不可得故无取无捨无作无行是為入
不二法門
德頂菩薩曰垢淨為二見垢實性則无淨相
順於滅相是為入不二法門
善宿菩薩曰是動是念為二不動則无念无
念即无分別通達此者是為入不二法門
善眼菩薩曰一相无相為二若知一相即是
无相亦不取无相入於平等是為入不二法門
妙臂菩薩曰菩薩心聲聞心為二觀心相空

BD05546號　維摩詰所說經卷中　（13–8）

善宿菩薩曰是動是念為二不動則无念无
念即无分別通達此者是為入不二法門
善眼菩薩曰一相无相為二若知一相即是
无相亦不取无相入於平等是為入不二法門
妙臂菩薩曰菩薩心聲聞心為二觀心相空
如幻化者无菩薩心无聲聞心是為入不二法
門
弗沙菩薩曰善不善為二若不起善不善入
无相際而通達者是為入不二法門
師子菩薩曰罪福為二若達罪性則與福
无異以金剛慧決了此相无縛无解者是為入
不二法門
師子意菩薩曰有漏无漏為二若得諸法等
則不起漏不漏想不着於相亦不住无相是
為入不二法門
淨解菩薩曰有為无為為二若離一切數則心
如虛空以清淨慧无所礙者是為入不二法門
那羅延菩薩曰世間出世間為二世間性空
即是出世間於其中間不入不出不溢不散
是為入不二法門
善意菩薩曰生死涅槃為二若見生死則
无生死无縛无解不然不滅如是解者是為
入不二法門
現見菩薩曰盡不盡為二法若究竟盡若不
盡皆是无盡相无盡相即是空空則无

BD05546號　維摩詰所說經卷中　（13–9）

是為入不二法門
善意菩薩曰生死涅槃為二若見生死則
无生死无縛无解不然不滅如是解者是為
入不二法門
現見菩薩曰盡不盡為二法若究竟盡若不
盡皆是无盡相无盡相者即是空空則无
有盡不盡相如是入者是為入不二法門
普守菩薩曰我无我為二我尚不可得非我
何可得見我實性者不復起二是為入不二法門
電天菩薩曰明无明為二无明實性即是明
明亦不可取離一切數於其中平等无二者是
為入不二法門
喜見菩薩曰色色空為二色即是空非色滅
空色性自空如是受想行識識空為二識
即是空非識滅空識性自空於其中而通達
者是為入不二法門
明相菩薩曰四種異空種異為二四種性即
是空種性如前際後際空故中際亦空若能
如是知諸種性者為入不二法門
妙意菩薩曰眼色為二若知眼性於色不貪
不恚不癡是名寂滅如是耳聲鼻香舌味身
觸意法為二若知意性於法不貪不恚不癡
是名寂滅安住其中是為入不二法門
无盡意菩薩曰布施迴向一智為二布施性
即是迴向一切智性如是持戒忍辱精進禪

BD05546號　維摩詰所説經卷中

（13–10）

不恚不癡是名寂滅如是耳聲鼻香舌味身
觸意法為二若知意性於法不貪不恚不癡
是名寂滅安住其中是為入不二法門
无盡意菩薩曰布施迴向一智為二布施性
即是迴向一切智性如是持戒忍辱精進禪
定智慧迴向一切智為二智慧性即是迴向
一切智性於其中入一相者是為入不二法門
深慧菩薩曰是空是无相是无作為二空即
无相无相即无作若空无相无作則无心意
識於一解脫門即是三解脫門者是為入不
法門
寂根菩薩曰佛法衆為二佛即是法法即是
衆是三寶皆无為相與虛空等一切法亦尒
能隨此行者是為入不二法門
心无礙菩薩曰身身滅為二身即是身滅所
以者何見身實相者不起見身及見滅身身
與滅身无二无分別於其中不驚不懼者不
畏是入不二法門
上善菩薩曰身口意善為二是三業皆无
作相身无作相即口无作相口无作相即意无
作相是三業无作相即一切法无作相能如是
隨无作慧者是為入不二法門
福田菩薩曰福行罪行不動行為二三行實
性即是空空則无福行无罪行无不動行於
此三行而不起者是為入不二法門

BD05546號　維摩詰所説經卷中

（13–11）

作相身无作相即口无作相口无作相即意无
作相是三業无作相即一切法无作相能如是
隨无作慧者是為入不二法門
福田菩薩曰福行罪行不動行為二三行實
性即是空空則无福行无罪行无不動行於
此三行而不起者是為入不二法門
華嚴菩薩曰從我起二為二見我實相者
不起二法若不住法則无有識无所識者是
為入不二法門
德藏菩薩曰有所得相為二若无所得則
无取捨无取捨者是為入不二法門
月上菩薩曰闇與明為二无闇无明則无有
二所以者何如入滅受想定无闇无明一切
法相亦復如是於其中平入者是為入不二
法門
寶印手菩薩曰樂涅槃不樂世間為二若不
樂涅槃不猒世間則无有二所以者何若有
縛則有解若本无縛其誰求解无縛无解
則无樂猒是為入不二法門
珠頂王菩薩曰正道耶道為二住正道則不分
別是耶是正離此二者是為入不二法門
樂實菩薩曰實不實為二實見者尚不見
實何況非實所以者何非肉眼所見慧眼乃能
見而此慧眼无見无不見是為入不二法門
如是諸菩薩各各說已問文殊師利何等是

BD05546號　維摩詰所說經卷中　（13–12）

別是耶是正離此二者是為入不二法門
樂實菩薩曰實不實為二實見者尚不見
實何況非實所以者何非肉眼所見慧眼乃能
見而此慧眼无見无不見是為入不二法門
如是諸菩薩各各說已問文殊師利何等是
菩薩入不二法門
文殊師利曰如我意者於一切法言无示无
識離諸問答是為入不二法門
於是文殊師利問維摩詰言我等各自說已仁
者當說何等是菩薩入不
二法門
時維摩詰默然无言文殊師利歎曰善哉善
哉乃至无有文字語言是真入不二法門
說是入不二法門品時於此衆中五千菩薩皆
入不二法門得无生法忍

維摩詰經卷中

BD05546號　維摩詰所說經卷中　（13–13）

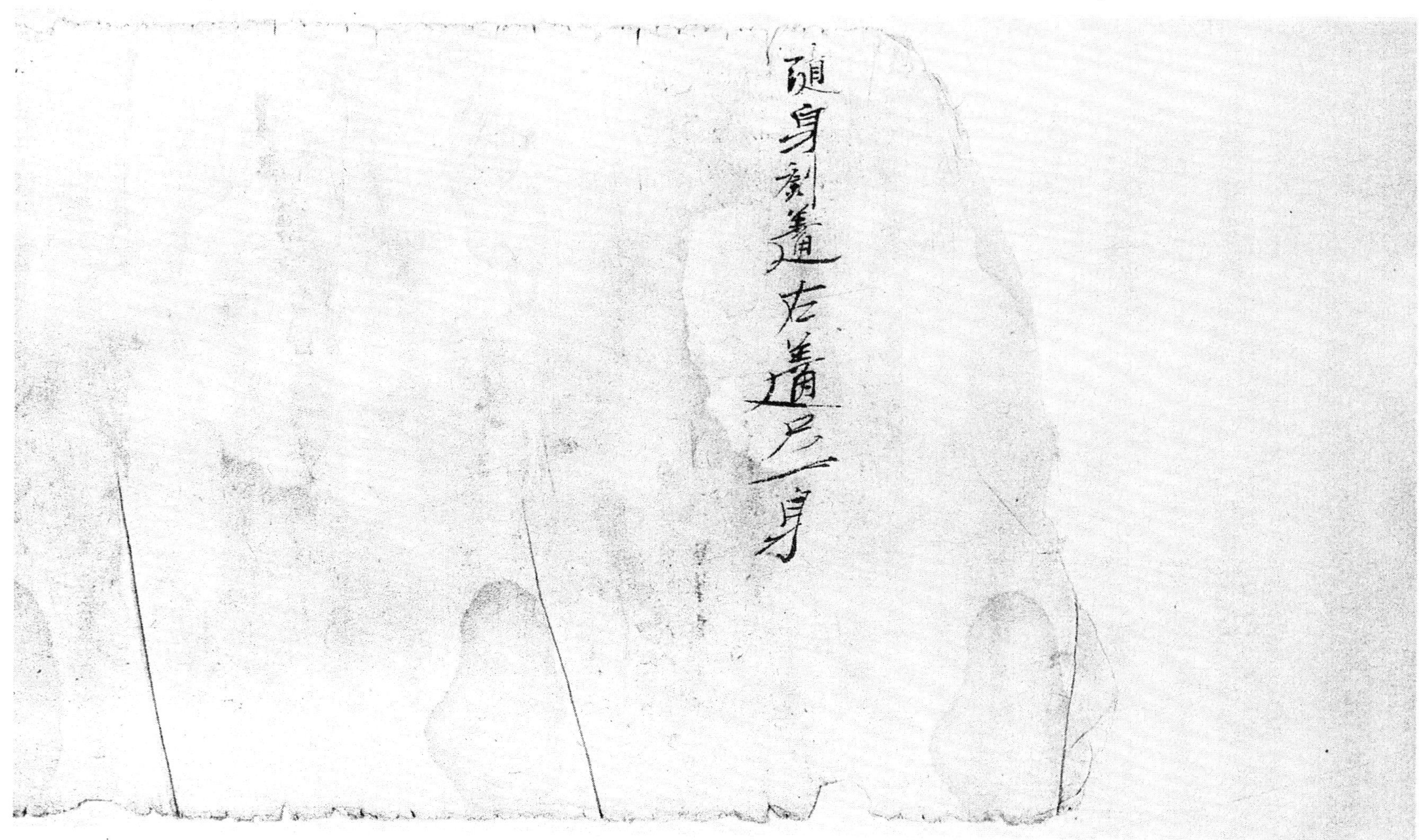
隨身劍蓋道右蓋道尸一身

BD05546號背　雜寫

(1–1)

大乘无量壽經

如是我聞一時薄伽梵在舍衛國祇樹[illegible]給千二百五十人大菩薩摩

訶薩衆俱同會坐爾時世尊告曼殊室利童子曰曼殊上方有世界名无量功德聚彼土

有佛号无量智決定王如來阿羅訶三藐三菩提現爲衆生開示說法曼殊師利聽南

閻浮提人皆短壽大限百年於中夭枉横死者衆曼殊若有衆生見是无量壽如來功德名稱法

要若有衆生得聞名号若自書或使人書能爲經卷受持讀誦若於舍宅所住之處以種

種花鬘瓔珞塗香末香而爲供養如其命盡復得延年滿足百歲如是曼殊若有衆生得

聞是无量壽智決定王如來一百八名号者益其長壽若有衆生大命將盡憶念是如來

名号更得增壽如是曼殊若有善男子善女人欲求長壽於是无量壽如來一百八名号有

得聞者或自書若使書是人受持讀誦得如是等果報福德具足陁羅尼曰南謨薄伽勃底

阿波唎蜜多二阿喩紇硯娜三須毗你悉指陁四囉佐耶五怛他羯他耶六怛姪他唵七薩婆桑悉迦囉八波唎輸底

達磨底十伽迦娜十一莎訶某持伽底十二薩婆毗輸底十三摩訶娜耶十四波唎婆唎莎訶十五

世尊復告曼殊室利如是如來一百八名号若有自書或使人書爲經卷受持讀誦如壽命盡

復滿百年壽終此身後得往生无量福智世界无量壽淨土陁羅尼曰南謨薄伽勃底阿波

唎蜜多二阿喩紇硯娜三須毗你悉指陁四囉佐耶五怛他羯他耶六怛姪他唵七薩婆桑悉迦囉八波

唎輸底九達磨底十伽迦娜十一莎訶某持伽底十二薩婆毗輸底十三摩訶娜耶十四波唎婆唎莎訶

爾時有九十九姟佛等一時同聲說是无量壽宗要經陁羅尼曰南謨薄伽勃底阿波唎蜜多

阿喩紇硯娜三須毗你悉指陁四囉佐耶五怛他羯他耶六怛姪他唵七薩婆桑悉迦囉八波唎輸底九達

磨底十伽迦娜十一莎訶某持伽底十二薩婆毗輸底十三摩訶娜耶十四波唎婆唎莎訶十五

爾時復有一百四姟佛一時同聲說是无量壽宗要經陁羅尼曰南謨薄伽勃底阿波唎蜜多二阿喩

紇硯娜三須毗你悉指陁四囉佐耶五怛他羯他耶六怛姪他唵七薩婆桑悉迦囉八波唎輸底九達磨

底十伽迦娜十一莎訶某持伽底十二薩婆毗輸底十三摩訶娜耶十四波唎婆唎莎訶十五

爾時復有七姟佛一時同聲說是无量壽宗要經陁羅尼曰南謨薄伽勃底阿波唎蜜多二阿

BD05547號　無量壽宗要經

(5–1)

尒時有九十九姟佛等一時同聲說是无量壽宗要經陁羅尼曰 南謨薄伽勃底一 阿波唎蜜哆二
阿喻紇硯娜三 須毗你悉指陁四 囉佐耶五 怛他羯他耶六 怛姪他唵七 薩婆桑悉迦囉八 波唎輸底九 達
磨底十 伽伽娜十一 莎訶其持伽底十二 薩婆毗輸底十三 磨訶娜耶十四 波唎婆唎莎訶十五
尒時復有一百四姟佛一時同聲說是无量壽宗要經陁羅尼曰 南謨薄伽勃底一 阿波唎蜜哆二 阿喻
紇硯娜三 須毗你悉指陁四 囉佐耶五 怛他羯他耶六 怛姪他唵七 薩婆桑悉迦囉八 波唎輸底九 達磨
底十 伽伽娜十一 莎訶其持伽底十二 薩婆毗輸底十三 摩訶娜耶十四 波唎婆唎莎訶十五
尒時復有七姟佛一時同聲說是无量壽宗要經陁羅尼曰 南謨薄伽勃底一 阿波唎蜜哆二 阿
喻紇硯娜三 須毗你悉指陁四 囉佐耶五 怛他羯他耶六 怛姪他唵七 薩婆桑悉迦囉八 波唎輸底九 達
磨底十 伽伽娜十一 莎訶其持伽底十二 薩婆毗輸底十三 摩訶娜耶十四 波唎婆唎莎訶十五
尒時復有六十五姟佛一時同聲說是无量壽宗要經陁羅尼曰 南謨薄伽勃底一 阿波唎蜜哆二 阿喻
紇硯娜三 須毗你悉指陁四 囉佐耶五 怛他羯他耶六 怛姪他唵七 薩婆桑悉迦囉八 波唎輸底
達磨底十 伽伽娜十一 莎訶其持伽底十二 薩婆毗輸底十三 摩訶娜耶十四 波唎婆唎莎訶十五
尒時復有五十五姟佛一時同聲說是无量壽宗要經陁羅尼曰 南謨薄伽勃底一 阿波唎蜜哆二 阿喻紇
硯娜三 須毗你悉指陁四 囉佐耶五 怛他羯他耶六 怛姪他唵七 薩婆桑悉迦囉八 波唎輸底九 達
摩底十 伽伽娜十一 莎訶其持伽底十二 莎婆毗輸底十三 摩訶娜耶十四 波唎婆唎莎訶
尒時復有四十五姟佛一時同聲說是无量壽宗要經陁羅尼曰 南謨薄伽勃底一 阿波唎蜜哆二 阿喻
紇硯娜三 須毗你悉指陁四 囉佐耶五 怛他羯他耶六 怛姪他唵七 薩婆桑悉迦囉八 波唎輸底
達磨底十 伽伽娜十一 莎訶其持伽底十二 薩婆毗輸底十三 摩訶娜耶十四 波唎婆唎莎訶十五
尒時復有三十六姟佛一時同聲說是无量壽宗要經陁羅尼曰 南謨薄伽勃底一 阿波唎蜜哆二 阿
喻紇硯娜三 須毗你悉指陁四 囉佐耶五 怛他羯他耶六 怛姪他唵七 薩婆桑悉迦囉八 波唎輸底九 達磨
底十 伽伽娜十一 莎訶其持伽底十二 薩婆毗輸底十三 摩訶娜耶十四 波唎婆唎莎訶十五
尒時復有恒河沙姟佛一時同聲說是无量壽宗要經陁羅尼曰 南謨薄伽勃底一 阿波唎蜜哆二 阿喻紇
硯娜三 須毗你悉指陁四 囉佐耶五 怛他羯他耶六 怛姪他唵七 薩婆桑悉迦囉八 波唎輸底九 達
磨底十 伽伽娜十一 莎訶其持伽底十二 薩婆毗輸底十三 磨訶娜耶十四 波唎婆唎莎訶十五
善男子若有自書寫教人書寫是无量壽宗要經如其命盡復得長壽而滿年陁羅尼曰
南謨薄伽勃底一 阿波唎蜜哆二 阿喻紇硯娜三 須毗你悉指陁四 囉佐耶五 怛他羯他耶六 怛姪他唵

尒時復有恒河沙姟佛一時同聲說是无量壽宗要經陁羅尼曰 南謨薄伽勃底一 阿波唎蜜哆二 阿喻紇
硯娜三 須毗你悉指陁四 囉佐耶五 怛他羯他耶六 怛姪他唵七 薩婆桑悉迦囉八 波唎輸底九 達
磨底十 伽伽娜十一 莎訶其持伽底十二 薩婆毗輸底十三 磨訶娜耶十四 波唎婆唎莎訶十五
善男子若有自書寫教人書寫是无量壽宗要經如其命盡復得長壽而滿年陁羅尼曰
南謨薄伽勃底一 阿波唎蜜哆二 阿喻紇硯娜三 須毗你悉指陁四 囉佐耶五 怛他羯他耶六 怛姪他唵
薩婆桑悉迦囉八 波唎輸底九 達磨底十 伽伽娜十一 莎訶其持伽底十二 薩婆毗輸底十三 摩訶
娜耶十四 波唎婆唎莎訶十五　若有自書寫教人書寫是无量壽宗要經讀誦受持畢
竟不墮地獄在在所生得宿命智陁羅尼曰 南謨薄伽勃底一 阿波唎蜜哆二 阿喻紇硯娜三 須毗你悉指陁
囉佐耶五 怛他羯他耶六 怛姪他唵七 薩婆桑悉迦囉八 波唎輸底九 達磨底十 伽伽娜十一 莎訶
薩婆毗輸底十三 摩訶娜耶十四 波唎婆唎莎訶十五　若有自書寫教人書寫是无量壽宗要經受
持讀誦如同書寫八万四千一切經典陁羅尼曰 南謨薄伽勃底一 阿波唎蜜哆二 阿喻紇硯娜三 須
毗你悉指陁四 囉佐耶五 怛他羯他耶六 怛姪他唵七 薩婆桑悉迦囉八 波唎輸底九 達磨底十 伽伽
娜十一 莎訶其持伽底十二 薩婆毗輸底十三 磨訶娜耶波唎［旁注：婆唎莎訶］　若有自書寫教人書寫是无量壽宗要經即是
書寫八万四千部建立塔廟陁羅尼曰 南謨薄伽勃底一 阿波唎蜜哆二 阿喻紇硯娜三 須毗你悉指陁四 囉
佐耶五 怛他羯他耶六 怛姪他唵七 薩婆桑悉迦囉八 波唎輸底九 達磨底十 伽伽娜十一 莎訶其持伽
底十二 薩婆毗輸底十三 摩訶娜耶十四 波唎婆唎莎訶十五　若有自書寫教人書寫是无量壽宗
要經能消五无間等一切重罪陁羅尼曰 南謨薄伽勃底一 阿波唎蜜哆二 阿喻紇硯娜三 須毗你悉
指陁四 囉佐耶五 怛他羯他耶六 怛姪他唵七 薩婆桑悉迦囉八 波唎輸底九 達磨底十 伽伽娜十一 莎訶
其持伽底十二 薩婆毗輸底十三 磨訶娜耶波唎婆唎莎訶　若有自書寫教人書寫是无量壽宗要經
受持讀誦設有重罪猶如須弥盡能除滅陁羅尼曰 南謨薄伽勃底一 阿波唎蜜哆二 阿喻紇硯
娜三 須毗你悉指陁四 囉佐耶五 怛他羯他耶六 怛姪他唵七 薩婆桑悉迦囉八 波唎輸底九 達磨底十 伽
伽娜十一 莎訶其持伽底十二 薩婆毗輸底十三 摩訶娜耶十四 波唎婆唎［旁注：莎訶］　若有自書寫教人書寫是无量
壽宗要經受持讀誦若魔魔之眷屬夜叉羅剎不得其便終无枉死陁羅尼曰 南謨薄伽勃
底一 阿波唎蜜哆二 阿喻紇硯娜三 須毗你悉指陁四 囉佐耶五 怛他羯他耶六 怛姪他唵七 薩婆桑悉迦囉
波唎輸底九 達磨底十 伽伽娜十一 莎訶其持伽底十二 薩婆毗輸底十三 摩訶娜耶十四 波唎婆唎
莎訶十五　若有自書寫教人書寫是无量壽宗要經受持讀誦當命
終時有九十九姟佛現其人前分千佛授手能遊一切佛剎莫於此生疑惑陁羅尼曰
南謨薄伽勃底一 阿波唎蜜哆二 阿喻紇硯娜三 須毗你悉指陁四 囉佐耶五 怛他羯他耶六 怛姪他

BD05547號　無量壽宗要經

(5–4)

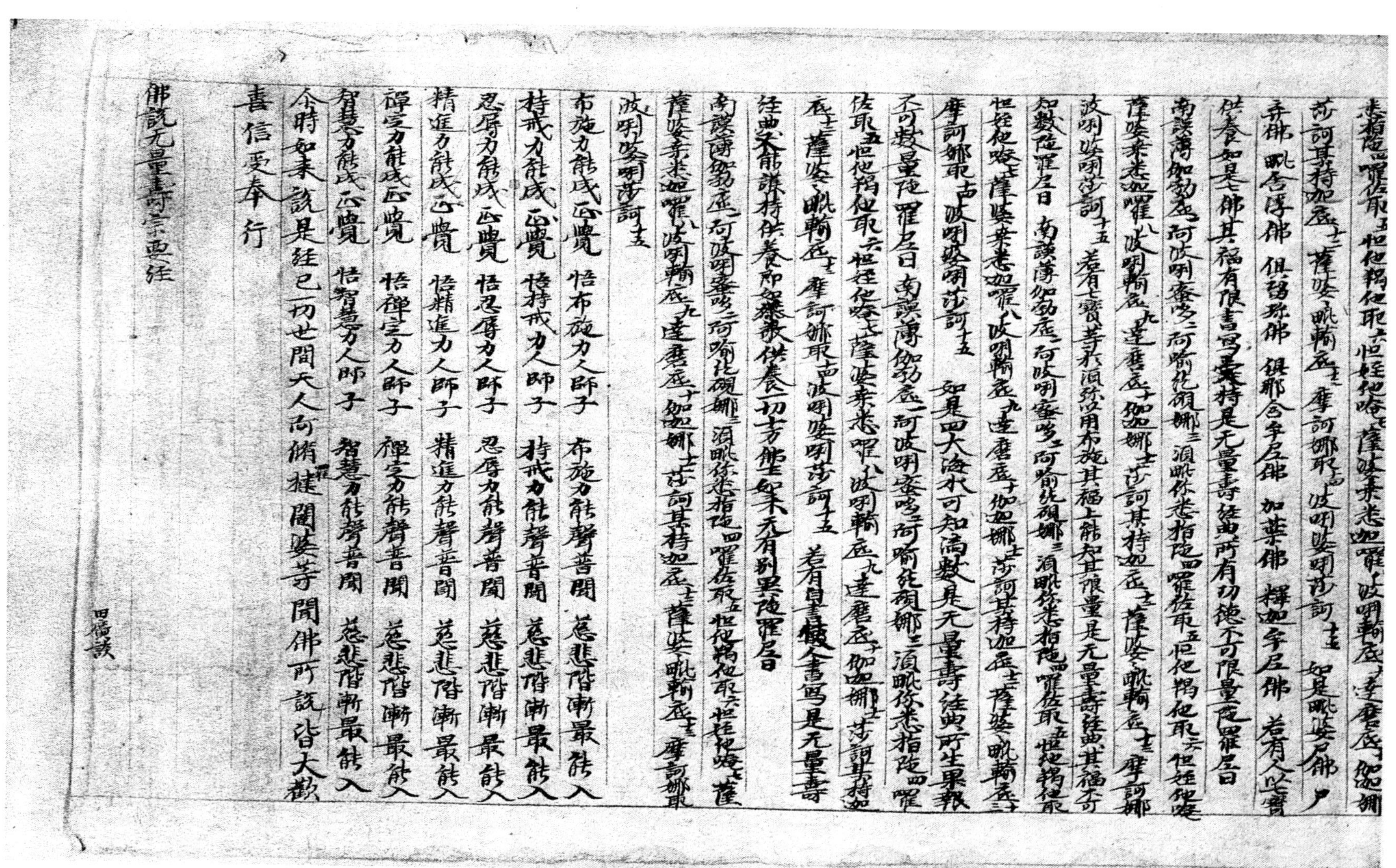

BD05547號　無量壽宗要經

(5–5)

著　録　凡　例

本目錄採用條目式著錄法。諸條目意義如下：

1.1　著錄編號。用漢語拼音首字“BD”表示，意為“北京圖書館藏敦煌遺書”，簡稱“北敦號”。文獻寫在背面者，標註為“背”。一件遺書上抄有多個文獻者，用數字1、2、3等標示小號。一號中包括幾件遺書，且遺書形態各自獨立者，用字母A、B、C等區別。

1.2　著錄分類號。本條記目錄暫不分類，該項空缺。

1.3　著錄文獻的名稱、卷本、卷次。

1.4　著錄千字文編號。

1.5　著錄縮微膠卷號。

2.1　著錄遺書的總體數據。包括長度、寬度、紙數、正面抄寫總行數與每行字數、背面抄寫總行數與每行字數。如該遺書首尾有殘破，則對殘破部分單獨度量，用加號加在總長度上。凡屬這種情況，長度用括弧標註。

2.2　著錄每紙數據。包括每紙長度及抄寫行數或界欄數。

2.3　著錄遺書的外觀。包括：(1) 裝幀形式。(2) 首尾存況。(3) 護首、軸、軸頭、天竿、縹帶，經名是書寫還是貼簽，有無經名號，扉頁、扉畫。(4) 卷面殘破情況及其位置。(5) 尾部情況。(6) 有無附加物（蟲繭、油污、線繩及其他）。(7) 有無裱補及其年代。(8) 界欄。(9) 修整。(10) 其他需要交待的問題。

2.4　著錄一件遺書抄寫多個文獻的情況。

3.1　著錄文獻首部文字與對照本核對的結果。

3.2　著錄文獻尾部文字與對照本核對的結果。

3.3　著錄錄文。

3.4　著錄對文獻的説明。

4.1　著錄文獻首題。

4.2　著錄文獻尾題。

5　著錄本文獻與對照本的不同之處。

6.1　著錄本遺書首部可與另一遺書綴接的編號。

6.2　著錄本遺書尾部可與另一遺書綴接的編號。

7.1　著錄題記、題名、勘記等。

7.2　著錄印章。

7.3　著錄雜寫。

7.4　著錄護首及扉頁的內容。

8　著錄年代。

9.1　著錄字體。如有武周新字、合體字、避諱字等，予以説明。

9.2　著錄卷面二次加工的情況。包括句讀、點標、科分、間隔號、行間加行、行間加字、硃筆、墨塗、倒乙、刪除、兑廢等。

10　著錄敦煌遺書發現後，近現代人所加內容，裝裱、題記、印章等。

11　備註。著錄揭裱互見、圖版本出處及其他需要説明的問題。

上述諸條，有則著錄，無則空缺。

為避文繁，上述著錄中出現的各種參考、對照文獻，暫且不列版本説明。全目結束時，將統一編制本條記目錄出現的各種參考書目。

本條記目錄為農曆年份標註其公曆紀年時，未進行歲頭年末之換算，請讀者使用時注意自行換算。

條　記　目　錄

BD05477—BD05547

1.1　BD05477 號
1.3　大般若波羅蜜多經卷一〇八
1.4　菓 077
1.5　084:2288
2.1　(1.2+443.4)×25.9 厘米；11 紙；263 行，行 17 字。
2.2　01：1.2+8.5，06；　02：46.5，28；　03：46.5，28；
04：46.5，28；　05：46.5，28；　06：46.5，28；
07：46.5，28；　08：46.5，28；　09：46.5，28；
10：46.4，28；　11：16.5，05。
2.3　卷軸裝。首殘尾全。有燕尾。尾有原軸，兩端塗黑漆。背面有古代裱補。有烏絲欄。
3.1　首行上下殘→大正 220，5/596C4~5。
3.2　尾全→5/599C8。
4.2　大般若波羅蜜多經卷第一百八（尾）。
7.1　第 1 紙背面有勘記"十一"（本文獻所屬袟次），"第八"（袟内卷次）。
8　8~9 世紀。吐蕃統治時期寫本。
9.1　楷書。
11　圖版：《敦煌寶藏》，72/540B~546A。

1.1　BD05478 號
1.3　金光明最勝王經卷六
1.4　菓 078
1.5　083:1781
2.1　141.9×46.2 厘米；3 紙；84 行，行 17 字。
2.2　01：47.6，28；　02：47.1，28；　03：47.2，28。
2.3　卷軸裝。首尾均脱。有烏絲欄。
3.1　首殘→大正 665，16/428C19。
3.2　尾殘→16/429C22。
8　8 世紀。唐寫本。
9.1　楷書。
11　圖版：《敦煌寶藏》，70/68A~69B。

1.1　BD05479 號
1.3　四分律（兑廢稿）卷五九
1.4　菓 079
1.5　155:6812
2.1　48×27 厘米；1 紙；21 行，行 17 字。
2.3　卷軸裝。首尾均脱。卷上邊有水漬。尾有餘空。有烏絲欄。
3.1　首殘→大正 1428，22/1003C29。
3.2　尾殘→22/1004A16。
8　9~10 世紀。歸義軍時期寫本。
9.1　楷書。
11　圖版：《敦煌寶藏》，102/70A~B。

1.1　BD05480 號
1.3　佛頂尊勝陀羅尼經（佛陀波利本）
1.4　菓 080
1.5　229:7343
2.1　98.8×27.4 厘米；2 紙；56 行，行 17 字。
2.2　01：49.6，28；　02：49.2，28。
2.3　卷軸裝。首尾均脱。接縫處下開裂，通卷下邊殘破。有烏絲欄。
3.1　首殘→大正 967，19/350A7。
3.2　尾殘→19/352B24。
5　尾行咒語與《大正藏》本不同，略相當於所附的宋本，參見 19/352A27~B11。
8　9~10 世紀。歸義軍時期寫本。
9.1　楷書。
11　圖版：《敦煌寶藏》，105/545B~546B。

1.1　BD05481 號
1.3　妙法蓮華經卷六
1.4　菓 081
1.5　105:5726
2.1　(5.5+919.3)×26 厘米；19 紙；513 行，行 17 字。

2.2　01：5.5＋37，24；　02：49.3，28；　03：49.6，28；
04：49.7，28；　05：49.7，28；　06：49.7，28；
07：49.8，28；　08：49.8，28；　09：49.6，28；
10：49.7，28；　11：49.8，28；　12：49.6，28；
13：49.7，28；　14：49.6，28；　15：49.4，28；
16：49.0，28；　17：49.5，28；　18：49.3，28；
19：39.5，13。
2.3　卷軸裝。首殘尾全。打紙，研光上蠟。第2紙下邊有破裂，接縫處有開裂。有燕尾。有烏絲欄。
3.1　首3行下殘→大正262，9/47C12～16。
3.2　尾全→9/55A9。
4.2　妙法蓮華經卷第六（尾）。
8　7～8世紀。唐寫本。
9.1　楷書。
9.2　有刮改。
11　圖版：《敦煌寶藏》，94/414B～426B。

1.1　BD05482號
1.3　無量壽宗要經
1.4　菓082
1.5　275:7930
2.1　(110.5＋27)×31厘米；4紙；98行，行30餘字。
2.2　01：43.0，30；　02：43.0，31；　03：24.5＋18.5，31；
04：08.5，06。
2.3　卷軸裝。首全尾殘。通卷上下邊有破裂殘損，卷尾左上殘缺。有烏絲欄。
3.1　首全→大正936，19/82A3。
3.2　尾全→19/84A11～27。
4.1　大乘無量壽經（首）。
8　8～9世紀。吐蕃統治時期寫本。
9.1　行楷。
11　圖版：《敦煌寶藏》，108/320B～322A。

1.1　BD05483號
1.3　佛名經（十六卷本）卷一○
1.4　菓083
1.5　063:0703
2.1　(7＋999.4)×26.3厘米；21紙；573行，行17字。
2.2　01：7＋16，13；　02：49.0，28；　03：49.5，28；
04：49.3，28；　05：49.3，28；　06：49.5，28；
07：49.5，28；　08：49.5，28；　09：49.5，28；
10：49.5，28；　11：49.5，28；　12：49.3，28；
13：49.5，28；　14：49.3，28；　15：49.5，28；
16：49.5，28；　17：49.5，28；　18：49.6，28；
19：49.8，28；　20：49.5，28；　21：43.8＋5.5，28。
2.3　卷軸裝。首殘尾脱。經黄紙。卷首下部殘缺嚴重，第2、3紙上下部殘缺，第4～6紙下部殘缺，卷尾左下殘缺。有烏絲欄。已修整。
3.1　首殘→《七寺古逸經典研究叢書》，3/485頁第45～48行。
3.2　尾3行下殘→《七寺古逸經典研究叢書》，3/535頁第692～694行。
8　7～8世紀。唐寫本。
9.1　楷書。
9.2　有刮改。有行間校加字。
11　圖版：《敦煌寶藏》，61/402A～416A。

1.1　BD05484號
1.3　妙法蓮華經卷二
1.4　菓084
1.5　105:4928
2.1　81×24.9厘米；2紙；56行，行16字（偈）。
2.2　01：48.6，28；　02：32.4＋16，28。
2.3　卷軸裝。首尾均脱。尾紙後部殘裂。有烏絲欄。
3.1　首殘→大正262，9/14A18。
3.2　尾9行中殘→9/14C22～15A5。
8　7～8世紀。唐寫本。
9.1　楷書。
11　圖版：《敦煌寶藏》，87/249A～250A。

1.1　BD05485號
1.3　大般若波羅蜜多經卷四二五
1.4　菓085
1.5　084:3104
2.1　(6.1＋721.5)×26厘米；16紙；438行，行17字。
2.2　01：6.1＋28.2，21；　02：46.2，28；　03：46.5，28；
04：46.4，28；　05：46.4，28；　06：46.5，28；
07：46.2，28；　08：46.5，28；　09：46.2，28；
10：46.3，28；　11：46.3，28；　12：46.3，28；
13：46.2，28；　14：46.3，28；　15：46.0，28；
16：45.0，25。
2.3　卷軸裝。首殘尾全。卷上部有等距離黴爛殘缺或殘洞，第14紙前部裂開爲2截，接縫處有開裂，尾紙有破裂。背面有古代裱補。有烏絲欄。已修整。
3.1　首4行上下殘→大正220，7/134A2～5。
3.2　尾全→7/139A9。
4.2　大般若波羅蜜多經卷第四百廿五（尾）。
8　8世紀。唐寫本。
9.1　楷書。有武周新字“正”，使用周遍。
11　圖版：《敦煌寶藏》，76/389A～398A。

1.1　BD05486號
1.3　大般若波羅蜜多經卷九
1.4　菓086
1.5　084:2032

2.1 (11.5+64.3)×25 厘米；2 紙；32 行，行 17 字。
2.2 01：11.5+17.3，15；　02：47.0，17。
2.3 卷軸裝。首殘尾全。卷面有殘洞破裂。有烏絲欄。已修整。
3.1 首 5 行上中殘→大正 220，5/50B10～14。
3.2 尾全→5/50C13。
4.2 大般若波羅蜜經卷第九（尾）。
8 8～9 世紀。吐蕃統治時期寫本。
9.1 楷書。
11 圖版：《敦煌寶藏》，71/420B～421A。

1.1 BD05487 號
1.3 妙法蓮華經卷七
1.4 菓 087
1.5 105:5888
2.1 (13+316.7+5)×25 厘米；8 紙；204 行，行 17 字。
2.2 01：13.0，08；　02：45.7，28；　03：46.2，28；
04：45.8，28；　05：46.0，28；　06：46.0，28；
07：46.0，28；　08：41+5，28。
2.3 卷軸裝。首殘尾脱。經黄打紙。卷尾左上殘缺。有烏絲欄。
3.1 首 8 行下殘→大正 262，9/55B5～13。
3.2 尾殘→9/57C14。
8 7～8 世紀。唐寫本。
9.1 楷書。
11 圖版：《敦煌寶藏》，95/630A～634B。

1.1 BD05488 號
1.3 龍樹菩薩禮阿彌陀佛文
1.4 菓 088
1.5 380:8503
2.1 (10.5+58)×29.2 厘米；2 紙；34 行，行 26～27 字。
2.2 01：10.5+33，22；　02：25.0，12。
2.3 卷軸裝。首殘尾全。卷面殘破嚴重。有折疊欄。已修整。
3.1 首 5 行中殘→大正 1980，47/0442B09。
3.2 尾全→47/0443A27。
3.4 説明：
本文獻雖然收入歷代大藏經，但與其他文獻收在一起，並非獨立存在。敦煌本與大藏本文字略有參差。
4.2 禮阿彌陀佛文（尾）。
8 7～8 世紀。唐寫本。
9.1 楷書。
9.2 有行間校加字。
11 圖版：《敦煌寶藏》，110/470B～471A。

1.1 BD05489 號
1.3 大般若波羅蜜多經卷四五〇
1.4 菓 089
1.5 084:3148
2.1 (54.7+2.3)×25.3 厘米；2 紙；35 行，行 17 字。
2.2 01：45.0，28；　02：9.7+2.3，07。
2.3 卷軸裝。首脱尾殘。卷面多有破裂。有烏絲欄。
3.1 首殘→大正 220，7/271A2。
3.2 尾行上殘→7/271B7～8。
8 8～9 世紀。吐蕃統治時期寫本。
9.1 楷書。
11 圖版：《敦煌寶藏》，76/487A～B。

1.1 BD05490 號
1.3 善惡因果經
1.4 菓 090
1.5 453:8657
2.1 84×25.7 厘米；2 紙；50 行，行 17 字。
2.2 01：37.0，22；　02：47.0，28。
2.3 卷軸裝。首尾均斷。經黄紙。卷面有等距離殘洞，上邊下邊殘破。背面有古代裱補，補紙上補抄經文，補紙大部開裂。有烏絲欄。
3.1 首殘→大正 2881，85/1381A19。
3.2 尾殘→85/1381C8。
6.2 尾→BD05734 號。
8 7～8 世紀。唐寫本。
9.1 楷書。
11 圖版：《敦煌寶藏》，111/106B～107B。

1.1 BD05491 號
1.3 佛頂尊勝陀羅尼經（佛陀波利本）
1.4 菓 091
1.5 229:7365
2.1 75.4×27.3 厘米；2 紙；41 行，行 17 字。
2.2 01：49.4，28；　02：26.0，13。
2.3 卷軸裝。首脱尾全。下邊有殘缺。有烏絲欄。
3.1 首殘→大正 967，19/351C15。
3.2 尾全→19/352A26。
4.2 佛頂尊勝陀羅尼經（尾）。
8 9～10 世紀。歸義軍時期寫本。
9.1 楷書。
11 圖版：《敦煌寶藏》，105/607B～608B。

1.1 BD05492 號
1.3 大般若波羅蜜多經卷三三一
1.4 菓 092
1.5 084:2897
2.1 (1.4+776.8)×26.1 厘米；18 紙；475 行，行 17 字。
2.2 01：1.4+26.2，17；　02：45.0，28；　03：44.5，28；
04：44.2，28；　05：44.7，28；　06：45.0，28；
07：45.2，28；　08：45.1，28；　09：45.5，28；

10：45.7，28；　11：45.3，28；　12：45.5，28；
13：45.5，28；　14：45.6，28；　15：45.1，28；
16：45.3，28；　17：45.4，28；　18：28.0，10。
2.3　卷軸裝。首殘尾全。卷前部上邊下邊破損，有殘缺。第1紙脫落1塊殘片，文可綴接。尾有原軸，兩端塗硃漆。有烏絲欄。
3.1　首行上殘→大正220，6/694B14。
3.2　尾全→6/699C21。
4.2　大般若波羅蜜多經卷第三百卌一（尾）。
7.1　第1紙背面有勘記"三百三十一"（本文獻卷次）、"卌四"（本文獻所屬袟次）、"第一卷"（袟内卷次）。
8　8～9世紀。吐蕃統治時期寫本。
9.1　楷書。
9.2　有行間校加字。
11　圖版：《敦煌寶藏》，75/403A～413A。

1.1　BD05493號
1.3　金剛般若波羅蜜經
1.4　菓093
1.5　094:3786
2.1　(2.5+448.3)×28厘米；11紙；260行，行17字。
2.2　01：2.5+12，08；　02：47.0，28；　03：47.8，28；
04：47.5，28；　05：47.5，28；　06：47.5，28；
07：47.5，28；　08：47.5，28；　09：47.5，28；
10：47.0，27；　11：09.5，01。
2.3　卷軸裝。首殘尾全。卷面多黴爛，接縫處有開裂。卷背多鳥糞。背有古代裱補。有烏絲欄。
3.1　首1行下殘→大正235，8/749B12～13。
3.2　尾全→8/752C3。
4.2　金剛般若波羅蜜經（尾）。
5　與《大正藏》本相比，本卷經文無冥司偈，參見《大正藏》，8/751C16～19。
8　7～8世紀。唐寫本。
9.1　楷書。
11　圖版：《敦煌寶藏》，80/336B～342A。

1.1　BD05494號
1.3　四分律比丘戒本
1.4　菓094
1.5　156:6869
2.1　(483+3)×26.8厘米；13紙；289行，行21字。
2.2　01：41.0，22；　02：41.0，24；　03：38.0，23；
04：43.0，26；　05：42.0，25；　06：41.5，24；
07：15.5，09；　08：14.0，08；　09：48.5，28；
10：48.0，30；　11：42.0，24；　12：40.5，23；
13：28+3，23。
2.3　卷軸裝。首脫尾殘。卷面多黴點及破裂，接縫處有開裂，第11紙上部有大殘洞。
3.1　首殘→大正1429，22/1018A1。
3.2　尾7行上殘→22/1021C27～1022A7。
7.3　第1、3、4、5、6、7、8紙背面共有8處《四分戒本》經文雜寫。有僧人名"惠清"。
8　9～10世紀。歸義軍時期寫本。
9.1　楷書。
9.2　有刮改。有行間加行、行間校加字。有硃筆校改。
11　圖版：《敦煌寶藏》，102/331B～341B。

1.1　BD05495號
1.3　妙法蓮華經卷六
1.4　菓095
1.5　105:5682
2.1　886.4×24.5厘米；20紙；533行，行17字。
2.2　01：30.5，19；　02：45.2，28；　03：47.2，28；
04：47.3，28；　05：47.4，28；　06：47.3，28；
07：47.0，28；　08：47.2，28；　09：47.1，28；
10：45.2，28；　11：45.2，28；　12：45.3，28；
13：45.2，28；　14：45.2，28；　15：45.1，28；
16：45.2，28；　17：45.3，28；　18：45.2，28；
19：45.0，28；　20：28.3，10。
2.3　卷軸裝。首殘尾全。經黄紙。卷首有殘缺。背有古代裱補。有烏絲欄。
3.1　首3行中殘→大正262，9/47B7～12。
3.2　尾全→9/55A9。
4.2　妙法蓮華經卷第六（尾）。
8　7～8世紀。唐寫本。
9.1　楷書。
11　圖版：《敦煌寶藏》，94/239A～252A。

1.1　BD05496號
1.3　妙法蓮華經卷二
1.4　菓096
1.5　105:4948
2.1　98.8×24.9厘米；2紙；56行，行17字。
2.2　01：50.1，28；　02：48.7，28。
2.3　卷軸裝。首尾均脫。經黄打紙。有烏絲欄。
3.1　首殘→大正262，9/16C3。
3.2　尾殘→9/17B6。
6.2　尾→BD05503號。
8　7～8世紀。唐寫本。
9.1　楷書。
11　圖版：《敦煌寶藏》，87/294A～295A。

1.1　BD05497號
1.3　金光明最勝王經卷三

1.4 菓 097
1.5 083:1620
2.1 (7.5 +399.6)×25.5 厘米；10 紙；250 行，行 17 字。
2.2 01：7.5 +19.4，17； 02：46.0，28； 03：46.0，28；
04：45.5，28； 05：45.5，28； 06：45.5，28；
07：45.7，28； 08：45.8，28； 09：45.2，28；
10：15.0，09。
2.3 卷軸裝。首殘尾斷。卷上部多水漬黴斑，卷尾紙破碎嚴重。有烏絲欄。已修整。
3.1 首 5 行下殘→大正 665，16/414B22 ~28。
3.2 尾行殘→16/417B26。
7.3 卷首背有雜寫“大能（?）進子”。
8 8 ~9 世紀。吐蕃統治時期寫本。
9.1 楷書。
9.2 有行間校加字。
11 圖版：《敦煌寶藏》，69/1A ~6A。

1.1 BD05498 號
1.3 金剛般若波羅蜜經
1.4 菓 098
1.5 094:4398
2.1 62.1 ×25.9 厘米；2 紙；28 行，行 17 字。
2.2 01：50.4，27； 02：11.7，01。
2.3 卷軸裝。首脱尾全。經黄打紙。有燕尾。卷背有鳥糞。有烏絲欄。
3.1 首殘→大正 235，8/752B3。
3.2 尾全→8/752C3。
4.2 金剛般若波羅蜜經（尾）。
8 7 ~8 世紀。唐寫本。
9.1 楷書。
11 圖版：《敦煌寶藏》，83/102A ~B。

1.1 BD05499 號
1.3 妙法蓮華經卷六
1.4 菓 099
1.5 105:5748
2.1 196.4 ×25.5 厘米；4 紙；112 行，行 17 字。
2.2 01：49.2，28； 02：49.0，28； 03：49.0，28；
04：49.2，28。
2.3 卷軸裝。首尾均脱。經黄打紙。有烏絲欄。
3.1 首殘→大正 262，9/49A18。
3.2 尾殘→9/50C27。
8 7 ~8 世紀。唐寫本。
9.1 楷書。
11 圖版：《敦煌寶藏》，94/607A ~609B。

1.1 BD05500 號
1.3 瑜伽師地論卷一一
1.4 菓 100
1.5 428:8612
2.1 95.2 ×26.3 厘米；2 紙；56 行，行 17 字。
2.2 01：47.7，28； 02：47.5，28。
2.3 卷軸裝。首尾均脱。第 1 紙有殘洞，卷下部有水漬。有烏絲欄。
3.1 首殘→大正 1579，30/329A2。
3.2 尾殘→30/329C3。
5 與《大正藏》本對照，末行經文不同，有缺文，參見 30/329C2“等” ~329C3“屬”。乃涉“屬”字相同而漏行。
8 9 ~10 世紀。歸義軍時期寫本。
9.1 楷書。
11 圖版：《敦煌寶藏》，111/13A ~14A。

1.1 BD05501 號
1.3 兑廢雜寫稿（擬）
1.4 珍 001
1.5 218:7304
2.1 47 ×27.5 厘米；1 紙；28 行，行 17 字。
2.3 卷軸裝。首尾均脱。有烏絲欄。
3.4 說明：

本遺書原為經文錯抄兑廢稿，用來雜抄經文。現抄有兩個文獻：

（一）第 1 ~15 行：《大般若波羅蜜多經》卷第四百十一，經文内容參見大正 220，7/59C27 ~60A12。

（二）第 16 ~28 行：《大智度論》卷第四百三十五，經文内容參見大正 1509，25/435C21 ~436A8、A10。與《大正藏》本分品不同。

7.3 卷尾上方有雜寫“波羅”。卷尾下部有倒寫“一四維”。第 11 行有品名雜寫“大智度第二十五品釋論”。第 2 個文獻首題有雜寫衍文“大智度第廿五品釋論五十三”。背面有雜寫“爾，爾時，大智度第廿品”。
8 9 ~10 世紀。歸義軍時期寫本。
9.1 楷書。
11 圖版：《敦煌寶藏》，105/416B ~417B。

1.1 BD05502 號
1.3 金剛般若波羅蜜經
1.4 珍 002
1.5 094:3944
2.1 (3.5 +41) ×25 厘米；1 紙；28 行，行 17 字。
2.3 卷軸裝。首殘尾脱。經黄紙。卷面有水漬，有一小殘洞。有烏絲欄。
3.1 首 2 行上中殘→大正 235，8/749C21 ~22。
3.2 尾殘→8/750A20。
8 7 ~8 世紀。唐寫本。

9.1　楷書。
11　圖版：《敦煌寶藏》，81/283B。

1.1　BD05503 號
1.3　妙法蓮華經卷二
1.4　珍 003
1.5　105:4961
2.1　97.4×24.8 厘米；2 紙；56 行，行 17 字。
2.2　01：48.9，28；　02：48.5，28。
2.3　卷軸裝。首尾均脱。經黄打紙。有烏絲欄。
3.1　首殘→大正 262，9/17B6。
3.2　尾殘→9/18A13。
6.1　首→BD05496 號。
8　7～8 世紀。唐寫本。
9.1　楷書。
11　圖版：《敦煌寶藏》，87/334B～335B。

1.1　BD05504 號 1
1.3　梵網經盧舍那佛說菩薩心地戒品第十卷下
1.4　珍 004
1.5　143:6755
2.1　(44.5+304)×28.3 厘米；9 紙；202 行，行 20 字。
2.2　01：38.5，24；　02：6+40，28；　03：46.0，28；
04：46.0，28；　05：46.0，27；　06：46.0，27；
07：42.0，26；　08：32.5，14；　09：05.5，拖尾。
2.3　卷軸裝。首斷尾全。卷首右下殘缺，上邊有鳥糞；第 7 紙下部殘缺。有烏絲欄。已修整。
2.4　本遺書包括 2 個文獻：（一）《梵網經盧舍那佛說菩薩心地戒品第十》卷下，176 行，今編為 BD05504 號 1。（二）《七佛偈》，26 行，今編為 BD05504 號 2。
3.1　首 28 行中下殘→大正 1484，24/1007A27～4。
3.2　尾全→24/1009C18。
4.2　大乘菩薩戒經（尾）。
5　與《大正藏》相比，卷尾無偈頌。
8　8～9 世紀。吐蕃統治時期寫本。
9.1　楷書。
11　圖版：《敦煌寶藏》，101/489A～493B。

1.1　BD05504 號 2
1.3　七佛偈
1.4　珍 004
1.5　143:6755
2.4　本遺書由 2 個文獻組成，本號為第 2 個，26 行。餘參見 BD05504 號 1 之第 2 項、第 11 項。
3.1　首全→大正 1436，23/478B22。
3.2　尾全→23/479A4。
5　本文獻雖被收入歷代大藏經中，但不獨立存在。
8　8～9 世紀。吐蕃統治時期寫本。
9.1　楷書。

1.1　BD05505 號
1.3　大般涅槃經（北本）卷一〇
1.4　珍 005
1.5　115:6341
2.1　(752+3.3)×25.1 厘米；16 紙；427 行，行 17 字。
2.2　01：49.5，28；　02：49.2，28；　03：49.4，28；
04：49.2，28；　05：49.5，28；　06：49.3，28；
07：49.2，28；　08：49.4，28；　09：49.2，28；
10：49.1，28；　11：49.3，28；　12：49.4，28；
13：49.4，28；　14：49.4，28；　15：49.5，28；
16：12+3.3，07。
2.3　卷軸裝。首殘尾全。經黄打紙，砑光上蠟。有烏絲欄。
3.1　首殘→大正 374，12/423A3。
3.2　尾全→12/428B13。
4.2　大般涅槃經卷第十（尾）。
8　7～8 世紀。唐寫本。
9.1　楷書。
11　圖版：《敦煌寶藏》，98/281B～292A。

1.1　BD05506 號
1.3　金光明經卷二
1.4　珍 006
1.5　081:1386
2.1　110.1×26.9 厘米；4 紙；66 行，行 17 字。
2.2　01：07.3，04；　02：46.3，28；　03：46.5，28；
04：10.0，06。
2.3　卷軸裝。首尾均斷。有烏絲欄。
3.1　首殘→大正 663，16/341C11。
3.2　尾殘→16/342B21。
6.1　首→BD05525 號。
6.2　尾→BD05295 號。
8　8 世紀。唐寫本。
9.1　楷書。
11　圖版：《敦煌寶藏》，67/298A～299A。

1.1　BD05507 號
1.3　無量壽宗要經
1.4　珍 007
1.5　275:7835
2.1　(6+162.5)×31.5 厘米；4 紙；116 行，行 30 餘字。
2.2　01：6+36.5，29；　02：42.0，29；　03：42.0，29；
04：42.0，29。
2.3　卷軸裝。首尾均全。卷首殘缺嚴重。有烏絲欄。
3.1　首全→大正 936，19/82A3～10。

3.2　尾全→19/84C29。
4.1　□…□經（首）。
4.2　佛說無量壽經（尾）。
8　8～9 世紀。吐蕃統治時期寫本。
9.1　行楷。
11　圖版：《敦煌寶藏》，108/79B～81B。

1.1　BD05508 號
1.3　大佛頂如來密因修證了義諸菩薩萬行首楞嚴咒
1.4　珍 008
1.5　238:7438
2.1　151.1×27.9 厘米；3 紙；70 行，行字不等。
2.2　01：50.8，24；　02：50.3，23；　03：50.0，23。
2.3　卷軸裝。首脫尾全。各紙接縫處下開裂，尾紙尾部有殘洞、殘損。有刻劃欄。
3.1　首殘→大正 945，19/140B13。
3.2　尾全→19/141B13。
3.4　説明：
　　關於本咒，請參見《大佛頂如來密因修證了義諸菩薩萬行首楞嚴經》卷七。
8　9～10 世紀。歸義軍時期寫本。
9.1　楷書。
9.2　有刮改。
11　圖版：《敦煌寶藏》，106/256A～257B。

1.1　BD05509 號
1.3　大般若波羅蜜多經卷一〇九
1.4　珍 009
1.5　084:2290
2.1　(1.5+717.5)×25.7 厘米；16 紙；419 行，行 17 字。
2.2　01：1.5+18.5，12；　02：46.7，28；　03：46.8，28；
04：46.8，28；　05：47.0，28；　06：46.8，28；
07：46.8，28；　08：47.0，28；　09：47.0，28；
10：47.4，28；　11：47.5，28；　12：47.5，28；
13：47.3，28；　14：47.4，28；　15：47.0，28；
16：40.0，15。
2.3　卷軸裝。首殘尾全。首尾紙有破裂，接縫處有開裂。有燕尾。有烏絲欄。
3.1　首行上下殘→大正 220，5/599C26～27。
3.2　尾全→5/604C6。
4.2　大般若波羅蜜多經卷第一百九（尾）。
7.1　第 1 紙背面有勘記“十一”（本文獻所屬袟次）、硃筆“九”（袟内卷次）。第 16 紙尾有題記：“王瀚勘了”。
8　8～9 世紀。吐蕃統治時期寫本。
9.1　楷書。
11　圖版：《敦煌寶藏》，72/547A～556A。

1.1　BD05510 號
1.3　妙法蓮華經卷七
1.4　珍 010
1.5　105:5931
2.1　69.5×25.5 厘米；2 紙；43 行，行 17 字。
2.2　01：31.0，19；　02：38.5，24。
2.3　卷軸裝。首殘尾斷。經黄紙。卷面多油污，有殘洞，通卷下邊殘缺破損。卷背下部粘有長紙條，寬約 3.5 厘米。有烏絲欄。
3.1　首殘→大正 262，9/55C25。
3.2　尾殘→9/56B16。
8　8～9 世紀。吐蕃統治時期寫本。
9.1　楷書。
11　圖版：《敦煌寶藏》，96/59B～60A。

1.1　BD05511 號
1.3　金有陀羅尼經
1.4　珍 011
1.5　254:7562
2.1　135.4×26.9 厘米；3 紙；79 行，行 16～18 字。
2.2　01：45.0，27；　02：45.2，28；　03：45.2，24。
2.3　卷軸裝。首尾均全。有烏絲欄。
3.1　首全→大正 2910，85/1455C16。
3.2　尾全→85/1456C10。
4.1　金有陀羅尼經（首）。
4.2　金有陀羅尼經一卷（尾）。
7.1　卷首背面有藏文題名“Vweng－an（昂安）”。
8　8～9 世紀。吐蕃統治時期寫本。
9.1　楷書。
11　圖版：《敦煌寶藏》，107/4B～6A。

1.1　BD05512 號
1.3　維摩詰所說經卷上
1.4　珍 012
1.5　070:0890
2.1　(8+1042.5)×24.5 厘米；22 紙；正面 568 行，行 17 字；背面 7 行，行字不等。
2.2　01：08.0，05；　02：45.0，27；　03：50.0，28；
04：49.5，28；　05：51.0，28；　06：51.0，28；
07：51.0，28；　08：52.0，28；　09：51.5，28；
0：51.0，28；　11：51.5，28；　12：52.0，28；
13：51.5，28；　14：51.5，28；　15：51.5，28；
16：52.0，28；　17：51.5，28；　18：51.5，28；
19：51.0，28；　20：51.5，28；　21：51.5，28；
22：23.5，04。
2.3　卷軸裝。首殘尾全。通卷上下邊殘損。有燕尾。卷背有雜寫筆痕。背有古代裱補，三塊上有文字，分別著錄。此外尚有裱

補紙一塊，上面似有文字，筆跡極淡，難以辨認，未作著錄。拖尾褫補紙上穿繫有麻繩。已修整。
2.4　本遺書包括 3 個文獻：（一）《維摩詰所說經》卷上，568 行，抄寫在正面，今編為 BD05512 號。（二）《便麥歷》（擬），3 行，抄寫在背面一塊褫補紙上，今編為 BD05512 號背 1。（三）《僧法海殘文書》（擬），4 行，抄寫在背面二塊褫補紙上，今編為 BD05512 號背 2。
3.1　首 2 行中下殘→大正 475，14/537A27～29。
3.2　尾全→14/544A19。
4.2　維摩經卷上（尾）。
8　7～8 世紀。唐寫本。
9.1　楷書。
11　圖版：《敦煌寶藏》，63/533B～548A。

1.1　BD05512 號背 1
1.3　便麥歷（擬）
1.4　珍 012
1.5　070∶0890
2.4　本遺書由 3 個文獻組成，本號為第 2 個，3 行，抄寫在背面一塊褫補紙上。餘參見 BD05512 號之第 2 項、第 11 項。
3.3　錄文：
□…□兩碩在馬兔兒/
□…□至秋一碩肆斗/
□…□邊馬懷/
（錄文完）
7.3　有雜寫“白”等字。
8　9～10 世紀。歸義軍時期寫本。
9.1　楷書。

1.1　BD05512 號背 2
1.3　僧法海殘文書（擬）
1.4　珍 012
1.5　070∶0890
2.4　本遺書由 3 個文獻組成，本號為第 3 個，4 行，抄寫在背面二塊褫補紙上。餘參見 BD05512 號之第 2 項、第 11 項。
3.3　錄文：
本文獻由兩長條褫補紙組成 V 字形，硃筆，字體模糊，甚難辨認。謹依原件試錄文如下：
（一）
李家娘子□□□子又內□/
□…□/
（二）
□遍□一百□□□望二月□□□/
十七日前□□法海/
（錄文完）
8　9～10 世紀。歸義軍時期寫本。
9.1　楷書。

1.1　BD05513 號
1.3　大般涅槃經（北本　宮本）卷三五
1.4　珍 013
1.5　115∶6500
2.1　867.4×26 厘米；18 紙；469 行，行 17 字。
2.2　01：19.0，10；　02：49.4，28；　03：49.5，28；
04：49.5，28；　05：49.8，28；　06：49.8，28；
07：49.7，28；　08：50.0，28；　09：50.0，28；
10：60.0，28；　11：49.9，28；　12：50.0，28；
13：48.0，27；　14：48.7，28；　15：48.9，28；
16：48.8，28；　17：48.9，28；　18：47.5，12。
2.3　卷軸裝。首斷尾全。卷面多水漬，有火灼殘洞，第 2 紙下部破裂。有烏絲欄。
3.1　首殘→大正 374，12/568C8。
3.2　尾全→12/574B7。
4.2　大般涅槃經卷第三十五（尾）。
5　與《大正藏》本對照，分卷不同。經文相當於《大正藏》卷三十四迦葉菩薩品第十二之二至卷三十五迦葉菩薩品第十二之三。分卷與日本宮內寮本相同。
8　9～10 世紀。歸義軍時期寫本。
9.1　楷書。
11　圖版：《敦煌寶藏》，99/598A～609B。

1.1　BD05514 號
1.3　大般若波羅蜜多經卷二一八
1.4　珍 014
1.5　084∶2561
2.1　234.5×25 厘米；5 紙；137 行，行 17 字。
2.2　01：47.2，28；　02：47.0，28；　03：46.8，28；
04：47.0，28；　05：46.5，25。
2.3　卷軸裝。首脫尾全。通卷接縫處均有下開裂。有烏絲欄。
3.1　首殘→大正 220，6/94C28。
3.2　尾全→6/96B19。
4.2　大般若波羅蜜多經卷第二百一十八（尾）。
8　8～9 世紀。吐蕃統治時期寫本。
9.1　楷書。
11　圖版：《敦煌寶藏》，74/76B～79A。

1.1　BD05515 號
1.3　四分律比丘戒本
1.4　珍 015
1.5　156∶6855
2.1　（2.5＋740.5＋15）×28 厘米；19 紙；395 行，行 19 字。
2.2　01：2.5＋13，08；　02：44.0，24；　03：15.5，00；
04：44.0，24；　05：44.0，24；　06：44.5，24；
07：44.5，24；　08：44.5，24；　09：44.5，24；
10：44.5，24；　11：44.5，24；　12：42.5，23；

13：45.0，23；　14：45.0，24；　15：45.0，24；
16：45.0，24；　17：44.5，24；　18：44.5，24；
19：1.5+15，05。

2.3　卷軸裝。首尾均殘。首紙中部橫斷，脱落一塊殘片，可以綴接；第2、3紙多破裂，第3紙正面無字，背面有字；接縫處有開裂。尾端上部殘缺。背有古代褙補，上面有字，向裏粘貼，難以辨認。有烏絲欄。

3.1　首2行中殘→大正1429，22/1016C14~15。

3.2　尾3行上殘→22/1023A5~10。

7.1　尾端有題記："□…□年十月廿日比丘日定於大雲寺書。"題記中"年"字爲武周新字。

7.3　卷首上部有雜寫"諸"字三個，第4紙上端有硃筆"得衣"。第3紙紙背有經文雜寫8行。紙背另有雜寫字痕。

8　8~9世紀。吐蕃統治時期寫本。

9.1　楷書。

9.2　有硃、墨筆行間校加字。有行間加行。

11　圖版：《敦煌寶藏》，102/253B~263B。

1.1　BD05516號

1.3　四分比丘尼戒本

1.4　珍016

1.5　157:6936

2.1　(3.5+352)×27厘米；10紙；172行，行21字。

2.2　01：3.5+16.5，10；　02：40.0，21；　03：40.5，21；
04：40.5，21；　05：40.5，21；　06：40.5，21；
07：40.5，21；　08：40.5，21；　09：40.5，15；
10：12.0，拖尾。

2.3　卷軸裝。首殘尾脱。首紙上下方破裂，第3、10紙上方破裂，尾紙下邊破損。尾有餘空。有烏絲欄。

3.1　首1行上下殘→大正1431，22/1031B22。

3.2　尾殘→22/1034A29。

8　9~10世紀。歸義軍時期寫本。

9.1　楷書。

9.2　有刮改。

11　圖版：《敦煌寶藏》，102/612B~617A。

1.1　BD05517號

1.3　佛名經（十六卷本）卷一

1.4　珍017

1.5　061:0534

2.1　(6+841.1)×24.4厘米；20紙；538行，行17字。

2.2　01：6+17，15；　02：43.3，28；　03：43.3，28；
04：43.5，28；　05：43.5，28；　06：43.5，28；
07：43.5，28；　08：43.5，28；　09：43.5，28；
10：43.5，28；　11：43.5，28；　12：43.5，28；
13：43.5，28；　14：43.5，28；　15：43.5，28；
16：43.5，28；　17：43.5，28；　18：43.5，28；
19：43.0，28；　20：42.0，19。

2.3　卷軸裝。首殘尾全。卷首殘破嚴重，多水漬，尾紙有破裂。有烏絲欄。

3.1　首2行上殘→《七寺古逸經典研究叢書》，3/22頁第220行~23頁222行。

3.2　尾全→《七寺古逸經典研究叢書》，3/62頁第738行。

4.2　佛名經卷第一（尾）。

5　與《七寺古逸經典研究叢書》本對照，多"三部合卷，罪報應一經，此經有六十品，略此一品流行"等文字。

8　7~8世紀。唐寫本。

9.1　楷書。

9.2　有行間校加字。

11　圖版：《敦煌寶藏》，59/616B~628A。

1.1　BD05518號1

1.3　無量壽宗要經

1.4　珍018

1.5　275:8039

2.1　223.5×31厘米；5紙；146行，行30餘字。

2.2　01：45.0，26；　02：45.0，30；　03：45.0，31；
04：45.0，31；　05：43.5，28。

2.3　卷軸裝。首脱尾全。第1紙下邊有破裂殘缺，中間有破裂和殘洞。卷面污穢。卷尾上下有蟲繭。有烏絲欄。

2.4　本遺書包括2個文獻：（一）《無量壽宗要經》，26行，今編為BD05518號1。（二）《無量壽宗要經》，120行，今編為BD05518號2。

3.1　首全→大正936，19/84B7。

3.2　尾全→19/84C29。

4.2　佛說無量壽宗要經（尾）。

8　8~9世紀。吐蕃統治時期寫本。

9.1　行楷。

11　圖版：《敦煌寶藏》，108/581A~583B。

1.1　BD05518號2

1.3　無量壽宗要經

1.4　珍018

1.5　275:8039

2.4　本遺書由2個文獻組成，本號為第2個，120行。餘參見BD05518號1之第2項、第11項。

3.1　首全→大正936，19/82A3。

3.2　尾全→19/84C29。

4.1　大乘無量壽經（首）。

4.2　佛說無量壽宗要經（尾）。

7.1　第5紙末有題名："張涓子"。

8　8~9世紀。吐蕃統治時期寫本。

9.1　行楷。

9.2　有刮改，有校改。

1.1　BD05519 號
1.3　金光明最勝王經卷八
1.4　珍 019
1.5　083:1881
2.1　(7.6 +91.5) ×27.8 厘米；3 紙；60 行，行 17 字。
2.2　01：07.6，04；　02：46.0，28；　03：45.5，28。
2.3　卷軸裝。首殘尾脱。有烏絲欄。
3.1　首 4 行上殘→大正 665，16/439A11 ~14。
3.2　尾殘→16/439C12。
8　8 ~9 世紀。吐蕃統治時期寫本。
9.1　楷書。
11　圖版：《敦煌寶藏》，70/467B ~468B。

1.1　BD05520 號
1.3　無上秘要卷五二
1.4　珍 020
1.5　371:8452
2.1　497.9 ×24.9 厘米；9 紙；239 行，行 17 字。
2.2　01：50.8，28；　02：50.8，28；　03：50.6，28；
04：50.6，28；　05：50.7，28；　06：50.5，28；
07：50.3，28；　08：50.5，28；　09：43.1，15。
2.3　首缺尾全。已修整。通卷現代托裱，有織錦護首及骨別子，玉池用舊刻《大般若波羅蜜多經》揭裱紙，故隱約可見經文。
3.1　首殘→《中華道藏》，28/194C07。
3.2　尾全→《中華道藏》，28/198C12。
4.2　無上秘要卷第五十二（尾）。
5　與《中華道藏》本相比，缺卷首壇圖，行文亦有差異。
7.1　尾有題記："開元六年二月八日，沙州敦煌縣神泉觀道士/馬處幽並姪道士馬抱一，奉爲七代先亡/及所生父母、法界蒼生，敬寫此經供養。/"
8　718 年。唐寫本。
9.1　楷書。
10　卷首有浮簽："無上祕要，/唐開元六年（七一八）寫本。/"
第 1 紙下端有方形陽文硃印"國立北平圖書館收藏"，1.9 ×1.9 厘米。
卷尾有絹裱隔界及拖尾，拖尾有軸，拖尾下端有長方形陽文硃印"故宮博物院修整組修復"，1.4 ×4.3 厘米。
11　圖版：《敦煌寶藏》，110/353A ~358B。

1.1　BD05521 號
1.3　金光明最勝王經卷二
1.4　珍 021
1.5　083:1525
2.1　(17 +332.8) ×25.2 厘米；8 紙；211 行，行 17 字。
2.2　01：17 +7.5，15；　02：46.5，28；　03：46.7，28；
04：46.5，28；　05：46.6，28；　06：46.5，28；
07：46.5，28；　08：46.0，28。
2.3　卷軸裝。首殘尾脱。卷中多處破損，卷首破碎尤重。有烏絲欄。已修整。
3.1　首 10 行中殘→大正 665，16/409C21 ~410A2。
3.2　尾殘→16/412C19。
8　8 ~9 世紀。吐蕃統治時期寫本。
9.1　楷書。
11　圖版：《敦煌寶藏》，68/313A ~317B。

1.1　BD05522 號
1.3　四分律二分卷七
1.4　珍 022
1.5　155:6802
2.1　1039.5 ×26.5 厘米；26 紙；649 行，行 17 字。
2.2　01：39.0，24；　02：40.0，25；　03：40.0，25；
04：40.0，25；　05：40.0，25；　06：40.0，25；
07：40.0，25；　08：40.0，25；　09：40.0，25；
10：40.0，25；　11：40.0，25；　12：40.0，25；
13：40.0，25；　14：40.0，25；　15：40.0，25；
16：40.0，25；　17：40.0，25；　18：40.0，25；
19：40.0，25；　20：40.0，25；　21：40.0，25；
22：40.0，25；　23：40.5，25；　24：40.5，25；
25：40.0，25；　26：39.5，25。
2.3　卷軸裝。首全尾脱。首紙下方殘破。有烏絲欄。有劃界欄針孔。
3.1　首全→大正 1428，22/768C9。
3.2　尾全→22/776C15。
4.1　尼律藏第二分卷第七（首）。
5　與《大正藏》本對照，分卷不同。經文相當於《大正藏》四分律卷第二十九，一百七十八單提法之六至卷第三十，一百七十八單提法之七。
6.2　尾→BD05553 號。
8　5 ~6 世紀。南北朝寫本。
9.1　楷書。
9.2　有刮改、倒乙。有行間校加字。
11　圖版：《敦煌寶藏》，102/7A ~20A。

1.1　BD05523 號
1.3　金光明最勝王經卷三
1.4　珍 023
1.5　083:1592
2.1　(16 +… +15) ×26.3 厘米；13 紙；332 行，行 17 字。
2.2　01：16 +22.2，24；　02：44.0，28；　03：44.5，28；
04：44.4，28；　05：44.5，28；　06：44.2，28；
07：44.4，28；　08：44.4，28；　09：44.4，28；
10：44.2，28；　11：44.2，28；　12：44.2，27；
13：15.0，01。

2.3　卷軸裝。首殘尾全。卷面有油污。背有古代裱補。有烏絲欄。已修整。
3.1　首10行上下殘→大正665，16/413C14～25。
3.2　尾全→16/417C16。
4.2　金光明經卷第三（尾）。
5　尾附音義。
8　8世紀。唐寫本。
9.1　楷書。
9.2　有倒乙。
11　圖版：《敦煌寶藏》，68/492B～499A。
從該件上揭下古代裱補紙1塊，今編爲BD16068號。

1.1　BD05524號
1.3　妙法蓮華經卷六
1.4　珍024
1.5　105:5807
2.1　103×26厘米；2紙；56行，行17字。
2.2　01：51.5，28；　02：51.5，28。
2.3　卷軸裝。首尾均脱。經黄紙。首紙下部有殘洞，接縫處脱開。有烏絲欄。
3.1　首殘→大正262，9/51C4。
3.2　尾殘→9/52B7。
8　7～8世紀。唐寫本。
9.1　楷書。
11　圖版：《敦煌寶藏》，95/212A～213A。

1.1　BD05525號
1.3　金光明經卷二
1.4　珍025
1.5　081:1382
2.1　(13+96.3)×26.5厘米；3紙；67行，行17字。
2.2　01：13+11.3，15；　02：46.0，28；　03：39.0，24。
2.3　卷軸裝。首殘尾斷。卷面多污漬。有烏絲欄。
3.1　首8行中下殘→大正663，16/340C27～341A6。
3.2　尾斷→16/341C11。
6.2　尾→BD05506號。
8　8世紀。唐寫本。
9.1　楷書。
11　圖版：《敦煌寶藏》，67/293A～294A。

1.1　BD05526號
1.3　妙法蓮華經卷七
1.4　珍026
1.5　105:5922
2.1　(43.5+1)×26厘米；1紙；30行，行17字。
2.3　卷軸裝。首脱尾斷。經黄打紙，砑光上蠟。卷面多有破裂。背有古代裱補。有烏絲欄。
3.1　首殘→大正262，9/55B22。
3.2　尾行殘→9/55C23～24。
8　7～8世紀。唐寫本。
9.1　楷書。
11　圖版：《敦煌寶藏》，96/47A～B。

1.1　BD05527號
1.3　妙法蓮華經卷二
1.4　珍027
1.5　105:4837
2.1　(3.4+491.2)×25.2厘米；12紙；319行，行18～20字。
2.2　01：3.4+32.4，23；　02：41.6，27；　03：41.8，27；
04：41.7，27；　05：41.7，27；　06：41.7，27；
07：42.2，27；　08：41.7，27；　09：41.7，27；
10：41.6，27；　11：41.7，27；　12：41.4，26。
2.3　卷軸裝。首尾均殘。首紙前部有破裂、殘洞。有烏絲欄。
3.1　首2行上中殘→大正262，9/11A18～20。
3.2　尾殘→9/15C18。
8　7～8世紀。唐寫本。
9.1　楷書。
11　圖版：《敦煌寶藏》，87/52A～58B。

1.1　BD05528號
1.3　大寶積經（兑廢稿）卷六二
1.4　珍028
1.5　377:8487
2.1　48×26厘米；1紙；28行，行17字。
2.3　卷軸裝。首尾均脱。有烏絲欄。
3.1　首殘→大正310，11/361A26。
3.2　尾殘→11/361B25。
7.1　後部上邊有一“兑”字。
8　9～10世紀。歸義軍時期寫本。
9.1　楷書。
9.2　有行間加行。
11　圖版：《敦煌寶藏》，110/447B～448A。

1.1　BD05529號
1.3　無量壽宗要經
1.4　珍029
1.5　275:7836
2.1　202×31厘米；5紙；137行，行30餘字。
2.2　01：43.0，28；　02：43.0，31；　03：43.5，30；
04：43.0，30；　05：29.5，18。
2.3　卷軸裝。首尾均全。接縫處有開裂，尾紙上下邊有殘缺。有烏絲欄。
3.1　首全→大正936，19/82A3。
3.2　尾全→19/84C29。

4.1 大乘無量壽經（首）。
4.2 佛說無量壽宗要經（尾）。
8 8～9世紀。吐蕃統治時期寫本。
9.1 楷書。
9.2 有刮改。
11 圖版：《敦煌寶藏》，108/82A～84B。

1.1 BD05530號1
1.3 阿彌陀經
1.4 珍030
1.5 014:0177
2.1 （8+119）×25.5厘米；3紙；70行，行17字。
2.2 01：8+40.5，28； 02：48.5，28； 03：30.0，14。
2.3 卷軸裝。首脱尾全。經黄紙。卷首右下殘缺，卷面有水漬，接縫處有開裂。有燕尾。有烏絲欄。已修整。
2.4 本遺書包括2個文獻：（一）《阿彌陀經》，60行，今編為BD05530號1。（二）《阿彌陀佛說咒》，10行，今編為BD05530號2。
3.1 首3行下殘→大正366，12/347B10～13。
3.2 尾全→12/348A28。
5 與《大正藏》對照，尾缺“作禮而去”四字。
8 7～8世紀。唐寫本。
9.1 楷書。
11 圖版：《敦煌寶藏》，57/61B～63A。

1.1 BD05530號2
1.3 阿彌陀佛說咒
1.4 珍030
1.5 014:0177
2.4 本遺書由2個文獻組成，本號為第2個，10行。餘參見BD05530號1之第2項、第11項。
3.1 首全→大正369，12/352A23。
3.2 尾全→12/352B3。
4.1 阿彌陀佛說咒曰（首）。
5 與《大正藏》本對照，尾附說明一句，“咒中諸口謗字皆依本音轉舌言之，無口者依字讀。”
8 7～8世紀。唐寫本。
9.1 楷書。

1.1 BD05531號
1.3 妙法蓮華經卷二
1.4 珍031
1.5 105:4789
2.1 348.4×25.2厘米；9紙；223行，行17～21字。
2.2 01：42.6，27； 02：42.1，27； 03：41.9，27；
04：41.6，27； 05：41.8，27； 06：41.8，27；
07：41.8，27； 08：41.7，27； 09：13.1，07。
2.3 卷軸裝。首脱尾全。尾有原軸，兩端塗棕色漆。有烏絲欄。
3.1 首殘→大正262，9/15C19。
3.2 尾全→9/19A12。
4.2 妙法蓮華經卷第二（尾）。
8 7～8世紀。唐寫本。
9.1 楷書。
9.2 有倒乙。有行間校加字。
11 圖版：《敦煌寶藏》，86/586A～590B。

1.1 BD05532號
1.3 四分僧戒本
1.4 珍032
1.5 156:6861
2.1 （3+51）×26.2厘米；3紙；34行，行17字。
2.2 01：03.0，02； 02：44.0，28； 03：07.0，04。
2.3 卷軸裝。首尾均殘。首紙上部殘缺，第2、3紙有破裂，卷面油污。有烏絲欄。已修整。
3.1 首2行上殘→大正1430，22/1025A25～26。
3.2 尾殘→22/1025C3。
8 8～9世紀。吐蕃統治時期寫本。
9.1 楷書。
11 圖版：《敦煌寶藏》，102/307A～B。

1.1 BD05533號
1.3 四分比丘尼戒本
1.4 珍033
1.5 157:6893
2.1 （6+546.5+4）×26厘米；14紙；341行，行23字。
2.2 01：6+29，21； 02：41.0，25； 03：41.0，25；
04：41.0，25； 05：41.0，25； 06：41.0，25；
07：41.0，25； 08：41.0，26； 09：41.0，26；
10：41.0，25； 1：40.5，24； 12：41.0，25；
13：41.0，26； 14：26+4，18。
2.3 卷軸裝。首尾均殘。卷下方多破裂，第13紙下部有殘洞。有烏絲欄。已修整。
3.1 首3行中下殘→大正1431，22/1031B23～25。
3.2 尾2行中下殘→22/1037B24。
8 9～10世紀。歸義軍時期寫本。
9.1 楷書。
9.2 有行間校加字、行間加行。有刪除號。
11 圖版：《敦煌寶藏》，102/389A～396A。

1.1 BD05534號
1.3 大乘入楞伽經卷一
1.4 珍034
1.5 038:0344
2.1 （3.5+776.3）×25.5厘米；17紙；456行，行17字。

2.2 01：3.5+35，23； 02：47.2，28； 03：47.2，28；
04：47.2，28； 05：47.3，28； 06：47.3，28；
07：47.3，28； 08：47.1，28； 09：47.2，28；
10：47.0，28； 11：47.0，28； 12：47.0，28；
13：47.1，28； 14：47.0，28； 15：47.1，28；
16：47.0，28； 17：34.3，13。
2.3 卷軸裝。首殘尾全。卷上部有水漬。有烏絲欄。已修整。
3.1 首2行殘→大正672，16/587B18～19。
3.2 尾全→16/594A29。
4.2 大乘入楞伽經卷第一下（尾）。
8 8世紀。唐寫本。
9.1 楷書。
9.2 有硃筆行間校加字。
11 圖版：《敦煌寶藏》，58/203B～214A。
從該號上揭下古代裱補紙1塊，今編爲BD16013號。

1.1 BD05535號
1.3 大般若波羅蜜多經卷九
1.4 珍035
1.5 084:2029
2.1 （2+380.3+6）×25.7厘米；9紙；230行，行17字。
2.2 01：2+45.2，28； 02：47.2，28； 03：47.2，28；
04：47.4，28； 05：47.4，28； 06：47.8，28；
07：47.4，28； 08：47.2，28； 09：3.5+6，06。
2.3 卷軸裝。首尾均殘。卷面多水漬及殘洞，接縫處有開裂，自第1紙21行處裂爲兩截。有烏絲欄。已修整。
3.1 首行上下殘→大正220，5/45B16。
3.2 尾4行上殘→5/48A10～14。
8 9～10世紀。歸義軍時期寫本。
9.1 楷書。
11 圖版：《敦煌寶藏》，71/406A～411A。

1.1 BD05536號
1.3 持心梵天所問經卷一
1.4 珍036
1.5 388:8517
2.1 47×27厘米；1紙；28行，行17字。
2.3 卷軸裝。首尾均脫。卷面有破裂及殘洞。有烏絲欄。
3.1 首殘→大正585，15/7C23。
3.2 尾殘→15/8A22。
8 7～8世紀。唐寫本。
9.1 楷書。
9.2 有行間校加字。
11 圖版：《敦煌寶藏》，110/496B～497A。

1.1 BD05537號
1.3 大般若波羅蜜多經卷三三八
1.4 珍037
1.5 084:2913
2.1 180.6×26.1厘米；4紙；96行，行17字。
2.2 01：47.9，28； 02：47.8，28； 03：47.9，28；
04：37.0，12。
2.3 卷軸裝。首脫尾全。首紙下邊殘缺。尾有原軸，兩端塗硃漆，軸頭殘損。有烏絲欄。
3.1 首殘→大正220，6/736B17。
3.2 尾全→6/737B26。
4.2 大般若波羅蜜多經卷第三百卅八（尾）。
6.1 首→BD05350號。
8 8～9世紀。吐蕃統治時期寫本。
9.1 楷書。
9.2 有刮改。
11 圖版：《敦煌寶藏》，75/447B～449B。

1.1 BD05538號
1.3 妙法蓮華經卷三
1.4 珍038
1.5 105:5028
2.1 （7.5+848.5+38.7）×26.2厘米；24紙；494行，行17字。
2.2 01：03.9，02； 02：3.6+35.3，22； 03：39.8，22；
04：39.7，22； 05：39.8，22； 06：40.1，22；
07：39.8，22； 08：39.9，22； 09：39.9，22；
10：39.7，22； 11：39.8，22； 12：39.8，22；
13：39.9，22； 14：39.9，22； 15：39.8，22；
16：39.9，22； 17：39.8，22； 18：40.0，22；
19：39.6，22； 20：40.0，22； 21：40.0，22；
22：39.8，22； 23：16.2+12.9，22； 24：22.5，08。
2.3 卷軸裝。首殘尾全。卷面水漬變色，首尾殘碎嚴重，第16紙後上下邊殘破。有烏絲欄。已修整。
3.1 首4行中殘→大正262，9/20A1～6。
3.2 尾15行上殘→9/27A11～B9。
4.2 □…□華經卷第三（尾）。
8 7～8世紀。唐寫本。
9.1 楷書。
11 圖版：《敦煌寶藏》，88/277A～290A。

1.1 BD05539號
1.3 維摩詰所說經卷中
1.4 珍039
1.5 070:1190
2.1 94×26.5厘米；3紙；53行，行17字。
2.2 01：12.5，07； 02：50.0，28； 03：31.5，18。
2.3 卷軸裝。首尾均斷。有烏絲欄。
3.1 首殘→大正475，14/547B28。

3.2 尾殘→14/548A28。
6.1 首→BD05307 號。
6.2 尾→BD05562 號。
8 8～9 世紀。吐蕃統治時期寫本。
9.1 楷書。
9.2 有硃筆斷句。
11 圖版:《敦煌寶藏》，65/626B～627B。

1.1 BD05540 號
1.3 金剛般若波羅蜜經
1.4 珍 040
1.5 094:3779
2.1 (12.5+337.1+7.5)×28 厘米；8 紙；205 行，行 17 字。
2.2 01：12.5+11，14； 02：49.0，28； 03：48.8，28；
04：48.8，28； 05：47.5，28； 06：48.0，28；
07：48.5，28； 08：35.5+7.5，23。
2.3 卷軸裝。首尾均殘。卷面多油污，殘破嚴重，下部殘缺。有烏絲欄。已修整。
3.1 首 8 行下殘→大正 235，8/749B4～13。
3.2 尾 3 行上殘→8/751C26～752A1。
5 與《大正藏》本相比，本卷經文無冥司偈，參見《大正藏》，8/751C16～19。
8 9～10 世紀。歸義軍時期寫本。
9.1 楷書。
11 圖版:《敦煌寶藏》，80/300B～305A。

1.1 BD05541 號
1.3 妙法蓮華經卷七
1.4 珍 041
1.5 105:5882
2.1 (19+702.8)×25.5 厘米；16 紙；421 行，行 17 字。
2.2 01：19+28.5，28； 02：47.5，28； 03：47.5，28；
04：47.5，28； 05：47.5，28； 06：47.5，28；
07：47.3，28； 08：47.5，28； 09：43.0，25；
10：43.0，25； 11：43.0，25； 12：43.0，25；
13：42.5，25； 14：42.5，25； 15：42.5，25；
16：42.5，22。
2.3 卷軸裝。首殘尾全。前半卷與後半卷紙張不同，前半卷為經黄打紙，研光上蠟。有烏絲欄。
3.1 首 11 行上殘→大正 262，9/56B19～29。
3.2 尾全→9/62B1。
4.2 妙法蓮華經卷第七（尾)。
7.3 下邊有雜寫 3 個字。
8 7～8 世紀。唐寫本。
9.1 楷書。
11 圖版:《敦煌寶藏》，95/591A～600B。

1.1 BD05542 號
1.3 維摩詰所說經卷中
1.4 珍 042
1.5 070:1156
2.1 (59.5+3)×26.5 厘米；2 紙；34 行，行 17 字。
2.2 01：36.5，20； 02：23+3，14。
2.3 卷軸裝。首尾均殘。接縫處下部開裂。有烏絲欄。
3.1 首殘→大正 475，14/546A9。
3.2 尾行上殘→14/546B17～18。
6.1 首→BD05555 號。
6.2 尾→BD05651 號。
8 8～9 世紀。吐蕃統治時期寫本。
9.1 楷書。
9.2 有硃筆斷句。
11 圖版:《敦煌寶藏》，65/492A～492B。

1.1 BD05543 號
1.3 妙法蓮華經卷一
1.4 珍 043
1.5 105:4527
2.1 (1+777)×25.2 厘米；18 紙；468 行，行 17～18 字。
2.2 01：1+20.2，13； 02：45.9，28； 03：45.9，28；
04：45.8，28； 05：46.1，28； 06：46.1，28；
07：46.1，28； 08：45.9，28； 09：46.0，28；
10：46.0，28； 11：46.0，28； 12：46.0，28；
13：46.0，28； 14：46.1，28； 15：46.0，28；
16：46.0，28； 17：46.1，28； 18：20.8，07。
2.3 卷軸裝。首殘尾全。卷面有水漬，多處破裂，卷尾有 2 排等距離蟲蛀小洞。有烏絲欄。
3.1 首行殘→大正 262，9/2B6。
3.2 尾全→9/10B21。
4.2 妙法蓮華經卷第一（尾)。
8 7～8 世紀。唐寫本。
9.1 楷書。
11 圖版:《敦煌寶藏》，84/104A～115B。

1.1 D05544 號
1.3 妙法蓮華經卷五
1.4 珍 044
1.5 105:5643
2.1 (49.8+1.5)×26.5 厘米；2 紙；30 行，行 17 字。
2.2 01：47.8，28； 02：2+1.5，02。
2.3 卷軸裝。首脱尾殘。有烏絲欄。
3.1 首殘→大正 262，9/44B6。
3.2 尾行上下殘→9/44C26。
8 8～9 世紀。吐蕃統治時期寫本。
9.1 楷書。

11　圖版：《敦煌寶藏》，93/485A～B。

1.1　BD05545 號 1
1.3　維摩詰所說經卷中
1.4　珍 045
1.5　070:1203
2.1　351.5×26 厘米；8 紙；265 行，行 29～31 字。
2.2　01：29.5，23；　02：46.0，36；　03：46.0，36；
04：46.0，36；　05：46.0，36；　06：46.0，36；
07：46.0，36；　08：46.0，26。
2.3　卷軸裝。首殘尾全。卷面多水漬，多有破裂，接縫處多有開裂，第 3 紙破裂處有麻繩穿連。有烏絲欄。
2.4　本遺書包括 2 個文獻：（一）《維摩詰所說經》卷中，38 行，今編為 BD05545 號 1。（二）《維摩詰所說經》卷下，227 行，今編為 BD05545 號 2。
3.1　首殘→大正 475，14/551A5。
3.2　尾全→14/551C27。
4.2　維摩詰經卷中（尾）。
8　7～8 世紀。唐寫本。
9.1　楷書。
9.2　有硃筆點去字。
11　圖版：《敦煌寶藏》，65/660B～665A。

1.1　BD05545 號 2
1.3　維摩詰所說經卷下
1.4　珍 045
1.5　070:1203
2.4　本遺書由 2 個文獻組成，本號為第 2 個，228 行。餘參見 BD05545 號 1 之第 2 項、第 11 項。
3.1　首全→大正 475，14/552A3。
3.2　尾全→14/557B26。
4.1　維摩詰經香積品第十，卷下（首）。
4.2　維摩詰經卷下（尾）。
8　7～8 世紀。唐寫本。
9.1　楷書。

1.1　BD05546 號
1.3　維摩詰所說經卷中
1.4　珍 046
1.5　070:1173
2.1　(5.5+452.5)×26 厘米；9 紙；247 行，行 17 字。
2.2　01：5.5+40，25；　02：51.0，28；　03：51.0，28；
04：51.0，28；　05：51.0，28；　06：51.0，28；
07：51.0，28；　08：51.5，28；　09：55.0，26。
2.3　卷軸裝。首殘尾全。卷面多水漬，上下邊多有破裂，接縫處有開裂。
3.1　首 3 行下殘→大正 475，14/548B12～14。
3.2　尾全→14/551C27。
4.2　維摩詰經卷中（尾）。
7.3　卷首背有牒狀雜寫"隨身劉善通，右善通只一身"。
8　9～10 世紀。歸義軍時期寫本。
9.1　楷書。
11　圖版：《敦煌寶藏》，65/590A～596B。

1.1　BD05547 號
1.3　無量壽宗要經
1.4　珍 047
1.5　275:7837
2.1　180.5×31 厘米；4 紙；114 行，行 30 餘字。
2.2　01：44.5，28；　02：46.5，29；　03：45，29；
04：44.5，28。
2.3　卷軸裝。首尾均全。首紙有破裂和殘洞。有烏絲欄。
3.1　首全→大正 936，19/82A3。
3.2　尾全→19/84C29。
4.1　大乘無量壽經（首）。
4.2　佛說無量壽宗要經（尾）。
7.1　尾紙有題名"田廣談"。
8　8～9 世紀。吐蕃統治時期寫本。
9.1　楷書。
9.2　有校改。有行間校加字。
11　圖版：《敦煌寶藏》，108/85A～87A。

新舊編號對照表

一、千字文號與北敦號、縮微膠卷號對照表

千字文號	北敦號	縮微膠卷號
菓 077	BD05477 號	084: 2288
菓 078	BD05478 號	083: 1781
菓 079	BD05479 號	155: 6812
菓 080	BD05480 號	229: 7343
菓 081	BD05481 號	105: 5726
菓 082	BD05482 號	275: 7930
菓 083	BD05483 號	063: 0703
菓 084	BD05484 號	105: 4928
菓 085	BD05485 號	084: 3104
菓 086	BD05486 號	084: 2032
菓 087	BD05487 號	105: 5888
菓 088	BD05488 號	380: 8503
菓 089	BD05489 號	084: 3148
菓 090	BD05490 號	453: 8657
菓 091	BD05491 號	229: 7365
菓 092	BD05492 號	084: 2897
菓 093	BD05493 號	094: 3786
菓 094	BD05494 號	156: 6869
菓 095	BD05495 號	105: 5682
菓 096	BD05496 號	105: 4948
菓 097	BD05497 號	083: 1620
菓 098	BD05498 號	094: 4398
菓 099	BD05499 號	105: 5748
菓 100	BD05500 號	428: 8612
珍 001	BD05501 號	218: 7304
珍 002	BD05502 號	094: 3944
珍 003	BD05503 號	105: 4961
珍 004	BD05504 號 1	143: 6755
珍 004	BD05504 號 2	143: 6755
珍 005	BD05505 號	115: 6341
珍 006	BD05506 號	081: 1386
珍 007	BD05507 號	275: 7835
珍 008	BD05508 號	238: 7438
珍 009	BD05509 號	084: 2290

千字文號	北敦號	縮微膠卷號
珍 010	BD05510 號	105: 5931
珍 011	BD05511 號	254: 7562
珍 012	BD05512 號	070: 0890
珍 012	BD05512 號背 1	070: 0890
珍 012	BD05512 號背 2	070: 0890
珍 013	BD05513 號	115: 6500
珍 014	BD05514 號	084: 2561
珍 015	BD05515 號	156: 6855
珍 016	BD05516 號	157: 6936
珍 017	BD05517 號	061: 0534
珍 018	BD05518 號 1	275: 8039
珍 018	BD05518 號 2	275: 8039
珍 019	BD05519 號	083: 1881
珍 020	BD05520 號	371: 8452
珍 021	BD05521 號	083: 1525
珍 022	BD05522 號	155: 6802
珍 023	BD05523 號	083: 1592
珍 024	BD05524 號	105: 5807
珍 025	BD05525 號	081: 1382
珍 026	BD05526 號	105: 5922
珍 027	BD05527 號	105: 4837
珍 028	BD05528 號	377: 8487
珍 029	BD05529 號	275: 7836
珍 030	BD05530 號 1	014: 0177
珍 030	BD05530 號 2	014: 0177
珍 031	BD05531 號	105: 4789
珍 032	BD05532 號	156: 6861
珍 033	BD05533 號	157: 6893
珍 034	BD05534 號	038: 0344
珍 035	BD05535 號	084: 2029
珍 036	BD05536 號	388: 8517
珍 037	BD05537 號	084: 2913
珍 038	BD05538 號	105: 5028
珍 039	BD05539 號	070: 1190

珍 040	BD05540 號	094：3779	珍 045	BD05545 號 1	070：1203
珍 041	BD05541 號	105：5882	珍 045	BD05545 號 2	070：1203
珍 042	BD05542 號	070：1156	珍 046	BD05546 號	070：1173
珍 043	BD05543 號	105：4527	珍 047	BD05547 號	275：7837
珍 044	BD05544 號	105：5643			

二、縮微膠卷號與北敦號、千字文號對照表

縮微膠卷號	北敦號	千字文號	縮微膠卷號	北敦號	千字文號
014：0177	BD05530 號 1	珍 030	105：4928	BD05484 號	菓 084
014：0177	BD05530 號 2	珍 030	105：4948	BD05496 號	菓 096
038：0344	BD05534 號	珍 034	105：4961	BD05503 號	珍 003
061：0534	BD05517 號	珍 017	105：5028	BD05538 號	珍 038
063：0703	BD05483 號	菓 083	105：5643	BD05544 號	珍 044
070：0890	BD05512 號	珍 012	105：5682	BD05495 號	菓 095
070：0890	BD05512 號背 1	珍 012	105：5726	BD05481 號	菓 081
070：0890	BD05512 號背 2	珍 012	105：5748	BD05499 號	菓 099
070：1156	BD05542 號	珍 042	105：5807	BD05524 號	珍 024
070：1173	BD05546 號	珍 046	105：5882	BD05541 號	珍 041
070：1190	BD05539 號	珍 039	105：5888	BD05487 號	菓 087
070：1203	BD05545 號 1	珍 045	105：5922	BD05526 號	珍 026
070：1203	BD05545 號 2	珍 045	105：5931	BD05510 號	珍 010
081：1382	BD05525 號	珍 025	115：6341	BD05505 號	珍 005
081：1386	BD05506 號	珍 006	115：6500	BD05513 號	珍 013
083：1525	BD05521 號	珍 021	143：6755	BD05504 號 1	珍 004
083：1592	BD05523 號	珍 023	143：6755	BD05504 號 2	珍 004
083：1620	BD05497 號	菓 097	155：6802	BD05522 號	珍 022
083：1781	BD05478 號	菓 078	155：6812	BD05479 號	菓 079
083：1881	BD05519 號	珍 019	156：6855	BD05515 號	珍 015
084：2029	BD05535 號	珍 035	156：6861	BD05532 號	珍 032
084：2032	BD05486 號	菓 086	156：6869	BD05494 號	菓 094
084：2288	BD05477 號	菓 077	157：6893	BD05533 號	珍 033
084：2290	BD05509 號	珍 009	157：6936	BD05516 號	珍 016
084：2561	BD05514 號	珍 014	218：7304	BD05501 號	珍 001
084：2897	BD05492 號	菓 092	229：7343	BD05480 號	菓 080
084：2913	BD05537 號	珍 037	229：7365	BD05491 號	菓 091
084：3104	BD05485 號	菓 085	238：7438	BD05508 號	珍 008
084：3148	BD05489 號	菓 089	254：7562	BD05511 號	珍 011
094：3779	BD05540 號	珍 040	275：7835	BD05507 號	珍 007
094：3786	BD05493 號	菓 093	275：7836	BD05529 號	珍 029
094：3944	BD05502 號	珍 002	275：7837	BD05547 號	珍 047
094：4398	BD05498 號	菓 098	275：7930	BD05482 號	菓 082
105：4527	BD05543 號	珍 043	275：8039	BD05518 號 1	珍 018
105：4789	BD05531 號	珍 031	275：8039	BD05518 號 2	珍 018
105：4837	BD05527 號	珍 027	371：8452	BD05520 號	珍 020

377：8487 BD05528 號 珍 028
380：8503 BD05488 號 菓 088
388：8517 BD05536 號 珍 036
428：8612 BD05500 號 菓 100
453：8657 BD05490 號 菓 090